U0145710

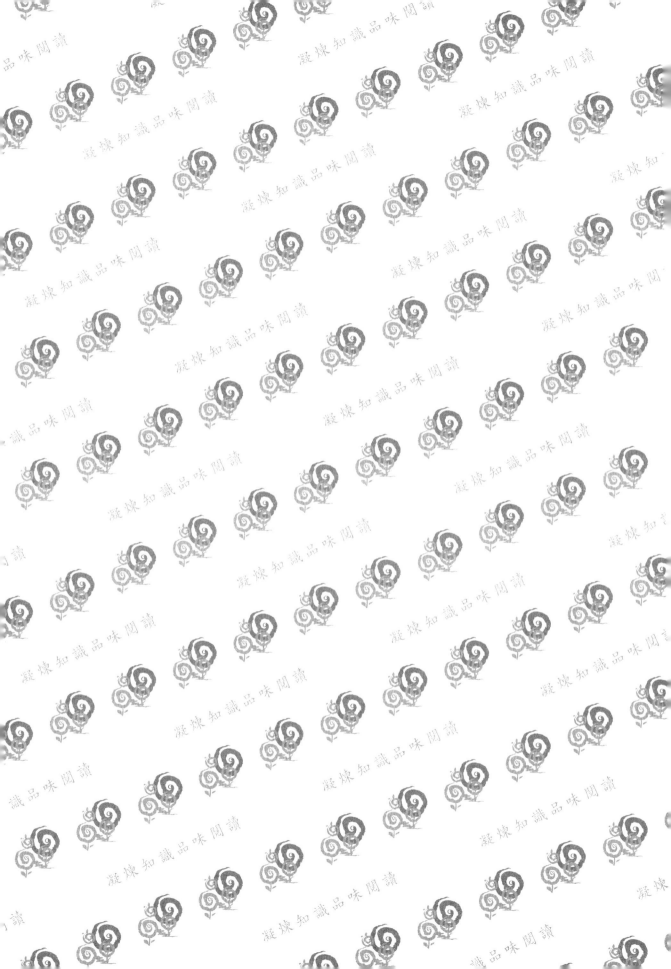

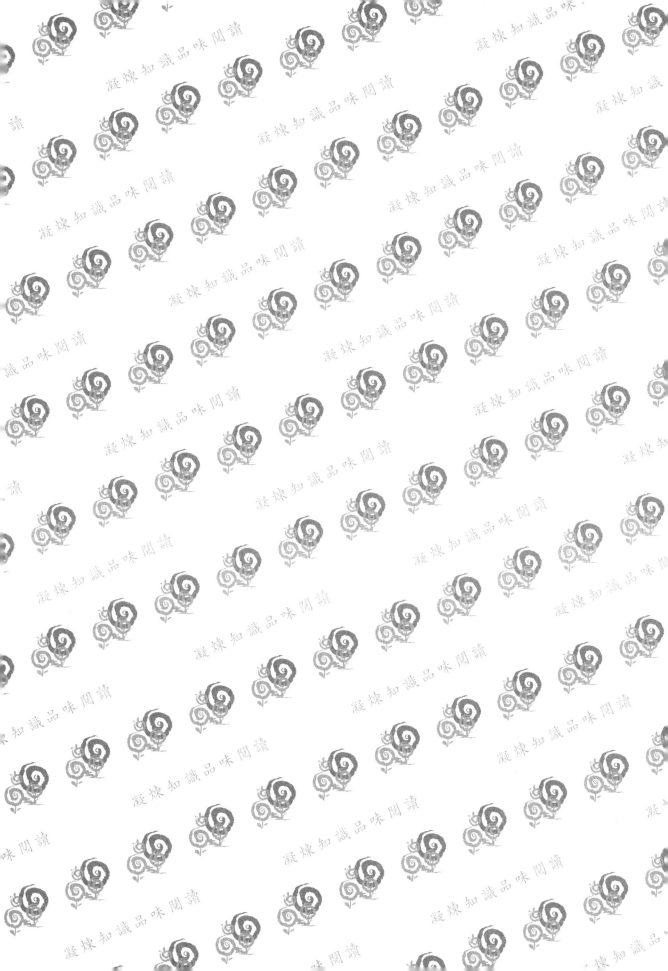

生物醫學統計
——使用STaTa分析

張紹勳 著

五南圖書出版公司 印行

序

　　隨著 21 世紀生物科技資訊時代的來臨，搭配 Stata 這個地表最強的統計軟體。使得生物統計在醫學上已扮演著舉足輕重的角色。生物統計學（biometry, biometrics, biostatistics），綜合其意，是指將統計學或數學上的方法應用於生物、醫學、農學、商業，而其對於流行病學及臨床試驗方面，具有相當高的價值。

　　醫學統計學係採用統計學、運籌學、經濟、數學等領域之定量方法。對臨床試驗的設計和分析就是醫學統計學在醫學裡最明顯的應用。生物醫學統計分析，依使用者及研究目的，大致分為臨床與實驗室資料分析、問卷資料分析、流行病學資料分析、資料庫資料分析。不同之使用者及研究目的之間，事實上有許多共通之研究設計及統計分析法，都收錄在五南出版之 Stata 系列書，包括：

一、「Stata 與高等統計分析」一書，該書內容包括：
　　描述性統計、樣本數的評估、變異數分析、相關、迴歸建模及診斷、重複測量等。

二、「Stata 在結構方程模型及試題反應理論的應用」一書，該書內容包括：路徑分析、結構方程模型、測量工具的信效度分析、因素分析、試題反應理論等。

三、「生物醫學統計：使用 Stata 分析」一書，該書內容包括：
　　類別資料分析 (無母數統計)、存活分析、流行病學、配對與非配對病例對照研究資料、盛行率、發生率、相對危險率比、勝算比 (odds ratio) 的計算、篩檢工具與 ROC 曲線、工具變數 (2SLS) 等。

四、「Meta 分析實作：使用 Excel 與 CMA 程式」一書，該書內容包括：統合分析 (meta-analysis)、勝出比、風險比、4 種有名效果量 (ES) 公式之單位變換等。

五、「Panel-data 迴歸模型：Stata 在廣義時間序列的應用」一書，該書內容包括：多層次模型、GEE、工具變數 (2SLS)、動態模型等。

六、「Stata 在財務金融與經濟分析的應用」一書，該書內容包括：誤差異質性、

動態模型、序列相關、時間序列分析、VAR、共整合等等。

此外，集群分析 (cluster analysis)、鑑別分析……等分析，則有待作者後續再寫作。

本書主要內容包含三大類內容：

1. 類別資料處理：

二因子列聯表、三因子列聯表……。

2. 存活分析 (Survival analysis)：

Kaplan-Meier、Cox 回歸 (弱性)、參數存活模型 (弱性)、危險比例檢定、時間共變數、左 - 右檢查、韋伯分配、指數分配……。

在醫學統計中，存活分析法 (survival analysis) 是用來研究或分析樣本所觀測到的某一段時間長度之分配。一段時間長度通常是從一特定事件起始之時間點算起，計算到某一特定事件發生的時間點為止，通常稱為事件時間或存活時間。在我們周圍，事件時間的資料常出現在不同領域中，包括：

(1) 公共衛生中的死亡率。

(2) 生物醫學領域：競爭風險、參數模型等存活分析。

(3) 流行病學中的生命量表。

(4) 商業領域：客戶關係管理、公司企業的存活時間。市場研究之消費者對特定商品購買時間，客戶忠誠度的時間。或商業上客戶資料管理、行銷、企業倒閉、員工離職。

(5) 金融領域：個人消費性貸款、法人金融預警分析等。

(6) 保險統計學及人口統計學中的生命統計資料。

(7) 社會學中的事件歷史分析，研究結婚時間到離婚時間，到再婚時間，人口居住時間與流動時間。

(8) 法學研究：犯罪嫌疑人從犯罪時間到被捕時間，犯罪嫌疑人從被捕時間到起訴時間，從起訴時間到定罪時間，從假釋時間到再犯時間等。

(9) 工業領域：可靠度分析、工業製成、產品 cycle。

(10) 經濟研究：失業，從就業時間到失業時間，到再就業時間等。

(11) 教育領域：老師離職、學生休退學 / 吸毒等。

3. 流行病學工具 (tools for epidemiologists)：

比例標準化、病例控制、已配適病例控制、mantel-haenszel，藥理學、ROC

分析、ICD-9-CM(icd9 指令) 等。

　　大部分醫學統計學課程都開在公共衛生學校、醫學院、林業、農業、商業、應用統計的學院，是常見的課程，甚至某些美國的大學會為醫學統計學設立獨立學院。

　　迄今，由於電腦與統計的日新月異，使得生物醫學統計已延伸至以下研究領域：公共衛生、流行病學、營養學和環境健康、基因組學、人口遺傳學、醫學、生態、生物鑑定、農業、商業、社會科學等。

　　最後，特感謝全傑科技公司 (http://www.softhome.com.tw) 贊助 Stata 軟體，晚學才有機會撰寫 Stata 一系列的書，以嘉惠學習者。

張紹勳

敬上

Contents

序

Contents

Chapter 03　參數存活分析 (偏態之依變數有 6 種分布可搭 2 種脆弱模型)　339

Contents

Chapter 04　存活模型之進階　505

Chapter 05　最小平方法 (OLS) 迴歸 vs. 邏輯斯迴歸　　571

Contents

01

最小平方法 (OLS)
vs. 類別 (Categorical)
資料分析

當你要使用本書 CD 所附資料檔的方法，你可以先將資料 copy 到硬碟之任一資料夾中。在 Stata 畫面再設定工作目錄，為剛才複製的資料夾路徑，即「File > Chang working directory」。例如，作者自定「D:\ 存活分析」為工作目錄。接著再選「File > Open」，開啓任一「*.dta」資料檔，即可進行資料分析。

1-1 Stata 是地表最強大之統計軟體

Stata 是一個統計分析軟體，但它也具有很強的程式語言功能，提供給用戶一個廣闊的開發應用天地，用戶可以充分發揮自己的聰明才智，熟練應用各種技巧，真正做到隨心所欲。事實上，Stata 外掛的 ado 檔 (高等統計、時間序、Panel-data 部分) 都是用 Stata 自己的語言編寫的。

由於 Stata 在分析時是將資料全部讀入記憶體，在計算全部完成後才和磁片交換資料，因此計算速度極快 (一般來說，SAS 的運算速度要比 SPSS 至少快一個數量級，而 Stata 的某些模組和執行同樣功能的 SAS 模組比，其速度又比 SAS 快將近一個數量級！) Stata 也是採用命令行方式來操作，但使用上遠比 SAS 簡單，其生存資料分析、縱向資料 (重複測量資料) 分析等模組的功能甚至超過了 SAS。用 Stata 繪製的統計圖形相當精美，很有特色。

1-1-1 Stata 統計功能

Stata 選擇表之功能，包括：

1. 資料管理 (Data management)：資料轉換、分組處理、附加檔案、ODBC、行 - 列轉換、資料標記、字串函數……等。

2. 基本統計 (Basic statistics)：直交表、相關性、t- 檢定、變異數相等性檢定、比例檢定、信賴區間……等。

3. 線性模式 (Linear models)：穩健 Huber/White/sandwich 變異估計、三階段最小平方方法、類非相關迴歸、多類別迴歸、GLS。

4. 廣義型線性模式 (Generalized linear models)：有 10 個連結函數、最大概似 (ML) 及 IRLS 估計、9 種變異數估計、7 個殘差估計法……等。

5. 二元、計數及受限依變數 (Binary, count, and limited dependent variables)：Logit、probit、Poisson 迴歸、tobit 迴歸、truncated 迴歸、條件 Logit、多類別邏輯、巢狀邏輯、負二項、零膨脹 (zero-inflated) 模型、Heckman 選擇模式、

邊際效果。

6. Panel-data/ 橫斷面 / 時間序列 (Panel data/cross-sectional/time-series)：隨機及固定效果之迴歸、GEE、隨機 / 固定效果之 Poisson 及負二項分布、隨機效果、工具變數迴歸、自我迴歸 lag=1 期之 AR(1) 干擾迴歸。

7. 無母數方法 (Nonparametric methods)

8. 多變數方法 (Multivariate methods)：因素分析、多變數迴歸、典型相關 (canonical)。

9. 模型檢定及其對應統計量再做事後估計 (Model testing and post-estimation support)：Wald 檢定、LR 檢定、線性及非線性組合、非線性限制檢定、邊際效果、修正平均數 Hausman 檢定。

10. 群集分析 (Cluster analysis)：加權平均，品質中心及中位數連結、kmeans、kmedians、dendrograms、停止規則、使用者擴充。

11. 圖形 (Graphics)：直線圖、散布圖、條狀圖、圓形圖、high-low 圖、迴歸診斷圖……。

12. 調查方法 (Survey methods)：抽樣權重、叢集抽樣、分層、線性變異數估計量、擬 - 概似最大估計量、迴歸、工具變數……。

13. 生存分析 (Survival analysis)：Kaplan-Meier、Nelson-Aalen，Cox 迴歸 (弱性)、參數模式 (弱性)、危險比例檢定、時間共變數、左 - 右檢查、韋柏分布、指數分布……。

14. 流行病學工具 (Tools for epidemiologists)：比例標準化、病例控制、已配適病例對照、Mantel-Haenszel，藥理學、ROC 分析、ICD-9-CM。

15. 時間序列 (Time series)：ARIMA、ARCH/GARCH、VAR、Newey-West、correlograms、periodograms、白噪音檢定，最小整數根檢定、時間序列運算、平滑化、最大概似法 (Maximum likelihood)。

16. 轉換及常態檢定 (Transforms and normality tests)：Box-Cox、次方轉換 Shapiro-Wilk、Shapiro-Francia 檢定。

17. 其他統計方法 (Other statistical methods)：樣本數量及次方、非線性迴歸、逐步式迴歸、統計及數學函數。

18. 樣本 (Sample session)，再抽樣及模擬方法 (Resampling and simulation methods)：bootstrapping、jackknife、蒙地卡羅模擬、排列檢定。

19. 網路功能：可安裝新的外掛指令、網路升級、網站檔案分享、Stata 最新消息。

1-1-2 類別資料之列聯表，Stata 對應的指令

在社會及行為科學中，類別資料是普遍使用的資料類型。例如背景調查資料：信仰類型、學歷、性別等，意見調查 (贊成、反對、沒意見)，或是實驗研究將受試者分成實驗組與對照組，都是類別資料。

在進行研究時，有些研究資料可以直接以名義量尺或順序量尺來測量，但有時候一些連續變數資料，為因應資料簡化，給予分組處理，化簡為類別變數，例如將薪水分為高收入、中收入、低收入，這時候亦可以進行類別變數統計分析。

類別資料分析主要針對類別型 (二元、多元分類和順序尺度) 目標變數，以常用之敘述統計 (次數、比例或比率) 和統計圖 (如圓餅圖和柱狀圖) 為基礎，透過機率分布和抽樣分布，進階至母群體之參數推論、二維和三維交叉分析以及目標變數之決策樹和預測模型建立。

一、比例檢定

比例檢定是分析交叉表的基本，可以分析表內兩個不同樣本對應變數的比例。例如要檢定性別對婚姻的差異，除卡方檢定 (e.g. 男性得肝癌百分比是女性的 3.5 倍) 外，亦可以透過百分比 (次數分布表) 得知。

Stata 比例檢定之對應指令有：

1. epitab 指令 (Tables for epidemiologists)。
2. ltable 指令 (Life tables for survival data)。
3. stpower 指令 (Sample-size, power, and effect-size det. for survival analysis)。
4. strate 指令 (Tabulate failure rates and rate ratios)。

二、勝算比 (Odd Ratio,OR)：cc 指令

在自然科學領域中，Meta 分析中，RR、OR 效果量 (effect size) 的計算法比 Cohen's d、Glass's Δ 與 Hedges's g 的範圍更廣。而流行病學、存活分析亦常常用到風險比 (RR)、勝出比 (OR) 這種類別資料之列聯表分析。

Meta 統計分析，將每篇文獻測量的結果轉換成相同的計量，然而大多數的研究會使用不同的量表，此時就必須將這些結果做一個適當的轉換，然後才能整合。對於探討介入成效的研究，若為類別型的資料則是轉換為風險比 (Risk ratio, RR)、勝算比或絕對風險減少率 (Absolute risk reduction, ARR)。

Stata 勝算比之對應指令為 Logistic 迴歸。

三、相對風險 (Relative Risk, RR)

例如，開車沒滑手機與開車滑手機在車禍的相對風險 (RR)？若開車沒滑手機是開車滑手機的 0.82 倍 (比值 1 是無異值)，顯示開車滑手機有較高的風險。

Stata 相對風險之對應指令有：

1. epitab 指令 (Tables for epidemiologists)。
2. stcox 指令 (Cox proportional hazards model)。
3. stcrreg 事後指令 (Postestimation tools for stcrreg)。
4. streg 指令 (Parametric survival models)。

1-1-3 Stata 流行病 (epidemiologists) 之選擇表對應的指令

Stata 提供 epitab 指令，其繪製二維 / 三向表格之對應指令，如下圖所示。

常見指令有：ir、es、cc、tabodds、mhodds、mcci 指令；以及 symmetry、dsdize、istdize、kapwgt、kap、kappa、brier、pksumm、pkshape、pkcross、pkequiv、pkcollapse 指令。

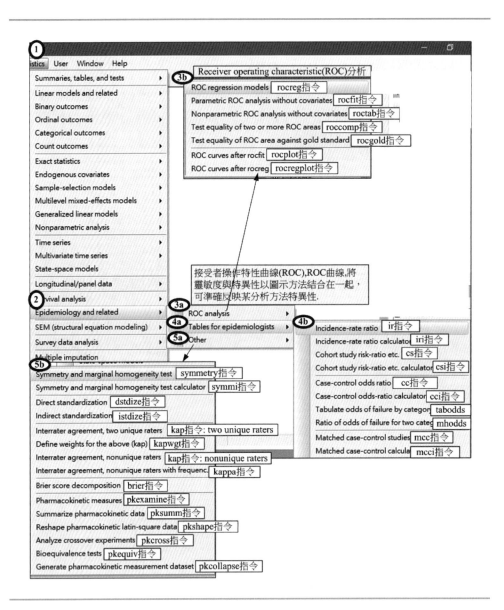

圖 1-1 Stata 流行病之選擇表對應的指令

1-2 醫學實驗設計種類、重要性

> **定義**：流行病學
> 流行病學是一門研究族群的健康狀態、健康事件的分布情形和決定因素，並應用研究結果加以控制健康問題的學問 (Last, 2000)。

流行病學之研究目的：

1. 解釋病因 (etiology)：利用醫療和流行病學的方法分析各種社會、行為科學的檔案及資料，用以解釋疾病、狀況、殘障、失能、症狀或死亡等各種情形。
2. 探討流行病學的資料是否符合研究假設和科學的、行為的及生物醫學的現有知識。
3. 針對高危險群提供疾病控制和預防發展的基礎。

流行病學研究的特性：

1. 狀態或事件 (states or events)：疾病、缺陷、殘疾和死亡 (**d**isease，**d**efect，**d**isability and **d**eath)。
2. 研究人類分布和疾病、缺陷、殘疾的決定因素和死亡的頻率 (The study of **d**istribution and **d**eterminants of **d**isease，**d**efect，disability and death frequency in man)。

   綜合上述，流行病學重點在 6D：

   Disease，**D**efect，**D**isability，**D**eath，**D**istribution，**D**eterminant。

3. 分布 (Distribution) 狀況係說明什麼人群 (who) 在什麼時間 (when) 什麼地方 (where) 會罹患什麼疾病 (what)：

   (1) 決定因素則指出為什麼 (why) 該疾病在人時地的分布上會有所不同：即 Why，How，What，Who，When，Where，稱之 6W。

   (2) 健康問題的控制則著眼於如何 (how) 來防治。

> What 什麼事：狀態 states、事件 events。
>
> Who 誰：種族 race、性別 sex，年齡 age。
>
> When 何時：時間 time。
>
> Where 何處：place。
>
> Why 為何：原因 causes。
>
> How 如何：控制 control。

　　流行病學應用例子：

1. 傳染病：茲卡病毒 (Zika virus)、天花、霍亂、鼠疫、登革熱的研究。

2. 後來應用在日常生活中非傳染病的研究：

   例如 Devonshire 研究：發現喝蘋果汁罹患鉛中毒 (原因與鉛容器有關)。18 世紀航海員易罹患壞血病 (懷疑是缺乏維生素 C)，結果證實係食用出問題。

3. 近年來應用到慢性病：

   例如糖尿病、心臟病、高血壓、惡性腫瘤等。

4. 其他疾病和健康有關的事件：

   例如：吸毒、精神病、自殺、藥癮、車禍等。

1-2-1　流行病學的研究法：實驗性 vs. 觀察性

　　流行病學的研究方法，可分為實驗性 vs. 觀察性，如圖 1-2。

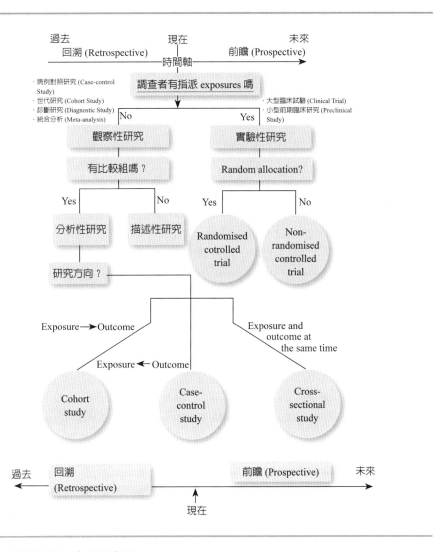

圖 1-2 醫學研究設計之示意圖

(一) 觀察型研究 (observational study) 之特性

1. 研究者不介入，站在旁觀者的立場來觀察。

2. 較易操作且省經費。

3. 較無倫理問題之限制。

4. 無法控制變因，不像實驗法有控制「處理 (treatment)」變數。

5. 難以因果關係作結論。因很難排除「因－果」二者之共同變數。

6. 常用於臨床及流病、社會現象……。

(二) 實驗型研究 (Experimental Study) 之特性

1. 研究者介入。

2. 較難操作 (因要控制外生變數很多) 且多耗經費。

3. 較有倫理問題之限制。

4. 可「控制」一個或多個變因 (自變數)。

5. 內部效度最高，可證明出因果關係來作結論。

6. 適用於人、臨床、動物及細胞。

一、觀察性流行病學之研究：描述性 vs. 分析性

(一) 描述性 (Descriptive Epidemiology) 研究

描述性研究係透過調查，了解疾病和健康狀況在時間、空間和人群間的分布情況，爲研究和控制疾病提供線索，爲制定衛生政策提供參考。

描述性流行病學的資料來源主要來自：戶口普查、戶籍登記、健康記錄和醫院病歷等。

描述流行病學的研究要素：

1. 人：包括種族、性別、年齡、婚姻狀況、社會經濟、地位、職業 (e.g. 白領族比藍領族更易得糖尿病)、宗教信仰、病史等。

2. 時：包括季節、週期變動與短期流行長期趨勢時間的聚集性等。

   時間的因素，關注的重點有三類：

   (1) 時間聚集 (time clustering)：

   時間聚集代表著有共同的暴露 (expose) 經驗，即病例的發生特別集中在某一時段，例如某年、某月、某日，若屬於發病時間的聚集即稱爲點流行，比較容易探討病因，如食物中毒。

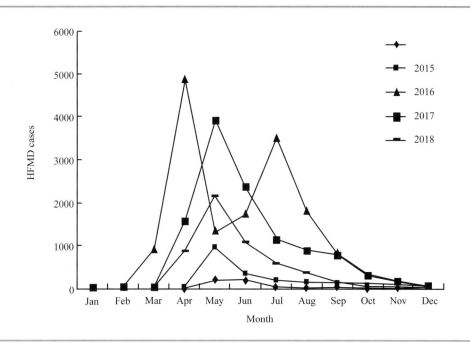

圖 1-3 時間聚集之示意圖

(2) 週期循環 (cyclic change) 與季節變動 (season change)：

疾病的發生率或死亡率呈週期循環的現象，例如，夏季易發生茲卡、登革熱、腸胃道疾病；相對地，冬季易發生支氣管炎、胃潰瘍、老人中風及腦膜炎。

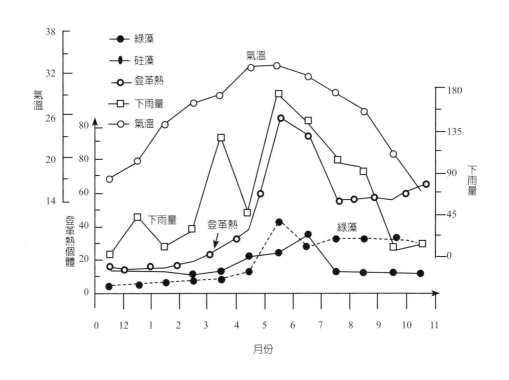

圖 1-4 一年內季節變動之示意圖 (臺灣登革熱好發在 夏季)

(3) 長期趨勢 (secular trends)：請見作者「 總體經濟與財務金融：Stata 時間序列分析 」一書，該書內容包括：單根檢定、誤差異質性、動態模型、序列相關、時間序列分析、VAR、共整合……等。

(I) 疾病發生的長期變化除週期循環與季節變動之外，還有線性趨勢，包括逐年增加或減少的變化。

(II) 臺灣由於環境衛生的改善、營養的增進、醫藥及生活水準的提升，傳染病的發生率和死亡率有明顯下降的趨勢。

(III) 例如，大腸癌、肺結核和糖尿病死亡率的長期趨勢有上升現象。

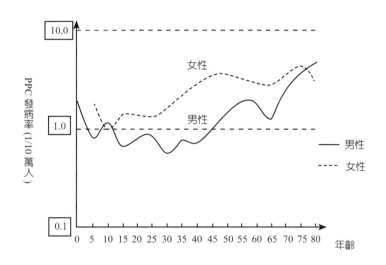

圖 1-5 長期趨勢之示意圖

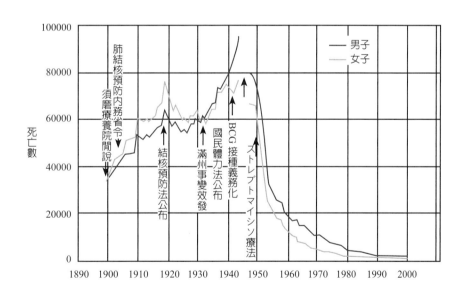

圖 1-6 日本歷年肺結核死亡率之長期趨勢圖

3. 地：包括自然、行政、氣候、溫度、高度、水質、大小與風俗民情等，亦常用來作城鄉差異與國際比較之研究。例如，前述之茲卡病毒之地理分布圖。

　　地理分布的資料可從政府的人口或生命統計報告 (內政部、警政署網站) 獲得，再以自然地理位置或行政分區來劃分。

　　另外，由於不同的地理位置或國家，其人口密度、文化、飲食、生活型態、季節氣候、醫療水準與衛生政策等均會影響疾病的發生率和死亡率。

(二) 分析性 (analytic epidemiology) 研究

圖 1-7 因果研究設計之證據力，由低至高之示意圖

　　分析性流行病學，若以時序可分成二大類：橫斷研究法、縱貫研究法。

1. 橫斷研究法 (cross-sectional study)

　　橫斷研究又稱盛行率研究，其方法的進行是在同一時間點調查族群健康危險因子與疾病狀態的存在是否有相關。

如下圖所示，某一時間點所調查的人口成長消退的循環圖。所謂 "observational" 的研究設計，係指調查是在某一單一時間點 (Study only exists at this point in time) 暴露和疾病狀態 (人口在橫斷面的數量)。

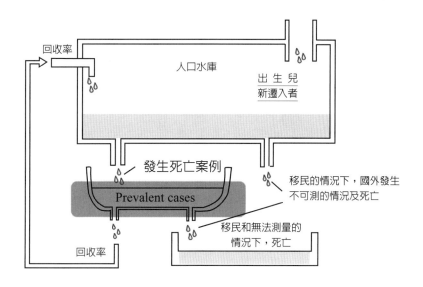

圖 1-8 人口成長消退的循環圖

橫斷研究法適用情形：

1. 疾病的調查 (遺傳性疾病盛行率調查，唐氏症、C 肝症……、肺結核)，例如，<u>茲卡病毒</u>造成嬰兒小腦症。
2. 急性病調查 (食物中毒、傳染病)。

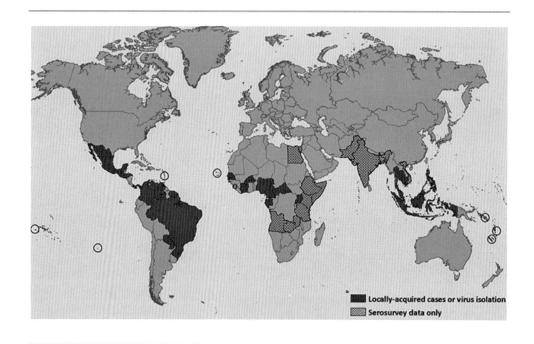

圖 1-9 茲卡病毒之全球地理分布 (2016 年調查全球之盛行率)

（資料來源：https://upload.wikimedia.org/wikipedia/commons/2/2e/CDC_map_of_Zika_virus_
distribution_as_of_15_January_2016.png）

橫斷研究法優缺點：

優點：耗資少，可提供疾病流行情形資料。

缺點：只能提供病因線索 (不能確定病因)；只能估計盛行率 (不能確定發生率)。

橫斷研究之指標：

例如盛行率 (prevalence)、死亡率。

橫斷面因果研究：

以圖 1-10 為例，你可假設某一研究時間點，病人的年齡、性別、病情嚴重程度、檢驗數據對某疾病 (X) 預後之影響。

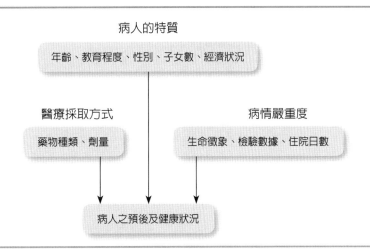

圖 1-10 橫斷面多因一果之示意圖

2. 縱貫研究 (longitudinal study)

醫科之縱貫研究法可分為二種：世代研究法 (cohort study)、病例對照 (case-control) 研究法。

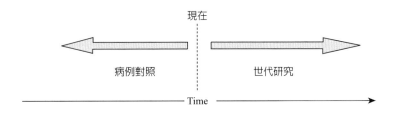

圖 1-11 Case control vs. Cohort study 在時間軸之比較

(1) **世代研究 (cohort study)**：又稱為前瞻法 (prospective study)

Cohort study 係針對一群健康者，追蹤其處於健康危險因子下的發病情形。

前瞻法是指：往前、展望未來，旨在探討未來的事件，根據某條件，來關心或疾病的未來情況 (looks forward, looks to the future, examines future events, follows a condition, concern or disease into the future)。

例如，針對一群健康者，追蹤其處於健康危險因子下的發病情形。

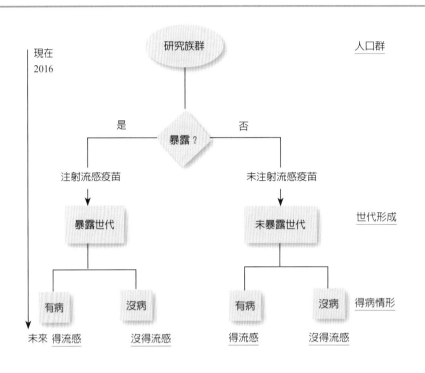

現在
2016
人口群

研究族群

是　　暴露？　　否

注射流感疫苗　　　　　未注射流感疫苗

暴露世代　　　　　　未暴露世代　　　世代形成

有病　　沒病　　　有病　　沒病　　得病情形

未來　得流感　　沒得流感　　　得流感　　沒得流感

圖 1-12 Cohort 研究設計之示意圖

世代研究法適用情形：

　　甲、常見疾病。

　　乙、病因較清楚者。

　　丙、多重疾病 (與多重病因) 探討。

世代研究法優缺點：

　　優點：因果時序性清楚，可得發生率。

　　缺點：研究期較長，所需樣本大 (個案遺失)，經費多，有道德上的顧慮。

世代研究之指標：

　　發生率 (incidence)，相對風險 (relative risk)。

　(2) **病例對照 (case-control) 研究法：**

　　又稱為回溯法 (retrospective study)。即回顧往昔時間裡，已發生的事件 (looks back in time to study events that have already occurreds)。例如，針對一群病患與對照，收集並比較其過去的健康危險因子之經驗。

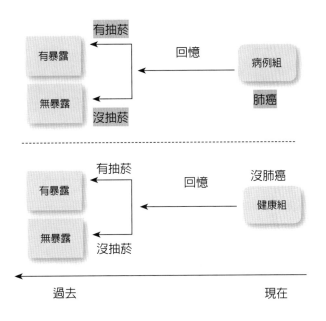

圖 1-13 病例對照研究之研究設計

case-control 適用情形：

1. 稀有疾病。
2. 常見暴露。
3. 多重病因探討。

case-control 優缺點：

優點：研究期短，樣本小，經費少，無道德顧慮 (暴露已發生)。

缺點：因果時序不清楚，無法得知發生率，暴露資料不全 (recall bias)。

case-control 指標：危險對比值 (odds ratio，OR)

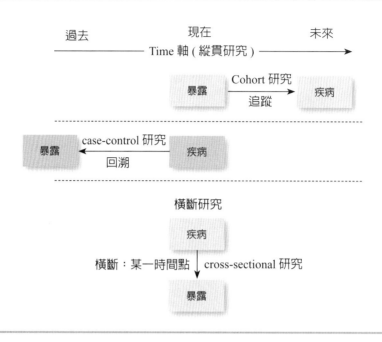

圖 1-14 三種觀察性研究之比較：cohort 研究 vs. case-control 研究 vs. cross-sectional 研究

二、實驗流行病學 (experimental epidemiology)

實驗流行病學，它是比較給予介入 (intervention) 後的實驗組人群與對照組人群結果，從而判斷介入效果的一種前瞻性研究方法。實驗流行病學又稱為介入型研究 (intervention study)、實驗流行病學。

(一) 實驗法與其他研究法的比較

我們如果能對某一現象變化的前因後果有所了解，對於「同類現象」不僅可以根據此種原因來預測其結果，甚至也可安排 (製造) 原因去產生預期結果。實驗法主要特徵為它是在人的控制情境下研究現象的變化，從變化過程中發現其因果關係。自然觀察法、調查法、實驗法、次級資料分析、個案法、歷史法的綜合比較如下表。

表 1-1　各研究法的綜合比較

研究策略	研究問題類型	控制程度	同時事件或歷史事件
個案法	how，why	不控制	同時事件
實驗法	how，why	可控制	同時事件
調查法	who，what，where，how many，how much	不控制	同時事件
次級資料分析	who，what，where，how many，how much	不控制	同時事件或歷史事件
自然觀察法	who，what，where，how many，how much	不控制	同時事件
歷史法	how，why	不控制	歷史事件

　　實驗設計是「研究設計」的一種，其常用符號之代表意義如下：

1. X：代表「處理」(treatment) 或是對自變數之「操控」(manipulation)。常見各種研究的「treatment」類型有：

   (1)「綠色香蕉皮能治失戀」：實驗室對實驗組的 treatment 就是給失戀者吃香蕉皮，對照組則沒吃香蕉皮，看吃前與吃後二組之情緒緩和及抗憂鬱的效果。

   (2)「喝豆漿可減少罹患乳癌的發生率」：實地實驗組 treatment 就是「常喝豆漿者」，對照組則反之。

   (3)「甘蔗原素可降低膽固醇」：實驗室實驗組 treatment 就是三個月連續吃甘蔗原素，看吃前與吃後的變化。

   (4)「教學故事／宣傳短片」前後，看學生行為態度的改變，其 treatment 就是看電影。

   (5)「手機影響男人精子品質」：實地實驗組 treatment 就是「手機常放口袋者」，對照組則「手機未放口袋者」，看二組受測者的精子活動力。

2. O：觀察結果 (observation) 或依變數之測量，觀察又分事前 (O_1) 與事後 (O_2)。

3. R：隨機分派 (random assignment) 樣本。

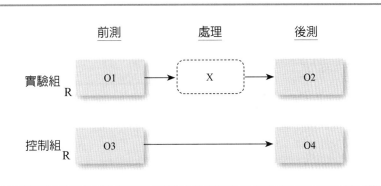

前測　　　　　　　處理　　　　　　　後測

實驗組 R　O1　　→　　X　　→　　O2

控制組 R　O3　　──────────→　　O4

圖 1-15　真實驗設計之示意圖

　　根據上述三種符號的排列組合，將實驗法之研究設計再依據其「控制」自變數與依變數之間的相互影響的關係來分類：

1. 前實驗 (pre-experimental) 設計：包括單組後測 (one shot) 設計、單組前後測設計、靜態組比較設計。

2. 眞實驗 (true experimental) 設計：能夠完全做隨機分派力求等組的實驗。包括等組 (實驗組控制組) 前後測設計、等組後測設計、所羅門 (Solomon) 四群組設計；眞實驗設計之延伸則包括：完全隨機設計、隨機化區組 (block) 設計、拉丁方格設計 (平衡對抗)、多因子 (factorial) 設計、共變數分析。

3. 準實驗 (quasi-experimental) 設計：在不能貫徹隨機分派的策略的情境下，利用系統觀察，客觀評量，統計調整來力求符合實驗原理。包括：不相等控制組設計、不同樣本的前後測設計、時間序列設計。

　　其中，眞實驗設計設有控制組，且樣本有進行隨機分派。準實驗設計僅設有控制組，樣本無隨機分派；前實驗設計沒有控制組，僅爲前後測比較。另外，廣爲介入 (Intervention) 研究使用的對抗平衡設計 (counter-balanced designs)，被歸類爲準實驗設計。

　　上述三類設計對應的 10 種實驗設計，如下表。

表 1-2　常見 10 種不同的實驗設計圖示

	實驗設計名稱	實驗處理模型	實驗對照	前測控制	隨機分派
前實驗設計	1. 單組後測設計 (one-shot case study)	$X \rightarrow O_2$	×	×	×
	2. 單組前後測設計 (one-group pretest-posttest design)	$O_1 \rightarrow X \rightarrow O_2$	×	✓	×
	3. 靜態組間比較 (static-group comparison)	E:　$X \rightarrow O_2$ C:　　 $\rightarrow O_2$	✓	×	×
真實驗設計	4. 隨機化實驗控制組前後測設計 (randomized control-group pretest-posttest design)	Er：$O_1 \rightarrow X \rightarrow O_2$ C$_r$：$O_1 \rightarrow$ 　 $\rightarrow O_2$	✓	✓	✓
	5. 隨機化實驗控制組後測設計 (randomized control-group posttest design)	Er：　　$X \rightarrow O_2$ C$_r$：　　 $\rightarrow O_2$	✓	×	✓

	實驗設計名稱	實驗處理模型	實驗對照	前測控制	隨機分派
	6. 所羅門四組設計 (Solomon four-group design)	E_r: $O_1 \rightarrow X \rightarrow O_2$ C_r: $O_1 \rightarrow \quad \rightarrow O_2$ E_r: $\quad X \rightarrow O_2$ C_r: $\quad \rightarrow O_2$	√	√	√
準實驗設計	7. 非隨機實驗控制組前後測設計 (non-randomized control-group pretest-posttest design)	E: $O_1 \rightarrow X \rightarrow O_2$ C: $O_1 \rightarrow \quad \rightarrow O_2$	√	√	×
	8. 對抗平衡設計／拉丁方格 (counterbalanced design)	1 A B C 2 B C A 3 C A B	√	-	√
	9. 單組時間序列分析 (one-group time-series)	$O_1 O_2 O_3 O_4$ X $O_5 O_6 O_7 O_8$	×	√	×
	10. 實驗控制組時間序列分析 (control-group time-series)	$O_1 O_2 O_3 O_4$ X $O_5 O_6 O_7 O_8$ $O_1 O_2 O_3 O_4 \quad O_5 O_6 O_7 O_8$	√	√	-

注：下標 r，代表 Random 抽樣。E 代表實驗組，C 代表控制組，X 代表處理。

現代醫學常採取「靜態組間比較」、「隨機化實驗控制組前後測設計」之研究設計。例如，「辛夷散治療過敏性鼻炎隨機雙盲臨床療效評估」，在為期兩年的雙盲實驗中，共收集 108 位病患，完成整體實驗共有 60 位，其中包括實驗組 40 位、對照組 20 位，並針對臨床症狀、鼻腔阻力、鼻腔截面積、塵蟎特異性免疫球蛋白、T 淋巴球細胞激素之分泌等各項指標進行統計分析。結果顯示，辛夷散對過敏性鼻炎患者有臨床療效，此療效之機轉包括 T 細胞的免疫調節及嗜中性白血球活化的影響。

臨床試驗 (clinical trial) 就是隨機化實驗控制組前後測設計 (randomized control- group pretest-posttest design)。

二、實驗流行病學研究的基本原則

1. 對照 (control group)：除了給予的介入措施不同外，其他的基本特徵如性別、年齡、居住環境、健康狀況等在兩組中應盡可能一致。

2. 隨機 (random)：實驗對象須隨機地分布到實驗組或對照組。樣本的隨機分派可有效「控制」外部變數的干擾。

3. 盲目 (blind)：在設計時可採用盲法，使研究者或研究對象沒有預設的立場 (不知誰是實驗組或對照組)，研究結果更加眞實、可靠。

三、臨床試驗

> 定義：臨床試驗
> 是以病人爲研究單位，用於藥物或療效是否安全和有效的研究方法。

臨床試驗的主要用途：
1. 療效評價。
2. 診斷試驗評價。
3. 篩檢研究。
4. 預後研究。
5. 病因研究。

臨床試驗的盲法有三：
1. 單盲 (single blind) 受試者不知分組情況。
2. 雙盲 (double blind) 受試者、研究者不知分組情況。
3. 三盲 (triple blind) 受試者、研究者、負責資料收集者不知分組情況。

1-2-2 統計與實驗設計功能之對應關係

一、統計與實驗設計功能之對應關係

統計分析是指收集、整理、表現、分析及解釋資料，並藉科學的方法，進而由分析的結果，加以推論，而獲得合理且有效的結論，並做出適切決策的一門學科。

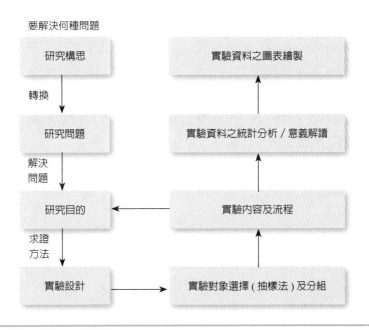

圖 1-16 實驗設計的功能與統計的對應關係

　　常見一般人對各類實驗型式與統計如何連結的困擾，包括：
1. 所操作的實驗型式與實驗設計是否相配？
2. 操作的實驗設計與統計方法分析是否相配？
3. 統計分析結果與結論是否相配？

二、統計學的分類

　　統計依討論內容可分成：
1. 敘述統計 (descriptive statistics)：資料的收集、整理、呈現、解釋與分析等步驟，以數值、表格、圖形來描述資料概況的方法。在現實生活中，常會遇到一堆數據資料，要如何運用簡單易懂的方式描述出來，以便大家了解，這就是描述性統計。
2. 推論統計 (inferential statistics)：旨在檢定研究假設。利用樣本資料分析的結果對母體資料的某些特性，做合理的估計與推測。
　　推論統計指用概率形式來決斷數據之間是否存在某種關係及用樣本統計值來推測總體特徵的一種重要統計方法。推論統計包括總體參數估計和假設檢

定，最常用的方法有 Z 檢定 (非常態迴歸係數之顯著性檢定)、t 檢定 (OLS 迴歸係數之顯著性檢定)、卡方檢定 (類別資料列聯表) 等。推論統計主要工作如下：

1. 估計 (estimation)：利用一組由母體所取之隨機樣本資料的資訊，來推估母體之未知參數。常見有 (1)「點估計量」：由樣本資料計算的統計量，使用來估計母體參數。(2)「區間估計」：某區間會涵蓋母體參數的可能性。(3)「信賴區間 (confidence interval)」：在特定機率下，估計母體參數可能落在的數值範圍。此特定的機率值可以稱為信賴水準。

2. 假設檢定 (testing of hypothesis)：研究者對現象 (參數) 提出主觀的研究假設，再利用樣本特徵的資訊 (抽樣數據) 來對研究假設進行檢定，以做管理的正確決策。

   通盤來說，假設檢定都可分解成下列五個步驟：

   (1) 設定 H_0：針對母體設定之基本假設。對立假設 H_1：針對題意欲測試之方向設定之假設。

   (2) 利用樣本數據來算出檢定統計量 (test statistics)。

   (3) 給定顯著水準 α (通常 Type I error 設為 0.05)。α 係指檢定顯著 (差異 / 關連) 性之機率值。

   (4) 找出「拒絕區」(可查統計書之附錄表) 或計算 p-value(本書 Stata, CMA, RevMan 軟體會自動算出 p)。

   所謂「p 值」是指在「虛無假設 H_0 為真」的情況下，得到「≥ 此一觀察結果之統計檢定的機率」。例如，假定檢定結果得 Z = 2.08，電腦報表顯示 p = 0.0367，表示得到 Z 值 ≥ 2.08 的機率只有 0.0367，故拒絕 H_0，或是說此項檢定達到 0.05 顯著水準。

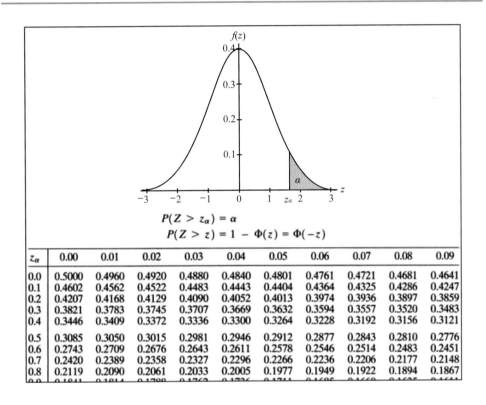

$$P(Z > z_\alpha) = \alpha$$
$$P(Z > z) = 1 - \Phi(z) = \Phi(-z)$$

z_α	0.00	0.01	0.02	0.03	0.04	0.05	0.06	0.07	0.08	0.09
0.0	0.5000	0.4960	0.4920	0.4880	0.4840	0.4801	0.4761	0.4721	0.4681	0.4641
0.1	0.4602	0.4562	0.4522	0.4483	0.4443	0.4404	0.4364	0.4325	0.4286	0.4247
0.2	0.4207	0.4168	0.4129	0.4090	0.4052	0.4013	0.3974	0.3936	0.3897	0.3859
0.3	0.3821	0.3783	0.3745	0.3707	0.3669	0.3632	0.3594	0.3557	0.3520	0.3483
0.4	0.3446	0.3409	0.3372	0.3336	0.3300	0.3264	0.3228	0.3192	0.3156	0.3121
0.5	0.3085	0.3050	0.3015	0.2981	0.2946	0.2912	0.2877	0.2843	0.2810	0.2776
0.6	0.2743	0.2709	0.2676	0.2643	0.2611	0.2578	0.2546	0.2514	0.2483	0.2451
0.7	0.2420	0.2389	0.2358	0.2327	0.2296	0.2266	0.2236	0.2206	0.2177	0.2148
0.8	0.2119	0.2090	0.2061	0.2033	0.2005	0.1977	0.1949	0.1922	0.1894	0.1867

圖 1-17 z 分布

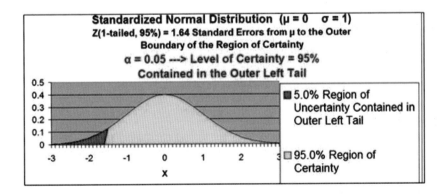

圖 1-18 單尾 z 分布 (α = 0.05，z = 1.64)

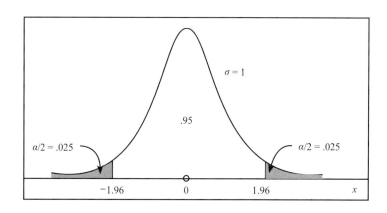

圖 1-19 雙尾 z 檢定 ($\alpha/2 = 0.025$，z = 1.96)

注：一般電腦統計之報表，t 檢定是以此「z=1.96」為假設檢定之臨界點。

(5) 作決策：通常，檢定統計量大於查表 (如卡方表、t 表、F 表……) 或 p-value
　　< α，則表示「達顯著」，反之則表示「未顯著」。

(6) 根據題意下結論。

1-2-3　OLS 迴歸模型之重點整理

　　追蹤資料 (panel-data) 最簡單的線性迴歸，就是混合資料 (pooled) OLS 法，
即 Stata 之 **reg**ress 指令係採用最小平方法 (ordinary least squares, OLS)，OLS 又
稱線性迴歸，所謂最小平方「Least squares」，係指係數 β's 估計值，會使各個
觀察值誤差 ε's 的總合達到最小值 (minimise the sum of the ε's)，即 $\min \sum (\varepsilon_i)^2$。

　　OLS 模型之數學方程式為：

$$y_i = \alpha + x_{i1}\beta_1 + x_{i2}\beta_2 + x_{i3}\beta_3 + ... + x_{iK}\beta_K + \varepsilon_i$$

1. OLS 向量形式為

$$y_i = x_i'\beta + \varepsilon_i$$

其中，x'_i 為解釋變數 (explanatory variables) 的向量；β 為係數向量。

$$y_i = \begin{bmatrix} x_{i1} & x_{i2} & x_{i3} & . & . & x_{iK} \end{bmatrix} \begin{bmatrix} \beta_1 \\ \beta_2 \\ \beta_3 \\ . \\ . \\ \beta_K \end{bmatrix} + \varepsilon_i$$

值得一提的是，論文／書上常將 x'β 簡寫成 xβ。

2. OLS 矩陣形式為

$y = X'\beta + \varepsilon$ 即

$$\begin{bmatrix} y_1 \\ y_2 \\ y_3 \\ y_4 \\ y_5 \\ . \\ . \\ y_N \end{bmatrix} = \begin{bmatrix} x_{11} & x_{12} & x_{13} & . & . & x_{1K} \\ x_{21} & x_{22} & x_{23} & . & . & x_{2K} \\ x_{31} & x_{32} & x_{33} & . & . & x_{3K} \\ x_{41} & x_{42} & x_{43} & . & . & x_{4K} \\ x_{51} & x_{52} & x_{53} & . & . & x_{5K} \\ . & . & . & . & . & . \\ . & . & . & . & . & . \\ x_{N1} & x_{N2} & x_{N3} & . & . & x_{NK} \end{bmatrix} \begin{bmatrix} \beta_1 \\ \beta_2 \\ \beta_3 \\ . \\ . \\ \beta_K \end{bmatrix} + \begin{bmatrix} \varepsilon_1 \\ \varepsilon_2 \\ \varepsilon_3 \\ . \\ . \\ . \\ . \\ \varepsilon_N \end{bmatrix}$$

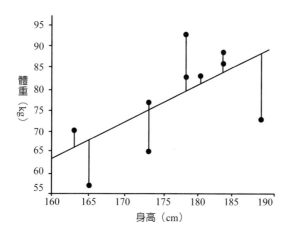

圖 1-20 單一解釋變數 OLS 之示意圖 (身高 x 來預測體重 y)

一、OLS 迴歸模型

1. *母體迴歸式* (population linear regression)

$$E(Y_t \mid X_t) = \beta_1 + \beta_2 X_t$$

2. *隨機干擾項或誤差項* (stochastic disturbance or stochastic error term)

$$\varepsilon_t = Y_t - E(Y_t \mid X_t)$$

3. *簡單迴歸模型* (simple linear regression model)

$$Y_t = E(Y_t \mid X_t) + \varepsilon_t = \beta_1 + \beta_2 X_t + \varepsilon_t$$

其中

Y_t 為依變數 (dependent variable)。

X_t 為自變數 (independent variable)。

ε_t 為誤差項 (error)。

β_1、β_2 為迴歸係數 (coefficient of regression)。

為何會有誤差項？

答

1. 遺漏重要自變數。
2. 調查或統計誤差。
3. 變數間非線性關係。
4. 樣本間非預期的效果。

(一)OLS 迴歸之基本假定 (assumptions)

A1. 線性 (linear)：係指迴歸模型 β_1 和 β_2 為一次式。

A2. 誤差 ε's 與解釋變數 X's 係無相關 (uncorrelated)：$E(\varepsilon_i \mid X_i) = 0$

(1) 若解釋變數 (regressor) 是內生性 (endogenous)，則違反 A2 假定：

$E(\varepsilon_i \mid X_i) = 0$

(2) 當 $Cov(x, \varepsilon) \neq 0$ 時，OLS 是有偏誤的。此時，自變數 x 是內生性的。

(3) 例如，女性勞工供給模型裡，生小孩數目會影響婦女是否需要就業，故「婦女生小孩數目」就可視為工具變數 (instrumental variables, IV)，因為它會干擾婦女是否需要就業。工具變數迴歸是在 x 與 ε 相關時，允許我們得到一致估計式的方法。工具變數用來將 x 變動裡與 ε 無關的部分分離出來，進一步建立一致性的參數。

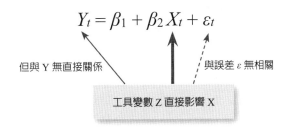

$$Y_t = \beta_1 + \beta_2 X_t + \varepsilon_t$$

但與 Y 無直接關係   與誤差 ε 無相關

工具變數 Z 直接影響 X

圖 1-21 工具變數 Z 直接影響 x，但與 y 無直接關係，且與誤差 ε 無相關。

A3. 誤差期望值 (the expected value of the error) 為 0

$$E(\varepsilon_t \mid X_t) = 0 \Leftrightarrow E(Y_t) = \beta_1 + \beta_2 X_t$$

A4. 誤差變異數 (the variance of the error) 同質性 (homoskedasticity)

$$E(\varepsilon_t \mid X_t) = \sigma^2 = Var(Y_t \mid X_t)$$

A5. 序列獨立 (serial independent)：誤差之間彼此獨立，不互相影響 (ε's uncorrelated with each other)

$$\mathrm{Cov}(\varepsilon_t, \varepsilon_s \mid X_t) = 0 = \mathrm{Cov}(Y_t, Y_s \mid X_t), t \neq s$$

A6. X_t 是非隨機變數，至少有兩個觀察值。[並由 A2 隱含 $\mathrm{Cov}(X_t, \varepsilon_t) = 0$]

A7. 干擾項 $\varepsilon_t \sim$ 符合 $N(0, \sigma^2)$(非必要性)

干擾項 (distubances) 是 iid (常態分布，平均數 0，固定變異數)。

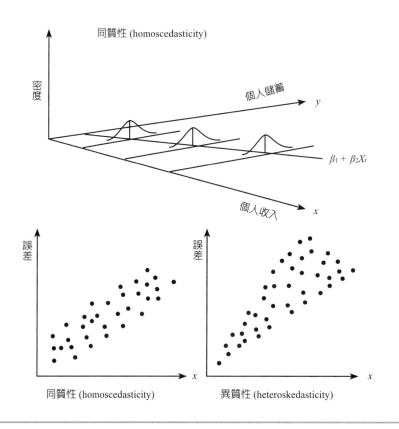

圖 1-22 誤差同質性 vs. 異質性之示意圖

(二) 違反基本假定時做法

1. 增加虛擬變數 (dummy variable)：(1) 虛擬變數設定，如各時間之虛擬變數。(2) CHOW 檢定找到轉折點之後，再分轉折點「前 vs. 後」時段之各別 OLS 迴歸。

2. 異質變異 (heteroskedasticity)：Stata 各種迴歸指令中勾選 Robust 選項之穩健標準誤、重新定義變數 (將原始的線性模型轉換為 log-log 模型)、加權最小平方法、或者將 xtreg 指令改成「xtgls⋯⋯ , panels(hetero) corr(ar1)」指令。請見作者「Panel-data 迴歸模型：STaTa 在廣義時間序列的應用」一書第 4 章介紹，以下簡稱「Panel-data」一書。

3. 誤差自我相關 (auto-correlation) 或序列相關 (serial correlation)：請見作者「Panel-data」一書第 3 章及第 7 章單根共整合。

4. 隨機解釋變數 (random regressor) 與工具變數 (instrumental variable)：隨機模型 (gllamm、xtabond、xtcloglog、xtgee、xtintreg、xtlogit、xtmelogit、

xtmepoisson、xtmixed、xtnbreg、xtpoisson、xtprobit、xtreg、xtregar、xttobit 等指令搭配 re 選項)、兩階段迴歸 (xtivreg 指令、ivregress 指令)。至於工具變數之兩階段迴歸，請見作者「Panel-data」一書第 6 章。

5. 改用非線性迴歸，例如 Poisson 迴歸、負二項迴歸等模型，請見作者「Panel-data」一書第 8 章。

6. 改用動態迴歸，將落遲項 (lags) 一併納入迴歸分析，請見作者「Panel-data」一書第 9 章。

(三) 樣本迴歸式 (sample linear regression)

$$Y_t = \hat{\beta}_1 + \hat{\beta}_2 X_t + \hat{\varepsilon}_t \; ; \; t = 1, 2, ..., T$$
$$\hat{Y}_t \, (= Y_t - \hat{\varepsilon}_t) = \hat{\beta}_1 + \hat{\beta}_2 X_t \; ; \; t = 1, 2, ..., T$$

其中

$\hat{\varepsilon}_t$ 為殘差項 (residual)。

$\hat{\beta}_1$ 和 $\hat{\beta}_2$ 為 β_1 和 β_2 的估計量 (estimator)。

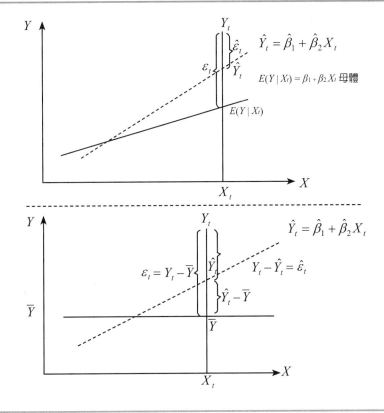

圖 1-23 樣本迴歸線 vs. 母體迴歸線

(四) 違反基本假設所產生的問題和原因

1. 違反 A1 假定，變數或係數間存在非線性關係。範例請見作者「Panel-data」一書第 8 章。

2. 違反 A2 假定，$E(\varepsilon_t) \neq 0$，可能因遺漏重要變數。範例請見作者「Panel-data」一書第 6、7、9 章。

3. 違反 A4 假定，$Var(\varepsilon_t) = \sigma_t^2$，發生異質變異 (heteroskedasticity)。範例請見作者「Panel-data」一書第 4 章。

4. 違反 A5 假定，$Coy(\varepsilon_t, \varepsilon_S) \neq 0$，發生序列相關 (series correlation)。範例請見作者「Panel-data」一書第 3 章。

5. 違反 A6 假定，X_t 呈隨機變數特徵。範例請見作者「Panel-data」一書第 1、5 章之隨機效果。

6. 常態性假定在樣本數夠多時，相對的就比前面五個假定較不重要，因為只要樣本數夠大，OLS 所得到估計式之分布將可漸近為常態分布。

二、迴歸模型的幾個特性

1. 兩變數的迴歸分析，並不代表兩變數的「相關」關係，也不代表兩變數的「因果」關係。

2. 通常符合假設 A2-A5 的隨機變數，我們通常稱之為 iid (即 independently identical distribution)。

三、參數估計

1. *最小平方法原則* (least squares principle)：ordinary least square (OLS)

   存在一單變量樣本迴歸式：$\hat{Y}_t = \hat{\beta}_1 + \hat{\beta}_2 X_t + \hat{\varepsilon}_t$，可得殘差項估計式：

   $$\hat{\varepsilon}_t = \hat{Y}_t - (\hat{\beta}_1 + \hat{\beta}_2 X_t)$$

   接著，將所有樣本殘差項平方後加總：

   $$\sum_{t=1}^{T} \hat{\varepsilon}_t^2 = \sum_{t=1}^{T} (Y_t - \hat{\beta}_1 - \hat{\beta}_2 X_t)^2$$

   再透過未知參數的一階條件 (對未知數 $\hat{\beta}_1$ 及 $\hat{\beta}_2$ 做偏微分)：

   $$\frac{\partial \sum_{t=1}^{T} \hat{\varepsilon}_t^2}{\partial \hat{\beta}_1} = 0$$

$$\frac{\partial \sum\limits_{t=1}^{T} \hat{\varepsilon}_t^2}{\partial \hat{\beta}_2} = 0$$

取得正規方程式 (normal equations)：

$$\begin{cases} \dfrac{\partial \sum\limits_{t=1}^{T} \hat{\varepsilon}_t^2}{\partial \hat{\beta}_1} = \dfrac{\partial \sum\limits_{t=1}^{T}(Y_t - \hat{\beta}_1 - \hat{\beta}_2 X_t)^2}{\partial \hat{\beta}_1} = 2\sum\limits_{t=1}^{T}(Y_t - \hat{\beta}_1 - \hat{\beta}_2 X_t)(-1) = -2\sum\limits_{t=1}^{T}\hat{\varepsilon}_t = 0 \\[4mm] \dfrac{\partial \sum\limits_{t=1}^{T} \hat{\varepsilon}_t^2}{\partial \hat{\beta}_2} = \dfrac{\partial \sum\limits_{t=1}^{T}(Y_t - \hat{\beta}_1 - \hat{\beta}_2 X_t)^2}{\partial \hat{\beta}_2} = 2\sum\limits_{t=1}^{T}(Y_t - \hat{\beta}_1 - \hat{\beta}_2 X_t)(-X_t) = -2\sum\limits_{t=1}^{T}\hat{\varepsilon}_t X_t = 0 \end{cases}$$

上式，整理後，可得最小平方參數估計量 (證明)：

$$\hat{\beta}_1 = \overline{Y} - \hat{\beta}_2 \overline{X}$$

$$\hat{\beta}_2 = \frac{T\sum\limits_{t=1}^{T} X_t Y_t - \sum\limits_{t=1}^{T} Y_t \sum\limits_{T=1}^{T} X_t}{T\sum\limits_{t=1}^{T} X_t^2 - \left(\sum\limits_{t=1}^{T} X_t\right)^2}$$

證明： 正規方程式推得最小平方參數估計量過程

$$\Rightarrow \begin{cases} \sum\limits_{t=1}^{T}(Y_t - \hat{\beta}_1 - \hat{\beta}_2 X_t) = 0 \\[3mm] \sum\limits_{t=1}^{T}(X_t Y_t - \hat{\beta}_1 X_t - \hat{\beta}_2 X_t^2) = 0 \end{cases} \Rightarrow \begin{cases} \sum\limits_{t=1}^{T} Y_t - \sum\limits_{t=1}^{T} \hat{\beta}_1 - \sum\limits_{t=1}^{T} \hat{\beta}_2 X_t = 0 \\[3mm] \sum\limits_{t=1}^{T} X_t Y_t - \sum\limits_{t=1}^{T} \hat{\beta}_1 X_t - \sum\limits_{t=1}^{T} \hat{\beta}_2 X_t^2 = 0 \end{cases}$$

$$\Rightarrow \begin{cases} \sum\limits_{t=1}^{T} Y_t - T\hat{\beta}_1 - \hat{\beta}_2 \sum\limits_{t=1}^{T} X_t = 0 \\[3mm] \sum\limits_{t=1}^{T} X_t Y_t - \hat{\beta}_1 \sum\limits_{t=1}^{T} X_t - \hat{\beta}_2 \sum\limits_{t=1}^{T} X_t^2 = 0 \end{cases}$$

$$\Rightarrow \begin{cases} \hat{\beta}_1 = \dfrac{\sum\limits_{t=1}^{T} Y_t}{T} - \hat{\beta}_2 \dfrac{\sum\limits_{t=1}^{T} X_t}{T} \\[5mm] \sum\limits_{t=1}^{T} X_t Y_t - \left(\dfrac{\sum\limits_{t=1}^{T} Y_t}{T} - \hat{\beta}_2 \dfrac{\sum\limits_{t=1}^{T} X_t}{T}\right)\sum\limits_{t=1}^{T} X_t - \hat{\beta}_2 \sum\limits_{t=1}^{T} X_t^2 = 0 \end{cases}$$

$$\Rightarrow \begin{cases} \hat{\beta}_1 = \overline{Y} - \hat{\beta}_2 \overline{X} \\[2em] \hat{\beta}_2 = \dfrac{\sum\limits_{t=1}^{T} X_t Y_t - \dfrac{\sum\limits_{t=1}^{T} Y_t \sum\limits_{t=1}^{T} X_t}{T}}{\sum\limits_{t=1}^{T} X_t^2 - \dfrac{\sum\limits_{t=1}^{T} X_t \sum\limits_{t=1}^{T} X_t}{T}} \end{cases}$$

$$\hat{\beta}_1 = \overline{Y} - \hat{\beta}_2 \overline{X}$$

$$\hat{\beta}_2 = \frac{T \sum\limits_{t=1}^{T} X_t Y_t - \sum\limits_{t=1}^{T} Y_t \sum\limits_{t=1}^{T} X_t}{T \sum\limits_{t=1}^{T} X_t^2 - \left(\sum\limits_{t=1}^{T} X_t\right)^2} = \frac{\sum\limits_{t=1}^{T} X_t Y_t - T\overline{Y}\overline{X}}{\sum\limits_{t=1}^{T} X_t^2 - T\overline{X}^2}$$

2. 最大概似法原則 (maximum likelihood estimation; MLE)：係數估計法

除了最小平方法 (OLS)、最大概似法 (MLS) 和動差法 (MM)，還有其他的方法亦可推估迴歸模型的參數。

若 ε_t 的機率密度函數 (p.d.f.) 為

$$f(\varepsilon_t;\ \sigma^2) = \frac{1}{\sqrt{2\pi\sigma^2}} \exp\left(-\frac{\varepsilon_t^2}{2\sigma^2}\right)$$

將殘差項估計式代入，得到：

$$f(\varepsilon_t;\ \beta_1, \beta_2, \sigma^2) = \frac{1}{\sqrt{2\pi\sigma^2}} \exp\left(-\frac{(Y_t - \beta_1 - \beta_2 X)^2}{2\sigma^2}\right)$$

將所有樣本 p.d.f. 相乘，得概似函數 (Likelihood function)：

$$L(\beta_1, \beta_2, \sigma^2) = \prod_{t=1}^{T} f(\varepsilon_t; \beta_1, \beta_2, \sigma^2) = \frac{1}{2\pi^{\frac{T}{2}}\sigma^T} \exp\left(-\frac{\sum\limits_{t=1}^{T}(Y_t - \beta_1 - \beta_2 X_t)^2}{2\sigma^2}\right)$$

取對數，得

$$\ln L(\beta_1, \beta_2, \sigma^2) = -\frac{T}{2}(\ln(2\pi) + \ln\sigma^2) - \frac{\sum\limits_{t=1}^{T}(Y_t - \beta_1 - \beta_2 X_t)^2}{2\sigma^2}$$

極大化 $\ln L(\beta_1, \beta_2, \sigma^2)$，並針對 $\beta_1, \beta_2, \sigma^2$ 的一階條件，得

$$\frac{\partial \ln L(\beta_1, \beta_2, \sigma^2)}{\partial \beta_1} = 0$$

$$\frac{\partial \ln L(\beta_1, \beta_2, \sigma^2)}{\partial \beta_2} = 0$$

$$\frac{\partial \ln L(\beta_1, \beta_2, \sigma^2)}{\partial \sigma^2} = 0$$

經整理，可得

$$\Rightarrow \begin{cases} \dfrac{\sum\limits_{t=1}^{T}(Y_t - \beta_1 - \beta_2 X_t)(-1)}{\sigma^2} = 0 \\[2em] \dfrac{\sum\limits_{t=1}^{T}(Y_t - \beta_1 - \beta_2 X_t)(-X_t)}{\sigma^2} = 0 \\[2em] -\dfrac{T}{2}\dfrac{1}{\sigma^2} + \dfrac{\sum\limits_{t=1}^{T}(Y_t - \beta_1 - \beta_2 X_t)^2}{2\sigma^4} = 0 \end{cases} \Rightarrow \begin{cases} \sum\limits_{t=1}^{T}(Y_t - \beta_1 - \beta_2 X_t) = 0 \\[2em] \sum\limits_{t=1}^{T}(Y_t - \beta_1 - \beta_2 X_t)X_t = 0 \\[2em] \dfrac{\sum\limits_{t=1}^{T}(Y_t - \beta_1 - \beta_2 X_t)^2}{2\sigma^4} = \dfrac{T}{2}\dfrac{1}{\sigma^2} \end{cases}$$

得最大概似法估計量：

$$\hat{\beta}_1^{MLE} = \overline{Y} - \hat{\beta}_t^{MLE}\overline{X}$$

$$\hat{\beta}_2^{MLE} = \frac{T\sum\limits_{t=1}^{T}X_t Y_t - \sum\limits_{t=1}^{T}Y_t \sum\limits_{t=1}^{T}X_t}{T\sum\limits_{t=1}^{T}X_t^2 - \left(\sum\limits_{t=1}^{T}X_t\right)^2}$$

$$\sigma_{MLE}^2 = \frac{\sum\limits_{t=1}^{T}(Y_t - \hat{\beta}_1^{MLE} - \hat{\beta}_2^{MLE}X_t)^2}{T} = \frac{\sum\limits_{t=1}^{T}\hat{\varepsilon}^2}{T}$$

3. 動差法 (method of moments, MM)：係數估計法

(1) 母體動差 (population moments)

$E(\varepsilon_t) = 0 \Rightarrow E(Y_t - \beta_1 - \beta_2 X_t) = 0$

$E(X_t \varepsilon_t) = 0 \Rightarrow E[X_t(Y_t - \beta_1 - \beta_2 X_t)] = 0$

(2) 樣本動差 (sample moments)

$$\frac{\sum\limits_{t=1}^{T}(Y_t - \hat{\beta}_1 - \hat{\beta}_2 X_t)}{T} = 0$$

$$\frac{\sum\limits_{t=1}^{T} X_t \left(Y_t - \hat{\beta}_1 - \hat{\beta}_2 X_t\right)}{T} = 0$$

經整理，可得

$$\Rightarrow \begin{cases} \sum\limits_{t=1}^{T} \left(Y_t - \hat{\beta}_1 - \hat{\beta}_2 X_t\right) = 0 \\ \sum\limits_{t=1}^{T} X_t \left(Y_t - \hat{\beta}_1 - \hat{\beta}_2 X_t\right) = 0 \end{cases}$$

得動差法估計量：

$$\hat{\beta}_1^{Moment} = \overline{Y} - \hat{\beta}_2^{Moment} \overline{X}$$

$$\hat{\beta}_2^{Moment} = \frac{T \sum\limits_{t=1}^{T} X_t Y_t - \sum\limits_{t=1}^{T} Y_t \sum\limits_{t=1}^{T} X_t}{T \sum\limits_{t=1}^{T} X_t^2 - \left(\sum\limits_{t=1}^{T} X_t\right)^2}$$

四、檢定

1. 殘差項變異數 (residual variance) σ_ε^2 的不偏估計量：

$$\hat{\sigma}^2 = \frac{\sum\limits_{t=1}^{T} \left(Y_t - \hat{Y}_t\right)^2}{T-2} = \frac{\sum\limits_{t=1}^{T} \hat{\varepsilon}_t^2}{T-2}$$

2. 截距項 β_1 的信賴區間與假設檢定

$\hat{\beta}_1$ 的期望值與變異數：

$$E(\hat{\beta}_1) = \beta_1$$

$$Var(\hat{\beta}_1) = \frac{\sigma^2 \sum\limits_{t=1}^{T} X_t^2}{T \sum\limits_{t=1}^{T} \left(X_t - \overline{X}\right)^2}$$

$\hat{\beta}_1$ 的樣本信賴區間：

$$P\left(-t_c \leq \frac{\hat{\beta}_1 - \beta_1}{\sqrt{V\hat{a}r(\hat{\beta}_1)}} \leq t_c\right) = 1 - \alpha \; ; \; V\hat{a}r(\hat{\beta}_1) = \frac{\hat{\sigma}^2 \sum\limits_{t=1}^{T} X_t^2}{T \sum\limits_{t=1}^{T} (X_t - \overline{X})^2}$$

$\hat{\beta}_1$ 的檢定：

$$H_0 : \beta_1 = 0$$

$$H_1 : \beta_1 \neq 0$$

$$\Rightarrow t_0 = \frac{\hat{\beta}_1 - 0}{\sqrt{V\hat{a}r(\hat{\beta}_1)}} \; ; \; 若 -t_c \leq t_0 \leq t_c，則接受 H_0$$

3. 係數β_2的信賴區間與假設檢定

$\hat{\beta}_2$的期望值與變異數：

$$E(\hat{\beta}_2) = \beta_2$$

$$Var(\hat{\beta}_2) = \frac{\sigma^2}{\sum\limits_{t=1}^{T}\left(X_t - \overline{X}\right)^2}$$

$\hat{\beta}_2$的樣本信賴區間：

$$P\left(-t_c \leq \frac{\hat{\beta}_2 - \beta_2}{\sqrt{\widehat{Var}(\hat{\beta}_2)}} \leq t_c\right) = 1 - \alpha \; ; \; \widehat{Var}(\hat{\beta}_2) = \frac{\hat{\sigma}^2}{\sum\limits_{t=1}^{T}(X_t - \overline{X})^2}$$

$\hat{\beta}_2$的檢定：

$$H_0 : \beta_2 = 0$$

$$H_1 : \beta_2 \neq 0$$

$$\Rightarrow t_0 = \frac{\hat{\beta}_2 - 0}{\sqrt{\widehat{Var}(\hat{\beta}_2)}} : 若 -t_c \leq t_0 \leq t_c，則接受 H_0$$

4. $\hat{\beta}_1$和$\hat{\beta}_2$的共變異數

$$Cov(\hat{\beta}_1, \hat{\beta}_2) = -\frac{\overline{X}\,\sigma^2}{\sum\limits_{t=1}^{T}(X_t - \overline{X})^2}$$

5. $\hat{\sigma}_\varepsilon^2$的信賴區間

$$\sum\limits_{t=1}^{T}\left(\frac{\hat{\varepsilon}_t - 0}{\sigma}\right)^2 \sim \chi_T^2$$

$$V_0 = \sum\limits_{t=1}^{T}\left(\frac{\hat{\varepsilon}_t}{\sigma}\right)^2 = \frac{(T-2)\hat{\sigma}^2}{\sigma^2}$$

$$H_0 : \sigma^2 = 0$$

$$H_1 : \sigma^2 \neq 0$$

$$V_c \leq V_0，則拒絕 H_0$$

五、預測

1. 在已知的 X_0 值預測 Y_0 值：點預測 (point forecast)

預測值：$\hat{Y}_0 = \hat{\beta}_1 + \hat{\beta}_2 X_0$

迴歸式：$Y_t = \beta_1 + \beta_2 X_t + \varepsilon_t$

預測誤差 (forecast error)：$\hat{Y}_0 - Y_0$

期望值：$E(\hat{Y}_0 - Y_0) = 0$

變異數：$Var(\hat{Y}_0 - Y_0) = \sigma^2 \left(1 + \dfrac{1}{T} + \dfrac{(X_0 - \overline{X})^2}{\sum\limits_{t=1}^{T} (X_t - \overline{X})^2} \right)$

點預測信賴區間 (confidence interval for the point forecast)

$$P\left(-t_c \le \dfrac{(\hat{Y}_0 - Y_0) - 0}{\sqrt{Var(\hat{Y}_0 - Y_0)}} \le t_c \right) = 1 - \alpha$$

Y_0 的點預測信賴區間

$$\hat{Y}_0 \pm t_c \sqrt{\sigma^2 \left(1 + \dfrac{1}{T} + \dfrac{(X_0 - \overline{X})^2}{\sum\limits_{t=1}^{T} (X_t - \overline{X})^2} \right)}$$

2. 在已知的 X_0 值預測 $E(Y \mid X_0)$ 值：平均值預測值 (mean predictor)

預測值：$\hat{Y}_0 = \hat{\beta}_1 + \hat{\beta}_2 X_0$

均值迴歸式：$E(Y \mid X_0) = \beta_1 + \beta_2 X_0$

預測值與均值差距：$Y_0 - E(Y \mid X_0)$

期望值：$E(\hat{Y}_0 - E(Y \mid X_0)) = 0$

變異數：$Var(\hat{Y}_0 - E(Y \mid X_0)) = \sigma^2 \left(\dfrac{1}{T} + \dfrac{(X_0 - \overline{X})^2}{\sum\limits_{t=1}^{T} (X_t - \overline{X})^2} \right)$

均值預測值信賴區間 (confidence interval for the point forecast)

$$P\left(-t_c \le \dfrac{(\hat{Y}_0 - E(Y \mid X_0)) - 0}{\sqrt{Var(\hat{Y}_0 - E(Y \mid X_0))}} \le t_c \right) = 1 - \alpha$$

$E(Y \mid X_0)$ 的信賴區間

$$\hat{Y}_0 \pm t_c \sqrt{\sigma^2 \left(\dfrac{1}{T} + \dfrac{(X_0 - \overline{X})^2}{\sum\limits_{t=1}^{T} (X_t - \overline{X})^2} \right)}$$

3. 預測績效

通常我們可用預測誤差作爲評估預測品質的方法，假定 Y_t 爲實際值，Y_t^f 爲預測值，常用的模型預測績效指標，包括：

· mean squared error (MSE) $= \dfrac{\Sigma(Y_t^f - Y_t)^2}{T}$

· root mean squared error (RMSE) $= \sqrt{\dfrac{\Sigma(Y_t^f - Y_t)^2}{T}} = \sqrt{MSE}$

· mean absolute error (MAE) $= \dfrac{1}{T}\Sigma\left|Y_t - Y_t^f\right|$

· mean absolute percent error (MAPE) $= \dfrac{1}{T}\Sigma 100\dfrac{\left|Y_t - Y_t^f\right|}{Y_t}$

· mean squared percent error (MSPE) $= \dfrac{1}{T}\Sigma\left(100\dfrac{Y_t - Y_t^f}{Y_t}\right)^2$

· root mean squared percent error (RMSPE) $= \sqrt{\dfrac{1}{T}\Sigma\left(100\dfrac{Y_t - Y_t^f}{Y_t}\right)^2} = \sqrt{MSPE}$

六、模型適配度 (goodness of fit)

1. 判定係數 (coefficient of determination)：R^2

假定個體樣本觀察值與樣本平均值的差距為 $Y_t - \overline{Y}$，則

$$Y_t - \overline{Y} = Y_t + (-\hat{Y}_t + \hat{Y}_t) - \overline{Y} = (Y_t - \hat{Y}_t) + (\hat{Y}_t - \overline{Y})$$

將上式左右兩式開平方，可得下式：

$$(Y_t - \overline{Y})^2 = (Y_t - \hat{Y}_t)^2 + (\hat{Y}_t - \overline{Y})^2 + 2(Y_t - \hat{Y}_t)(\hat{Y}_t - \overline{Y})$$

將上式所有樣本變異加總，得到：

$$\sum_{t=1}^{T}(Y_t - \overline{Y})^2 = \sum_{t=1}^{T}(Y_t - \hat{Y}_t)^2 + \sum_{t=1}^{T}(\hat{Y}_t - \overline{Y})^2 + 2\sum_{t=1}^{T}(Y_t - \hat{Y}_t)(\hat{Y}_t - \overline{Y})$$

總變異 SS_T ＝ 總誤差變異 SS_E ＋ 迴歸模型可解釋總變異 SS_R ＋ 0

定義：

總變異 $SS_T = \sum\limits_{t=1}^{T}(Y_t - \overline{Y})^2$

總誤差變異 $SS_E = \sum\limits_{t=1}^{T}(Y_t - \hat{Y}_t)^2$

迴歸模型可解釋總變異 $SS_R = \sum\limits_{t=1}^{T}(\hat{Y}_t - \overline{Y})^2$

$2\sum\limits_{t=1}^{T}(Y_t - \hat{Y}_t)(\hat{Y}_t - \overline{Y}) = 0$，證明如下：

$$\sum_{t=1}^{T} 2(Y_t - \hat{Y}_t)(\hat{Y}_t - \overline{Y}) = \sum_{t=1}^{T} 2\hat{\varepsilon}_t(\hat{\beta}_1 + \hat{\beta}_2 X_t - \overline{Y})$$

$$= \sum_{t=1}^{T} 2\hat{\varepsilon}_t \hat{\beta}_1 + \sum_{t=1}^{T} 2\hat{\varepsilon}_t \hat{\beta}_2 X_t - \sum_{t=1}^{T} 2\hat{\varepsilon}_t \overline{Y}$$

$$= 2\hat{\beta}_1 \sum_{t=1}^{T} \hat{\varepsilon}_t + 2\hat{\beta}_2 \sum_{t=1}^{T} \hat{\varepsilon}_t X_t - 2\overline{Y} \sum_{t=1}^{T} \hat{\varepsilon}_t$$

根據正規方程式 $\sum_{t=1}^{T} \hat{\varepsilon}_t = 0$ 和 $\sum_{t=1}^{T} \hat{\varepsilon}_t X_t = 0$，上式為 0。

因此，可以定義下式關係：

總變異 SS_T = 總誤差變異 SS_E + 迴歸模型可解釋總變異 SS_R

再定義之判定係數如下：

$$R^2 = \frac{SS_R}{SS_T} = 1 - \frac{SS_E}{SS_T}$$

2. 判定係數 R^2 的一些特性

(1) R^2 並不是衡量迴歸模型的品質 (quality)，而是適配度的指標之一。

(2) R^2 介於 0 和 1 之間 (無截距項的迴歸模型則例外)。

(3) $R^2 = 0.35$ 代表迴歸模型解釋因變數平均值變異的 35%。

(4) R^2 偏低，不代表迴歸係數的估計值就沒有意義。

3. R^2 與變異數分析 (ANOVA)：$k = 2$ 單變量迴歸模型 (其中，k 為待估計迴歸係數數量)

變異來源	平方和 SS	自由度 df	均方 MS	判斷法則
模型	$SS_R = \sum_{t=1}^{T} (\hat{Y}_t - \overline{Y})^2$	$k-1$	$MS_R = SS_R / (k-1)$	
殘差	$SS_E = \sum_{t=1}^{T} (Y_t - \hat{Y}_t)^2$	$T-k$	$MS_E = SS_E / (T-k)$	$F_0 = \dfrac{MS_R}{MS_E}$
總變異	$SS_T = \sum_{t=1}^{T} (Y_t - \overline{Y})^2$	$T-1$		

$$\begin{cases} H_0 : \beta_2 = 0 \\ H_1 : \beta_2 \neq 0 \end{cases}$$

$\Rightarrow F_0 = \dfrac{MS_R}{MS_E}$，若查表的 $F_c \leq$ 觀測的 F_0，則拒絕 H_0。

特性：F 檢定與 t 檢定並不衝突，在單變量迴歸模型 $F = t^2$。

七、其他模型適配度 (goodness of fit)

R^2 的功能是迴歸模型所有自變數用來解釋因變數平均變異的一個比例，$\overline{R}^2$ 的提出是另將自變數增加所產生的自由度損失考慮到指標中。晚近又有一些模型選擇準則被提出，主要重點是著重在殘差平方和「$SS_E = \sum_{t=1}^{T}(Y_t - \hat{Y}_t)^2 = \sum_{t=1}^{T}\hat{\varepsilon}_t^2$」與自變數增加所產生的自由度損失，常用的有下述幾個指標，這些指標的判斷準則不同於 R^2 與 $\overline{R}^2$，而是以指標值愈小模型愈佳。

- Akaike information criteria (AIC): $\ln\left(\dfrac{SSE}{T}\right) + \left(\dfrac{2k}{T}\right)$

- Schwarz criteria (SC): $\ln\left(\dfrac{SSE}{T}\right) + \left(\dfrac{k}{T}\ln T\right)$

- Finite prediction error (FPE): $\ln\left(\dfrac{SSE}{T}\right) + \ln\left(\dfrac{T+k}{T-k}\right)$

八、概似比檢定 (likelihood ratio test; LR test)：二個敵對模型之適配度比較

Stata 提供 lr 指令之概似比檢定，它不等於「最大概似法」之係數估計法，而是二個敵對模型之適配度做比較，看那一個模型較優。

九、估計的意義

估計 (estimation) 又稱推定，其意義是指利用樣本統計量去估計母體中未知的參數，其內容又區分點估計及區間估計兩大類。

十、估計式的評斷標準

1. 符號：以 θ 表示 (某個我們感興趣的) 隨機變數之母體參數 (是一個固定但未知的常數)，$\hat{\theta}$ 代表 θ 的估計式 (隨機變數)。

2. 估計誤差 (estimation error)：以 $\hat{\theta}(x_1, x_2, ..., x_n)$ 估計 θ 時，$(\hat{\theta}-\theta)$ 稱為估計誤差。

3. 判斷估計式優劣的直覺：良好估計式的估計誤差應該愈小愈好。

   (1) 估計誤差有正有負，評估時應將估計誤差變成正值 (平方)，所有可能的估計誤差均應納入考量 (期望值)，這就導致了底下的評估準則。

   (2) 均方誤 (mean squared error; MSE; 平均平方誤差)：一估計式 $\hat{\theta}$ 的均方誤定義為

$$MS_E(\hat{\theta}) = \mathrm{E}[(\hat{\theta}-\theta)^2]$$

口語上的解釋：誤差平方的平均值，可解釋為「估計式的平均誤差」。當然，MSE 愈小代表估計式愈準確。

(3) 均方誤差可進一步拆解如下：

$$MS_E(\hat{\theta}) = E[(\hat{\theta} - \theta)^2] = E[[(\hat{\theta} - E[\hat{\theta}]) + (E[\hat{\theta}] - \theta)]^2]$$

$$= E[(\hat{\theta} - E[\hat{\theta}])^2] + E[(E[\hat{\theta}] - \theta)^2] + E[2(\hat{\theta} - E[\hat{\theta}])(E[\hat{\theta}] - \theta)]$$

$$= E[(\hat{\theta} - E[\hat{\theta}])^2] + E[(E[\hat{\theta}] - \theta)^2] + 2(E[\hat{\theta}] - \theta)E[\hat{\theta} - E[\hat{\theta}]]$$

$$= E[(\hat{\theta} - E[\hat{\theta}])^2] + E[(E[\hat{\theta}] - \theta)^2]$$

$$= \underbrace{V(\hat{\theta})}_{\text{估計式的變異數}} + \underbrace{[E(\hat{\theta}) - \theta]^2}_{\text{估計式的偏誤}}$$

(4) MSE 由兩個非負值的部分組成：估計式的變異數 $V(\hat{\theta})$ 估計式偏誤之平方 $E[(\hat{\theta} - \theta)^2]$。因此，要使得 MSE 較小可從二方面著手：

「$V(\hat{\theta})$ 愈小愈好」、「$E[(\hat{\theta} - \theta)^2]$ 愈小愈好」。

(5) 我們定義之第一個估計式評估「不偏性」，目的就在使得

$E[(\hat{\theta} - \theta)^2] = 0$。

4. 定義：偏誤 (bias)

E($\hat{\theta}$) 與 θ 的差距，稱為偏誤。即 Bias($\hat{\theta}$) = E($\hat{\theta}$) − θ

當 Bias($\hat{\theta}$) = 0 ⇒ 不偏 (左圖)

當 Bias($\hat{\theta}$) > 0 ⇒ 正偏 (中圖) ⇒ 平均而言，估計值比真實參數大，高估參數值。

當 Bias($\hat{\theta}$) < 0 ⇒ 負偏 (右圖) ⇒ 平均而言，估計值比真實參數小，低估參數值。

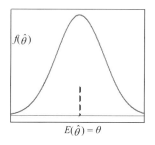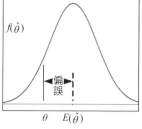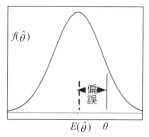

圖 1-24 三種偏誤情況之示意圖

5. 定義：不偏性 (unbiasedness)

當估計量之抽樣分布的期望值等於母體參數值時，稱之為不偏性 (unbiased)，而具有不偏性的估計量，是一不偏估計量 (unbiased estimator)；反之，則稱為偏估計量 (biased estimator)。

(1) 設 $\hat{\Theta}$ 為參數 θ 之估計式，若 $E(\hat{\Theta}) \neq \theta$，但

$$\lim_{n \to \infty} E(\hat{\Theta}) = \theta$$

則稱估計式 $\hat{\Theta}$ 為參數 θ 之極限不偏估計式 (asymptotic unbiased estimator)。

(2) 設 $\hat{\Theta}(X_1, X_2, \cdots\cdots, X_n)$ 為參數 θ 之函數 $\pi(\theta)$ 之估計式，且

$$E\big(\hat{\Theta}(X_1, X_2, \cdots\cdots, X_n)\big) = \pi(\theta)$$

則稱 $\hat{\Theta}(X_1, X_2, \cdots\cdots, X_n)$ 為函數 $\pi(\theta)$ 之不偏估計式。

1-2-4 單變量 vs. 多變量統計

1. 單變量分布 (univariate)：若我們只關心母體的某項特性，如產品之抗拉強度、個人滿意度……，則此母體分布稱為單變量分布。

2. 雙變量分布 (Bivariate)：若我們關心母體的兩項特性，如產品的抗拉強度與重量的關係、個人滿意度與離職意願的因果關係……，則此母體分布稱為雙變量分布。

3. 多變量分布 (multivariate)：若我們關心母體兩項以上的特性，如「產品的抗拉強度、重量與抗壓強度」、「個人滿意度、組織承諾與離職意願的因果關係」，則此母體分布稱為多變量分布。

一、醫學統計經常混淆的名詞

在應用統計分析作學術研究的各個領域中，醫學領域可說是其中的非常大宗，據統計目前全世界約有 3 萬種的醫學期刊，約占了科技期刊的四分之一之多。而在這塊這麼大的市場中，我觀察到在醫學領域所使用的統計名詞，經常與統計教科書有相當多的出入，本篇文章擬將這些常見的混淆之處作個釐清。

1. 單變量或多變數迴歸分析

假使我們現在要進行依變數 (dependent variable) 的預測，如果我們的自變數 (independent variable) 只有一個，那麼這種迴歸模式稱之為簡單迴歸 (Simple regression)，不過在醫學期刊常見以單變量迴歸 (univariate regression) 來表達；倘若我們的自變數是 2 個以上，那麼我們稱之為多元迴歸 (multiple regression)，

但在醫學期刊則部分稱之爲多變數迴歸 (multivariable regression) 或多變量迴歸 (multivariate regression)。

特別值得說明的是，「多變量」在一般統計教科書是專門指同時有 2 個以上的依變數的統計方法，例如主成分分析、因素分析、集群分析、結構方程模式、典型相關等；但在醫學領域中，不管依變數有多少個，只要自變數在 2 個以上，就會稱之爲多變量分析 (比較正確來說應該是多變數分析)，這是滿特別的一點。

2. 自變數、依變數或控制變數

統計教科書皆把依變數定義爲 dependent variable，不過實際醫學期刊比較常見以結果變數 (outcome) 來稱呼之；如果我們的模式有許多個 (2 個以上) 自變數，而所關注的是其中一個變數，那麼此時其他變數便稱作控制變數 (control variable)，但在醫學期刊的習慣來說，並非主要研究變數的控制變數都叫做共變量 (covariate)。

3. 迴歸分析的細節

在多變數迴歸 (2 個以上的自變數) 中，每一個自變數的迴歸係數皆是已經考慮其他變數的效果，一般我們會說控制或考慮其他變數效果之下 (Controlling or considering other variables)，不過醫學期刊特別偏好使用「調整」(adjusted) 這個字，例如 adjusted OR 或 adjusted HR 以標明此爲多變數分析之下的結果；相較之下，如果是單變數的模式 (只有一個自變數)，醫學期刊也偶爾會看到用 naïve 或 crude 這兩個字來表示這是一個單變數分析，例如 crude OR 或 naïve analysis。

以上介紹了一些常見的醫學統計容易造成混淆的名詞，並且以與迴歸分析相關的名詞爲主，以下表格爲將以上內容作個整理，希望幫助大家未來在閱讀醫學期刊時有所幫助。

名詞或情境	醫學領域	其他領域
單變量的迴歸分析	univariate regression	simple regression
多變量的迴歸分析	multivariate regression or multivsriable regression	multiple regression
控制變數 (共變量)	covariate	control variable
依變數 (結果變量)	outcome (variable)	dependent variable

名詞或情境	醫學領域	其他領域
考慮其他變數之下的效果 (通常是迴歸分析)	adjusting for other covariates	controlling or considering other variables
迴歸係數 (多變量的迴歸分析之下)	"adjusting" coefficient (e.g. adjusted OR or HR)	regression coefficient

1-3 二個類別變數之分析

1-3-1 類別變數之適用條件

自變數 \ 依變數	縱貫面研究類別變數	橫斷面研究類別變數
單一類別變數	卡方檢定：關連性分析 Tetrachoric correlations(限 Binary 變數) Odds ratio(邏輯斯迴歸)	對稱性 Chi-Square Tetrachoric correlations (限 Binary 變數)Odds ratio(邏輯斯迴歸)
類別變數 + 連續變數	Odds ratio(邏輯斯迴歸)	Odds ratio (邏輯斯迴歸)

一、基本概念

類別資料：指在測量的過程中以名義尺度或順序尺度所收集到的資料，如性別、高 vs. 低血糖類型。或者以等距 (工作滿足、考試成績)、比率尺度 (有絕對原點，如工作所得、年齡、高 vs. 低血糖類型) 所測量到的連續變數資料，經化簡為類別變數時 (如父母社會經濟地位分為高、中、低三組) 的資料。

類別資料收集後，基本資料的 Stata 呈現：

1. 單一類別變數：用次數分布表

選擇表：tabulate oneway

Statistics > Summaries，tables，and tests > Tables > One-way tables

選擇表：tabulate ... ，generate()

Data > Create or change data > Other variable-creation commands > Create indicator variables

選擇表：tab1

Statistics > Summaries，tables，and tests > Tables > Multiple one-way tables

2. 兩個或多個類別變數：列聯表

> 選擇表：Tabulate
>
> Statistics > Summaries，tables，and tests > Tables > Two-way tables with measures of association

二、兩個類別變數的統計檢定

1. 卡方檢定：「類別變數」的統計檢定可以卡方檢定來進行推論統計檢定。

卡方檢定 χ^2(chi-square test)：樣本觀察到的次數 (或百分比) 與理論或母群體的分布次數 (或百分比) 之間是否有顯著差異。又稱交叉分析 (以細格次數來進行交叉比較) 或百分比檢定 (細格中數據是次數、百分比)。

2. 四分相關 (tetrachoric correlations)

由於很多連續變數，例如血糖 > 160 就列爲糖尿病，但這種「人爲」將連續變數強制轉成二分類別變數，就不適合卡方檢定來考驗「2×2 交叉表的關連性」，故需改用四分相關。

3. 勝算比

> 定義：**Odds**
>
> 發生某事件的人數與未發生該事件人數的比值。
>
> The ratio of events to not-events (risk of having an events divided by the risk of not having it)

> 定義：勝算比
>
> (在病例對照研究中) 實驗組中發生疾病的勝算與控制組中發生疾病的勝算比值, 或罹患疾病的病患暴露於某變因的勝算除以控制組暴露的勝算。
>
> The odds of the event occurring in one group divided by the odds of the event occurring in the other group

> 定義：相對風險
>
> 無單位，用於隨機試驗 (randomised trials) 及世代研究 (cohort studies)。
>
> 在隨機試驗中，接受治療病患相對未接受治療病患的不良事件風險 (the ratio of risk in the treated group (EER) to the risk in the control group (CER))。RR= EER/ CER。

在世代研究中，具有危險因子 (暴露) 的人罹病之機率為不具危險因子 (非暴露) 的幾倍。RR= 暴露組的疾病發生率 / 非暴露組的疾病發生率。

Q：對治療效果的估計有多精確？

A：雖然沒有治療效果的真實數值，但我們可用估計值來替代，每個估計值都是真實治療效果的近似值，但重點是到底有多近似？信賴區間 (confidence intervals；CIs) 是一種統計上的工具，用來表示估計值的精密度，可用來表示治療效果的估計範圍，換句話說，信賴區間可顯示對真實值的估計有多近似。95% 信賴區間表示「此治療效果區間」有 95% 的機率會包含真實數值。如果區間過大表示估計缺乏精確性，反之信賴區間愈狹窄，則精確性愈高。再者研究的樣本數大小會影響結果的精確性，樣本數愈大結果愈精確，95%CI 的範圍越窄，反之樣本數小的研究會有較寬的 CIs。

勝算比或是相對危險 (relative risk) 的 95% 信賴區間若包含了 1，表示治療結果不具有統計上的顯著意義。若風險差 (risk difference) 或絕對風險差 (absolute risk reduction) 的信賴區間包含了 0，則表示這個差異不具有統計上的顯著意義。我們應該將治療效果信賴區間的最低值視為最小效果的可能值，並且試問自己：「如果這個治療介入的效果只有這麼小，還值得拿來應用嗎？是否具有臨床上的重要性？」

以下公式中，a，b，c，d 是指下表 2×2 表格之交叉細格人數。

表 1-3　交叉表之細格人數及邊際人數

	實驗組 (treated)	對照組 (not treated)	合計
死亡 Death(case)	a_i 人	b_i 人	$n1_i$ 人
存活 Survival(control)	c_i 人	d_i 人	$n2_i$ 人
合計	$m1_i$ 人	$m2_i$ 人	T_i 人

值得一提的是，Stata (metaaggr 指令，http://fmwww.bc.edu/RePEc/bocode/m)、comprehensive meta analysis 軟體針對你的需求 (for 連續變數、或類別變數)，共提供 18 種類型效果量 (effect size, ES) 估計法可讓你選擇 (如下圖)，包括：

1. Odds ratio(OR): $OR = Ln(\dfrac{a \times d}{c \times b})$

2. M-H odds ratio: $OR_{MH} = \dfrac{\sum W_i \times OR_i}{W_i} = \dfrac{\sum (a_i \times d_i)/T_i}{\sum (b_i \times c_i)/T_i}$ ，T 爲總人數。

3. Peto odds ratio: $OR = \exp(\dfrac{\sum (O_i - E_i)}{\sum V_i})$ ，其中，$V_i = \dfrac{n1_i m1_i n2_i m2_i}{T_i^2 (T_i - 1)}) = (O_i - E_i)$ 的變異數。

4. Log odds ratio: $Lor_i = Ln\left(\dfrac{P_E(1 - P_C)}{P_C(1 - P_E)} \right)$。$P_E$，$P_C$ 實驗組、控制組百分比。

5. M-H log odds ratio: 將 M-H odds ratio 取自然對數，變成常態分布。

6. Log Peto odds ratio: 將 Peto odds ratio 取自然對數，變成常態分布。

7. Risk ratio: $RR_i = \dfrac{P_E}{P_C}$。實驗組風險比除以控制組風險比。

8. M-H Risk ratio: Risk ratio 再乘上 weight。

9. log Risk ratio: $Lrr_i = Ln(\dfrac{P_E}{P_C})$。

10. M-H log Risk ratio: Risk difference 取自然對數之後，再乘上 weight。

11. Risk difference: $rd_i = P_E - P_C$。

12. M-H Risk difference : Risk difference 再乘上 weight。

13. Risk diff in means (風險平均數差異)：$RR_E - RR_C$

14. Hedges' g: $g_i = (1 - \dfrac{3}{4N - 9})d_i = (1 - \dfrac{3}{4N - 9})\dfrac{\overline{x}_E - \overline{x}_C}{S_{(pooled)}}$

15. Difference in means: $D_i = \overline{Y}_E - \overline{Y}_C$

16. Std Paired Difference: $d_i = (1 - \dfrac{3}{4N_i - 9})\dfrac{\overline{Y}_1 - \overline{Y}_2}{S}$

17. Correlation: Pearson $r_{xy} = \dfrac{\sum (z_x z_y)}{N_i}$ ，此效果量 r_i 可從 χ^2，t，F 值轉換求得。

18. Fisher's: $Z_r = Ln(\dfrac{1 + r_{xy}}{1 - r_{xy}})$ ，將積差相關轉換爲常態化 Zr。

其中，下標 E，C：分別代表實驗組 vs. 控制組。

例如，有篇原始論文其個別研究數據如下 2×2 交叉表，其勝算比的手算公式如下：

表 1-4 實驗處理的效果，與對照組做比較

人數	實驗組	控制組
死亡	已知 1 人	已知 2 人
存活	推算 (40−1) = 39	推算 (36−2) = 34
合計	已知 $N_E = 40$	已知 $N_E = 36$

Odds ratio $= \dfrac{1 \times 34}{39 \times 2} = 0.436$

Ln(odds ratio) = Ln(0.436) = −0.83

因 OR < 1，故實驗組處理效果優於控制組。

1-3-2 卡方檢定：關連性分析

一、卡方分布 (chi-square distribution)

卡方分布 ($\chi^2_{(df=k)}$) 是機率論與統計學中常用的一種機率分布。k 個獨立的標準常態分布變數的平方和服從自由度為 k 的卡方分布。卡方分布亦是一種特殊的伽瑪 (gamma) 分布。

由卡方分布延伸出來的皮爾森 (Pearson) 卡方檢定常用於：(1) 樣本某性質的比例分布與母體理論分布的適配度；(2) 同一母體的兩個隨機變數是否獨立；(3) 二或多個母體同一屬性的同質性檢定。

二、卡方之數學定義

若 k 個隨機變數 $Z_1, Z_2, \cdots\cdots Z_k$ 是相互獨立，且符合標準常態分布的隨機變數 (數學期望為 0、變異數為 1)，則隨機變數 Z 的平方和：

$$X = \sum_{i=1}^{k} Z_i^2 \sim \chi^2_{(k)}$$

三、卡方分布的機率密度函數為

$$f_k(k) = \frac{(\frac{1}{2})^{k/2}}{\Gamma(k/2)} x^{k/2-1} e^{-x/2}$$

其中 x ≥ 0，當 x ≤ 0 時，$f_k(x) = 0$。這裡 Γ 代表伽瑪函數。

自由度 $k > 0$。卡方分布的期望值為 k，變異數為 2k。

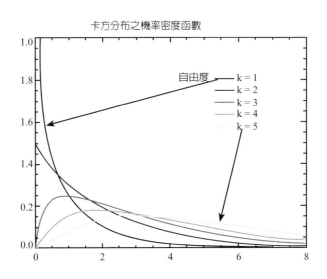

圖 1-25 卡方分布之機率密度函數

　　卡方檢定之應用例子，包括：

1. 應用 RFM 於照明產業經營績效——以 W 公司為例。
2. 電信業者推動行動上網業務之行銷策略探討。
3. 已購買癌症保險再購者之特性分析——以 X 壽險公司為例。
4. 個股新聞對股價影響之研究——以臺股為例。
5. 集成分類器結合特徵選取與多字詞判斷疾病分類碼。
6. 應用關連法則分析不同科別高血壓處置的差異。
7. 健康風險標準與社會經濟政策相關因素研究——以自來水中 THMs 為例。
8. 利用 DNA 混合樣本於 SNP 相關研究之統計分析。
9. 企業風險管理在我國電子零組件產業的實施現況。
10. 假釋制度與假釋決定之影響因素——雲林監獄之實證研究。
11. 國際級工程公司設計能耐提升個案研究——以人才培育與專業強化觀點。
12. 影響房屋貸款逾期因素之實證分析。
13. 影響中小企業貸款提前清償因素之實證分析。
14. 創意設計導入教學中之成效研究。
15. 性侵犯前科類型及其影響因子之研究。
16. 臺灣基金投資者之投資決策研究。

17.影響智慧家庭採用電能資訊管理系統之因素分析——市場調查法。

18.殺人罪量刑之實證研究。

19.評估臺灣獸醫醫療法之制定對社會層面影響與先行調查。

20.急性中風病患就醫資料分析。

21.探討罹患青光眼之相關影響因素。

22.影響消費性貸款逾期因素之實證分析。

23.工作滿意度決定因素之性別差異。

1-3-2a 卡方檢定之介紹

假設檢驗係統計上對參數的假設，是對一個或多個參數的論述，而其中我們欲檢驗其正確性的為虛無假設 (null hypothesis)，虛無假設通常由研究者決定，反映研究者對未知參數的看法。相對於虛無假設的其他有關參數之論述是對立假設 (alternative hypothesis)，它通常反映了執行檢定的研究者對參數可能數值的另一種 (對立的) 看法 (換句話說，對立假設通常才是研究者最想知道的)。我們常見的假設檢定種類包括：t 檢驗、Z 檢驗、卡方檢驗、F 檢驗等等。

皮爾森卡方檢定 (Pearson's chi-squared test) 是最有名的卡方檢定之一，其他常用的卡方檢定還有葉氏連續性校正 (Yates's correction for continuity)、概似比檢定 (Likelihood-ratio test)、Portmanteau 檢定 (Portmanteau test) 等，它們的統計值之機率分布都近似於卡方分布，故稱卡方檢定。皮爾森卡方檢定最早由卡爾・皮爾森在 1900 年發表，用於類別變數 (categorical variables) 的檢定。科學文獻中，當提及卡方檢定而沒有特別指明類型時，通常即指皮爾森卡方檢定。

卡方檢定的 4 種統計檢定

(一) 適配度檢定 (test of goodness of fit)：適用於某一個變數實際觀察的次數分布是否與某個理論分布或母群分布相符合所進行的統計檢定，若檢定 (卡方值) 未達顯著，表示該變數的分布與母群相同，反之，則與母群不同，就比較不適合作推論。

其檢定公式為：

$$\chi^2 = \sum_{i=1}^{k} \frac{(f_o - f_e)^2}{f_e} \sim 符合 \chi^2_{(k-1)} 分配，df = k - 1$$

f_o：觀察 (observed) 次數。

f_e：期望 (expected) 次數。

df：自由度。

適配度檢定的主要目的在檢定我們實際收集到的資料其觀察次數與根據某種理論推測出來的期望次數，是否相接近。

例 (參考林清山，民 81)

　　某學者想研究不同色調的色紙對幼兒的吸引力是否不同，他呈現 7 種色紙供 280 名幼兒選擇最喜歡的一種，結果如下表所示：

色彩	紅	橙	黃	綠	藍	靛	紫
人數	52	48	44	31	29	30	46

　　本例題研究者使用 280 名幼兒為受試者，如果「幼兒對七種色調的喜歡程度相同」這一個說法可以成立的話，則理論上每一種色調被選擇到的理論次數 (f_e) 應該都是 40。這些資料代入公式來檢定觀察次數與理論次數是否一致。得：

$$\chi^2 = \frac{(52-40)^2}{40} + \frac{(48-40)^2}{40} + \frac{(44-40)^2}{40} + \frac{(31-40)^2}{40}$$

$$+ \frac{(29-40)^2}{40} + \frac{(30-40)^2}{40} + \frac{(46-40)^2}{40} = 14.05(p < 0.05)$$

查表 $\chi^2_{.95(6)} = 12.592$

解釋

　　根據觀察資料計算出來的 χ^2 值為 14.05，其 P 值為 0.029，小於 0.05 顯著水準，應拒絕虛無假設 H_0，即不同的色調對幼兒有不同的吸引力存在。

(二) 獨立性檢定：檢測「**同一個樣本兩個類別變數**」的實際觀察值，是否具有特殊的關連，如果檢定的卡方值未達顯著，表示兩個變數相互獨立，如果檢定 (卡方值) 結果達到顯著，表示兩個變數不獨立，具有關連，如某公司學歷分布與性別有否關連。

　　列聯表 (contingency table) 的二個變數是否彼此獨立，常是研究者感興趣的假設。兩變數是否獨立其定義為：若某細格的機率恰等於決定此細格的兩類變數之邊緣機率之乘積，則兩變數為獨立。

　　常用來檢定列變數與行變數是否獨立的統計量稱為**皮爾森卡方**，其計算方法是將每一細格的殘差 (觀察次數減期望次數) 平方，再除以期望次數，再全部加總起來，其公式為：

$$\chi^2 = \sum_i \sum_j \frac{(O_{ij} - E_{ij})^2}{E_{ij}} \sim 符合\chi^2_{(I-1)(J-1)} 分布$$

其中 O_{ij} 為實際觀察次數，E_{ij} 為理論期望次數。

(三) 百分比同質性檢定 (test of homogeneity of proportions)：檢定同一**變數在兩個樣本**的分布情況，如公私立大學學生的性別分布是否一樣。如果檢定 (卡方值) 未達顯著，表示兩個樣本是同質的，反之，如果檢定 (卡方值) 達到顯著，表示兩個樣本不同質。

(四) 多重列聯表分析

多重列聯表：有三個 (或以上) 類別變數的列聯表，在獨立性檢定方面用「G^2 統計法」處理多個類別變數的關連分析。

1-3-2b 卡方檢定之 Stata 實作

一、獨立性檢定 (test of independence)

獨立性檢定又稱為關連性檢定 (test of association)。其主要目的在考驗二個以上的自變數與自變數之間有無關連存在。如果彼此有關連存在，則可繼續了解二者之關連的性質與程度。換句話說，獨立性檢定的目的在了解自母群中取樣而來的一組受試者的兩個設計變數之間是否互為獨立？如果不是互為獨立，則二者的關連性的性質和程度如何？因此，在進行獨立性檢定時，I×J 交叉表的兩個變數均為設計變數，且為 2×2 交叉表，則其 χ^2 公式可改寫成：

$$\chi^2 = \frac{N(AD - BC)^2}{(A+B)(C+D)(A+C)(B+D)}$$

A	B	A + B
C	D	C + D

A + C   B + D

其中 A, B, C 和 D 代表 2×2 交叉表內各細格人數，

例 （參考林清山 p295，民 81）

某研究者想了解教育程度與其社經水準是否有關連存在，乃以 283 人為受試，調查的資料如下：

SES Ed_Level		社經水準 (SES)			合計
		低	中	高	
教育程度	大學	6	17	20	43
	高中	15	26	24	65
	國中	31	34	13	78
	小學	42	45	10	97
合計		94	122	67	283

代入公式：

$$\chi^2 = 283 \left[\frac{6^2}{43 \times 94} + \frac{17^2}{43 \times 122} + \cdots\cdots + \frac{10^2}{97 \times 67} - 1 \right]$$
$$= 34.5328 \ (p < 0.05)$$

查表 $\chi^2_{.95(6)} = 12.592$

代入公式：

$$\Phi^2 = \frac{X^2}{N} = \frac{34.5328}{283} = 0.1120$$

代入克瑞瑪 V_c 統計數 (Cramer's statistic)

$$V_c = \sqrt{\frac{\Phi^2}{\min(I-1, J-1)}} = \sqrt{\frac{0.1120}{\min(4-1, 3-1)}} = \sqrt{\frac{0.1120}{2}} = 0.247$$

代入「預測關連性指標」(index of predictive association) 公式：

$$\lambda = \frac{\sum \max f_{ij} - \max f_{i.}}{N - \max f_{i.}}$$
$$= \frac{(42 + 45 + 24) - 97}{283 - 97} = 0.075 \ (\text{從社經水準預測教育程度})$$

Stata 分析步驟

Step1. 範例之資料檔 (「關連性檢定 .dta」)

在 Menu(選擇表)，選：FILE > OPEN

將本書附的資料檔「關連性檢定 .dta」讀入。接著 Menu 再選「Edit > Data Edit > Data Edit (Edit)」，即可看到 283 筆資料，如下圖。

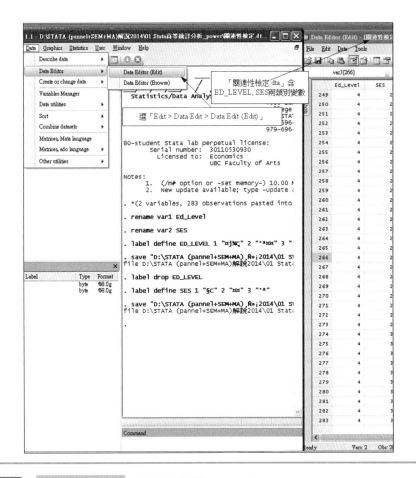

圖 1-26 「關連性檢定 .dta」資料檔內容 (N=283)

Step2. Stata 選擇表，選：

Statistics > Summaries, tables, and tests > Tables > Two-way tables with measures of association

即可開啓下圖之「Tabulate2」對話盒

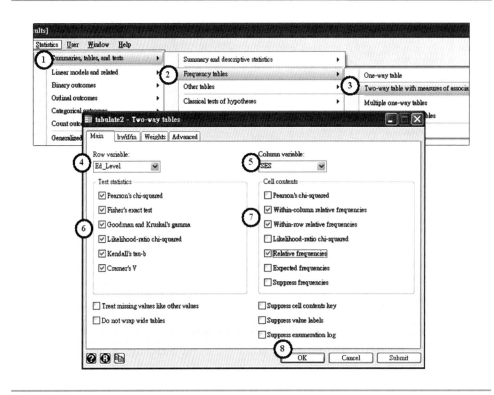

圖 1-27 獨立性檢定「Tabulate2」對話盒

Step3. 分析結果，如下圖

指令：tabulate Ed_Level SES, cell chi2 column exact gamma lrchi2 row taub V

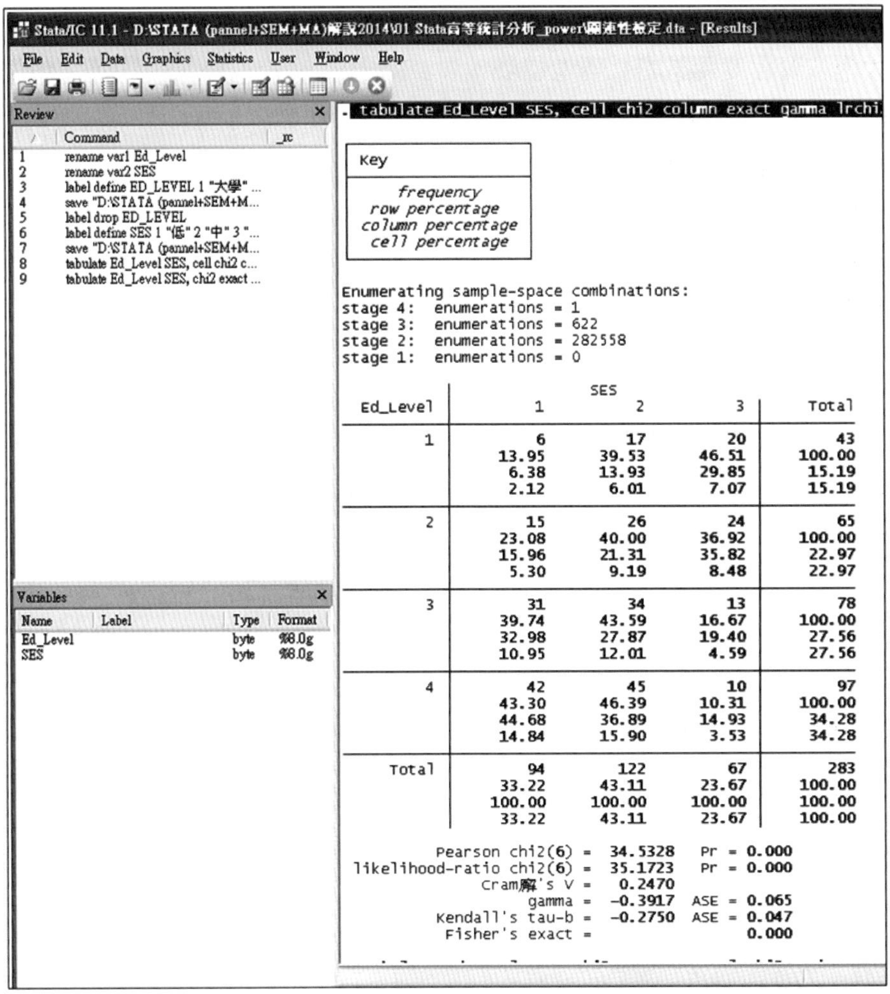

圖 1-28 獨立性檢定結果

結果與解釋：

Stata 檢定結果，見上圖。印出 Pearson's $\chi^2 = 34.5328$，$df = 6$，$p = 0.000$，達到 0.05 顯著水準，故拒絕虛無假設「H_0：教育程度與社經水準之間無關連」，即教育程度與社經水準之間有關連存在。

Cramer's V：常用在列的個數與行的個數不相等的列聯表。

上圖亦顯示 gamma 為 -0.3917，Cramer's V 為 0.2470，Fisher's exact 為

0.000，均達到 0.05 顯著水準。

　　由上圖之交叉細格亦可看出：

1. 大學教育程度受試的社經地位屬「高」的居數 (46.5%)，高中程度 (40%) 與國中教育程度 (43.6%) 屬「中」社經地位者占多數，而國小教育程度社經地位則以「低」者 (43.3%) 及「中」者 (46.4%) 居多。

2. 教育程度愈高，其屬「低」社經地位的比率就愈低，由 43.3% 降至 14.0%。相對地，教育程度愈高者，其屬「高」社經地位比率就愈高，由 9.3% 升至 46.5%。

二、百分比同質性檢定

　　百分比同質性檢定的主要目的在檢定幾個母群之間的某一事件其反應的百分比是否有顯著差異，通常進行 χ^2 檢定時所收集到的資料常安排成 I 個橫列和 J 個縱行的方格形狀的表，稱為「交叉表」或「列聯表」(contingency table)，換句話說，使用 χ^2 檢定進行百分比同質性檢定的主要目的在於檢定被調查的 J 組受試者在 I 個反應中選擇某一選項的百分比是否有顯著差異。

　　在進行百分比同質性檢定時，交叉表的兩個變數中，事實上只有一個變數是「設計變數」(design variable)，亦即研究者所操弄的處理變數，或研究者找來比較的類別變數；至於交叉表的另外一個變數則為反應變數，不算是設計變數了。在百分比同質性檢定所用的交叉表中最值得注意的一點是：在研究設計時，設計變數的這 J 個類別之邊緣總人數，亦即 n_j 要固定。至於細格 (cells) 內的人數則視調查所得資料之機率而定。其公式如下：

$$\chi^2 = N\left[\sum_{i=1}^{I}\sum_{j=1}^{J}\frac{f^2_{ij}}{f_{i\circ} \times f_{\circ j}} - 1\right] \sim 符合 \chi^2_{(I-1)(J-1)}分配$$

上式列聯表的自由度為：$df = (I-1)(J-1)$

例 (參考林清山，民 81)

　　某研究想了解不同宗教信仰對學生體罰的意見。調查的資料如下表，試檢定不同宗教者對體罰意見的人數百分比是否相同？

	宗教				
體罰意見	無	佛教	基督教	道教	
同　意	23	27	5	31	86
無意見	5	4	6	10	25
反　對	3	12	9	50	74
	31	43	20	91	185

　　本例設計，宗教變數便是「母群」(或組別)，分為四組，故 $J = 4$。反應變數是「反應」，分為三個選項，故 $I = 3$。

$$\chi^2 = 185\left(\frac{23^2}{86 \times 31} + \frac{27^2}{86 \times 43} + \cdots + \frac{50^2}{74 \times 91} - 1 \right) = 31.66^*$$

查表 $\chi^2_{0.95,(3-1)(4-1)} = \chi^2_{0.95(6)} = 12.592$

　　$df = (I - 1)(J - 1) = (2 - 1)(3 - 1) = 2$

　　查表 $\chi^2_{.95(2)} = 5.5991$

　　由於 $\chi^2 = 31.66 >$ 查表 5.991，卡方檢定達 0.05 顯著水準，拒絕「H_0：百分比同質」。結果顯示不同宗教者對體罰意見係不同。

STATA 分析步驟

Step1. 範例之資料檔 (「百分比同質性 .dta」)

　　在 Menu (選擇表)，選：FILE > OPEN

　　將本書附的「百分比同質性 .dta」讀入。接著 Menu 再選「Edit > Data Edit > Data Edit (Edit)」，即可看到 185 筆資料，如下圖。

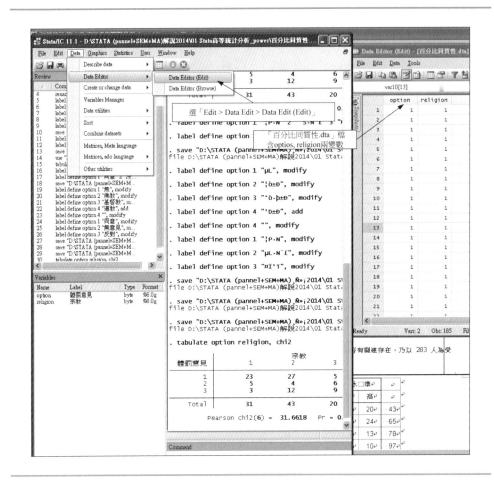

圖 1- 29 「百分比同質性 .dta」資料檔內容 (N = 185)

Step2. Stata 選擇表，選：

Statistics > Summaries, tables, and tests > Tables > Two-way tables with measures of association

即可開啓下圖之「Tabulate2」對話盒

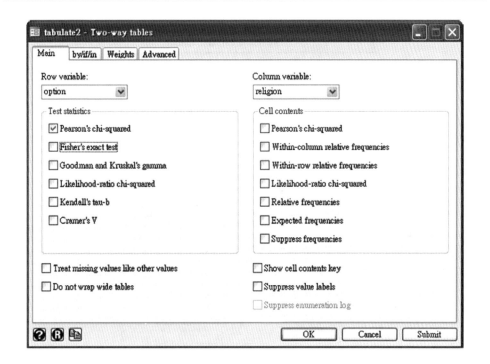

圖 1-30 「Tabulate2」對話盒

Step3. 分析結果，如下表

指令：tabulate option religion, chi2

```
         |                    宗教
體罰意見 |    1        2        3        4 |    Total
---------+------------------------------------+----------
       1 |   23       27        5       31 |      86
       2 |    5        4        6       10 |      25
       3 |    3       12        9       50 |      74
---------+------------------------------------+----------
   Total |   31       43       20       91 |     185

      Pearson chi2(6) =  31.6618   Pr = 0.000
```

由於 $\chi^2 = 31.6618$，$Pr < 0.05$，卡方檢定達 0.05 顯著水準，故拒絕「H_0：百分比同質」。所以不同宗教者對體罰意見係不同。

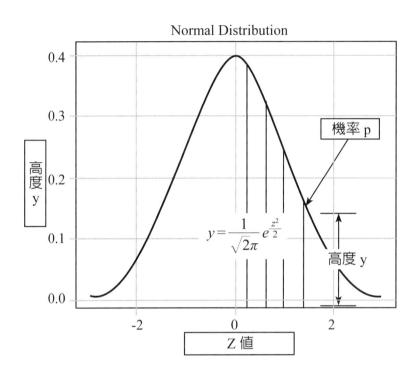

Normal Distribution

$$y = \frac{1}{\sqrt{2\pi}} e^{\frac{z^2}{2}}$$

機率 p

高度 y

高度 y

Z 值

圖 1-31 常態分布圖

1-3-3 勝算比 (OR)、ROC 曲線、敏感度 / 特異性：<u>邏輯斯迴歸</u>

概率 (probabilities) 介於 0 和 1。比方說，成功的概率是 0.8，因此 P = 0.8。失敗的概率則是：Q = 1−P = 0.2。

賠率是從 0 至無窮大 probbailities 和範圍來決定。比值被定義為成功之概率的比率和故障的可能性。成功的機率：

odds(成功) = P /(1−P) 或 P / Q = 0.8/0.2 = 4，

也就是說，成功的機率是 4 比 1。失敗的機率會：

odds(失敗) = Q / P = 0.2/0.8 = 0.25。

它真正的意思是失敗的賠率是 1 至 4。成功和失敗的機率彼此是倒數，即 1/4 = 0.25 和 1/0.25 = 4。

接下來，我們將添加一個變數的公式，這樣我們可以計算勝算比。

這個例子是改編自 Pedhazur(1997)。假設十分之七的男性被錄取到一個工科學校，而十分之三的女性被錄取。故男性被錄取概率是：

$$P = 7/10 = 0.7 \text{，} Q = 1-0.7 = 0.3$$

如果你是男性，被錄取的概率是 0.7，沒有被錄取的概率是 0.3。

相反地，女性被錄取的概率是：

$$P = 3/10 = 0.3 \text{，} Q = 1-0.3 = 0.7$$

如果你是女性，被錄取的概率是 0.3，沒有被錄取的概率是 0.7。

現在我們可以用概率來計算錄取的機率為男性和女性，

$$\text{odds(男)} = 0.7/0.3 = 2.33333$$
$$\text{odds(女)} = 0.3/0.7 = 0.42857$$

接下來，被錄取的勝算比是：

$$OR = 2.3333/.42857 = 5.44$$

因此，對於男性，被錄取的 odds 為女性的 5.44 倍。

一、勝算比、勝算比之自然數 (LOR) 的定義

勝算比是試驗組的 odds 除以對照組的 odds。各組的 odds 為研究過程中各組發生某一事件 (event) 之人數除以沒有發生某一事件之人數。通常被使用於 case-control study 之中。當發生此一事件之可能性極低時，則相對風險幾近於勝算比。

下表 2×2 交叉表中，a, b, c, d 分別代表實驗組、控制組的成功失敗的細格人數 (cell frequenceies)

表 1-5　**2×2 交叉表之示意**

	實驗組 (treated group)	對照組 (not treated group)
失敗 (Events)	a_i 人	b_i 人
成功 (Non-Events)	c_i 人	d_i 人

> **定義：勝算比、勝算比之自然對數 (Natural Log of Odds Ratio, LOR)**
>
> 以上面之 2×2 交叉表來說，勝算比 (OR) $= \dfrac{a \times d}{c \times b}$
>
> 勝算比之自然對數 (LOR) $= Ln(\dfrac{a \times d}{c \times b})$

二、勝算比、勝算比之自然對數 (LOR) 的實例

表 1-6　**以人數來計算 OR 及 LOR 之示意**

公式	$OR = \dfrac{a \times d}{c \times b}$	$LOR = Ln(\dfrac{a \times d}{c \times b})$
	實驗組	對照組
失敗 (Events)	a_i 人	b_i 人
成功 (Non-Events)	c_i 人	d_i 人

實例 1：實驗組與控制組之效果沒顯著差異

　　有關風險的計算，OR 及 LOR 的算法，如下二個表所示。

表 1-7　**OR 及 LOR 的計算值 (情況一，以「負面事件」人數來算)**

公式	OR= 1,	LOR = 0	OR = 1,	LOR = 0
人數	experimental group (有處理)	control group (無處理)	experimental group (有處理)	control group (無處理)
失敗	10 人	10 人	100 人	100 人
成功	5 人	5 人	50 人	50 人

實例 2：實驗組效果顯著優於控制組

表 1-8 OR 及 LOR 的計算值 (情況二，以「成敗」人數來算)

公式	OR = 4	LOR = 1.39	OR = 0.25，	LOR= -1.39
人數	實驗組之處理	對照組	實驗組之處理	對照組
失敗	20 人	10 人	10 人	20 人
成功	10 人	20 人	20 人	10 人

實例 3：機率來算 OR, LOR

相對地，若 2×2 交叉表，改以聯合機率分布 (population cell probabilities)，則其風險的計算，如下表所示。

表 1-9 OR 及 LOR 的計算值 (情況三，以「成敗」機率來算)

機率	OR = 1	LOR = 0	OR = 16，	LOR = 2.77
	實驗組之處理	對照組	實驗組之處理	對照組
失敗	0.4	0.4	0.4	0.1
成功	0.1	0.1	0.1	0.4

表 1-10 實例：風險減少 (∵ 勝算比 < 1)

	Experimental group (E)	Control group (C)	合計
失敗	EE = 15	CE = 100	115
成功	EN = 135	CN = 150	285
合計 (subjects)	ES = EE + EN = 150	CS = CE + CN = 250	400
Event rate (ER)	EER = EE / ES = 0.1, or 10%	CER = CE / CS = 0.4, or 40%	

表 1-11 實例：風險增加 (∵ 勝算比 > 1)

	Experimental group (E)	Control group (C)	合計
失敗	EE = 75	CE = 100	175
成功	EN = 75	CN = 150	225
合計 (subjects)	ES = 150	CS = 250	400
Event rate (ER)	EER = 0.5 (50%)	CER = 0.4 (40%)	

1-3-3a 勝算比之意義

> 定義：
> 1. 風險比率 (hazard ratio)
>   風險比率是兩個風險率 (hazard rate) 的比值。風險率是單位時間內發生的事件數占被試總體的百分比。瞬時風險率就是當時間間隔趨近於 0 時的風險率。
> 2. 勝算比：又稱危險對比值
>   在病例對照研究中，實驗組中發生疾病的勝算或危險性 / 對照組中發生該疾病的勝算或危險性 (the ratio of the odds of having the target disorder in the experimental group relative to the odds in favour of having the target disorder in the control group)。
>   或暴露組罹患疾病的勝算或危險性 / 非暴露組罹患疾病的勝算或危險性 (the ratio of the odds in favour of being exposed in subjects with the target disorder divided by the odds in favour of being exposed in control subjects)。

　　邏輯斯迴歸 (Logistic 指令) 旨在估計勝算比；Cox 迴歸 (stcox、svy: stcox 指令) 及參數存活模型 (streg、svy: streg、stcrreg、xtstreg、mestreg 指令) 旨在估計危險比 (hazard ratio)。

一、勝算比之應用例子

1. 以資訊風險管理來看資訊科技採用的效果。
2. 人類病毒疣 (經由人類乳突病毒引起) 可能為年輕患者的風險因子發生乳癌透過關聯性資料採礦。
3. 探討產險資料之交互作用。
4. 修正條件分布勝率矩陣時最佳參考點之選取方法。
5. 利用混合加權方法對於罕見遺傳變異進行關聯性分析。
6. Meta 分析在 HIV 與肺結核的關係。
7. 慢性病與大腸直腸癌及瘜肉之相關：以配對病例對照研究。
8. 人民幣國際化程度與前景的實證分析。
9. 外資評等對股價短期影響之研究。
10. 使用分支與限制演算法分析乳癌中的單核苷酸多型性相互作用。

11.應用跨研究之單核苷酸多態性標記子以建立整合性遺傳風險預測模型。

12.探討國中教師工作倦怠因素之研究。

13.應用資料探勘技術分析多重疾病間的共病現象。

14.學用不符對就業滿意度的影響。

15.從年齡動態網路探討疾病盛行率。

16.二元配對資料下根據條件勝算比建構之正確非劣性檢定。

17.山地鄉原住民兒童過動注意力缺損症盛行率及相關危險因子之臨床調查。

18.父母親死亡對青少年自殺死亡影響之重疊病例對照研究。

19.國中學生個人、家庭及學校生活與幸福感關係之研究。

20.代謝異常指標的長期追蹤家庭資料之迴歸分析研究。

21.乾癬患者合併症及醫療資源利用。

22.男女在教育機會上是否平等——以國中升高中 (第一志願) 來探討。

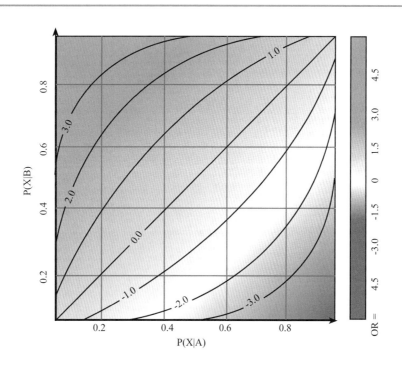

圖 1-32 勝算比之示意圖

　　舉例來說，如果今天我們想知道：吃了 A 家快餐店跟拉肚子有沒有相關性？

一、勝算比原理

線性迴歸分析之依變數是由自變數所構成的直線函數，並加上一個誤差值得之模型，其公式為：

$$Y = \beta_0 + \beta_1 X_1 + \beta_2 X_2 + ... + \beta_k X_k + \varepsilon$$

其中，Y 是依變項、X_i 是 k 個自變項、β 為權重係數、ε 為隨機誤差項。

當依變數是類別的資料時，依變數若分為 2 群，則採用二元邏輯迴歸，目標事件不發生時為 0，目標事件發生時則為 1。邏輯斯迴歸分析是探討自變數對二類別依變數的預測力或解釋力，並且藉由邏輯斯迴歸分析可以得勝算比，如下式。如果勝算小於 1，表示目標事件發生的機率少於目標事件不發生的機率；如果勝算大於 1，表示目標事件發生的機率多於目標事件不發生的機率。

$$勝算比 = \frac{\pi(x)}{1-\pi(x)} = e^{b_0 + b_1 x}$$

其中，X 是自變項、π 為機率值、e 為指數，b_0 為常數項，b_1 為權重係數。

從二元邏輯斯迴歸分析的整體模型適配度 (goodness of fit)，可了解自變數對依變數的貢獻程度。整體模型若達顯著，表示所有自變數中至少一個自變數對依的預測機率達顯著，若要進一步確定是哪個自變數對依的預測機率達顯著需進行個別自變數性檢定。

二、勝算比實例說明

表 1-12 勝算比之交叉表示意

	D(診斷出疾病的人) 拉肚子	D_bar(沒有疾病的人) 沒有拉肚子
實驗組：吃 A 家快餐店 E(有暴露於危險因子的人)	a 人	b 人
控制組：無吃 A 家快餐店 E_bar(無暴露於危險因子的人)	c 人	d 人

其中：
E: 吃了 A 家快餐店的人數
E_bar: 沒有吃 A 家快餐店的人數
D: 有拉肚子的人數
D_bar: 沒有拉肚子的人數

1. 勝算比計算公式

對於吃了 A 家快餐店的人們，$\dfrac{\text{有拉肚子人數}}{\text{沒拉肚子人數}} = \dfrac{a}{b}$..........公式 (1)

沒吃 A 家快餐店的人們，$\dfrac{\text{有拉肚子人數}}{\text{沒拉肚子人數}} = \dfrac{c}{d}$..............公式 (2)

勝算比 (OR) $= \dfrac{\text{吃了A家快餐店拉肚子比率}}{\text{沒吃A家快餐店拉肚子比率}} = \dfrac{a \times d}{c \times b}$

(1) 若勝算比 (OR) > 1, 那就表示，吃了 A 家快餐店的人，拉肚子的 Odds 高於沒吃的人 (而且 OR 愈高，這個趨勢愈明顯)。

(2) 若勝算比 (OR) = 1，那就表示，有沒有吃 A 家快餐店跟拉肚子沒有什麼相關。兩者 Odds 一樣多。

(3) 相反地，若 OR < 1，則吃 A 家快餐店的人，拉肚子的 Odds 低於沒吃的人。

2. 當我們藉由統計得出勝算比時，往往還要搭配信賴區間來看最後的結果。這是怎麼說呢？

承接本例子，如果我們不幸得出 OR = 1.5，單純看來，似乎 A 家快餐店不要吃比較好。

但是如果我們又算出了 95% 信賴區間是 [0.9, 2.1]，包含「OR = 1」點，所以有一定機率，A 家快餐店還是可以吃的 (OR = 1，有沒有吃跟拉肚子沒有相關)。

反之，如果今天 95%CI = [1.2, 1.8]，未含「OR = 1」點，則 A 家快餐店就不能吃了。

上述例子，A 家快餐店能不能吃，係實驗設計的 OR 值；相對地，OR 亦可應用至非實驗設計之調查法。例如，下表所示，OR=0.436(<1)，顯示隔代教養會提高「子女偏差行為」的風險比。

表 1-13 勝算比交叉表的應用數據

	實地實驗組： 隔代教養	對照組： 正常家庭	
Event: 偏差行為	已知 1 人	已知 2 人	Odds ratio $= \dfrac{1 \times 34}{39 \times 2} = 0.436$
No Event: 正常行為	推算 (40−1) = 39	推算 (36−2) = 34	Ln(odds ratio) = Ln(0.436) = −0.83
合計	已知 $N_E = 40$	已知 $N_E = 36$	

二、勝算比與邏輯斯迴歸模式的關係

邏輯斯迴歸模式是用來處理依變數屬於類別變數的一種統計分析方法，因依變數可能包含多種可能狀態，常被用來分析一個二元的反應變數。其特性在於利用邏輯斯變數轉換，使反應變數轉換為介於 0 到 1 之間的機率值，其中定義反應變數 Y 為 1 (代表事件發生) 和 0 (代表事件不發生)。

在應用方面，邏輯斯迴歸可用來預測信用卡風險的方向，評估最能衡量個人信用、償債能力的預測變數，茲依照各個因素對於個人信用狀況的影響程度給予不同的權重，做出事前的風險量化研究，策略上評定是否發給個案信用卡，以期提高信用良好顧客比例，減少銀行呆帳的發生。有人先執行關連性分析，發掘與顧客信用好壞有關的決定因素。進而透過以下這些解釋變數，納入勝算比觀念，logistic 指令來得邏輯斯迴歸係數的權重，依此建立女性信用卡持有人之信用風險較完整評估標準：

> 反應變數 (Y=1/0)：好 / 壞顧客，其中壞顧客定義：支票存款列為拒絕往來戶，12 個月內至少有一次信用記錄繳款超過 30 天以上或消費額度已超過信用額度。
>
> 解釋變數 (X)：以直接取自信用卡申請書上的表列資料中的教育程度、婚姻狀況、職位、行業、自有住宅、年齡、年薪等為主。

若假設有 p-1 個獨立的解釋變數，令其向量定義為 $x = (x_1, x_2, ..., x_{p-1})$，則反應變數的條件機率定義為 $P(Y = 1|x) = \pi(x)$ 為申請人基本資料下好顧客之機率：

$$g(x) = \frac{e^{g(x)}}{1 + e^{g(x)}}，其中 0 \leq \pi(x) \leq 1$$

邏輯斯迴歸模式通常表示為：

$$g(x) = \ln\left[\frac{\pi(Y = 1|x)}{1 - \pi(Y = 1|x)}\right] = \beta_0 + \beta_1 x_1 + ... + \beta_{p-1} x_{p-1}$$

通過邏輯斯的轉換後，$g(x)$ 是參數的線性組合，與變數 X 呈線性關係且為單調遞增 / 遞減特性，更能處理 $P(Y = 1|x) = \pi(x)$ 發生事件之機率範圍限制的問題。迴歸係數最大概似估計式，具有統計一致性與有效性的優點。且當 $g(x)$ 愈大時，事件發生的機率愈大，可另設定臨界機率作為兩類顧客群判定標準：若申請人之機率大於臨界機率，則為可正常授信客戶。

1-3-3b勝算比之 Stata 實作

例如，傳統實驗設計，如表 1-14所示，OR = 0.436(< 1)，顯示實驗處理「死亡率」event 低於控制組。

表 1-14 **Event(死亡否) 與實驗組別之交叉表**

依變數 ＼ 自變數	實驗組	對照組	手算公式：
Event: 死亡	A = 1 人	B = 2 人	Odds ratio $= \frac{1 \times 34}{39 \times 2} = 0.436$
No Event: 存活	C = 39 人	D = 34 人	Ln(odds ratio) = Ln(0.436) = −0.83
合計	$N_E = 40$	$N_E = 36$	

一、範例 (「Odds_ratio.dta」資料檔)

表 1-15 「**Odds_ratio.dta**」資料檔

ID	依變數	預測變數
	Event (死亡否)	組別 (treated)
1	0	1
2	0	2
3	0	2
4	1	1
5	1	1
6	1	1
7	1	1
8	1	1
9	1	1
10	1	1
11	1	1
12	1	1
13	1	1
14	1	1

ID	依變數	預測變數
15	1	1
16	1	1
17	1	1
18	1	1
19	1	1
20	1	1
…	…	…
68	1	2
69	1	2
70	1	2
71	1	2
72	1	2
73	1	2
74	1	2
75	1	2
76	1	2

二、Stata 分析步驟

Step1. 先探索兩個類別變數的「**2×2 交叉表**」

command 指令：**tabulate** Event treated, **chi2 column row**

> 選擇表 Menu：Statistics > Summaries, tables, and tests > Tables > Two-way tables
>   with measures of association
>
> 並選入：「Row variable」爲 Event。「Column variable」爲 treated。

　　卡方檢定結果，得 $\chi^2_{(1)} = 0.4666$，p > 0.05，故接受虛無假設「H_0：兩類別變數無關連」，故實驗組的處理 (vs. 對照組) 對 event(死亡 vs. 存活) 無顯著影響效果。但是，從交叉表之細格百分比卻可看出，實驗處理的死亡率爲 33.33%，遠低於對照組 (吃安慰劑) 的死亡率爲 66.67%。由此可看出卡方檢定並非 Robust(結實的)，故我們改以勝算比來分析，比較它與卡方檢定的異同處。

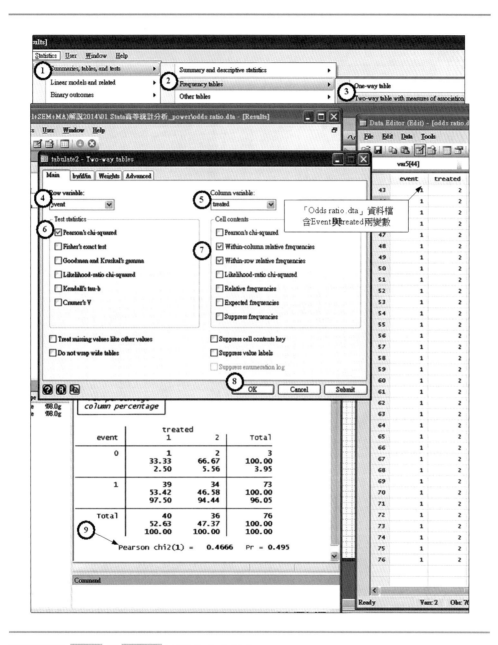

圖 1-33 Event 與 treated 兩變數之交叉表

Step2. 邏輯斯迴歸分析

　　command 指令：logistic event treated

選擇表 Menu：Statistics > Binary outcomes > Logistic regression (reporting odds ratios)

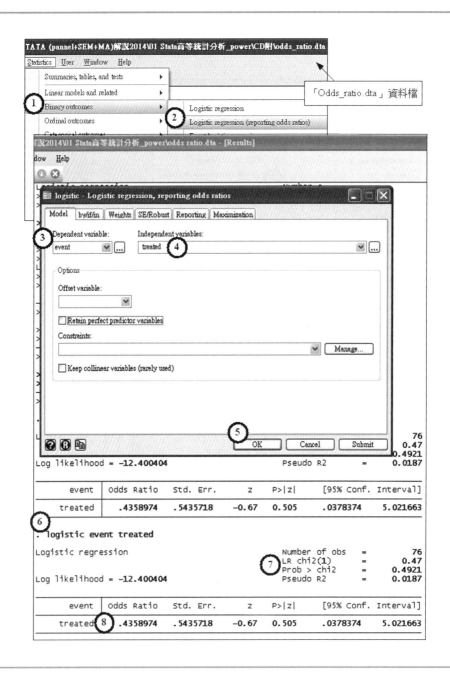

圖 1-34　邏輯斯界定 Event 為依變數，treated 為自變數

邏輯斯迴歸分析結果，得 odds ratio = 0.43589 < 1，即實驗組的效果 (effect)，即死亡率「低於」控制組 (只吃安慰劑)，但 p > 0.05，表示實驗處理的效果仍未仍達 0.05 顯著性降低死亡率。雖然 $\chi^2_{(1)}$ = 0.47，p = 0.49 > 0.05，亦未達 0.05 顯著水準。95%CI = [0.0378, 5.021]，未含「0」，顯示實驗組的效果，即存活率顯著高於控制組 (只吃安慰劑)。

Step3. 事後之線性假設的檢定

command 指令： test (treated)

選擇表： Statistics > Postestimation > Tests > Test linear hypotheses

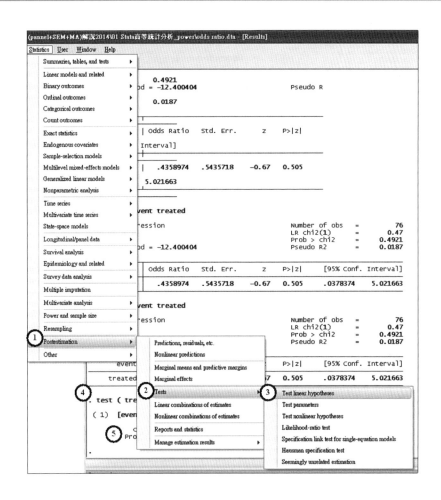

圖 **1-35** 選「Test linear hypothesis」

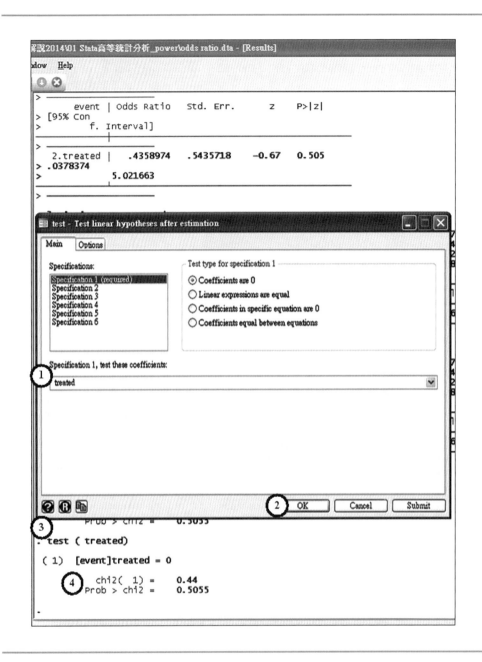

圖 1-36 「Test linear hypothesis after estimation」選：treated 係數為 0

　　做完 event 及 treated 這兩個類別變數邏輯斯迴歸之後，Stata 會暫存此資料檔「Odds ratio.dta」的最近一次迴歸分析結果，故我們再進行「Test linear hypothesis after estimation」，結果如上圖，得：$\chi^2_{(1)} = 0.4$，P = 0.5055 > 0.05，所以接受虛無假設「H_0: treated 係數為 0」，即拒絕「H_1: treated 自變數來預測 event 依變數的線性關係不為 0」。

1-3-3c 二元依變數之模型：<u>邏輯斯</u>迴歸之實例

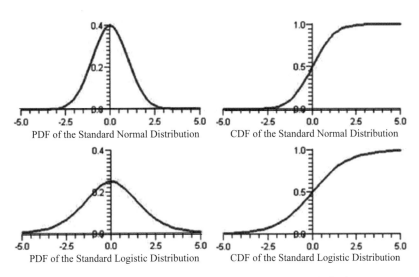

The Standard Normal and Standard Logistic Probability Distributions

圖 1-37 標準常態 vs. 標準<u>邏輯斯</u>分布圖

　　<u>邏輯斯</u>迴歸旨在估計勝算比；Cox 迴歸旨在估計危險比 (hazard ratio)。<u>邏輯斯</u>迴歸，也稱為 Logit 模型，用來模擬 binary 結果變數 (即依變數、反應變數)。在<u>邏輯斯</u>迴歸模型中，依變數的 log odds，係是一群預測變數 (predictor variables) 的線性組合。

　　Binary 是指「0、1」所組合的數據，故 Stata 的<u>邏輯斯</u>迴歸，依變數的編碼，只限「0、1」，不可「1、2」。

　　對於較多變數且每個變數分成較多類組之資料，二元變數，其相對的列聯表 (contingency table) 會出現稀疏性，直接針對資料去找尋<u>邏輯斯</u>迴歸模型 (logistic regression model) 及對數線性模型 (log-linear model) 時，空細格 (empty cell) 會使參數估計值出現發散現象，因此使用 Stata 一些統計方法做資料分析，要注細篩選出某些較為重要的變數及將變數類組合併，以降低稀疏性的發生率，使我們得到收斂的結果。

一、邏輯斯迴歸分析之重點

1. 邏輯斯迴歸模型解釋、邏輯斯迴歸的推論。
2. 模型檢驗、屬質變數的邏輯斯值模型、多元邏輯斯迴歸。
3. 樣本大小與檢定力 (power)。

二、邏輯斯迴歸的原理：勝算比或稱為相對風險 (relative risk)

以「受訪者是否 (0,1) 發生某事件」(死亡、病發、倒閉、犯罪被捕……) 之二元 (binary) 依變數為例。邏輯斯迴歸係假設解釋變數 (x) 與受試者是否發生某事件 (y) 之間必須符合下列邏輯斯 (Logistic) 函數：

$$P(y \mid x) = \frac{1}{1 + e^{-\sum b_i \times x_i}}$$

其中 b_i 代表對應解釋變數的係數，y 屬二元變數 (binary variable)，若 y = 1 表示受訪者有發生某事件 (死亡、病發、倒閉、犯罪被捕……)；反之，若 y = 0 則表示該受訪者未發生某事件。因此 P(y = 1|x) 表示當自變數 x 已知時，該受訪者有發生某事件的機率；P(y = 0|x) 表示當自變數 x 已知時，該乘客受訪者未發生某事件的機率。

邏輯斯函數之分子分母同時乘以 $e^{\sum b_i \times x_i}$ 後，上式變為：

$$P(y \mid x) = \frac{1}{1 + e^{-\sum b_i \times x_i}} = \frac{e^{\sum b_i \times x_i}}{1 + e^{\sum b_i \times x_i}}$$

將上式之左右兩側均以 1 減去，可以得到：

$$1 - P(y \mid x) = \frac{1}{1 + e^{\sum b_i \times x_i}}$$

再將上面二式相除，則可以得到

$$\frac{P(y \mid x)}{1 - P(y \mid x)} = e^{\sum b_i \times x_i}$$

針對上式，兩邊同時取自然對數，可以得到：

$$Ln\left(\frac{P(y\,|\,x)}{1-P(y\,|\,x)}\right) = Ln\left(e^{\sum b_i \times x_i}\right) = \sum b_i \times x_i$$

經由上述公式推導可將原自變數非線性的關係，轉換成以線性關係來表達。其中 $\frac{P(y\,|\,x)}{1-P(y\,|\,x)}$ 可代表受訪者有發生某事件 (e.g. 死亡、病發、倒閉、犯罪被捕……) 的勝算比或稱為相對風險。

三、Cox 存活模型與邏輯斯模型之比較

Noh 等人〔2005〕發現，Cox 模型具有較低的型 I 錯誤 (α)。由於降低型 I 錯誤可以減少解釋變數 (e.g. 錯誤授信) 對結果變數的預測失準 (e.g. 金融機構所造成的損失)，而 Cox 存活模型係半參數模型，不必擔心是否違反常態 / 韋伯 / 脆弱分布之假定 (assumption)。

舉例來說，金融放款違約問題，存活分析最主要的好處在於可以預測違約接近的時點，雖然邏輯斯模型亦可預測出未來一段時間內的違約機率，但不能預測接近違約的時點。

邏輯斯迴歸 (Logistic 指令) 旨在估計勝算比；Cox 迴歸 (stcox、svy: stcox 指令) 及參數存活模型 (streg、svy: streg、stcrreg、xtstreg、mestreg 指令) 旨在估計危險比 (hazard ratio)。

四、邏輯斯迴歸的範例 (「binary_Logistic.dta」資料檔)

有 400 名學申請入學資料，如表 1-16 所示。這個「binary_Logistic.dta」(dataset)，依變數 admit：代表入學申請是否被承認。預測變數有三個：GRE，GPA 和排名 (rank)，前二者是連續變數；rank 是類別變數代表你想就讀學院的學術威望 (1 代表最高的威望，4 代表最低的威望)。共有 400 名入學申請名單。

表 1-16 400 名學申請入學資料

ID	依變數	預測變數		
	Admit (被承認)	GRE 成績	GPA 成績	Rank (威望)
1	0	380	3.61	3
2	1	660	3.67	3
3	1	800	4	1

ID	依變數	預測變數		
	Admit (被承認)	GRE 成績	GPA 成績	Rank (威望)
4	1	640	3.19	4
5	0	520	2.93	4
6	1	760	3	2
7	1	560	2.98	1
8	0	400	3.08	2
9	1	540	3.39	3
10	0	700	3.92	2
11	0	800	4	4
12	0	440	3.22	1
13	1	760	4	1
14	0	700	3.08	2
15	1	700	4	1
16	0	480	3.44	3
17	0	780	3.87	4
18	0	360	2.56	3
19	0	800	3.75	2
20	1	540	3.81	1
…	…	…	…	…
392	1	660	3.88	2
393	1	600	3.38	3
394	1	620	3.75	2
395	1	460	3.99	3
396	0	620	4	2
397	0	560	3.04	3
398	0	460	2.63	2
399	0	700	3.65	2
400	0	600	3.89	3

(一)Stata 分析步驟

先設定工作目錄，「File > Chang working directory」，指定 CD 所附資料夾之路徑，接著再選「File > Open」，開啓「binary_Logistic.dta」資料檔。

Step1. 先探索連續變數的平均數、標準差及類別變數的次數分布

command 指令：summarize gre gpa

選擇表 Menu：Statistics > Summaries, tables, and tests > Summary and descriptive
statistics > Summary statistics

並選入：gre gpa

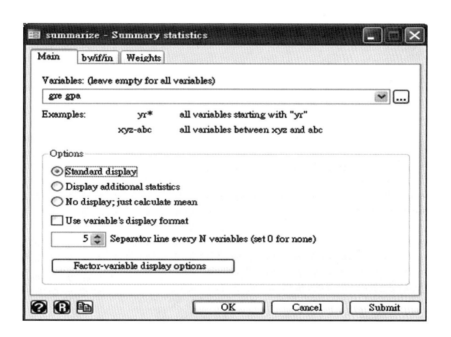

圖 **1-38** 連續變數之「Summary statistics」

連續變數之「Summary statistics」如下表：

```
use binary_Logistic.dta ,clear

   Variable |      Obs       Mean    Std. Dev.       Min        Max
------------+-------------------------------------------------------
        gre |      400      587.7    115.5165        220        800
        gpa |      400     3.3899    .3805668       2.26          4
```

Step 1-1 類別變數的次數分布

command 指令：tabulate rank

選擇表 Menu：Statistics > Summaries, tables, and tests > Frequency tables > One-way table

並選入：rank

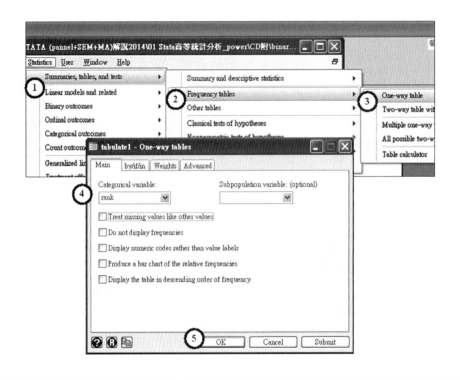

圖 1-39 類別變數之「One-way tables」

rank	Freq.	Percent	Cum.
1	61	15.25	15.25
2	151	37.75	53.00
3	121	30.25	83.25
4	67	16.75	100.00
Total	400	100.00	

command 指令：tab admit

選擇表 Menu：Statistics > Summaries, tables, and tests > Tables > One-way tables
並選入：admit

admit	Freq.	Percent	Cum.
0	273	68.25	68.25
1	127	31.75	100.00
Total	400	100.00	

Step 1-2 求兩類別變數之交叉表及卡方檢定

command 指令：tabulate admit rank, chi2

選擇表 Menu：Statistics > Summaries, tables, and tests > Tables > Two-way tables
with measures of association
並選入：「Row variable」為 admit。「Column variable」為 rank。

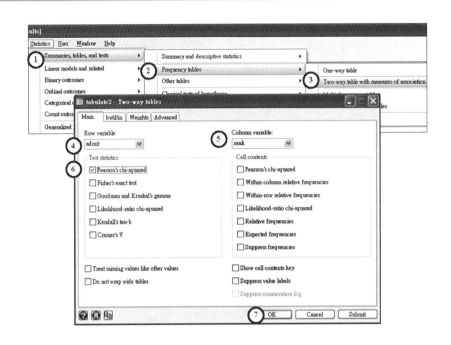

圖 1-40 Admit 與 rank 兩變數之交叉表

```
           |                  rank
    admit  |      1        2        3        4 |    Total
-----------+--------------------------------------+----------
        0  |     28       97       93       55 |      273
        1  |     33       54       28       12 |      127
-----------+--------------------------------------+----------
    Total  |     61      151      121       67 |      400

Pearson chi2(3) =   25.2421    Pr = 0.000
```

注：Admit 與 rank 兩變數達 0.05 顯著關連性。

Step2. 思考可用的分析法

1. 邏輯斯迴歸：本範例之解說重點。

2. Probit 迴歸：Probit 分析結果，類似邏輯斯迴歸，這可依你個人偏好來選誰。

3. 最小平方法 (OLS) 迴歸：binary 反應變數，套在 OLS 迴歸，就變成條件機率

所建構的「線性機率模型」。但誤差 (殘差) 就會違反「誤差同質性及常態性」的假定，導致結果產生無效的標準差及假設檢定。有關這類疑問，你可參考 Long (1997, p.38-40)。

4. Two-group 的區別 (discriminant) 分析：亦是二分依變數之多變量分析法。

5. Hotelling's T2：依變數「0/1」當作 grouping 變數。三個預測變數當作依變數。此法雖可行，但是只能求得「整體」檢定的顯著性，無法知道 3 個「個別」係數的顯著性，而且無法得知每個「predictor」調整後對其他二個「predictor」的影響力。

Step3. 邏輯斯迴歸分析

command 指令：logit admit gre gpa i.rank

rank 變數前的「i」，宣告此變數為 categorical 變數，故 Stata 才會將 rank 視為 logit 模型之一系列 Indicator 變數。

先在選擇表 Menu：Statistics > Binary outcomes > Logistic regression
再依下圖，分析界定二個連續變數為自變數；一個類別變數為 factor variable

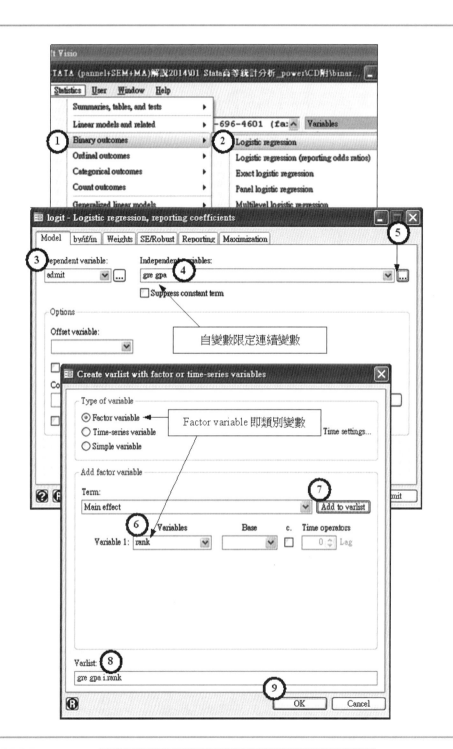

圖 1-41 logit 界定 gre 及 gpa 為自變數，rank 為「factor variable」

```
use binary_Logistic.dta ,clear

*符號「i.」宣告類別之自變數，視為指標 (Indicator) 變數，並以 rank 的 level 1. 當比較組
. logit admit gre gpa i.rank
Logistic regression                        Number of obs   =      400
                                           LR chi2(5)      =    41.46
                                           Prob > chi2     =   0.0000
Log likelihood = -229.25875                Pseudo R2       =   0.0829


-------------------------------------------------------------------------

     admit |     Coef.    Std. Err.     z     P > |z|    [95% Conf. Interval]
-----------+-------------------------------------------------------------
       gre |   .0022644    .001094    2.07    0.038    .0001202    .0044086
       gpa |   .8040377   .3318193    2.42    0.015    .1536838    1.454392
           |
      rank |
         2 |  -.6754429   .3164897   -2.13    0.033   -1.295751   -.0551346
         3 |  -1.340204   .3453064   -3.88    0.000   -2.016992   -.6634158
         4 |  -1.551464   .4178316   -3.71    0.000   -2.370399   -.7325287
           |
     _cons |  -3.989979   1.139951   -3.50    0.000   -6.224242   -1.755717
-------------------------------------------------------------------------
```

1. likelihood ratio chi-square = 41.46，p = 0.0001。顯示整體模型適配達 0.05 顯著水準。

2. 在上表，coefficients、standard errors、z-statistic、p-values 及 95%CI，都可看出 GRE 和 GPA 均達統計顯著性。

3. gre 每增加一單位，「log odds of admission(versus non-admission)」就增加 0.002。

4. gpa 每增加一單位，「log odds of admission」就增加 0.804。

5. 指標變數 Rank(你就讀學院的威望)，由最高「Rank 1」降低一個單位，至「Rank 2」，就會降低「log odds of admission」0.675 單位。

6. Pseudo R-squared = 8.29%，很像 OLS 複迴歸之 R-squared 所代表的「變異數解釋量」。

7. 本例求得邏輯斯迴歸式為：

Pr(admit = 1) = F(0.0026×gre+0.804×gpa-0.675×2.rank-1.34×3.rank-1.55×4.rank-3.989)

其中，F(·) 為累積 logistic 機率分布。

Step4. 事後之線性假設的檢定：「迴歸係數為 0」的檢定

由於 Stata 會暫時保留「binary_Logistic.dta」資料檔的最近一次迴歸分析結果，故 Stata 任何迴歸 (最小平方法、邏輯斯、ARIMA、VAR、EVCM、survival、panels data 等迴歸)，都可事後再檢定「迴歸係數 = 0 嗎 ？」，如下圖所示。

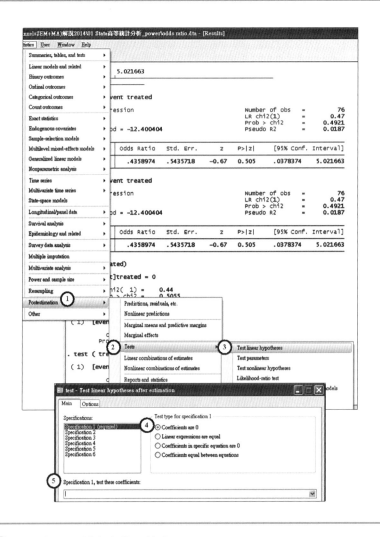

圖 1-42 Stata 任何迴歸之事後再檢定

test 選擇表：Statistics > Postestimation > Tests > Test linear hypotheses

1. 「迴歸係數為 0」的檢定

使用 test 指令來檢定：四個 levels 之 Rank 類別變數的整體效果 (overall effect)。下列指令，就是變數 Rank 整體效果是否顯著的統計檢定。

command 指令：test (2.rank 3.rank 4.rank)

rank 變數前的「2」，宣告此變數為 categorical 變數 (Indicator 變數)，其「rank 1 vs. rank 2」對 admit 變數的顯著。「3.rank」宣告「rank 2 vs. rank 3」對 admit 變數的顯著。「4.rank」宣告「rank 3 vs. rank 4」對 admit 變數的顯著。檢定結果，顯示「rank➜ admit」的「整體效果」達 0.05 水準顯著性，$\chi^2_{(3)} = 20.9(p = 0.001)$。

```
(1)   [admit]2.rank = 0
(2)   [admit]3.rank = 0
(3)   [admit]4.rank = 0

        chi2( 3) =    20.90
    Prob > chi2 =     0.0001
```

此外，我們亦可指定，不同「levels of rank」之間迴歸係數的假設。以下指令，就是檢定虛無假設 H_0：「rank = 2」與「rank = 3」兩者係數是相等的。結果得 $\chi^2_{(1)} = 5.51$，p<0.05，故拒絕虛無假設，表示「rank = 2」與「rank = 3」兩者對 admit 影響效果達顯著差異。倘若我們係要檢定兩者係數的差，亦可改用 lincom 指令。

command 指令：test (2.rank = 3.rank)

```
(1)   [admit]2.rank - [admit]3.rank = 0

        chi2( 1) =     5.51
    Prob > chi2 =     0.0190
```

Step5. 勝算比分析

您也可以用<u>邏輯斯</u>指令，指數化 (exponentiate) 此 Binary 迴歸係數，當作勝算比來解釋該迴歸模型。

前面的卡方檢定 (χ^2 = 25.2421, p = 0.05)，己可看出 admit 及 Rank 這兩個類別變數是高度關連性。故在此，純粹改以「Odds ratio」當作<u>邏輯斯</u>檢定的單位。

command 指令：logistic admit gre gpa i.rank

先在選擇表 Menu：Statistics > Binary outcomes > Logistic regression (reporting odds ratios)

再依下圖，分析界定二個連續變數爲自變數；一個類別變數爲 factor variable。

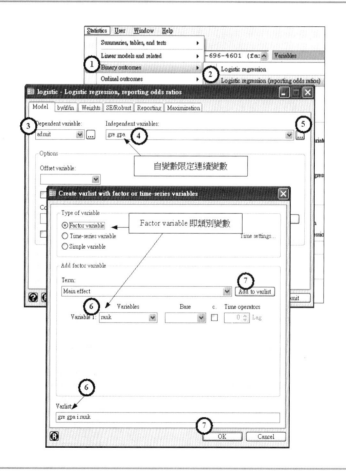

圖 **1-43** <u>邏輯斯</u>界定 gre 及 gpa 爲自變數，rank 爲「factor variable」。

```
Logistic regression                          Number of obs   =        400
                                             LR chi2(5)      =      41.46
                                             Prob > chi2     =     0.0000
Log likelihood = -229.25875                  Pseudo R2       =     0.0829


------------------------------------------------------------------------------
    admit | Odds Ratio   Std. Err.      z    P > |z|    [95% Conf. Interval]
----------+-------------------------------------------------------------------
      gre |   1.002267   .0010965     2.07   0.038     1.00012    1.004418
      gpa |   2.234545   .7414652     2.42   0.015    1.166122    4.281877
          |
     rank |
        2 |   .5089309   .1610714    -2.13   0.033    .2736922    .9463578
        3 |   .2617923   .0903986    -3.88   0.000    .1330551    .5150889
        4 |   .2119375   .0885542    -3.71   0.000    .0934435    .4806919
------------------------------------------------------------------------------
```

1. likelihood ratio chi-square = 41.46，p = 0.0001。顯示整體模型適配達 0.05 顯著水準。

2. 在上表，coefficients、standard errors、z-statistic、p-values 及 95%CI，都可看出 GRE 和 GPA 均達統計顯著性。

3. gpa 每增加一單位，「odds of admission」就增加 2.23 單位。

5. 指標變數 Rank(你就讀學院的威望)，由最高「Rank 1」降低一個單位，至「Rank 2」，就會增加「odds of admission」0.5089 單位。

Step6. 機率預測

1. 類別變數之機率預測

　　使用「margins 指令」機率預測可讓你更了解迴歸模型。以下 margins 指令，係在所有變數 (2 個連續變數、4 個水準的類別變數) 保持在平均數 (at means) 時，預測「Rank 每一 level 對 admission」的機率。

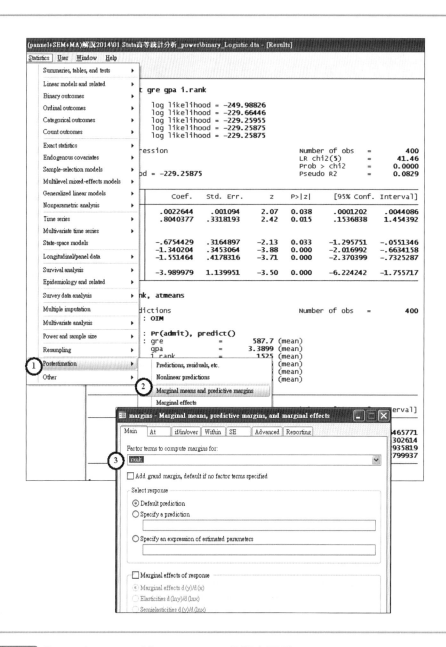

圖 1-44 「Rank 每一 level 對 admission」的機率預測

command 指令：margins rank, atmeans

選擇表 Menu：

Statistics > Postestimation > Marginal means and predictive margins

Statistics > Postestimation > Marginal effects

```
Adjusted predictions                    Number of obs    =      400
Model VCE      : OIM

Expression    : Pr(admit), predict()
at            : gre           =        587.7 (mean)
                gpa           =       3.3899 (mean)
                1.rank        =        .1525 (mean)
                2.rank        =        .3775 (mean)
                3.rank        =        .3025 (mean)
                4.rank        =        .1675 (mean)

-------------------------------------------------------------------
-
           |             Delta-method
           |    Margin   Std. Err.      z    P > |z|    [95% Conf. Interval]
-----------+-------------------------------------------------------
     rank  |
        1  |  .5166016   .0663153     7.79   0.000     .3866261    .6465771
        2  |  .3522846   .0397848     8.85   0.000     .2743078    .4302614
        3  |   .218612   .0382506     5.72   0.000     .1436422    .2935819
        4  |  .1846684   .0486362     3.80   0.000     .0893432    .2799937
-------------------------------------------------------------------
```

　　機率預測結果，顯示在「gre 及 gpa 都在平均水準 (at means)」程度的學生，學校威信最高等級 (rank = 1) 的名校學生，其申請入學 (admit) 的被錄取機率 0.52 最高。學校威信較差 (rank = 2) 的學生之錄取機率為 0.35。學校威信最差等級 (rank = 4) 的學生，錄取機率最低，只有 0.18。由此可見，你就讀的學校是不是名校，確實會影響研究所之申請錄取機率。

2. 連續變數之機率預測

　　倘若你要知道，gre 從 200 至 800 分之間的同學，每次間隔 100，其申請錄

取機率爲何？就可以下 margins 指令。由於你沒有對其他變數指定「atmeans 或 at(……)」，Stata 自動內定以「平均數」程度來估計機率值。假設，平均 gre = 200，則系統係以 gre = 200 來預測「gre 對 admit」的機率值。

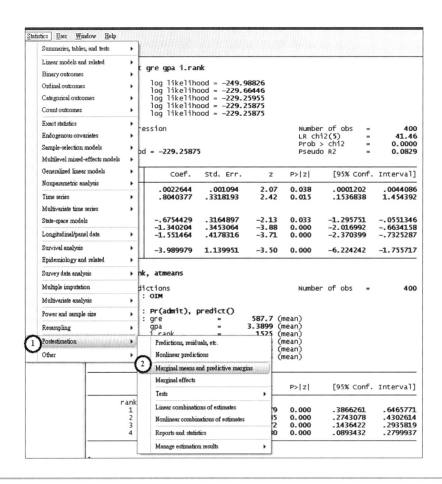

圖 1-45 選「機率預測」

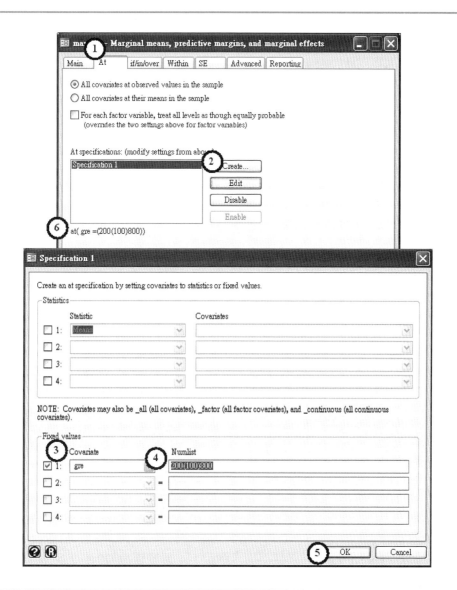

圖 1-46 連續變數 gre 從 200 至 800 分，每隔 100，對 Admit 之錄取率

command 指令：margins , at(gre = (200(100)800)) vsquish

```
Predictive margins                              Number of obs    =      400
Model VCE     : OIM

Expression    : Pr(admit), predict()
1._at         : gre          =        200
2._at         : gre          =        300
3._at         : gre          =        400
4._at         : gre          =        500
5._at         : gre          =        600
6._at         : gre          =        700
7._at         : gre          =        800

--------------------------------------------------------------------------
            |           Delta-method
            |    Margin   Std. Err.      z    P > |z|    [95% Conf. Interval]
----------+---------------------------------------------------------------
       _at |
        1  |  .1667471   .0604432    2.76   0.006    .0482807   .2852135
        2  |   .198515   .0528947    3.75   0.000    .0948434   .3021867
        3  |  .2343805   .0421354    5.56   0.000    .1517966   .3169643
        4  |  .2742515   .0296657    9.24   0.000    .2161078   .3323951
        5  |  .3178483    .022704   14.00   0.000    .2733493   .3623473
        6  |  .3646908   .0334029   10.92   0.000    .2992224   .4301592
        7  |  .4141038   .0549909    7.53   0.000    .3063237   .5218839
--------------------------------------------------------------------------
```

在學生「gpa 及 rank 都保持平均水準」下，連續變數 GRE 從 200 至 800 分 (每隔 100)，對 Admit 之錄取率預測，結果顯示：(gre = 200) 對 Admit 之錄取率為 16.7%。

Step7. 迴歸模型適配度 (fit)

分析完任何迴歸 (clogit, cnreg, cloglog, intreg, 邏輯斯 , logit, mlogit, nbreg, ocratio, ologit, oprobit, poisson, probit, regress, zinb，及 zip) 之後，最近一次的迴歸分析會暫存在 Stata 記憶體中，因此事後才可用「fitstat」指令，來檢定「最後一次迴歸分析」的適配度。

如何安裝 Stata 提供之外掛指令「fitstat」呢？其實很簡單，在只要在

Command 區鍵入「findit fitstat」(如下圖)，即可完成外掛「fitstat」指令檔 ado。

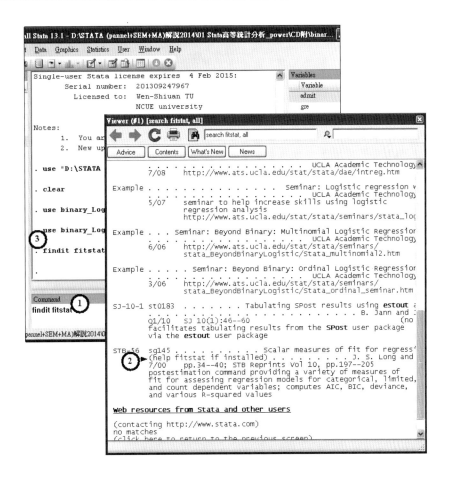

圖 1-47 外掛「fitstat」指令檔 ado 之操作畫面

「外掛 ado 指令檔 fitstat」時之畫面

STATA 要先安裝「fitstat.pkg」，才可執行 **fitstat**：

Fitstat.ado from http://fmwww.bc.edu/RePEc/bocode/f

   'FITSTAT': module to compute fit statistics for single equation regression
   models / fitstat is a post-estimation command that computes a variety of /
   measures of fit for many kinds of regression models. It works / after the
   following: clogit, cnreg, cloglog, intreg, logistic, / logit, mlogit,
----
INSTALLATION FILES   (click here to install)
     fitstat.ado
     fitstat.hlp
----
package installation
----
package name: fitstat.pkg
  download from: http://fmwww.bc.edu/RePEc/bocode/f/

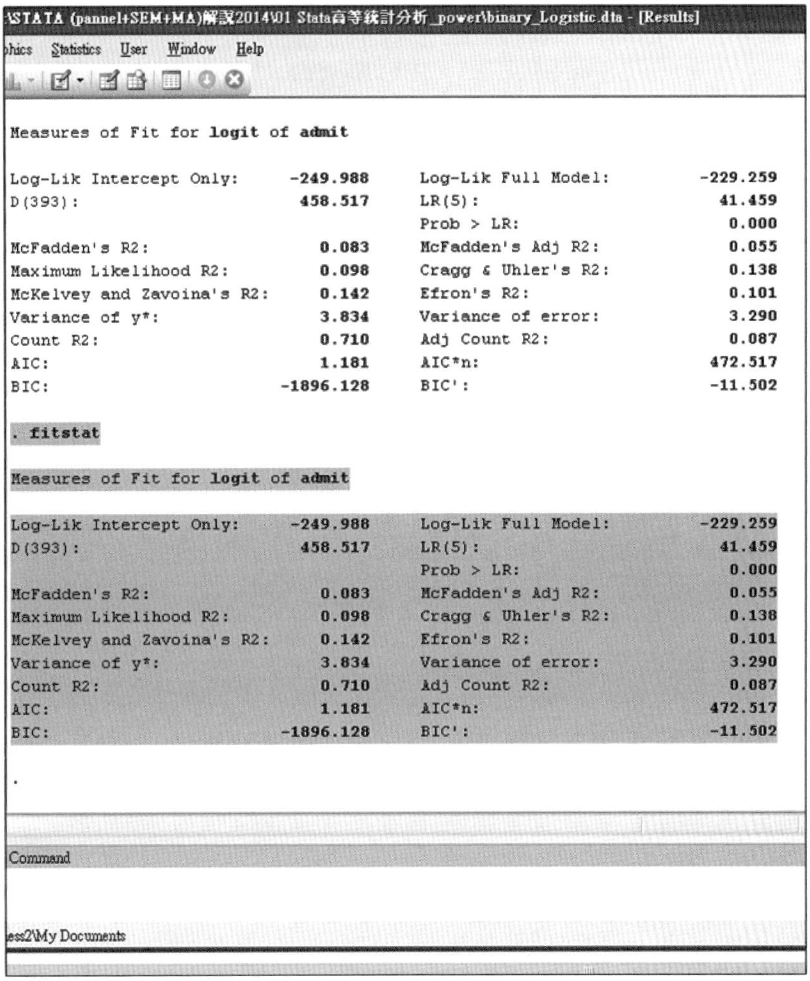

```
\STATA (pannel+SEM+MA)解說2014\01 Stata高等統計分析_power\binary_Logistic.dta - [Results]

bhics  Statistics  User  Window  Help

Measures of Fit for logit of admit

Log-Lik Intercept Only:      -249.988    Log-Lik Full Model:      -229.259
D(393):                       458.517    LR(5):                     41.459
                                          Prob > LR:                  0.000
McFadden's R2:                  0.083     McFadden's Adj R2:          0.055
Maximum Likelihood R2:          0.098     Cragg & Uhler's R2:         0.138
McKelvey and Zavoina's R2:      0.142     Efron's R2:                 0.101
Variance of y*:                 3.834     Variance of error:          3.290
Count R2:                       0.710     Adj Count R2:               0.087
AIC:                            1.181     AIC*n:                    472.517
BIC:                        -1896.128     BIC':                     -11.502

. fitstat

Measures of Fit for logit of admit

Log-Lik Intercept Only:      -249.988    Log-Lik Full Model:      -229.259
D(393):                       458.517    LR(5):                     41.459
                                          Prob > LR:                  0.000
McFadden's R2:                  0.083     McFadden's Adj R2:          0.055
Maximum Likelihood R2:          0.098     Cragg & Uhler's R2:         0.138
McKelvey and Zavoina's R2:      0.142     Efron's R2:                 0.101
Variance of y*:                 3.834     Variance of error:          3.290
Count R2:                       0.710     Adj Count R2:               0.087
AIC:                            1.181     AIC*n:                    472.517
BIC:                        -1896.128     BIC':                     -11.502

.

Command

ess2\My Documents
```

圖 1-48 執行「Fitstat.ado」指令檔之結果

1. 迴歸模型的評估常使用判定係數 (coefficient of determination) non-pseudo R^2 公式：

$$\text{non-pseudo } R^2 = \frac{SS_R}{SS_T}$$

2. Stata 八種 pseudo R^2 計算公式，儘管與 non-pseudo R^2 不同，但背後之解釋意義卻很相似。

3. 安裝 fitstat 指令檔之後，直接在 Command 鍵入「fitstat」，即可求得八種 pseudo R^2。R^2 值愈大，表示你最近一次分析的迴歸解釋量就愈高。

4. AIC(Akaike information criterion)、BIC(Bayesian information criterion) 兩項資訊準則。AIC 與 BIC 所計算出來的值愈小，則代表模型的適配度愈佳。其中，

$$AIC = T \times Ln(SS_E) + 2k$$
$$BIC = T \times Ln(SS_E) + k \times Ln(T)$$

5. 判定係數 R^2、AIC 與 BIC，雖然是幾種常用的準則，但是卻沒有統計上所要求的「顯著性」。

6. 當我們利用判定係數或 AIC 與 BIC 找出一個適配度較佳的模型，但是我們卻不知道這個模型是否「顯著地」優於其他模型。

7. 適配度：概似比 Likelihood Ratio(LR) 檢定

例如，假設我們要檢定 AR(2) 模型是否比 AR(1) 模型來得好，因此我們可以分別算出兩個模型的最大概似值分別為 L_u 與 L_R，則 L_R 統計量為：

$$LR = -2(L_R - L_U) \sim 符合\chi^2_{(m)}分配$$

假如，$p < 0.05$ 表示達顯著的話，則表示 AR(2) 模型優於 AR(1) 模型。

以本例邏輯斯迴歸來說，結果得 LR(4) = 188.965，$p < 0.05$，表示我們界定的預測變數對依變數之模型，比「null model」顯著得好，即表示目前這個邏輯斯迴歸模型適配得很好。

1-3-3d ROC 曲線面積、敏感度 / 特異性

有關 ROC 的理論介紹，請見本書第 6 章。在此只介紹 ROC 曲線面積、敏感度 / 特異性如何分析。

承接「1-3-3c 二元依變數之模型：邏輯斯迴歸之實例」。

一、範例 (「binary_Logistic.dta」資料檔)

有 400 名學生申請入學資料，如表 1-17 所示。這個「binary_Logistic.dta」(dataset)，依變數 admit：代表入學申請是否被錄取。預測變數有三個：GRE，GPA 和排名 (rank)，前二者是連續變數；rank 是類別變數代表你想就讀學院的學術威望 (1 代表最高的威望，4 代表最低的威望)。共有 400 名入學申請名單。

表 1-17 **400 名學生申請入學資料**

ID	依變數	預測變數		
	Admit (被錄取)	GRE 成績	GPA 成績	Rank(威望)
1	0	380	3.61	3
2	1	660	3.67	3
3	1	800	4	1
4	1	640	3.19	4
5	0	520	2.93	4
6	1	760	3	2
7	1	560	2.98	1
8	0	400	3.08	2
9	1	540	3.39	3
10	0	700	3.92	2
11	0	800	4	4
12	0	440	3.22	1
13	1	760	4	1
14	0	700	3.08	2
15	1	700	4	1
16	0	480	3.44	3
17	0	780	3.87	4
18	0	360	2.56	3
19	0	800	3.75	2
20	1	540	3.81	1
…	…	…	…	…
392	1	660	3.88	2
393	1	600	3.38	3
394	1	620	3.75	2
395	1	460	3.99	3
396	0	620	4	2
397	0	560	3.04	3
398	0	460	2.63	2
399	0	700	3.65	2
400	0	600	3.89	3

二、Stata 分析步驟

Step 1. 求邏輯斯迴歸式

```
. logit admit gre gpa i.rank

Logistic regression                          Number of obs   =        400
                                             LR chi2(5)      =      41.46
                                             Prob > chi2     =     0.0000
Log likelihood = -229.25875                  Pseudo R2       =     0.0829

------------------------------------------------------------------------------
    admit |      Coef.   Std. Err.      z    P>|z|     [95% Conf. Interval]
----------+-------------------------------------------------------------------
      gre |   .0022644    .001094     2.07   0.038     .0001202    .0044086
      gpa |   .8040377   .3318193     2.42   0.015     .1536838    1.454392
          |
     rank |
        2 |  -.6754429   .3164897    -2.13   0.033    -1.295751   -.0551346
        3 |  -1.340204   .3453064    -3.88   0.000    -2.016992   -.6634158
        4 |  -1.551464   .4178316    -3.71   0.000    -2.370399   -.7325287
          |
    _cons |  -3.989979   1.139951    -3.50   0.000    -6.224242   -1.755717
------------------------------------------------------------------------------
```

1. 概似比 (likelihood ratios, LR) 是敏感性與特異性的比值，旨在評估檢驗工具的效能。概似比值愈大，表示模型愈佳。當 LR > 10 代表此工具具有很強的臨床實證判斷意義，LR 介於 2~5 之間則爲代表此工具臨床實證判斷的意義較弱。

   本例 Log likelihood = -229.25，表示你界定自變數們之迴歸係數，對依變數的預測仍有顯著意義。

2. 本例求得，推測入學是否被 admit 之 Logistic 迴歸式爲：

$$Pr(admit = 1) = F(0.0026 \times gre + 0.804 \times gpa - 0.675 \times 2.rank$$
$$-1.34 \times 3.rank - 1.55 \times 4.rank - 3.989)$$

其中，F(·) 爲累積邏輯斯機率分布。

Step 2. 繪邏輯斯迴歸式之 ROC 曲線

```
* 繪出 ROC 曲線下的面積 (area under ROC curve)
. lroc

Logistic model for admit

number of observations =       400
area under ROC curve    =   0.6928
```

　　AUC 數值一般的判別準則如下，本例模型 AUC = 0.692 ≈ 0.7，落入「可接受的區別力 (acceptable discrimination)」區。

AUC = 0.5	幾乎沒有區別力 (no discrimination)。
0.5 ≦ AUC < 0.7	較低區別力 (準確性)。
0.7 ≦ AUC < 0.8	可接受的區別力 (acceptable discrimination)。
0.8 ≦ AUC < 0.9	好的區別力 (excellent discrimination)。
AUC ≧ 0.9	非常好的區別力 (outstanding discrimination)。

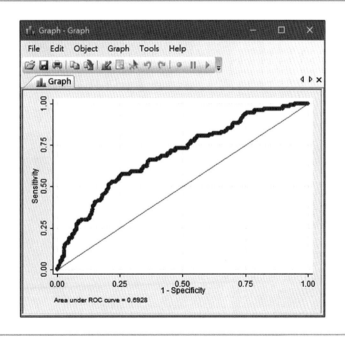

圖 1-49 ROC 曲線面積之結果

Step 3-1. 繪邏輯斯迴歸模型之 **ROC**

本例，求得 Logistic 迴歸式為：

$$\text{Pr}(admit = 1) = F(0.0026 \times gre + 0.804 \times gpa - 0.675 \times 2.rank$$
$$-1.34 \times 3.rank - 1.55 \times 4.rank - 3.989)$$

其中，F(·) 為累積邏輯斯機率分布。

根據上式之邏輯斯迴歸，再令矩陣 b：

```
* 根據上式之 Logistic 迴歸，來設定矩陣 b 之元素
. matrix input b = (0.0026, 0.804, -0.675, -1.34, -1.55 , -3.989)
. matrix colnames b = gre gpa 2.rank 3.rank 4.rank _cons

* 用 admit 依變數，來繪 b 矩陣之 ROC 圖
. lroc admit, beta(b)
```

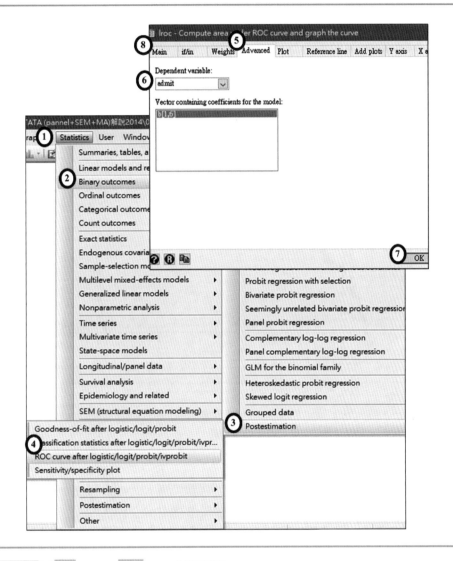

圖 1-50 「Iroc admit, beta(b)」之選擇表

注：Statistics > Binary outcomes > Postestimation > ROC curve after logistic/logit/probit/ivprobit。

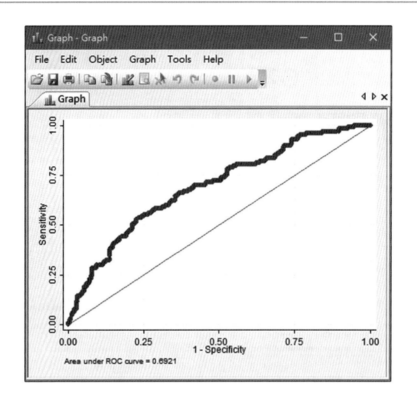

圖 1-51 「lroc admit, beta(b)」繪出 ROC 圖

　　圖形之縱軸 (y-axis) 爲眞陽性率 (true positive rate; TPR)，又稱爲敏感度 (sensitivity)；橫軸 (x-axis) 爲僞陽性率 (false-posiitive rate; FPR)，以 1– 特異度 (specificity) 表示，而敏感度爲將結果正確判斷爲陽性的機率，特異度係將結果正確判斷爲負向或陰性的機率。當指定一個分界點 (cut-point) 來區分檢驗的陽性與陰性時，這個分界點會影響到診斷工具的敏感度 (sensitivity) 及特異度 (specificity)。在醫學上，敏感度表示有病者被判爲陽性的機率，而特異度表示無病者被判爲陰性的機率。在曲線上的任何一個點都會對應到一組敏感度與「1-特異度」，而敏感度與特異度會受到分界點移動的影響。

Step 3-2. 繪敏感度 vs. 特異性之斷點機率函數

　　ROC 曲線下面積愈大，表示該模型預測力愈佳。接著，再繪靈敏度和特異性的斷點概率函數之曲線圖。此邏輯斯迴歸之事後指令 **lsens** 如下：

. lsens

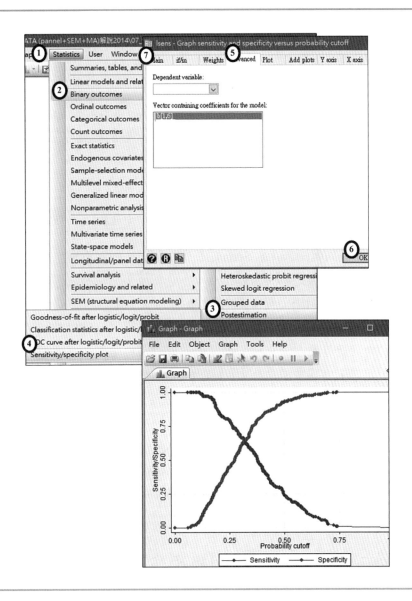

圖 1-52 「lsens」繪邏輯斯模型之敏感度、特異性 vs. 斷點機率

注：Statistics > Binary outcomes > Postestimation > Sensitivity/specificity plot。

　　圖 1-52 之縱軸 (y-axis) 為真陽性率，又稱為敏感度，再除以特異度的比值；橫軸為截斷點機率。其中敏感度為將結果正確判斷為陽性的機率，特異度係將

結果正確判斷為負向或陰性的機率。當指定一個分界點來區分檢驗的陽性與陰性時，這個分界點會影響到診斷工具的敏感度及特異度。在醫學上，敏感度表示有病者被判為陽性的機率，而特異度表示無病者被判為陰性的機率。在曲線上的任何一個點都會對應到一組敏感度與「1- 特異度」，而敏感度與特異度會受到分界點移動的影響。

　　ROC 曲線結合了敏感度和特異度兩個指標，除了判別某一診斷工具的準確度外，還可更進一步地建議診斷工具的最佳切點 (best cut-off point)。一般常用尋找切點的方法為 Youden 指數 (index)，即將每一個切點的敏感度與特異度相加，並取最大值，即為最佳切點。

1-4 流行病之類別資料統計表 (同質性檢定)

　　本章節以一系列範例來介紹 Stata 之二維列聯表，內容重點包括：
1. 列聯表的機率結構與比例、勝算比。
2. 卡方獨立性檢定、順序型資料獨立性檢定。
3. 小樣本正確推論。

　　世代研究又稱追蹤性研究、前瞻性研究或縱貫性研究，是一種探索病因的流行病學研究方法。其做法是在人群中抽取一個樣本，按是否暴露於某種可疑病因 (危險因子) 或暴露程度分組，經過一段追蹤觀察，最後比較各組的發病率或死亡率，對因果關係作出估計。世代研究適用於發病率較高的疾病，也適用於環境汙染對健康影響的評價。該方法的優點是在兩組對比中 (開始時的健康狀況一樣) 直接觀察致病因子與發病的關係，不存在回憶性偏差，且能計算發病率、死亡率和相對危險性。缺點是觀察時間長，可發生失訪偏差；如觀察發病率低的疾病則需大量人力，費用高、時間長。

1-4-1 發生率之列聯表 (ir and iri 指令)

一、類別資料分析的特性

1. 二維列聯表 (2x2 contingency table) 的相關統計量計算，包括：

　　(1) 統計意義檢驗 (Test of significance)：卡方檢定 (Chi-square test)，連續性校正的卡方檢定 (Yate's corrected Chi-square test)，費雪精確檢定 (Fisher's exact test)。

(2) 關連性強度檢驗 (Test of association)：勝算比，相對危險性 (risk ratio or relative risk)，危險差 (risk difference)，包含 95% 信賴區間的數值。

(3) 檢驗的正確性評價 (Evaluation of diagnostic power)：計算敏感度 (sensitivity)，特異性 (specificity)，陽性預測值 (PPV: positive predictive value)，陰性預測值 (negative predictive value)，陽性相似比 (positive likelihood ratio)，陰性相似比 (negative likelihood ratio)，亦包含 95% 信賴區間的數值。

2. Person-time 統計推論：

比較不同的組別 (暴露 vs. 非暴露) 的發生率 (incidence rate) 是不是有差？

計算 incidence rate ratio (ir 指令) 以及 incidence rate difference(stir 指令——Report incidence-rate comparison)。

定義：

發生率 (incidence rate) 是一段時間內新發病的病例數和平均總人口數的比值，發生率也可視為每個人罹病的可能性，並可作為研究致病因子的基本工具。其計算公式如下：

$$發生率 = \frac{某一段期間內的新病例}{某一段期間內一段期間人口數} \times 100\%$$

計算式中的分母，理論上應該只是有可能發病的人才當作分母，不該包括正在患病、曾經患病或有危險的人。但在一般狀況下，會因疾病頻率偏低或缺乏資料，所以不作分母校正，而以平均總人口數當作分母。

---

3. NNT/NNH (number needed to treat/harm)

定義：

NNT(number needed to treatment)，表示在實驗過程中，減少一個額外的個案產生不良結果 (或增加一個額外個案獲得好結果)「所需要治療的病人數」，因為 NNT 同時考量了個案的基準風險 (baseline risk)，因此對臨床而言是一個非常有用的測量結果表達方式，但是在計算或解釋 NNT 時要注意下列幾點：

(1)NNT 只適用於二分法的測量結果方式

因為 NNT 是計算病人需要治療的數量，所以要計算病人是經歷「那一種」結

果的人數，例如結果是存活或死亡，復原或未復原，治癒或未治癒等二分法的測量方式。若測量結果是用連續性測量方式，其結果統計採平均值 (如平均血壓、平均憂鬱分數或平均住院日數) 來呈現時，是無法計算 NNT 的。變通的方式是設定「連續性測量」中某個數值為臨界點，高於此臨界點就是「未復原」，低於此臨界點就是「復原」，如此病人結果的統計就可以採用二分法分類，進一步算出 NNT。

(2)NNT 數值應包括精確性的估算

因 NNT 只是真實數值的估算，因此後面經常附註了 95% 的信賴區間 (confidence interval, CI)，即 NNT 的真實數值有 95% 的可能性會坐落在此信賴區間之內。因為估算的精確與否受到樣本大小的影響，樣本數愈小，則 NNT 的信賴區間愈寬 (愈不精確)。以一篇研究某藥物對氣喘的療效為例，其結果測量是為氣喘患者在 6 個月治療期間的再住院率，實驗組的再入院率為 15%(12/80)(實驗組事件發生率 experimental event rate：EER)，與控制組的再入院率為 38%(30/80)(控制組事件發生率 control event rate:CER)，NNT 等於 1/ARR= 1/(38%-15%)= 5；95% 的信賴區間範圍介於 3~12 之間，NNT 的真實數值可能坐落於信賴區間的任何一個數字 (最少是 3，最多是 12)，決定是否執行該治療時應以最保守療效為考量，選擇信賴區間內最大的數字。以本例某藥物之療效最保守估算是「每治療 12 個氣喘個案即可額外避免一位個案再住院」。

(3)NNT 的解讀必須考慮其追蹤時間的長短

因為在研究報告中事件發生的次數，乃是研究追蹤期間發生的次數，這部分必須在 NNT 的說明中反映出來，因為隨著追蹤時間的長短不同，會影響 NNT 的數值。例如在上述研究中，追蹤的時間是 6 個月，其再住院的 NNT 為 5(95%C.I. 介於 3~12 間)。換句話說，在 6 個月當中，5 個接受接受藥物治療的氣喘患者，就有一個可免於再住院，而 NNT 真實數值可能最低為 3，最高為 12。

4. 單一比例的信賴區間估計：

使用三個方法計算比例的信賴區間：exact method, Wilson's score method, Agresti-Coull method。

二、世代研究

世代研究又稱追蹤性研究、前瞻性研究或縱貫性研究，是一種探索病因的流行病學研究方法。其做法是在人群中抽取一個樣本，按是否暴露於某種可疑病因 (危險因子) 或暴露程度分組，經過一段追蹤觀察，最後比較各組的發病率或死亡率，對因果關係作出估計。世代研究適用於發病率較高的疾病，也適用於環境汙染對健康影響的評價。該方法的優點是在兩組對比中 (開始時的健康狀況一樣) 直接觀察致病因子與發病的關係，不存在回憶性偏差，且能計算發病率、死亡率和相對危險性。缺點是觀察時間長，可發生失訪偏差；如觀察發病率低的疾病則需大量人力，費用高、時間長。

世代研究一開始將研究對象 (不一定是有病的人) 隨機地分派至兩組，其中一組是暴露組 (exposed group)，另一組則是未暴露組 (unexposed group)，至於暴露的因子則是研究者關心的變數，例如抽菸與肺癌的關係或居住在高壓電附近與腦部病變的關係。然後往後追蹤一段期間，就會觀察到暴露組與未暴露組都有人發生事件 (例如疾病)，此時就可計算兩組發生事件比例的比較，例如追蹤 10 年後抽菸組發生肺癌的比例為 3%，而未抽菸組罹患肺癌比例為 1%，接著進而透過統計分析評估究竟暴露因子 (抽菸) 是否與事件 (肺癌) 有所關連。

世代研究是非常具有因果推論效力的研究設計，但是非常耗時也非常耗費成本，以抽菸跟肺癌來說，可能至少的追蹤期要 10 年以上才有意義。另外一方面也因為追蹤期很長，研究參與對象會有失去追蹤 (lost to follow up) 的問題。

三、範例 1：發生率，ir 指令

(一) 問題說明

為了解接受暴露 (e.g. 注射流感疫苗嗎) 可降低流感發生率 (incidence-rate ratios, ir) 嗎？(時間單位：月)

研究者收集數據並整理成下表，此「irxmpl.dta」資料檔內容之變數如下：

變數名稱	說明	編碼 Codes/Values
連續變數：cases	疾病人數	15,41
類別變數：exposed	暴露否 (e.g. 注射流感疫苗嗎)	0,1 (binary data)
時間變數：time	人在暴露流感盛行期間多長	19017, 28010

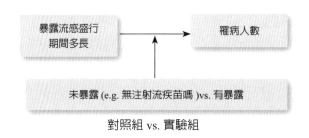

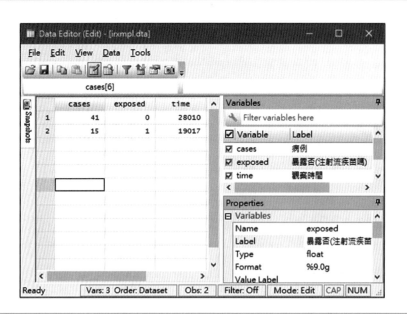

圖 1-53 incidence-rate ratios(ir) 之研究架構

(二) 資料檔之內容

「irxmpl.dta」資料檔內容如下圖。

圖 1-54 「irxmpl.dta」資料檔內容

觀察資料之特徵

```
* 開啟資料檔
. webuse irxmpl

* List the data
. list

     +-----------------------------+
     | cases    exposed     time |
     |-----------------------------|
  1. |    41          0    28010 |
  2. |    15          1    19017 |
     +-----------------------------+
```

(三) 分析結果與討論

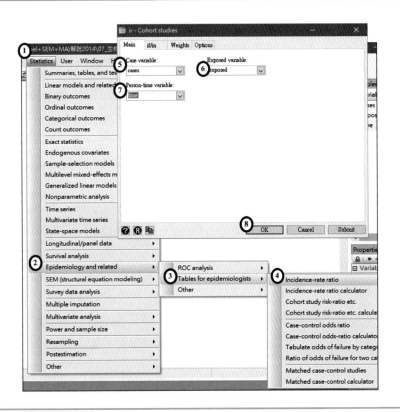

圖 1-55 「ir cases exposed time」指令之 Stata 操作畫面

注：Statistics > Epidemiology and related > Tables for epidemiologists > Incidence-rate ratio。

ir and iri 指令語法如下：

```
* 開啟資料檔
. webuse irxmpl

* List the data
. list

* Calculate incidence-rate ratios，differences，etc.
. ir cases exposed time
                 | exposed                    |
                 | Exposed    Unexposed  |    Total
-----------------+------------------------+-------------
          cases  |     15           41   |       56
           time  |  19017        28010   |    47027
-----------------+------------------------+-------------
                 |                        |
 Incidence rate  | .0007888    .0014638  |   .0011908
                 |                        |
                 |    Point estimate      |  [95% Conf. Interval]
                 |------------------------+------------------------
 Inc. rate diff. |       -.000675         |  -.0012751   -.0000749
 Inc. rate ratio |       .5388632         |   .277062    .9943481 (exact)
 Prev. frac. ex. |       .4611368         |  .0056519     .722938 (exact)
 Prev. frac. pop |       .1864767         |
                 +------------------------------------------------
                    (midp)   Pr(k< = 15) =                0.0177 (exact)
                    (midp) 2*Pr(k< = 15) =                0.0355 (exact)
* Immediate form of above command

. iri 15 41 19017 28010
```

1. 本例發現，人在暴露流感盛行期間多長，有暴露者 (e.g. 有注射流感疫苗) 之發生率為 0.000788；未暴露者 (e.g. 未注射流感疫苗) 之發生率為 0.0014638。

1-4-2 世代研究風險比之列聯表 (cs、csi 指令)

一、範例：世代風險比，cs 指令

(一) 問題說明

為了解接受暴露 (e.g. 注射流感疫苗嗎) 可降低流感風險比嗎？cs 指令 (時間單位：月)

研究者收集數據並整理成下表，此「csxmpl.dta」資料檔內容之變數如下：

變數名稱	說明	編碼 Codes/Values
類別變數：case	有得疾病嗎	0,1(binary data)
類別變數：expose	暴露否 (e.g. 注射流感疫苗嗎)	0,1(binary data)
連續變數：pop	2×2 表格之細格人數	2~12

(二) 資料檔之內容

「csxmpl.dta」資料檔內容如下圖。

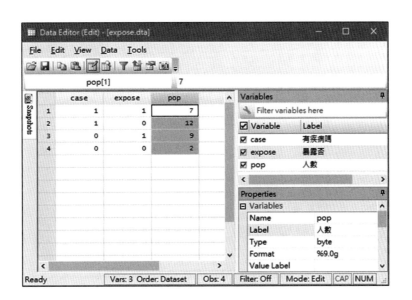

圖 1-56 「csxmpl.dta」資料檔內容

觀察資料之特徵

```
* 開啟資料檔
. webuse csxmpl

* List the data
. list
```

(三) 分析結果與討論

cs、csi 指令

```
* 開啟資料檔
. webuse csxmpl
* 印出 2×2 列聯表
* List the data
. list

     +-------------------+
     | case   exp   pop  |
     |-------------------|
  1. |   1     1     7   |
  2. |   1     0    12   |
  3. |   0     1     9   |
  4. |   0     0     2   |
     +-------------------+
```

*方法一：直接用 csi 分析二個類別變數之風險比
*求 risk differences，risk ratios，etc.，並以 pop 變數來加權，求二組之風險比 RR
```
. cs case exp [fw = pop]
```

	exp		
	Exposed	Unexposed	Total
Cases	7	12	19
Noncases	9	2	11
Total	16	14	30
Risk	.4375	.8571429	.6333333

```
                |                      |
                |    Point estimate    |     [95% Conf. Interval]
                |----------------------+------------------------
Risk difference |      -.4196429       |   -.7240828    -.1152029
     Risk ratio |       .5104167       |    .2814332     .9257086
  Prev. frac. ex. |     .4895833       |    .0742914     .7185668
 Prev. frac. pop |      .2611111       |
                +----------------------------------------------
                        chi2(1) =      5.66  Pr > chi2 = 0.0173
```

* 方法二：2×2 列聯表四個細格人數，用 csi 來求風險比，結果二組人口百分比達顯著差異
* csi 求 Cohort study risk-ratio etc. calculator，即 2×2 列聯表四個細格的風險比
* Immediate form of above command
. csi 7 12 9 2

```
                |  Exposed   Unexposed  |    Total
----------------+-----------------------+-------------
          Cases |      7         12     |      19
       Noncases |      9          2     |      11
----------------+-----------------------+-------------
          Total |     16         14     |      30
                |                       |
           Risk |   .4375     .8571429  |   .6333333
                |                       |
                |    Point estimate     |     [95% Conf. Interval]
                |-----------------------+------------------------
Risk difference |      -.4196429        |   -.7240828    -.1152029
     Risk ratio |       .5104167        |    .2814332     .9257086
  Prev. frac. ex. |     .4895833        |    .0742914     .7185668
 Prev. frac. pop |      .2611111        |
                +----------------------------------------------
                        chi2(1) =      5.66  Pr > chi2 = 0.0173
```

* 不用卡方檢定風險比，改用 Fisher's exact p 求風險比，結果如上述卡方檢定：
* 即二組人口百分比達顯著差異 (p<0.05)
* Same as above，but calculate Fisher's exact p rather than the chi-squared
. csi 7 12 9 2, exact
. csi 7 12 9 2, exact

```
                    |   Exposed   Unexposed  |    Total
--------------------+------------------------+------------
           Cases    |      7         12      |     19
        Noncases    |      9          2      |     11
--------------------+------------------------+------------
           Total    |     16         14      |     30
                    |                        |
            Risk    |    .4375     .8571429  |   .6333333
                    |                        |
                    |   Point estimate       |  [95% Conf. Interval]
                    |------------------------+------------------------
 Risk difference    |     -.4196429          |   -.7240828   -.1152029
      Risk ratio    |      .5104167          |    .2814332    .9257086
   Prev. frac. ex.  |      .4895833          |    .0742914    .7185668
   Prev. frac. pop  |      .2611111          |
                    +-------------------------------------------------
                         1-sided Fisher's exact  P = 0.0212
                         2-sided Fisher's exact  P = 0.0259
```

* 方法三 ：直接用 cs 分析二個類別變數之勝出比，結果得二組得疾病達顯著差異 (p < 0.05)：

* 有暴露者 (e.g 有注射流感疫苗) 得疾病，是未暴露者 (無注射流感疫苗) 得疾病的 0.129 倍

* 求 risk differences，risk ratios，etc.，and report the odds ratio

. cs case exp [fw = pop], or

```
                    | exp                    |
                    |  Exposed   Unexposed   |    Total
--------------------+------------------------+------------
           Cases    |     7         12       |     19
        Noncases    |     9          2       |     11
--------------------+------------------------+------------
           Total    |    16         14       |     30
                    |                        |
            Risk    |   .4375     .8571429   |   .6333333
                    |                        |
                    |  Point estimate        |  [95% Conf. Interval]
                    |------------------------+------------------------
 Risk difference    |    -.4196429           |   -.7240828   -.1152029
```

```
      Risk ratio |    .5104167     |    .2814332     .9257086
   Prev. frac. ex. |    .4895833     |    .0742914     .7185668
   Prev. frac. pop |    .2611111     |
      Odds ratio |    .1296296     |    .0246233     .7180882 (Cornfield)
              +-------------------------------------------------
                      chi2(1) =     5.66  Pr > chi2 = 0.0173
```

1-4-3 病例對照 (case-control) 列聯表 (cc and cci、tabodds、 mhodds 指令)

流行病學的研究設計類型包括：個案報告 (case report)、病例分析 (case analysis)、現況調查 (cross section study)、病例對照研究 (case control study)、世代研究、臨床試驗 (clinical trial)。這些方法的論證因果遞增強度，由小到大依序為：個案報告 < 病例分析 < 現況調查 < 病例對照研究 < 世代研究 < 臨床試驗，並以「同期隨機對照試驗」論證強度最高。

病例對照研究是流行病學的其中一種研究設計。它是一種較廉價及慣常使用的流行病學研究，只需少數的研究人員 (甚至只是一個) 及單一的設備，且不涉及有結構的試驗。它的方法是指向一系列的重要發現及先例，其可信性卻有受質疑的地方，但因它過往的成功，現時廣泛被醫學界所接受。

病例對照研究的最大成功是由理查·多爾及其他科學家所發現吸菸與肺癌之間的關係。多爾在大量的病例中，成功證明了兩者在統計有顯著關連。但懷疑者 (包括菸草業人士) 爭辯病例對照研究根本不能證實成因，但在最近的雙盲預測研究中，已確定病例對照研究的結果，而現時已接受差不多所有因肺癌而死亡的人都是因吸菸所導致的。

實證研究中，除了所欲分析之暴露因素外，對照的選擇要與病例在其他因素上具有可比性，像是干擾因子 (例如年齡與性別要相似)。其實在實務上，我們認為合適對照之選擇是相當困難的，甚至更難於病例之收集。比如說，許多慢性病研究其病例通常是年長者，但是要選擇健康的年長者為對照，是相對地困難，因為年長者鮮少沒有疾病的。

如果我們不注意這可比性的問題，就可能會產生荒謬的結果。比如說，我們以病例對照研究，來探討子宮頸癌的成因，結果你在醫院收集了子宮頸癌患者的資料；另一方面，方便起見你以公衛系的全體同學為對照。最後你得到結

果，即是性別解釋絕大部分的病因，因爲在醫院所收集到的子宮頸癌患者都是女性，而學校的男同學都沒有人得子宮頸癌。這種結果，就是鬧笑話了！

爲了改善這種收集已經生病之病例爲主體的研究，所以「病例對照 (case-control)」，相較於世代研究具有幾項優點：

1. 適合研究稀有疾病或具有長潛伏期的疾病。
2. 執行上相對快速，相對省錢。
3. 需要相對較少的樣本數目。
4. 允許同時探討多重潛在病因。

但是病例對照還是有其缺點：

1. 倚賴過去暴露的記錄，或者需要去回憶收集資料；但是對於過去的資料要去評估與確認常常是困難的。
2. 合適的比較組 (對照) 之選擇，有時是困難的。
3. 有時無法建立起時序性。

小結

病例對照研究 (Case-control Study) 屬於分析流行病學的一種，主要應用於探索疾病的病因及危險因素，是對研究的病因假設進行檢驗得一種方法及提供進一步研究。

病例對照研究特點：

1. 是一種回顧性調查研究 (retrospective study)：病例組與對照組對暴露的危險因素的不能主動控制，因為暴露與否已經是事實，無法改變。
2. 是一種從果到因的時間順序進行研究：是已知研究對象患有某病或未患某病，再追溯可能的病因，因此，調查方向是回顧性的。
3. 設有對照組。
4. 屬於觀察研究方法。

一、範例：病例對照研究 (Case-control studies) 型

(一) 問題說明

爲了解實驗暴露與否 (e.g. 注射流感疫苗嗎)，會影響得流感率嗎？

研究者收集數據並整理成下表，此「ccxmpl.dta」資料檔內容之變數如下：

變數名稱	說明	編碼 Codes/Values
類別變數：case	有疾病嗎	0,1(binary data)
類別變數：expose	暴露與否	0,1(binary data)

(二) 資料檔之內容

「ccxmpl.dta」資料檔內容如下圖。

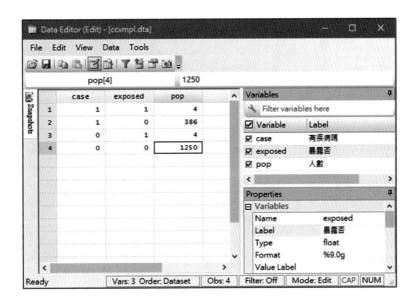

圖 1-57 「ccxmpl.dta」資料檔內容

(三) 分析結果與討論

```
* 開啟資料檔
. webuse ccxmpl

*List the data
. list
. list


     +-----------------------+
     | case   exposed    pop |
     |-----------------------|
```

```
       1. |    1         1       4 |
       2. |    1         0     386 |
       3. |    0         1       4 |
       4. |    0         0    1250 |
          +------------------------+
* Calculate odds ratio，etc.
. cc case exposed [fw = pop]
```

```
                                                      Proportion
                  |  Exposed  Unexposed  |    Total    Exposed
-----------------+----------------------+------------------------
         Cases   |      4        386    |     390      0.0103
       Controls  |      4       1250    |    1254      0.0032
-----------------+----------------------+------------------------
         Total   |      8       1636    |    1644      0.0049
                 |                      |
                 |  Point estimate      |  [95% Conf. Interval]
                 |----------------------+------------------------
      Odds ratio |      3.238342        |  .5997233   17.45614 (exact)
   Attr. frac. ex. |      .6912         |  -.6674356  .9427136 (exact)
   Attr. frac. pop |    .0070892        |
                 +-----------------------------------------------
                         chi2(1) =     3.07  Pr > chi2 = 0.0799
```

```
* Immediate form of above command
. cci 4 386 4 1250
```

```
                                                      Proportion
                  |  Exposed  Unexposed  |    Total    Exposed
-----------------+----------------------+------------------------
         Cases   |      4        386    |     390      0.0103
       Controls  |      4       1250    |    1254      0.0032
-----------------+----------------------+------------------------
         Total   |      8       1636    |    1644      0.0049
                 |                      |
                 |  Point estimate      |  [95% Conf. Interval]
                 |----------------------+------------------------
      Odds ratio |      3.238342        |  .5997233   17.45614 (exact)
   Attr. frac. ex. |      .6912         |  -.6674356  .9427136 (exact)
```

```
Attr. frac. pop |            .0070892        |
                +-------------------------------------------------
                           chi2(1) =      3.07  Pr > chi2 = 0.0799


*Same as above，but calculate Fisher's exact p rather than the chi-squared
. cci 4 386 4 1250, exact

                                                     Proportion
                | Exposed  Unexposed |    Total    Exposed
----------------+--------------------+----------------------------
         Cases |     4         386 |      390     0.0103
      Controls |     4        1250 |     1254     0.0032
----------------+--------------------+----------------------------
         Total |     8        1636 |     1644     0.0049
                |                    |
                |  Point estimate    |  [95% Conf. Interval]
                |--------------------+----------------------------
     Odds ratio |     3.238342      |   .5997233    17.45614 (exact)
  Attr. frac. ex. |      .6912      |  -.6674356    .9427136 (exact)
  Attr. frac. pop |    .0070892    |
                +-------------------------------------------------
                        1-sided Fisher's exact P = 0.0964
                        2-sided Fisher's exact P = 0.0964
```

1-4-4 分群組之失敗率列聯表 (tabodds 指令)

tabodds 指令旨在繪製分群組之失敗率 (odds of failure by category)。

定義：failure rate(失效率 ; 故障率 ; 破損率……)
失效率 (Failure rate) 是一個工程系統或零件失效的頻率，單位通常會用每小時的失效次數，一般會用希臘字母 λ 表示，是可靠度工程中的重要參數。
系統的失效率一般會隨著時間及系統的生命週期而改變。例如車輛在第五年時的失效率會比第一年要高很多倍，一般新車是不會需要換排氣管、檢修煞車，也不會有重大傳動系統的問題。

實務上，一般會使用平均故障間隔 (MTBF, $1/\lambda$) 而不使用失效率。若是失效率假設是定值的話，此做法是有效的 (定值失效率的假設一般常用在複雜元件／系統，軍事或航空的一些可靠度標準中的也接受此假設)，不過只有在浴缸曲線中平坦的部分 (這也稱為「可用生命期」) 才符合失效率是定值的情形，因此不適合將平均故障間隔外插去預估元件的生命期，因為當時會碰到浴缸曲線的損耗階段，失效率會大幅提高，生命期會較依失效率推算的時間要少。失效率一般會用固定時間 (例如小時) 下的失效次數表示，原因是這樣的用法 (例如 2000 小時) 會比很小的數值 (例如每小時 0.0005 次) 容易理解及記憶。在一些需要管理失效率的系統 (特別是安全系統) 中，平均故障間隔是重要的系統參數。平均故障間隔常出現在工程設計要求中，也決定了系統維護及檢視的頻率。

失效率是保險、財務、商業及管制行業中的一個重要因子，也是安全系統設計的基礎，應用在許多不同的場合中。

風險率 (hazard rate) 及故障發生率 (rate of occurrence of failures, ROCOF) 的定義和失效率不同，常誤認為和失效率定義相同。

tabodds 指令旨在繪製分群組之失敗率 (odds of failure by category)。

一、範例：分群組之失敗率型

(一) 問題說明

為了解酒精濃度 (alcohol) 會增加人們生病嗎？

研究者收集數據並整理成下表，此「bdesop.dta」資料檔內容之變數如下：

變數名稱	說明	編碼 Codes/Values
類別變數：alcohol	酒精濃度值	0-39 40-79 80-119 120+
類別變數：case	有疾病嗎	0,1 (binary data)

(二) 資料檔之內容

「bdesop.dta」資料檔內容如下圖。

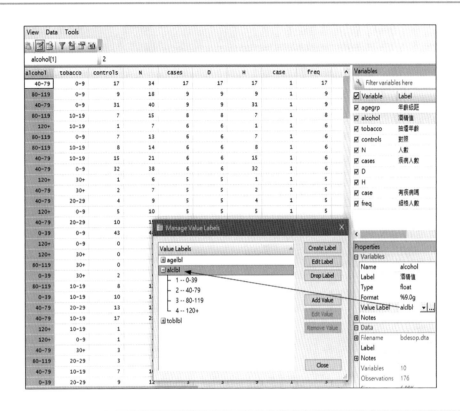

圖 1-58 「bdesop.dta」資料檔內容

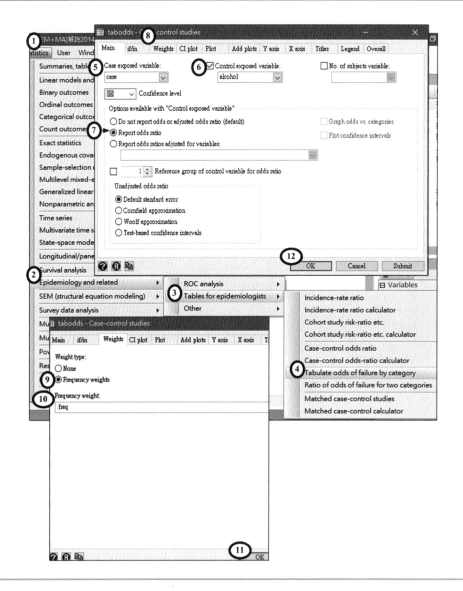

圖 1-59 「tabodds case alcohol [fw = freq] , or」選擇表

注：Statistics>Epidemiology and related>Tables for epidemiologists>Tabulate odds of failure by category。

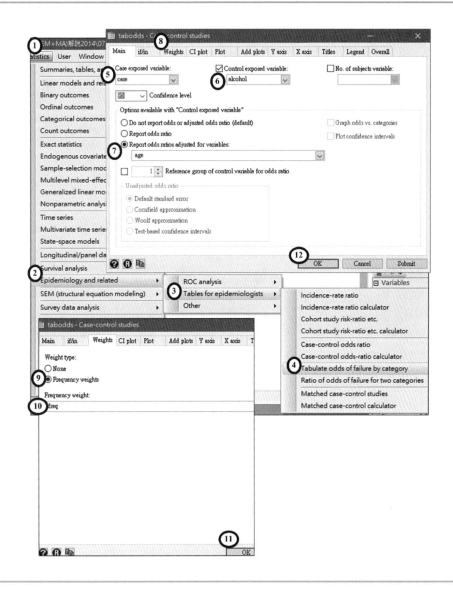

圖 1-60 「tabodds case alcohol [fw = freq], adjust(age)」選擇表

注：Statistics>Epidemiology and related>Tables for epidemiologists>Tabulate odds of failure by category。

(三) 分析結果與討論

Tabodds 指令

```
* 開啟資料檔
. webuse bdesop
```

方法一：未調整(控制)age 及抽菸的影響，直接 Mantel-Haenszel 檢定「喝酒易使人生病」

```
* Tabulate the odds of cancer against alcohol consumption
. tabodds case alcohol [fw = freq]
```

```
-------------------------------------------------------------------------
  alcohol |    cases    controls      odds     [95% Conf. Interval]
----------+--------------------------------------------------------------
     0-39 |      29        386       0.07513    0.05151    0.10957
    40-79 |      75        280       0.26786    0.20760    0.34560
   80-119 |      51         87       0.58621    0.41489    0.82826
     120+ |      45         22       2.04545    1.22843    3.40587
-------------------------------------------------------------------------
Test of homogeneity (equal odds): chi2(3)  =    158.79
                                  Pr > chi2 =     0.0000

Score test for trend of odds:     chi2(1)  =    152.97
                                  Pr > chi2 =     0.0000
```

* 上述發現，喝酒易使人生病之 odds 達到 0.05 顯著水準。喝愈多酒，生病勝出亦愈高

```
* 改印出「喝酒否使人生病的勝出比 (OR)」
* Same as above, but report odds ratios rather than odds
. tabodds case alcohol [fw = freq] , or
```

```
-------------------------------------------------------------------------
  alcohol | Odds Ratio      chi2      P > chi2   [95% Conf. Interval]
----------+--------------------------------------------------------------
     0-39 |  1.000000        .           .           .           .
    40-79 |  3.565271      32.70       0.0000     2.237981    5.679744
   80-119 |  7.802616      75.03       0.0000     4.497054   13.537932
     120+ | 27.225705     160.41       0.0000    12.507808   59.262107
-------------------------------------------------------------------------
```

```
Test of homogeneity (equal odds):  chi2(3)  =    158.79
                                    Pr>chi2  =     0.0000


Score test for trend of odds:      chi2(1)  =    152.97
                                    Pr>chi2  =     0.0000
```

* 上述發現，喝酒易使人生病 Odds Ratio 達到 0.05 顯著水準。酒精值 40-90 者，其生病勝出比是酒精值 0-39 者的 3.565 倍

方法二：調整 (控制)age 的影響，再 Mantel-Haenszel 檢定「喝酒易使人生病」
* 除喝酒易使人生病，因年齡亦是生病的因子，故要調整 (控制)age 的影響力
* Tabulate Mantel-Haenszel age-adjusted odds ratios
 . tabodds case alcohol [fw = freq] , adjust(age)
Mantel-Haenszel odds ratios adjusted for age

```
-------------------------------------------------------------------------
    alcohol |  Odds Ratio      chi2      P>chi2    [95% Conf. Interval]
------------+------------------------------------------------------------
       0-39 |   1.000000         .          .           .          .
      40-79 |   4.268155       37.36      0.0000     2.570025   7.088314
     80-119 |   8.018305       59.30      0.0000     4.266893  15.067922
       120+ |  28.570426      139.70      0.0000    12.146409  67.202514
-------------------------------------------------------------------------
```
Score test for trend of odds: chi2(1) =   135.09
                              Pr>chi2 =   0.0000

* 上述發現，調整 (控制)age 的影響後，喝酒易使人生病 Odds Ratio 達到 0.05 顯著水準。酒精值 40-90 者，其生病勝出比是酒精值 0-39 者的 4.268 倍

方法三：調整 (控制)tobacco 的影響，再 Mantel-Haenszel 檢定「喝酒易使人生病」
* 除喝酒易使人生病，因抽菸亦是生病的因子，故要調整 (控制)tobacco 的影響力
* Same as above，but adjust for tobacco use instead of age
 . tabodds case alcohol [fw = freq] , adjust(tobacco)
Mantel-Haenszel odds ratios adjusted for tobacco

```
-------------------------------------------------------------------------
    alcohol |  Odds Ratio      chi2      P>chi2    [95% Conf. Interval]
------------+------------------------------------------------------------
```

0-39	1.000000	.	.	.	.
40-79	3.261178	28.53	0.0000	2.059764	5.163349
80-119	6.771638	62.54	0.0000	3.908113	11.733306
120+	19.919526	123.93	0.0000	9.443830	42.015528

```
------------------------------------------------------------------
Score test for trend of odds:  chi2(1)  =   135.04
                               Pr>chi2  =    0.0000
```

*上述發現，調整 (控制) tobacco 的影響後，喝酒易使人生病 Odds Ratio 達到 0.05 顯著水準。酒精值 40-90 者，其生病勝出比是酒精值 0-39 者的 3.26 倍

1-4-5 配對病例對照研究 (mcc、mcci 指令)

配對的病例對照研究設計 (matched case-control study) 是觀察性研究中常用來降低受試者選樣誤差 (selection bias) 的方法，傾向分數 (propensity score) 為依變數的預測機率 (predicted probability)。過去的研究顯示，當一個樣本根據傾向分數做配對 1，用來計算傾向分數之共變數在兩個樣本的分布很類似，因此，根據傾向分數配對可降低觀察性研究的選取誤差。

在非實驗型的研究中，由於個案並非完全的隨機分派到各組，所以容易造成選樣偏誤 (selection bias)；也就是說，干擾因子 (例如常見的性別，年齡) 會影響到組別間的比較，造成結果不可信。此種情形常見於世代研究設計及個案對照設計 (case-control study)，為了解決選樣偏誤的問題，適度的進行個案的配對 (matching) 是較合理的方法。傳統的配對方式是以單一變數 (如性別) 對不同組別的個案來進行比對，使得男女性別的比例在各組中皆一樣，藉以控制性別造成的干擾。而此種方法的缺點在於，如果同時有好幾個變數 (例如性別，年齡，BMI……) 要列入配對條件中，則處理上相當的麻煩。

也正因為如此，所以學者提出了利用計算傾向分數的方式來調整干擾因子所造成的影響。所謂的傾向分數，事實上即為進行邏輯斯迴歸中所計算出的預測機率，其中，分組變數 (是否得病或是否有用藥) 為依變數 (dependent variable)，需要控制的干擾因子 (例如性別，年齡，BMI……) 為解釋變數。計算出傾向分數後，可以有兩種方式來調整干擾因子：(1) 直接在迴歸模型中將算出的傾向分數當成一個解釋變數；(2) 以計算出的傾向分數來進行配對，也就是 propensity score matching。在方法 (2) 中，傾向分數本身為機率值 (0~1)，所以在

進行傾向分數配對需要撰寫程式，以進行精細的比對。

一、範例：配對型病例對照研究 (McNemar's 檢定)

(一) 問題說明

　　為了降低干擾變數對因果模型的影響，實驗暴露組及對照組 (control) 就須配對 (matched) 來非隨機分派。

　　本例樣本設計，採配對來指派暴露組與未暴露組。例如，為了解實驗暴露否 (e.g. 注射流感疫苗嗎)，會影響得流感率嗎？

　　研究者收集數據並整理成下表，此「mccxmpl.dta」資料檔內容之變數如下：

變數名稱	說明	編碼 Codes/Values
類別變數：case	有疾病嗎	0,1 (binary data)
類別變數：control	對照組嗎	0,1 (binary data)
pop	2×2 表格之細格人數	

(二) 資料檔之內容

　　「mccxmpl.dta」資料檔內容如下圖。

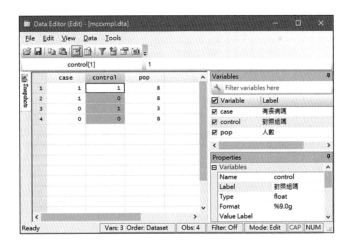

圖 1-61 「mccxmpl.dta」資料檔內容

觀察資料之特徵

```
* 開啟資料檔
. webuse mccxmpl

* List the data，已整理後之 2×2 細格人數
. list

     +----------------------+
     | case   control   pop |
     |----------------------|
  1. |   1         1      8 |
  2. |   1         0      8 |
  3. |   0         1      3 |
  4. |   0         0      8 |
     +----------------------+
```

(三) 分析結果與討論

```
* 開啟資料檔
. webuse mccxmpl

* List the data
. list
```

* . 方法一 ：用 mcc 分析二個類別變數之勝出比，結果得二組得疾病未達顯差異 (p>0.05)：
* 有暴露者 (e.g 有注射流感疫苗) 得疾病，是未暴露者 (無注射流感疫苗) 得疾病的 2.667 倍
* Calculate odds ratio ，etc.

```
. mcc case control [fw = pop]

                  | Controls           |
Cases             | Exposed  Unexposed |   Total
------------------+--------------------+-------------
         Exposed  |     8          8   |     16
       Unexposed  |     3          8   |     11
------------------+--------------------+-------------
           Total  |    11         16   |     27
```

```
McNemar's chi2(1) =       2.27    Prob > chi2 = 0.1317
Exact McNemar significance probability       = 0.2266


Proportion with factor
        Cases         .5925926
        Controls      .4074074      [95% Conf. Interval]
                      ---------     --------------------
        difference    .1851852      -.0822542    .4526246
        ratio         1.454545       .891101     2.374257
        rel. diff.     .3125        -.0243688     .6493688

        odds ratio    2.666667       .6400364    15.6064    (exact)
```

*方法二:改用 2×2 列聯表細格人數,用 mcci 來求勝出比,結果如上述,亦未達顯著差異
* Immediate form of above command
. mcci 8 8 3 8

```
              | Controls               |
Cases         | Exposed   Unexposed    |    Total
--------------+------------------------+------------
    Exposed   |     8          8       |     16
  Unexposed   |     3          8       |     11
--------------+------------------------+------------
      Total   |    11         16       |     27
```

```
McNemar's chi2(1) =       2.27    Prob > chi2 = 0.1317
Exact McNemar significance probability       = 0.2266


Proportion with factor
        Cases         .5925926
        Controls      .4074074      [95% Conf. Interval]
                      ---------     --------------------
        difference    .1851852      -.0822542    .4526246
        ratio         1.454545       .891101     2.374257
        rel. diff.     .3125        -.0243688     .6493688

        odds ratio    2.666667       .6400364    15.6064    (exact)
```

```
* Same as above command，but report 90% confidence intervals rather than 95%
. mcci 8 8 3 8, level(90)



                   | Controls                   |
Cases              | Exposed   Unexposed |        Total
-------------------+----------------------------+------------
        Exposed |        8           8 |          16
      Unexposed |        3           8 |          11
-------------------+----------------------------+------------
          Total |       11          16 |          27


McNemar's chi2(1) =        2.27    Prob > chi2 = 0.1317
Exact McNemar significance probability       = 0.2266


Proportion with factor
      Cases       .5925926
      Controls    .4074074          [90% Conf. Interval]
                  ---------         --------------------
      difference  .1851852         -.0452116     .415582
      ratio       1.454545          .9641389    2.194396
      rel. diff.  .3125             .0297908    .5952092


      odds ratio  2.666667          .7718741    11.68713   (exact)
```

1-5 三向列聯表 (three-way contingency tables)

在探討兩個獨立類別變數之相關時，當存在另一重要的類別型干擾因子，而若我們忽略了它的影響，則可能會得到不正確的推論，這種現象的發生，一般稱為辛普森矛盾 (Simpson's paradox)。例如，在探討喝酒與肺癌的關係時，若忽略了吸菸狀態的影響，則可能會得到喝酒與肺癌有很強的相關；然而，若將資料分為吸菸組與非吸菸組分別探討時，可能得到的結果可能為喝酒與肺癌沒有相關。故在分析時，應該考慮此干擾因子的影響，針對此種情形，可利用 Mantel-Haenszel 法取代傳統的卡方檢定方法進行推論。

Mantel-Haenszel 法 進行的步驟：

Step 1：依據干擾因子分層，分別計算感興趣之兩個獨立類別變數之間的勝算比。

Step 2：同質性的檢定：比較不同分層下的勝算比是否相同 (例如：OR 分層 1 = OR 分層 2)。

Step 2-1：若各分層勝算比相同之檢定結果顯著 ($p < 0.05$) 時，則表示干擾因子對於兩個類別因子之間的影響是不同的。在分析其間的關係時，需依據干擾因子之各分層，個別探討兩個類別變數之間的相關強度，並分別進行檢定。

Step 2-2：若各分層勝算比相同之檢定結果不顯著 ($p > 0.05$) 時，則表示各分層勝算比相同，故可先估算此共同的勝算比，再進行相關性檢定。

例如，假設研究者對於睡眠困擾及職場壓力之關係感興趣，並認為其間的關係會受到性別影響，試利用 Mantel-Haenszel 法進行分析。

1-5-1 三向列聯表、Mantel-Haenszel 同質性檢定 (tab3way、cc 指令)

http://www.ats.ucla.edu/stat/stata/examples/icda/icdast3.htm

三維列聯表重點：

偏關連、無母數分析法、條件關連推論。

一、範例 1：三向列聯表 (**tab3way**、**cc** 指令)

(一) 問題說明

以 clinic 分組後，再求得暴露否 (treat) 對療效 (response)，是否達到顯著差異？

研究者收集數據並整理成下表，此「clinic.dta」資料檔內容之變數如下：

變數名稱	說明	編碼 Codes/Values
類別變數：clinic	就診嗎	(0,1) 二元資料
類別變數：treat	實驗暴露否 (e.g. 注射流疫苗嗎)	(0,1) 二元資料
類別變數：response	有療效嗎	(0,1) 二元資料
count	細格人數	

(二) 資料檔之內容

「clinic.dta」資料檔內容如下圖。

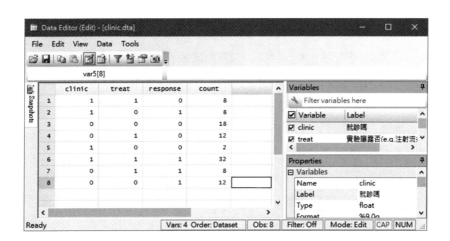

圖 1-62 「clinic.dta」資料檔內容

觀察資料之特徵

```
. use clinic, clear

. list

    +-----------------------------------+
    | clinic    treat    response    count |
    |-----------------------------------|
 1. |    1        1          0         8 |
 2. |    1        0          1         8 |
 3. |    0        0          0        18 |
 4. |    0        1          0        12 |
 5. |    1        0          0         2 |
 6. |    1        1          1        32 |
 7. |    0        1          1         8 |
 8. |    0        0          1        12 |
    +-----------------------------------+
```

圖 1-63 「findit tab3way」指令，會出現安裝視窗。

(三) 分析結果與討論

```
. use http://www.ats.ucla.edu/stat/stata/examples/icda/clinic, clear

* 外掛三向列聯表指令 tab3way
. findit   tab3way

* 印出三向列聯表
. tab3way treat clinic response [fw = count] , rowtot

Frequency weights are based on the expression: count
Table entries are cell frequencies
Missing categories ignored
```

```
------------------------------------------------------------
實驗暴露？|
_(e.g. 注射 |                  有療效嗎 and 就診嗎
 g 流疫苗嗎 | -------- 0 --------    -------- 1 --------
 )         |    0    1    TOTAL      0    1    TOTAL
-----------+------------------------------------------------
       0 |   18    2     20        12    8     20
       1 |   12    8     20         8   32     40
------------------------------------------------------------
```

* M-H homogeneity 檢定，結果 (p = 1.0 > 0.05)，顯示交義細格百分比是同質性。
* 以求 clinic 分組後，OR 值及 Mantel-Haenszel 同質性之卡方檢定
* clinic 分組後，OR 值都為 1 倍，表示是否 treat 對 response 療效都沒顯著差異。
. cc response treat [fw = count], by(clinic)

* 以 clinic 分組，求得 treat 對 response 達到顯著差異 (p<0.05)

```
        clinic |      OR       [95% Conf. Interval]   M-H Weight
---------------+-----------------------------------------------
           0 |       1       .266931    3.661409     2.88 (exact)
           1 |       1       .0872055   6.599538     1.28 (exact)
---------------+-----------------------------------------------
       Crude |       2       .8134475   4.921016          (exact)
 M-H combined |       1       .3825288   2.614182
------------------------------------------------------------
Test of homogeneity (M-H)     chi2(1) =      0.00  Pr > chi2 = 1.0000
```

```
               Test that combined OR = 1:
               Mantel-Haenszel chi2(1) =       0.00
                           Pr > chi2 =    1.0000
```

1-6 類別依變數之三種迴歸，誰誤差小就誰優

一、什麼是預測精度 (forecast accuracy)

預測精度是指預測模型擬合的好壞程度，即由預測模型所產生的模擬值與歷史實際值擬合程度的優劣。預測精度是衡量預測方法是否適用於預測對象的一個重要指標。

二、影響經濟預測精確性的主要因素

1. 預測方法選取的合理性。
2. 所建模型的正確性。
3. 資料的準確和全面性。
4. 預測者的素質。

三、評估預測精度的方法

1. 平均誤差和平均絕對誤差

平均誤差 (me) 的公式為：

$$me = \frac{\sum_{i=1}^{n} e_i}{n}$$
$$e_i = y_i - \hat{y}_i$$

平均絕對誤差 (mad) 的公式為：

$$mad = \frac{\sum_{i=1}^{n} |e_i|}{n}$$

2. 平均相對誤差和平均相對誤差絕對值

平均相對誤差 (mpe) 的公式為：

$$mpe = \frac{\sum_{i=1}^{n} \frac{y_i - \hat{y}_i}{y_i}}{n}$$

平均相對誤差絕對值 (mape) 的公式為：

$$mape = \frac{\sum_{i=1}^{n} \left| \frac{y_i - \hat{y}_i}{y_i} \right|}{n}$$

3. *預測誤差的變異數和標準差*

預測誤差的變異數 (mse) 公式為：

$$mse = \frac{\sum_{i=1}^{n} e_i^2}{n} = \frac{\sum_{i=1}^{n} (y_i - \hat{y}_i)^2}{n}$$

預測誤差的標準差 (sde) 公式為：

$$sde = \sqrt{\frac{\sum_{i=1}^{n} e_i^2}{n}} = \sqrt{\frac{\sum_{i=1}^{n} (y_i - \hat{y}_i)^2}{n}}$$

四、預測方法的選擇準則

1. 符合經濟規律和經濟特點。
2. 符合統計資料反映的規律。
3. 力求取得較好的預測精確度。
4. 力求實用。

1-6-1 類別依變數之三種迴歸，誰優？ (reg、logit、probit 指令)

一、範例：3 種迴歸 (reg、logit、probit) 之誤差，誰最小 (或 R^2 最大)，該迴歸就是最佳

(一) 問題說明

為了解打鼾程度 (snoring) 可預測人們是否有心臟病 (heart) 嗎？

研究者收集數據並整理成下表，此「snoring.dta」資料檔之變數如下：

變數名稱	說明	編碼 Codes/Values
類別變數：heart	心臟病嗎	0, 1 (binary data)
類別變數：snoring	打鼾程度	0~5 分
count	人數	

(二) 資料檔之內容

「snoring.dta」資料檔內容如下圖。

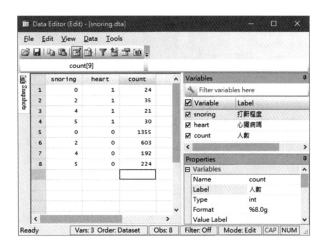

圖 1-64 「snoring.dta」資料檔內容

(三) 分析結果與討論

```
* 開啟資料檔
. use snoring, clear

* 印出 2x2 表格
. tab snoring heart [fw = count], row

* 求得 snoring 及 heart 二者列聯表如下：


           |        心臟病嗎
    打鼾程度 |        0          1 |    Total
-----------+----------------------+----------
         0 |     1,355         24 |    1,379
           |     98.26       1.74 |   100.00
-----------+----------------------+----------
         2 |       603         35 |      638
           |     94.51       5.49 |   100.00
-----------+----------------------+----------
         4 |       192         21 |      213
           |     90.14       9.86 |   100.00
-----------+----------------------+----------
```

```
        5 |      224         30 |      254
          |    88.19      11.81 |    100.00
----------+---------------------+----------
    Total |    2,374        110 |    2,484
          |    95.57       4.43 |    100.00
```

* 方法一 ：用 OLS 法，求類別依變的線性模型
*求 snoring 對 heart 的線性迴歸 (OLS 法)，發現二者有顯著正相關 (p<0.05，係數為正)：
. reg heart snoring [fw = count]

```
  Source |       SS       df       MS              Number of obs =     2484
---------+------------------------------           F( 1,  2482) =    74.82
   Model | 3.07633377        1  3.07633377         Prob > F      =   0.0000
Residual | 102.052491     2482  .041117039         R-squared     =   0.0293
---------+------------------------------           Adj R-squared =   0.0289
   Total | 105.128824     2483  .042339438         Root MSE      =   .20277

---------------------------------------------------------------------------
   heart |      Coef.   Std. Err.       t    P > |t|    [95% Conf. Interval]
---------+-----------------------------------------------------------------
 snoring |    .020038   .0023166     8.65    0.000     .0154954    .0245806
   _cons |   .0168723   .0051571     3.27    0.001     .0067598    .0269849
---------------------------------------------------------------------------
```

* 線性迴歸式之預測值，存到 y_OLS 變數。
. predict y_OLS
(option xb assumed; fitted values)

* 方法二 ：改用 Logistic 迴歸，求類別依變的線性模型
. logit heart snoring [fw = count]

```
Logistic regression                        Number of obs   =     2484
                                           LR chi2(1)      =     63.10
                                           Prob > chi2     =    0.0000
Log likelihood = -418.86582                Pseudo R2       =    0.0700

---------------------------------------------------------------------------
   heart |      Coef.   Std. Err.       z    P>|z|     [95% Conf. Interval]
---------+-----------------------------------------------------------------
```

```
    snoring |   .3973366    .0500107      7.95    0.000     .2993175    .4953557
      _cons |  -3.866248    .1662144    -23.26    0.000    -4.192022   -3.540474
------------------------------------------------------------------------------
```

*Logistic 迴歸式之預測值，存到 y_logit 變數。
. predict y_logit
(option pr assumed; Pr(heart))

* 方法三：改用機率迴歸 probit，求類別依變的線性模型
. probit heart snoring [fw = count]

* 求 snoring 對 heart 的 probit 迴歸，亦發現二者有顯著正相關 (p<0.05，係數為正)：

```
Probit regression                               Number of obs   =       2484
                                                LR chi2(1)      =      64.03
                                                Prob > chi2     =     0.0000
Log likelihood = -418.39714                     Pseudo R2       =     0.0711
------------------------------------------------------------------------------
      heart |     Coef.    Std. Err.      z     P>|z|     [95% Conf. Interval]
------------+-----------------------------------------------------------------
    snoring |   .1877705     .02363      7.95    0.000     .1414565    .2340845
      _cons |  -2.060552    .0704492    -29.25    0.000    -2.198629   -1.922474
------------------------------------------------------------------------------
```

*probit 迴歸式之預測值，存到 y_logit 變數。
. predict y_prob
(option pr assumed; Pr(heart))

* 先印出前三種迴歸式，誰的誤差最小，就是最佳模型。發現 logit 誤差最小 (模型最佳)
. list if heart = = 1

```
    +--------------------------------------------------------+
    | snoring   heart   count     y_OLS     y_logit    y_prob |
    |--------------------------------------------------------|
 1. |      0       1      24   .0168723   .0205074   .0196729 |
 2. |      2       1      35   .0569483   .0442951   .0459933 |
 3. |      4       1      21   .0970243   .0930541   .0951876 |
```

```
   4. |        5         1        30     .1170623    .1324389    .1309952 |
      +------------------------------------------------------------------+
```

* 繪出上述 3 種迴歸式之誤差的預測機率值，結果如下圖
. label variable y_OLS "Linear"
. label variable y_logit "Logistic"
. label variable y_prob "Probit"

. graph twoway connect y_OLS y_logit y_prob snoring, ytitle(預測機率值)

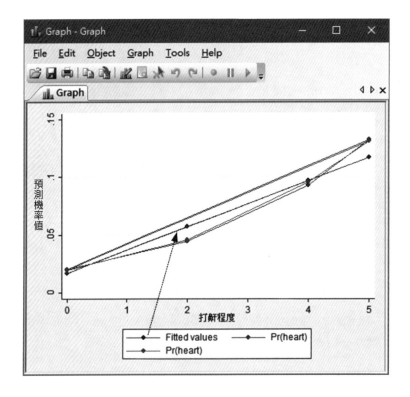

圖 **1-65** 「graph twoway connect y_OLS y_logit y_prob snoring, ytitle(預測機率值)」之 connect 圖

1-7 對數線性模型 (log linear models) 之列聯表 [ipf、「glm …, fam(pois) link(log)」指令]

列聯表的對數模型之分析重點：

1. 二維列聯表對數模型。
2. 三向表對數模型。
3. 模型推論。
4. 高維列聯表對數模型。

一、範例：用「glm…,family(pois)」求卜瓦松迴歸係數

(一) 問題說明

研究者想了解男女對來世輪迴的信念，人口百分比是否同質嗎？

研究者收集數據並整理成下表，此「afterlife.dta」資料檔之變數如下：

變數名稱	說明	編碼 Codes/Values
類別變數：afterlife	相信有來世嗎	0,1 (binary data)
類別變數：gender	性別	0,1 (binary data)
freq	2×2 細格人數	

(二) 資料檔之內容

「afterlife.dta」資料檔內容如圖 1-66。

圖 1-66 「afterlife.dta」資料檔之內容

(三) 分析結果與討論

在 Stata 中，你可用 **glm** 指令搭配 log link 及 Poisson family，來分析依變數是屬計數型之 Poisson 模型 (Poisson model can be estimated via glm command with the log link and the Poisson family)。

Step 1 觀察 2×2 資料表格

```
* 開啟資料檔
. use  afterlife, clear

* 印出 2×2 細格人數
. list


     +-------------------------+
     | gender   aftlife   freq |
     |-------------------------|
  1. | females      yes    435 |
  2. | females       no    147 |
  3. |    male      yes    375 |
```

```
   4. |   male       no     134 |
      +-------------------------+
```

* 繪出 2×2 細格人數，發現女性比男性更相信來世輪迴的信念
```
. table gender aftlife [fw = freq], cont(freq)
---------------------
        | 相信有來世？
        |     ?
   性別 |  no    yes
--------+----------
   male |  134    375
 females |  147    435
---------------------
```

Step 2 執行 **ipf**，求 **2×2** 細格人數預測值，結果存至新的「**aftlif.dta**」資料檔

* 用 findit 來安裝，外掛指令 ipf(iterated proportional fitting)
```
. findit ipf
```

* 因要將 ipf 分析結果，存至 aftlif.dta = ，故你在 Stata 畫面再設定工作目錄，為剛才複製的資料夾路徑，即「File > Chang working directory」。例如，作者自定「D:\存活分析」為工作目錄。
* 新的「aftlif.dta」資料檔內容，如下圖
```
. ipf [fw = freq], fit(gender+aftlife) save(aftlif) exp nolog

Expansion of the various marginal models
----------------------------------------

marginal model 1 varlist : gender
marginal model 2 varlist : aftlife
unique varlist  gender aftlife


N.B.  structural/sampling zeroes may lead to an incorrect df
Residual degrees of freedom = 1
Number of parameters        = 3
Number of cells             = 4




Goodness of Fit Tests
```

```
--------------------
df = 1
Likelihood Ratio Statistic G? =    0.1620 p-value = 0.687
Pearson Statistic         X? =    0.1621 p-value = 0.687


 +---------------------------------------------------+
 | gender   aftlife     Efreq   Ofreq      prob |
 |---------------------------------------------------|
 |    0        0    131.09899    134  .12016406 |
 |    0        1    377.90101    375  .34638039 |
 |    1        0    149.90101    147  .13739781 |
 |    1        1    432.09899    435  .39605774 |
 +---------------------------------------------------+
file aftlif.dta saved
```
（相信有來世嗎）

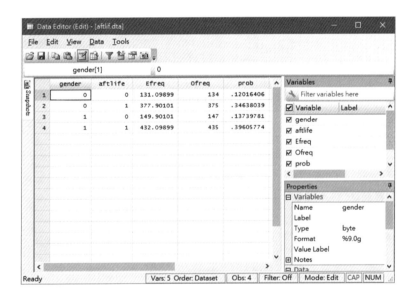

圖 1-67 新的「aftlif.dta」資料檔內容

150

Step 3 預測母群 **2×2** 細格人數

```
* 重新開啟新資料檔 aftlif
. use aftlif, clear

. table gender aftlife, cont(mean Efreq)
--------------------------------
         |        aftlife
  gender |        0          1
---------+----------------------
       0 | 131.09899   377.90101
       1 | 149.90101   432.09899
--------------------------------
* 因 Efreq 仍違反常態性，故取自然對數 log(X) 變換，再繪 2×2 細格人數
. generate lefreq = ln(Efreq)
. table gender aftlife, cont(mean lefreq)


--------------------------------
         |        aftlife
  gender |        0          1
---------+----------------------
       0 | 4.875953   5.934632
       1 | 5.009975   6.068655
--------------------------------
```

1. 由樣本預測 (Efreq) 男女兩性對來世輪迴的信念，又以女性 432.098 人次占最大比例。

Step 4 以原始編碼，用 **glm** 來分析計數型依變數 **freg** 之 **Poisson** 迴歸

```
* 重開啟資料檔 afterlife
. use  afterlife, clear
* 或 use http://www.ats.ucla.edu/stat/stata/examples/icda/afterlife, clear
```

```
* 方法一 : glm 的對照組：用 glm 來分析 Poisson 迴歸
*Poisson model can be estimated via glm command with the log link and the Poisson family
. glm freq gender aftlife, fam(pois) link(log)
```

```
Generalized linear models                No. of obs      =        4
Optimization     : ML                    Residual df     =        1
                                         Scale parameter =        1
Deviance         =   .1619951194         (1/df) Deviance =   .1619951
Pearson          =    .162083973         (1/df) Pearson  =    .162084

Variance function: V(u) = u              [Poisson]
Link function    : g(u) = ln(u)          [Log]

                                         AIC             =  8.851813
Log likelihood   = -14.70362649          BIC             = -1.224299

------------------------------------------------------------------------
             |                 OIM
     freq |      Coef.   Std. Err.      z    P>|z|    [95% Conf. Interval]
----------+-------------------------------------------------------------
   gender |   .1340224   .0606865    2.21   0.027    .0150791    .2529658
   aftlife |    1.05868   .0692336   15.29   0.000    .9229843    1.194375
     _cons |   4.875953   .0678732   71.84   0.000    4.742924    5.008982
------------------------------------------------------------------------
```

1. 「glm freq gender aftlife, fam(pois) link(log)」，求得模型適配度 AIC = 8.85，
   BIC = −1.224，二者值愈小，表示你界定的模型愈佳，再對照下一 Step。

Step 5 重新編碼後，用 **glm** 求<u>卜瓦松迴歸</u>，並與前一次 **glm** 做比較

```
* 再做變數變換，符號" ~ " 係 logic 之 "not"
. generate g2 = ~gender
. generate a2 = ~aftlife
. glm freq g2 a2, fam(pois) link(log)

. list


     +------------------------------------+
     | gender   aftlife   freq   g2   a2 |
     |------------------------------------|
  1. | females      yes    435    0    0 |
  2. | females       no    147    0    1 |
  3. |   male       yes    375    1    0 |
  4. |   male        no    134    1    1 |
     +------------------------------------+'


* 變數變換
. generate g3 = gender - g2
. generate a3 = aftlife - a2
. list
. list


     +-------------------------------------------+
     | gender   aftlife   freq   g2   a2   g3   a3 |
     |-------------------------------------------|
  1. | females      yes    435    0    0    1    1 |
  2. | females       no    147    0    1    1   -1 |
  3. |   male       yes    375    1    0   -1    1 |
  4. |   male        no    134    1    1   -1   -1 |
     +-------------------------------------------+
```

* **方法二**：重新編碼後，用 glm 求 Poisson 迴歸，並與前一次 glm 做比較，二模型的差異

```
. glm freq g3 a3, fam(pois) link(log)


Generalized linear models              No. of obs      =         4
Optimization     : ML                  Residual df     =         1
                                       Scale parameter =         1
Deviance         = .1619951194         (1/df) Deviance = .1619951
```

```
Pearson              = .162083973              (1/df) Pearson =    .162084

Variance function: V(u) = u                    [Poisson]
Link function    : g(u) = ln(u)                [Log]

                                               AIC            =   8.851813
Log likelihood  = -14.70362649                 BIC            =  -1.224299

---------------------------------------------------------------------------
             |              OIM
        freq |   Coef.    Std. Err.      z    P > |z|    [95% Conf. Interval]
-------------+-------------------------------------------------------------
          g3 |  .0670112  .0303432     2.21   0.027     .0075396    .1264829
          a3 |  .5293398  .0346168    15.29   0.000     .4614921    .5971874
        _cons|  5.472304  .0346763   157.81   0.000     5.404339    5.540268
---------------------------------------------------------------------------
```

1. 上次「glm freq gender aftlife, fam(pois) link(log)」指令，求得模型適配度 AIC = 8.85，BIC = -1.224，二者值愈小，表示你界定的模型愈佳。

2. 這次「glm freq g3 a3, fam(pois) link(log)」指令，求得模型適配度 AIC = 8.85，BIC = -1.224，二次 glm 求得模型適配度都一樣好。

1-8 Nominal 依變數：多元邏輯斯迴歸之多項選擇 (mlogit、mlogtest、test、prchange、listcoef 指令)

一般在研究迴歸分析時，常遇到應變數爲二擇一的問題，如高中畢業後，是否繼續讀大學？或是公司成長至某階段時，是否選擇上市？此種問題一般可使用 Binomial Logistic 迴歸或 Binomial Probit 迴歸來作分析。然而在某些情況下，迴歸分析所面臨的選擇不只是二擇一的問題，如某一通勤者可能面臨自己開車、搭公車或乘捷運去上班的三擇一問題。或是，公司面臨是否初次發行公司債，若是選擇發行，則要選擇普通公司債，或是轉換公司債？此時決策者面臨多個方案選擇，一個較佳的解決方式，爲使用多元邏輯斯 (multinomial logistic) 迴歸，此迴歸可同時解決多重方案的選擇問題。

多元邏輯斯迴歸係指「當依變數分類超過 2 項」之多項選擇迴歸。例如，美國總統大選選民民意調查，欲了解選民之性別、年齡層及學歷別，如何影響投票給當時 3 位候選人。

多元邏輯斯迴歸，也是質化變數的機率迴歸。例如，當公司選擇初次公開發行公司債時，它可以有三種方案可以選擇：發行有擔保公司債，發行可轉換債券，或是選擇不發行。當一項決策面臨多重方案時，一個較佳的解決方式，為使用多元邏輯斯迴歸，此迴歸可同時解決多重方案的選擇問題。

Stata 多項選擇迴歸 (multinomial choice)：又分 multinomial probit, 多元 (multinomial/polytomous) 邏輯斯迴歸兩種。

舉例來說，財務危機研究方法眾多，且持續不斷的推陳出新，包括：採取逐步多元區別分析法 (stepwise multiple discriminant analysis, MDA)、邏輯斯迴歸分析 (logit model)、機率單位迴歸 (probit model)、遞迴分割演算迴歸 (recursive partitioning model)、類神經網路 (artificial neural networks)、比較決策樹 (classification and regression trees, CART) 等資料探勘技術、概略集合理論 (rough sets theory)、存活分析 (survival analysis) 等方法不斷的進步更新。

表 1-18「預警」迴歸之統計方法比較表

方法	假定條件	優點	缺點
單變數 (如勝算比)	1. 分析性變數。 2. 資料分布服從常態分布。	適合單一反應變數不同組別之比較。	比較母體若超過二群以上則較不適合。
區別分析	1. 反應變數為分類別變數，而解釋變數為分析性。 2. 資料分布服從常態分布。	1. 可同時考慮多項指標，對整體績效衡量較單變數分析客觀。 2. 可了解哪些財務比率最具區別能力。	1. 不適合處理分類別解釋變數。 2. 財務資料較難以符合常態假設。 3. 迴歸使用前，資料須先經標準化。
邏輯斯迴歸	1. 反應變數為分類別變數。	1. 解釋變數可是分析性或分類別。 2. 可解決區別分析中自變數資料非常態的問題。 3. 迴歸適用於非線性。 4. 資料處理容易、成本低廉。	加入分類別解釋變數，參數估計受到樣本數量影響。

方法	假定條件	優點	缺點
Probit 迴歸	1. 殘差項須為常態分布。 2. 各群體之共變數矩陣為對角化矩陣。	1. 可解決區別分析中自變數資料非常態的問題。 2. 機率值介於 0 與 1 之間。 3. 迴歸適用非線性狀況。	1. 迴歸使用前必須經由資料轉換。 2. 計算程序較複雜。這二個疑問 Stata 都可輕易解決。

　　誠如 Zmijewski(1984) 所說，財務比率資料大多不符合常態分布，有些「依變數 (Y) 為 nomial 變數，且 Levels 個數大於 2」，而邏輯斯迴歸、多元邏輯斯迴歸恰可解決自變數非常態、迴歸非線性與依變數 (Y) 非連續變數的疑問，且 Stata 資料處理容易。因此，本章節特別介紹：多元邏輯斯迴歸 (Multinomial Logit Model, MNLM)。

1-8-1　多元邏輯斯迴歸之解說

　　多元邏輯斯迴歸之應用例子，例如：
1. 預期財富向下移轉對子女教育之影響——實證分析。
2. 以多項邏輯斯迴歸模型分析青少年 BMI 與身體活動量之相關性。
3. 臺灣選民經濟投票行為之研究：以四次總統大選為例。
4. 法拍屋拍定拍次、競標人數與得標價之決定因素：以士林法院為例。
5. 企業槓桿與研發技術槓桿之研發策略選擇研究。
6. 董事會結構、操作衍生性金融商品交易對資訊透明度的影響。
7. 信用卡業務的徵審過程、繳款改變與違約之研究。
8. 商業銀行如何衡量住宅貸款之違約機率與違約損失率——內部模型法之應用。

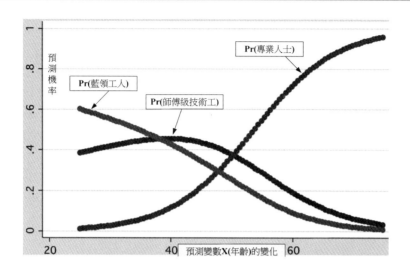

圖 1-68 Multinomial Logistic 迴歸之示意圖 (依變數為職業別，自變數為年齡)

例如，影響我國上市公司初次公開發行公司債之因素爲下列 6 個預測變數，其邏輯斯迴歸之表示式爲：

$$Ln(IPO_{it}) = F(\beta_0 + \beta_1 Sales_{it\text{-}1} + \beta_2 Growth_{it\text{-}1} + \beta_3 Capex_{it\text{-}1} + \beta_4 MTB_{it\text{-}1}$$
$$+ \beta_5 R \& D_{it\text{-}1} + \beta_6 Intership_{it\text{-}1})$$

上式中的 IPO_{it} 爲一 nomial 變數，若公司在 t 年度決定發行公司債，則其值爲 1，否則爲 0。

F(.) 爲標準常態分布的累積分布函數。

1. 使用銷售額 ($Sales_{it\text{-}1}$) 作爲公司規模的代理變數，以發行債券前一會計年度 (t-1) 年末之值取自然對數。由於規模愈大的公司，愈有可能藉由首次公開發行公司債來獲取外部資金，因此預期 $Sales_{it\text{-}1}$ 之係數將是正值。

2. 銷售額成長率 ($Growth_{it}$) 爲銷售額的變動程度，定義爲發行債券前一年與發行當年銷售額之變化率，而 $Capex_{it\text{-}1}$ 是指發行前一年度該公司的資本支出占總資產帳面價值的比例。

3. $Growth_{it}$ 與 $Capex_{it\text{-}1}$ 是用以衡量每家公司對於融資需求的程度，我們預期此二變數與初次發行公司債的機率之間爲正相關。

4. $MTB_{it\text{-}1}$ 爲市值對帳面值比，亦即 (權益市值＋負債總額帳面值) / 資產總額帳面值之比例，我們使用 $MTB_{it\text{-}1}$ 作爲預期公司未來成長機會的代理變數。

5. $R \& D_{it-1}$ 為研發費用率，是指每家公司的研究發展費用占銷售額之比例。

6. Intership$_{it-1}$ 代表內部人持股比例，以董監事與經理人的持股比例來衡量。本文預期 MTB_{it-1} 與 Intership$_{it-1}$ 二變數與初次發行公司債的機率之間為負相關，而 $R \& D_{it-1}$ 與初次發行公司債的機率之間呈正相關。

多元邏輯斯迴歸之推導

令 N 個方案其機率分別為 $P_1, P_2, \cdots, P_N$。故多元邏輯斯迴歸可以下列式子表示之：

$$\log\left(\frac{P_{jt}}{p_{1t}}\right) = X_t\beta_j, \quad j = 2, 3, \cdots, N; \quad t = 1, 2, 3, \cdots, T$$

其中，

t：表第 t 個觀察值。

T：表觀察值的個數。

X_t 表解釋變數的 $1 \times K$ 個向量中之第 t 個觀察值。

β_j 表未知參數的 $K \times 1$ 個向量。

上式，N-1 的方程式，其必要條件為 $P_{1t} + P_{2t} + \cdots + P_{Nt} = 1$，且各機率值皆不相等。故各機率值可以下列式子表示之：

$$P_{1t} = \frac{1}{1 + \sum_{j=2}^{N} e^{X_t\beta_i}}$$

$$P_{jt} = \frac{e^{X_t\beta_i}}{1 + \sum_{j=2}^{N} e^{X_t\beta_i}}, \quad i = 2, 3, \cdots, N$$

此迴歸可藉由最大概似法 (likelihood) 中觀察其最大概似函數來估計：

$$L = \prod_{t \in \theta_1} P_{1t} \times \prod_{t \in \theta_2} P_{2t} \times \cdots \times \prod_{t \in \theta_n} P_{Nt}$$

$\theta_j = \{t \mid$ 第 j 個觀察值 $\}$

Π 是機率 p 連乘之積。

因此

$$L = \prod_{t \in \theta_1} \frac{1}{1 + \sum_{j=2}^{N} e^{X_t\beta_j}} \times \prod_{i=2}^{N} \prod_{t \in \theta_1} \frac{e^{X_t\beta_j}}{1 + \sum_{j=2}^{N} e^{X_t\beta_j}} = \prod_{t=1}^{T} \left(\frac{1}{\sum_{j=2}^{N} e^{X_t\beta_j}}\right) \times \prod_{i=2}^{N} \prod_{t \in \theta_1} e^{X_t\beta_j}$$

而此概似函數的最大值可藉由非線性的最大化方式求得。為獲取 $\beta_1 + \beta_2, ..., \beta_N$ 的有效估計量，必須建構一個資訊矩陣 (Information Matrix)，可以下列式子表示之：

$$F = \begin{bmatrix} F_{22} & F_2 & F_{24} & F_{2N} \\ F_{32} & F_{33} & \cdots & F_{3N} \\ \vdots & \vdots & \ddots & \vdots \\ F_{N2} & F_{N3} & \cdots & F_{NN} \end{bmatrix}$$

其中

$$F_{rr} = \sum_{t=1}^{T} P_{rt}(1 - P_{rt})X_t'X_t , \quad r = 2,3,\cdots, N$$

$$F_{rs} = -\sum_{t=1}^{T} (P_{rt}P_{st})X_t'X_t , \quad r = 2, 3, \cdots, N$$

F 的反矩陣即為 $\hat{\beta}$ 之漸進共變異數矩陣 (Asymptotic Covariance Matrix)，其中，$\hat{\beta} = [\hat{\beta}_2, \hat{\beta}_3, \cdots, \hat{\beta}_N]$。多元邏輯斯迴歸需要選擇某一方案當作「基底」(Base) 方案，而將其他方案與此「基底」進行比較，因此我們在上述的三個方案當中，選擇以不發行公司債做為基底方案。其中，邏輯斯迴歸方程式的應變數為第 i 個方案相對於其底方案之「勝算比」機率。

假設多元邏輯斯迴歸之自變數有 6 個，包括：公司規模 (Sales)、融資需求 (Growth)、預期未來成長機會 (MTB)、研究發展費用率 (R&D)、內部人持股率 (Inership)。上述這些自變數所建立多元邏輯斯迴歸如下：

$$Ln\left(\frac{P_{si}}{P_{ni}}\right) = \beta_0 + \beta_1 Sales_i + \beta_2 Growth_i + \beta_3 Capex_i + \beta_4 MTB_i + \beta_5 R\&D_i + \beta_6 Intership_i$$

$$Ln\left(\frac{P_{ci}}{P_{ni}}\right) = \beta_0 + \beta_1 Sales_i + \beta_2 Growth_i + \beta_3 Capex_i + \beta_4 MTB_i + \beta_5 R\&D_i + \beta_6 Intership_i$$

其中

1. P_{ni} 代表第 i 家公司選擇「不發行」公司債的機率。
2. P_{si} 與 P_{ci} 分別表示第 i 家公司選擇「發行」有擔保公司債及可轉換公司債之機率。

經多元邏輯斯迴歸分析結果如下表。

表 1-19 多元邏輯斯迴歸模式預測初次發行公司債

自變數	$Ln\left(\dfrac{P_{si}}{P_{ni}}\right)$ (P-value)	$Ln\left(\dfrac{P_{ci}}{P_{ni}}\right)$ (P-value)
銷售額	1.084 [a2] (0.209)	0.769 [a] (0.160)
銷售額成長率	0.012 [b] (0.005)	0.012 [b] (0.005)
資本支出 / 總資產	0.028 (0.021)	0.043 [a] (0.016)
市值對帳面值比	-0.902 [a] (0.277)	-0.061 (0.136)
研發費用率	0.179 [b] (0.074)	0.119 [b] (0.058)
內部人持股比例	-0.024 [c] (0.013)	-0.012 (0.010)

注：1. P_{ni}，P_{si}，P_{ci} 分別代表第 i 家公司選擇「不發行」公司債、有擔保公司債、可轉換公司債之機率。
　　2. a, b, c 分別表示達 1%、5%、10% 的顯著水準。括弧中之數值為標準誤 (standard errors)。

　　結果顯示：銷售額 (Sales) 在 1% 顯著水準下，分別與「選擇發行有擔保公司債相對於不發行公司債之機率」以及「選擇發行可轉換公司債相對於不發行公司債之機率」呈現顯著正相關。

　　其次，衡量公司融資需求的兩個代理變數：銷售額成長率 (Growth) 與資本支出占總資產比例 (Capex) 之研究結果顯示，成長率在 5% 水準下，分別與發行有擔保公司債以及可轉換公司債之機率呈顯著正相關。雖然 Capex 是在 1% 顯著水準下，僅與發行可轉換公司債的機率呈正相關，但是 Capex 對於全體樣本發行有擔保公司債仍是有正面的影響性存在。

1-8-2 多元邏輯斯迴歸之實作

　　如上圖「多元邏輯斯迴歸之示意圖」所示。由於本例之「occ 職業別」是屬 nomial 變數，其編碼為：1 = Menial 工作者，2 = BlueCol，3 = Craft，4 = WhiteCol，5 = Prof。這 5 種職業類別之 codes 意義，並不是「1 分 < 2 分 < 3 分 < 4 分 < 5 分」。因此這種 nomial 依變數，採用 Binary Logit 與 OLS 迴歸都不太對，故 Stata 提供「多元邏輯斯迴歸」，來分析「多個自變數」對 Multinomial

依變數各類別之勝算機率。

一、範例：多元邏輯斯迴歸

(一) 問題說明

　　研究者先進行文獻探討以歸納出影響職業別的遠因，並整理成下表，此「nomocc2_Multinomial_Logit.dta」資料檔之變數如下：

變數名稱	影響親子親密程度的遠因	編碼 Codes/Values
occ	職業別	1 = Menial、2 = BlueCol、3 = Craft、 4 = WhiteCol、5 = Prof
white	1. 白人嗎 ? (種族優勢)	1 = white0 = not white
ed	2. 受教育年數	
exper	3 工作經驗的年數	

(二) 資料檔之內容

　　「nomocc2_Multinomial_Logit.dta」資料檔內容如圖 1-69。

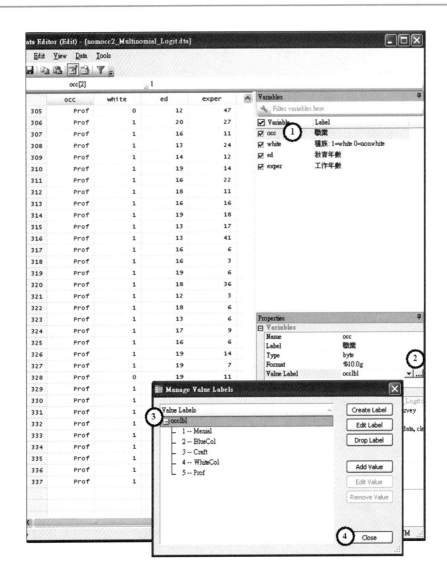

圖 1-69 「nomocc2_Multinomial_Logit.dta」資料檔 (N = 337，4 variables)

(三) 多元邏輯斯迴歸之選擇表操作

Statistics > Categorical outcomes > Multinomial logistic regression

Setp 1. 多元邏輯斯迴歸，看 **3** 個自變數之預測效果

```
. use nomocc2_Multinomial_Logit.dta
* 職業別 ( 第 1 個類別為比較基準 ) 之 Multinomial Logistic 迴歸
. mlogit occ white ed exper, baseoutcome(1)

Iteration 0:    log likelihood = -509.84406
Iteration 1:    log likelihood = -432.18549
Iteration 2:    log likelihood = -426.88668
Iteration 3:    log likelihood = -426.80057
Iteration 4:    log likelihood = -426.80048
Iteration 5:    log likelihood = -426.80048
```

```
Multinomial logistic regression          Number of obs   =       337
                                          LR chi2(12)     =    166.09
                                          Prob > chi2     =    0.0000
Log likelihood = -426.80048               Pseudo R2       =    0.1629
```

occ	Coef.	Std. Err.	z	P > |z|	[95% Conf. Interval]	
Menial	(base outcome)					
BlueCol						
white	1.236504	.7244352	1.71	0.088	-.1833631	2.656371
ed	-.0994247	.1022812	-0.97	0.331	-.2998922	.1010428
exper	.0047212	.0173984	0.27	0.786	-.0293789	.0388214
_cons	.7412336	1.51954	0.49	0.626	-2.23701	3.719477
Craft						
white	.4723436	.6043097	0.78	0.434	-.7120817	1.656769
ed	.0938154	.097555	0.96	0.336	-.0973888	.2850197
exper	.0276838	.0166737	1.66	0.097	-.004996	.0603636
_cons	-1.091353	1.450218	-0.75	0.452	-3.933728	1.751022
WhiteCol						
white	1.571385	.9027216	1.74	0.082	-.1979166	3.340687
ed	.3531577	.1172786	3.01	0.003	.1232959	.5830194
exper	.0345959	.0188294	1.84	0.066	-.002309	.0715007
_cons	-6.238608	1.899094	-3.29	0.001	-9.960764	-2.516453

```
----------+------------------------------------------------------------------
Prof      |
   white  |   1.774306    .7550543     2.35    0.019     .2944273    3.254186
      ed  |   .7788519    .1146293     6.79    0.000     .5541826    1.003521
   exper  |   .0356509     .018037     1.98    0.048     .000299     .0710028
   _cons  |  -11.51833    1.849356    -6.23    0.000     -15.143    -7.893659
```

注：「Z 欄」的 z 值，是指標準常態分布之標準分數。

以 occ = 1(Menial) 為比較基礎，它與「其他 4 種」職業，是否因為「種族 (white)、學歷高低 (ed)、工作年資 (exper)」而影響呢？多元邏輯斯迴歸分析結果如下：

1. 「Menial vs. BlueCol」職業比較：「種族、學歷高低、工作年資」，三者並無顯著影響受訪者，是否擔任「卑微、藍領」工作的機率。

2. 「Menial vs. Craft」職業比較：「種族、學歷高低、工作年資」，三者並無顯著影響受訪者，是否擔任「卑微、師傅級工人」工作的機率。

3. 「Menial vs. WhiteCol」職業比較：教育程度 (z = + 3.01, P < 0.05)，表示低教育者多數擔任卑微工作；高學歷多數擔任白領工作的機率是顯著的。由此可見，要當白領階級，學歷是必要條件。

4. 「Menial vs. BlueCol」職業比較：「種族、學歷高低工作年資」，三者會顯著影響受訪者，是否擔任「卑微、專業人士」工作的機率。可見，在美國求職要找專業工作 (金融分析師、律師、教師、CEO)，除了學歷要高、工作資歷要深外，白人種族優勢仍是必要的關鍵因素。

5. 以藍領階級「BlueCol」工人來說，其邏輯斯迴歸式為：

$$Pr(occ = BlueCol) = F(1.236 \times white - 0.099 \times ed + 0.004 \times expr + 0.741)$$

其中，F(·) 為累積機率分布。

Setp 2. 以依變數某類別為比較基準，做三個自變數之概似比 (LR) 檢定

再以 occ = 5「專業人士」身分為職業別的比較基準點，本例所進行的概似比 (LR) 檢定、Wald 檢定，結果如下：

```
* 以「occ = 5」為類業別之間的比較基礎,
. quietly mlogit occ white ed exp, baseoutcome(5)

* 三個自變數之概似比檢定
. mlogtest, lr

Likelihood-ratio tests for independent variables (N = 337)

Ho: All coefficients associated with given variable(s) are 0.

          |     chi2    df    P > chi2
----------+------------------------------
    white |    8.095     4     0.088
       ed |  156.937     4     0.000
    exper |    8.561     4     0.073
------------------------------------------


* 三個自變數之 Wald 檢定
. mlogtest, wald

* Wald tests for independent variables (N = 337)

Ho: All coefficients associated with given variable(s) are 0.

          |     chi2    df    P > chi2
----------+------------------------------
    white |    8.149     4     0.086
       ed |   84.968     4     0.000
    exper |    7.995     4     0.092
------------------------------------------
```

1. 以「專業人士」職業身分為職業別的比較基準點,再與「其他 4 種」職業做
   機率比較。經概似比 (Likelihood Ratio, LR) 檢定結果顯示,「專業人士 vs. 其
   他 4 種職業」在學歷方面有顯著機率差別。$\chi^2_{(4)} = 156.937(p < 0.05)$,拒絕
   「H_0:預測變數所有迴歸係數都是 0」,接受「H_1:自變數的迴歸係數有一
   不為 0」。要成為「專業人士」的機率,係與學歷呈正相關。學歷愈高,當
   選「專業人士」的機率就愈高。

2. Wald 檢定，在學歷方面，$\chi^2_{(4)} = 84.968(p < 0.05)$，亦拒絕「$H_0$：All coefficents associated with given varable(s) are 0」。可得知，此 3 個解釋變數所構成之 Weibull 迴歸模型具有整體顯著性。故要成為「專業人士」，高學歷係可顯著提升其當選的機率，即學歷是必要條件之一。

3. mLogistic 迴歸之事後檢定，「Likelihood-ratio tests(mlogtest, lr)」及「Wald tests(mlogtest, wald)」兩者都可測出：預測變數之預測效果是否顯著。

Setp 3. 以依變數某類別為比較基準，並與「其他類別」做線性假設之檢定

test 語法：旨在事後做線性假設的檢定（Test linear hypotheses after estimation）。

```
test coeflist                          (Syntax 1)
test exp = exp [= ...]                 (Syntax 2)
test [eqno]
```

test 選擇表：

```
Statistics > Postestimation > Tests > Test linear hypotheses
```

```
* 以職業別「5 = 專業人士」為比較基準。做 Multinomial Logistic 迴歸，但不印出
. quietly mlogit occ white ed exp, baseoutcome(5)

*「occ = 4」自領階級與其他 4 種職業別做係數檢定
. test [4]
 (1)  [WhiteCol]white = 0
 (2)  [WhiteCol]ed = 0
 (3)  [WhiteCol]exper = 0

         chi2( 3) =    22.20
       Prob > chi2 =     0.0001
```

在「occ = 4」白領階級與其他 4 種職業別之事後比較，$\chi^2_{(3)} = 22.2 (p < 0.05)$，拒絕「$H_0$：種族、學歷、工作資歷三者的迴歸係數為 0」。故種族、學歷、工作資歷三者是可有效區別「專業人士 vs. 其他 4 種職業別」的勝算機率。

Setp 4. 自變數每變化一個單位，所造成邊際 (margin) 效果

```
* 限制以 occ = 5( 專業人士 ) 為基準，進行 Multinomial Logistic 迴歸，quietly 報表
不印出
.quietly mlogit occ white ed exp, basecategory(5)

* 職業別邊際 (margin) 效果之機率變化
. prchange

mlogit: Changes in Probabilities for occ
```

* 由「非白人轉變白人」，擔任專業人士的機率，平均增加 11.6%

```
white
        Avg|Chg|      Menial      BlueCol       Craft       WhiteCol       Prof
0->1   .11623582   -.13085523   .04981799   -.15973434   .07971004   .1610615
```

*「學歷每增加一年」，擔任專業人士的機率，平均增加 5.895%

```
ed
          Avg|Chg|     Menial       BlueCol       Craft      WhiteCol       Prof
Min->Max  .39242268  -.13017954   -.70077323  -.15010394   .02425591   95680079
  -+1/2   .05855425  -.02559762   -.06831616  -.05247185   .01250795   .13387768
  -+sd/2  .1640657   -.07129153   -.19310513  -.14576758   .03064777   .37951647
MargEfct  .05894859  -.02579097   -.06870635  -.05287415   .01282041   13455107
```

*「工作經歷每增加一年」，擔任專業人士的機率，平均增加 0.233%

```
exper
          Avg|Chg|     Menial       BlueCol       Craft      WhiteCol       Prof
Min->Max  .12193559  -.11536534   -.18947365   .03115708   .09478889   .17889298
  -+1/2   .00233425  -.00226997   -.00356567   .00105992   .0016944    .00308132
  -+sd/2  .03253578  -.03167491   -.04966453   .01479983   .02360725   .04293236
MargEfct  .00233427  -.00226997   -.00356571   .00105992   .00169442   .00308134

            Menial      BlueCol      Craft      WhiteCol      Prof
Pr(y|x)   .09426806   .18419114   .29411051   .16112968   .26630062

           white        ed      exper
   x=     .916914    13.095    20.5015
sd_x=     .276423    2.94643   13.9594
```

Setp 5. 繪各預測變數變動一個單位時，當選各職業別之機率變化圖。

```
. mlogplot white ed exper, std(0ss) p(.1) min(-.25) max(.5) dc ntics(4)
```

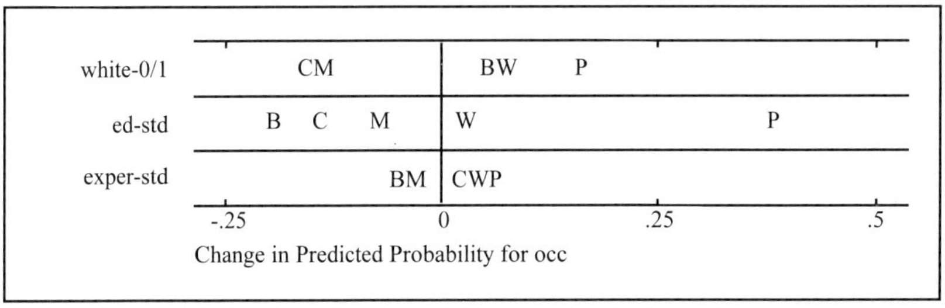

圖 1-70 種族、學歷、工作經驗三者變動一個單位時，當選各職業別之機率變化圖

注：B 為 blueCol(藍領階級)。C 為 craft(師傅級工人)。M 為 menial(低微工人)。P 為 prof(專業人士)。W 為 whiteCol(白領階級)

1. White = 0，非白人多數人是從事 C、M。White = 1，白人多數係從事 B、M、P。

2. 學歷在平均數以下者，多數人是從事 B、C、M。學歷在平均數以上者，多數人是從事 W、P。尤其，擔任 Prof(專業人士) 職務，其高學歷遠遠超越其他職業者。

3. 工作資歷在平均數以下者，多數人是從事 B、M。工作資歷在平均數以上者，多數人是從事 C、W、P。但差距不大。

Setp 5. 以「專業人士」占最機率之白人來說，比較他擔任各行業間之機率。

```
. quietly mlogit occ white ed exp, baseoutcome(5)
* 謹以白人來看，列出名目依變數 5 個群組之間，兩兩係數比較 (3 個自變數對 occ 的勝
算機率 )
. listcoef white

mlogit (N = 337): Factor Change in the Odds of occ

Variable: white (sd = .27642268)

Odds comparing   |
Alternative 1    |
to Alternative 2 |     b        z      P>|z|    e^b     e^bStdX
-----------------+---------------------------------------------------
Menial  -BlueCol |  -1.23650   -1.707   0.088   0.2904   0.7105
Menial  -Craft   |  -0.47234   -0.782   0.434   0.6235   0.8776
```

```
Menial   -WhiteCol |   -1.57139    -1.741    0.082    0.2078    0.6477
Menial   -Prof     |   -1.77431    -2.350    0.019    0.1696    0.6123
BlueCol  -Menial   |    1.23650     1.707    0.088    3.4436    1.4075
BlueCol  -Craft    |    0.76416     1.208    0.227    2.1472    1.2352
BlueCol  -WhiteCol |   -0.33488    -0.359    0.720    0.7154    0.9116
BlueCol  -Prof     |   -0.53780    -0.673    0.501    0.5840    0.8619
Craft    -Menial   |    0.47234     0.782    0.434    1.6037    1.1395
Craft    -BlueCol  |   -0.76416    -1.208    0.227    0.4657    0.8096
Craft    -WhiteCol |   -1.09904    -1.343    0.179    0.3332    0.7380
Craft    -Prof     |   -1.30196    -2.011    0.044    0.2720    0.6978
WhiteCol -Menial   |    1.57139     1.741    0.082    4.8133    1.5440
WhiteCol -BlueCol  |    0.33488     0.359    0.720    1.3978    1.0970
WhiteCol -Craft    |    1.09904     1.343    0.179    3.0013    1.3550
WhiteCol -Prof     |   -0.20292    -0.233    0.815    0.8163    0.9455
Prof     -Menial   |    1.77431     2.350    0.019    5.8962    1.6331
Prof     -BlueCol  |    0.53780     0.673    0.501    1.7122    1.1603
Prof     -Craft    |    1.30196     2.011    0.044    3.6765    1.4332
Prof     -WhiteCol |    0.20292     0.233    0.815    1.2250    1.0577
-------------------------------------------------------------------
```

僅白人在各類業別 (occ) 的勝算機率來看，白人在「menial-prof」、「craft-prof」職業別之人口比例，有顯著差異。即白人多數擔任 Prof 工作，非白人多數擔任 menial、craft 工作。

1-9 配對資料 (matched pairs) 模型：conditional logistic 迴歸 (先「clogit…, group(配對) or」指令、再 tabulate 指令)

Conditional logistic 迴歸之應用例子，包括：

1. 偵測財務報表不當認列—以條件式邏輯斯迴歸來評估。
2. 第二型糖尿病與居住地空氣汙染指標的相關性研究。
3. 條件邏輯斯迴歸模式於二元分類法的應用探討。

一、範例：配對法之邏輯斯迴歸，採 Conditional logistic 迴歸

若想提高研究設計之外部效度，概括來說，可用下列方法來「控制」外生

(extraneous) 變數：

1. 排除法：選擇相同外在變數之標準。例如，害怕「年齡」這個外生變數會影響自變數，所以隨機找同年齡 (如 18 歲) 的人當樣本。此種做法，雖提升了內部效度，但卻損及外部效度。

2. 隨機法：採用控制組 (對照組) 及實驗組，將樣本隨機分派至二組，以抵銷外生變數。

3. 共變數分析法 (Analysis of Covariance, ANCOVA)：一起記錄外生變數，將它納入研究設計中，以共變數分析來分析。例如，教師想了解在排除學生「學習態度 (Attitude)」影響之後，不同的教學方法 (General vs. Specific) 是否對學生的學習成就 (achieve) 有影響？可見 ANCOVA 是在調整「基本態度」之後，才比較二種教學方法的效果。

4. 配對法：即以外生變數來配對。在實務上，可能較難找到這樣的配對再分組至實驗組及控制組中。例如下面例子，因為產婦年齡愈高，就愈會早產。可惜醫生無法「開個處方箋」叫產婦年齡不要增長。故為了「控制」產婦年齡這個外生變數的干擾，你可找產婦年齡相同者「精準配對」(體重過輕之早產兒 vs. 非早產兒)，因如可排除產婦年齡對早產兒的影響，進而有效發現「導致早產兒的其他因素」。

5. 重複實驗：同組的人先作實驗群，也作控制組。一群當二群用，其缺點：除了會受到前測（pre-test）影響外，且亦受到施測順序 (實驗—控制、控制—實驗) 的影響。

(一) 問題說明

為了解產婦年齡對早產的影響力，故以「樣本設計」：產婦年齡相同者「精準配對」(體重過輕之早產兒 vs. 非早產兒)，進而有效發現「導致早產兒的其他因素」有那些？

產婦年齡由 14 至 34 歲，本例共找到 56 個配對生產 (早產兒 vs. 非早產兒) 產婦。而影響早產的原因，歸納成下表，即「lowbwt11.dta」資料檔之變數如下：

變數名稱	早產的原因	編碼 Codes/Values
pair	以產婦年齡，來 1-1 配對 (過輕 vs. 正常重量嬰兒)	1~56 歲配對 (過輕 vs. 正常重量嬰兒)
low	早產兒 vs. 非早產兒	1 為 BWT<＝2500g,0 為 BWT > 2500g

變數名稱	早產的原因	編碼 Codes/Values
age	產婦年齡	Years
lwt	1. 最近一次月經時產婦體重 (pounds)	Pounds
race	2. 種族	1 = White, 2 = Blac, 3 = Other
smoke	3. 懷孕時抽菸否	0 = No, 1 = Yes
ptd	4. 早產家族史	0 = None, 1 = Yes
ht	5. 高血壓家族史	0 = No, 1 = Yes
ui	6. 子宮躁鬱症 (uterine irritability)	0 = No, 1 = Yes

(二) 資料檔之內容

「lowbwt11.dta」資料檔內容如下圖。

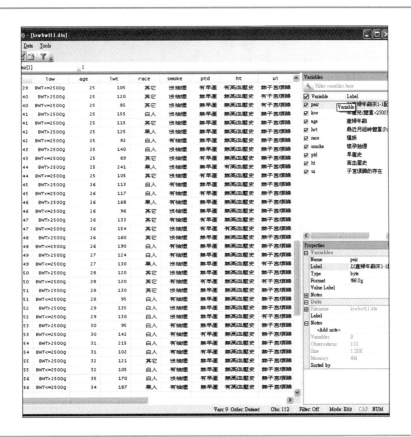

圖 1-71 「lowbwt11.dta」資料檔 (N = 112 , 9 variables)

(三)Conditional logistic 迴歸之選擇表操作

Statistics > Categorical outcomes > Conditional logistic regression

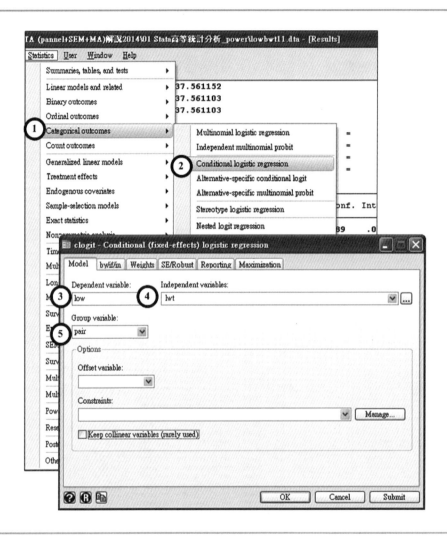

圖 1-72 Conditional logistic 迴歸之選擇表操作

(四) 分析結果與討論

Step1. 產婦產前體重對早產的影響

```
. use lowbwt11.dta
. clogit low lwt, group(pair)

Iteration 0:    log likelihood = -37.604933
Iteration 1:    log likelihood = -37.561152
Iteration 2:    log likelihood = -37.561103
Iteration 3:    log likelihood = -37.561103

Conditional (fixed-effects) logistic regression    Number of obs   =      112
                                                   LR chi2(1)      =     2.51
                                                   Prob > chi2     =   0.1131
Log likelihood = -37.561103                        Pseudo R2       =   0.0323


--------------------------------------------------------------------------
     low |    Coef.    Std. Err.      z     P>|z|    [95% Conf. Interval]
---------+----------------------------------------------------------------
     lwt | -.0093749    .0061654   -1.52    0.128    -.0214589     .0027091
```
* 產婦胖瘦除以 10，再做一次條件 LOGISTIC 迴歸之勝算比
```
. gen lwt10 = lwt/10
```
* 改求 Odds Ratio(OR)
```
. clogit low lwt10, group(pair) or
Iteration 0:    log likelihood = -37.604933
Iteration 1:    log likelihood = -37.561152
Iteration 2:    log likelihood = -37.561103
Iteration 3:    log likelihood = -37.561103

Conditional (fixed-effects) logistic regression    Number of obs   =      112
                                                   LR chi2(1)      =     2.51
                                                   Prob > chi2     =   0.1131
Log likelihood = -37.561103                        Pseudo R2       =   0.0323


--------------------------------------------------------------------------
     low | Odds Ratio  Std. Err.      z     P>|z|    [95% Conf. Interval]
---------+----------------------------------------------------------------
   lwt10 |  .9105114    .0561368   -1.52    0.128     .8068732     1.027461
--------------------------------------------------------------------------
```

1. Z = -1.52(p > 0.05)，表示產婦產前體重每增加一磅，就會增加早產「0.0093」單位的機率。但產婦胖瘦對早產兒「未達」顯著影響力。
2. 產婦體重除以 10，再做一次條件邏輯斯迴歸，結果 Z = -1.52 仍是一樣，「未達」顯著。但勝算比 = 0.91，小於無效垂直線「1」，表示，產婦控制體重對早產風險機率仍小於 1。

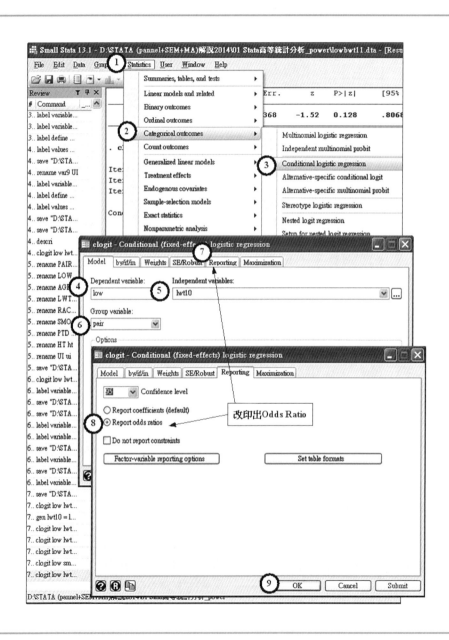

圖 1-73 Conditional logistic 迴歸之勝算比選擇表操作

Step2. 產婦抽菸對早產的影響

```
. clogit low smoke, group(pair)

Iteration 0:    log likelihood = -35.425931
Iteration 1:    log likelihood = -35.419283
Iteration 2:    log likelihood = -35.419282

Conditional (fixed-effects) logistic regression    Number of obs   =        112
                                                   LR chi2(1)      =       6.79
                                                   Prob > chi2     =     0.0091
Log likelihood = -35.419282                        Pseudo R2       =     0.0875

------------------------------------------------------------------------------
     low |     Coef.    Std. Err.      z     P>|z|    [95% Conf. Interval]
---------+--------------------------------------------------------------------
   smoke |   1.011601   .4128614     2.45    0.014    .2024074    1.820794
. clogit low smoke, group(pair) or

Iteration 0:    log likelihood = -35.425931
Iteration 1:    log likelihood = -35.419283
Iteration 2:    log likelihood = -35.419282

Conditional (fixed-effects) logistic regression    Number of obs   =        112
                                                   LR chi2(1)      =       6.79
                                                   Prob > chi2     =     0.0091
Log likelihood = -35.419282                        Pseudo R2       =     0.0875

------------------------------------------------------------------------------
     low | Odds Ratio  Std. Err.      z     P>|z|    [95% Conf. Interval]
---------+--------------------------------------------------------------------
   smoke |     2.75     1.135369     2.45    0.014    1.224347    6.176763
. sort pair
```

* 產婦年齡來配對，合其二人的「總抽菸人數 (test 變數)」
```
. egen test = total(smoke), by(pair)
```
* 前出前 20 筆資料，產婦之「總抽菸人數 (test 變數)」名單
```
. list pair smoke test in 1/20
```

```
        +----------------------+
        | pair    smoke   test |
        |----------------------|
  1. |     1    沒抽菸     1 |
  2. |     1    有抽菸     1 |
  3. |     2    沒抽菸     0 |
  4. |     2    沒抽菸     0 |
  5. |     3    沒抽菸     0 |
        |----------------------|
  6. |     3    沒抽菸     0 |
  7. |     4    沒抽菸     1 |
  8. |     4    有抽菸     1 |
  9. |     5    有抽菸     2 |
 10. |     5    有抽菸     2 |
        |----------------------|
 11. |     6    沒抽菸     1 |
 12. |     6    有抽菸     1 |
 13. |     7    沒抽菸     0 |
 14. |     7    沒抽菸     0 |
 15. |     8    沒抽菸     0 |
        |----------------------|
 16. |     8    沒抽菸     0 |
 17. |     9    有抽菸     1 |
 18. |     9    沒抽菸     1 |
 19. |    10    有抽菸     2 |
 20. |    10    有抽菸     2 |
        +----------------------+
```

* 配對產婦中有一人抽菸，其產婦抽菸否對早產兒之交叉表
. tab low smoke if test = = 1

| 早產兒 (體重 | 懷孕抽菸 | | |
< 2500 克)	沒抽菸	有抽菸	Total
BWT > 2500g	22	8	30
BWT< = 2500g	8	22	30
Total	30	30	60

1. 產婦抽菸 (smoke) 會顯著影響早產 (Z = 2.45, p<0.05)。Odds Ratio = 2.75，大於無效垂直線「1」，表示，產婦抽菸比沒抽菸者之早產機率比為 2.75 倍。

2. 由於配對產婦中，有的有抽菸，有的沒抽菸。故我們只選「配對產婦中有一人抽菸」(30 名) 當中，有抽菸產婦，其早產率為 (22/30)，是無抽菸產婦的「2.75」倍 ($\frac{22/30}{8/30}$)。無抽菸產婦，其早產率為 (8/30)。顯示抽菸會嚴重影響早產率。

Step3. 種族對產婦早產的影響

邏輯斯迴歸，針對類別型 (非連續型) 之預測變數，你可用下列指令直接分析，或改用 Stata 外掛之 xi3 package 指令。你可用「findit xi3」指令，來安裝 xi3 package，再執行此指令。

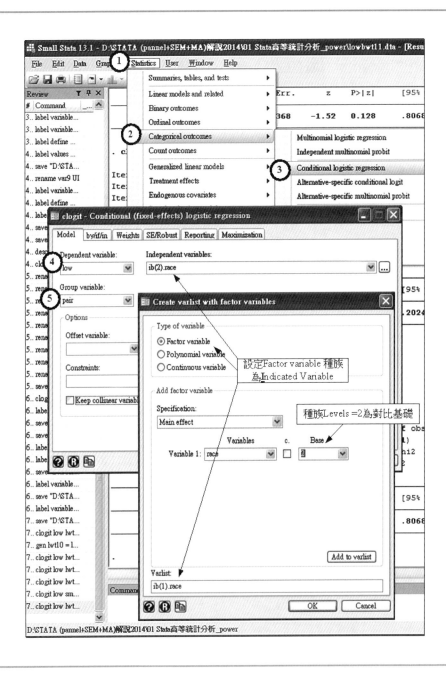

圖 1-74 種族 (race) 對產婦早產 (low) 的 Conditional Logistic 迴歸之選擇表

```
. tabulate race low, chi2

                |   早產兒 ( 體重 <2500 克 )
        種族 |  BWT > 2500g   BWT< = 2500 |      Total
-----------+----------------------+----------
       白人 |        22            22 |        44
       黑人 |        10            11 |        21
       其他 |        24            23 |        47
-----------+----------------------+----------
      Total |        56            56 |       112

            Pearson chi2(2) =    0.0689   Pr = 0.966
```

* race 變數為 Indicator variable, race 變數 Level = 2 為族群間之比較基準 (base)
```
. clogit low ib(2).race, group(pair)


Iteration 0:   log likelihood = -38.788497
Iteration 1:   log likelihood = -38.787243
Iteration 2:   log likelihood = -38.787243


Conditional (fixed-effects) logistic regression    Number of obs   =        112
                                                   LR chi2(2)      =       0.06
                                                   Prob > chi2     =     0.9714
Log likelihood = -38.787243                        Pseudo R2       =     0.0007


------------------------------------------------------------------------------
       low |     Coef.    Std. Err.      z    P > |z|    [95% Conf. Interval]
----------+-------------------------------------------------------------------
      race |
      白人 |  -.0870496    .5233129    -0.17   0.868    -1.112724    .9386249
      其他 |  -.1160498    .4822154    -0.24   0.810    -1.061175    .8290749
```
* 算 Odds Ratio
```
. clogit low ib(2).race, group(pair) or


Iteration 0:   log likelihood = -38.788497
Iteration 1:   log likelihood = -38.787243
Iteration 2:   log likelihood = -38.787243
```

```
Conditional (fixed-effects) logistic regression    Number of obs   =      112
                                                   LR chi2(2)      =     0.06
                                                   Prob > chi2     =   0.9714
Log likelihood = -38.787243                        Pseudo R2       =   0.0007

--------------------------------------------------------------------------------
     low |  Odds Ratio   Std. Err.      z    P>|z|     [95% Conf. Interval]
---------+----------------------------------------------------------------------
    race |
    白人 |   .9166316    .4796852    -0.17   0.868     .3286624    2.556464
    其他 |   .8904308    .4293794    -0.24   0.810     .3460491    2.291198
--------------------------------------------------------------------------------
```

1. 由「tabulate race low, chi2」指令產生的交叉表，顯示：白人早產率居中 = (22/44) = 0.5；黑人早產率最低 = (10/21) = 0.476
   0.476；其他族裔早產率最高 = (24/47) = 0.51。

2. 「clogit low ib(2).race, group(pair)」之「Coef. 欄」，因對比組設為 Race = Level 2 黑人。結果顯示：「黑人 vs. 白人」早產率比值為 -0.087 (負向表示「由白人轉成黑人」早產比值減少)。「黑人 vs. 其他族裔」早產率比值為 -0.116。故黑人發生早產發生機率是最低的。

3. 由勝算比來看，「黑人 vs. 白人」早產勝算比為 0.916<1，表示「黑人比白人」早產機率低。「黑人 vs. 其他族裔」早產勝算比為 0.89<1，表示「黑人比其他族裔」早產機率低。

Step4. 早產家族史對產婦早產的影響

因為產婦之早產家族史 (ptd) 是 binary 變數，只有二個 levels。故可直接視同「連續型預測變數」。

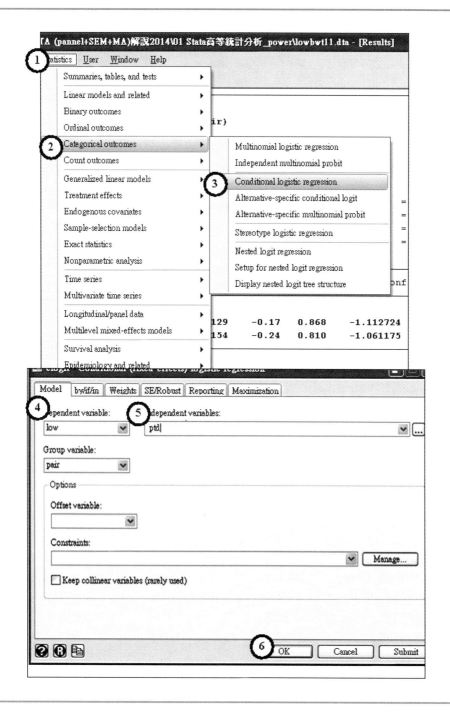

圖 1-75 早產家族史對產婦早產的 Conditional Logistic 迴歸之選擇表

```
. clogit low ptd, group(pair)

Iteration 0:    log likelihood = -35.449335
Iteration 1:    log likelihood = -35.424882
Iteration 2:    log likelihood = -35.424856
Iteration 3:    log likelihood = -35.424856

Conditional (fixed-effects) logistic regression    Number of obs   =      112
                                                   LR chi2(1)      =     6.78
                                                   Prob > chi2     =   0.0092
Log likelihood = -35.424856                        Pseudo R2       =   0.0874

-----------------------------------------------------------------------------
      low |     Coef.    Std. Err.      z    P>|z|    [95% Conf. Interval]
----------+------------------------------------------------------------------
      ptd |   1.321756   .5627314    2.35   0.019    .2188225    2.424689
```
```
. clogit low ptd, group(pair) or

Iteration 0:    log likelihood = -35.449335
Iteration 1:    log likelihood = -35.424882
Iteration 2:    log likelihood = -35.424856
Iteration 3:    log likelihood = -35.424856

Conditional (fixed-effects) logistic regression    Number of obs   =      112
                                                   LR chi2(1)      =     6.78
                                                   Prob > chi2     =   0.0092
Log likelihood = -35.424856                        Pseudo R2       =   0.0874

-----------------------------------------------------------------------------
      low | Odds Ratio  Std. Err.      z    P>|z|    [95% Conf. Interval]
----------+------------------------------------------------------------------
      ptd |     3.75     2.110243    2.35   0.019     1.24461    11.29872
-----------------------------------------------------------------------------
```

1. 早產家族史對產婦早產的 Z = 2.35，p < 0.05，表示早產家族史對產婦早產明顯著影響力。其中，Z 代表常態標準分布之 z 值。

2. 早產家族史對產婦早產的勝算比 = 3.75，故「母親有早產」之產婦，其早產 (勝出) 率，比「母親無早產」者高出 3.75 倍的早產率。

Step5. 高血壓家庭史 **(ht)** 對產婦早產 **(low)** 的影響

```
. clogit low ht, group(pair)

Iteration 0:   log likelihood = -37.999811
Iteration 1:   log likelihood = -37.993415
Iteration 2:   log likelihood = -37.993413

Conditional (fixed-effects) logistic regression   Number of obs  =      112
                                                  LR chi2(1)     =     1.65
                                                  Prob > chi2    =   0.1996
Log likelihood = -37.993413                       Pseudo R2      =   0.0212

-----------------------------------------------------------------------------
     low |     Coef.   Std. Err.      z    P>|z|    [95% Conf. Interval]
---------+-------------------------------------------------------------------
      ht |  .8472975   .6900655    1.23   0.220    -.505206    2.199801
-----------------------------------------------------------------------------

. clogit low ht, group(pair) or

Iteration 0:   log likelihood = -37.999811
Iteration 1:   log likelihood = -37.993415
Iteration 2:   log likelihood = -37.993413

Conditional (fixed-effects) logistic regression   Number of obs  =      112
                                                  LR chi2(1)     =     1.65
                                                  Prob > chi2    =   0.1996
Log likelihood = -37.993413                       Pseudo R2      =   0.0212

-----------------------------------------------------------------------------
     low | Odds Ratio  Std. Err.      z    P>|z|    [95% Conf. Interval]
---------+-------------------------------------------------------------------
      ht |  2.333333   1.610152    1.23   0.220    .6033812    9.023218
-----------------------------------------------------------------------------
```

1. 高血壓家庭史對產婦早產的 Z = 1.23，p > 0.05，表示高血壓家庭史對產婦早產無明顯著影響力。

2. 高血壓家庭史對產婦早產的勝算比 = 2.33，故「父母有高血壓」之產婦，其

早產 (勝出) 率，比「父母無高血壓」者高出 2.33 倍的早產率。

Step6. 子宮躁鬱症 (ui) 對早產的影響

```
. clogit low ui, group(pair)

Iteration 0:    log likelihood = -36.732247
Iteration 1:    log likelihood = -36.723253
Iteration 2:    log likelihood = -36.72325


Conditional (fixed-effects) logistic regression    Number of obs   =       112
                                                    LR chi2(1)      =      4.19
                                                    Prob > chi2     =    0.0408
Log likelihood = -36.72325                          Pseudo R2       =    0.0539


------------------------------------------------------------------------------
     low |     Coef.   Std. Err.      z    P>|z|     [95% Conf. Interval]
---------+--------------------------------------------------------------------
      ui |   1.098612   .5773502     1.90   0.057    -.0329738    2.230197
------------------------------------------------------------------------------

. clogit low ui, group(pair) or

Iteration 0:    log likelihood = -36.732247
Iteration 1:    log likelihood = -36.723253
Iteration 2:    log likelihood = -36.72325


Conditional (fixed-effects) logistic regression    Number of obs   =       112
                                                    LR chi2(1)      =      4.19
                                                    Prob > chi2     =    0.0408
Log likelihood = -36.72325                          Pseudo R2       =    0.0539


------------------------------------------------------------------------------
     low | Odds Ratio  Std. Err.      z    P>|z|     [95% Conf. Interval]
---------+--------------------------------------------------------------------
      ui |   2.999999   1.73205     1.90   0.057     .9675639    9.301702
------------------------------------------------------------------------------
```

1. 子宮躁鬱症對產婦早產的 Z = 1.23，p = 0.057 > 0.05，表示子宮躁鬱症對產婦

早產發生機率呈正相關 (Z = +1.9, p = 0.57)，且「逼近 p < 0.05」顯著影響力。

2. 子宮躁鬱症對產婦早產的勝算比 = 2.33，故「子宮躁鬱症」之產婦，其早產 (勝出) 率，比「無子宮躁鬱症」者高出 2.999 倍的早產率。

小結

影響早產之預測變數	Odds Ratio 值 (OR)	醫生是否可診療其處方 (treated)
1. 最近一次月經時產婦體重 (p > 0.05)	0.91	不可
2. 種族 (p > 0.05)	「黑人 vs. 白人」= 0.916。「黑人 vs. 其他族裔」= 0.89	因天生的，故無處方
3. 懷孕時抽菸否 (p < 0.05)	2.75*	可事前宣導，故 semi 可控制
4. 早產家族史 (p < 0.05)	3.75*	因天生的，故無處方
5. 高血壓家族史 (p < 0.05)	2.33	因天生的，故無處方
6. 子宮躁鬱症 (Uterine Irritability) (p > 0.05)	2.99，「接近」顯著	醫生唯一可處理的因子

* p < 0.05

1-10 邏輯斯迴歸之練習題

邏輯斯迴歸分析適用於依變數為二元類別資料的情形，又若自變數只有一個，則此分析稱為簡單邏輯斯迴歸分析 (simple logistic regression) 或稱為單變數邏輯斯迴歸分析 (univariate logistic regression)。在邏輯斯迴歸分析中，自變數可為連續變數或類別變數。本單元之自變數只有一個，也就是職場壓力程度，是一個類別變數，此類分析除適用簡單邏輯斯分析外，亦可適用於前一個單元所介紹的列聯表之卡方檢定。但邏輯斯迴歸分析優於列聯表之卡方檢定之處，在於除了可檢定兩個變數之關係是否顯著外，亦可以獲得勝算比指標來顯示相關強度的大小。

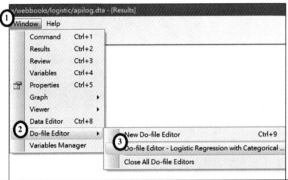

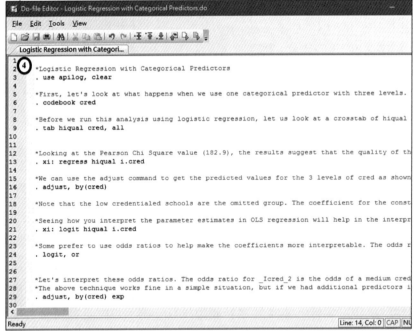

圖 1-76 「Logistic Regression with Categorical Predictors.do」執行檔之指令

---

* 「Logistic Regression with Categorical Predictors.do」執行檔
* Logistic Regression with Categorical Predictors
. use apilog, clear

* First, let's look at what happens when we use one categorical predictor with three levels. The predictor that we will use is based on the proportion of teachers who have full credentials. We have divided the schools into 3 categories, schools that have a low percentage of teachers with full credentials, schools with a medium percentage of teachers with full credentials and schools with a high percentage of teachers with full credentials. We will refer to these schools as high credentialed, medium credentialed and low credentialed schools. Below we show the codebook information for this variable. The variable cred is coded 1, 2 and 3 representing low, medium and high respectively.
. codebook cred

* Before we run this analysis using logistic regression, let us look at a crosstab of hiqual by cred.
. tab hiqual cred, all

* Looking at the Pearson Chi Square value (182.9), the results suggest that the quality of the school (hiqual) is not independent of the credential status of the teachers (cred). But such a way of looking at these results is very limiting. Instead, lets look at this using a regression framework. Lets start by pretending for the moment that our outcome variable is not a 0/1 variable and that it is appropriate to use in a regular OLS analysis. Below we show how we could include the variable cred as a predictor and hiqual as an outcome variable in an OLS regression. We use the xi command with i.cred to break cred into two dummy variables. The variable _Icred_2 is 1 if cred is equal to 2, and zero otherwise. The variable _Icred_3 is one if cred is equal to 3 and 0 otherwise.
. xi: regress hiqual i.cred

* We can use the adjust command to get the predicted values for the 3 levels of cred as shown below.
. adjust, by(cred)

* Note that the low credentialed schools are the omitted group. The coefficient for the constant corresponds to the predicted value for the low credentialed group. The coefficient for I_cred_2 represents the difference between the medium credentialed group and the omitted group (.329 - .081 = .248). Note that the coefficient for I_cred_3 represents the predicted value for group 3 (the high credentialed minus the omitted group (.513 - .081 = .432).

* Seeing how you interpret the parameter estimates in OLS regression will help in the interpretation of the parameter estimates when using logistic regression. Now let's run this as a

logistic regression and see how to interpret the parameter estimates. As you see below, the syntax for running this as a logistic regression is much like that for an OLS regression, except that we substituted the logit command for the regress command. The results are shown using logistic regression coefficients where the coefficient represents the change in the log odds of hiqual equaling 1 for a one unit change in the predictor.
. xi: logit hiqual i.cred

* Some prefer to use odds ratios to help make the coefficients more interpretable. The odds ratio is simply the exponentiated version of the logistic regression coefficient. For example, exp(1.715) = 5.557 (shown below). After running the logit command from above, we can type logit , or and the results from the last logit command are shown, except using odds ratios.
. logit, or

* Let's interpret these odds ratios. The odds ratio for _Icred_2 is the odds of a medium credentialed school being high quality divided by the odds of a low credentialed school being high quality. Likewise, The odds ratio for _Icred_3 is the odds of a high credentialed school being high quality divided by the odds of a low credentialed school being high quality.
* The above technique works fine in a simple situation, but if we had additional predictors in the model it would not work as easily. Below we demonstrate the same idea but using the adjust command with the exp option to get the predicted odds of a school being high-quality school at each level of cred.
. adjust, by(cred) exp

* The odds ratio for _Icred_2 should be the odds of a medium credentialed school being high quality (.490) divided by the odds of a low credentialed school being high quality (.088). Indeed, we see this is correct. This means that we estimate that the odds of a medium credentialed being high quality (odds = .490) is about 5.6 times that of a low credentialed school being high quality (odds = .088).
. display .490 / .088

* Likewise, the odds ratio for _Icred_3 should be the odds of a high credentialed school being high quality (1.05) divided by the odds of a low credentialed school being high quality (.088). Indeed, we see this is correct as well. The odds of a high credentialed school being high quality (which is 1.05) is about 11.9 times as high as the odds of a low credentialed school being high quality (which is 0.088).
* If this were a linear model (e.g. a regression with two dummies, or an ANOVA), we might be interested in the overall effect of cred. We can test the overall effect of cred in one of two ways. First, we could use the test command as illustrated below. This produces a Wald Test. Based on the results of this command, we would conclude that the overall effect of cred is significant.

. test _Icred_2 _Icred_3

* Instead, you might wish to use a likelihood ratio test, illustrated below. We first run the model with all of the predictors, i.e. the full model, and then use the estimates store command to save the results naming the results full (you can pick any name you like).
. xi: logit hiqual i.cred
. estimates store full

* Next, we run the model omitting the variable(s) we wish to test, in this case, omitting i.cred.
. xi: logit hiqual

* We can then use the lrtest command to compare the current model (specified as a period) to the model we named full.
. lrtest . full

* his test is also clearly significant. If you look back to the crosstab output of hiqual and cred you will see a line that reads
* 求得 likelihood-ratio chi2(2) = 204.7688 Pr = 0.000
* which, interestingly enough, matches the likelihood ratio test shown above. Both of these tests use a likelihood ratio method for testing the overall association between cred and hiqual.

(半參數) Cox 存活分析：
臨床研究最重要統計法

數學／統計學，「一般」函數 (function) 都以隨機變數 x 之 f(x)、s(x) 型式來表示。但存活期間改以隨機變數 T(Time) 爲主，暗指以時間爲基礎所構成的函數，故隨機密度函數 (PDF) 改以小寫 f(t) 型式來呈現，小寫 s(t) 代表存活機率函數；相對地，大寫 F(t)、S(t) 型式分別代表「累積」隨機密度函數 (CDF) 及「累積」存活機率函數。

存活分析 (Survival Analysis) 通常用以探討特定危險因子與存活時間之關連性的技術，主要是發展自醫學、生物科學領域，旨在探討生存機率、預測反映機率、平均壽命以及比較實驗動物或病人的存活分布等方面。近幾年來，在社會、經濟科學中亦廣泛地應用，像是「可靠度」研究電子設備的壽命、首次婚姻的持續時間、重罪犯人的假釋時間；或者應用在人們的就業／失業期間、居住期間、廠商生命以及廠商加入與退出行爲、信用卡破產等方面，皆可看到存活分析。

2-1 存活分析介紹

相較於其他模型 (OLS, Logit, SEM……)，Cox 比例存活模型有較低的 Type I 誤差 (α)。存活分析法又稱「危險模型」(hazard model)，亦稱作「存續期間模型」(duration model)，或簡稱「Cox 模型」。Cox 模型應用，以加速失敗時間模型 (accelerated failure time model, AFT) 及比例危險模型 (proportional hazard model, PHM) 最廣被使用 (Noh et al., 2005)。

1. 加速失敗時間模型 (AFT) 強調的是一個停留狀態下 (例如，人活到 80 歲會加速死亡)，有關 AFT 與存活函數的搭配。請見本書「第 3 章參數存活模型」介紹。

2. Cox 比例危險模型：個體之間的危險函數呈比率關係，此 Cox 比例危險模型是屬半參數 (semi-parameter) 模型，故函數 f(t) 本身並未假定 (assmuption) 存活函數要屬那一種分布 (常態／韋伯……)。請見本章節的介紹。

存活分析旨在探討事件發生所需的時間 (time to event)，即評估從初始事件到終止事件間經歷的期間。舉例來說，癌症試驗之整體存活期 (overall survival) 常以隨機分派時間點爲起點 (Stata 系統變數爲 $\_t_0$)，以死亡事件 (Stata 系統變數爲 $\_t$) 爲終點之評估指標；相反地，無惡化存活期 (Progression-free survival) 是以隨機分派時間點爲起點，以疾病惡化或死亡事件發生爲終點的評估指標。雖然所評估的依變數值是時間 ($\_t_0$ 至 $\_t$)，但是常用之 t-test、ANOVA 或無母數

的 Wilcoxon rank sum test 都不適用，原因是在存活分析係有設限資料 (censored data) 的問題。

由於設限資料是不完整資料 (incomplete data)，為了省事，有些人在分析時就將設限資料當成是完整資料來分析，這是不恰當的！因為這是會低估整體存活期的。那是不是可以將設限資料直接排除不算呢？這也是不恰當的，因為設限資料即使只提供部分資料，有時也是很重要的。舉例來說，若一組受試者在三個月內都死亡，另一組每位受試者在一年後死亡事件都沒有發生 (即都設限在一年)，很明顯的第二組整體存活期比第一組好，若忽略這部分訊息，很容易做出錯誤判斷的。因此一旦有設限資料出現，宜採用存活分析，存活分析與傳統統計方法不同的就是能處理資料中有完整資料與設限資料的統計方法。

以臺灣企業赴大陸投資之決策因素為例，在過去的相關研究裡，很少有研究採用含「時間因素」為基礎的比例危險模型來進行分析。事實上，時間在投資決策中扮演相當重要的角色，而且可以提供較多的訊息，進而提升分析之有效性 (Kuo & Li, 2003)。

存活分析源自於臨床 (clinical) 和流行病 (epidemiological) 追蹤型 (follow-up) 的研究，後來延伸至其他領域，包括社會學、工程學、經濟學、教育 / 心理學、行銷學……，不管是哪個領域，存活分析研究中的實驗目標不只是要研究事件是否發生 (what 結果)，而且是何時發生 (when)。舉例來說，實驗對象在手術後 1 年死亡和在手術後 1 個月死亡的，雖然都是「死亡」，但是存活的時間不同，一個存活了「一年」之久，另一個只存活了「一個月」。因此若像區別分析、邏輯斯模型只單純記錄是否死亡 (binary variable)，則忽略了「存活時間多寡」的重要資訊。

除了預測「時間」之事件發生機率外，存活分析也可研究時間以外的結果變數 (outcome variable)。舉例來說，「可靠度」工程師想要計算會使輪胎爆胎的里程數或是引擎需要修理的里程數 (壽命)。這些研究有同樣的重點就是可靠度研究結果都要直到事件 (死亡) 發生，但測量的結果變數未必一定是時間，在工程師的例子中測量的是「里程數」。範例請見「3-4-3 配對後 Weibull 存活模型搭配 accelerated failure time：發電機壽命 (streg 指令)」。

2-1-1 存活分析之定義

存活分析是「分析事件發生前的「期間」之統計方法 (the length of time until an event occurs)」。例如，脫離貧窮前的時間長度。出院發生前的時間長度。倒閉發生前的時間長度。復發發生前的時間長度。結婚發生前的時間長度。

一、存活分析的定義

早期某些研究雖然與存活無關，但由於研究中隨訪資料常因失訪等原因而造成某些資料觀察不完全，爲了量身定做這種壽命資料的分析，因而統計學家發明了生存分析、存活率分析，又稱存活率分析。

存活分析是指根據試驗或調查得到的數據對生物或人的存活時間進行分析和推斷，研究存活時間和結局與眾多影響因素間關係及其程度大小的方法，也稱存活率分析或存活率分析。

存活分析涉及有關疾病的癒合、死亡，或者器官的生長發育等時效性指標。

某些研究雖然與存活無關，但由於研究中隨訪資料常因失訪等原因造成某些數據觀察不完全，要用專門方法進行統計處理，這類方法起源於對壽命資料的統計分析，故也稱爲生存分析。

存活分析又稱「事件—時間」分析 (time-to-event analysis)。存活分析涉及有關疾病的癒合、死亡，或者器官的生長發育等時效性指標，主要用來探討群體內樣本在某段時間過程中，發生特定事件的機率與影響的危險因子，根據試驗 (trial) 法或調查法來收集設限資料，再對生物／人的存活時間進行分析和推斷，研究存活時間／結局與影響因素之間關係強度。

存活分析旨在分析「直到我們所想觀察之事件發生的時間」的資料。從觀察樣本開始，到樣本發生事件，這段期間即稱爲存活時間 (survival time) 或失敗時間 (failure time)，相對地，事件的發生則稱爲死亡 (death)，由於早期應用在醫學領域，觀察病人的死亡率，因而稱之爲失敗 (failure)。這些時間變數通常是連續變數而且能以日期、星期、月、年等單位來測量，而事件可能是指死亡、疾病的開始、結婚、逮捕、違約等二元 (binary) 結果變數。存活分析特別的是，即使被觀察的對象沒有發生該事件，被觀察的對象在研究中存活的時間或觀察的時間長度都會被列入計算。

例如，研究不同診所照護下的存活時間，直到事件 (死亡) 發生 (_t)。若到研究時間結束，研究對象的事件 (死亡) 尚未發生，存活時間仍列入計算。

存活函數 S(t) 與危險函數 h(t) 之關係

1. 存活函數是危險函數之表現 (survival as a function of hazard)

$$S(t) = \exp\left[-\int_0^t h(s)ds\right]$$

2. 危險函數是存活函數之表現 (Hazard as a function of survival)

$$h(t) = -\frac{d}{dt}\log S(t)$$

3. 下圖範例：constant hazard $h(t) = \lambda$

$$S(t) = \exp[-\lambda \times t]$$

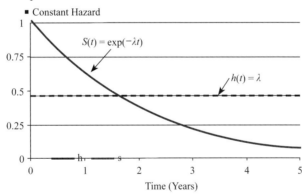

圖 2-1 指數分布之存活函數 S(t) 與危險函數 h(t) 之關係

注：$S(t) = \exp(-\lambda t)$　$\log(S(t)) = -\lambda t$。

存活分析中的幾個函數，都可由 S(t) 函數轉換，如下所示：

定義：存活函數 S(t)

S(t) = Pr(T > t)，t 表示某個時間點，T 表示存活的期間 (壽命)，Pr 表示表示機率。

存活函數 S(t) 就是壽命 T 大於 t 的機率。

舉例來說，人群中壽命 T 超過 60 歲 (時間 t) 的人在所有人中的機率是多少，就是存活函數要描述的。

假定 t=0 時，也就是壽命超過 0 的機率爲 1；t 趨近於無窮大，存活機率爲 0，沒有人有永恆的生命。如果不符合這些前提假定，則不適應存活分析，而使用其他的方法。

由上可以推導：存活函數是一個單調 (mono) 非增函數。時間點 t 愈大，S(t) 值愈小。

衍生函數：**F(t)**

生命分布函數，Lifetime distribution function F(t) = 1 − S(t) = Pr(T ≤ t)

F(t) 即壽命 T 小於等於 t 的機率

機率密度函數 (probability density function, pdf)：f(t)

$$f(t) = \frac{d(F(t))}{dt} = \frac{d[1-S(t)]}{dt} = -\frac{dS(t)}{dt}$$

$f(t) = \frac{d(F(t))}{dt}$ 又叫 event density，單位時間事件 (可以是死亡、機器失效、違約、倒閉) 的機率，是存活函數 S(t) 的導數 (一階微分)。

$$s(t) = \frac{dS(t)}{dt} = -f(t)$$

機率密度函數 f(t) 的性質：

事件密度函數 f(t) 總是非負數 (因爲沒有人可以死而復生)。函數曲線下方面積 (從 0 到無窮大積分) 爲 1。

危險函數 **(Hazard function)**：符號 *λ(t)* 或 *h(t)*，如下圖所示。

定義：危險函數，$h(t) = \lim_{\Delta t \to 0} \frac{p(t \leq T < t + \Delta t \mid T \geq t)}{\Delta t} = \frac{f(t)}{S(t)} = -\frac{d\log_e(t)}{dt}$

危險函數的分子是條件機率，也就是在存活時間 t 到 Δt 間發生事件的機率，爲了要調整時間區間，危險函數的分母是 Δt，讓 Hazard function 是

比率 (rate) 而不是機率 (probability)，最後，為了能精準表示在時間 t 的比率，公式用時間區間趨近於 0 來表示。

危險函數與存活函數不同，危險函數 $h(t)$ 並不從 1 開始到 0 結束，它可以從任何時間開始，可以隨時間上下任何方向都可以，其他特性如它總是非負的且沒有上限，它也有與存活函數很明確定義的關係，所以你可以根據危險函數得到存活函數，反之亦然。

危險函數引入分母 S(t)。其物理意義是，如果 t = 60 歲，$\lambda(t)$ 就是事件機率 (死亡) 除以 60 歲時的存活函數。因為年齡 t 愈大，分母存活函數 S(t) 愈小，假定死亡機率密度 f(t) 對任何年齡一樣 (這個不是存活分析的假設)，那麼危險函數 $\lambda(t)$ 值愈大，預期存活時間短。綜合很多因素，賣人身保險的對年齡大的收費愈來愈高。嬰兒的死亡機率密度相對高一些，雖然分母存活函數 S(t) 大，$\lambda(t)$ 值還是略微偏高，繳交的人身保險費也略偏高。

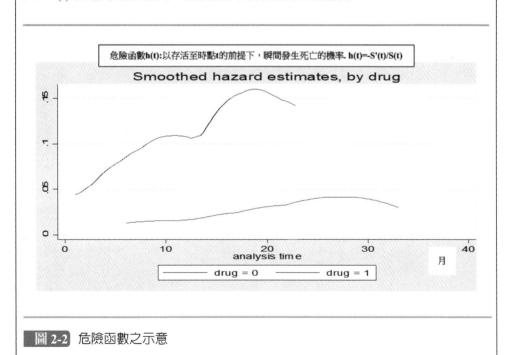

圖 2-2 危險函數之示意

```
* 存活函數之示範例子
. webuse stan3

* Suppress showing of st settings，指令語法：「stset timevar failure failvar」指令
. stset, noshow


** 印出存活函數 S(t) ,survivor function
. sts list

          failure _d:  died
    analysis time _t:  t1
                  id:  id
```

Time	Beg. Total	Fail	Net Lost	Survivor Function	Std. Error	[95% Conf. Int.]	
1	103	1	0	0.9903	0.0097	0.9331	0.9986
2	102	3	0	0.9612	0.0190	0.8998	0.9852
3	99	3	0	0.9320	0.0248	0.8627	0.9670
5	96	1	0	0.9223	0.0264	0.8507	0.9604
5.1	95	1	0	0.9126	0.0278	0.8388	0.9535
6	94	2	0	0.8932	0.0304	0.8155	0.9394
8	92	1	0	0.8835	0.0316	0.8040	0.9321
9	91	1	0	0.8738	0.0327	0.7926	0.9247
11	90	0	1	0.8738	0.0327	0.7926	0.9247
12	89	1	0	0.8640	0.0338	0.7811	0.9171
16	88	3	0	0.8345	0.0367	0.7474	0.8937
17	85	1	0	0.8247	0.0375	0.7363	0.8857
18	84	1	0	0.8149	0.0383	0.7253	0.8777
21	83	2	0	0.7952	0.0399	0.7034	0.8614
28	81	1	0	0.7854	0.0406	0.6926	0.8531
30	80	1	0	0.7756	0.0412	0.6819	0.8448
31	79	0	1	0.7756	0.0412	0.6819	0.8448
32	78	1	0	0.7657	0.0419	0.6710	0.8363
35	77	1	0	0.7557	0.0425	0.6603	0.8278
36	76	1	0	0.7458	0.0431	0.6495	0.8192
37	75	1	0	0.7358	0.0436	0.6388	0.8106
39	74	1	1	0.7259	0.0442	0.6282	0.8019

(略………)

733	16	1	0	0.2699	0.0485	0.1802	0.3676
841	15	0	1	0.2699	0.0485	0.1802	0.3676
852	14	1	0	0.2507	0.0487	0.1616	0.3497
915	13	0	1	0.2507	0.0487	0.1616	0.3497
941	12	0	1	0.2507	0.0487	0.1616	0.3497
979	11	1	0	0.2279	0.0493	0.1394	0.3295
995	10	1	0	0.2051	0.0494	0.1183	0.3085
1032	9	1	0	0.1823	0.0489	0.0985	0.2865
1141	8	0	1	0.1823	0.0489	0.0985	0.2865
1321	7	0	1	0.1823	0.0489	0.0985	0.2865
1386	6	1	0	0.1519	0.0493	0.0713	0.2606
1400	5	0	1	0.1519	0.0493	0.0713	0.2606
1407	4	0	1	0.1519	0.0493	0.0713	0.2606
1571	3	0	1	0.1519	0.0493	0.0713	0.2606
1586	2	0	1	0.1519	0.0493	0.0713	0.2606
1799	1	0	1	0.1519	0.0493	0.0713	0.2606

```
------------------------------------------------------------------
* Graph the survivor function
. sts graph

* Create survf containing the survivor function
. sts gen survf = s

* Sort on the time variable
. sort t1

* List part of the data
. list t1 survf in 1/10

    +-----------------+
    | t1      survf   |
    |-----------------|
 1. | 1    .99029126  |
 2. | 1    .99029126  |
 3. | 1    .99029126  |
 4. | 1    .99029126  |
 5. | 2    .96116505  |
    |-----------------|
```

```
  6. |   2    .96116505 |
  7. |   2    .96116505 |
  8. |   2    .96116505 |
  9. |   2    .96116505 |
 10. |   2    .96116505 |
     +------------------+
```

注：存活分析設定 (「stset **timevar** failure **failvar**」指令) 之後，會新產生 3 個系統變數 (_t_0; _t; _d)，其中：
　　1. _t_0 是觀察的開始時間，_t_0 ≥ 0。
　　2. _t 是觀察的結束時間，_t ≥ _t_0。
　　3. _d 是失敗指標 (indicator for failure)，_d∈ {0, 1}。

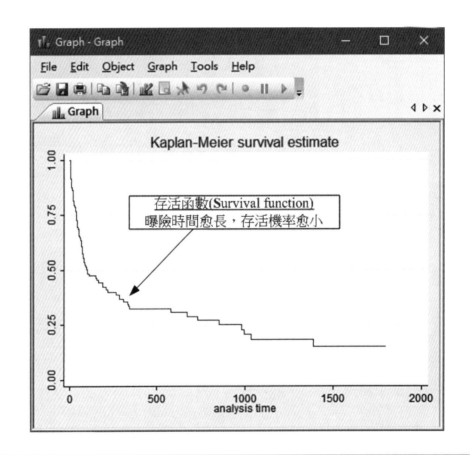

圖 2-3 存活函數之示意圖，「sts graph」指令

注：Statistics > Survival analysis > Graphs > Survivor and cumulative hazard functions。

處理組及控制組，兩組「Life tables」範例如下：

```
* Setup
. webuse rat, clear

* List some of the data
. list in 1/5
* Display separate life tables for each group and aggregate into 30-day intervals
. ltable t died, by(group) interval(30)
```

Interval		Beg. Total	Deaths	Lost	Survival	Std. Error	[95% Conf. Int.]	
group = 1 （控制組生命表）								
120	150	19	1	0	0.9474	0.0512	0.6812	0.9924
150	180	18	1	0	0.8947	0.0704	0.6408	0.9726
180	210	17	6	0	0.5789	0.1133	0.3321	0.7626
210	240	11	6	1	0.2481	0.1009	0.0847	0.4552
240	270	4	2	1	0.1063	0.0786	0.0139	0.3090
300	330	1	1	0	0.0000	.	.	.
group = 2 （處理組生命表）								
120	150	21	1	0	0.9524	0.0465	0.7072	0.9932
150	180	20	2	0	0.8571	0.0764	0.6197	0.9516
180	210	18	2	1	0.7592	0.0939	0.5146	0.8920
210	240	15	7	0	0.4049	0.1099	0.1963	0.6053
240	270	8	2	0	0.3037	0.1031	0.1245	0.5057
270	300	6	4	0	0.1012	0.0678	0.0172	0.2749
300	330	2	1	0	0.0506	0.0493	0.0035	0.2073
330	360	1	0	1	0.0506	0.0493	0.0035	0.2073

二、存活分析的特性 (characteristic)

研究某一樣本的存活經驗通常是有價值，若研究樣本是某一龐大母體的代表，則這樣的存活經驗特別有用，因爲研究樣本的存活經驗就是龐大母體存活經驗的估計值。存活分析法是爲了充分運用時間相依變數中獨有的特徵，以及研究特別的個體因子及環境因子是否顯著地危險性。概括來說，存活分析的特

性如下：

1. 存活資料與其他型態資料的最大差異，在於設限 (censored) 的現象，設限資料是指我們無法完全得到事件發生時間的觀測值，而妨礙我們使用標準的統計方法及推論，尤其是右設限資料描述了實際未觀測事件時間的下界，若依變數或結果變數是事件的時間，你要如何處理這樣的實例？

2. 母體的存活時間通常是偏態分配，在大多的統計推論中異於高斯 (常態) 分配，許多標準或近似統計方法，就無法精確描述這樣的偏態分布資料。

3. 我們通常對於整體存活時間的分配有興趣，許多標準的統計方法以平均存活時間 μ 和標準差 s 作為推論的方向。但是，「事件—時間」在分配之極端處的百分位值表現，通常是存活分析中令人較感興趣的，舉例而言，許多人希望自己能夠活到第 95 個百分位以上，而不是只活到第 50 個百分位之上的存活時間。存活分析中，關注於每個個體在治療或手術後單位時間事件的發生率。

4. 研究過程中某些解釋變數 (regressors)，例如膽固醇、血糖、血壓值、年齡都會隨著時間改變，你如何利用迴歸分析中的概念，處理這些解釋變數與其他之時間相依的共變數 (time-dependent covariates) 呢？

以上問題的較佳解法，就是存活分析。

三、為何不可用 t 檢定 (ANOVA) 或迴歸，而須改用存活分析的理由？

1. 發生事件前的時間都是非負值隨機變數。

2. 發生某事件前的時間多呈右偏分配。

3. 有部分樣本無法完整觀察到發生事件前的時間長度 [設限資料 (censored data)]：例如，痊癒病患不知何時死亡；企業永續經營不知何時會倒閉；死亡病患不知何時出院。

2-1-2 為何存活分析是臨床研究最重要的統計法？

一、存活時間 (survival times) 分析之三種方法

探討樣本事件的再發生 (疾病復發、假釋犯再被捕……) 狀況，常用統計有三種分析：存活迴歸模型 (Survival Regression Regression) 與邏輯斯迴歸、Poisson 模型。三者的功能看似相似，但這三種統計分析方法仍有所區別。首

要之處必須避免 Type 0 錯誤：「無法辨別出研究問題本身的型態」。也要避免 Type III 錯誤：「正確的答案回答錯誤的研究問題」。更要避免 Type IV 錯誤：「錯誤的答案回答錯誤的研究問題」。你若想要研究事件的發生率 (incidence)，資料包含個體追蹤以及記錄事件的發生與否時，可有三種選擇：

1. 存活迴歸分析，旨在產生存活曲線的估計值及每單位時間事件發生率。故 Logistic 迴歸 (Logistic 指令) 旨在估計勝算比; Cox 迴歸 (stcox、svy: stcox 指令) 及參數存活模型 (streg、svy: streg、stcrreg、xtstreg、mestreg 指令) 旨在估計危險比 (hazard ratio)。

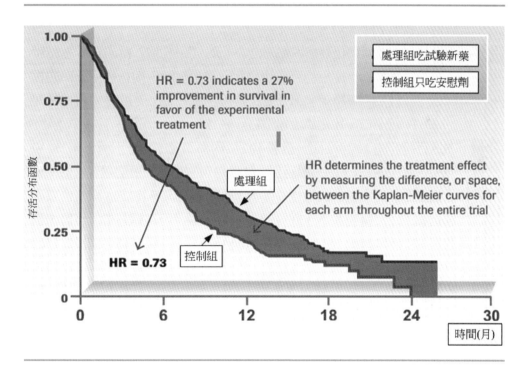

圖 2-4 Hazard Ratio(HR) 之示意圖

2. 邏輯斯迴歸分析，旨在發生或是未發生的事件分率 (event proportion) 之估計值。邏輯斯範例請見「Logistic Regression with Categorical Predictors.do」執行檔。

3. Poisson 迴歸，旨在產生每單位時間事件發生比率 (event rate) 的估計值。範例請見「poisson.do」、「Zero-inflated Poisson Regression.do」執行檔。

Poisson 迴歸範例

主題：1997 至 2006 年香港子宮頸癌患者的發病率、死亡率和癌症分期存活率：以人口爲基礎的研究。

目的：透過涵蓋全港人口爲本的癌症登記資料庫數據，檢視 1997 至 2006 年期間確診子宮頸癌患者的發病率和死亡率趨勢，並描述患者的分期存活率。

設計：回顧性、以人口爲基礎的研究。

安排：香港。

患者：患者 1997 至 2006 年期間所有確診子宮頸癌患者，並跟進合乎存活分析的患者至 2007 年 12 月 31 日。

主要結果測量：年齡標準化發病率和死亡率，及利用卜瓦松 (Poisson) 迴歸模型計算年度平均百分比變化。患者存活率則按癌症分期的相對存活率顯示。部分變數的死亡率風險比及其 95% 置信區間則以 Cox 比例風險模型估計。

結果：在進行研究的 10 年期間，整體年度發病率和死亡率分別減低 4.2% 和 6.0%。除 45 歲以下的年齡組別，其他組別的上述比率均顯著減低。鱗狀細胞癌發病率減低的幅度 (每年 3.6%) 不及腺癌 (5.2%) 和其他類型癌腫 (6.8%)。研究共爲 3807 名 (86.4%) 患者進行存活分析。整體 5 年的相對存活率爲 71.3%(95% 信賴區間：69.5~73.1%)，而各階段的存活率如下：第 I 期 90.9%、第 II 期 71.0%、第 III 期 41.7%、第 IV 期 7.8%。年齡、癌症分期和癌腫類型是獨立預後因素。第 IA 期患者存活率理想，跟一般人口相若。

結論：香港子宮頸癌的發病率和死亡率正逐漸改善，情況跟其他工業化國家相若。這是首個以全港人口爲基礎及按癌症分期的存活率研究，並可視作癌症控制的指標。公營和私營機構的合作可進一步強化隨訪期數據，提供更加全面的監測信息。

注：所謂預後 (prognosis) 是指根據經驗預測的疾病發展情況。

以上三種統計，我們該挑選哪一個迴歸呢？就應考量你研究問題的本質：

1. 使用存活迴歸的條件爲：每位個體追蹤不同的一段時間，且每位個體的時間原點可能並沒有明確定義，且事件發生比率 (HR) 在追蹤期間會隨著時間而改

變，通常會有失去追蹤或是設限的線索。故長期追蹤適合使用存活分析，因為事件發生比率可能會在一個長期的時間區段變化。

2. 使用 Logistic 迴歸的條件為：每位個體追蹤一段相同的時間，並且對於時間原點有明確定義，僅對事件第一次發生感到興趣，當事件在時間原點之後，很快就發生時 (例如，腎臟病發生後 5 年內死亡 vs. 仍活著)，通常使用此方法 (見第 1 章)。

3. 使用 Poisson 迴歸的條件為：每位個體的追蹤週期不同，追蹤過程中事件發生比率是一常數 (因此時間原點不是問題)。例如：估計疾病死亡率或發生率、細菌數 (count) 或病毒的菌落數及了解與其他相關危險因子之間的關係等，通常是建立在 Poisson 分析之上。範例請見「poisson.do」、「Zero-inflated Poisson Regression.do」兩個指令批次檔的解說 (如下圖)。

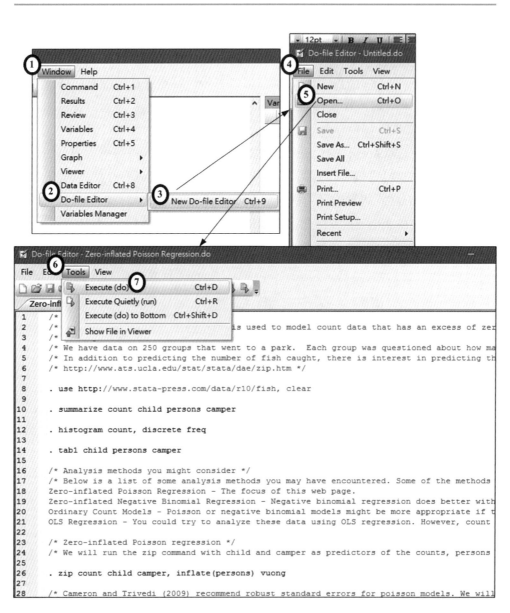

圖 2-5「Zero-inflated Poisson Regression.do」指令檔內容

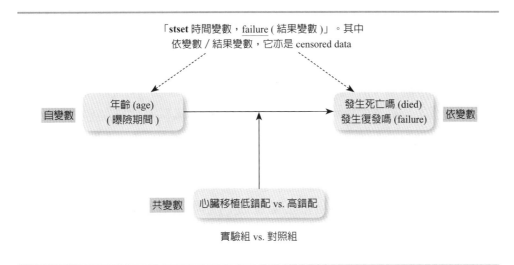

「**stset** 時間變數，failure (結果變數)」。其中
依變數 / 結果變數，它亦是 censored data

自變數　年齡 (age)　(曝險期間)　→　發生死亡嗎 (died)　發生復發嗎 (failure)　依變數

共變數　心臟移植低錯配 vs. 高錯配

實驗組 vs. 對照組

圖 2-6 心臟移植存活分析之研究架構

注：*stcox, streg, stcrreg* 指令都將「Failure variable:」中你指定的變數當作依變數。

　　在臨床療效評估中我們常用死亡率或復發率等指標來比較療效。例如史丹佛大學醫學中心針對心臟移植手術 65 位病人的存活情況作統計分析，資料收集包括：存活狀態 (死 vs. 活)，手術時的年齡、「供者—受者」的組織錯配分數 (T5) 和存活時間等。這些數據再檢驗其假設：是否具有低錯配分數 (低組，T5 < 1.1) 的案例比高錯配分數者 (高組，T5 > 1.1) 有較佳的存活率？

　　若單純使用傳統的「相對風險 (Relative risk, RR)」(stcox 指令) 或「勝算比」(logistic 指令) 來分析這類問題。只會求得二組死亡率的相對危險比很低 (HR 只有 1.18 倍)。因為這種傳統分析無法提供足夠證據來支持本例之相關性假設。因此，若我們再深入檢查資料這二個族群，會發現其平均存活時間卻有顯著差異 (低 T5 = 477 天；高 T5 = 286 天)。這時可考慮用「人—年」方法 (person-time approach)，「人—年」方法的計算是個案追蹤時間的和 [xtstreg, shared(panel 變數) 指令] 或對族群來說是族群大小乘以平均觀察時間 (「svy: streg」指令)。

　　相對地，若將存活時間 (觀察時間) 的平均差異也納入考慮 (svy: streg 指令)，卻求得二組相對危險性 HR 為 2.21 倍 (傳統相對危險性分析只得到 1.18 倍)，此法提供相當的證據去支持假設：具有低錯配分數的個案比高錯配分數者有較好的存活率。

　　由此可見，只看結果好壞 (死亡率高低)，不計算出現結果前所歷經的存活時間長短，其比較的結果常常是會扭曲真相的。故存活時間的長短在許多臨床

研究中是必須考慮的一個重要因素。換言之，雖然同是死亡病例，但存活時間長短不一樣，病人的預後或療效就有差別。

概括來說，常見臨床資料不宜單純使用死亡率來計算，更不能單純只計算存活時間的平均值。例如「人—年」分析法，只單純地計算兩組病人的平均存活期，這樣的計算結果並不恰當。因平均存活期與資料何時被分析有關，它會隨分析時的時間點而變化，一直到當全部個案死亡之時為止。亦即，只有當全部個案死亡時，計算平均存活期才有價值，然而當今研究者欲分析他們的資料都在那時間點之前。因此若不慎使用這些方法都會扭曲結果的原貌。故唯有正確的存活分析 (cox proportional hazards model, stcox 指令)，才能結合兩者 (死亡率、存活時間的平均值) 優點，準確地反映預後的好壞程度；亦即必須使用存活率分析方法做為臨床醫師評估病人預後之用。

2-1-3 存活分析之三種研究目標

1. 存活率的估算

存活率的計算主要是用來描述一群病人經過一段時間的追蹤之後，尚有多少人存活 (如一年存活率或五年存活率)，臨床醫師可選用 Kaplan-Meier 法；但如果所研究的病人數大於 30 例，則考慮使用生命表法 (life table method) 來計算存活率較方便。

2. 存活曲線的比較法

(1) 二種不同治療方式下 (如新療法與傳統標準療法) 存活曲線差異的統計檢定，在 Stata 可使用 stmh 指令 (Tabulate Mantel-Haenszel rate ratios)、strate 指令 (Tabulate failure rates and rate ratios)、stmc 指令 (Tabulate Mantel-Cox rate ratios)。

(2) 存活曲線的繪製，在 Stata 可使用 sts graph 指令 (Graph the survivor and cumulative hazard functions)、ltable(繪生命表) 或 sts list 指令 (List the survivor or cumulative hazard function)。

(3) 多群組之間存活時間的中位數 / 平均數，其 95% 信賴區間，則可用 stci 指令 (Confidence intervals for means and percentiles of survival time)。

3. 多種預後因子的存活分析

為了了解每一個預後因子對存活率的影響力，存活資料的收集，除了存活時間外，尚須包括許多預後因子如個案的特性 (年齡、性別、種族) 及疾病狀況

(疾病嚴重等級、腫瘤大小及轉移範圍) 等時間相依之共變數，然後採用 Cox 比例危險型 (stcox 指令) 分析來處理這些預後因子。

2-1-4 存活分析之研究議題

存活分析旨在對生命時間 (失敗時間) (life time, failure time) 的分布做研究。存活分析是一個籠統定義的統計名詞，此名詞包含分析各種正的隨機變數 (positive random variable) 的統計技巧。通常，此隨機變數的數值是一個初始事件到某些終止事件的期間 T，如從出生之時間點 $\_t_0$ (或治療開始的時間點) 到死亡 $\_t$ (或疾病復發的時間點 t)。

這類事件發生時間 (time-to-event) 的資料常出現在不同領域中。譬如醫學中的存活率 (survival rate)、公共衛生中的死亡率 (mortality)、流行病學中的生命量表 (life table)、保險統計學及人口統計學中的生命統計資料 (vital statistics)、工程學中的可靠度分析 (reliability)、社會學中的事件歷史分析 (event history analysis)、市場中的消費者對特定商品購買時間、公司企業的存活時間、以及經濟學中的失業率等。

近年存活分析已在統計學上發展成為一支重要學問，成為臨床研究分析資料時不可或缺的主要工具之一。其應用十分廣泛，舉凡慢性病，如癌症、心血管疾病、高血壓等治療效果的分析。迄今，存活分析已被其他領域廣泛應用，包括社會科學、工程學、經濟學、行銷學、教育 / 心理學等。在我們周圍，「時間—事件 (time-to-event)」的二維平面之資料常出現在不同領域中，包括：

(1) 公共衛生中的死亡率。

(2) 生物醫藥領域中的癌症存活率。

(3) 流行病學中的生命量表。

(4) 商業研究中，市場研究之消費者對特定商品購買時間，客戶忠誠度的時間。或商業上客戶資料管理、行銷、企業倒閉、員工離職等。

(5) 公司企業的存活時間。

(6) 保險統計學及人口統計學中的生命統計資料。

(7) 社會學中的事件歷史分析，研究結婚時間到離婚時間，到再婚時間，人口居住時間與流動時間。

(8) 法學研究中，犯罪嫌疑人從犯罪時間到被捕時間，犯罪嫌疑人從被捕時間到起訴時間，從起訴時間到定罪時間，從假釋時間到再犯時間等。

(9) 工程學中的 可靠度分析 、工業製成、產品 cycle。

(10) 經濟研究中的失業，從就業時間到失業時間，到 再就業時間 等。

(11) 教育領域，老師離職、學生休退學／吸毒等。

　　具體來說，使用存活分析之 研究議題 範圍很廣，包括下列領域：

──── 教育／心理類 ────

1. 學生的攻擊行為與其 初次使用菸和酒時間 之關係。

　　國外研究兒童及青少年初次使用菸酒「時間」有關之危險因子之統計法，已從邏輯斯迴歸或線性迴歸分析，改成存活分析來探討 初次使用菸酒的時間 ，如：Chilcoat 及 Anthony(1996) 即利用存活分析來探討父母監督程度的高低是否能延後兒童初次使用非法藥物的時間；Kosterman(2000) 亦利用存活分析來探討影響青少年初次飲酒及使用大麻時間之因素。

目標：臺灣兒童與青少年，5~14 歲的人，吸菸和飲酒更是常見的健康危害行為。本文旨在了解學生的攻擊行為與其初次使用菸和酒時間之關係。

方法：應用兒童與青少年行為之長期發展研究 (Child and Adolescent Behaviors in Long-term Evolution 計畫) 的資料進行分析。樣本選取於 2001 年就讀國小四年級之世代且完整追蹤至 2006 年者為分析樣本，共 1,486 人。主要變數為攻擊行為 (分成口語攻擊、肢體攻擊和破壞物品) 與初次使用菸和酒之時間。利用統計軟體，執行存活分析。

結果：(1) 研究樣本自陳初次吸菸與初次飲酒的時間，平均為 8.34 年級和 6.65 年級。(2) 研究樣本初次使用菸和酒的可能性在國中階段有明顯上升的情況。(3) 以攻擊行為隨時間變化 (time-varying) 的變數值分析後，自陳有口語攻擊行為者相對於無此行為者，於往後年度發生初次吸菸 (相對風險為 1.86) 或初次飲酒 (相對風險為 1.44) 的可能性較高；自陳有破壞物品行為者，於次年出現初次飲酒的風險為無此行為者的 1.39 倍。

結論：攻擊行為中的「口語攻擊」與「破壞物品」兩種類型是預測學生初次使用菸酒時間之顯著因子。建議相關單位及人員重視國小學生中有攻擊行為者，且相關之預防教育及介入計畫宜在國小階段開始，除降低攻擊行為的發生外，也可預防或延遲兒童與青少年初次使用菸和酒的時間。(*臺灣衛誌 2008；27(6), 530-542*)

---

2. 貧窮持續時間的動態分析。

> **影響脫離貧窮的因素？**
>
> 　　什麼樣的家戶或個人特質會影響其停止貧窮的時段？針對這樣的問題，除了檢視固定時間內，計算貧窮家戶或人口數以及這些貧窮人口特質的討論之外，最常被用以分析持續貧窮的模型，是以貧窮時間為依變數進行存活分析，或稱事件歷史分析 (event-history analysis)。
>
> 　　有關影響脫離貧窮的研究部分，Hutchens(1981) 曾經使用 PSID 的資料，選擇 20 個州的女性家戶為樣本，估計所得等相關因素對於進入與脫離福利方案的影響。Plotnick(1983) 則是使用事件歷史的分析技術，分析影響使用福利方案的動態。
>
> 　　Hutchens(1981) 利用邏輯斯模型的分析，發現進入福利方案時的所得有很重要的影響，也支持經由提高工資可以降低對福利方案的依賴。所以在政策面上，政府致力於工資的提高時，將有助於人們福利的依賴。高期望的薪資會提高福利依賴人口的脫離機率。但家庭規模和種族對於進入與脫離福利方案並沒重要的作用。其他影響脫離貧窮的變數尚包括年齡、身心障礙地位、過去的福利依賴經驗與非薪資所得等。

3. 以存活分析法分析學生離退率之相關因素。
   例如比較有學貸與無學貸者之存活率。有人發現：男生第一年離退風險比女生高，女生離退現象較緩和。但在第二或第三年女生離退現象比男生高，尤其甲班最為明顯。以入學方式來說，申請入學的學生在第一年離退風險比其他入學方式較高，技藝優良甄試入學的學生離退現象較其他入學方式入學的學生穩定。
4. 運用存活分析探討護理人員離職之相關因素，來比較已婚與未婚者之存活率。有人發現，護理人員存活率為 53.78%，其中存活之 50 百分位為 12 個月，離職人員之存活時間平均為 2 個月，離職高風險時期為 1~3 個月之組織契合時期。
5. 教育組織的存活分析：以師資培育中心的創設和退場為例，來比公私立學校存活率。有人發現制度正當性是決定教育組織群體增長的主要因素。
6. 家戶購屋與生育行為關係：資源排擠與動機刺激。

有人發現生育後家戶之購屋機率以遞減方式在增加，購屋後家戶之生育機率則隨著時間遞減，說明資源排擠與動機刺激隨著時間改變作用，且對於購屋與生育行為發生次序及事件發生於高房價時期之作用力亦不同，進而影響家庭行為。

─────── 行銷類 ───────

1. 上市櫃公司首次出現繼續經營疑慮之後動態分析。
2. 先前租買經驗對自住者購屋搜尋行為之影響──存活分析之應用。
3. 遊客參與節慶活動擁擠成本與滿意度之市場區隔分析。
4. 公車動態資訊服務對乘客使用公車習慣之影響以及使用者特性分析。
5. 實質選擇權對土地開發時機及其價值影響。
   本文探討不確定性對於未開發土地價值及開發時機之影響。惟土地開發為一動態過程，因而改採等比例危險模型 (Proportional Hazard Model, PHM)。

─────── 交通 / 工科 / 警政類 ───────

1 國道高速公路交通事故持續時間分析與推估：脆弱性存活模型之應用。
2. 應用存活分析法於機車紅燈怠速熄火行為之研究。
3. 機車紅燈怠速熄火節能減碳效果評估。
4. 對被釋放的假釋者，測量他們從被釋放到又被逮捕的時間。

─────── 商業類 ───────

1. 存活分析模型應用在信用卡使用者之違約風險研究。
2. 房屋交易市場上銷售期間：存活分析之應用。
3. 由工商普查時間數列資料探討企業存活及產業變遷。
4. 營建產業景氣指標與營建公司存活機率關係。
5. 銀行購併及存活研究。
6. 應用存活分析於企業財務危機之預測──以臺灣地區上市櫃公司為例。
7. 臺灣紡織廠商退出與轉業行為。
   影響廠商存活的時間模型，若以半參數模型方法比參數模型方法為佳，而且利用員工人數、廠齡、資本總額建立的指數迴歸模型可以有效地估計廠商存活的狀況。
8. 公司可能破產的時間。

─── 醫學類 ───

1. 臺灣的存活曲線矩型化與壽命延長。

2. 影響臺灣不同世代老人存活相關因子探討。

3. 醫院對急性白血病人保護隔離之成本效益研究。

4. 加速失敗時間模型分析新發乳癌病患併發血栓栓塞對其存活的影響。

5. 醫師的遵循行為可促進病患的存活嗎？以臺灣非小細胞肺癌病患為例。

6. 對手術後的病人進行追蹤，測量這些病人在手術後可存活多久？

7. 新治療方法，對白血病病人追蹤他們疾病徵候減少的時間。

8. 得到卵巢癌的存活率。

9. 到院前心臟停止病患之存活分析。有人研究連續 3 年追蹤消防隊 1122 位 OHCA 個案，存活分析發現反應時間以及急救時間與存活率有明顯的相關性。

10. 外掛程式對玩家線上娛樂行為的影響。可使用存活分析方法，來了解不公平 因素對玩家遊戲持續的影響。

11. 細胞存活率分析，即是一種用於測量細胞的活性之試驗。

12. 探討膀胱尿路上皮癌的預後因子。

13. 長期吃胃藥 (treatment) 會導致骨質疏鬆 (failure)。

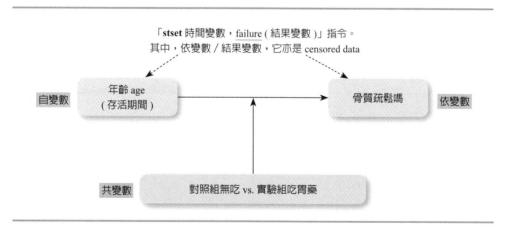

圖 2-7 吃胃藥是否導致骨質疏鬆之研究架構

14. 胃癌序貫篩查實施現場胃癌患者術後存活分析：11 年隨訪。

15. 常吃咖哩可以降低罹患老人癡呆症的風險。因為咖哩含有薑黃。

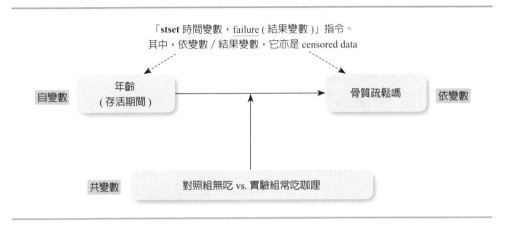

圖 2-8 常吃咖哩是否可降低罹患老人癡呆症之研究架構

── 政治類 ──

1. 制度因素與非制度因素對民主崩潰的影響：46 個半總統制國家的經驗研究。
2. 菁英輪廓與黨國體制的存續：中共與國民黨的比較。

── 財經 / 其他類 ──

1. 臺灣製造業廠商對外投資時機。
2. 臺灣農業部門就業期間之研究 1980~2002。
3. 油煙空氣汙染 (PM2.5) 會提升肺癌發生率。

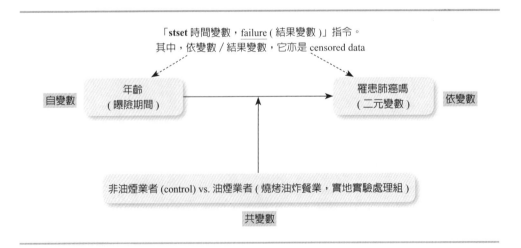

圖 2-9 油煙空氣汙染會提升肺癌發生率之研究架構

4. 輪胎爆胎的里程數或是引擎需要修理的里程數

2-1-5 設限資料 (censored data)

　　臨床 (clinical) 研究常以人爲對象，不像在做動物實驗那麼簡單，爲了顧及醫學倫理前提下，研究計畫執行過程會出現某些無法完全掌控的情況，譬如研究開始時有一萬個人，現在到底在那裡？是死是活？因人會到處跑來跑去，很難追蹤，也經常有人會失去聯絡 (如病人搬家或死於與研究之疾病無關的原因)，或因服藥產生副作用不願容忍而中途退出研究。又因每個案例 (case) 的發病時間不一，每一案例往往以不同的時間點被納入研究，因此每位個案被觀察的時間長短亦會不同；此外，因研究計畫常有一定的期限，若在研究終了時，用來估算存活率的事件 (如死亡或疾病復發) 尚未發生，因此這些人正確的存活期無法得知，進而導致追蹤資料不完整，這些數據稱爲「設限數據」(censored data)。

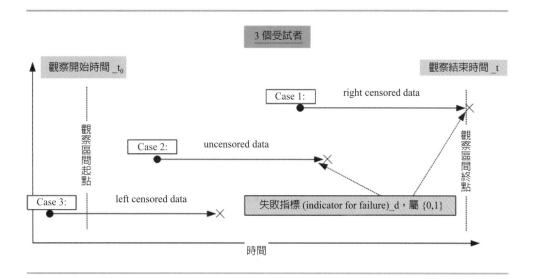

圖 2-10 設限資料之示意圖

注：存活分析設定 (「stset timevar failure failvar」指令) 之後，會新產生 3 個系統變數 (_t₀; _t; _d)，其中：
1. _t₀ 是觀察的開始時間，$\_t_0 \geq 0$；
2. _t 是觀察的結束時間，$\_t \geq \_t_0$；
3. _d 是失敗指標，$\_d \in \{0, 1\}$。

　　存活分析又稱爲「時間－事件分析」(time-event analysis)，是利用統計方法研究族群中的個體在經過「特定期間」後，會發生某種「特定事件」的機率。

　　然而於實際研究情況當中，往往因為觀察期間或技術上的限制，而無法觀察研究樣本之確切存活時間。存活分析資料因事件的發生與否被分為二類，一是完整資料 (complete data)，指在觀察期間提供了事件發生的時間點；另一是設限資料，指在觀察期間失去聯絡或者在觀察結束時仍未發生事件。例如在醫學或流行病學常以死亡、疾病發生、疾病復發代表「特定事件」；反之若在「特定時間」上並未發生「特定事件」則稱為設限。這些設限資料於統計上仍有其貢獻存在，若忽略設限資料，則可能造成統計上之偏誤。

　　以「公車即時資訊服務對乘客使用公車行為之影響」為例。研究定義的分析年期 (duration) 係自臺北市公車資訊服務啓用開始 (2005 年) 至問卷調查日期 (2015 年) 為止，共計 10 年期間。故受訪者以公車為主要交通工具的期間 (duration) 代表「存活時間 T」，而「特定事件」則是指受訪者不再以公車為主要交通工具。

　　在研究期間，乘客使用公車年期將受到「開始使用公車的時間」以及「不再以公車為主要交通工具的時間」兩項因素影響，共計有 4 種不同形態及計算方式，如下圖所示：

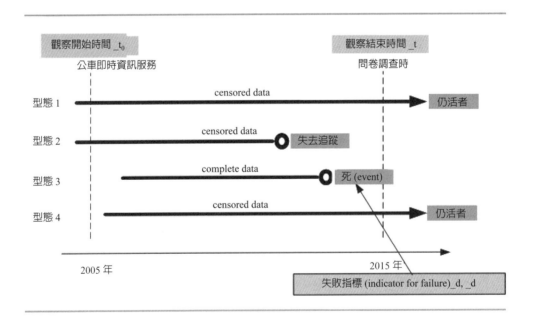

圖 2-11 乘客使用公車年期之不同型態示意圖

注：存活分析設定 (「stset **timevar** failure **failvar**」指令) 之後，會新產生 3 個系統變數 (_t_0; _t; _d)，其中：
　　1. _t_0 是觀察的開始時間，_t_0 ≥ 0；
　　2. _t 是觀察的結束時間，_t ≥ _t_0；
　　3. _d 是失敗指標，_d∈ {0, 1}。

型態 1：受訪者在系統服務啓用前即開始搭乘公車，且在問卷調查時仍持續以公車為主要交通工具。該受訪者使用公車之年期 = (問卷調查時間) − (系統啓用時間)，由於特定事件並未出現，因此這些樣本屬於「右設限」資料。它又屬左設限。

型態 2：受訪者在系統服務啓用前即開始使用公車，但在問卷調查時間前已不再以公車為主要交通工具。特定事件出現在該受訪者使用公車之年期 = (不再以公車為主要交通工具之時間) − (系統啓用時間)，故該樣本屬於「失敗」資料。它亦屬左設限。

型態 3：系統服務啓用後才開始使用公車，但在問卷調查前已不再以公車為主要交通工具。該受訪者使用公車之年期 = (不再以公車為主要交通工具之時間) − (開始使用公車之時間)，這些樣本屬於「失敗」資料。它亦屬完全資料 (complete data)。

型態 4：系統服務啓用後才開始使用公車，且在問卷調查時仍持續以公車為主要交通工具。該受訪者使用公車之年期 = (問卷調查時間) − (開始使用公車之時間)，這些樣本屬於「右設限」資料。

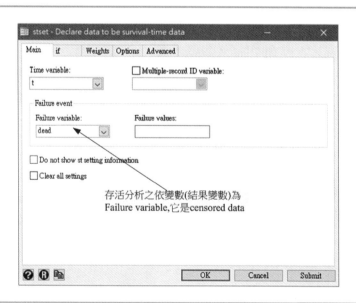

圖 2-12 存活分析之依變數 (結果變數) 為「Failure event」(它是 censored data)

注：存活分析設定 (「stset timevar failure failvar」指令) 之後，會新產生 3 個系統變數 (_t0; _t; _d)，其中：
1. _t0 是觀察的開始時間，_t0 ≥ 0；
2. _t 是觀察的結束時間，_t ≥ _t0；
3. _d 是失敗指標，_d ∈ {0, 1}。

一、右設限 vs. 左設限資料

一般而言，資料的設限型態有兩種情況：左設限 (left censoring) 及右設限 (right censoring)。左設限指的是樣本於觀察期間開始時即已存在可能發生事件之風險，也就是說，左設限之樣本的實際存活時間要比觀察到之存活時間較長。而右設限即觀察客體於觀察期間結束時仍然存活，因而研究者無法得知其事件發生時間。

1. 右設限資料 (right censored data)

右設限資料相對於左設限資料，是對於失敗時間點的「未知」，樣本實際存活時間亦大於研究所能得知的存活時間。當我們只知道某個研究對象的存活時間會比某個 t 時間多時，這筆資料就是右設限資料。也就是該研究對象因為失聯、退出而停止追蹤時間時，我們無法看到該研究對象實際發生事件的時間，只能確定真正發生的時間一定超過停止追蹤的時間。換句話說，我們只知道所要觀察的事件一定是在未來的某段時間發生。

例如：病人在手術後，因為轉院關係而導致失去追蹤，又或者病人因為交通意外事故，而導致死亡⋯⋯等；又或者受限於研究經費，因此研究時間有限，倘若有病人沒有在研究時間內發生我們感興趣的事件，亦稱為右設限資料。

2. 左設限資料 (left censored data)

所觀察的樣本在觀察時間起點開始之前，即「已存在」，謂之左設限資料。此類資料由於起始點在研究觀察起點之前，因此其實際存活時間必大於對此樣本的可觀察到存活時間，但由於起始時間未知，或觀察期間開始前對此樣本存續狀態相關資訊亦無從了解，因此左設限資料的研究存活時間，是從觀察期間起點到此樣本失敗事件發生的經過時間。

如圖 2-13，對於 Case 5 個體來說，左設限資料就是我們知道他們在研究截止前發生了事件，但是不知道確切的事件時間。例如 Case 5 HIV 陽性的病人，我們可能會記錄個案檢測出陽性的時間，卻無法正確知道第一次暴露 HIV 病毒的時間。

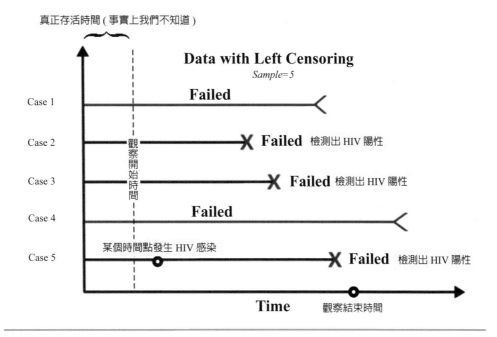

真正存活時間 (事實上我們不知道)

Data with Left Censoring
Sample= 5

Failed — Case 1

Failed 檢測出 HIV 陽性 — Case 2

Failed 檢測出 HIV 陽性 — Case 3

Failed — Case 4

某個時間點發生 HIV 感染 **Failed** 檢測出 HIV 陽性 — Case 5

觀察開始時間

Time 觀察結束時間

圖 2-13 左設限資料之示意圖

二、如何界定存活模型的存活期間 T ？

　　當人們想探討個人貧窮持續時間的存活分析，若採用 Cox 存活分析的模型，即可解決兩個問題：(1) 個人在貧窮時段內的某一年脫離貧窮的條件機率，這樣的問題可能經由貧窮家戶停留在貧窮狀態的分布加以估計。(2) 這些貧窮家戶中，何種因素會影響他們停留在貧窮的時間？是戶長個人特質、家戶的因素、外在經濟因素、或者是國家的福利政策呢？

　　以「貧窮持續時間」分析爲例，其計算「貧窮時段」持續貧窮時間的方法有三種：

1. Duncan 等人 (1984) 的估計法，係觀察時間內的貧窮年數，而未修正樣本截斷後產生的誤差。這種處理時間的方法有很大的問題，由於有些貧窮家戶在開始觀察之前就已經是貧窮，產生所謂左設限的情形，而且在觀察結束時，有一些人尚未脫離貧窮，而有所謂右設限，以致其觀察的部分貧窮歷程並未完成。這樣的結果對於研究者在其觀察期間所認定的持續貧窮者而言是較不客觀的，因爲他們可能低估實際持續貧窮的眞正人口規模。

2. Levy(1977) 的估計法，係以某一年的貧窮人口爲觀察對象，追蹤人民脫離貧窮的情況。他以 PSID 第一年的貧窮人口爲觀察的對象，追蹤 (panel-data) 他們往後各年脫離貧窮的狀況 (他觀察了 7 年)，這種處理貧窮時間的方法雖然也會面臨左邊截斷的問題，但是對政策目的而言是較爲有用的，此存活分析法可了解在補求政策實施之後，當前的貧窮人口中，未來會持續貧窮的比率爲多少。

3. Bane & Ellwood(1986) 的估計法，係以「貧窮時段」爲分析單位，對於左設限的家戶，其處理的方式是去除左邊設限的個案，如此不管觀察對象在觀察期間的哪一年落入貧窮，其貧窮時段均以他們在觀察期間落入貧窮的第一年開始計算，所以每個貧窮者至少都可以觀察得到他們開啓貧窮時段的起點。此法考慮到無法觀察到所有貧窮者的時段，故他們在進行貧窮持續時間的計算時，利用生命表 (ltable 指令) 的方式，計算各年的脫離貧窮機率與貧窮年數。Bane & Ellwood 的方法同時免除左邊與右邊設限的問題，往後多數相關研究也採用法。

2-1-6 存活時間 T 之機率函數

存活函數的表達與失敗機率函數的表達有一定的關係。所謂存活函數 S(t) 是個體可以存活的時間大於時間點 t 的機率，另 T 代表個體存活時間之隨機變數，且 S(t) = P(T > t) 代表存活函數，可說明如下：

$$S(t) = \Pr(T \le t) = \int_0^t f(X)dx = 1 - F(t)$$

其中 $S(0) = 1$；$S(\infty) = 0$

任何樣本資料在失敗事件發生前的存活時間 T，假設 T 爲非負值的隨機變數，並有其對應的機率分布。存活時間 T，不管適用何種模型對應何種機率分布，基本上依定義方式，機率函數可分爲兩種型態，分別爲連續型態 (continuous) 和離散型態 (discrete)，分述如下：

一、連續型態

令 T 爲樣本個體存活時間，T 之累積分布函數 $F(t)$(cumulative distribution function, c.d.f)，表示樣本存活時間 T 小於或等於特定時間點 t 之累積機率，定

義如下：

$$F(t) = \Pr(T \le t), \quad \forall t \ge 0$$

而個體存活時間 T 超過時間點 t 的機率函數 S(t)，稱爲存活函數 (survival function)，定義如以下所述：

$$S(t) = P(T > t) = 1 - F(t), \quad \forall t \ge 0$$

由於存活時間 T 必爲非負值，因此 S(0) =1，表示存活時間超過 0 的機率爲 1；$S(\infty) = \lim_{t \to \infty} S(t) = 0$，表示存活時間無限大的機率爲 0。

對 $F(t)$ 作一階微分，可以得到存活時間 T 的機率密度函數 (probability density function, p.d.f)，可定義爲：

$$f(t) = \frac{dF(t)}{dt} = -\frac{dS(t)}{dt} = \lim_{\Delta t \to 0} \frac{\Pr(t \le T < t + \Delta t)}{\Delta t}, \quad \forall t \ge 0$$

然而，存活分析中機率密度函數係很重要，它描述樣本在 t 時點仍存活，因此在之後極小時間單位瞬間失敗的機率函數，稱爲危險函數或危險率 (hazard rate)，以 $h(t)$ 表示如下：

$$h(t) = \lim_{\Delta t \to 0} \frac{\Pr(t \le T < t + \Delta t \mid T \ge t)}{\Delta t} = \frac{f(t)}{S(t)}$$

由上式得知，$f(t) = -S'(t)$，因此上式可轉換爲：

$$h(t) = \frac{f(t)}{S(t)} = -\frac{dS(t)/dt}{S(t)} = \frac{d \log S(t)}{dt}, \quad \forall t \ge 0$$

將上式兩邊同時積分並取指數形式，可將存活函數轉換如下：

$$\int_0^t h(x)dx = -\log S(t)$$
$$\Rightarrow S(t) = \exp\left(\int_0^t h(x)dx\right)$$

另外，$f(t)$ 可整理成

$$f(t) = h(t)S(t) = h(t)\exp\left(-\int_0^t h(x)dx\right), \quad \forall\, t \geq 0$$

二、離散型態

令 T 為某樣本個體存活時間隨機變數，以 $t_1, t_2, t_3...$ 表示，其中 $0 \leq t_1 \leq t_2 \leq t_3 \leq ...$，其機率密度函數如下所示：

$$P(t_j) = \Pr(T = t_j), \quad j = 1, 2, 3, ...$$

樣本存活時間超過時間存活函數為 t 之存活函數 $S(t)$ 可表示如下：

$$S(t) = \Pr(T \geq t) = \sum_{j:t_j \geq t} P(t_j)$$

由於存活時間 T 必為非負值，因此 S(0) = 1，表示存活時間超過 0 的機率為 1；$S(\infty) = \lim_{t \to \infty} S(t) = 0$，表示存活時間無限大的機率為 0。

危險函數 $h(t)$ 則可定義如下：

$$h(t) = \Pr(T = t_j | T \geq t_j) = \frac{P(t_j)}{S(t_j)}, \quad j = 1, 2, 3, ...$$

由於 $P(t_j) = S(t_j) - S(t_{j+1})$

則上式可改寫為以下公式：

$$h(t_j) = 1 - \frac{S(t_{j+1})}{S(t_j)}, \quad j = 1, 2, 3, ...$$

即存活函數 $S(t) = \prod_{j:t_j < t} [1 - h(t_j)], j = 1, 2, 3, ...$

2-1-7 Cox 存活分析 vs. 邏輯斯模型／ probit 模型的差異

一、Cox 存活分析 vs. 邏輯斯模型／ probit 模型

(一) 存活分析如何應用在財金業

存活分析法在財務金融研究亦有實務應用的價值。因為往昔信用卡使用者之違約風險評估，多數研究皆在固定時點判定未來一段特定期間內是否會發生違約 (如區別分析) 或發生違約的機率 (如邏輯斯模型以及 Probit 模型)，無法提供持卡人在未來不同時點的違約機率 (或存活率)。應用在醫學及精算領域廣為使用的存活分析，透過與信用卡使用者違約相關的可能因素，來建立預警模型及或存活率表，銀行即能以更長期客觀的方式來預估客戶未來各時點發生違約的機率，進而降低後續處理違約的成本。

有鑑於區別分析法必須假定 (assumption) 自變數為常態分布。對銀行業而言，其結果看不出程度上的差別 (只有違約或不違約)；而 Logit 模型以及 probit 模型之信用評分方法，就改進了區別分析法對於處理名目變數和分布假定上的缺點，但仍無法提供金融檢查主管單位在未來不同時點的違約機率 (或存活率)。若能以醫學領域的存活分析法，來建立一完整之銀行之客戶危機模型、存活率表 (survival table)，存活分析法即能應用於金融監理與風險的預測。

故銀行業若能用醫學、財金、會計及行銷領域使用的存活分析，透過違約相關的可能因素，建立預警模型及或存活率表，即能使銀行以更客觀的方式，來預估客戶未來各時點發生違約的機率，即可降低處理違約的後續成本。

(二) 二元依變數 (binary variable) 的統計法

對二元依變數而言，其常用統計法的優缺點如下表。

研究方法	基本假定 (assumption)	優點	缺點
多變量區別分析	1. 自變數符合常態性。 2. 依變數與自變數間具線性關係。 3. 自變數不能有共線性存在。 4. 變異數同質性。	1. 同時考慮多項變數，對整體績效衡量較單變量客觀。 2. 可了解哪些財務變數最具區別能力。	1. 較無法滿足假定。 2. 無法有效處理虛擬變數。 3. 模型設立無法處理非線性情形。 4. 樣本選擇偏差，對模型區別能力影響很大。

研究方法	基本假定 (assumption)	優點	缺點
			5. 使用該模型時，變數須標準化，而標準化使用之平均數和變異數，係建立模型時以原始樣本求得，使用上麻煩且不合理。
存活分析：比例危險模型 (PHM)	1. 假定時間分布函數與影響變數之間沒有關係。 2. 假定各資料間彼此獨立。	1. 模型估計不須假定樣本資料之分布型態。 2. 同時提供危險機率與存續時間預測。	模型中的基準危險函數為樣本估計得出，樣本資料須具有代表性。
Probit 模型	1. 殘差項須為常態分布。 2. 累積機率分布函數為標準常態分布。 3. 自變數間無共線性問題。 4. 樣本個數必須大於迴歸參數個數。 5. 各群預測變數之共變數矩陣為對角化矩陣。	1. 可解決區別分析中自變數非常態之分類問題。 2. 求得之機率值介於 0 與 1 之間，符合機率論之基本假定。 3. 模型適用於非線性情形。 4. 可解決區別分析中非常態自變數之分類問題。 5. 機率值介於 0 與 1 之間，符合機率假定之前題模型適用於非線性狀況。	1. 模型使用時，必須經由轉換步驟才能求得機率。 2. 計算程序較複雜。
邏輯斯模型	1. 殘差項須為韋伯分布。 2. 累積機率分布函數為邏輯斯分布。 3. 自變數間無共線性問題。 4. 樣本個數必須大於迴歸參數個數。 5. 各群預測變數之共變數矩陣為對角化矩陣。	同 Probit 模型。	同 Probit 模型。
類神經網路	無	1. 具有平行處理的能力，處理大量資料時的速率較快。	1. 較無完整理論架構設定其運作。 2. 其處理過程有如黑箱，

研究方法	基本假定 (assumption)	優點	缺點
		2. 具有自我學習與歸納判斷能力。 3. 無須任何機率分析的假定。 4. 可作多層等級判斷問題。	無法明確了解其運作過程。 3. 可能產生模型不易收斂的問題。
CUSUM 模型	不同群體間其共變數矩陣假定為相同。	1. 考慮前後期的相關性。 2. 採用累積概念，增加模型的敏感度。 3. 不須作不同時點外在條件仍相同的不合理假定。	計算上較複雜。

注：本章 2~4 節，單獨介紹「Cox 比例危險模型 (proportional hazards model)」。

二、線性迴歸 (linear regression) 的局限性

1. 無法處理設限資料

    例如：研究不同診所照護下的存活情形，若病人轉診或失去追蹤，就會把這筆資料當作遺漏 (missing) 值。

2. 無法處理和時間相依的共變數 (個人 / 家族之危險因子、環境之危險因子)。

3. 因為事件發生的時間多數屬非常態分布情形，例如，韋伯 / 伽瑪 / 對數常態，或脆弱模型、加速失敗時間模型，故並不適合以下線性模型：OLS、線性機率迴歸 (probit regression)、廣義線性模型 (generalized linear models)、限制式線性迴歸 (constrained linear regression)、廣義動差法 [generalized method of moments estimation(GMM)]、多變量迴歸 (multivariate regression)、Zellner's seemingly unrelated regression、線性動態追蹤資料 (linear dynamic panel-data estimation) 等。

三、邏輯斯迴歸的原理

(一) 邏輯斯迴歸的局限性

1. 忽略事件發生時間的資訊

    例如：研究不同診所照護下的是否存活或死亡，無法看到存活期間多長？

2. 無法處理「時間相依的共變數」，由於邏輯斯迴歸都是假設變數不隨時間變動。

例如：研究心臟病移植存活情形，等待心臟病移植時間 (x_1 變數) 是心臟病移植存活情形的共變數，若要考慮等待心臟病移植的時間 (x_1 變數)，來看心臟病移植存活 (censored data) 情形，那邏輯斯迴歸無法處理這樣的時間相依的共變數。

(二) 邏輯斯迴歸的原理：勝算比 (odds ratio) 或稱為相對風險 (relative risk, RR)

以「受訪者是否 (0,1) 使用公車資訊服務」之二元依變數為例。邏輯斯迴歸係假設解釋變數 (x_1) 與乘客是否使用公車資訊服務 (y) 之間必須符合下列邏輯斯函數：

$$P(y|x) = \frac{1}{1+e^{-\sum b_i \times x_i}}$$

其中 b_i 代表對應解釋變數的參數，y 屬二元變數。若 y=1，表示該乘客有使用公車資訊服務；反之，若 y = 0，則表示該乘客未使用公車資訊服務。因此 P(y = 1|x) 表示當自變數 x 已知時，該乘客使用公車資訊服務的機率；P(y=0|x) 表示當自變數 x 已知時，該乘客不使用公車資訊服務的機率。

Logistic 函數之分子分母同時乘以 $e^{\sum b_i \times x_i}$ 後，上式變為：

$$P(y|x) = \frac{1}{1+e^{-\sum b_i \times x_i}} = \frac{e^{\sum b_i \times x_i}}{1+e^{\sum b_i \times x_i}}$$

將上式之左右兩側均以 1 減去，可以得到：

$$1-P(y|x) = \frac{1}{1+e^{\sum b_i \times x_i}}$$

再將上面二式相除，則可以得到

$$\frac{P(y|x)}{1-P(y|x)} = e^{\sum b_i \times x_i}$$

針對上式，兩邊同時取自然對數，可以得到：

$$Ln\left(\frac{P(y|x)}{1-P(y|x)}\right) = Ln\left(e^{\sum b_i \times x_i}\right) = \sum b_i \times x_i$$

經由上述公式推導可將原自變數非線性的關係，轉換成以線性關係來表達。其中 $\dfrac{P(y|x)}{1-P(y|x)}$ 可代表乘客使用公車資訊服務的勝算比或稱為相對風險。

(三) 醫學期刊常見的風險測量 (risk measure in medical journal)

在醫學領域裡，常常將依變數 (dependent variable / outcome) 定義為二元的變數 (binary / dichotomous)，有一些是天生的二元變數，例如病人死亡與否、病人洗腎與否；有些則是人為定義為二元變數，例如心臟科常將病人的左心室射血分數 (left ventricular ejection fraction, LVEF) 小於 40% (or 35%) 為異常，或腎臟科將病人的腎絲球過濾率 (estimated glomerular filtration rate, eGFR) 定義為小於 60% 為異常。

醫學領域之所以會如此將 Outcome 作二分化的動作，有個主要原因是可以簡化結果的闡釋，例如可直接得到以下結論：「糖尿病病人比較容易會有 eGFR 異常，其相對風險為 3.7 倍」或是：「飯前血糖每高 1 單位，則病人的 eGFR 異常之勝算比會低 1.5%」，因此可針對其他可能的影響因子作探討，並且得到一個「風險測量」。

定義：相對風險，又稱相對危險性

在流行病統計學中，相對風險是指在暴露在某條件下，一個 (產生疾病的) 事件的發生風險。相對風險概念即是指一暴露群體與未暴露群體發生某事件的比值。

相對風險其計算方式請見下表，簡單來說一開始就先把受試者分成暴露組 (exposed group) 與非暴露組 (unexposed group)，然後向前追蹤一段時間，直到人數達到原先規劃的條件。

	disease	no disease	
exposed	A	B	N1
unexposed	C	D	N2
	N3	N4	Total N

$$RR = \frac{\text{Incidence}_{\text{Exposed}}}{\text{Incidence}_{\text{Unexposed}}} = \frac{A/N_1}{C/N_2}$$

此時暴露組發生事件的比例為 A/N1，非暴露組發生事件的比例為 C/N2，此時兩者相除即為相對風險，假使相對風險顯著地大於 1，就代表暴露組的風險顯著地比非暴露組更高，例如之前列舉的抽菸與肺癌的世代研究，抽菸組發生肺癌的比例為 3%，而未抽菸組罹患肺癌比例為 1%，此時相對風險即為 $\frac{3\%}{1\%} = 3$，代表抽菸罹患肺癌的風險是沒有抽菸者的 3 倍之多，也可說抽菸罹患肺癌的風險相較於沒有抽菸者多出 2 倍 (3-1=2)。

定義：勝算比

勝算比，其計算方式如下表。首先要先了解何謂「勝算」，勝算定義是「兩個機率相除的比值」，以下表的疾病組 (disease group) 為例，A/N3 表示疾病組中有暴露的機率，C/N3 指的是健康組中有暴露的機率，因此此兩者相除即為疾病組中有暴露的勝算 (A/C)；同樣地，B/D 即為健康組中有暴露的勝算，此時將 A/C 再除以 B/D 即為「疾病組相對於健康組，其暴露的勝算比」，也就是說兩個勝算相除就叫做勝算比。

	disease	no disease	
exposed	A	B	N1
unexposed	C	D	N2
	N3	N4	Total N

$$OR = \frac{[(A/N_3)/(C/N_3)]}{[(B/N_4)/(D/N_4)]} = \frac{A/C}{B/D} = \frac{A \times D}{B \times C}$$

很多人在解釋勝算比的時候都會有錯誤，最常見的錯誤就是誤把勝算比當成相對風險來解釋，以之前舉的抽菸跟肺癌的病例對照研究為例，50 位肺癌組中有 70% 曾經抽菸，而 150 位健康組中 (即對照組) 僅有 40% 曾經抽過菸，此時勝算比即為 $\frac{70\%}{40\%} = 1.75$。這個 1.75 的意義其實不易解釋，它並非表示抽菸組罹患肺癌的風險是未抽菸組的 1.75 倍，而是肺癌組有抽菸的勝算 (但它不是機率) 是健康組的 1.75 倍，而這個勝算指的又是「有抽菸的機率除以沒有抽菸的機率」，總而言之，我們還是可以說肺癌跟抽菸具有相關性，也可以說抽菸的人比較容易會有肺癌罹患的風險，但是不要提到多出多少倍的風險

或機率就是了。

一般而言在醫學期刊勝算比出現的機會比相對風險多，一部分原因當然是大家較少採用耗時又耗力的前瞻性研究 (只能用相對風險)，另外一個原因是勝算比可用在前瞻性研究，也可用在回溯性研究，而且它的統計性質 (property) 比較良好，因此統計學家喜歡用勝算比來發展統計方法。

小結

勝算比是試驗組的勝算除以對照組的勝算。各組的勝算為研究過程中各組發生某一事件之人數除以沒有發生某一事件之人數。通常被使用於 Case-Control study 之中。當發生此一事件之可能性極低時，則相對風險幾近於勝算比。

2-2 Stata 存活分析 / 繪圖表之對應指令、新增統計功能

一、Stata 存活分析的分類

1. 非參數 (又稱半參數) 的存活分析之程序

存活一般較常用的都是半參數 Cox 比例危險模型，亦稱無母數的統計；因為當我們要進行存活函數估計時，常常被研究事件並沒有很好的參數模型可以配適，這時我們會利用無母數方法來分析它的存活特徵，例如 Kalpan-Meier 法、生命表 (life table) (ltable 指令)、或計算平均存活期 (stci 指令)。進一步要「比較處理組 (treatment)vs. 對照組」存活機率曲線的差別時，也可利用 failure rates(strate、stmh、stmc 指令) and rate ratios((ir、cs、cc、mcc、tabodds) 指令)、Mantel-Haenszel rate ratios(stmh 指令)、Mantel-Cox rate ratios(stmc 指令) 等各種檢定 / 繪圖法 (ltable 等指令)。複雜點的話，例如要調整其他變數效應，再求取預後因子的效應，那就可以用 Cox proportional hazards model(stcox 指令)。

2. 參數存活分析之程序 (streg 指令)

參數存活分析之自變數，又分成 6 種分布搭 2 種脆弱模型。

二、Stata 存活分析的選擇表之對應指令

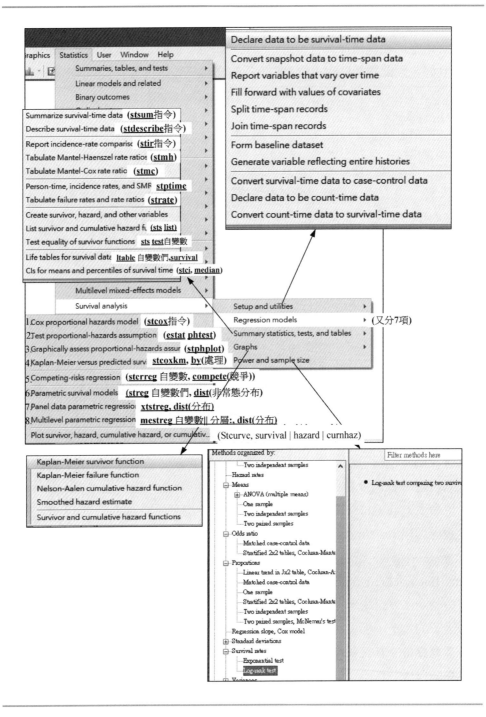

圖 2-14 Stata 存活分析之 menu

Stata 常見的存活分析，包括：Cox 模型 (Stata 已用 stcox 指令取代)、Cox 比例危險模型 (stcox、streg 指令)、Kaplen-Meier 存活模型 (stcoxkm 指令)、競爭風險存活模型 (stcrreg 指令)、參數存活模型 (streg 指令)、panel-data 存活模型 (xtstreg 指令)、多層次存活模型 (mestreg 指令)、調查法之 Cox 比例危險模型 ((svy:stcox, strata() 指令)、調查法之參數存活模型 (svy:streg, dist(離散分布) 指令) (如下圖)。

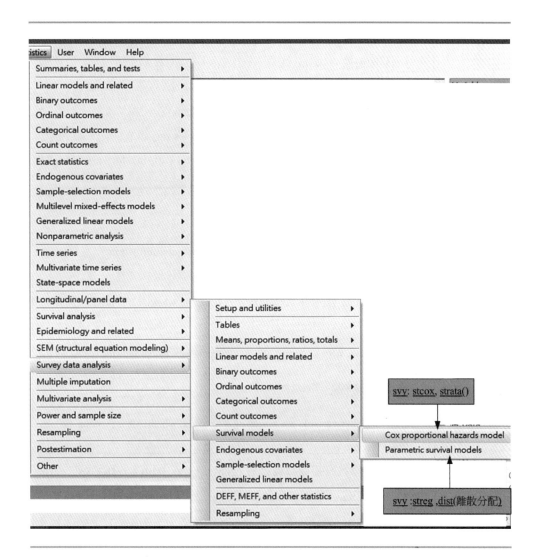

圖 2-15 Stata 調查法之存活分析 menu

三、Stata 存活分析的選擇表之對應指令

Stata 存活分析指令：

存活指令	說明
. stset	界定「time-to-event」變數 (Declare data to be survival-time data)。 存活分析設定 (「stset **timevar** failure **failvar**」指令) 之後，會新產生 3 個系統變數 (_t_0; _t; _d)，其中： 1. _t_0 是觀察的開始時間，_$t_0 \geq 0$； 2. _t 是觀察的結束時間，_$t \geq$ _t_0； 3. _d 是失敗指標，_$d \in \{0, 1\}$。
stdescribe	描述存活時間之資料 (describe survival-time data)。
. stsum	彙總存活時間之資料 (summarize survival-time data)。
. stvary	印出該變數是否時間相依 (report whether variables vary over time)。如下例：
. stfill	依時間基準線，填補某變數之遺漏值 (fill in by carrying forward values of covariates)。例如： * Setup . webuse mrecord * Prevent other st commands from showing st setting information . stset, noshow * Report whether variable sex varies over time and whether it is missing . stvary sex * Fix problems with sex variable by changing sex to contain the value at the earliest time . stfill sex, baseline * Report whether variable sex varies over time and whether it is missing . stvary sex
. stgen	產生 binary 變數來反映整體歷史 (generate variables reflecting entire histories)。例如： * Setup . webuse stgenxmpl * 只留前 10 筆資料，其餘 770 筆全部刪除 . keep in 1/10 * Declare data to be survival-time data . stset t, id(id) failure(d)

存活指令	說明
	* List some of the data . list id t d bp, sepby(id) * By id, create everlow = 1 if bp < 100 is true for any observation; 0 otherwise * 以血壓 100 為斷點，分高血壓組 vs. 健康組，並存至 everlow 二元變數 . stgen everlow = ever(bp<100) * List some of the data . list id t d bp *low, sepby(id)
. stsplit	依時間將時間相依變數，分成若干組 (split time-span records)。例如： * Setup . webuse diet * Describe the dataset . describe * Declare data to be survival-time data . stset dox, failure(fail) origin(time dob) enter(time doe) scale(365.25) id(id) * List some of the data . list id dob doe dox fail _t0 _t if id == 1 | id == 34 * Split data by age at designated times * 以年齡 age 來分成 :40 歲 ,50 歲 ,60 歲 ,70 歲等 4 個組距 , 並存至 ageband 變數 . stsplit ageband, at(40(10)70) * List some of the data . list id _t0 _t ageband fail height if id == 1 | id == 34
. stjoin	將分割資料予以合併 (join time-span records)。例如： * Setup . webuse diet, clear * Declare data to the survival-time data . stset dox, failure(fail) origin(time dob) enter(time doe) scale(365.25) id(id) * Split data by age at designated times . stsplit ageband, at(40(10)70)

存活指令	說明
	* Drop the variable that stsplit created . drop ageband * Join data that has been split . stjoin * Confirm that data matches diet.dta, except for variables created by stsetting the data . cf _all using http://www.stata-press.com/data/r12/diet, all
. stbase	重新設定時間基準線 _d 變數 (Form baseline dataset)。例如： * Setup . webuse mfail, clear * Display st settings . stset * Fit Cox proportional hazards model . stcox x1 x2 * Form baseline dataset . stbase, replace * Fit Cox model again, using the values of x1 and x2 at baseline . stcox x1 x2
. sts	sts 前置指令再搭 (Generate graph list and test the survivor and cumulative hazard functions)。例如： * Setup . webuse stan3, clear * Suppress showing of st settings . stset, noshow * 印出存活函數 S(t) . sts list * Graph the survivor function . sts graph

存活指令	說明
	* Create survf containing the survivor function . sts gen survf = s * Sort on the time variable . sort t1 * List part of the data . list t1 survf in 1/10
. stir	交叉表比較處理組 vs. 對照組發生率 (Report incidence-rate comparison)。例如： * Setup . webuse page2 * Report incidence-rate ratio and difference for exposed and unexposed groups . stir group
. stci	印出平均存活時間及 95%CI(Confidence intervals for means and percentiles of survival time)。
. strate	失敗率表格化 (Tabulate failure rate)。
. stptime	計算人時表 (Calculate person-time)。例如： * Setup . webuse stptime, clear * List part of the data . list in 1/5 * Declare data to be survival-time data . stset year, fail(fail) id(id) noshow * Calculate person-time and incidence rate . stptime Cohort | person-time failures rate [95% Conf. Interval] --------------+--- total | 261.9 30 .11454754 .08009 .1638299 * Calculate person-time and incidence rate per 1,000 person-years . stptime, per(1000)

存活指令	說明
. stmh	印出 Mantel-Haenszel RR 值 (calculate rate ratios with the Mantel-Haenszel method)。
. stmc	印出 Mantel-Cox RR 值 (calculate rate ratios with the Mantel-Cox method)。
. stcox	求出 Cox proportional hazards 模型。
. estat concordance	求出一致性 C 指數 (compute the concordance probability)。
. estat phtest	檢定是否符合 Cox 比例危險假定 (test Cox proportional-hazards assumption)。
. stphplot	繪圖來評量 Cox 比例危險假定 (graphically assess the Cox proportional-hazards assumption)。
. stcoxkm	統計來檢定 Cox 比例危險假定 (test of Cox proportional-hazards assumption)。
. streg	求得 parametric survival 模型。
. stcurve	繪存活曲線 (plot survivor)。
. stcrreg	適配競爭風險模型 (fit competing-risks regression models)。
. stpower	求存活模型所須樣本數、統計力、效果量三者關係 (sample-size, power, and effect-size determination for survival studies)。
. stpower cox	求 Cox 比例存活模型所須樣本數、統計力、效果量三者關係 (sample size, power, and effect size for the Cox proportional hazards model)。
. stpower exponential	求指數模型所須樣本數、統計力二者關係 (sample size and power for the exponential test)。
. stpower logrank	求對數序所需樣本數、統計力、效果量三者關係 (sample size, power, and effect size for the log-rank test)。
. sttocc	存活時間資料轉為案例對照 (convert survival-time data to case-control data)。
. sttoct	存活時間資料轉為計數時間 (convert survival-time data to count-time data)。
. st_*	st_ 開頭一系列指令 (survival analysis subroutines for programmers)。

四、Stata 存活分析的新增統計功能

Stata 統計軟體各個存活分析模組，新增加功能如下表：

Cox 比例風險 (cox proportional hazard) stcox 指令，Stata 提供：	時變共變數、設限 (time-varying covariates and censoring)。 時變共變數 (continuously time-varying covariates)。 Stata 提供 4 種資料重複 (ties) 處理方式：Breslow 法、精確部分概似 (exact partial likelihood)、精確邊際概似 (exact marginal likelihood) 及 Efron 法。 · 迴歸之強健誤差 (robust), cluster-robust, bootstrap 及 jackknife standard errors。 · 分層估計法 (stratified estimation)。 · 搭配 2 種脆弱模型 (shared frailty models)。 · 調查資料及抽樣加權 (sampling weights and survey data)。 · 遺漏值的插補法 (multiple imputation)。 · Martingale, 高效得分 (efficient score), Cox-Snell, Schoenfeld, 及偏差殘差 (deviance residuals)。 · 概似位移值 (likelihood displacement values), LMAX 值及 DFBETA 影響值的測量 (influence measures)。 · Harrell's C, Somers' D 及 Gönen and Heller's K statistics。 · 測量的一致性 (measuring concordance)。 · 比例風險的檢定 (tests for proportional hazards)。 · 繪存活函數，危險函數及累積風險函數之圖 (graphs of estimated survivor, hazard 及 cumulative hazard functions)。
競 爭 — 風 險 迴 歸 (competing-risks regression) Stata 提供 stcrreg 指令：	· 灰色之比例次存活模型 (fine and Gray proportional subhazards model)。 · 時變之共變數 (time-varying covariates)。 · 迴歸係數之標準誤有 :robust, cluster-robust, bootstrap 及 jackknife。 · 遺漏值的插補法。 · efficient score and Schoenfeld residuals。 · DFBETA 影響值。 · 次存活比值 (Subhazard ratios)。 · Cumulative subhazard and cumulative incidence graphs。
參 數 存 活 模 型 (parametric survival models) Stata 提供 streg 指令：	· 自變數適配 6 種分布：韋伯，exponential，Gompertz，對數常模，對數邏輯，or generalized gamma model。 · 強健標準誤：robust, cluster-robust, bootstrap 及 jackknife standard errors。 · 分層模型 (Stratified models)。 · 個人層面的脆弱性 (individual-level frailty)。 · 集團層脆弱、共享脆弱 (group-level or shared frailty)。 · 抽樣加權和調查數據 (sampling weights and survey data)。 · 遺漏值的多重填補。 · martingale-like, score, Cox-Snell 及 deviance residuals。

	· 繪存活函數，危險函數及累積風險函數之圖 (graphs of estimated survivor, hazard 及 cumulative hazard functions)。 · 估計的存活預測值 (predictions and estimates)，包括： (1) 事件發生之平均數／中位數 (mean or median time to failure)。 (2) 平均發生時間 (mean or median log time)。 (3) 危險之預測值 (hazard)。 (4) 危險比之預測值 (hazard ratios)。 (5) 存活率之預測值 (survival probabilities)。
存活－時間數據之處理效果估計值 (treatment-effects estimation for observational survival-time data) Stata 提供 (svy: streg) 指令：	· 迴歸調整 (regression adjustment)。 · 反機率之加權法〔inverse-probability weighting (IPW)〕。 · 雙強健法 (doubly robust methods)。 (1)IPW with regression adjustment。 (2)weighted regression adjustment。 · 適配 4 種分布：韋伯，exponential，伽瑪或 lognormal outcome model。 · 平均處理效果〔Average treatment effects (ATEs)〕。 · ATEs on the treated (ATETs)。 · potential-outcome means (POMs)。 · robust/ 拔靴法 bootstrap/jackknife 計算係數之標準誤 (standard errors)。
隨機效果的參數存活模型 (Random-effects parametric survival models)(streg 指令)	· 韋伯，exponential，對數常數，對數邏輯或伽瑪模型。 · Robust, cluster-robust, bootstrap 及 jackknife standard errors。 新版另加，Panel-data survival models。
多層次固定效果的參數存活模型 (multilevel mixed-effects parametric survival models [(mestreg...‖ 分層變數) 指令]	· 適配 5 種分布：韋伯，exponential，對數常數，對數邏輯，或伽瑪模型。 · 強健標準誤 (robust and cluster-robust standard errors)。 · 抽樣加權 (sampling weights and survey data)。 · 邊際預測值 (marginal predictions and marginal means)。 新版另加，multilevel survival analysis。
繪存活函數，危險函數及累積風險函數之圖 (Graphs of survivor, hazard, or cumulative hazard function)	· Kaplan-Meier(存活／失敗函數)。 · Nelson-Aalen(累積危險)。 · graphs and comparative graphs。 · 信賴區間 (confidence bands)。 · 嵌入式風險表 (embedded risk tables)。 · 調整混雜因素 (adjustments for confounders)。 · 分層 (stratification)。

計算出：敘述統計量，信賴區間，etc. (sts, list)、stci 等指令：	· 發生率比和組間差異之 95% 信賴區間 (confidence intervals for incidence-rate ratio and difference)。 · 存活時間的百分位數／平均數之 95% 信賴區間 (confidence intervals for means and percentiles of survival time。 · 失敗率的製表 (tabulate failure rate)。 · 計算 person-time (person-years)，發生率 (incidence rates) 及標準化死亡率 (standardized mortality/morbidity ratios) (SMR)。 · 以 Mantel-Haenszel、Mantel-Cox 法計算比率值。
Stata 出版專書	· Survival Analysis Reference Manual。 · In the spotlight: Competing-risks regression。 · An Introduction to Survival Analysis Using Stata, Third Edition by Mario Cleves, William Gould, Roberto G. Gutierrez 及 Yulia V. Marchenko。 · Flexible Parametric Survival Analysis Using Stata: Beyond the Cox Model by Patrick Royston and Paul C. Lambert。 · NetCourse 631: Introduction to Survival Analysis Using Stata。

五、stcox 指令的事後指令 (Postestimation commands)

指令	說明
estat concordance	求得一致性 C 機率 (compute the concordance probability)。(It is not appropriate after estimation with svy).
stcurve	繪存活圖、危險圖、累積危險圖 (plot the survivor, hazard, and cumulative hazard functions)。

補充說明 ：

　　在醫學研究中，常需要對某種特定疾病 (例如，心血管方面疾病，代謝症候群等) 找出其顯著的影響因子，再進一步地以這些影響因子來預測是否有得病。就常用的邏輯斯迴歸而言，它先算出各因子組合 (factor analysis) 而成的危險分數 (risk score)，再以危險分數來區分其有得病或是沒得病，此時用來評估其區分精確度的數量，就是「estat concordance」事後指令所印出之一致性統計量 (concordance statistics)。

　　存活分析 (有病與否和時間長短有關；time to event data) 所使用的 Cox 比例危險模型，其 stcox 指令之事後指令「estat concordance」一致性統計量 C 的用途很廣，它可以算出一致性 C 統計量，並將敵對模型一一來比較不同 Cox 迴歸

模型 (影響因子選擇不同)，何者的預測能力更佳。在統計軟體部分，目前較常見用來進行一致性統計量分析的軟體爲 Stata、SAS、R。

stcox 指令和其他迴歸指令一樣，事後亦可用下列指令：

事後指令	說明
contrast	各組平均數的對比 (contrasts and ANOVA-style joint tests of estimates)。
estat	模型適配度：AIC, BIC, VCE, and estimation sample summary。AIC 愈小，解釋能力愈佳。
svyset	調查法事後檢定 (svy)postestimation statistics for survey data。
estimates	類別的估計 (cataloging estimation results)。
lincom	點估計等 (point estimates, standard errors, testing, and inference for linear combinations of coefficients)。
linktest	你界定模型之連結檢定 (link test for model specification)。
lrtest	兩個敵對模型誰優？Likelihood-ratio test。(lrtest is not appropriate with svy estimation results)。
margins	邊際平均數 (marginal means), predictive margins, marginal effects, and average marginal effects。
marginsplot	繪邊際圖。graph the results from margins (profile plots, interaction plots, etc.)
nlcom	點估計等 (point estimates, standard errors, testing, and inference for nonlinear combinations of coefficients)。
predict	求預測值並存至新變數中 (predictions, residuals, influence statistics, and other diagnostic measures)。
predictnl	點估計等 (point estimates, standard errors, testing, and inference for generalized predictions)。
pwcompare	配對比較之估計 (pairwise comparisons of estimates)。
test	Wald 檢定 (Wald tests of simple and composite linear hypotheses)。
testnl	非線性假設之 Wald 檢定 (Wald tests of nonlinear hypotheses)。

2-3 存活分析範例：除草有助幼苗存活率嗎？

存活分析 Cox 模型所採用半參數迴歸的統計法，它可解決生態學上相關領域存活資料 (例如：病蟲害林木、植物開花與結實、苗木等存活時間) 的分析與研究。存活資料 (survival data) 係收集一段時間長度的資料，由起點 t_0 到某個

「事件」發生 $_t$ 時間長短 (例如：種子萌發到幼苗死亡的時間)，這類研究的主要特徵包括：

1. 資料多呈非常態的分布 (non-normal distribution)。

2. 正偏態 (positively skewed)，分布的尾巴向右。

3. 具有設限現象 (Censoring)，因此傳統的統計方法假設資料爲常態性分布，估算平均值與標準差作爲推論方向，容易產生估算的誤差。

2-3-1 生命表 (life table)

存活分析又叫精準分析或生命表分析，早在 17 世紀天文學家 Halley 應用生命表方法來估計小鎮居民的存活時間。之後，生命表就被廣泛地應用，例如壽險公司採用生命表來估計保戶的保險金等。因爲每個人都一樣生，而不一樣死，在生和死的中間存活時間，就是每個人的生命，雖然有長有短，但都是一樣地，可以以時間的長短就可以表示出來。生命表有關的統計就是著眼在這一樣的情況下，而發展出來的存活分析。

一、族群在時間上的變異 (生命表)

(一) 生命表介紹

年齡	存活隻數	存活比率	死亡率	年比死亡率	平均存活率	累積平均存活率
age	n_x	I_x	d_x	q_x	L_x	T_x
0~1	530	1.0	0.7	0.7	0.650	1.090
1~2	159	0.3	0.15	0.5	0.225	0.440
2~3	80	0.15	0.06	0.4	0.120	0.215
3~4	48	0.09	0.05	0.55	0.065	0.095
4~5	21	0.04	0.03	0.75	0.025	0.030
5~6	5	0.01	0.01	1.0	0.005	0.005

➤ 死亡率 (mortality rate, q_x)：族群在時間上的死亡率

➤ 存活率 (survival rate, I_x)：存活隻數 / 開始隻數

在 1-2 年 $I_x = 159/530 = 0.3$

在 2-3 年 $I_x = 80/530 = 0.15$

➤ 死亡率 (mortality rate, d_x)：該期間死亡率 $d_x = I_x - I_{x+1}$

在 0-1 年 $d_x = 1.0 - 0.3 = 0.7$

在 1-2 年 $d_x = 0.3 - 0.15 = 0.15$

在 2-3 年 $d_x = 0.15 - 0.09 = 0.06$

➤ 年比死亡率 (age-specific mortality rate, $q_x = d_x/I_x$)

在 0-1 年 $q_x = 0.7/1.0 = 0.7$

在 1-2 年 $q_x = 0.15/0.3 = 0.5$

在 2-3 年 $q_x = 0.06/0.15 = 0.4$

➤ 平均存活率 (average survival rate, $L_x = (I_x + I_{x+1})/2$)

在 0-1 年 $L_x = \dfrac{1.0 + 0.3}{2} = 0.65$

在 1-2 年 $L_x = \dfrac{0.3 + 0.15}{2} = 0.225$

在 2-3 年 $L_x = \dfrac{0.15 + 0.09}{2} = 0.12$

➤ 累積平均存活率 (Sum averaged survival rate, $T_x = \sum L_x$)

在 0-1 年 $T_x = 0.65 + 0.225 + 0.12 + 0.065 + 0.025 + 0.005 = 1.09$

在 1-2 年 $T_x = 0.225 + 0.12 + 0.065 + 0.025 + 0.005 = 0.44$

➤ 期待存活率 (life expectancy, $e = T_x / I_x$)

在 0-1 年 $e_x = 1.09/1 = 1.09$

在 1-2 年 $e_x = 0.44/0.3 = 1.47$

在 2-3 年 $e_x = 0.125/0.15 = 1.43$

(二) 繁殖表 (Fecundity Table)

➤ 每年能夠繁殖的隻數 (birth rate, b_x)

$\sum b_x$：一隻母松鼠最高在一生繁殖十隻

➤ 年比出生率 (age-specific schedule of births, $I_x b_x$)

0-1 年 $b_x I_x = 1.0 \cdot 0 = 0$

1-2 年 $b_x I_x = 0.3 \cdot 2 = 0.6$

2-3 年 $b_x I_x = 0.15 \cdot 3 = 0.45$

$R_o = \sum b_x I_x = 1.40 > 1$，族群具有繁殖增加能力

$R_o = 1$，族群數目在六年後不增不減

$R_o < 1$，族群數目在六年後減少

年齡	存活比率 (Ix)	繁殖率 (bx)	年比出生率 (Ixbx)
0~1	1	0	0
1~2	0.3	2	0.6
2~3	0.15	3	0.45
3~4	0.09	3	0.27
4~5	0.04	2	0.08
5~6	0.01	0	0
sum		10.0	1.40

(三) 存活表 (survival table)

➢ 存活率 (survival rate, s_x) = 1- q_x

0-1 年 $s_x = 1 - 0.7 = 0.3$

1-2 年 $s_x = 1 - 0.5 = 0.5$

2-3 年 $s_x = 1 - 0.4 = 0.6$

年齡	存活比率 (I_x)	年比死亡率 (q_x)	存活率 (s_x)	繁殖率 (b_x)
0~1	1	0.7	0.3	0
1~2	0.3	0.5	0.5	2
2~3	0.15	0.4	0.6	3
3~4	0.09	0.55	0.45	3
4~5	0.04	0.75	0.25	2
5~6	0.01	1	0	0

(四) 族群在時間之預測變化表 (population projection table)

➢ 族群在時間上的變化由存活率 (s_x) 與繁殖率 (b_x) 兩個因子決定。

例題：年齡結構表

有一森林有若干隻公兔子與 10 隻一歲母兔子移入

兔子年齡	年 (族群數目)		
	0	1	2
0	20	27	34.2
1	10	6	8.1
2	0	5	3
3	0	0	3
4	0	0	0
5	0	0	0
Total	30	38	48.3
λ	1	1.27	1.27
0	20	27	34.2

0 年→剛移入 10 隻一歲母兔子，一歲的母兔子每隻一年生兩隻，所以在 0~1 歲的兔子 10×2 = 20 隻，總數將爲 10 + 20 = 30 隻。

> 1 年→ 20 隻 0~1 歲的兔子，在第一年存活率為 0.3，所以 1~2 歲為 20×0.3 = 6 隻，10 隻 1~2 歲的兔子，在第二年存活率 0.5，所以 2~3 歲為 10×0.5 = 5 隻。
>
> 新出生為 6 隻×2 + 5 隻×3 = 27 隻，總數 6 + 5 + 27 = 38 隻數年變化 (Lambda) = 38/30 = 1.27。
>
> 2 年→ 1~2 歲的隻數 27×0.3 = 8.1
> 　　　2~3 歲的隻數 6×0.5 = 3.0
> 　　　3~4 歲的隻數 5×0.6 = 3.0
> 　　　0~1 歲的隻數 8.1×2 + 3×3 + 3×3 = 34.2

2-3-2 存活分析範例 [依序 (estat phtest、sts graph、ltable 或 sts list、stci、stmh、stcox 指令)]

存活分析具有設限資料象的特徵，所謂右設限為在觀測時間內，研究對象因某些因素失去追蹤、損毀或觀測時間內「事件」未發生，主要是因為追蹤觀測資料不完整而產生。一般設限現象主要為右設限，即在最後一次的觀測中觀測體仍「存活」的個體。

一、Cox proportional hazard regression

Cox 迴歸模型 (Cox's regression model) 又稱為對比涉險模型 (proportional hazard model)，屬於無母數分析方法的一種，不需要對依變數作統計機率分布的假定 (assumption)，以危險函數 $[\lambda(t)]$ 建立預後因子和存活率之關係，預測個體失敗時間點的機率，並探討特定的因子或變數與存活時間之關連性。

以 Cox regression 檢定連續型變數在存活時間及風險上的預測情形是否達顯著差異，此為存活分析之單變量分析 (Univariate Cox regression)；針對於單變量存活分析達顯著者 $(p < 0.05)$，你可將達顯著的自變數一併納入 Cox 模型中，以 Cox proportional hazard model 來檢驗在控制 (adjust / control) 其他變數的影響效果之下，建立某症候群之存活預測模型，此為多變量存活分析 (Multivariate Cox regression)。

例如，藥物反應研究中，為了探討某一種藥物的效果，經常進行數個不同的治療方式當作處理組 (treatment group) 和一個對照組 (control group) 來做比

較。醫學上所收集到的資料經常出現右設限資料，導致分析的困難，針對右設限存活資料，當兩組存活函數呈現交叉時，通常不會檢定兩組的存活函數有無差異，而是針對特定的時間點下兩組存活函數是否有差異。此外，藥物的藥效可能隨時間而改變，具相同條件的病人，其療效也不相同。

二、範例 處理組和對照組的存活函數之危險率比較：除草 vs. 無除草對幼苗存活率的比較

(一) 問題說明

下表分析的資料為植物幼苗在有沒有除草的處理 (treat 變數；除草：YES，沒除草：NO) 下，存活的天數 (day)，其中狀態 (status) 為幼苗是否在觀察期間發生死亡 (死亡：1，存活 0)。

事件 (event) 變數是用來表示觀察時間是否為存活時間的指標 (又稱設限變數)。若「是」的話，事件變數值定義為「1」，表示觀察時間資料是完整的存活資料；若「不是」的話，則定義為「0」，表示觀察到的時間資料是不完整的設限資料。通常事件變數值為「1」時，又稱為一個事件 (e.g. 死亡)，「0」時稱為設限 (censored)，即未發生事件 (e.g. 仍活著)。

幼苗 no	day 存活的天數	Status 發生死亡嗎	Treat 除草否？	幼苗 no	day 存活的天數	Status 發生死亡嗎	Treat 除草否？
1	5	1	NO	19	9	1	YES
2	7	1	NO	20	11	1	YES
3	9	1	NO	21	14	1	YES
4	11	1	NO	22	14	1	YES
5	12	1	NO	23	15	1	YES
6	13	1	NO	24	22	1	YES
7	14	1	NO	25	36	1	YES
8	15	1	NO	26	59	0	YES
9	19	1	NO	27	62	0	YES
10	20	1	NO	28	76	0	YES
11	22	1	NO	29	88	0	YES
12	30	1	NO	30	35	0	YES
13	35	1	NO	31	55	0	YES

幼苗 no	day 存活 的天數	Status 發生死亡嗎	Treat 除 草否？	幼苗 no	day 存活 的天數	Status 發生死亡嗎	Treat 除草否？
14	55	1	NO	32	18	0	YES
15	18	0	NO	33	100	0	YES
16	100	0	NO	34	125	0	YES
17	108	0	NO	35	163	0	YES
18	152	0	NO	36	152	0	YES

存在 CD 檔中：除草可助存活嗎 .xls、除草可助存活嗎 .dta

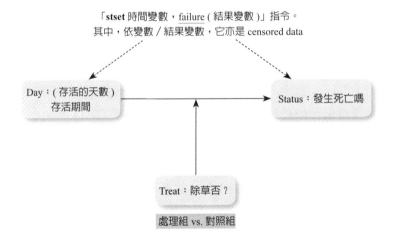

圖 2-16 存活分析之研究架構

注 1：stcox, streg, stcrreg 指令都將「Failure variable:」中你指定的變數當作依變數。

注 2：存活分析設定 (「stset **timevar** failure **failvar**」指令) 之後，會新產生 3 個系統變數 (_t_0; _t; _d)，其中：
1. _t_0 是觀察的開始時間，$\_t_0 \geq 0$;
2. _t 是觀察的結束時間，$\_t \geq \_t_0$;
3. _d 是失敗指標，$\_d \in \{0, 1\}$。

(二) 建資料檔

將上述表格，依下圖程序來建資料檔。

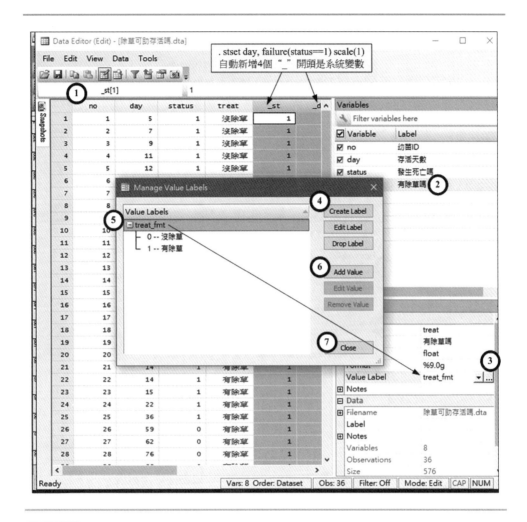

圖 2-17 「除草可助存活嗎 .dta」資料檔

(三) Stata 存活分析

存活分析的目標包括：

1. 從存活資料中預估和解釋存活情形和危險函數。

2. 比較不同群體存活和危險函數的情形。

3. 評估對於存活時間而言，時間和解釋變數為相互獨立 (time-independent) 或相依 (time-dependent) 的關係。

執行相關之存活分析指令，依序為：主觀的 Kaplan Meier graphic (「sts graph」指令)、描述性之 Life tables for survival data (ltable 指令)、客觀的

Mantel-Haenszel rate ratios 檢定 (stmh 指令)、客觀的 Cox proportional hazards model (stcox 指令) 等步驟。

Step 1. 界定存活—時間資料 Declare data to be survival-time data (stset 指令)

存活分析設定 (「stset *timevar* failure *failvar*」指令) 之後，會新產生 3 個系統變數 (_t₀; _t; _d)，其中：
(1) _t₀ 是觀察的開始時間.
(2) _t 是觀察的結束時間.
(3) _d 是失敗指標 (indicator for failure), _d 屬於 {0,1}

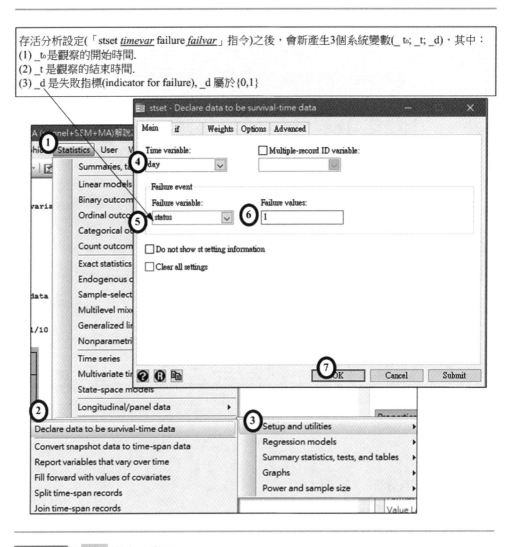

圖 2-18 「stset 指令」畫面

1.「stset 指令 -- Declare data to be survival-time data」視窗：

存活時間變數 (Survival Time Variable) 應選存活時間 (day)，故在「Time variable」選入 day。

失敗變數「**Failure variable**」選入 status;「Failure value」填入 **1**，因為狀態 (Status；死亡：1，存活 0)。

設定完畢，則按下「OK」確定。

2.「**sts graph**」視窗：

群組 (Grouping variable)：「處理組 (有除草)vs. 控制組 (沒除草)」treat 變數

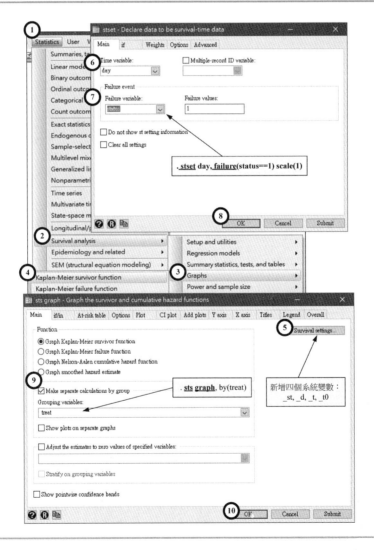

圖 2-19 Kaplen-Meier 存活函數之選擇表

注：Statistics > Survival analysis > Graphs > Survivor and cumulative hazard functions。

Stata 之 **S**urvival **T**ime(st 開頭之指令) 設定指令為 **stset**。

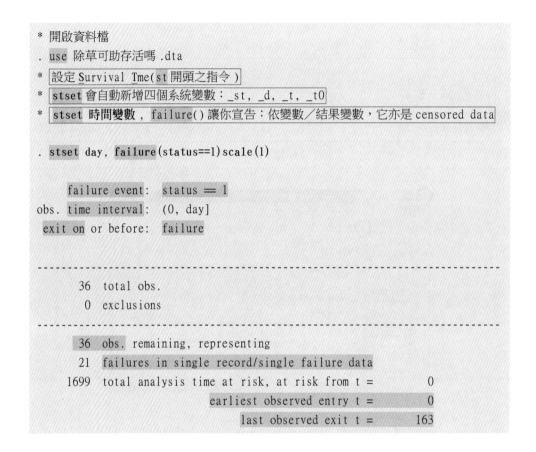

```
* 開啟資料檔
. use 除草可助存活嗎 .dta
* 設定 Survival Tme( st 開頭之指令 )
* stset 會自動新增四個系統變數：_st, _d, _t, _t0
* stset 時間變數 , failure() 讓你宣告：依變數／結果變數，它亦是 censored data

. stset day, failure(status==1)scale(1)

     failure event:  status == 1
obs. time interval:  (0, day]
 exit on or before:  failure


----------------------------------------------------------------
     36  total obs.
      0  exclusions
----------------------------------------------------------------
     36  obs. remaining, representing
     21  failures in single record/single failure data
   1699  total analysis time at risk, at risk from t =        0
                           earliest observed entry t =        0
                            last observed exit t =          163
```

Step 2-1 方法一. Graphically assess proportional-hazards assumption(stphplot 指令)

存活資料分析的第一步是檢視存活時間的分布，這能利用做存活圖 (**stphplot** 指令) 和 hazard function(**stphplot** 指令) 來完成，另一步是做能形容存活時間分布和解釋變數關係的模型，在分析存活資料時，評估模型的適合度和計算調整的存活分析也是很重要的步驟。

Cox 比例危險模型 (proportional hazard model) 雖可以檢定你實驗的處理效果 (treatment effect)(即 hazard ratio) 是否比控制組優。但 Cox 迴歸與其他迴歸一樣，都有一事先條件，就是要符合其假定 (assumption)：風險比 (risk ratio)(或者 the ratio of event rates) 為一常數，不會變動的。因此不論是治療後一個月，還是治療後 1 年、2 年，此一比率乃維持固定 (fixed)。此 Cox 假定有三種檢定法：

方法 1. 圖示法：若 proportional hazard assumption 成立下，log[-log(K-M 曲線)] 和 log(survival time) 兩圖形會呈現近似兩條平行線，若是兩條線不平行或是有交叉，則表示違反 proportional hazard 的假定。Stata 提供了 **stphplot** 指令來檢定。

方法 2. 在 Cox 模型中加入一個時間相依 (time-dependent) 變數，即「treatment × log(survival time)」，再檢定這個變數是否顯著 (即 p-value 是不是很小)，p-value 若愈小，顯示 HR 愈會隨時間變動，而不是一個常數。但 Stata 另外提供了「estat concordance」指令之一致性 C 值來替代，此值愈大，代表該模型愈準確。

方法 3. 根據 Schoenfeld 殘差 (residual) 來判斷 (Grambsch & Therneau,1994). Stata 提供「**estat phtest**」卡方檢定。χ^2 檢定之 p-value 若愈小，顯示 HR 愈會隨時間變動，而不是一個常數。

　　Stata 提供「estat phtest」、「estat concordance」、「stphplot, by(組別)」、「sts graph」等指令，讓你檢定是否違反 Cox 迴歸之事先假定「H_0：隨時間變化，處理組與控制組之間風險比 (risk ratio、the ratio of event rates) 為固定 (constant)」。若違反 Cox 模型此假定 (assumption) 時，stcox 指令應改成參數存活模型 (streg 指令) 並外加下列二個模型之一：

方法一：納入脆弱模型

當收集的資料為長期追蹤之臨床數據，治療效果通常隨時間降低，此時很容易違反風險為「固定」比例的假定，此時韋伯 / 指數等 6 種分布就可搭配脆弱模型 (frailty model) 來配適此類臨床數據。即存活資料模型中，若滲有隨機因素時，Cox 模型就須改用 streg 指令來納入脆弱模型。

方法二：納入 accelerated failure time(AFT)

以圖 6-7「乳癌患者併發 TEEs 對存活影響」來說，Allison(2004) 發現 Kaplan-Meier method, Log-minus-log 及 like tim-interaction test 等檢定，當遇時變 (time-varying) 之解釋變數，包括：TEEs、年齡、手術、放射治療、化療、荷爾蒙治療等變數，就會違反 Cox proportional hazard model 等比例風險的假定，因為這些個人因子、環境因子多數存在「時間相依性之共變數 (time-dependent covariance)」問題，故應改以 accelerated failure time Model 來克服。

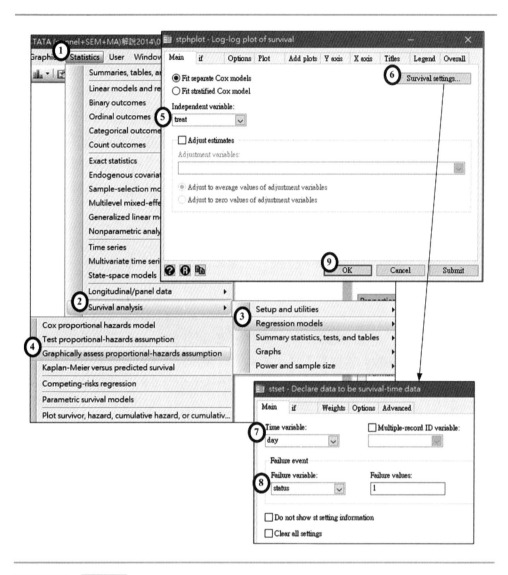

圖 2-20 「stphplot, by(treat)」畫面

注：Statistics > Survival analysis > Regression models > Graphically assess proportional-hazards assumption。

```
* Graphically assess proportional-hazards assumption
. stphplot, by(treat)
```

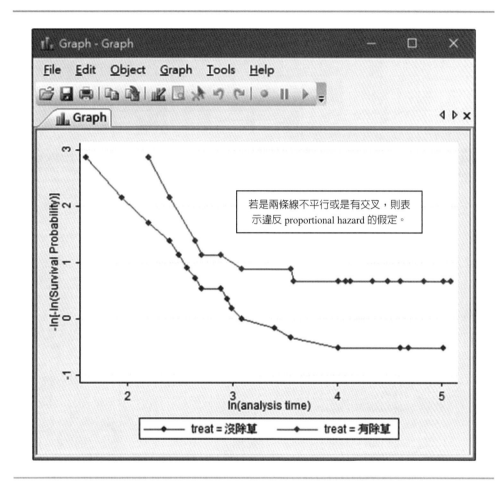

圖 2-21 「stphplot, by(treat)」結果圖

注 1：二條線未交叉，表示未違 Cox 迴歸的假定，故你可放心執行 Cox 迴歸。

注 2：ln-ln(x) = 0.65，無除草之存活時間 = 2.6 個月，有除草存活時間 = 5 個月。

Step 2-2 方法二. Tests of proportional-hazards assumption(estat concordance 指令)

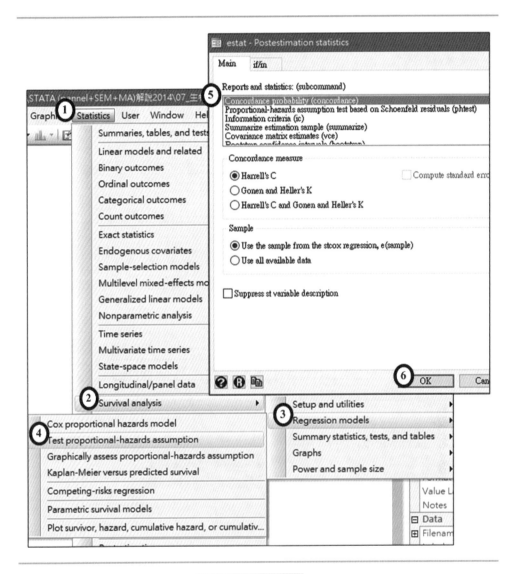

圖 2-22 一致性統計量 C 之「estat concordance」畫面

注：Statistics > Survival analysis > Regression models > Test proportional-hazards assumption。

```
. stcox treat

        failure _d:  status == 1
  analysis time _t:  day

Iteration 0:   log likelihood =  -67.06486
Iteration 1:   log likelihood = -64.379435
Iteration 2:   log likelihood = -64.379419
Refining estimates:
Iteration 0:   log likelihood = -64.379419

Cox regression -- Breslow method for ties

No. of subjects =            36            Number of obs    =           36
No. of failures =            21
Time at risk    =          1699
                                           LR chi2(1)       =         5.37
Log likelihood  =   -64.379419            Prob > chi2      =       0.0205

------------------------------------------------------------------------------
      _t |  Haz. Ratio   Std. Err.      z    P>|z|     [95% Conf. Interval]
---------+--------------------------------------------------------------------
   treat |   .3526075    .1644947    -2.23   0.025     .1413182     .8798022
------------------------------------------------------------------------------

* compute the concordance probability
. estat concordance

        failure _d:  status == 1
  analysis time _t:  day

  Harrell's C concordance statistic

  Number of subjects (N)           =        36
  Number of comparison pairs (P)   =       500
  Number of orderings as expected (E) =    194
  Number of tied predictions (T)   =       235
```

```
Harrell's C = (E + T/2) / P =      .623
              Somers' D =          .246
```

1. Harrell's C 指數，又稱 concordance C 值，它被廣泛用來測量二個存活分布的區分度 (as a measure of separation of two survival distributions)。C-index 在 0.50~0.70 為較低準確度；在 0.71~0.90 之間為中等準確度。本例 Cox 模型之區分度：Harrell's C 為 0.623，是屬低準確度。

定義：一致性 C 指數 (index of concordance)

一般評價模型的好壞主要有兩個方面：(1) 模型的適配度 (Goodness of Fit)，常見的評價指標主要有 R^2、-2logL、AIC、BIC 等等 (AIC、BIC 值愈小，解釋能力愈佳)；(2) 預測精確度，主要就是模型的真實值與預測值之間的差的大小 $(Y - \hat{Y})$、誤差變異數 σ_ε^2、相對誤差等。對臨床的應用，我們更重視預測精確度，因統計建模主要是用於預測。而從 C-index 的概念，亦屬於評比模型精確度的指標，此指標比適配度指標更實用。

C-index，C 指數即一致性指數，用來評價模型的預測能力。C 指數是資料所有病人配對中，預測結果與實際結果一致的配對所占的比例。它估計了預測結果與實際觀察到的結果相一致的概率。以生存分析為例，對於一對病人，如果預測較長壽者的生存時間真的比另一位活得久，或預測的生存概率高者之生存時間長於生存概率低的另一位，則稱之為預測結果與實際結果一致。

所謂 C-index，即 concordance index（一致性指數），最早由範德堡大學 (Vanderbilt University) 生物統計教授 Frank E Harrell Jr (1996) 提出，也稱為 Harrell's concordance index，主要用於計算生存分析中的 Cox 模型預測值與真實之間的區分度 (discrimination)；C-index 也廣泛應用在腫瘤患者預後模型的預測精確度。

C-index 本質上是估計了預測結果與實際觀察到的結果相一致的概率，即資料所有病人配對中預測結果與實際結果一致的配對所占的比例。有點類似於 ROC 曲線下面積。

C-index 的計算方法是：把所研究資料中的所有研究對象隨機地兩兩組成配對。以生存分析為例，對於一對病人，如果生存時間較長的一位，其預測生存時間長於生存時間較短的一位，或預測的生存概率高的一位的生存時間長

於生存概率低的另一位，則稱之爲預測結果與實際結果一致。

C 指數的計算方法是：先把樣本資料中的所有研究對象隨機地兩兩組成配對。接著計算步驟爲：

(1) 產生所有的病例配對。若有 n 個觀察個體，則所有的配對數爲 $\binom{n}{2}$。

(2) 排除下面兩種配對：配對中具有較小觀察時間的個體沒有達到觀察終點及配對中兩個個體都沒達到觀察終點。剩餘的爲有用配對。

(3) 計算有用配對中，預測結果和實際相一致的配對數，即具有較壞預測結果個體的實際觀察時間較短。

(4) 計算，$C = \dfrac{\text{一致配對數}}{\text{有用配對數}}$

由上述公式可看出，C-index 在 0.5~1 之間。0.5 爲完全不一致，說明該模型沒有預測作用；1 爲完全一致，說明該模型預測結果與實際完全一致。在實際應用中，很難找到完全一致的預測模型。以往文獻認爲，C-index 在 0.50~0.70 爲較低準確度；在 0.71~0.90 之間爲中等準確度；而高於 0.90 則爲高準確度。當 C-index 檢驗若都由同一樣本來建構模型則容易造成偏誤，因此改採 Bootstrap 即可無偏誤的檢驗預測模型的準確度。Bootstrap 是非參數統計中一種重要的估計統計量、變異數，進而進行區間估計的統計法。

Bootstrap 方法核心思想和基本步驟如下：

(1) 採用重複抽樣技術：從原始樣本中抽取一定數量的樣本，此過程允許重複抽樣。

(2) 根據抽出的樣本計算給定的統計量 T。

(3) 重複上述 N 次 (一般大於 1000)，得到 N 個統計量 T。

(4) 計算上述 N 個統計量 T 的樣本變異數，得到統計量的變異數。

Step 2-3 方法三 . Tests of proportional-hazards assumption(estat phtest 指令)

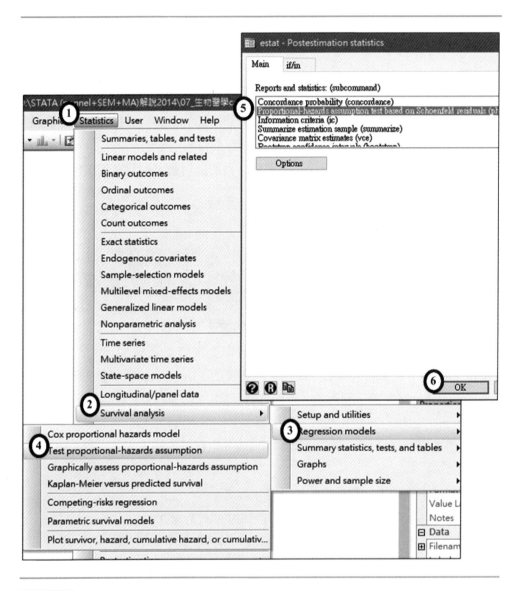

圖 2-23 「estat phtest」畫面

注：Statistics > Survival analysis > Regression models > Test proportional-hazards assumption。

```
.estat phtest

    Test of proportional-hazards assumption

    Time:  Time
    -------------------------------------------------------
                 |             chi2      df     Prob>chi2
    -------------+-----------------------------------------
    global test  |             0.75       1       0.3871
    -------------------------------------------------------
```

1.「estat phtest」卡方檢定，p-value 若愈小，顯示 HR 愈會隨時間變動，而不是一個常數。故本例 Cox 模型中，處理組與控制組之 HR 並不會隨時間而變動，並未違反 Cox 模型的假定，故你可放心進行下列 Cox 比例危險模型的分析。

Step 3. Kaplen-Meier 存活函數 [sts graph, by(處理變數)]

存活分析最重要的分析方法之一，就是 Kaplan-Meier 估計法，又稱為「product-limit」估計法，是用來估計存活曲線的方法。

```
* 開啟資料檔
. use 除草可助存活嗎 .dta

* 求 Kaplen-Meier 存活函數
. sts graph, by(treat)

        failure _d:  status == 1
    analysis time _t:  day
```

執行 Stata 繪圖之 (**sts graph**) 指令，即會跳出 Kaplan Meier graphic 視窗 **(Graph the survivor and cumulative hazard functions)**，再依下圖之操作程序，將每一個欄位填入相對應的變數。

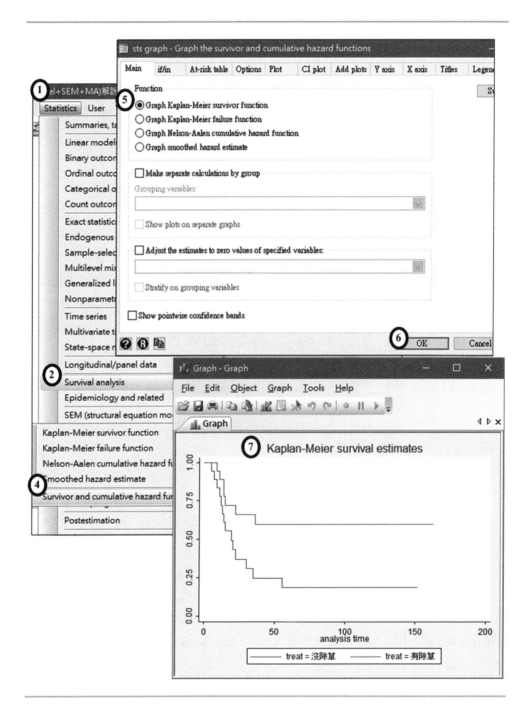

圖 2-24 求得 Kaplen-Meier 存活函數

注：Statistics > Survival analysis > Graphs > Survivor and cumulative hazard functions。

如上圖之存活率曲線圖，曲線圖中分別顯示除草 (treat=1，紅線) 與沒除草 (treat=0，藍線) 的幼苗存活曲線。故在存活率曲線圖中可以看到在不同時間點的存活機率與存活率的下降速度。

Step 4. 生命表分析 (同質性檢定)(ltable 指令)

存活分析又叫精準分析或生命表分析，早在 17 世紀天文學家 Halley 應用生命表方法來估計小鎮居民的存活時間。之後，生命表就被廣泛地應用，例如壽險公司採用生命表來估計保戶的保險金等。因爲每個人都一樣生，而不一樣死，在生和死中間的存活時間，就是每個人的生命，雖然有長有短，其生活內容卻千變萬化，有人人生是彩色的，有人是黑白的，但都同樣可以時間長短表示出來。生命表有關的統計就是著眼在這樣的情況下，而發展出來的存活分析。

在 Stata 選擇表，選「Statistics > Survival analysis > Summary statistics, tests, and tables > Life tables for survival data」選項，即可繪製生命表 (**Life tables for survival data**)。

生命表 (ltable 指令) 可以檢查群組之間存活機率是否有差異存在，但不能提供差異的大小或信賴區間，故仍須 stmh 及 stci 指令配合，來檢定實驗組與對照組之差異及 95% 信賴區間。

值得一提的是，當存活曲線相互交錯時 (survival curves cross)，就須再採用 Mantel-Haenszel 檢定 (stmh 指令) 來檢定群組間的差異。

執行 Stata 繪生命表之 **ltable** 指令，即會跳出 Life tables for survival data 視窗，再依下圖之操作程序，將每一個欄位填入相對應的變數：

群組 (Group Variable) -> 處理 (treat)。

存活時間變數 (Time Variable) -> 存活時間 (day) 。

失敗變數 (Failure Variable) -> 狀態 (Status：死亡：1，存活 0)。

設定完畢 -> 按下「ok」確定。

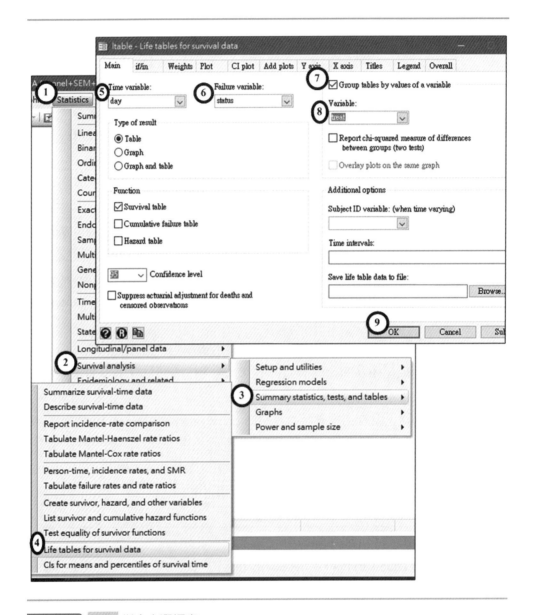

圖 2-25 Itable 指令之選擇表 (Life tables for survival data)

注：Statistics > Survival analysis > Summary statistics, tests, and tables > Life tables for survival data。

```
* 開啟資料檔
. use 除草可助存活嗎 .dta

. set more off
```

*同質性檢定
. ltable day status, survival by(treat)

存活天數 Interval		Beg. Total	Deaths	Lost	Survival	Std. Error	[95% Conf. Int.]	
沒除草								
5	6	18	1	0	0.9444	0.0540	0.6664	0.9920
7	8	17	1	0	0.8889	0.0741	0.6242	0.9710
9	10	16	1	0	0.8333	0.0878	0.5677	0.9430
11	12	15	1	0	0.7778	0.0980	0.5110	0.9102
12	13	14	1	0	0.7222	0.1056	0.4562	0.8738
13	14	13	1	0	0.6667	0.1111	0.4035	0.8343
14	15	12	1	0	0.6111	0.1149	0.3532	0.7921
15	16	11	1	0	0.5556	0.1171	0.3051	0.7475
18	19	10	0	1	0.5556	0.1171	0.3051	0.7475
19	20	9	1	0	0.4938	0.1193	0.2516	0.6972
20	21	8	1	0	0.4321	0.1193	0.2021	0.6438
22	23	7	1	0	0.3704	0.1171	0.1566	0.5873
30	31	6	1	0	0.3086	0.1127	0.1152	0.5275
35	36	5	1	0	0.2469	0.1057	0.0782	0.4641
55	56	4	1	0	0.1852	0.0956	0.0463	0.3964
100	101	3	0	1	0.1852	0.0956	0.0463	0.3964
108	109	2	0	1	0.1852	0.0956	0.0463	0.3964
152	153	1	0	1	0.1852	0.0956	0.0463	0.3964
有除草								
9	10	18	1	0	0.9444	0.0540	0.6664	0.9920
11	12	17	1	0	0.8889	0.0741	0.6242	0.9710
14	15	16	2	0	0.7778	0.0980	0.5110	0.9102
15	16	14	1	0	0.7222	0.1056	0.4562	0.8738
18	19	13	0	1	0.7222	0.1056	0.4562	0.8738
22	23	12	1	0	0.6620	0.1126	0.3963	0.8321
35	36	11	0	1	0.6620	0.1126	0.3963	0.8321
36	37	10	1	0	0.5958	0.1192	0.3314	0.7845
55	56	9	0	1	0.5958	0.1192	0.3314	0.7845
59	60	8	0	1	0.5958	0.1192	0.3314	0.7845
62	63	7	0	1	0.5958	0.1192	0.3314	0.7845
76	77	6	0	1	0.5958	0.1192	0.3314	0.7845
88	89	5	0	1	0.5958	0.1192	0.3314	0.7845

100	101	4	0	1	0.5958	0.1192	0.3314	0.7845
125	126	3	0	1	0.5958	0.1192	0.3314	0.7845
152	153	2	0	1	0.5958	0.1192	0.3314	0.7845
163	164	1	0	1	0.5958	0.1192	0.3314	0.7845

上述生命表不同研究期間都顯示有除草 (treat=1) 比無除草 (treat=0)，更能延長幼苗的存活天數 Interval (變數 day).

Step 5. Mantel-Haenszel rate ratios 檢定：stmh 指令

先前的「Kaplan-Meier 存活函數估計」，只能提供一組或多組的樣本存活函數估計，但並未進一步檢定各組存活函數有無差異。此時就須執行 Mantel-Haenszel rate ratios 檢定。

在 Stata 選擇表上，選「Statistics > Survival analysis > Summary statistics, tests, and tables > Tabulate Mantel-Haenszel rate ratios」功能選項，即可執行 Mantel-Haenszel rate ratios 檢定。

Mantel-Haenszel rate ratios 檢定，旨在檢查群組之間存活機率的差異。生命表僅能檢定群組間是否有顯著的差異性存在，並不能提供差異的大小或信賴區間，仍須 stmh 及 stci 指令分別來檢定實驗組與對照組之差異及 95% 信賴區間。

值得一提的是，當存活曲線相互交錯時，Mantel- Haenszel rate ratios 檢定就不適合用來檢定群組間的差異。

當跳出「stset – Declare data to be survival-time data」的視窗，再依下圖之操作程序，將每一個欄位填入相對應的變數：

群組 (Group Variable) -> 處理 (treat) 。
存活時間變數 (Time Variable) -> 存活時間 (day) 。
失敗變數 (Failure Variable) -> 狀態 (Status：死亡：1，存活 0)。
設定完畢 -> 按下「ok」確定。

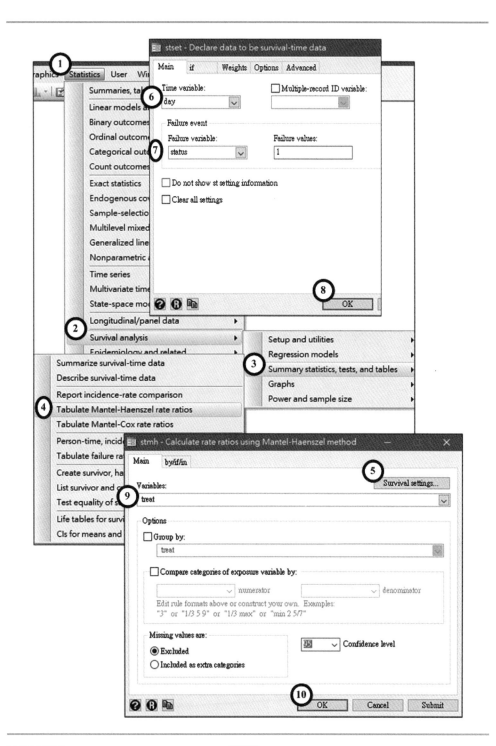

圖 2-26 Mantel-Haenszel rate ratios(stmh) 指令之選擇表

注：選「Statistics > Survival analysis > Summary statistics, tests, and tables > Tabulate Mantel-Haenszel rate ratios」。

　　此外，藥物反應研究中，爲了探討某一種藥物的效果，經常進行數個不同的治療方式當作處理組和一個對照組來做比較。醫學上所收集到的資料經常出現右設限資料，導致分析的困難，針對右設限存活資料，當兩組存活函數呈現交叉時，通常不會檢定兩組的存活函數有無差異，而是針對特定的時間點下，兩組存活函數是否有差異。此外，藥物的藥效可能隨時間而改變，具相同條件的病人，其療效也不相同。

```
* 開啟資料檔
. use 除草可助存活嗎 .dta

* 設定 Survival Time(st 開頭之指令 )
* stset 會自動新增四個系統變數：_st, _d, _t, _t0
* failure( ) 讓你宣告：依變數／結果變數，它亦是 censored data

. stset day, failure(status==1) scale(1)

     failure event:  status == 1
obs. time interval:  (0, day]
 exit on or before:  failure

--------------------------------------------------------------------
      36  total obs.
       0  exclusions
--------------------------------------------------------------------
      36  obs. remaining, representing
      21  failures in single record/single failure data
    1699  total analysis time at risk, at risk from t =          0
                              earliest observed entry t =          0
                                 last observed exit t =        163

* 執行 Mantel-Haenszel rate ratios(stmh) 指令
. stmh treat

        failure _d:  status == 1
  analysis time _t:  day

Maximum likelihood estimate of the rate ratio
```

```
comparing treat==1 vs. treat==0

RR estimate, and lower and upper 95% confidence limits


        ----------------------------------------------------------
            RR          chi2        P>chi2      [95% Conf. Interval]
        ----------------------------------------------------------
          0.306        7.35        0.0067      0.123        0.758
        ----------------------------------------------------------
```

1. 執行 Mantel-Haenszel rate ratios(stmh) 指令，結果顯示有除草 vs. 沒除草處理「treat==1 vs. treat==0」，對幼苗的存活曲線有顯著差異 (χ^2 = 7.35, p < 0.05)。且 95% 信賴區間為 [0.123, 0.758] 亦未含無差異之零值，這也顯示 treat(二組) 之處理效果 (延長存活天數 day) 對幼苗的存活曲線有顯著差異。

2. Mantel-Haenszel 比值檢定，係可發現多組 (如實驗組 vs. 對照組) 存活函數有無差異 (comparison for two or more survival functions)。

Step 6. Cox proportional hazards model (stcox 指令)

存活分析除了期望了解不同的干擾因子 (有沒有除草之處理 treat) 對於兩個或多個群體的存活結果有何種影響外，另外研究者有興趣的部分是預測「這一組變數值」之下的時間分布，在存活分析中最常使用的迴歸分析，就是 Cox 比例風險模型 (Cox Proportional Hazards Model)。

當跳出「Cox Proportional Hazards Model」的視窗，請依下圖之操作程序，將每一個欄位填入相對應的變數：

存活時間 (Time) -> 存活時間 (day)
狀態 (Status) -> 狀態 (Status：死亡：1，存活 0)
群組 (Group) -> 處理 (treat)

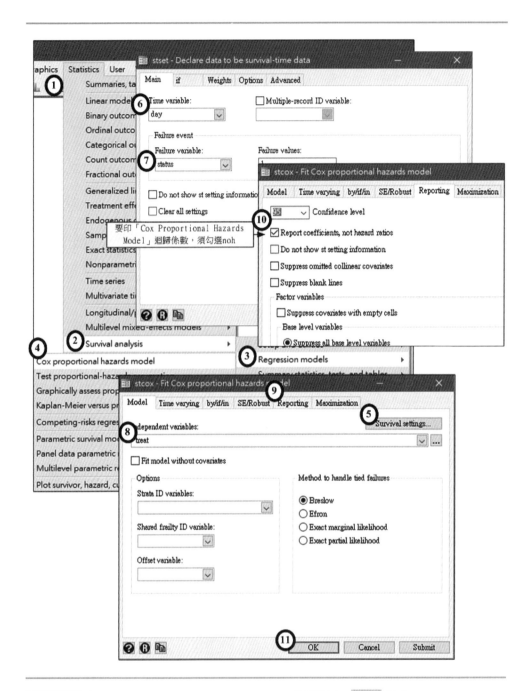

圖 2-27 「Cox Proportional Hazards Model」的選擇表 (stcox 指令)

注：Statistics > Survival analysis > Regression models > Cox proportional hazards model。

```
. use  除草可助存活嗎 .dta

* 進行 Cox Proportional Hazards 分析：先求 RR 值
. stcox treat


        failure _d:  status == 1
   analysis time _t:  day


Iteration 0:    log likelihood =  -67.06486
Iteration 1:    log likelihood = -64.379435
Iteration 2:    log likelihood = -64.379419
Refining estimates:
Iteration 0:    log likelihood = -64.379419

Cox regression -- Breslow method for ties

No. of subjects =         36          Number of obs   =         36
No. of failures =         21
Time at risk    =       1699
                                      LR chi2(1)      =       5.37
Log likelihood  =   -64.379419        Prob > chi2     =     0.0205


-----------------------------------------------------------------------------
     _t | Haz. Ratio   Std. Err.      z     P>|z|     [95% Conf. Interval]
--------+--------------------------------------------------------------------
  treat |  .3526075    .1644947    -2.23    0.025     .1413182     .8798022
-----------------------------------------------------------------------------

* 進行 Cox Proportional Hazards 分析：再求迴歸係數
* 要印「Cox Proportional Hazards Model」迴歸係數，要勾選 nohr
. stcox treat, nohr


        failure _d:  status == 1
   analysis time _t:  day


Iteration 0:    log likelihood =  -67.06486
Iteration 1:    log likelihood = -64.379435
Iteration 2:    log likelihood = -64.379419
```

```
Refining estimates:
Iteration 0:    log likelihood = -64.379419

Cox regression -- Breslow method for ties

No. of subjects =         36           Number of obs   =         36
No. of failures =         21
Time at risk    =       1699
                                        LR chi2(1)      =       5.37
Log likelihood = -64.379419             Prob > chi2     =     0.0205

------------------------------------------------------------------------------
     _t |    Coef.    Std. Err.      z    P>|z|    [95% Conf. Interval]
--------+---------------------------------------------------------------------
  treat |  -1.0424    .4665094    -2.23   0.025   -1.956741    -.1280582
------------------------------------------------------------------------------
```

* 執行事後指令：C 一致性統計量
. estat concordance

```
        failure _d: status == 1
  analysis time _t:  day

Harrell's C concordance statistic

Number of subjects (N)              =        36
Number of comparison pairs (P)      =       500
Number of orderings as expected (E) =       194
Number of tied predictions (T)      =       235

     Harrell's C = (E + T/2) / P =      .623
               Somers' D =             .246
```

1. 此時，「在某個時間點之下給定 X 值的 event 風險比」，取 $\log_e(x)$ 後，得：

$$\ln[HR(x)] = \ln\left(\frac{h(t\mid x)}{h_0(t)}\right) = \beta_1 x_1 + \beta_2 x_2 + \cdots + \beta_p x_p$$

其中，

$h_0(t)$：在第 t 個時間點時，當所有預測變數 (predictors) 為 0 時之基線危險 (baseline hazard, 無研究意義)。

$h(t \mid x)$：在第 t 個時間點時，給定 x 值時的危險 (hazard)。

$\log\left(\dfrac{h(t \mid x)}{h_0(t)}\right)$：「在某個時間點之下，當所有預測變數為 0 時的危險比」。

上式，e^{β}(或 exp(β)) 型式稱做 risk ratio 或 hazard ratio(RR)。一般在解讀 Cox 迴歸分析之報表時，係以解釋 RR 或 HR 為主。

本例 HR = 0.35，表示實驗處理 (除草) 可有效改善 65% 幼苗的存活。

2. 本例較為單純，僅觀察除草對於苗木的存活有無影響，因此配適的 Cox PH 模型為 $h(t) = h_0(t)\exp(\beta_1 \times \text{treat})$。由於 $\log_e(x)$ 的反函數為 exp(x)。故 $\log_e(x)$ 值代入 exp(x) 後即為 1。

本例 Stata 求得危險比 = 0.3526 (z = −2.23，p = 0.025)，顯示：有除草處理 (treat = 1) 的小苗相對有較低的死亡風險，大約是沒除草處理 (treat = 0) 組別的 0.3526 倍，exp(coef) = 0.3526，或是將 β_1 取 exp，亦可求得 risk ratio 值為 $\exp(\beta_1) = \exp(-1.0423) = 0.3526$。

3. 「. stcox treat, nohr」指令，求得迴歸係數 β_1：

接著再本檢定虛無假設 $H_0 : \beta_1 = 0$ 的結果。本例求得 $\beta_1 = -1.0424$ (se = 0.4665，p = 0.025 < 0.05)，故應拒絕 $\beta_1 = 0$ 的虛無假設，表示本例可適配下列式子：

$$\log_e[HR(x)] = \ln\left(\frac{h(t \mid x)}{h_0(t)}\right) = \beta_1 x_1 + \beta_2 x_2 + \cdots + \beta_p x_p$$

4. Harrell's C 一致性統計量 (concordance statistic) = 0.623，表示我們可用 treat(有無除草) 62.3% 正確地辨識幼苗之存活時間。

5. Hazard Ratio(HR) 意義說明：

要估計處理組的效果 (treatment effect)，常用的 Cox 比例危險模型，其主要假定為「處理組 vs. 對照組」兩組間危險函數比 (值) 與時間無關，它是常數且固定 (constant) 的。這個常數謂之危險比。HR 值大小有下表所列三種情況。基本上，Cox 模型檢定是 $H_0 : \text{HR}=1$ vs. $H_1 : HR \neq 1$；或是 $H_0 :$ 係數 $\beta = 0$ vs. $H_1 : \beta \neq 0$。

Hazard ratio (HR)	$\log(\text{HR}) = \beta$	說明
HR = 1	$\beta = 0$	兩組存活經驗相同 (two groups have the same survival experience)。
HR > 1	$\beta > 0$	控制組存活較優 (survival is better in the control group)。
HR < 1	$\beta < 0$	處理組存活較優 (survival is better in the treatment group)。

6. 本例對數概似比 $\boxed{\log \text{ likelihood} = -64.379419}$，對數概似值愈大，表示該模型愈佳。其公式為：

$$\log L = \sum_{j=1}^{D}\left[\sum_{i \in D_j} x_i\beta - d_j \log\left\{\sum_{k \in R_j}\exp(x_k\beta)\right\}\right]$$

其中，j 為 ordered failure times $t_{(j)}$, $j = 1, 2, \cdots\cdots, \text{D}$。$D_j$ 是第 d_j 觀察值在時間 $t_{(j)}$ 失敗時之集合。d_j 是在時間 $t_{(j)}$ 失敗的數目。R_j 觀察值 k 在時間 $t_{(j)}$ 的集合 (即所有 k，都滿足 $t_{0k} < t_{(j)} \leq t_k$)。

7. 資料檔樣本為 $i = 1, 2, 3, \cdots\cdots, N$，其中，第 i 個觀察值而言，其存活期間為 $\{t_{0i}, t_i\}$，共變數之向量為 x_i。此時 ***stcox*** 指令係求下列公式「partial log-likelihood function」之最大值，來求得係數 $\hat{\beta}$ 估計值：

$$\log L = \sum_{j=1}^{D}\left[\sum_{i \in D_j} x_i\beta - d_j \log\left\{\sum_{k \in R_j}\exp(x_k\beta)\right\}\right]$$

8. 當二個以上觀察值同分時 (tied values)，stcox 指令共有 4 個處理法，公式如下：

(1) $\log L_{\text{breslow}} = \sum_{j=1}^{D}\sum_{i \in D_j}\left[w_i(x_i\beta + \text{offset}_i) - w_i \log\left\{\sum_{\ell \in R_j} w_\ell \exp(x_\ell\beta + \text{offset}_\ell)\right\}\right]$

(2) $\log L_{\text{efrom}} = \sum_{j=1}^{D}\sum_{i \in D_j}\left[x_i\beta + \text{offset}_i - d_j^{-1}\sum_{k=0}^{d_j-1}\log\left\{\sum_{\ell \in R_j}\exp(x_\ell\beta + \text{offset}_\ell) - kA_j\right\}\right]$

$A_j = d_j^{-1}\sum_{\ell \in D_j}\exp(x_\ell\beta + \text{offset}_\ell)$

(3) $\log L_{\text{exactm}} = \sum_{j=1}^{D}\log \int_0^{\infty}\prod_{\ell \in D_j}\left\{1 - \exp\left(-\frac{e_\ell}{s}t\right)\right\}^{wt}\exp(-t)dt$

$e_\ell = \exp(x_\ell\beta + \text{offset}_\ell)$

$s = \sum_{\substack{k \in R_j \\ k \notin D_j}} w_k \exp(x_k\beta + \text{offset}_k) = \text{sum of weighted nondeath risk scores}$

(4) $\log L_{\text{exactp}} = \sum\limits_{j=1}^{D} \left\{ \sum\limits_{i \in R_2} \delta_{ij}(x_i\beta + \text{offset}_i) - \log f(r_j, d_j) \right\}$

$f(r, d) = f(r-1, d) + f(r-1, d-1) \exp(x_k\beta + \text{offset}_k)$

$k = r^{\text{th}}$ observation in the set R_j

$r_j = $ cardinality of the set R_j

$f(r, d) = \begin{cases} 0 & \text{if } r < d \\ 1 & \text{if } d = 0 \end{cases}$

其中，δ_{ij} is an indicator for failure of observation i at time $t_{(j)}$.

2-4 Cox 比例危險模型 (proportional hazards model) (stcox 指令)

危險函數之意涵如下圖。

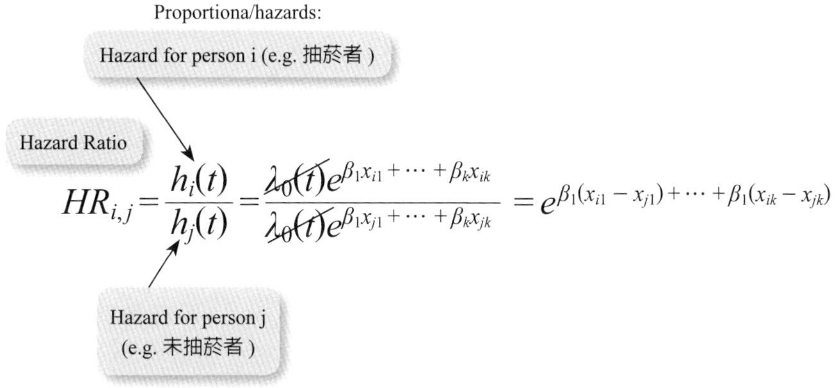

Proportiona/hazards:

Hazard for person i (e.g. 抽菸者)

Hazard Ratio

$HR_{i,j} = \dfrac{h_i(t)}{h_j(t)} = \dfrac{\lambda_0(t)e^{\beta_1 x_{i1} + \cdots + \beta_k x_{ik}}}{\lambda_0(t)e^{\beta_1 x_{j1} + \cdots + \beta_k x_{jk}}} = e^{\beta_1(x_{i1} - x_{j1}) + \cdots + \beta_1(x_{ik} - x_{jk})}$

Hazard for person j (e.g. 未抽菸者)

圖 2-28 比例危險之示意圖

　　假定：Hazard functions 必須嚴格平行 (strictly parallel)

　　上圖顯示「抽菸是肺癌的危險率」為：

$$HR_{\text{肺癌}|\text{有抽菸}} = \frac{h_i(t)}{h_j(t)} = \frac{\lambda_0(t)e^{\beta_{smoking}(1)+\beta_{age}(70)}}{\lambda_0(t)e^{\beta_{smoking}(0)+\beta_{age}(70)}} = e^{\beta_{smoking}(1-0)}$$

$$HR_{\text{肺癌}|\text{有抽菸}} = e^{\beta_{smoking}}$$

抽菸是肺癌的危險因子之外；假設共變數 (age) 也是危險因子之一，那麼菸齡每增加 10 年，其增加肺癌的危險率為：

$$HR_{lung\ cancer/10-years\ increase\ in\ age} = \frac{h_i(t)}{h_j(t)} = \frac{\lambda_0(t)e^{\beta_{smoking}(0)+\beta_{age}(70)}}{\lambda_0(t)e^{\beta_{smoking}(0)+\beta_{age}(60)}} = e^{\beta_{age}(70-60)}$$

$$HR_{lung\ cancer/10-years\ increase\ in\ age} = e^{\beta_{age}(10)}$$

2-4-1 f(t) 機率密度函數、S(t) 存活函數、h(t) 危險函數、H(t) 累積危險函數

數學 / 統計學，「一般」函數都以 f(x)、s(x) 型式來表示。但存活期間之隨機變數 T(Time)，暗指以時間為基礎所構成的函數，故隨機密度函數 (PDF) 改以小寫 f(t) 型式來呈現，小寫 s(t) 代表存活機率函數；相對地，大寫 F(t)、S(t) 型式分別代表「累積」隨機密度函數 (CDF) 及「累積」存活機率函數。

一、前言

Cox(1972) 首先提出存活分析是一種無母數分析方法，不需對自變數作統計機率分布假設，也不需對母數做假定檢定，即可預測個體失敗時點的機率，以幫助個體的「醫者 / 經營者」能及早對危險因子設法予以降低或消除。其研究方法是觀察某一個體在連續時間過程中，存活、死亡或轉移狀態的情形，因此是一種動態分析方法，利用存活函數 (survival function) 和危險函數 (hazard function) 來估計存活的機率以及死亡的機率。為了定義存活函數與危險函數，令 T 為存活的期間，T 為一非負數之隨機變數，個體在 T 時段發生事件的機率密度函數為 f(t)，累積密度函數為 F(t)，關係如下：

1. 令 T 為一段時間，其測量從一個明確的定義的時間零點，到一個明確定義特殊事件的發生點。令 T ≥ 0 且 f(t) 為一個機率密度函數。

 f(t) 機率密度函數：超過任一時刻之瞬間內狀態發生變化物件的百分比或機率。

$$f(T=t) = \lim_{\Delta t \to 0} \frac{P(t \le T \le t + \Delta t)}{\Delta t} = \frac{dF(t)}{dt}$$

2. S(t) 存活函數：一個個體的存活時間超過時間 t 的機率，也就是在時間 t 之後發生事件的機率。

$$S(t) = P(T > t) = \int_t^\infty f(t)dt$$

存活函數是一個單調遞減函數，其在時間零等於 1，S(0) = 1，在無窮大時會近似於零，故 S(∞) = 0，所以當 $t_1 < t_2$ 則 $S(t_1) > S(t_2)$，若母體的一些成員最後都會發生事件則 S(∞) = 0，若母體的一些成員絕不會發生某事件，則存活曲線可能不會隨時間增加而趨近於 0。實務上，一個實用的存活曲線估計式 (e.g. 存活率) 並不需要求到達 0 值，當 T 為一連續隨機變數，則存活函數為累積機率分布函數 (cumulative distribution function) 的餘集 (complement)，存活曲線通常以離散的時間點或年齡來繪製。

3. h(t) 危險函數：當給定存活時間 T 大於或等於 t 為條件時，在 T = t 的狀態發生改變機率。

$$h(t) = \lim_{\Delta t \to 0} \frac{P(t \le T < t + \Delta t \mid T \ge t)}{\Delta t} = \frac{f(t)}{S(t)}$$

即 $f(t) = h(t)S(t)$

4. 累積危險函數 $H(t) = \int_0^t h(u)du$

危險函數是描述失敗過程中性質的資訊，放在決定適當的失敗分布時特別有用，當事件發生經歷跟隨時間改變時，此危險函數是有用的，危險率唯一的限制就是它是非負值的 (nonnegative)，即 h(t) ≥ 0。當追蹤一位觀察對象到時間 t，並不再計算他的死亡，則累積危險函數 H(t) 是事件的期望次數 (expected event counts)，使用累積危險函數讓我們容易估計 S(t)，使用圖表可以簡單的檢查累積危險函數的形狀，可告訴我們累積危險函數資訊，例如斜率。

分析存活時間資料時，除了時間的變數外，常伴隨與存活時間相關的解釋因子，影響事故存活或排除的因素有許多，將這些「解釋變數／共變數」因素 (x) 放入存活函數或危險函數中，存活函數則由 S(t) 變為 S(t; x)，危險函數由 h(t) 變為 h(t; x)。

函數之符號解說：

假設某一 pdf 函數，係由一個以上參數 (parameters) 來描述其特性 (characterized)，則其符號記為：

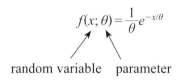

$$f(x;\theta)=\frac{1}{\theta}e^{-x/\theta}$$

random variable   parameter

假如 $P(x\,|\,\theta)$ 是參數 θ 的函數，則概似 (likelihood) 記爲：

$L(\theta)=P(x\,|\,\theta)$ （表示 資料 x 爲固定值 (Data x fixed)；視 L 爲 θ 的函數 (treat L as function of θ))

Cox(1972) 比例危險模型，主要優點爲：(1) 不用假設存活時間 t 屬於何種參數型分布，即能估算個體行爲對存活時間的影響；(2) 可處理具有設限觀察值資料的模型與參數估計；(3) 共變數向量可以是連續、間斷、時間相關或虛擬變數；(4) 模型考慮到存活時間與設限之資料，避免與邏輯斯迴歸只有使用 (0,1) 忽略時間與設限資料的缺點。

Cox(1972) 將危險率定義爲：$h(t\,|\,x)=h_0(t)\exp(\beta X_T)$

其中，$h_0(t)$ 爲基準危險函數（base line hazard function），β 爲解釋變數估計值之矩陣。Cox 認爲 $h_0(t)$ 並非 T 的平滑函數，換言之，$h_0(t)$ 是被允許任意值屬於無母數形式，Cox 認爲基準危險函數可以有任何形式，可不對其做假設，亦即不需對基準危險函數作任何設定就可以估計參數，因爲 Cox 認爲任何樣本的危險率與其他樣本成固定比例的關係，所以 Cox 的危險函數，稱爲比例危險函數 (proportional hazard function)，Cox 建議模型參數值可採用偏概似函數，即：

$$L(\beta)=\prod_{j=1}^{k}\frac{e^{x_{(j)}\beta}}{\sum_{l\in R_j}e^{x_l\beta}}$$

相對風險 (relative risk, RR) 或稱危險比 (hazard ratio)。用以表示死亡風險或危險之預期改變量，即解釋變數 x 值改變時，對事故排除時間之影響大小，其定義如下：

$$HR=\frac{h(t\,|\,X^*,\beta)}{h(t\,|\,X,\beta)}=\frac{h_0(t)e^{X\beta}}{h_0(t)e^{X^*\beta}}=e^{(X^*-X)\beta}=e^{\sum_{i=1}^{k}\beta_i(X_i^*-X_i)}$$

其中，*X*(*j*) 是事故發生排除之解釋變數向量，*β* 為所對應之待校估參數向量。危險比，用以表示死亡風險或危險之預期改變量，於本研究中則表示解釋變數值改變時，對事故排除風險之影響大小。若危險比大於 1 時，則表示每增加 1 單位的變數值其事故發生排除的機率上升，也就是事故排除時間會減短。若危險比等於 1 時，事故發生排除的機率不變，事故排除時間不變。若危險比小於 1 時，則事故發生排除的機率下降，事故排除時間會增長。

二、函數之定義

定義：存活函數 (**S**urvival function)：
S(t) = Pr(T > t)，t 表示某個時間，T 表示存活的時間(壽命)，Pr 表示表示機率。存活函數 S(t) 就是壽命 T 大於 t 的機率。
舉例來說，人群中壽命 T 超過 60 歲 (時間 t) 的人，在所有人之中的機率是多少，就是存活函數要描述的。
假定 t=0 時，也就是壽命超過 0 的機率為 1；t 趨近於無窮大，存活機率為 0，沒有人有永恆的生命。如果不符合這些前提假定，則不適用 Survival analysis，而使用其他的方法。
由上可以推導：存活函數是一個單調 (mono) 非增函數。t 愈大，S(t) 值愈小。

危險函數：符號 *λ*(*t*) 或 *h*(*t*)
定義：Hazard function, $h(t) = \lim\limits_{\Delta t \to 0} \dfrac{p(t \le T < t + \Delta t \mid T \ge t)}{\Delta t}$
危險函數的分子是條件機率，也就是在存活時間 t 到 Δt 間發生事件的機率，為了要調整時間區間，危險函數的分母是 Δt，讓危險函數是比率 (rate) 而不是機率 (probability)，最後，為了能精準表示在時間 t 的比率，公式用時間區間趨近於 0 來表示。

定義：存活函數，$S(t) = \Pr(T > t)$
危險函數與存活函數不同，危險函數並不從 1 開始到 0 結束，它可以從任何時間開始，可以隨時間上下任何方向都可以，其他特性如它總是非負的且沒有上限，它也有與存活函數很明確定義的關係，所以你可以根據危險函數得到存活函數，反之亦然。

$$h(t) \text{ 或 } \lambda(t) = \frac{f(t)}{S(t)} = \frac{\text{事件密度函數}}{\text{存活函數}} = -\left[\frac{\frac{d(F(t))}{dt}}{S(t)}\right]$$

危險函數引入分母 S(t)。其物理意義是，如果 t = 60 歲，$\lambda(t)$ 就是事件機率 (死亡) 除以 60 歲時的存活函數。因為年齡 t 愈大，分母存活函數 S(t) 愈小，假定死亡機率密度 f(t) 對任何年齡一樣 (這個不是存活分析的假設)，那麼危險函數 $\lambda(t)$ 值愈大，預期存活時間短。

綜合很多因素，賣人身保險的對年齡大的收費愈來愈高。嬰兒的死亡機率密度相對高一些，雖然分母存活函數 S(t) 大，$\lambda(t)$ 值還是略微偏高，交的人身保險費也略偏高。

上式危險函數，h(x) 等於負存活函數 S(t) 對時間作一次微分，並除以存活函數。

以 exp() 與 ln() 互為反函數來看，危險函數來表示存活函數的公式為：

$$S(t) = e^{-\int_0^t h(u)\,du}$$

公式顯示存活函數等於指數的負危險函數對時間作積分，積分的範圍從 0 到 t。

Cox 危險 (Hazard) 模型適配度之概似比 (Likehood Ratio, LR)：
Cox 模型之適配度是以概似比 LR-test 來檢定：

$$\chi^2_{LR} = -2\log\left(\frac{\max.likehood \text{ without the variable}}{\max.likehood \text{ with the variable}}\right)$$

若 $\chi^2_{LR} > \chi^2_\alpha(v)$，則拒絕 H_0：迴歸係數 $\beta = 0$，其中 v 為自由度。此外，LR 亦可適用於敵對二個模型的優劣比較、或某一模型的整體適配度 (overall fitness)、個別迴歸係數 β 的顯著性檢定。

比例危險模型 (proportional hazards model, PHM) 是 Cox(1972) 所提出，在統計學領域尤其是存活分析研究，最被廣泛應用。

因此，透過 cox-regression 的方式校正研究中的干擾因子，以 hazard ratio 報告干擾因子的影響程度。

相對於其他模型 (如邏輯斯模型、Probit Model、生命表法、加速失敗時間

模型)，比例危險模型由於不必對資料或殘差項假設服從某機率分布，限制較少；另一方面，比例危險模型除了可以涵蓋不會因時間經過而改變其值的變數，同時也相當適合處理會隨時間改變變數值的共變數 (time-dependent covariates)、時變共變數 (time-varying covariates)。

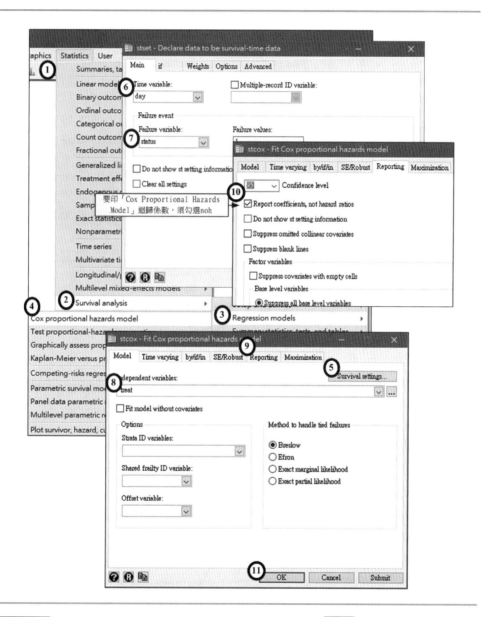

圖 2-29 「Cox Proportional Hazards Model」的選擇表 (stcox 指令)

注：Statistics > Survival analysis > Regression models > Cox proportional hazards model。

三、stcox 指令之功能

Stata 指令 (stcox)	新增功能
Cox 比例風險 (Cox proportional hazard)	時變共變數、設限 (time-varying covariates and censoring)。 時變共變數 (continuously time-varying covariates)。 Stata 提供 4 種資料重複 (ties) 處理方式：Breslow 法、精確部分概似 (exact partial likelihood)、精確邊際概似 (exact marginal likelihood) 及 Efron 法。 · 迴歸之強健誤差 (Robust), cluster-robust, bootstrap 及 jackknife standard errors。 · 分層估計法 (stratified estimation)。 · 搭配 2 種脆弱模型 (shared frailty models)。 · 調查資料及抽樣加權 (sampling weights and survey data)。 · 遺漏值的插補法 (multiple imputation)。 · Martingale, 高效得分 (efficient score), Cox–Snell, Schoenfeld, 及偏差殘差 (deviance residuals)。 · 概似位移值 (likelihood displacement values), LMAX 值及 DFBETA 影響值的測量 (influence measures)。 · Harrell's C, Somers' D 及 Gönen and Heller's K statistics。 · 測量的一致性 (measuring concordance)。 · 比例風險的檢定 (tests for proportional hazards)。 · 繪存活函數，危險函數及累積風險函數之圖 (graphs of estimated survivor, hazard 及 cumulative hazard functions)。

四、舉例：Cox 比例危險迴歸

研究控制其他預後因子 (或共變數) 後，血管內皮生長因素 (vascular endothelial growth factor, VEGF) 是否為大腸直腸癌的預後因子。

此研究假設切片的腫瘤上有過度表現的 VEGF 時，表示腫瘤增生的活動力很強，由此可以預估預後情形會不理想。樣本是在成大醫院做過治療的大腸直腸癌病人，並用回溯性方法回顧這些人的醫療記錄。預後情形分為下列兩種：無病存活 (disease-free survival) 時間定義為手術治療後到第一次復發的時間；整體存活 (overall survival) 時間定義為手術治療後到死亡的時間。人口學資料包括年齡、性別以及腫瘤特性 (包括 location, differentiation, and Dukes staging)，在此研究皆為控制變數。此研究樣本有些人在終止觀察之前並未死於大腸直腸癌，但卻因為失去追蹤或死於其他原因而結束觀察這些樣本，在估計存活函數

時必須考慮到上述所提的 censored data，因此可以用 Kaplan Meier method 來估計。

五、偏概似估計法 (partial likelihood, PL)：Kaplan-Meier 估計

假設有 m 個 event times(如 Kaplan-Meier 法)，第 i 個 event times 之偏概似 L_i 為：

$$L_p(\beta) = \prod_{i=1}^{m} L_i$$

假設有六位男性 (subjects j=1-6) 菸齡資料為：1, 3, 4, 10, 12, 18，則

The Likelihood for each event

$$L_p(\beta) = \prod_{i=1}^{m} L_i = \left(\frac{h_1(1)}{h_1(1) + h_2(1) + h_3(1) + h_4(1) + h_5(1) + h_6(1)} \right) \times$$

$$\boxed{\left(\frac{h_2(3)}{h_2(3) + h_3(3) + h_4(3) + h_5(3) + h_6(3)} \right)} \times \left(\frac{h_3(4)}{h_3(4) + \cdots + h_6(4)} \right)$$

$$\times \left(\frac{h_5(12)}{h_5(12) + h_6(12)} \right) \times \left(\frac{h_6(18)}{h_6(18)} \right)$$

Given that a death occurred at time = 3, this is the probability that it happened to subject 2 rather than to one of the other subjects at risk.

偏概似 (PL) 為

$$L_p(\beta) = \prod_{i=1}^{m} L_i =$$

$$\left(\frac{\lambda_0(t=1)e^{\beta x_1}}{\lambda_0(1)e^{\beta x_1} + \lambda_0(1)e^{\beta x_2} + \lambda_0(1)e^{\beta x_3} + \lambda_0(1)e^{\beta x_4} + \lambda_0(1)e^{\beta x_5} + \lambda_0(1)e^{\beta x_6}} \right) \times \cdots \times \left(\frac{\lambda_0(18)e^{\beta x_6}}{\lambda_0(18)e^{\beta x_6}} \right)$$

$$\therefore L_p(\beta) = \prod_{i=1}^{m} L_i = \left(\frac{e^{\beta x_1}}{e^{\beta x_1} + e^{\beta x_2} + e^{\beta x_3} + e^{\beta x_4} + e^{\beta x_5} + e^{\beta x_6}} \right) \times \cdots \times \left(\frac{e^{\beta x_6}}{e^{\beta x_6}} \right)$$

$$\therefore L_p(\beta) = \prod_{i=1}^{m} \left(\frac{e^{\beta x_j}}{\sum_{j \in R(t_i)} e^{\beta x_j}} \right)^{\delta_j}$$

其中，δ_j 為 censoring 變數 (1=if event, 0 if censored)，$R(t_i)$ 是時間點 t_i 的風險集合 (risk set)。

$$\therefore \log L_p(\beta) = \sum_{i=1}^{m} \delta_j [\beta x_j - \log(\sum_{j \in R(t_i)} e^{\beta x_j})]$$

將上式 log PL 取一階微分，並令其值為 0，所求所的 β 係數值，即最大概似估計 (Maximum likelihood estimation)。

(一) 虛無假設檢定：H_0：係數 $\beta = 0$

1. Wald 檢定：

$$Z = \frac{\hat{\beta} - 0}{\text{asymptotic standard error}(\hat{\beta})}$$

2. 概似比檢定 (Likelihood Ratio test)：

$$-2\ln\frac{L_p(reduced)}{L(full)} = -2\ln\frac{L_p(縮減模型)}{L(完整模型)}$$

$$= 2\ln(L_p(reduced)) - [-2\ln(L_p(full))] \sim 符合 \chi_r^2 分布$$

六、存活函數以 Kaplan-Meier 方式估計

Kaplan-Meier 估計方式是先將所有觀察的時間由小排到大，若有資料重複 (ties) 的情形發生，uncensored data 要放在前面，censored data 排在後面。

為此，Stata 提供 4 種資料重複 (ties) 處理方式：Breslow 法、精確偏概似 (exact partial likelihood)、精確邊際概似 (exact marginal likelihood) 及 Efron 法。

排序之後，每個死亡時間 (uncensored data) 有 $_{(i)}$ 代表第 i 個死亡時間，n_i 代表尚處在風險的樣本數，d_i 代表死亡數。

存活函數以 Kaplan-Meier 方式估計為：

$$\hat{S}_{KM}(t) = \prod_{t:t_{(i)} \le t} \frac{n_i - d_i}{n_i}$$

$\hat{S}_{KM}(t)$ 代表存活函數的 Kaplan-Meier 估計式

$$S(t) = \Pr(T > t).$$

$\hat{S}_{KM}(t)$ 的樣本變異數為

$$\text{Var}(\hat{S}_{KM}(t)) = [\hat{S}_{KM}(t)]^2 \sum_{t:t_{(i)} \le t} \frac{d_i}{n_i(n_i - d_i)}$$

2-4-2 Cox 比例危險模型之迴歸式解說

一般較常用的都是非參數的分析，也就是無母數的統計；因爲當我們要進行存活函數估計時，常常被研究事件並沒有很好的參數模型可以配適，這時我們會利用無母數方法來分析它的存活特徵，例如 Kalpan-Meier 法、生命表 (ltable 指令)、或計算平均存活期 (stci 指令)。進一步要比較存活機率曲線的差別時，我們也可利用 failure rates and rate ratios(strate 指令)、Mantel-Haenszel rate ratios(stmh 指令)、Mantel-Cox rate ratios(stmc 指令) 等各種檢定 / 繪圖法。複雜點的話，例如要調整其他變數效應，再求取預後因子的效應，那就可以用 Cox 比例危險模型 (stcox 指令)。

要認識 Cox 比例危險模型 (Cox proportional hazard model)，就必須把它的統計式 (也可說爲迴歸方程式) 列出來，下列公式「HR」就是「**H**azard **R**atio」，表示在某個時間點之下會發生某事件的風險比。因此 HR(x) 就是表示在給定 x 值的情況之下會發生某事件的風險比，所謂的 x 值，指的就是自變數 (independent variable/covariate) 的數值，例如年齡 50 歲就是一個 x。不過我們可以從最右側的公式發現，其實它跟 Linear regression 的迴歸方程式很相近，只是左邊所要求的數值有差別。

下式還不是我們所要的迴歸方程式，因此我們繼續使用 log() 轉換公式，經過一系列的轉換，即可發現現在迴歸方程式已經很好解釋了，

不過它跟所有的迴歸模型一樣，這就是截距項 (intercept)，一般我們是不解釋截距項的，重點是右邊的迴歸方程式就跟 linear / 邏輯斯迴歸一樣。

$$h(t \mid x) = h_0(t)\exp(\beta_1 X_1 + \beta_2 X_2 + \cdots + \beta_p X_p)$$
$$= h_0(t)\text{HR}(x)$$
$$\log[h(t \mid x)] = \log[h_0(t)] + \boxed{\beta_1} X_1 + \boxed{\beta_2} X_2 + \cdots + \beta_p X_p$$

Exp(β_1)：當 X_1 每增加一單位時，所增加的危險比，要注意是發生危險的「比率」而非機率

假使 $X_2 = 1$ 代表男性，$X_2 = 0$ 代表女性則
Exp(β_2)：男性相對於女性的危險比

那麼迴歸係數數值如何解釋呢，假使說 X_1 是連續變數 (年齡)，那麼年齡增加 1 歲時則危險比會變成 $\exp(\beta_1)$ 單位，因此也可以說增加 1 歲則危險比會增加 $\exp(\beta_1) - 1$ 倍，不過需注意，如果年齡增加 10 歲那麼危險比會如何變化呢？這邊很容易會有同學搞錯，假設迴歸係數 $\beta = 0.35$，那麼 $\exp(0.35) = 1.42$，也就是說當年齡增加 1 歲時，則風險比為原本的 1.42 倍 (或者說當年齡增加 1 歲時，風險比增加了 1.42 - 1 = 0.42 倍)。不過年齡增加 10 歲時的風險比可不是直接將 10×1.42 = 14.2 喔！而是 $\exp(10 \times \beta_1)$，也就是 $\exp(10 \times 0.35) = 33.1$ 倍，而這個數字會剛好等於原本的 $\exp(0.35)$ 的 10 次方。

也就是說在 Cox model 裡，增加 1 歲時的危險比為 $\exp(\beta_1)$，但增加 n 歲時的危險比是 $\exp(\beta_1) \times n$。這種風險比呈現加乘性 (multiplicative) 的效應，是跟邏輯斯模型一樣的。

預測的自變數若再加 X_2(性別)，$X_2 = 1$ 代表男性，$X_2 = 0$ 代表女性，此時的 $\exp(\beta_2)$ 就代表男性相對於女性的風險比，若 HR 顯著超過 1，則表示男性的風險比較高。

小結

此時，「在某個時間點之下給定 X 值的 event 風險比」，取 $\log(x)$ 後，得：

$$\log_e[HR(x)] = \ln\left(\frac{h(t \mid x)}{h_0(t)}\right) = \beta_1 x_1 + \beta_2 x_2 + \cdots + \beta_p x_p$$

其中，

$h_0(t)$：在第 t 個時間點時，當所有預測變數 (predictors) 為 0 時之基線危險 (baseline hazard, 無研究意義)。

$h(t \mid x)$：在第 t 個時間點時，給定 x 值時的危險。

$\log_e\left(\dfrac{h(t \mid x)}{h_0(t)}\right)$：「在某個時間點之下，當所有 predictors 為 0 時的危險比」。

補充說明：

假設 $S_0(t)$ 是女性肺癌病人存活時間的曲線，$S_1(t)$ 是男性肺癌病人存活時間的曲線，Cox 迴歸的模型假設 $S_1(t) = S_0^\lambda(t)$，而 λ 就是肺癌病人中男性相對於女性的風險比 (RR)。

若風險比 λ 值大於 1 的話，表示男性在任何時間點上的存活率都比女性低；反之，λ 值小於 1 的話，表示男性在任何時間點上的存活率都比女性高。λ 值等於 1 的話，表示男性在任何時間點上的存活率都和女性一樣。

「風險比」的意義和邏輯斯迴歸中的「勝算比」意義相似但不相同。我們都用 β 來表示 $\log_e\lambda$，即 $\lambda = e^\beta$，或用 $\log_e \mathrm{HR}(x) = \beta \times x$，$x$ = gender 來表示不同 gender 相對於女性的 log- 風險比。

Case 1：當 gender=1 時，$\log_e \mathrm{HR}(x = 1) = \beta \times 1$，表示男性相對於女性的 log- 風險比為 β 或風險比為 e^β。

Case 2：當 gender=0 時，$\log_e \mathrm{HR}(x = 0) = 0$，即是說女性相對於女性的 log- 風險比為 0 或是說風險比為 $e^0 = 1$。

以上的風險比是以女性存活為比較基線 (baseline，定義為 x=0) 而定義的，我們稱 x=0 為基線條件。

2-4-3 危險函數的估計 (hazard function)

一、模型建立

首先，Cox 將危險函數定義如下：

$$h_i(t) = \lambda_0(t)\psi(z)$$

危險函數 $h_i(t)$ 除了代表死亡率外，亦可能是倒閉、提前清償或違約危險率，以條件機率來衡量在給定某一房貸樣本在尚未發生提前清償或違約的條件下，瞬間發生提前清償或違約的機率，所表達出的就是一種風險概念。

$\lambda_0(t)$ 為基準危險函數 (baseline hazard function)。亦可用符號「$h_0(t)$」表示。

$\psi(z)$ 為共變數函數。

共變數函數 $\psi(z)$ 中，z 為觀察樣本危險因子 (或解釋變數) 向量。

所謂 $\lambda_0(t)$ 基準危險函數是指當危險因子 $z = 0$ 時，觀察樣本的基準危險。Cox 認為 $\lambda_0(t)$ 並非 t 的平滑函數，意即 $\lambda_0(t)$ 被允許為任意值，屬於無母數形式。而共變數 $\psi(z)$ 是一個 $\psi(0) = 1$ 的函數。因為 $\psi(z; \beta) \geq 0$，$\psi(z; \beta)$ 為非負形式，且 $\psi(0; \beta) = 1$，所以 Cox 設定 $\psi(z; \beta) = \exp(\sum_{k=1}^{n}\beta_k x_k) = \exp(\beta_1 x_1 + \beta_2 x_2 + \cdots \beta_n x_n)$。危險函數則變為：

$$h_i(t) = \lambda_0(t)\exp(\beta_1 x_{i1} + \beta_2 x_{i2} + \cdots\cdots + \beta_k x_{ik})$$

再根據下式，

$$S(t) = \exp\left(-\int_0^t h(x)dx\right)$$

存活函數則可改寫為：

$$
\begin{aligned}
S(t) &= \exp\left(-\int_0^t h(x)dx\right)\\
&= \exp\left(-\int_0^t \lambda_0(x)\psi(z)dx\right)\\
&= [S_0(t)]^{\psi(z)}\\
&= [S_0(t)]^{\exp\left(\sum_{k=1}^{n}\beta_k x_k\right)}
\end{aligned}
$$

其中，

$$S_0(t) = \exp\left(-\int_0^t \lambda_0(x)dx\right)$$

是相對於 $\lambda_0(t)$ 的基準存活函數，而 $-\int_0^t \lambda_0(x)dx$ 之數值必小於或等於 0，所以基準存活率 $S_0(t)$ 必然小於或等於 1。因此當 $\exp(\sum_{k=1}^{n}\beta_k x_k)$ 越大時，造成存活機率越小，也就是 β 值為正的條件下，變數值愈大，存活機率愈小。

另外，為什麼這模型稱為比例危險模型，主要是因為任何樣本的危險率與其他樣本成固定比例關係，例如樣本 i 和樣本 j 關係如下：

$$\frac{h_i(t)}{h_j(t)} = \exp[\beta_1(x_{i1} - x_{j1}) + \cdots + \beta_k(x_{ik} - x_{jk})]$$

基準危險函數 $\lambda_0(t)$ 在兩樣本間的危險比率中都被消掉了，因此，在觀察期間內，兩樣本的危險比率固定不變，如下圖所示：

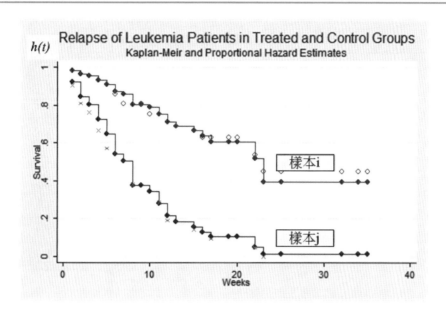

圖 2-30 比例危險之示意圖

Cox 認為基準危險函數可以有任何形式，因此不對其做任何假設，在下一部分介紹的偏概似估計 (Partial Likelihood) 中即不需要對基準危險函數做任何設定，就可以估計參數，描述危險率和解釋變數之間的關係。因為基準危險函數可以是任意分布，所以 Cox 的比例危險模型屬於非參數模型 (nonparametric model)，但在模型中要估計解釋變數 (自變數) 的參數值，亦屬於參數模型 (parametric model)，綜合兩種性質，Cox 比例危險模型一般被學者歸為半參數模型 (semi-parametric model)。

二、偏概似函數

假設有資料如下：

表 2-1　概似估計之範例

subject	失敗順序 （事件發生即為失敗）	存活時間（天）	失敗為 1 censored data 為 0
1	1	5	1
2	2	9	1
3	3	12	1
4	.	16	0
5	.	17	0
6	4	18	1
7	5	19	1
8	5	19	1
9	5	19	1
10	8	22	1
11	9	24	1
12	10	30	1
13	11	36	1
14	12	55	1
15	13	62	1

　　第一位失敗事件發生者為 1 號樣本，存活時間為 5 天，則在樣本群中有多個至少活到第 5 天的樣本條件下，1 號樣本或首先發生失敗事件者，發生失敗的機率為：

$$L_1 = \frac{h_1(5)}{h_1(5) + h_2(5) + \cdots + h_{15}(5)}$$

　　第二位失敗者為 2 號樣本，存活時間 9 天，在樣本群中有多個至少活到第 9 天的樣本條件下，1 號樣本已不在條件內，因此 2 號樣本事件發生的機率為：

$$L_2 = \frac{h_2(5)}{h_2(5) + h_3(5) + \cdots + h_{15}(5)}$$

　　從上面二式可以明顯看出，這兩個方程式都是條件機率的概念，分子是發生事件樣本尚存活到時間 t，但隨即瞬間發生失敗事件的危險率，而分母是群體

中其他 (含分子部分) 至少存活到時間 t 的樣本集合，同樣也是以瞬間發生事件的危險率來表示，而分母的樣本組合即稱為風險集合 (Risk Set)。此條件機率的意義即表示，在所有至少存活到時間點 t 且瞬間可能發生失敗事件的樣本風險集合中，某樣本真正在時間點 t 發生失敗事件的機率。

然而，在群體中，可能會有兩個以上的樣本存活時間相同如表 2-1 所示，7 至 9 號三個樣本的存活時間相同，這些樣本，即為重複值 (tied data)。在大部分的情況下，由於資料取得的限制以及時間單位的衡量方式，無法很確切地知道三者發生失敗事件的實際順序，而在偏概似估計中，基本上這三個樣本所有可能排列的順序都要考慮，三個樣本就有六種排列順序 $(3!=6, A_1 \sim A_6)$：

A_1: {7, 8, 9}

$$\Pr(A_1) = \left(\frac{h_7(19)}{h_7(19) + h_8(19) + \cdots + h_{15}(19)}\right)\left(\frac{h_8(19)}{h_8(19) + h_9(19) + \cdots + h_{15}(19)}\right)$$

$$\left(\frac{h_9(19)}{h_9(19) + h_{10}(19) + \cdots + h_{15}(19)}\right)$$

A_2: {8, 7, 9}

$$\Pr(A_2) = \left(\frac{h_8(19)}{h_7(19) + h_8(19) + \cdots + h_{15}(19)}\right)\left(\frac{h_7(19)}{h_7(19) + h_9(19) + \cdots + h_{15}(19)}\right)$$

$$\left(\frac{h_9(19)}{h_9(19) + h_{10}(19) + \cdots + h_{15}(19)}\right)$$

類推計算出 $A_1 \sim A_6$ 得到

$$L_5 = \sum_{i=1}^{6} \Pr(A_i)$$

而 L_1 可改寫為：

$$L_1 = \frac{\lambda_0(5)e^{\beta x_1}}{\lambda_0(5)e^{\beta x_1} + \lambda_0(5)e^{\beta x_2} + \cdots + \lambda_0(5)e^{\beta x_{15}}}$$

$$= \frac{e^{\beta x_1}}{e^{\beta x_1} + e^{\beta x_2} + \cdots + e^{\beta x_{15}}}$$

根據上式，在轉換過程中基準危險函數 $\lambda_0(t)$ 被消除掉，呼應 Cox 估計 β 係數不必預先設定基準危險函數的方式。

　　由上式類推導出其他不同存活時間的機率方程式，可將比例危險模型的部分概似函數一般化如下：

$$PL = \prod_{i=1}^{n} \left[\frac{e^{\beta x_i}}{\sum_{j=1}^{n} Y_{ij} e^{\beta x_j}} \right]^{\delta_i}$$

當 $t_j \geq t_i$，$Y_{ij} = 1$；反之，當 $t_j < t_i$，$Y_{ij} = 0$。

　　此則若群體中某樣本 j 的存活時間 t_j 小於所計算樣本 i 特定時間 t_i，則樣本 i 不再出現於函數分母的風險集合中，會被剔除掉。至於 δ_i 則在所計算樣本 i 非為受限資料時，也就是有觀察到失敗事件何時發生，那麼 $\delta_i = 1$，會計算出條件機率，若樣本 i 為受限資料，則不知有無發生失敗事件，$\delta_i = 0$，不會算出條件機率。

三、參數估計

　　首先將部分概似函數 (上式) 取對數，可求得：

$$\log PL = \sum_{i=1}^{n} x_i \beta - \sum_{i=1}^{n} \delta_i \log \left[\sum_{j=1}^{n} e^{\beta x_j} \right]$$

　　為估計 β 值，將上式取一階偏微分，可得：

$$U(\beta) = \frac{\partial \log PL}{\partial \beta}$$

$$= \sum_{i=1}^{n} x_i - \sum_{i=1}^{n} \delta_i \frac{\sum_{i=1}^{n} x_i e^{\beta x_j}}{\sum_{i=1}^{n} e^{\beta x_j}}$$

$$= \sum_{i=1}^{n} \left[x_i - \delta_i \frac{\sum_{i=1}^{n} x_i e^{\beta x_j}}{\sum_{i=1}^{n} e^{\beta x_j}} \right]$$

　　再取 log PL 的二階偏微分矩陣，可得：

$$I(\beta) = \frac{\partial^2 \log PL}{\partial \beta \partial \beta'}$$

欲估計 β 值，則必須使部分概似函數最大化，令上式等於 0。由於部分概似估計爲非線性函數，因此可以數值方法 (numerical method) 來求解，如牛頓—拉弗森演算法 (Newton-Raphson algorithm)：

$$\beta_{j+1} = \beta_j - I^{-1}(\beta_j)U(\beta_j)$$

任意選取起始參數值 β_0 代入上式，得出第一個結果 β_1，然後再將 β_1 代入，得到 β_2，如此不斷地重複，直到所得出的參數值幾乎等於上一個代入的參數值，重複的步驟就可以停止，表示已達收斂狀態，得到最佳估計參數值 β。

2-4-4 Cox 比例危險模型之配適度檢定

一、Cox 模型應用在交通運輸領域

自 1972 年 Cox PHM 問世以來，存活分析法開始受到普遍地應用。在交通運輸領域方面，亦不例外。Tiwari(2007) 等人選定印度新德里 7 個路口。使用攝影機拍攝行人穿越路口之行爲，並依據記錄資料以 Kaplan-Meier 法建立存活模型，分析行人穿越路口之存活率。結果顯示，行人於路口願意等候的時間愈長，存活率即愈高，但男性之存活率低於女性。陳恰君 (2008) 選取飛行班次、可售座位數、載客人數、商務航線以及與高鐵重複航線之起迄點作爲變數，利用存活分析法探究影響國內航線營運之存活因素。結果發現，可售座位數、商務航線以及與高鐵重複航線之起迄點三者，爲影響國內航線營運生存之重要因素。

蕭羽媛 (2009) 採用條件評估法設計問卷進行調查，並將調查所得機車騎士紅燈願意熄火時間作爲存活分析之觀測時間，結合相關熄火意願變因建構 Cox PHM。研究結果得知，全球暖化認知、熄火降低排碳傾向、執法規範信念、熄火依從信念、年齡以及家庭人數 6 個因素，對熄火風險具有顯著的影響。蘇股甲 (2010) 延續上述方法，擴大調查分析影響機車騎士紅燈怠速熄火意願之變數，並進一步採用 Cox 分層方法 (stratified Cox procedure) 建構比例危險之關係。研究結果顯示，節能減碳認知、機車使用特性、健康認知以及個人屬性 4 大類變數，確實能夠有效解釋機車騎士紅燈怠速熄火之意願；同時，並由模型推估出解釋變數值，即機車怠速熄火意願改變後，熄火時間可能增加之效益。接著，吳健生等人 (2011) 結合上述兩項研究結果，估出顯著影響紅燈怠速熄火意

願之 6 個變數，即全球暖化認知、紅燈怠速熄火降低汙染意願、執法規範信念、熄火依從信念、年齡以及家庭人數；並藉由對相對風險 (relative risk) 概念及問卷調查結果，分析變數值改變後，全體機車騎士熄火意願改變之比例。

二、Cox 比例危險模型之配適度檢定

以機車紅燈怠速熄火行為之研究為例，Cox 比例危險模型之參數 β 值，可採用最大概似法加以推定。假設 n 個觀測樣本中立，有 m 個被觀測到發生事件 (願意紅燈熄火)。此 m 個樣本之存活 (不熄火) 時間依序為：$t_1 < t_2 < t_3 < \cdots\cdots < t_m$。令 R($t_i$) 表時間為 t_i 時之風險集合。即紅燈熄火發生時間大於或等於 t_i 之所有觀測樣本所組成之集合，或紅燈持續不熄火時間小於 t_i 之所有觀測樣本所組成之集合．R(t_i)={j|$t_j \geq t_i$}。若受訪機車騎士 i 時間 t_i 時願意熄火，則其熄火機率占整個風險集合熄火機率之比例為：

$$P(\text{樣本 } i \text{ 熄火} \mid R(t_i) \text{ 集合中所有樣本熄火}) = \frac{h(t_i|X_i)}{\sum_{j \in R(t_i)} h(t_j|X_j)} = \frac{e^{x_i(t_i)\beta}}{\sum_{j \in R(t_i)} e^{x_j(t_i)\beta}}$$

式中 $x_i(t_i)$ 表樣本 i 在時間 t_i 時之解釋變數值向量，$x_i(t_i) = [x_1(t_i), x_2(t_i), \cdots\cdots, x_k(t_i)]$；而 β 則為解釋變數參數之向量，$\beta' = [\beta_1, \beta_2, \cdots\cdots, \beta_k]$，$k$ 為解釋變數之個數。

Cox 建議採用偏概似函數 (partial likelihood function) 來校估參數 β 值，此一函數為上述 m 個獨立觀測樣本熄火機率比之聯合機率分布，即：

$$L(\beta) = \prod_{i=1}^{m} \frac{e^{x_i(t_i)\beta}}{\sum_{j \in R(t_i)} e^{x_j(t_i)\beta}}$$

取其對數後，得對數概似函數 (Iog likelihood function) 如下：

$$LL = \ln L(\beta) = \sum_{i=1}^{m} \left(x_i(t_i)\beta - \ln\left[\sum_{j \in R\{t_i\}} e^{x_j(t_i)\beta} \right] \right)$$

解其一階與二階微分式，即可得 β 值。

Cox 迴歸模型係採用概似比檢定統計量 (Likelihood Ratio Test statistic, LRT) 來進行模型之配合適合度檢定，其式如下：

$$\chi^2_{LRT} = -2\ln \frac{(\max. likelihood \text{ without the } variable)}{(\max. likelihood \text{ with the } variable)} = -2\left[\ln L(\hat{\beta}_0) - \ln L(\hat{\beta}) \right]$$

式中 $\hat{\beta}$ 與 $\hat{\beta}_0$ 分別表全模式 (full model) 與縮減模式 (reduced model) 下所求出之最大概似估計值向量。若 $\chi^2_{LR} > \chi^2_{LR}(v)$，表示在顯著水準 α 之下，拒絕虛無假設 (null hypothesis) $H_0 : \beta = 0$，其中 v 爲自由度。

此檢定方法適用於整個模型或個別係數 β 之檢定，主要包括以下三種：(1) 整體模型之配適，檢定模式所有參數是否均爲 0，亦即檢定 $H_0 : \beta = 0$，其中 β 爲模式參數向量；(2) 個別參數之配適，檢定是否須增減某一參數，亦即檢定 $H_0 : \beta_i = 0$，其中 β_i 爲參數 i；(3) 不同模式間配適之比較，檢定參數不同時，模式間是否存在顯著的差異，亦即檢定 $H_0 : M_m = M_n$，其中 M_m 與 M_n 分別表示參數數目爲 m 與 n 之 Cox 模式。

2-4-5 Cox 模型之相對風險 (relative risk, RR)

以機車紅燈怠速熄火行爲之研究爲例，相對風險或稱危險比，用以表示死亡風險或危險之預期改變量，於本例中則表示解釋變數值改變時，對紅燈怠速熄火風險之影響大小，其定義如下：

$$\text{RR} = \frac{h(t \mid X^*, \beta)}{h(t \mid X, \beta)} = \frac{h_0(t)e^{X^*\beta}}{h_0(t)e^{X\beta}} = e^{(X^* - X)\beta} = e^{\sum_{i=1}^{k} \beta_i(X_i^* - X_i)}$$

其中 $X = [X_1, X_2, ..., X_k]$，$X^* = [X_1^*, X_2^*, ..., X_k^*]$，分別表示解釋變數值改變前後之向量，而 $\beta^* = [\beta_1, \beta_2, ..., \beta_k]$ 則爲模式參數向量。

實際應用時，通常會在其他變數值不改變之假設下，針對某一解釋變數分析其值改變時對死亡風險或危險之影響。例如針對第 j 個變數 X_j 再進行相對風險分析，因其他變數值不變，故：

$$\text{RR}_j = e^{\sum_{j=1}^{k} \beta_i(X_i^* - X_i)} = e^{\beta_j(X_j^* - X_j)} = e^{\beta_j X_j^* - \beta_j X_j} = \frac{e^{\beta_j X_j^*}}{e^{\beta_j X_j}}$$

就數值僅爲 0 或 1 之二元變數而言，若再值由 0 改變爲 1，則

$$\text{RR}_j = \frac{e^{\beta_j \cdot 1}}{e^{\beta_j \cdot 0}} = e^{\beta_j}$$

另解釋變數雖非二元，但其改變量爲 1 時，則仍適合使用上式計算相對風險。此種應用常見於分類型資料 (categorical data)。例如將配合意願變數可分爲

非常不願意、不願意、普通、願意以及非常願意 5 種程度，並分別定義其值為 1 至 5。若由原先之不願意改變為普通，即變數值由 2 改變為 3。則其相對風險仍為 e^{β_i}。

相對風險可作為不同變數值之間，死亡風險或危險之相對差異比較。若 RR = 1，表示解釋變數不影響事件的存活。若 RR < 1，表示解釋變數與事件存活增加相關，即死亡風險降低，增加事件存活的機率。反之，若 RR > 1，表示解釋變數與事件存活減少相關，會增加死亡的風險。舉例而言，當機車騎士對全球暖化的認知由不嚴重晉升一級至普通時，相對而言，會有較高的配合意願於紅燈時熄火等待。換言之，死亡風險相對提高，故 RR > 1。

Cox 時間相依模型

在研究中，某些共變數可能會因時間而改變，如年齡、血壓等，通常共變數可分為固定型 (fixed) 和時間相依型 (time dependent)，後者係指共變數因時間變化之差異，例如性別是固定型，而有無配偶則會隨時間改變而有不同的狀況。因此，考慮到共變數對存活狀況所帶來的影響，將時間相依變數引入模型中，則 Cox 比例風險模型在時間 t 的風險可修正為：

$$h(t) = h_0 t(t) \exp\left(\sum_{i=1}^{k} \beta_i Z_i + \sum_{j=k+1}^{m} \gamma_j Z_j(t) \right)$$

其中，$h_0 t(t)$ 為基準風險函數 (baseline hazard formula)，Z 為固定型變數，$Z(t)$ 為時間相依變數，β 與 γ 分別為固定型變數與時間相依變數之迴歸係數。

2-5 Kaplan-Meier 存活模型

藥物反應研究中，為了探討某一種藥物的效果，經常進行數個不同的治療方式當作處理組和一個對照組來做比較。醫學上所收集到的資料經常出現右設限資料，導致分析的困難，針對右設限存活資料，當兩組存活函數呈現交叉時，通常不會檢定兩組的存活函數有無差異，而是針對特定的時間點下兩組存活函數是否有差異。此外，藥物的藥效可能隨時間而改變，具相同條件的病人，其療效也不相同。

2-5-1 Kaplan-Meier 估計法 (product-limit estimate)

在心理學應用上，試圖以科學的證據來證明心理影響健康，包括心理會影響癌症病人的存活時間。對流行病理學基礎而言，寂寞心理因素會影響人類的存活時間，故值得鼓勵以基因體為基礎來研究心理面對存活長短的影響力。

一、Kaplan-Meier「存活曲線」介紹

	追蹤範圍	追蹤人數	發生事件數	設限人數	條件機率	存活函數
S(t = 1)	1	21	0	0	21/21=1.00	1.00
	2	21	0	0	21/21=1.00	1.00×1.00=1.00
	3	21	0	0	21/21=1.00	1.00×1.00=1.00
	4	21	0	0	21/21=1.00	1.00×1.00=1.00
	5	21	0	0	21/21=1.00	1.00×1.00=1.00
	6	21	3	1	18/21=0.86	0.86×1.00=0.86
	7	17	1	0	16/17=0.94	0.94×0.86=0.81
	8	16	0	0	16/16=1.00	1.00×0.81=0.81
	9	16	0	0	16/16=1.00	1.00×0.81=0.81
S(t = 10)	10	16	0	1	16/16=1.00	1.00×0.81=0.81

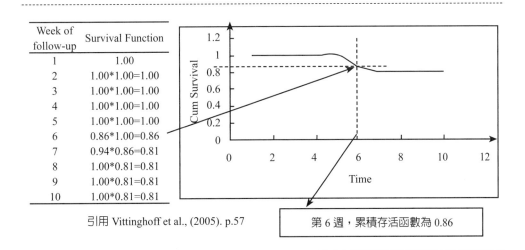

Week of follow-up	Survival Function
1	1.00
2	1.00*1.00=1.00
3	1.00*1.00=1.00
4	1.00*1.00=1.00
5	1.00*1.00=1.00
6	0.86*1.00=0.86
7	0.94*0.86=0.81
8	1.00*0.81=0.81
9	1.00*0.81=0.81
10	1.00*0.81=0.81

引用 Vittinghoff et al., (2005). p.57

第 6 週，累積存活函數為 0.86

圖 2-31 Kaplan-Meier「存活曲線」之示意圖

第 1 欄追蹤範圍 (Week of follow-up) 是 duration time 亦即病人之存活期間 T。

第 2 欄追蹤人數 (Number of followed) 則是在某一時間點 t 時，剩餘的有效樣本，亦即所有樣本扣除已經死亡 (或發生 event) 或者設限 (censor，例如中途轉院) 者。

第 3 欄發生事件數 (Number of Event occurs) 則是代表在某一時間點時有多少人死亡。

第 4 欄設限人數 (Number of Censored) 則是代表在某一時間點時有多少 Censor，表示在那個時間點這位病人尚未發生事情，這時間代表他至少存活了這麼久的時間。

第 5 欄條件機率 (Conditional Probability) 是在某一時間點的條件存活機率，等於這時間點死亡人數除以這時間點剩餘的樣本數。

第 6 欄存活函數 (Survival Function) 則是累積到這個時間點為止的存活機率，上一個時間點存活機率乘以這一個時間點的條件存活機率 (Conditional Probability) 就剛好等於這一個時間點的存活機率，因此亦即叫作累積存活機率 (Cumulative Survival Probability)。

那麼我們可以看到，一直到第 5 週時，既沒有人發生死亡 (event) 也沒有人退出研究 (censor)，因此條件存活機率與存活機率都是 100%。在第 6 週的時候同時發生了 event 及 censor 兩件事情，有 3 個病人不幸地在第 6 週死亡了，以及有一位病人在第 6 週的時候轉院了 (或者這位病人進入研究的時間比較晚，因此第 6 週的時候我們的研究剛好終止了，但是這位病人當時還是存活的)，此時我們可觀察到條件存活機率是 $\frac{18}{21}$ =0.86，亦即這時間點的條件存活機率是 86%，可注意到 censor 的人既沒有在分子扣除，也沒有在分母扣除，因此根據定義則第 6 週的累積存活機率是 0.86(第 6 週的條件存活機率)×1.00(第 5 週的累積存活機率)=86%，也就是說累積至第 6 週為止的生存機率是 86%。

在第 7 週的時候又有一位病人死亡了，此時需注意到因為第 6 週時有一位病人是 censor 的狀態，因此在這一個時間點必須先將這個病人從這個研究移除，因此待會計算的分子與分母都必須扣除 1，因此原先有效樣本為 21 人，但因為第 6 週同時有 4 個人退出研究 (3 個人死亡，1 個人 Censor)，因此在第 7 週的有效樣本只剩下 17 個人，又由於這一週有一個病人死亡，因此第 7 週的條件存活機率是 16/17=94%，根據定義第 7 週的累積存活機率為 0.94(第 7 週的條件存活機率)×0.86(第 6 週的累積存活機率)=81%，也就是說累積至第 7 週為止的生存機率是 81%。

二、Kaplan-Meier 的原理

像前述這種類似研究，我們可用統計方法先找高寂寞的群體相對於低寂寞的群體之心理相關差異基因，再應用這些與心理相關的基因，代入醫學的 Cox 危險比例迴歸法來證實心理相關基因係會影響癌症病人的存活時間。往昔文獻證實高危險分數的癌症病人比低危險分數的癌症病人之平均存活時間較短，像此類問題即可再使用 Kaplan-Meier 存活曲線，來驗證三個腦癌病人資料庫 (樣本數分別爲 77、85 和 191 人)，高危險分數的腦癌病人與低危險分數的腦癌病人之存活曲線明顯地分開，而三個腦癌病人資料庫的高危險分數的腦癌病人比低危險分數的腦癌病人之統計誤差值 p-value 都小於 0.0001。

在存活分析中假設受訪者之存活時間 T 是一非負的連續型隨機值，則 T 之累積分布函數 (cumulative distribution function, CDF)F(t) 代表受訪者之存活時間 (T) 小於特定時間 (t) 的累積機率。

$$F(t) = P(T \leq t) = \int_0^t f(x)dx, \quad \forall t \geq 0$$

而存活函數 S(t) 是指「特定事件存活時間大於某特定時間 (t) 的機率」。因此依據上述定義，存活函數 S(t) 可以下列函數表示：

$$S(t) = P(T \leq t) = 1 - F(t) = \int_t^\infty f(x)dx, \quad \forall t \geq 0$$

而存活函數下的面積則代表特定事件的平均壽命 (Mean Lifetime)。

$$\mu = E(T) = \int_0^\infty S(t)dt$$

由於現實問題之機率密度函數 (pdf)f(x) 不易估算，因此 Kaplan-Meier 在 1957 年提出無母數 (Nonparametric) 的統計分析方法 product-limit Estimate(或稱爲 Kaplan-Meier estimate) 來推估存活函數。

$$\hat{S}(t) = \prod_{i=1}^n \left[1 - \frac{\sum_{i=1}^n I(x_i = u, \sigma_i = 1)}{\sum_{i=1}^n I(x_i \geq u)} \right]$$

其中 σ_i 爲指標變數，若 $\sigma_i = 1$ 則表示該樣本爲「失敗」資料。因此 $\sum_{i=1}^n I(x_i = u, \sigma_i = 1)$ 即公車即時資訊服務對乘客使用公車行爲之影響分析，表示在 u 時間已不再存

活 (e.g. 將公車不再當成主要交通工具) 的樣本總數；反之，$\sum_{i=1}^{n} I(x_i \geq u)$ 則代表在 u 時間仍存活 (e.g. 持續以公車為主要交通工具) 的樣本總數。

在存活分析中，另一個重要的觀念為風險函數 (hazard function)。

相對於存活函數觀念，風險函數係指存活時間至少有 t(T ≥ t)，但在下一瞬間 (t + Δ t) 立即失敗的風險。風險函數可以下列函數表示：

$$h(t) = \lim_{\Delta t \to 0} \frac{P(t \leq T \leq t + \Delta t \mid T \geq t)}{\Delta t}$$

較常見的風險函數推估方法是由 Cox 於 1972 年所提出的 Cox Model 又稱為 Cox regression。

$$h(t \mid x) = h_0 \times e^{\beta_0 + \beta_1 x_1 + \cdots + \beta_i x_i}$$

其中 x_i 代表解釋變數；β_i 代表對應解釋變數的參數。整體 Cox model 可區分為兩大部分，h_0 以及 $e^{\beta_0 + \beta_1 x_1 + \cdots + \beta_i x_i}$。其中 h_0 稱為基準風險率 (baseline hazard rate)，通常在模型中並未指定 h_0 為何種分布，由於此一部分具有母數性質，因此 Cox model 具有準參數 (Semi-parametric) 性質。

此外，透過風險函數比例 (Hazard Ratio,HR) 可發現，風險函數之比值與存活時間 (t) 無關，意即風險函數之比例關係不會因為時間的變化而有所改變，此一特性又稱為等比例風險假定 (Proportional Hazard assumption, PH assumption)。

$$HR = \frac{h(t \mid x_i = a + 1)}{h(t \mid x_i = a)} = \frac{h_0 \times e^{\beta_0 + \beta_1 (a+1)}}{h_0 \times e^{\beta_0 + \beta_1 a}} = e^{\beta_1}$$

其中 e^{β_i} 表示當 x 變數增加 1 單位時，失敗風險增加的比例。表示 HR 值大於 1，表示 x 變數增加 1 單位時，會增加失敗風險；反之，若 HR 值小於 1，則表示當 x 變數增加 1 單位時，失敗風險反而會降低。

由於 Cox model 具有比例風險假定特性，也就是說，針對某一危險因子而言，其風險函數之比值，不能隨著時間而有所改變，必須要固定。因此當風險函數之比值與存活時間有關時，傳統 Cox model 必須加以修正。因此 Grambsch and Therneau 在 1994 年提出時間相依共變數之 Cox 模型 (Cox regression with time-dependent covariates)。

$$h(t \mid x) = h_0 \times e^{(x'\beta(t))}$$
$$\beta_j(T) = \beta_j + \gamma_j g_j(T), \quad j = 1, ..., p$$

存活模型，在醫學上，病患可能因為某些因素上的差異，而造成手術後的存活時間不同，造成存活時間不同的因素稱為解釋變數，解釋變數可分為：(1) 時間獨立解釋變數、(2) 時間相依解釋變數。時間獨立解釋變數如：性別、職業、是否喝酒……等。時間相依解釋變數如：每次回診時所量測到的膽固醇、血壓、血糖、三酸甘油脂……等，各種量測值會隨著時間，而有所改變的生醫指標。

2-5-2 存活分析法：Kaplan-Meier vs. 韋伯分布 (參數存活模型)

存活分析方法是用來分析樣本觀察值在一段期間內的分布，例如：觀察一群體在某一特定期間內肺炎發生的機率，追蹤一群中老年人在某一段期間內的死亡機率。在實際的研究中，並非所有的觀察對象在觀察期間內皆有完整的存活記錄，這樣的資料稱為設限資料 (censored data)，樣本設限的特性也是存活資料與其他型態資料主要的差異。若觀察期間開始之前，觀察樣本已開始的情形，為左設限資料；若觀察期間結束後，樣本觀察值仍存在，則稱為右設限資料。

Kaplan 與 Meier(1958) 藉由保留每一個觀察時段的資訊 (不論是設限或是非設限觀察值)，成為時間函數，估計式中觀察值的時間區間可以是很短的，或是僅包含一種類型的資料觀察值 (例如：該筆觀察資料死亡)，估計式在觀察時段的估計值是依據每個事件時間觀測到的事件數，以及依據在觀察時段之前的設限型態。存活估計函數的估計式設定如下：

假設個人存活的時間為 t，在一個 N 個觀察值的樣本中，個人的存活函數為：

$$S(t) = \prod_{j=1}^{t} [(N_j - E_j)/N_j] = \prod_{j=1}^{t} [1 - p_j]$$

其中，$S(0) = 1$，$S(\infty) = 0$，N_j 為在第 j 個時段之前仍存活的觀察值個數，E_j 為 j 時段死亡的個數，p_j 為個人在 j 段期間死亡的機率。而我們估計到 $\hat{S}(t)$，即為

Kaplan-Meier 估計值。

上述 Kaplan-Meier 存活機率估計法是一種無母數 (無參數，nonparametric) 的估計方法，並未考慮受試者其他的特性，只是單就樣本中觀察值的死亡時點和該時點前存活數進行存活率的估算。其實個人的特性如教育和所得是會影響死亡率 (mortality)，也可能與健康危害行為有重要關係，為準確估計健康危害行為對死亡率的效果，我們運用 Cox 比例危險模型，藉由迴歸分析來控制影響死亡率的其他變數，以確認健康危害行為是否提高死亡危險機率之效果。比例危險模型的設定如下：接續上述假設個人的存活時間為 t 的假設，S(t) 為個人存活函數，表示個人的存活時間超過時間 t 的機率，也就是在時間之後發生死亡事件的機率，S(0) = 1，S(∞) = 0, 而 T 代表個人存活時間的隨機變數，假設個人存活至 t 期後，爾後瞬間死亡的機率為 λ (t)：

$$\lambda(t) = \lim_{\Delta \to 0} \frac{\text{Prob}(t \le T \le t + \Delta \mid T \ge t)}{\Delta} = \lim_{\Delta \to 0} \frac{F(t + \Delta) - F(t)}{\Delta S(t)} = \frac{f(t)}{S(t)}$$

其中 $f(t)$ 是存活的機率密度函數，$\lambda(t)$ 代表個人存活至 t 期後死亡的危險函數 (hazard function)，比例危險模型中設定不同觀察個體之死亡危險函數是成比例的，而且危險比例值 (即 $\lambda(t \mid X_1) / \lambda(t \mid X_0)$) 不隨時間而變化，因此個人的危險函數可寫成是 $\lambda(t \mid X) = \lambda_0(t)\exp(X\beta)$，其中 $\exp(X\beta)$，其中 $\exp(X\beta)$ 是影響死亡危險率的函數，其為個人可觀察之變數向量 X 的函數，β 為模型中待估計的參數；另外，$\lambda_0(t)$ 是基準危險函數 (base-line hazard function)，其與時間 (t) 有關，但與個人的變數 (X) 無關，然而 $\lambda_0(t)$ 可能隨不同樣本世代而有變化，如 1989 年、1996 年和 2003 年三個世代應有不同的基準危險函數。個人的變數除基本的特性和社經變數外，亦包含健康危害行為狀態的變數。我們利用最大概似法估計 β 值，並計算出不同狀態變數的死亡危險率比值，以及受試者不同時點 (年齡) 之下，戒除不良的健康危害行為對降低死亡危險率的效果。

最後，考量我們觀察的資料為長時間的觀察資料，樣本觀察值的危險函數可能會隨著時間而改變 (例如年紀愈大者，死亡的危險率愈高)。韋伯分布 (Weibull distribution) 適合作為一段較長時間的存活函數模型，因此上述危險模型改為： $f(t) = \theta\alpha(\theta t)^{\alpha-1}\exp[-(\theta t)^{\alpha}]$，$\lambda(t) = \theta\alpha(\theta t)^{\alpha-1}$，韋伯分配為雙參數分配，若 $\alpha > 1$，$\lambda'(t) > 0$，則韋伯分配的危險函數為隨存活時間遞增的函數；若 $\alpha < 1$，$\lambda'(t) < 0$，則韋伯分配的危險函數為隨存活時間遞減的函數。

2-5-3 Kaplan-Meier 存活函數 (依序 sts graph、ltable 或 sts list、stci、stmh、stcox 指令)

Kaplan-Meier 存活曲線是一個無母數的估計法，運用 Product-Limit 的方式，計算出其累積存活機率，再以存活時間點爲橫軸，對應累積存活機率爲縱軸，即可得 Kaplan-Meier 存活曲線圖。

一、非參數 (又稱無母數) 的存活分析之程序

一般較常用的都是非參數的分析，也就是無母數的統計；因爲當我們要進行存活函數估計時，常常被研究的事件並沒有很好的參數模型可以配適，這時我們會利用無母數方法來分析它的存活特徵，例如 Kalpan-Meier 法、生命表 (ltable 指令)、或計算平均存活期 (stci 指令)。進一步要比較存活機率曲線的差別時，我們也可利用 failure rates and rate ratios(strate 指令)、Mantel-Haenszel rate ratios(stmh 指令)、Mantel-Cox rate ratios(stmc 指令) 等各種檢定 / 繪圖法。複雜點的話，例如要調整其他變數效應，再求取預後因子的效應，那就可以用 Cox proportional hazards model(stcox 指令)。

二、參數存活分析之程序 (streg 指令)

參數存活分析之自變數，又分成 6 種分布搭 2 種脆弱模型。

定義：存活函數 (Survival function)：

$S(t) = Pr(T > t)$，t 表示某個時間，T 表示存活的時間 (壽命)，Pr 表示表示機率。存活函數 $S(t)$ 就是壽命 T 大於 t 的機率。

舉例來說，人群中壽命 T 超過 60 歲 (時間 t) 的人在所有人中的機率是多少，就是存活函數要描述的。

假定 t=0 時，也就是壽命超過 0 的機率爲 1；t 趨近於無窮大，存活機率爲 0，沒有人有永恆的生命。如果不符合這些前提假定，則不適應 Survival analysis，而使用其他的方法。

由上可以推導：存活函數是一個單調非增函數。t 愈大，$S(t)$ 值愈小。

危險函數：符號 $\lambda(t)$ 或 $h(t)$

定義：危險函數 $h(t) = \lim\limits_{\Delta t \to 0} \dfrac{p(t \leq T < t + \Delta t \mid T \geq t)}{\Delta t}$

危險函數的分子是條件機率，也就是在存活時間 t 到 Δt 間發生事件的機率，為了要調整時間區間，危險函數的分母是 Δt，讓危險函數是比率而不是機率，最後，為了能精準表示在時間 t 的比率，公式用時間區間趨近於 0 來表示。

定義：存活函數，$S(t) = \Pr(T > t)$

危險函數與存活函數不同，危險函數並不從 1 開始到 0 結束，它可以從任何時間開始，可以隨時間上下任何方向都可以，其他特性如它總是非負的且沒有上限，它也有與存活函數很明確定義的關係，所以你可以根據 Hazard function 得到存活函數，反之亦然。

$$h(t) \text{ 或 } \lambda(t) = \frac{f(t)}{S(t)} = \frac{\text{事件密度函數}}{\text{存活函數}} = -\left[\frac{\dfrac{d(F(t))}{dt}}{S(t)}\right]$$

危險函數引入分母 $S(t)$。其物理意義是，如果 $t = 60$ 歲，$\lambda(t)$ 就是事件機率 (死亡) 除以 60 歲時的存活函數。因為年齡 t 愈大，分母存活函數 $S(t)$ 愈小，假定死亡機率密度 $f(t)$ 對任何年齡一樣 (這個不是 survival analysis 的假設)，那麼危險函數 $\lambda(t)$ 值愈大，預期存活時間短。

綜合很多因素，賣人身保險的對年齡大的收費愈來愈高。嬰兒的死亡機率密度相對高一些，雖然分母存活函數 $S(t)$ 大，$\lambda(t)$ 值還是略微偏高，交的人身保險費也略偏高。

上式危險函數，$h(x)$ 等於負存活函數 $S(t)$ 對時間作一次微分，並除以存活函數。

以 exp() 與 ln() 互為反函數來看，Hazard function 來表示存活函數的公式為：

$$S(t) = e^{-\int_0^t h(u)\,du}$$

公式顯示存活函數等於指數的負危險函數對時間作積分，積分的範圍從 0 到 t。

以下表爲例：

第 1 欄 (Week of follow-up) 是 duration time，亦即病人存活的時間。

第 2 欄 (Number of followed) 則是在某一時間點時本研究剩餘的有效樣本，亦即所有樣本扣除已經死亡 (或發生 Event) 或者設限 (Censor，例如中途轉院) 者。

第 3 欄 (Number of Event occurs) 則是代表在某一時間點時有多少人死亡。

第 4 欄 (Number of Censored) 則是代表在某一時間點時有多少 Censor，表示在那個時間點這位病人尚未發生事情，這時間代表他至少存活了這麼久的時間。

第 5 欄 (Conditional Probability) 是在某一時間點的條件存活機率，等於這時間點死亡人數除以這時間點剩餘的樣本數。

第 6 欄 (Survival Function) 則是累積到這個時間點爲止的存活機率，上一個時間點存活機率乘以這一個時間點的條件存活機率 (Conditional Probability) 就剛好等於這一個時間點的存活機率，因此亦即稱爲累積存活機率 (Cumulative Survival Probability)。

	week of follow-up	number of followed	number of event occures	number of censored	conditional probability	survival function
S(t = 1)	1	21	0	0	21/21=1.00	1.00
	2	21	0	0	21/21=1.00	1.00×1.00=1.00
	3	21	0	0	21/21=1.00	1.00×1.00=1.00
	4	21	0	0	21/21=1.00	1.00×1.00=1.00
	5	21	0	0	21/21=1.00	1.00×1.00=1.00
	6	21	3	1	18/21=0.86	0.86×1.00=0.86
	7	17	1	0	16/17=0.94	0.94×0.86=0.81
	8	16	0	0	16/16=1.00	1.00×0.81=0.81
	9	16	0	0	16/16=1.00	1.00×0.81=0.81
S(t = 10)	10	16	0	1	16/16=1.00	1.00×0.81=0.81

引用 Vittinghoff et al., (2005). p57。

那麼我們可以看到，一直到第 5 週時，既沒有人發生死亡 (event) 也沒有人退出研究 (censor)，因此條件存活機率與存活機率都是 100%。

在第 6 週的時候同時發生了 event 及 censor 兩件事情，有 3 個病人不幸地在

第 6 週死亡了，以及有一位病人在第 6 週的時候轉院了 (或者這位病人進入研究的時間比較晚，因此第 6 週的時候我們的研究剛好終止了，但是這位病人當時還是存活的)，此時我們可觀察到條件存活機率是 18/21 = 0.86，亦即這時間點的條件存活機率是 86%，可注意到 Censor 的人既沒有在分子扣除也沒有在分母扣除，因此根據定義則第 6 週的累積存活機率是 0.86，即 (第 6 週的條件存活機率)×1.00(第 5 週的累積存活機率) = 0.86×1.00 = 86%，也就是說累積至第 6 週爲止的存活機率是 86%。

在第 7 週的時候又有一位病人死亡了，此時需注意到因爲第 6 週時有一位病人是 Censor 的狀態，因此在這一個時間點必須先將這個病人從這個研究移除，因此待會計算的分子與分母都必須扣除 1，因此原先有效樣本爲 21 人，但因爲第 6 週同時有 4 個人退出研究 (3 個人死亡，1 個人 Censor)，因此在第 7 週的有效樣本只剩下 17 個人，又由於這一週有一個病人死亡，因此第 7 週的條件存活機率是 16/17 = 94%，根據定義第 7 週的累積存活機率爲 0.94，即 (第 7 週的條件存活機率)×0.86(第 6 週的累積存活機率) = 0.94×0.86 = 81%，也就是說累積至第 7 週爲止的存活機率是 81%。

此時我們可將第 1 欄位存活時間 (week of follow-up) 以及第 6 欄累積存活機率 (Survival Function) 在 Excel 畫圖，就是存活曲線了。例如下圖，我在 Time=6 往上畫一條線會與存活曲線交叉，再往左可以對到累積存活機率 (cumulative survival) 爲 0.86，因此可以知道每一個時間點的累積存活機率是多少。

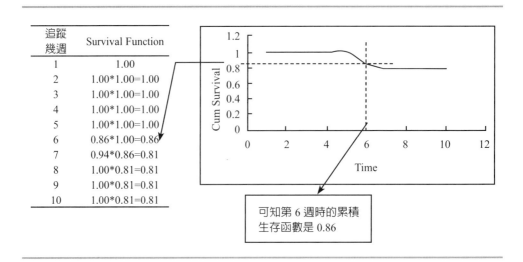

追蹤幾週	Survival Function
1	1.00
2	1.00*1.00=1.00
3	1.00*1.00=1.00
4	1.00*1.00=1.00
5	1.00*1.00=1.00
6	0.86*1.00=0.86
7	0.94*0.86=0.81
8	1.00*0.81=0.81
9	1.00*0.81=0.81
10	1.00*0.81=0.81

可知第 6 週時的累積生存函數是 0.86

圖 2-32 累積存活機率的計算

三、Kaplan-Meier 存活函數 (半參數函數)

　　了解存活分析的基本原理及介紹，使我們能夠應用人時的概念，加入時間的因素作考量，評估在不同因素 (exposure) 介入之下，兩組之間的存活率或事件發生率是否會隨時間的變化而有所差異。

　　當我們想觀察樣本的存活狀況時，即可使用「Kaplan-Meier 存活函數估計」。此方法的概念是在考量設限資料的狀況下，估計每個時間點的存活率，將各個時間的存活率同時於一張圖表示，將形成一階梯狀的函數圖形。

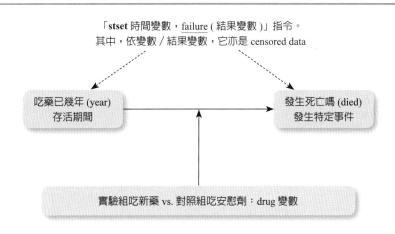

圖 2-33 新藥 vs. 安慰劑對死亡率的研究架構

注：存活分析設定 (「stset timevar failure failvar」指令) 之後，會新產生 3 個系統變數 (_t0; _t; _d)，其中：

1. _t0 是觀察的開始時間，_t0 ≥ 0;
2. _t 是觀察的結束時間，_t ≥ _t0;
3. _d 是失敗指標，_d∈ {0, 1}。

　　下表 Kaplan-Meier 的計算方式與生命表法 (ltable 指令) 差不多，不同的點在於生命表法乃以固定的間隔來進行計算，而 Kaplan-Meier 法是以事件或設限點的發生來進行估計。

表 2-2　生命表

未解盲新藥	治療起點	治療終點	區間初存活人數	區間內死亡人數	區間內 censored 人數	危險率：區間初存活人數，區間內死亡人數的比例	存活率：利用條件機率來計算，適用於 censored 資料	死亡率
t-1	t	l_{t-1}	d_t	c_t	$H(t)=\dfrac{d_t}{l_{t-1}}$	$S_t = S_{t-1}(1-H_t)$ 令 $S(0)=1$	$D_t = S_{t-1} - S_t$ 令 $S(0)=1$	
0.00	0.07	5	1	0	0.2	0.8	0.2
0.07	0.13	4	1	0	0.25	0.6	0.2
對照組安慰劑 0.13	0.83	3	1	0	0.33	0.4	0.2
0.83	1.53	2	1	0	0.5	0.2	0.2
1.53	2.44	1	1	0	1	0	0.2
2.44	--						
0.00	0.82	5	1	0	0.2	0.8	0.2
0.82	1.10	4	1	0	0.25	0.6	0.2
實驗組吃新藥 1.10	3.57	3	0	1	0	0.6	0
3.57	4.66	2	1	0	0.5	0.3	0.3
4.66	5.00	1	0	1	0	0.3	0

　　上表為生命表 (ltable 指令) 輸出的結果，框框內之資料對應上述生命表的存活率，在最左欄為分組組別，第二欄為事件或設限點發生的時間。

　　表格上半部為 Drug=0 即為對照組 (吃安慰劑)，S(0) = 1 在上表中並沒有列出表示在時間起始點的存活率為 1，S(0.07) = 0.8 表示在 0.07 年有一事件發生，在 0.07 年的累積存活率為 0.8，S(0.13) = 0.6 表示在 0.13 年有事件發生，其累積存活率為 0.6，S(0.83) = 0.4 表示在 0.83 年有一事件發生，其累積存活率為 0.4，S(1.53) = 0.2 表示在 1.53 年有一事件發生，其累積存活率為 0.2，S(2.44)=0 表示在 2.44 年，其累積存活率為 0；表格下半部為 Drug=1，即為實驗組 (吃新藥)，S(0.82) = 0.8 表示在 0.82 年有一事件發生，其累積存活率為 0.8，S(1.1) = 0.6 表示在 1.1 年有一事件發生，其累積存活率為 0.6，S(3.57) = 0.6 表示在 3.57 年有一設限點，此時間點並沒有事件發生，故其累積存活率仍為 0.6，S(4.66) = 0.3 表示在 4.66 年有一事件發生，其累積存活率為 0.3，S(5) = 0.3 表示在 5 年有一設限點，故其累積存活率仍為 0.3。

四、資料建檔

上述生命表可用 ltable 或 stslist 指令來繪製，其對應的原始資料檔如下：

Subject_id	sex	drug	day	year	died
1	1	0	25	0.07	1
2	0	0	890	2.44	1
3	0	0	560	1.53	1
4	1	0	302	0.83	1
5	1	0	48	0.13	1
6	0	1	1304	3.57	0
7	0	1	1701	4.66	1
8	0	1	300	0.82	1
9	1	1	400	1.1	1
10	0	1	1826	5	0

上述原始資料檔 key in 至 Stata「drug3.dta」資料檔，內容如下：

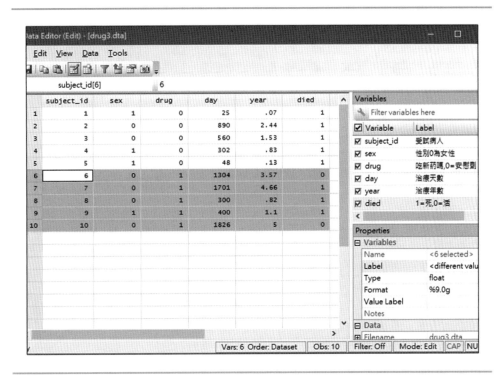

圖 2-34 「drug3.dta」資料檔內容

指令繪「Kaplan-Meier 存活曲線」，並製作生命表 (ltable 或 (sts list) 指令) 及中位數 / 95% 信賴區 (stci 指令)，最後再執行 Cox 比例危險模型 (stcox 指令)。

五、存活分析之繪圖表法：Kaplan-Meier 曲線 [sts graph, by(處理變數)]

Step 1. 執行繪圖之 (sts graph) 指令 ── Graph the survivor and cumulative hazard functions

存活資料分析的第一步是檢視存活時間的分布，這能利用做存活圖和 hazard function 來完成，另一步是做能形容存活時間分布和解釋變數關係的模型，在分析存活資料時，評估模型的適合度和計算調整的存活分析也是很重要的步驟。

執行 Stata 繪圖之 (sts graph) 指令，即會跳出 Kaplan Meier graphic 視窗 (Graph the survivor and cumulative hazard functions)，再依下圖之操作程序，將每一個欄位填入相對應的變數：

1. 「survival setting」視窗

存活時間變數 (Survival Time Variable) 應選存活時間 (day)，故在「Time variable」選入 day。
失敗變數「Failure variable」選入 status; 「Failure value」填入 1，因爲狀態 (Status；死亡：1，存活 0)。
設定完畢，則按下「OK」確定。

2. 「sts graph」視窗

群組 (Grouping variable) 選處理 (drug；有沒有吃新藥)。

存活分析設定(「stset *timevar* failure *failvar*」指令)之後，會新產生3個系統變數(_t0; _t; _d)，其中：
(1) _t0 是觀察的開始時間。
(2) _t 是觀察的結束時間。
(3) _d 是失敗指標(indicator for failure), _d 屬於{0,1}

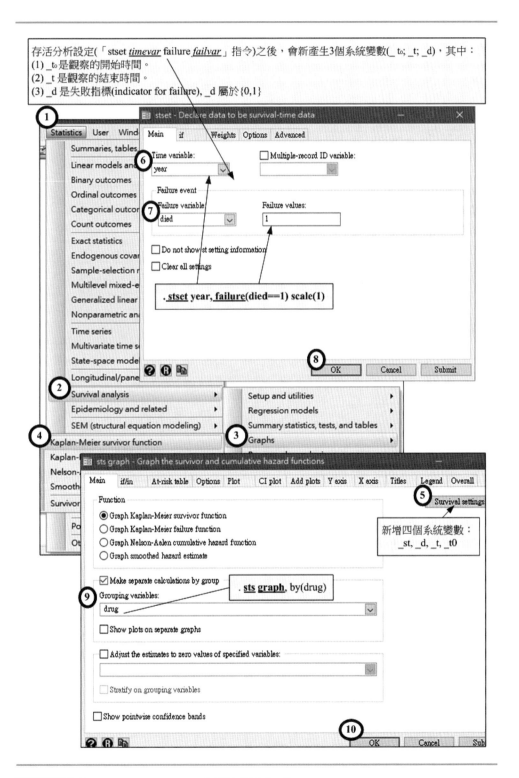

圖 2-35 「sts graph, by(drug)」之領先指令為「stset day, failure(died==1)scale(1)」

注：Statistics > Survival analysis > Graphs > Survivor and cumulative hazard functions。

Stata 之 <u>S</u>urvival <u>T</u>ime (st 開頭之指令) 設定指令爲 **stset**。

```
* 開啟資料檔
. use drug3.dta

. label define died_fmt 1 " 死 " 0 " 活 "
. label values died died_fmt

. label define drug_fmt 1 " 實驗組吃新藥 " 0 " 控制組吃安慰劑 "
. label values drug drug_fmt

* 設定 Survival Time(st 開頭之指令 )
* stset 會自動新增四個系統變數：_st, _d, _t, _t0
* failure() 讓你宣告：依變數／結果變數，它亦是 censored data

. stset stset year, failure(died==1)

     failure event:  died == 1
obs. time interval:  (0, year]
 exit on or before:  failure

--------------------------------------------------------------------------
     10  total obs.
      0  exclusions
--------------------------------------------------------------------------
     10  obs. remaining, representing
      8  failures in single record/single failure data
  20.15  total analysis time at risk, at risk from t =          0
                        earliest observed entry t =          0
                           last observed exit t =          5

* 求 Kaplen-Meier 存活曲線圖，如下圖
. sts graph, by(drug)

        failure _d:  died == 1
  analysis time _t:  year
```

3. 求得「Kaplen-Meier 存活函數」視窗

如下圖之存活率曲線圖，曲線圖中分別顯示受試者吃新藥 (drug=1，紅線) 與吃安慰劑 (drug=0，藍線) 對病人存活曲線。故在存活率曲線圖中可以看到在不同時間點的存活機率與存活率的下降速度。

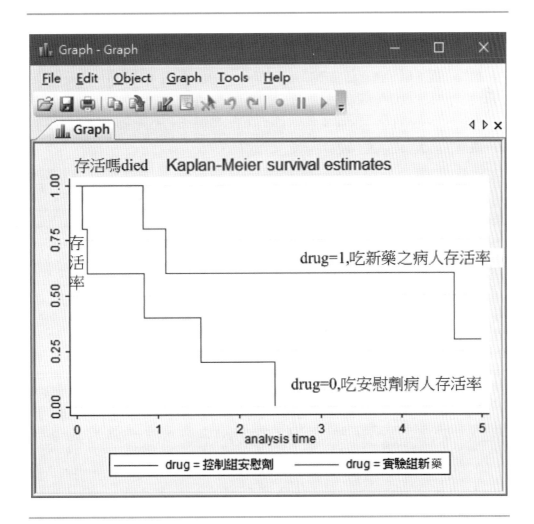

圖 2-36 求得 Kaplen-Meier 存活曲線圖「sts graph, by(drug)」指令

注 1：二條線未交叉，表示未違 Cox 迴歸的假定，故你可放心執行 Cox 迴歸。

注 2：中位數存活時間 (無用藥) = 0.85 個月；中位數存活時間 (用藥) = 4.6 個月。

注 3：無用藥的病患，50% 無轉移、復發、死亡的存活期為 0.85 個月。

Step 2a. (ltable) 指令：同質性檢定

在 Stata 選擇表，選「Statistics > Survival analysis > Summary statistics, tests, and tables > Life tables for survival data」選項，即可繪製生命表 (Life tables for survival data)。

生命表 (ltable 指令) 可以檢查群組之間存活機率是否有差異存在，但不能提供差異的大小或信賴區間，故仍須 stmh 及 stci 指令配合，來檢定實驗組與對照組之差異及 95% 信賴區間。

值得一提的事，當存活曲線相互交錯時，就須再採用 Mantel-Haenszel 檢定 (stmh 指令) 來檢定群組間的差異。

當跳出 Stata「Life tables for survival data」視窗時，依下圖之操作程序，將每一個欄位填入相對應的變數：

群組 (Group Variable) ->「處理組吃新藥 vs. 控制組吃安慰劑」(變數 drug)。

存活時間變數 (Time Variable) -> 存活時間 (變數 year)。

失敗變數 (Failure Variable) -> 狀態 (變數 died：死亡：1，存活 0)。

設定完畢 -> 按下「ok」確定。

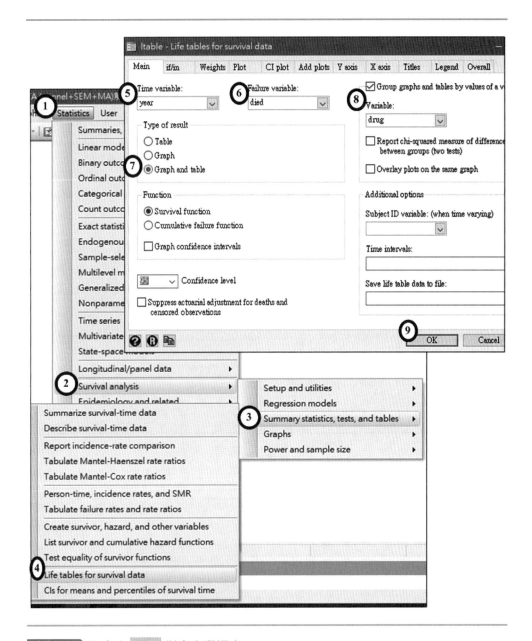

圖 2-37 生命表 ltable 指令之選擇表 (life tables for survival data)

注： 「Type of Result」勾選「Graph and Table」。

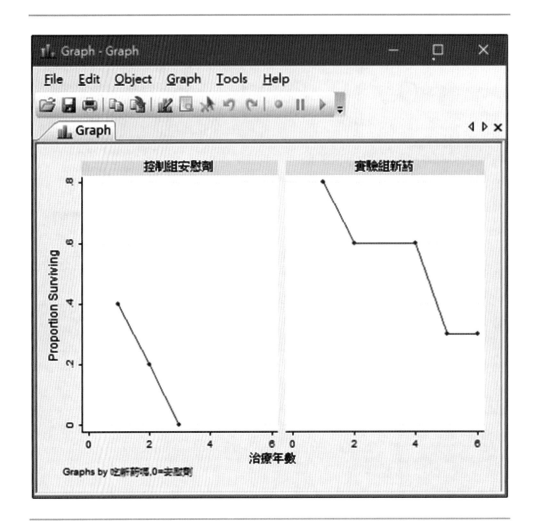

圖 2-38 生命表對應之存活曲線

存活年數 Interval		Beg. Total	Deaths	Lost	Survival	Std. Error	[95% Conf. Int.]	
控制組吃安慰劑								
0	1	5	3	0	0.4000	0.2191	0.0520	0.7528
1	2	2	1	0	0.2000	0.1789	0.0084	0.5819
2	3	1	1	0	0.0000	.	.	.
實驗組吃新藥								
0	1	5	1	0	0.8000	0.1789	0.2038	0.9692
1	2	4	1	0	0.6000	0.2191	0.1257	0.8818
3	4	3	0	1	0.6000	0.2191	0.1257	0.8818
4	5	2	1	0	0.3000	0.2387	0.0123	0.7192
5	6	1	0	1	0.3000	0.2387	0.0123	0.7192

上述生命表，不同研究期間都顯示吃新藥病人 (drug=1) 比吃安慰劑病人 (drug=0)，更能延長其存活天數 Interval (變數 year)。

Step 2b. (sts list) 指令——List the survivor or cumulative hazard function

「sts list」旨在印出存活函數 S(t) 及累積存活危險函數 (List the survivor or cumulative hazard function)。

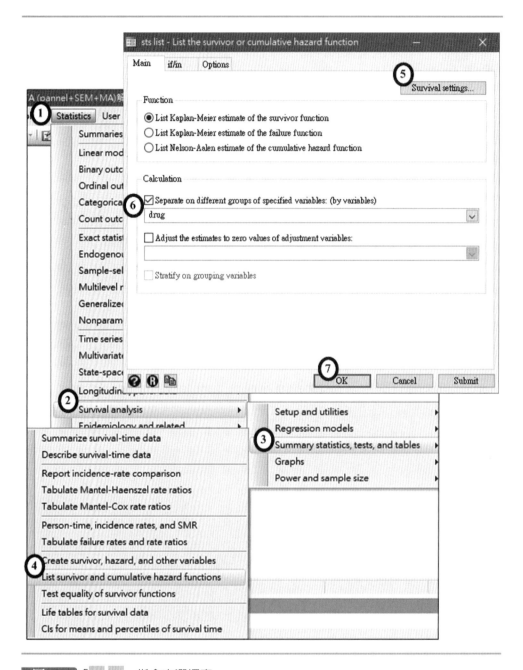

圖 2-39 「sts list」指令之選擇表

注：Statistics > Survival analysis > Summary statistics, tests, and tables > List survivor and cumulative hazard functions。

```
. use drug3.dat

* 設定存活分析
. stset year, failure(died==1)

* 印出存活危險函數 S(t) 及累積存活危險函數
. sts list, by(drug)

      failure _d:  died == 1
   analysis time _t:  year

              Beg.            Net     Survivor   Std.
   Time      Total  Fail     Lost     Function   Error    [95% Conf. Int.]
   -----------------------------------------------------------------------
   控制組吃安慰劑
    .07         5     1       0        0.8000    0.1789   0.2038   0.9692
    .13         4     1       0        0.6000    0.2191   0.1257   0.8818
    .83         3     1       0        0.4000    0.2191   0.0520   0.7528
   1.53         2     1       0        0.2000    0.1789   0.0084   0.5819
   2.44         1     1       0        0.0000    .        .        .
   實驗組吃新藥
    .82         5     1       0        0.8000    0.1789   0.2038   0.9692
   1.1          4     1       0        0.6000    0.2191   0.1257   0.8818
   3.57         3     0       1        0.6000    0.2191   0.1257   0.8818
   4.66         2     1       0        0.3000    0.2387   0.0123   0.7192
   5            1     0       1        0.3000    0.2387   0.0123   0.7192
   -----------------------------------------------------------------------
```

1. 上表印出二組之存活函數值。

Step 3. (stci) 指令 —— Confidence intervals for means and percentiles of survival time

　　stci 指令旨在繪製各群組之平均存活時間。操作如下圖。

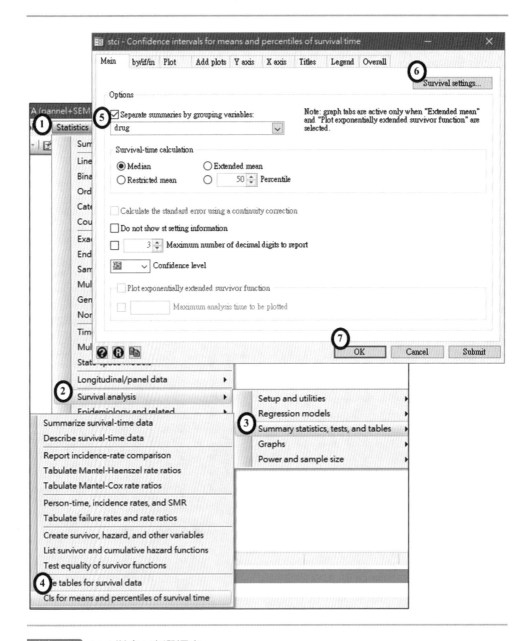

圖 2-40 (stci 指令) 之選擇表

什麼是設限資料呢？舉例來說，當我們在評估每位受試者之整體存活期間時，有些受試者可觀察到完整的存活時間，這種稱爲完整資料 (complete data)：但有些受試者到實驗結束仍活著，我們無法確知他們實際的存活期間，僅知

道他們至少存活了多少時間，這種稱為右設限資料。由於右設限資料之實際存活時間比所觀察到的要長，若用平均值來代表集中趨勢是會有偏差的，中位數 (median) 是較常用來描述其中央趨勢的統計量。

```
. use drug3.dat

* 設定存活分析
. stset year, failure(died==1)

* 先求二組之中位數的信賴區間
. stci, by(drug) median

       failure _d:  died == 1
  analysis time _t:  year


            |  no. of    中位數
drug        |  subjects   50%     Std. Err.   [95% Conf. Interval]
------------+-----------------------------------------------------
   控制組安 |    5        .83      .7668116      .07        .
   實驗組   |    5        4.66     .8674464      .82        .
------------+-----------------------------------------------------
      total |   10        1.1      .5533986      .07       4.66


* 先求二組之嚴格平均數的信賴區間
. stci, by(drug) rmean

       failure _d:  died == 1
  analysis time _t:  year


            |  no. of   restricted
drug        |  subjects    mean     Std. Err.   [95% Conf. Interval]
------------+------------------------------------------------------
   控制組安 |    5         1        .4002599    .215505    1.7845
   實驗組新 |    5       3.282(*)   .8518575    1.61239    4.95161
------------+------------------------------------------------------
      total |   10      2.141(*)    .5930054    .978731    3.30327

(*) largest observed analysis time is censored, mean is underestimated
```

1. 上表存活時間平均數及中位數的估計值，對照組 (drug=0) 平均的存活時間爲 1 年，中位數爲 0.83 年；實驗組 (drug=1) 平均的存活時間爲 3.28 年，中位數 爲 4.66 年。

2. 兩組平均的存活時間爲 2.14 年，中位數爲 1.10 年。

3. 吃新藥之實驗組，存活之中位數爲 4.66 年。

4. 吃安慰劑之對照組，存活之中位數爲 0.83 年。

Step 4. Mantel-Haenszel rate ratios 檢定：stmh 指令

先前的「Kaplan-Meier 存活函數估計」，只能提供一組或多組的樣本存活函 數估計，但並未進一步檢定各組存活函數有無差異。此時就須 Mantel-Haenszel rate ratios 檢定。

在 Stata 選擇表上，選「Statistics > Survival analysis > Summary statistics, tests, and tables > Tabulate 1.Mantel-Haenszel rate ratios」功能選項，即可執行 Mantel-Haenszel rate ratios 檢定。

Mantel-Haenszel rate ratios 檢定，旨在檢查群組之間存活機率的差異。生命 表僅能檢定群組間是否有顯著的差異性存在，並不能提供差異的大小或信賴區 間，仍須 stmh 及 stci 指令分別來檢定實驗組與對照組之差異及 95% 信賴區間。

值得一提的是，當存活曲線相互交錯時，Mantel-Haenszel rate ratios 檢定就 不適合用來檢定群組間的差異。

當跳出「stset – Declare data to be survival-time data」的視窗，依下圖之操作 程序，將每一個欄位填入相對應的變數：

群組 (Group Variable) ->「處理的新藥組 vs. 安慰劑組」(變數 drug)。

存活時間變數 (Time Variable) -> 存活時間 (變數 year)。

失敗變數 (Failure Variable) -> 狀態 (變數 Died；死亡：1，存活：0)。

設定完畢 -> 按下「ok」確定。

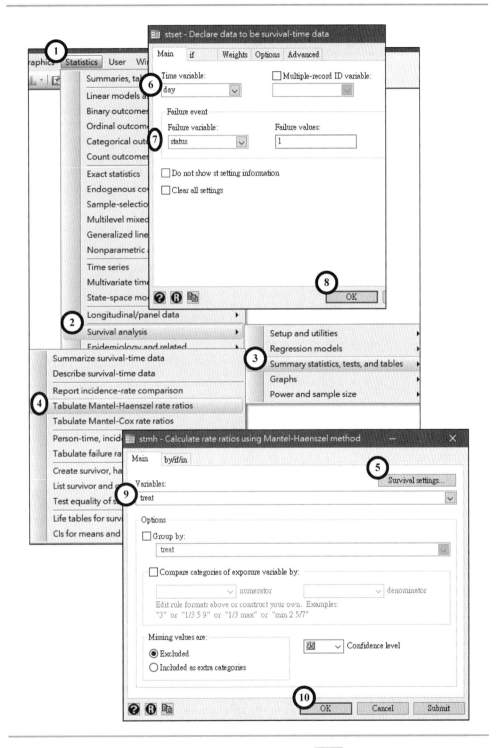

圖 2-41 Mantel-Haenszel rate ratios 檢定之選擇表 (stmh 指令)

注：選「Statistics > Survival analysis > Summary statistics, tests, and tables > Tabulate Mantel-Haenszel rate ratios」。

```
* 開啟資料檔
. use drug3.dta

* 設定 Survival Time(st 開頭之指令 )
* stset 會自動新增四個系統變數：_st, _d, _t, _t0
* failure( ) 讓你宣告：依變數／結果變數，它亦是 censored data

. stset year, failure(died==1)

     failure event:  died == 1
obs. time interval:  (0, year]
 exit on or before:  failure

------------------------------------------------------------------
        36   total obs.
         0   exclusions
------------------------------------------------------------------
        36   obs. remaining, representing
        21   failures in single record/single failure data
      1699   total analysis time at risk, at risk from t =          0
                              earliest observed entry t =          0
                                 last observed exit t =         163

* 執行 Mantel-Haenszel rate ratios(stmh) 指令
. stmh drug

        failure _d:  died == 1
  analysis time _t:  year


Maximum likelihood estimate of the rate ratio
  comparing drug==1 vs. drug==0

RR estimate, and lower and upper 95% confidence limits


        ------------------------------------------------------------
            RR        chi2        P>chi2      [95% Conf. Interval]
        ------------------------------------------------------------
          0.198       6.09        0.0136       0.047       0.829
        ------------------------------------------------------------
```

1. 執行 Mantel-Haenszel rate ratios(stmh) 指令，結果顯示有吃新藥 vs. 只吃安慰劑「drug==1 vs. drug==0」，對病人的存活曲線有顯著差異($\chi^2 = 6.09$, p < 0.05)。且 95% 信賴區間爲 [0.047, 0.829] 亦未含無差異之零值，也顯示 drug(二組) 之處理效果 (延長存活天數 year) 對病人的存活曲線有顯著差異。
2. Mantel-Haenszel 比值檢定，係可發現多組 (如實驗組 vs. 對照組) 存活函數有無差異 (comparison for two or more survival functions)。

2-5-4 存活分析之檢定法：Cox 比例危險模型 (stcox) 指令

存活分析資料是經由臨床試驗取得，在試驗過程中同時記載許多與個案特性 (如性別、年齡、種族) 或疾病狀況 (如疾病嚴重度、腫瘤大小及轉移範圍) 相關的因子，因這些因子與疾病的存活率有關，所以估計存活率時必須將這些預後因子納入，才能獲得正確的存活率，因此統計方法也變得更複雜，一個最廣泛被使用於判定預後因子的分析方法是在 1972 年由英國統計學家 Cox 根據比例危險模型的觀念，提出一個數學模型來代表在恆定的相對危險性下，一個人得某病的機率故又稱爲 Cox 迴歸模型，它是存活分析中最重要的方法之一。其優點是適用條件很寬，無須對資料做某種數學分布的假設 (如指數分布、對數常態分布)，而且能適當的處理 censored 資料追蹤時間的問題，及便於作多種預後因子的分析。Cox 迴歸模型是以危險函數來建構預後因子和存活率之間的橋梁。設有 p 個因子，時間爲 t，則用來描述病人的死亡危險函數爲：

$$\lambda(t; X) = \lambda_0(t) \exp(\beta_1 X_1 + \beta_2 X_2 + \cdots + \beta_p X_p)$$

隨時間變動 因個案而異。上式中 $\lambda_0(t)$ 爲基礎危險函數，代表不考慮任何預後因子而隨時間變化的任何函數。

X_i 爲個案的觀察值，β_i 爲迴歸係數 (代表預後因子作用的大小，不隨時間變化)，所以整個 $\exp(\beta_1 X_1 + \beta_2 X_2 + \cdots\cdots + \beta_p X_p)$ 也不會隨時間變化，可視爲一個比例因子，故又稱爲比例危險模型，並由 Cox 提出參數的估計和檢驗方法。

總之，Cox 迴歸既反映了危險在個案與個案之間的差別，又反映了危險隨時間變化的情形，而且不必知道這些差別和變化的統計分布 [因 $\lambda_0(t)$ 未作任何統計的假定 (assumption)]。

Cox 迴歸適用於多因子的存活分析，其優點是可將其他預後因子加以固定後，看看某項預後因子對存活率的影響力大小；例如將史丹佛大學醫學中心心臟移植手術後 65 位病患的資料作 Cox 迴歸分析，將組織錯配因子當作一個獨立變數，則高錯配族群比低錯配族群的相對危險性爲 1.6。如果將年齡當作第二個獨立變數，則高組織錯配族群的相對危險性爲 1.7。這就暗示年齡不是一個重要的干擾變數。至於 Cox 迴歸分析實際上的操作可利用現有電腦套裝軟體 (Stata) 來加以運算更覺方便。

Step 5. (stcox) 指令：Cox proportional hazards model

續前面存活分析之範例，除了期望了解不同的干擾因子 (有沒有吃新藥之處理 drug) 對於兩個或多個群體的存活結果有何種影響外，另外研究者有興趣的部分是預測「這一組變數值」之下的時間分布，在存活分析中最常使用的迴歸分析，就是 Cox 比例風險模型 (Cox Proportional Hazards Model)。

當跳出「Cox Proportional Hazards Model」視窗時，依下圖之操作程序，將每一個欄位填入相對應的變數：

存活時間 (Time) -> 存活時間 (變數 year)

狀態 (Died) -> 狀態 (變數 Died：死亡：1，存活：0)

群組 (Group) ->「處理組吃新藥 vs. 控制組吃安慰劑」(變數 drug)

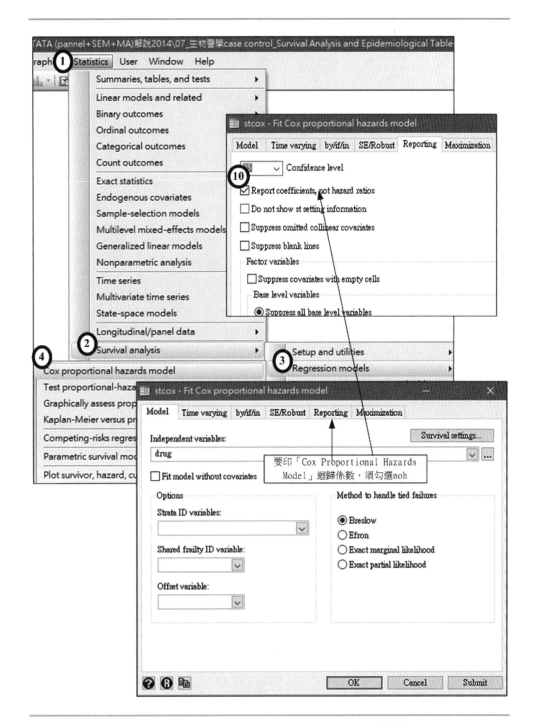

圖 2-42 在「Cox Proportional Hazards Model」的選擇表 (stcox 指令)

注：Statistics > Survival analysis > Regression models > Cox proportional hazards model。

```
. use drug3.dta

* 設定 Survival Time(st 開頭之指令 )
* stset 會自動新增四個系統變數：_st, _d, _t, _t0
* failure() 讓你宣告：依變數／結果變數，它亦是 censored data

. stset year, failure(died==1)

* 進行 Cox Proportional Hazards 分析：先求 RR 值
. stcox drug
        failure _d:  died == 1
   analysis time _t:  year


Iteration 0:    log likelihood =    -14.0058
Iteration 1:    log likelihood = -12.459493
Iteration 2:    log likelihood = -12.459486
Refining estimates:
Iteration 0:    log likelihood = -12.459486


Cox regression -- no ties

No. of subjects =           10              Number of obs    =         10
No. of failures =            8
Time at risk    =   20.1499998
                                            LR chi2(1)       =       3.09
Log likelihood  =   -12.459486             Prob > chi2      =     0.0786

------------------------------------------------------------------------------
      _t |  Haz. Ratio   Std. Err.      z    P>|z|     [95% Conf. Interval]
---------+--------------------------------------------------------------------
    drug |   .2470069    .2091249    -1.65   0.099     .046995    1.298276
------------------------------------------------------------------------------

* 進行 Cox Proportional Hazards 分析：再求迴歸係數
* 要印「Cox Proportional Hazards Model」迴歸係數，要勾選 nohr
. stcox drug, nohr

        failure _d:  died == 1
   analysis time _t:  year
```

```
Iteration 0:    log likelihood =    -14.0058
Iteration 1:    log likelihood = -12.459493
Iteration 2:    log likelihood = -12.459486
Refining estimates:
Iteration 0:    log likelihood = -12.459486


Cox regression -- no ties


No. of subjects =          10              Number of obs   =          10
No. of failures =           8
Time at risk    =   20.1499998
                                           LR chi2(1)      =        3.09
Log likelihood  =   -12.459486            Prob > chi2     =      0.0786


------------------------------------------------------------------------
    _t |      Coef.   Std. Err.        z    P>|z|    [95% Conf. Interval]
-------+----------------------------------------------------------------
  drug | -1.398339    .8466359    -1.65    0.099    -3.057715    .2610369
------------------------------------------------------------------------
```

1. 此時，「在某個時間點之下給定 X 值的 event 風險比」，取自然對數函數 ln(x) 後，得：

$$\ln[HR(x)] = \ln\left(\frac{h(t\mid x)}{h_0(t)}\right) = \beta_1 x_1 + \beta_2 x_2 + \cdots + \beta_p x_p$$

其中，

$h_0(t)$：在第 t 個時間點時，當所有預測變數為 0 時之基線危險 (baseline hazard，無研究意義)。

$h(t\mid x)$：在第 t 個時間點時，給定 x 值時的危險。

$\ln\left(\dfrac{h(t\mid x)}{h_0(t)}\right)$：「在某個時間點之下，當所有預測變數為 0 時的危險比」。

上式，e^β (或 exp(β)) 稱做 risk ratio 或 hazard ratio (RR)。一般在解讀 Cox 迴歸分析之報表時，係以解釋 RR 或 HR 為主。

本例 HR = 0.25，表示實驗處理 (吃新試驗藥) 可有效改善 75% 的存活。

2. 本例存活分析，僅觀察吃新藥對存活時間有無影響。求得配適的 Cox PH 模型為 $h(t) = h_0(t)\exp(\beta_1 \times drug)$。由於 $\log_e(x)$ 的反函數為 $\exp(x)$。故 $\log_e(x)$ 值代入 $\exp(x)$ 後即為 1。

本例 Stata 求得危險比 Hazard ratio = 0.247 ($z = -1.65$，$p = 0.099 > 0.05$)，顯示：吃新藥 (drug = 1) 的病人相對有較低的死亡風險，大約是吃安慰劑 (drug = 0) 組別的 0.247 倍，$\exp(coef) = 0.247$，或是將 β_1 取 exp，亦可求得 risk ratio 值為 $\exp(\beta_1) = \exp(-1.398) = 0.247$。

3. 「.stcox drug, nohr」指令，求得迴歸係數 β_1：

接著再本檢定虛無假設 $H_0 : \beta_1 = 0$ 的結果。本例求得 $\beta_1 = -1.398$ (se = 0.8466，p = 0.099 > 0.05)，故應接受 $\beta_1 = 0$ 的虛無假設，故應拒絕 $\beta_1 = 0$ 的虛無假設，表示本例可適配下列式子：

$$\log_e[HR(x)] = \log_e\left(\frac{h(t \mid x)}{h_0(t)}\right) = \beta_1 x_1 + \beta_2 x_2 + \cdots + \beta_p x_p$$

4. hazard ratio(HR) 意義說明：

要估計處理組的效果，常用的 Cox 比例危險模型，其主要假定為「處理組 vs. 對照組」兩組間危險函數比 (值) 與時間無關，它是常數且固定 (constant) 的。這個常數謂之危險。HR 值大小有下表所列三種情況。基本上，Cox 模型檢定是 H_0：HR=1 vs. H_1：$HR \neq 1$；或是 H_0：係數 $\beta = 0$ vs. H_1：$\beta \neq 0$。

Hazard ratio (HR)	log(HR)=β	說明
HR = 1	$\beta = 0$	兩組存活經驗相同 (Two groups have the same survival experience)
HR > 1	$\beta > 0$	控制組存活較優 (Survival is better in the control group)
HR < 1	$\beta < 0$	處理組存活較優 (Survival is better in the treatment group)

小結

存活分析的應用十分廣泛，舉凡慢性病，如癌症、心血管疾病、高血壓等治療效果的分析。近年存活分析已在統計學上發展成為一支重要學問，成為臨床研究分析資料時不可或缺的主要工具之一。

1. 如果在欲比較的兩組所觀察到的時間是相同的話，這時只需使用標準的相對危險性方法分析即可，無需使用到存活分析。

2. 如果所觀察時間不同，而且只針對一個結果變數的評估，同時研究期間內相對危險性也保持恆定的狀況下，可採用「人－年分析方法」

3. 如果研究的病人數目很少，要評估在二個醫學中心使用不同技術的同樣外科手術，而且這二組病人有高度的可比性的話，可採用 Kaplan-Meier 方法。在相同情況下，如果病人數很多時 (一般為 n>30)，可改採標準生命表法 (ltable 或 sts list 指令)，較為方便。

4. 如果病人具有不同的特性 (性別、年齡、疾病嚴重度、處理等)，而且每位病患進入研究的時間點也不一樣的話，臨床醫師可利用電腦統計套裝軟體 Stata 做 Cox 迴歸存活分析，但特別要強調，Cox proportional hazard model 固然很好用，如果個案之數目少時就不太適用。一般變數與個案數之比為 1:20 以上較能有穩定的估計。

2-6 脆弱性之 Cox 模型 (Cox regression with shared frailty)

有關脆弱性模型的範例，詳情請見本書「3-4-1 脆弱性 (frailty) 模型」。所謂「脆弱性模型 (shared-frailty model)」，如同「隨機效果」線性迴歸一樣，其「誤差 ε 與解釋變數 X_i 的相關是很低的」；反之若「誤差 ε 與解釋變數 X_i 是高相關」則屬固定效果。以本例來說，每個洗腎機都「隨機」記錄每一個腎病患二筆「非同質」就醫記錄，故可視爲「誤差 ε 與解釋變數 X_i 是低相關」。故每個病人的二筆資料內具有相關 (非同質) 的特性。

Case 1：乘法「脆弱性模型 (shared-frailty model)」，在 Cox 模型中，假設有群組 i = 1, 2, ……, n；每個群組 i 都有 j 個人，j = 1, 2, ……, n_i。故群組 i 的第 j 個受試者，其危險爲：

$$h_{ij}(t) = h_0(t)\alpha_i\exp(x_{ij}\beta)$$

其中，α_i 是群組層的脆弱性 (group-level frailty)。脆弱性是不可觀察之正數，並假設其平均數為 1、變異數為 θ。Stata 係用「stcox, shared(*脆弱變數*)」指令來指定脆弱模型。

Case 2：加法「脆弱性模型」也是「組內相關 (within-group correlation)」模型之一。當無脆弱性，$\theta = 0$(同質性)時，脆弱性模型即退化成標準的 Cox 模型。

令對數脆弱性 $v_i = \log\alpha_i$，則第 i 群組第 j 個觀察值之危險函數為：

$$h_{ij}(t) = h_0(t)\exp(x_{ij}\beta + v_i)$$

這裡，對數脆弱性 (log frailties)$\log(v_i)$，很像標準線性模型裡的隨機效果。

2-6-1 脆弱性之 Cox 模型：「stcox, shared(脆弱變數)」指令

範例：追蹤資料 (panel-data)，每個洗腎病人都有二筆記錄是否被感染？

(一) 問題說明

本例旨在分析 38 名腎臟透析病人 (kidney dialysis patients) 接受導管插入期間 (catheter insertions) 之感染復發時間 (recurrence times)。故分析對象是「導管插入」，而不是病人本身。

本例分析對象為洗腎機，洗腎風險開始點是在導管插入時，而不是患者進入該研究入院時。故每個 patient(病人) 住院都有二筆受試者 (導管插入) 的數據。因此，每一次導管插入結果有二種情況：有感染 (infect==1) 或無感染 (right-censoring) (infect==0)。

本例追蹤資料之存活分析有三種解法：

1. 具有 **inverse-Gaussian shared frailty** 之 **Weibull** 模型
2. panel-dada 存活模型：請見本書「7-3-1 追蹤資料存活分析 [xtstreg, shared(panel 變數) 指令]」。此外，作者「panel-dada 迴歸模型」一書，有更

多範例來介紹 panel 迴歸分析。

3. 脆弱性 Cox 模型 (內定「Gamma shared frailty」)：請見本例介紹。

以上三種模型適配度之優劣比較，係評比該模型之概似比「log likelihood」值誰大？概似比值愈大，代表該型愈佳。

本例旨在了解接受暴露 (e.g. 導管插入) 是否會提升腎臟透析病人之感染 (infect) 發生率？(分析對象：導管插入)

研究者收集數據並整理成下表，此「catheter.dta」資料檔內容之變數如下：

變數名稱	說明	編碼 Codes/Values
連續變數：patient	疾病人數	1~38 個病人
類別變數：infect	暴露否 (e.g. 有被感染嗎)	0, 1 (censored data)
時間變數：time	人在暴露環境期間多長才被感染	

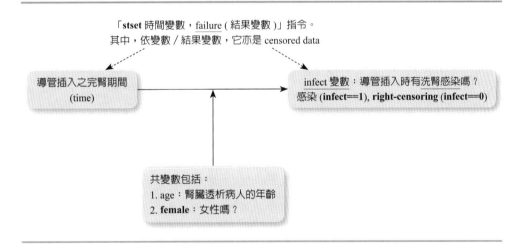

圖 2-43 「導管插入」對腎臟透析病人之感染復發的 panel 存活分析之研究架構

(二) 資料檔之內容

觀察資料之特徵

```
* 開啟資料檔
. use catheter
* 或   開啟 Stata 網站之資料檔
. webuse catheter


. sum age female


    Variable |       Obs        Mean    Std. Dev.       Min        Max
-------------+--------------------------------------------------------
         age |        76    43.69737    14.73795        10         69
      female |        76    .7368421    .4432733         0          1
     patient |        76        19.5    11.03872         1         38

. list patient time infect age female in 1/10


     +-----------------------------------------+
     | patient    time    infect     age   female |
     |-----------------------------------------|
  1. |       1      16         1      28        0 |
  2. |       1       8         1      28        0 |
  3. |       2      13         0      48        1 |
  4. |       2      23         1      48        1 |
  5. |       3      22         1      32        0 |
     |-----------------------------------------|
  6. |       3      28         1      32        0 |
  7. |       4     318         1    31.5        1 |
  8. |       4     447         1    31.5        1 |
  9. |       5      30         1      10        0 |
 10. |       5      12         1      10        0 |
     +-----------------------------------------+
```

「catheter.dta」資料檔內容如下圖。

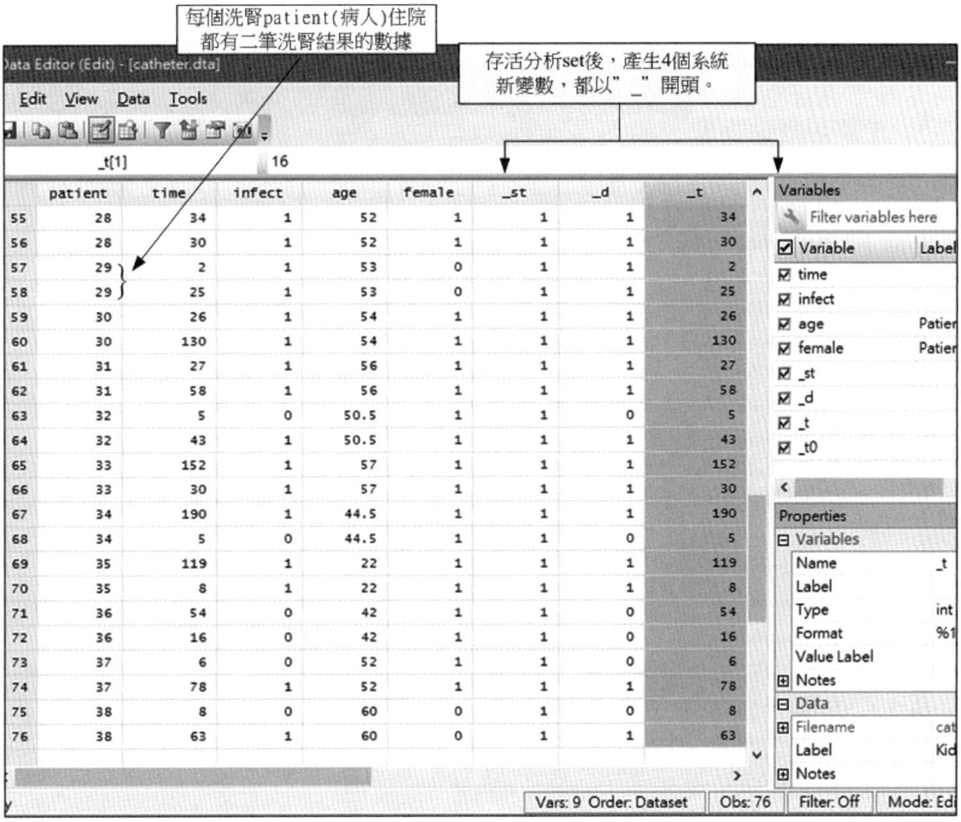

每個洗腎patient(病人)住院都有二筆洗腎結果的數據

存活分析set後，產生4個系統新變數，都以" _ "開頭。

圖 2-44 「catheter.dta」資料檔內容 [N=38 人，每位洗腎病人 (patient) 都記錄二筆 data]

生物醫學統計：使用 Stata 分析

(三) 分析結果與討論

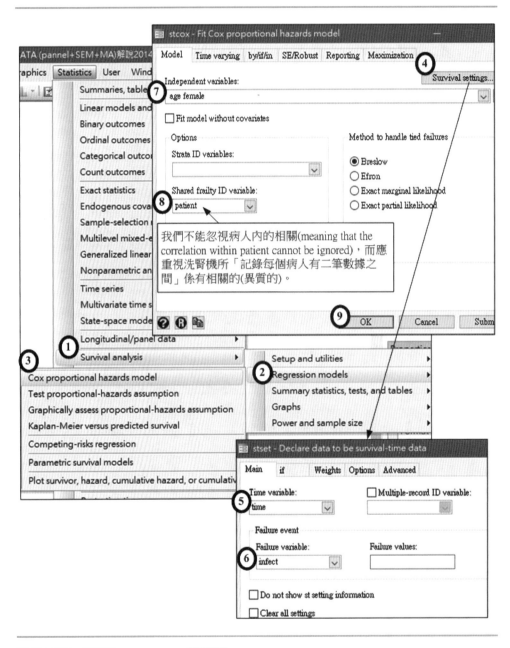

圖 2-45 「stcox age female, shared(patient)」畫面

```
* 開啟資料檔
. webuse catheter.dta

. stset time, fail(infect)
(output omitted )
. stcox age female, shared(patient)


        failure _d:  infect
   analysis time _t:  time


Fitting comparison Cox model:


Estimating frailty variance:


Iteration 0:   log profile likelihood = -182.06713
Iteration 1:   log profile likelihood =  -181.9791
Iteration 2:   log profile likelihood = -181.97453
Iteration 3:   log profile likelihood = -181.97453


Fitting final Cox model:


Iteration 0:   log likelihood = -199.05599
Iteration 1:   log likelihood = -183.72296
Iteration 2:   log likelihood = -181.99509
Iteration 3:   log likelihood = -181.97455
Iteration 4:   log likelihood = -181.97453
Refining estimates:
Iteration 0:   log likelihood = -181.97453
```

Cox regression --
        Breslow method for ties   Number of obs   =   76
        Gamma shared frailty   Number of groups   =   38
Group variable: patient

No. of subjects =   76   Obs per group: min =   2
No. of failures =   58   avg =   2
Time at risk   =   7424   max =   2

                                       Wald chi2(2)   =   11.66

```
Log likelihood =   -181.97453                   Prob > chi2    =     0.0029

------------------------------------------------------------------------------
    _t | Haz. Ratio   Std. Err.      z    P>|z|     [95% Conf. Interval]
-------+----------------------------------------------------------------------
   age |   1.006202    .0120965    0.51   0.607     .9827701    1.030192
female |   .2068678    .095708    -3.41   0.001     .0835376    .5122756
-------+----------------------------------------------------------------------
 theta |   .4754497    .2673107
------------------------------------------------------------------------------
Likelihood-ratio test of theta=0: chibar2(01) =      6.27 Prob>=chibar2 = 0.006

Note: standard errors of hazard ratios are conditional on theta.
```

1. 求得脆弱性的變異數 $\hat{\theta}$ = 0.475、$\hat{\theta}$ 標準誤 =0.267。

2. likelihood-ratio 虛無假設「$H_0 : \theta = 0$」；或「H_0：模型無脆弱性」，卡方檢定結果求得 $\overline{\chi}_{01}^2 = 6.27$ (p < 0.05)，故應拒絕「$H_0 : \theta = 0$」，即本例應接受 Cox 模型具有顯著脆弱性。表示我們不能忽視病人內的相關 (meaning that the correlation within patient cannot be ignored)，而應重視洗腎機所「記錄每個病人有二筆數據之間」係有相關的 (異質的)。

3. 本例若改用「Weibull and lognormal shared-frailty models」，亦可發現：韋伯分布模型就應搭配脆弱模型，但對數常態模型則不必搭配脆弱模型 (Weibull and lognormal shared-frailty models. For Weibull, there was significant frailty; for lognormal, there was not)。請情請見本書「7-3-1 追蹤資料存活分析 [xtstreg ,shared(panel 變數) 指令]」。

4. 整體適配度：Log likelihood =   -181.97453，它可當作二個敵對模型的評比，看那一個較優？通常概似比 (LR) 愈大者，該模型愈佳。

5. 對 shared-frailty 模型而言，假定樣本分成 G 群組 (t=1,2,……,G)，第 i 個群組有 n_i 人。Therneau 與 Grambsch(2000, p.253~255) 透過 log likelihood 的最大化來估計脆弱性 (θ) 值。對固定 θ 而言，係數 β 值及 $v_1, v_2, \dots, v_G$ 的估計，係求下列公式之最大值：

$$\log L(\theta) = \log L_{\text{cox}}(\beta, v_1, ..., v_G) + \sum_{i=1}^{G} \left[\frac{1}{\theta} \{v_i - \exp(v_i)\} + \left(\frac{1}{\theta} + D_i \right) \right.$$

$$\left\{1 - \log\left(\frac{1}{\theta} + D_i\right)\right\} - \frac{\log\theta}{\theta} + \log\Gamma\left(\frac{1}{\theta} + D_i\right) - \log\Gamma\left(\frac{1}{\theta}\right)\right]$$

其中，D_i 是第 i 群組之死亡人數。

$L_{Cox}(\beta, v_1, ..., v_G)$ 是標準 Cox 模型之 partial log likelihood。

v_i 是界定群組之指標變數的係數。

故第 i 群組第 j 個觀察值的對數危險 (log relative hazard) 為 $x_{ij}\beta + v_i$。最後再估計係數 β，係將 $\log L(\theta)$ 公式求其最大值。

03

參數存活分析（偏態之依變數有 6 種分布可搭 2 種脆弱模型）

Chyang_San Sen Tai

存活分析方法是用來研究或分析樣本所觀察到的某一段時間長度之分布。一段時間長度通常是從一特定事件起始之時間原點 (起始時間點 $\_t_0$) (starting event time point, zero time point) 直到某一特定事件發生的時間點 (觀察之結束時間 $\_t$)。例如：從進入研究時間點，確認診斷出癌症的時間點，或手術日期等，通常觀察直到死亡事件爲止。換言之，在醫學研究中，並非所有進入此研究的觀察對象 (通常是病人)，其被追蹤 (follow-up) 的時間都足夠長，所以研究者並不能夠觀察到所有研究對象最後的結果，及所有的特定事件發生時間點。這樣的資料通常稱爲設限資料 (censored data)。此外，這樣的時間資料通常有高度的偏態分布 (skewed distribution)，必須要改用參數存活分析這樣的資料。爲此，Stata 共提供 6 種分布讓你選擇符合的參數模型。

3-1 參數存活分析 (parametric survival analysis) 有六種模型

從臨床醫學研究者的角度說，比較存活曲線 (survival curves) 就是究竟甲治療方式的存活時間分布與乙治療方式的存活時間分布，在統計上有無顯著的差異。

存活曲線又可分類爲無參數型 (無母數，nonparametric)、參數型 (parametric) 及半參數型 (semi-parametric) 來討論。其中：

1. 無參數型基本上並不需要注意「存活期間資料」(the distribution of survival time data) 的假定 (assumptions)。此種 Cox 模型最常見的指令依序爲：sts graph、ltable 或 sts list、stci、stmh、stcox 指令)，其中 stmh 就是 Cochran-Mantel-Haenszel Test 的應用，而其最基本及重要的假定條件必須是「處理組與控制組這兩組存活函數危險比」(the ratio of event rates) 爲一常數 (constant with respect to time)，反之則改採用加速失敗時間 (accelerated failure time) 模型。

例如，人類到了接近 85 歲時，存活率快速隨年齡而下降，存活曲線趨於垂直。而存活曲線矩型化 (rectangularization of the survival curve) 之演算過程，就靠「加速失敗時間」模型來調整。

所謂「the ratio of event rates is constant」的例子：甲治療方式的死亡率是乙治療方式的死亡率之 2.5 倍，這個 2.5 倍的差異存在於治療後的任一時間，亦即治療後一個月，甲方式的死亡率是乙方式的 2.5 倍，而治療後三年，甲方式的

死亡率仍是乙方式的 2.5 倍。而此一基本假定條件和半參數 Cox Proportional Hazards Model 的基本假定條件是完全相同的。

2. **參數模型** (parametric method) 處理 survival time data 時，首先其假定條件為 data 是哪一種分布 (distribution)? 在此常見到的是 exponential distribution, log-normal distribution, Weibull distribution, gamma distribution 和 log-logistic distribution 等。確認 data 的分布求出迴歸係數 (或 HR) 之後，再進行下列 2 種檢定：

   (1) **概似比檢定** (likelihood ratio test) 來檢定模型適配度，概似比檢定有時也稱為 Log Likelihood Ratio Test。一般而言，參數型模型的 power(統計力) 較之於非參數型模型的統計力則會大些，所以若假定 (assumptions) 正確的話，likelihood ratio test 比 log-rank test 或 generalized wilcoxon test 更容易拒絕 (reject) 虛無假設 (null hypothesis)。在應用概似比檢定時，也應該注意，其 data 必須為特殊的分布外，同時其 event probabilities are constant over time，易言之，不論治療後 1 個月、2 個月或者一年，其死亡率是固定不變的。

   (2) 模型**準確性檢定**：Stata 提供三個檢定法為

   方法1　圖示法：若 proportional hazard 的假定成立下，log[-log(K-M 曲線)] versus log(survival time) 會呈現近似兩條平行線，若是兩條線不平行或是有交叉，則表示違反 proportional hazard 的假定。Stata 提供了 **stphplot** 指令來檢定。

   方法2　在 Cox 模型中加入一個時間相依 (time-dependent) 變數，即「treatment × log(survival time)」，再檢定這個變數是否顯著 (即 p-value 是不是很小)，p-value 若愈小，顯示 HR 愈會隨時間變動，而不是一個常數。但 Stata 另外提供了「estat concordance」指令之一致性 C 值來替代，此值愈大，代表該模型愈準確性。

   方法3　根據 Schoenfeld 殘差 (residual) 來判斷 (Grambsch & Therneau,1994)，Stata 提供「**estat phtest**」卡方檢定。χ^2 檢定之 p-value 若愈小，顯示 HR 愈會隨時間變動，而不是一個常數。

3. **半參數** (semi-parametric)method 中，最常見的方法是 Cox Proportional Hazards Model，簡稱為 Cox Model。Cox Model 在臨床醫學期刊中，被十分廣泛地使用，主要在於其假定較參數 (parametric) 模型的假定來得寬鬆，Cox 又有類似最小平方法迴歸的方便，也就是說 Cox Model 不需要假定生存時間數據的任

何特定分布 (assume any particular distribution of survival time data)，而且可以將多個風險因子 (risk factors)(例如病人的治療方式、吸菸與否、嚼檳榔與否、年紀、環境因子等等) 同時以共變數 (covariate) 角色來納入存活模型中，來探討這些風險因素和生存時間數據之間的關連，藉以求得「調整後之處理效果的風險比 (adjusted risk ratio for the treatment effect)」。換句話說，在 Cox 模型中，經調整過 (adjusted) 其他風險因子 (risk factors) 後，甲治療方法比乙治療方法增加 XX% 的死亡機會。雖然 Cox 模型是很好的統計方法，但請注意其假設條件和 Log-Rank Test 的假設條件是一樣的，亦就是風險比 (risk ratio) (或者 the ratio of event rates) 為一常數，不會變動的。因此不論是治療後一個月，還是治療後 1 年、2 年，此一比率乃維持固定 (fixed)。

三、Stata 參數存活分析之特色

Stata 之參數存活分析 (parametric survival analysis)，具有下列特色：

參數生存模型	1.依變數適配 6 種分布：韋伯，exponential，Gompertz，對數常模，對數邏輯或 generalized gamma model。
	2.強健標準誤：robust, cluster-robust, bootstrap 及 jackknife standard errors。
	3.分層模型（stratified models）。
streg 指令，Stata 提供：	4.個人層面的脆弱性 (individual-level frailty)。
	5.群組層脆弱、共同脆弱 (group-level or shared frailty)。
	6.樣本加權 (sampling weights and survey data)。
	7.遺漏值的多重填補 (multiple imputation)。
	8.martingale-like, score, Cox-Snell 及 deviance residuals。
	9.繪存活函數，危險函數及累積風險函數之圖 (graphs of estimated survivor, hazard 及 cumulative hazard functions)。
	10. 估計的存活預測值 (predictions and estimates)，包括： (1) 事件發生之平均數 / 中位數 (mean or median time to failure)。 (2) 平均發生失敗之時間 (mean or median log time)。 (3) 危險之預測值 (hazard)。 (4) 危險比之預測值 (hazard ratios)。 (5) 存活率之預測值 (survival probabilities)。

3-1-1a 可靠度之品質管理 (<u>韋伯</u>分布常搭配 accelerated failure-time)

一、可靠度模型定義

(一) 可靠度 (reliability) 測量
可靠度之測量指標有三：

1. 失效率 (failure rate)：在特定時間內產品失效的平均次數。
2. 失效間的平均時間 (mean time between failure，MTBF)：指失效的產品若為可修護的，其發生失效間的平均時間。
3. 失效的平均時間 (mean time to failure，MTTF)：指失效的產品若是不能修護的，其發生失效的平均時間。

(二) 可靠度之特性

1. 可靠度是長期的品質。
2. 可靠度隨著產品壽命週期的縮短，顧客的期望，高故障成本及安全考慮而變得更重要。
3. 可靠度是產品在一個預定時間內，指定的使用環境下，執行其預定功能而無失效的機率。

二、可靠度之重要性

隨著科技的發展與消費者對於高可靠度產品需求的增加，其可靠度也變得愈來愈重要。所以，在高度競爭的市場環境中，能夠提供可靠產品的公司，就能夠在市場上擁有較高的成功機率。

產品不可靠所造成傷害，例如，家中電視機的突然爆炸，造成火災與家毀人亡的悲劇；汽車在行駛中突然引擎起火，造成火燒車不幸事件；民航機的爆炸墜毀，以及三哩島、車諾比核能電廠的失控事件，不但導致民眾生命財產的重大損失，同時造成周遭生態環境受到嚴重汙染而無法復原。因此，開發高可靠度的產品，降低災害的發生，將是提升廠商競爭力與人類生活福祉的重要關鍵，而可靠度工程 (reliability engineering) 即是用以評估、改善產品可靠度的一門技術。

三、可靠度之應用

1. 零件或產品的可靠度可以用方程式來逼近。
2. 工程師常試著以實驗室的測試結果或由顧客方面獲得的資訊去決定浴缸曲線

三個階段的失效型式。若是，則早夭和耗損曲線的斜率及有用壽命期 (useful period) 的長度可以被計算得出。

3. 爲計算產品之可靠度，對於不可修護之產品必須知道其失效時間 (time to failure, TTF)；

4. 對於可修護之產品必須知道其失效間隔時間 (time between failures, TBF)。

5. 產品在機遇失效期內的失效時間，通常以機率分布中的 exponential 分布和韋伯分布表示。

四、可靠度之評估法

在產品可靠度的評估和改善上，其基本的工作即是透過試驗 (trial)，以收集產品的資料壽命，然後進行統計分析與決策。在進行資料統計分析時，首要面對的課題，即是選擇適當的壽命分布，來擬合產品壽命資料，以做爲往後統計推論分析的基礎；惟一旦選擇不適當的壽命分布時，將導致推論分析的嚴重偏差。壽命分布的判別問題發展至今，已有多種的理論與方法來加以探討。

由於高可靠度產品競爭的激烈，製造者爲了確保其產品的可靠度，無不以加速壽命試驗來分析其產品在正常使用狀況下的壽命情況。而可靠度分析中，常以韋伯分布及對數常態分布來作爲加速壽命衰敗的推論模型。由於同一組壽命資料，常發生對此二分布下的機率繪圖皆有很好的配適情況，但是進行壽命推論時卻會有很大的區別。上述這二種分布也是廣義伽瑪分布中的特例。

韋伯分布在可靠度分析領域中是最有名，原因乃在於韋伯分布的參數變化，使得機率密度函數 (PDF) 圖形具有多樣變化的特性，因此韋伯分布就常被應用在可靠度評估，尤其是在壽命實驗分析上，它能夠幫助可靠度工程師評估產品的可靠度。

韋伯分布「迴歸參數的估計」，它與 OLS 類似，現有的估計法包括：最大概似法 (method of maximum likelihood)、最小平方法、動差法 (method of moment)、最小距離法與 Bayes 估計法 (公式見作者「Stata 高等統計分析」一書)，有時候亦可以結合兩種以上的估計方法來提高估計結果的準確性。這些估計法都各自具有優點與缺點，且已經有許多研究針對各種估計方法的缺點提出相關的修正方法，以使估計結果能夠更好。例如使用最大概似法所估計的結果可能會有偏差，藉由修正方法的使用，將能獲得無偏差的估計結果。

3-1-1b Cox 比例危險模型 (PHM) 及加速失敗時間模型 (accelerated failure time, AFT)

存活分析法的基礎應用爲，建立存活表 (survival table)，或以 Kaplan-Meier 法 (簡稱 KM 法) 觀察群體不同存活時間之累積存活率或累積生存函數，以了解特定事件發生之存活經驗。若需深入探討存活時間與危險因子間之關連性，則須進一步建構存活模型。

一、Kaplan-Meier 估計法 (product-limit Estimate)

在存活分析中假設受訪者之存活時間 T 是一非負的連續型隨機值，則 T 之累積分布函數 (Cumulative Distribution Function, CDF)F(t) 代表受訪者之存活時間 (T) 小於特定時間點 (t) 的累積機率。

$$F(t) = P(T \le t) = \int_0^t f(x)dx, \forall t \ge 0$$

而存活函數 (survival function)S(t) 是指「特定事件存活時間大於某特定時間點 (t) 的機率」。因此依據上述定義，存活函數 S(t) 可以下列函數表示：

$$S(t) = P(T \le t) = 1 - F(t) = \int_t^\infty f(x)dx, \forall t \ge 0$$

而存活函數下的面積則代表特定事件的平均壽命 (Mean Lifetime)。

$$\mu = E(T) = \int_0^\infty S(t)dt$$

由於現實問題之機率密度函數 (PDF)f(x) 不易估算，因此 Kaplan-Meier 在 1957 年提出無母數的統計分析方法 product-limit Estimate(或稱爲 Kaplan-Meier estimate) 來推估存活函數。

$$\hat{S}(t) = \prod_{u \le t} \left[1 - \frac{\sum_{i=1}^n I(x_i = u, \sigma_i = 1)}{\sum_{i=1}^n I(x_i \ge u)} \right]$$

其中 σ_i 爲指標變數，若 $\sigma_i = 1$ 則表示該樣本爲「失敗」資料；反之，則還活著。$\sum_{i=1}^n I(x_i = u, \sigma_i = 1)$ 以「公車即時資訊服務對乘客使用公車行爲」爲例，表示在 u 時間已不再存活 (e.g. 將公車當成主要交通工具) 的樣本總數；反之，$\sum_{i=1}^n I(x_i \ge u)$ 則代表在 u 時間仍存活 (e.g. 持續以公車爲主要交通工具) 的樣本總數。

　　以行銷學來說，危險 (又稱風險) 機率 (Hazard Probability) 的定義爲：假設某顧客目前仍持留 (tenure) 至時間點 t(即仍存活至 t)，那其在 t+1 前離開的機率爲多少？亦即，t 時之危險爲：t 至 t+1 期間顧客流失之風險。危險機率的公式爲：

$$h(t) = \frac{\text{於 } t \text{ 離開之顧客人數}}{\text{所有可能於 } t \text{ 離開之顧客人數}}$$

風險人口 (population at risk)：所有 tenure 大於或等於 t 之顧客，亦包含了在 t 點流失之顧客

　　在存活分析中，另一個重要的觀念爲危險函數 (hazard function)。相對於存活函數觀念，危險函數係指存活時間至少有 t(T ≥ t)，但在下一瞬間 (t + Δ t) 立即失敗的風險。危險函數可以下列函數表示：

$$h(t) = \lim_{\Delta t \to 0} \frac{P(t \leq T \leq t + \Delta t \mid T \geq t)}{\Delta t}$$

較常見的風險函數推估方法是由 Cox 於 1972 年所提出的 Cox Model 又稱爲 Cox regression。

$$h(t \mid x) = h_0 \times e^{\beta_0 + \beta_1 x_1 + \cdots + \beta x_{ij}}$$

其中 x_i 代表解釋變數；β_i 代表對應解釋變數的參數。整體 Cox model 可區分爲兩大部分，h_0 以及 $e^{\beta_0 + \beta_1 x_1 + \cdots + \beta x_{ij}}$。其中 h_0 稱爲基準風險率 (baseline hazard rate)，通常在模型中並未指定 h_0 爲何種分布，由於此一部分具有母數性質，因此 Cox model 具有半參數 (Semi-parametric) 性質。

　　此外，透過危險函數比例 (Hazard Ratio,HR) 可發現，危險函數之比值與存活時間 (t) 無關，意即危險函數之比例關係不會因爲時間的變化而有所改變，此一特性又稱爲等比例風險假定 (Proportional Hazard assumption, PH assumption)。

$$HR = \frac{h(t \mid x_i = a + 1)}{h(t \mid x_i = a)} = \frac{h_0 \times e^{\beta_0 + \beta_1(a + 1)}}{h_0 \times e^{\beta_0 + \beta_1 a}} = e^{\beta_1}$$

其中 e^{β_1} 表示當 x 變數增加 1 單位時，失敗風險增加的比例。若 HR 值大於 1，則表示 x 變數增加 1 單位時，會增加失敗風險；反之，若 HR 值小於 1，則表示當 x 變數增加 1 單位時，失敗風險反而會降低。

　　由於 Cox model 具有比例風險假定特性，也就是說，針對某一危險因子而

言，其危險函數之比值，不能隨著時間而有所改變，必須要固定。因此當危險函數之比值與存活時間有關時，傳統 Cox model 必須加以修正。因此 Grambsch and Therneau 提出時間相依共變數之 Cox model (Cox regression with time-dependent covariates)。

$$h(t|x) = h_0 \times e^{(x'\beta(t))}$$
$$\beta_j(J) = \beta_j + \gamma_j g_j(J), j = 1, 2, \cdots, p$$

危險函數的型態 (行銷學，以圖 3-1 為例)：

1. Constant Hazard(固定型危險)

(1) 無論顧客已存在多久時間，危險機率都是一樣的 (常數)，在圖表上呈現水平線。

(2) 顧客離開的機率不隨著顧客維持時間而改變。類似放射性元素衰減的型態。

2. Bathtub Hazard(浴缸型危險)

(1) 開始時很高，接著下降並維持平坦一段時間，最後 Hazard 又再次提高。

(2) 有綁約期間的客戶。早期顧客因產品不適合，或是尚未付費而離開，接著進入漫長的約期，顧客可能因為違約金或履約的義務而不離開。約期結束後，顧客時常急於離開。(市場改變，投入競爭者懷抱，較好的服務與價格等)。

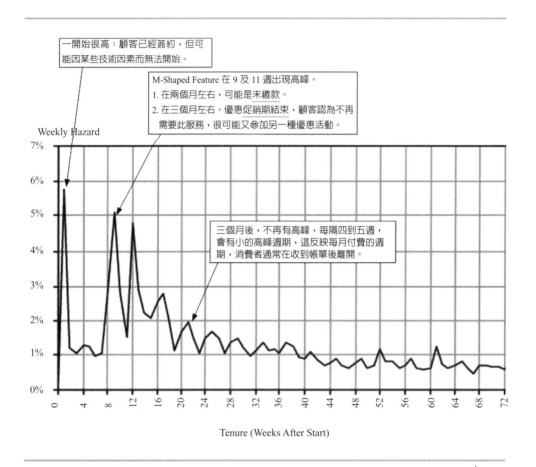

一開始很高：顧客已經簽約，但可能因某些技術因素而無法開始。

M-Shaped Feature 在 9 及 11 週出現高峰。
1. 在兩個月左右，可能是未繳款。
2. 在三個月左右。優惠促銷期結束，顧客認為不再需要此服務，很可能又參加另一種優惠活動。

Weekly Hazard

三個月後，不再有高峰，每隔四到五週，會有小的高峰週期，這反映每月付費的週期，消費者通常在收到帳單後離開。

Tenure (Weeks After Start)

圖 3-1 行銷學之風險函數

二、加速失敗時間模型 (accelerated failure time, AFT)

　　目前除 6 種參數存活模型可選擇是否搭配加速失敗時間模型外。較常見者如 Cox 比例危險模型 (proportional hazard model, PHM)，亦可選搭 AFT 模型，Cox 模型為個體間危險函數成比率關係，模型具有半參數估計之特性；而 AFT 模型則強調某停留狀態下時間與存活函數間之關係。此外，由於發生特定事件之時間恆為正，時間資料可能並非呈現常態分布 (帶偏態)，違反傳統之最小平方法迴歸 (OLS) 假定，因此 OLS 無法適用。但存活分析雖著重於存活時間之分布，且已有若干方法用於推估非條件式之存活分布，但最廣泛引起興趣者，則為用於檢視存活與一個或多個預測或解釋變數 (predictors) 間之關係，亦即存活與危險因子間之關係。例如，(交通) 事故 (event) 仍然持續視為存活，排除事

故視爲死亡，不僅著重於事故排除時間 (存活時間) 之分布，更著重於影響事故排除因素之分析，而 Cox 比例危險模型即能滿足此一需求，因此它廣受大家使用，其理由爲：(1) 事故的排除與否，在本質上即屬時間上存活與否的問題。(2) Cox 比例危險模型在應用上較具彈性，其解釋變數可爲質化或量化，足以滿足多數研究在變數選取上多樣化之要求。(3) 若能事先明白知道危險機率之特性，例如隨時間不變、遞增、遞減或先遞增再遞減等特定型態，則可界定危險函數爲指數 (exponential)、韋伯 (Weibull) 或對數常態 (lognormal) 等型態之模型。然而一般情況下，你常無法確定眞實函數之型態，而 Cox 模型則無服從某種機率分布之要求。

3-1-2 參數存活分析之介紹 (streg 指令)

一、存活模型的分類

1. 非參數 (又稱無母數) 的存活分析 (stcox 指令為主)

早期存活分析，較常用的都是非參數 (半參數)Cox 分析，即無母數的統計；要進行存活函數估計時，常常困擾著我們的就是，研究事件的機率分布本身並沒有找一個很好的參數模型來配適，這時我們會改用無母數方法來分析它的生存特徵，例如 Kalpan-Meier 法、生命表 (life table)(ltable 指令)、或計算平均存活期 (stci 指令)。進一步要比較存活機率曲線的差別時，我們也可利用 failure rates and rate ratios(strate 指令)、Mantel-Haenszel rate ratios(stmh 指令)、Mantel-Cox rate ratios(stmc 指令) 等各種檢定法 / 繪圖法。複雜點的話，例如要調整其他的共變數 (e.g. 個人因子、環境因子) 的效果，再求取預後因子的效果，則可以用 Cox proportional hazards model(stcox 指令)。所謂預後 (prognosis) 是指根據經驗預測的疾病發展情況。

2. 參數存活分析之程序 (streg 指令)

參數存活分析之依變數，又分成 6 種分布可搭 2 種脆弱模型及加速失敗時間 (Accelerated Failure Time) 等多種組合。其中，脆弱模型又分 gamma frailty 分布及 inverse-Gaussian 分布。

當存活資料模型中考慮隨機因素時，常常納入脆弱模型。脆弱代表著個體 (individual-level) 在表面上，除了有相同且可被測量的性質之外，例如，年齡或性別。但是，實際上，每個受試者的存活時間又都承受不同的風險影響，故存活模型常常搭配 2 種脆弱模型之一來調整 / 分擔人們無法觀測到的風險。

二、可靠度與韋伯分布／對數常態分布之連結關係

有人利用機率繪圖來配適壽命分布，發現同一組壽命資料分別對韋伯分布以及對數常態分布的機率繪圖均具有相當好的線性擬合。有人以石英震盪器為例，以溫度為加速因子，由機率繪圖中顯示韋伯分布與對數常態分布對加速壽命資料均擬合非常良好，但在不同的分布假設下所求得平均壽命估計值和信賴區間，卻有明顯的差異。雖然機率繪圖具有簡易與直觀的優點，惟對於設限 (censored) 資料而言，即無法有效判定產品的壽命分布。故有人用最大概似比 (ratio of maximized likelihood, RML) 檢定來評比韋伯與伽瑪分布誰優？

在上述壽命分布的判定問題中，有關韋伯分布 (Weibull) 與對數常態等分布 (lognormal) 的整體適配度評比尤為重要。因為此二種分布可以描述大多數電子產品的壽命，惟兩者特性極為相似，常造成資料分析時的誤判。有人曾以最大概似比之檢定法可來區分這兩種分布，並在教科書中提供在不同顯著水準 α 與樣本數 N 下，臨界值 (critical value) 和檢定力 (power = $1 - \beta$, 其中 β 是第二型誤差) 表以供查表。

三、半參數 vs. 參數的存活分析法

最常被使用的半參數存活分析法，是統計大師 Cox 在 1972 年所提出的 Cox 比例危險模型 (Cox proportional hazard model)。

相對地，參數的存活分析法就需要考慮到數值分布的情況，比如說我們要看存活函數是否為：指數分布、韋伯分布、伽瑪分布、對數邏輯斯分布、對數常態分布、GOMPERZT 等。進一步地要比較存活差別時，也要符合指數假設、韋伯假設、伽瑪假設、或其他分布的假設。至於要調整其他的共變數 (e.g. 個人因子、環境因子) 的效果，再求取預後因子的效果，那也可用 Cox 迴歸歸。

例如 80 歲的人會加速死亡，故有一些分布很適合於加速失效時間，例如死亡或疾病復發這類存活模型的分布形狀，就很符合 AFT(accelerated failure-time)。在這種情況之下，假定失效時間服從於某一分布 (如韋伯，伽瑪) 它再搭配 AFT，這種參數存活分析之 streg 指令，將會使分析結果更精準、且易解釋。

四、參數存活模型之實例：公司首次出現繼續經營疑慮

在參數模型的方法裡，假設存活時間 T 在已知的一組解釋變數 x 下，服從具某種特性的參數機率分布 (parametric probability distribution)，藉由危險函數的特殊設定，可得 $\log T$ 與 x 間之變異數同質性的線性迴歸方程式如下 (Lancaster, 1990)：

$$\log T = x'\beta + \sigma\omega$$

以「上市櫃公司首次出現繼續經營疑慮」爲例。上式中，T 爲首次產生繼續經營疑慮到下市櫃的存活期間，x 爲相關的解釋變數，σ 爲存活時間 T 的標準差，ω 決定於存活時間 T 之分布型態。例如，當 T 是指數 (exponential)、韋伯或對數邏輯斯分布時，ω 爲一極限最小分布 (extreme minimum distribution)。而當 T 是 lognormal 分布時，ω 爲一標準常態分布。

五、Stata 之存活模型的初始設定 (stset 指令)

存活分析主要是用來分析「直到我們所想觀察之事件發生的時間」的資料。這類型資料的反應變數 (response variable) 在存活分析中常被稱爲失敗時間 (failure time) 或存活時間 (survival time) 或事件時間 (event time)。這些時間變數通常是連續變數而且能以日期、星期、月、年等來測量，而事件可能是死亡、疾病的開始、結婚、逮捕、破產等。存活分析特別的是，即使被觀察的對象沒有發生該事件，被觀察的對象在研究中存活的時間或觀察的時間長度都會被列入計算。

例如，研究不同診所照護下的存活時間，直到事件 (死亡) 發生。若到研究時間結束，研究對象的事件 (死亡) 尚未發生，存活時間仍列入計算。

Stata 存活模型的初始設定 (stset 指令)，如下圖，其中：

1. 依變數 / 結果變數 (Dependent variable, Outcome variable)：事件發生時間 (time-to-event) 的資料。故 Stata 依變數 (結果變數) 爲「failure event」。

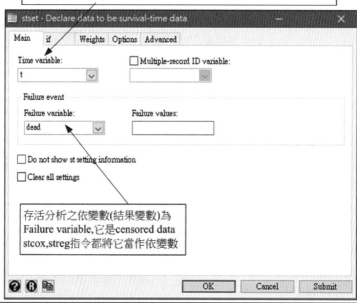

時間長度(「Time variable:」變數，即曝露時間)
(1)時間原點(起始時間點)：進入研究時間點、確診癌症時間點。
(2)事件發生時間點：疾病發生時間點、死亡時間點。

存活分析之依變數(結果變數)為
Failure variable,它是censored data
stcox,streg指令都將它當作依變數

存活分析設定(「stset *timevar* failure *failvar*」指令)之後，會新產生3個系統變數(_t₀; _t; _d)，其中：
(1) _t₀ 是觀察的開始時間。
(2) _t 是觀察的結束時間。
(3) _d 是失敗指標(indicator for failure), _d 屬於{0,1}

圖 3-2 存活分析之依變數 (結果變數) 為「Failure event」(為受限資料)

2. 時間長度 (如上圖之「Time variable:」變數，即暴露時間)
   (1) 時間原點 (起始時間點)：進入研究時間點、確診癌症時間點。
   (2) 事件發生時間點：疾病發生時間點、死亡時間點。
3. 事件 (event)：包括死亡、罹病、復發、提早退出試驗、違約、倒閉……。(如上圖之「Failure variable:」變數 dead)。

3-1-3 6 種參數存活模型：韋伯及對數分布尚可搭 2 種脆弱模型 (streg)

由於參數模型中之危險函數，隨時間分布不同而有相異型態，Stata 之 streg

指令搭配的分布,主要包括:指數、韋伯、廣義伽瑪 (generalized gamma)、對數邏輯斯、gompertz 分布及對數常態六種模型。streg 指令之 6 種模型又可選搭脆弱模型,包括:gamma frailty 分布及 inverse-Gaussian 分布。

自從 Cox(1972) 提出「比例風險模型」,迄今被廣泛的使用,理由是:(1) 該方法並不需要去挑選一些特別的機率分布來代表存活的時間,這也是該方法被稱為「半參數模型」的原因。(2) 該模型可以納入因時間而改變的變數 (Allison, 1995)。迄今,針對要求更嚴格的參數存活模型,Stata 為了符合其各式各樣分布的假定要求,另外提供 (streg) 指令,它可搭配六種分布,並依據「log likelihood」大小,讓你挑選何種模型最佳?通常挑選參數存活模型 (streg) 或廣義線性模型 [(gmm) 指令] 可搭配眾多的分布,它都有下列 6 個分析程序:

Step 1:繪存活時間變數 T 的分布圖 [plot the distribution of the random variables (e.g. a histogram)]。

Step 2:挑選備選的分布 (choose a candidate distribution)。

Step 3:估計備選分布的參數值 [Estimate the parameters of the candidate distribution。例如使用 gmm 指令之動差法 (method of moments)]。

Step 4:檢視「預測值 $\hat{y}$、實際值 vs. 誤差 ε 之間」的散布圖,是否均勻分散、左右對稱、分散程度過大等問題 [compare the empirical distribution to that observed (e.g. QQ plot)]。

Step 5:整體適配度檢定 [Test model fit(例如 log-likelihood 值)]。

Step 6:模型再精緻化 (e.g. 分群組、工具變數、panel-data 法)(Refine,變數變換 transform,repeat)。

有關廣義線性模型 [(gmm) 指令] 的範例,請見作者「Panel-data 迴歸型」一書。

一、脆弱 (frailty) 模型

若違反 Cox 迴歸假定:「隨時間變化,處理組與控制組之間風險比 (risk ratio, the ratio of event rates) 為一常數」,該如何處理呢?當收集的資料為長期追蹤之臨床數據,治療效果通常隨時間降低,此時很容易違反風險為「固定」比例的假定,此時韋伯 / 指數等 6 種分布就可搭配脆弱模型 (frailty model) 來配適此類臨床數據。即存活資料模型中,若摻有隨機因素時,Cox 模型就須改用 streg 指令來納入脆弱模型。streg 其指令語法如下:

```
. streg, dist( 六種分布之一 ) frailty(gamma 或 invgaussian)
```

　　Vauple 等人 (1979) 首次提出脆弱性 (frailty) 這個名稱於單變量存活分析模型，Clayton (1978) 則應用在多變量存活分析模型 (尚未使用「脆弱性」的概觀)。Keiding 等人 (1997)，Vaupel 等人 (1979) 說明脆弱性的概念可用來解釋未考慮到的異質性 (heterogeneity)，致使一個群體中的成員產生不同的存活模型。它提供了一個簡便的方式引進隨機效果或是無法觀測的異質性於存活資料模型中。在最簡單的類型中，脆弱性是一個無法觀測的隨機比例因子，可用來修正個體間或是群組間的危險函數。脆弱模型方法係基於未知共變數之個體異質性而建構。單變數之脆弱模型係解釋個人間之差異，而多變量脆弱模型指的是群組間未能解釋的異質性。

何謂異質性？

1. 回顧同質性假設的意涵是說條件於解釋變數的未觀察誤差 (ε)，其變異數是一固定常數。即 σ_ε^2 為固定值。
2. 如果上述為非，也就是說，如果對於不同解釋變數的 x 值，ε 的變異數皆不同，則誤差具有異質性。即 σ_ε^2 非固定值。
3. 例如，在橫斷面的資料中，可以發現當個人收入 (x) 愈高，則對於 y(每月個人生活花費) 的不確定性也愈大。

　　假設脆弱性 α 於危險函數中是一個不可觀測的乘數效果，它服從 Stata 6 種存活分布之某一分布 $g(\alpha)$，其中，$\alpha > 0$ 且其平均數等於 1 而變異數為可被估計的參數 θ(theta)。脆弱模型是用於「時間對事件」資料的隨機效果模型，模型中的隨機效果是基準危險函數 $h_0(t)$ 的乘數效果「即 $\alpha \times h_0(t)$」。下列公式是條件式脆弱性之個體危險函數，它可被表示為「$\alpha \times h(t)$」，故它可能會低於 (當 $0 < \alpha < 1$) 亦可能高於 (當 $\alpha > 1$) 個體風險 $h(t)$。

$$h(t \mid \alpha) = \alpha \times h(t) = \alpha \times h_0(t) \times e^{Z'\beta}$$

將上式再改寫成

$$h(t \mid \alpha) = h_0(t) \times \exp(Z'\beta + \gamma) = h_0(t) \times e^{Z'\beta + \gamma}$$

其中，$\gamma = \log(\alpha)$。

下式可用來表示存活函數 S(t) 和危險函數 h(t) 的關係，條件存活函數 $S(t \mid \alpha)$ 可以被表示成 S(t) 的 α 的次方。

$$S(t \mid \alpha) = S(t)^{\alpha}$$

在理論上，任何分布，通常只要 $\alpha > 0$ 且平均數為 1，都可當做脆弱性的分布。迄今，脆弱性分布常見有：gamma 分布、inverse Gaussian 分布、positive stable 分布、compound poisson 分布和 log-normal 分布，但 Stata 只採用前二者。

小結

Stata 提供「estat phtest」、「estat concordance」、「stphplot, by(組別)」、「sts graph」等指令，讓你檢定是否違反 Cox 迴歸之事先假定「H_0：隨時間變化，處理組與控制組之間風險比 (risk ratio、the ratio of event rates) 為固定 (constant)」。若違反 Cox 模型此假定時，stcox 指令應改成參數存活模型 (streg 指令) 並外加下列二個模型之一：

方法一：納入脆弱模型

當收集的資料為長期追蹤之臨床數據，治療效果通常隨時間降低，此時很容易違反風險為「固定」比例的假定，此時韋伯 / 指數等 6 種分布就可搭配脆弱模型 (frailty model) 來配適此類的臨床數據。即存活資料模型中，若摻有隨機因素時，Cox 模型就須改用 streg 指令來納入脆弱模型。

方法二：納入 Accelerated Failure Time(AFT)

以圖 3-47「乳癌患者併發 TEEs 對存活影響」來說，Allison(2004) 發現 Kaplan-Meier method、Log-minus-log 及 like tim-interaction test 等檢定，當遇時變 (time-varying) 之解釋變數，包括：TEEs、年齡、手術、放射治療、化療、荷爾蒙治療等變數，就會違反 Cox proportional hazard model 等比例風險的假定，因為這些個人因子、環境因子多數存在「時間相依性之共變數 (time-dependent covariance)」問題，故應改以 Accelerated Failure Time Model 來克服。

二、**streg** 指令有 **6** 種分布搭 **2** 種脆弱模型

當研究問題 (依變數之分布)，若能符合某分布的假定，例如符合韋伯等分布的條件，那就是參數型存活模型，這種參數模型比半參數模型更嚴謹，也是值得鼓勵採用的事。

存活模型的分類，主要可分為：參數 (parametric)、半參數及無母數三種模型。其中，參數模型為已知存活時間的分布，服從下圖 6 種分布之一。參數模型的前提下所建構之迴歸模型，估計參數將隨觀察時間改變，故它可比 Cox 模型更精確描述存活分析的樣本特性。

Stata 提供 streg 指令，此參數存活分析 (Parametric survival models) 可依據不同的分布假設，來對應 6 種不同的迴歸模型，因此，依變數可屬於：韋伯分布、Exponential 分布、gompertz 分布、Log-normal 分布、Log-logistic 分布、廣義伽瑪分布等 6 種之任一種存活模型，並可外加搭配 2 個脆弱分布：gamma 分布及反高斯分布 (如下圖)；相對地，無母數存活分析 (non-parametric survival models) 中，又以比例危險模型 (stcox 指令) 最受人所廣用。Cox 比例危險模型有時歸類為半參數模型。

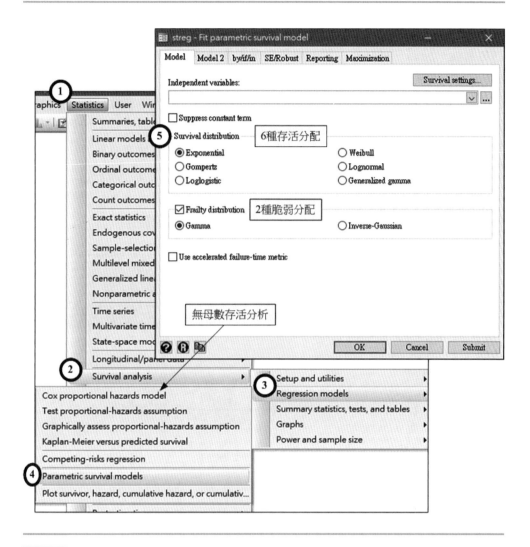

圖 3-3 Parametric survival models 之 Stata 對應的偏態分布 (streg 指令)

注 1：以上 Stata 有 6 種存活分布，這 6 種模型都可搭配 2 種脆弱分布。
注 2：韋伯及對數模型二者才可勾不勾選「accelerated failure-time」模型。其餘 4 種模型，內定都有
　　「accelerated failure-time」模型。

三、脆弱模型：符合 generalized inverse gaussian 分布

　　在一般傳統預測人類死亡改善幅度的方法中，對於人口母體死亡改善均假定其組成分子具有同質性。然而，人的死亡機率是取決於其自身對抗死亡的能力而定。Wang 和 Brown (1998) 針對此點，提出一個脆弱模型，其假定每一個人

於出生時具有一個脆弱指數，且不同的人之間其脆弱指數亦不相同。

　　研究同一個體不同非致命性疾病之發生時間，樣本個體間之生存可能存在相關性。脆弱性爲群組內每一個體皆受影響且無法觀測之隨機效果 (random effect)，「即誤差 ε 與解釋變數 X_i 是低相關，反之高相關即固定效果」。最常使用之脆弱性相關模型爲公共隨機效果模型，於此模型中，脆弱性隨機效果「較大群組」較隨機效果「較小群組」更早經歷事件。因此，最脆弱之個體會較早發生死亡事件，而存活者則傾向於較強健之家族。脆弱性旨在考慮無法觀測因子產生之變異而形成之隨機成分。同理，引入脆弱性模型於時間相依存活模型中，即在修正無法觀測到之個體異質性 / 隨機性。在應用上，可利用脆弱參數存活模型，來探討影響老人存活不同世代間相關因子之差異。

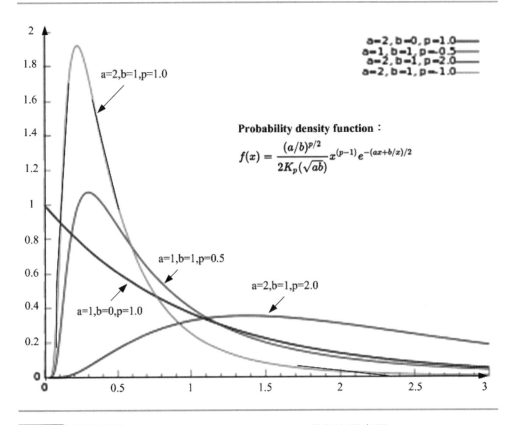

圖 3-4 脆弱模型：Generalized inverse Gaussian 分布之示意圖

　　常見 Generalized inverse Gaussian 分布之統計量，如下表：

參數	$a > 0$，$b > 0$，ρ real
Support	$x > 0$
PDF	$f(x) = \dfrac{(a/b)^{p/2}}{2K_p(\sqrt{ab})} x^{(p-1)} e^{-(ax + b/x)/2}$
Mean 平均數	$E[x] = \dfrac{\sqrt{b}\,K_{p+1}(\sqrt{ab})}{\sqrt{a}\,K_p(\sqrt{ab})}$ $E[x^{-1}] = \dfrac{\sqrt{a}\,K_{p+1}(\sqrt{ab})}{\sqrt{b}\,K_p(\sqrt{ab})} - \dfrac{2p}{b}$ $E[\ln x] = \ln\dfrac{\sqrt{b}}{\sqrt{a}} + \dfrac{\partial}{\partial p}\ln K_p(\sqrt{ab})$
Mode 眾數	$\dfrac{(p-1) + \sqrt{(p-1)^2 + ab}}{a}$
Variance 變異數	$\left(\dfrac{b}{a}\right)\left[\dfrac{K_{p+2}(\sqrt{ab})}{K_p(\sqrt{ab})} - \left(\dfrac{K_{p+1}(\sqrt{ab})}{K_p(\sqrt{ab})}\right)^2\right]$
MGF	$\left(\dfrac{a}{a-2t}\right)^{\frac{p}{2}} \dfrac{K_p(\sqrt{b(a-2t)})}{K_p(\sqrt{ab})}$
CF	$\left(\dfrac{a}{a-2it}\right)^{\frac{p}{2}} \dfrac{K_p(\sqrt{b(a-2it)})}{K_p(\sqrt{ab})}$

注：PDF: Probability density function(機率密度函數)。

MGF: Moment-generating function(動差生成函數)。

CF : Characteristic function (又稱 probability theory)(特性函數)。

3-2 連續隨機變數 (存活時間 T) 的 6 種機率密度函數 (PDF)

3-2-1 機率密度函數

一、機率密度函數

(一) 定義

將隨機變數數個數值出現的機率，按這些數值之大小順序排列，或以函數 $f(x)$ 表隨機變數所有可能數值及其對應之機率，則稱 f 為隨機變數 X 的機率分布或機率密度函數 (probability density function, PDF)，即 $f(x) = P(X = x)$。

機率分布常以繪圖方式表示，有助於了解其機率密度函數。

(二) 機率密度函數具備下述兩個條件：

1. $f(x) \geqq 0$，對任何

2. $\sum_{x} f(x) = 1$　當 X 爲離散型

$\int_{-\infty}^{\infty} f(x)dx = 1$　當 X 爲連續型

(三) 累積分布函數 (cumulative distribution function, CDF)

設 X 爲一隨機變數，x 爲一實數，且設 $F(x) = P(X \leqq x)$，則稱 F 爲隨機變數 X 的累積分布函數，以 CDF 表示。

(1) 若 X 爲離散型，則 $F(x) = P(X=x) = \sum_{t \leqq x} f(x)$

(2) 若 X 爲連續型，則 $F(x) = P(X=x) = \int_{-\infty}^{x} f(t)dt$

(四) 期望值 μ 與變異數 σ^2

1. 期望值定義：設 $f(x)$ 爲隨機變數 X 的 PDF，隨機變數的期望值以 $E(X)$ 表示，而 $E(X)$ 是 X 之所有可能觀測值的加權平均數，以各機率值爲其權數。$E(X)$ 簡稱爲 X 機率分布之平均數，常以 μ 表示，即 $E(X) = \mu$。

(1) 當 X 爲離散型時：$E(x) = \sum_{x} x f(x)$

(2) 當 X 爲連續型時：$E(x) = \int_{-\infty}^{\infty} x f(x) \, dx$

2. 變異數定義：設 $f(x)$ 爲隨機變數 X 的 PDF，平均數爲 μ，定義 X 之變異數爲 $E(X - \mu)^2$，常以 $V(X)$ 或 σ^2 表示變異數。變異數之平方根稱爲標準差，以 σ 表示。

$$\sigma^2 = E(X - \mu)^2 = E\{([X - E(X)]^2)$$

(1) 當 X 爲離散型時：$E(x) = \sum_{x} (x - \mu)^2 f(x)$

(2) 當 X 爲連續型時：$E(x) = \int_{-\infty}^{\infty} (x - \mu)^2 f(x) \, dx$

二、九種常見的機率密度分布

我們常見的機率分布，包括：

1. 二項分布 (binomial distribution)：離散型

在有限試行次數爲 n 的試驗中，每次出象只有兩種結果，分成失敗和成功，每次成功或失敗之機率均相同 (母體總數爲 N，每次抽樣後均放回)，且每次試行均相互獨立，則稱此事件爲二項試驗或 Bernoulli Experiment。

在 n 次之二項試驗中，若令 X 表示成功之總次數，則 X 稱爲二項隨機變數，其離散型之機率質量函數 (probability mass function, PMF) 爲：

$$f(x) = \begin{cases} \dbinom{n}{x} p^x q^{n-x}, & x = 0, 1, 2, \cdots\cdots, n \\ \\ 0 & \text{，其他} \end{cases}$$

其中，正面事件 p（=1-q）爲負面事件 q 的反面。

通常以 b(x; n, p) 表示，稱 X 之分布爲二項分布。

補充：**PMF vs. PDF 的差別**

在機率論中，機率質量函數是離散隨機變量在各特定取值上的機率。機率質量函數和機率密度函數不同之處在於：機率質量函數是對離散隨機變量定義的，本身代表該值的機率；機率密度函數 (PDI) 是對連續隨機變量定義的，本身不是機率，只有對連續隨機變量的機率密度函數在某區間內進行積分後才是機率。

如下圖爲一個機率質量函數的圖像，函數的所有值必須非負，且總和爲 1。

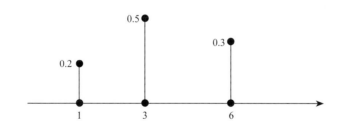

---

2. 超幾何分布 (hypergeometric distribution)：離散型

設隨機變數 X 爲二項試驗，但每次自母體抽出之樣本不放回，則稱 X 爲超幾何分布。超幾何分布之 PMF 爲：

$$f(x) = \begin{cases} \dfrac{\binom{K}{x}\binom{N-K}{n-x}}{\binom{N}{n}} & x = 0, 1, 2, \cdots, \min(n, k) \\ 0 & \text{其他} \end{cases}$$

其中屬於成功者有 K 項，屬於失敗者有 N-K 項。當 N 非常大時，超幾何分布趨近於二項分布。

3. 負二項分布 (negative binomial distribution)：離散型

在二項試驗中，若隨機變數 X 表示自試驗開始至第 r 次成功爲止之試驗，則稱 X 爲負二項隨機變數。設 p 爲每次成功之機率，則 X 之 PMF 爲：

$$f(x) = \begin{cases} \binom{x-1}{r-1} p^r q^{x-r} & x = r, r+1, \ldots \\ 0 & \text{其他} \end{cases}$$

當 $r = 1$ 時，$f(x) = pq^{x-1}$，$x = 1, 2, 3\cdots\cdots$，稱爲幾何分布。

4. 卜瓦松分布 (poisson distribution)：離散型

由法國數學家 Simon Denis Poisson 提出。卜瓦松分布之特性：

(1) 在兩個不相交的時間間隔，特定事件發生變化的次數爲獨立。

(2) 在短時間間隔或小空間區域發生一次變化的機率，近乎與區間長度、面積或體積成正比。

(3) 在同樣的一個短時間間隔，有兩個或以上的變化發生之機率近乎 0。滿足上述特性者，稱爲卜瓦松過程。若隨機變數 X 表示卜瓦松過程每段時間變化的次數，則 X 稱爲卜瓦松隨機變數。

(4) 發生於一段時間或某特定區域的成功次數之期望值爲已知。

卜瓦松分布之推演：設 $g(x, w)$ 表示在長 w 的時間內有 X 次變化的機率，則由卜瓦松過程可知：

(1) 設 X_1 表示在 h_1 時間間隔內發生之次數，X_2 表示在 h_2 時間間隔內發生之次數，若 h_1、h_2 不相交，則 X_1、X_2 爲隨機獨立。

(2) $g(1, h) = \alpha h + o(h)$，其中 α 爲一常數，$h > 0$，且 $o(h)$ 表任何滿足

$$\lim_{h \to 0} \frac{o(h)}{h} = 0 \text{ 之函數}$$

(3) $\sum_{x=2}^{\infty} g(x, h) = o(h)$

由上述三個式子導出 X 的 PMF 為

$$f(x) = \begin{cases} \dfrac{\lambda^x e^{-\lambda}}{x!} & , x = 0, 1, 2, \cdots n \\ 0 & , 其他 \end{cases}$$

此分布常以 $p(x, \lambda)$ 表示。

5. 常態分布 (normal distribution)：連續型

此分布理論首先由法國學者 De Moivre 提出，約一百年後學者 Gauss & Laplace 亦導出相同的結果，在英美地區 (包括我國) 稱此分布為高斯分布。因為分布圖形類似鐘型，因此又稱為鐘型分布或常態分布 (Normal D.)。

常態分布重要性：

(1) 自然界中大部分之分布現象均屬常態分布。

(2) 許多複雜而非常態的分布，可用常態分布近似 (中央極限定理)。

(3) 統計上許多推定和檢定，均引用常態分布，例如抽樣分布理論。

常態分布 PDF 為：

$$f(x) = \frac{1}{\sqrt{2\pi}\sigma} \exp\left[-\frac{1}{2} \left(\frac{x - \mu}{\sigma} \right)^2 \right]$$

$$-\infty < x < \infty, \sigma > 0, -\infty < \mu < \infty$$

則稱 X 為常態隨機變數，X 之分布稱為常態分布。其中，μ 為平均數，σ 為標準差。

> 標準常態分布

若將常態分布之隨機變數 X 予以標準化處理：

$$Z = \frac{X - \mu}{\sigma}$$

則隨機變數 Z 服從常態分布 $N(0, 1)$，其中平均數為 0，標準差為 1。此分布稱為標準常態分布。

6. 均勻分布 (uniform distribution)：連續型

若隨機變數 X 在區間 $[a, b]$ 上為均勻分布，則 X 之均勻分布 PDF 為

$$f(x) = \begin{cases} \dfrac{1}{b - a} & , a \le x \le b \\ 0 & , 其他 \end{cases}$$

7. **伽瑪分布** (Gamma distribution)：偏態且連續型

伽瑪分布為等候時間常用之機率分布，例如顧客到達郵局要求服務的人數，若單位時間內平均到達 λ 人之卜瓦松分布，而此郵局自某時間開始到第 k 個顧客到達為止所經過之時間為 W，則 W 服從伽瑪分布。若連續隨機變數 X 之 PDF 為：

$$f(x) = \begin{cases} \dfrac{1}{\Gamma(\alpha)\beta^a} x^{a-1} e^{-\frac{x}{\beta}} & , x > 0 \\ 0 & , 其他 \end{cases}$$

其中，$\Gamma(t) = \int_0^\infty e^{-x} x^{t-1} dx$

8. **指數分布** (exponential distribution)：偏態且連續型

當伽瑪分布之 $\alpha = 1$，$\beta = \dfrac{1}{\lambda}$ 時，隨機變數 X 之指數分布 PDF 為

$$f(x) = \begin{cases} \lambda e^{-\lambda x} & , x > 0 \\ 0 & , 其他 \end{cases}$$

則稱 X 服從指數分布。

9. **韋伯分布** (Weibull distribution)：偏態且連續型

當隨機變數 X 之韋伯 PDF 為

$$f(x) = \frac{\beta(x-\delta)^{\beta-1}}{(\theta-\delta)^\beta} \exp\left[-\left(\frac{x-\delta}{\theta-\delta}\right)\beta\right], x \geq \delta \geq 0$$

其中 β 稱為線型參數 (shape parameter)，因 β 影響 PDF 圖形之陡峭程度。

「$\theta - \delta$」稱為尺度參數 (Scale parameter)，它影響散布程度。

θ 為 MTBF(失效率之倒數)。

小結

前 6 種分布之迴歸模型，請見作者「Stata 與高等統計分析」一書。後三種及延伸出來的各種分布，就在本章探討。

三、連續隨機變數及其常用的機率分布

隨機變數 (random variable) 是指變數的值無法預先確定，僅以一定的可能性 (概率) 取值的量。由於它是隨機而獲得的非確定值，故也是概率中重要概念之一。在經濟活動中，隨機變數是某一事件在相同的條件下，可能發生也可能不發生的事件。(A random variable is a number associated with the outcome of a stochastic process.)

「連續」隨機變數與「離散」隨機變數有一個很重要的不同點：「機率函數」$f_X(x)$ 代表「連續」隨機變數 X 的「機率密度函數」，它不是「機率」。不能談「連續」隨機變數 X 等於某個特定值 x 的機率，因為對所有的 x，$P(X=x) = 0$。我們只能談 X 落於某一個區間的機率。例如，X 會落於區間 (a, b) 的機率為

$$P(a \leq X \leq b) = \int_a^b fx(x)dx$$

常見的「連續」「隨機變數」的機率分配有：

(1) **常態分配**：自然界常存在一個現象：就是大部分都是中庸的情形，兩邊極端的情形很少。例如，身高、體重、收入、智商等等，這些隨機變數的分布可以假設為「常態分配」。「常態分配」的「機率密度函數」圖形像一個鐘形 (中間高兩邊低)，亦即大部分為中庸的情形，偏大或偏小的情形較少。

(2) **韋伯分配**：「韋伯分配」也常用於電子元件「壽命」的假設，因其具有「累積分配函數」的公式，可使分析變得簡便。

(3) **伽瑪分配**：電子元件「壽命」常假設具有「伽瑪分配」，因其具有動差 (moment) 的公式 [例如，「平均數」$E(X)$，「變異數」$Var(X)$、第三階動差 $E(X^3)$ 與第四階動差 $E(X^4)$]，可使分析變得簡便。

(4) **指數分配**：「隨機程序」(stochastic process) 中「事件」之間的間隔時間常假設具有「指數分配」，其「無記憶性」(memoryless) 的特性可大幅簡化公式的推導。

常態分布

若 X 為具有「參數」μ 及 σ^2 的「常態分配」，通常記為 $X \sim N(\mu, \sigma^2)$。

定理：「常態分配」的「平均數」與「變異數」

若 X 具有「機率密度函數」

$$f_X(x) = \frac{1}{\sqrt{2\pi}\sigma} e^{-(x-\mu)^2/(2\sigma^2)}, \ -\infty < x < \infty$$

的「常態分配」，則

$$\begin{cases} E(X) = \mu \\ Var(X) = \sigma^2 \end{cases}$$

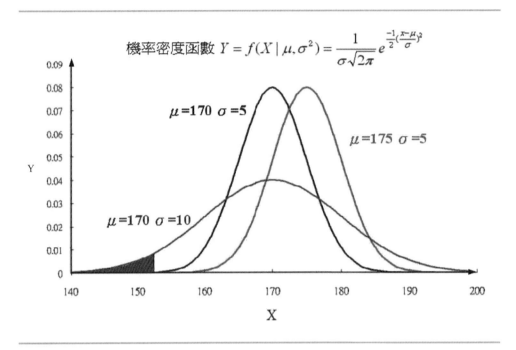

圖 3-5 常態分布的機率密度函數

四、參數存活模型：以就業時間 T 為例 (相反即失業)

在參數估計模型裡，我們第一個需假設就業時間 T 在已知的解釋變數 X 下，服從何種機率分配 (parametric probability distribution)，存活分析中常用的機率分配有：exponential 分配、韋伯分配、對數常態分配、邏輯斯分配、generalized gamma 分配、generalized F 分配。表 3-1 中彙整了這些分配的就業期間 (T) 之機率密度函數 $f(t)$、存活函數 $S(t)$ 以及轉機函數 $h(t)$，其中除了 exponential 分配與 generalized F 分配分別為一個與四個參數的模型外，其他分配為二個參數的模型 (λ 與 γ)，λ 為狀態參數 (location parameter)，γ 為尺度參數 (scale parameter)，其轉機函數的時間依賴性 (duration dependence) 會受 λ、γ 與 t 之影響。其次，在進行實證分析時，我們經常需要了解解釋變數群 (x) 對於就業期間 T 之影響，因此在估計上將上列分布之隨機變數 T(就業時間) 做如下的變數轉換 (Kiefer 1988, Lancaster, 1990)：

$$\omega = (\log T - x'\beta) / \sigma$$

表 3-1　各種分布下的函數

分配名稱	機率密度函數 $f(t)$	存活函數 $s(t)$	危險函數 $h(t)$
Exponential	$\lambda \exp(-\lambda t)$	$\exp(-\lambda t)$	λ
Weibull	$\lambda\gamma(\lambda t)^{\gamma-1}\exp(-(\lambda t)^{\gamma})$	$\exp(-(\lambda t)^{\gamma})$	$\lambda\gamma(\lambda t)^{\gamma-1}$
Lognormal	$\phi(-\gamma \ln(\lambda t))$	$\Phi(-\gamma \ln(\lambda t))$	$\phi(-\gamma \ln(\lambda t))$ $/ \Phi(-\gamma \ln(\lambda t))$
Gamma	$\lambda\gamma\,(\lambda t)^{\gamma\theta-1}\left(\dfrac{\exp(-(\lambda t)^{\gamma})}{\Gamma(\theta)}\right)$	No closed form	No closed form
Generalized F	$\lambda\gamma(\lambda t)^{\gamma-1} / \beta(M1, M2)K^{M1} \times (1 + K)^{-(M1+M2)}$ $K = (M1 / M2)(\lambda t)^{\gamma}$ $\beta(M1, M2) =$ beta function	No closed form	No closed form
Weibull with Gamma heterogeneity	$s(t)^{\theta+1}\lambda\gamma(\lambda t)^{\gamma-1}$	$[1 + \theta(\lambda t)\gamma]^{-1/\theta}$	$s(t)^{\theta}\lambda\gamma(\lambda t)^{\gamma-1}$

說明：λ：狀態參數，$\gamma = 1/\sigma$：尺度參數。
資料來源：Lancaster (1990)。

　　σ 為 T 的標準差，在此，ω 決定於存活期間 T 之分率；例如當 T 是 exponential、韋伯或邏輯斯分配時，ω 為一極限最小分配 (extreme minimum distribution)。而當 T 是對數常態分配時，ω 為一標準常態分配 (Greene, 2002)。其中原來的狀態參數 $\lambda = \exp(-x'\beta)$ 且尺度參數 $\gamma = 1/\sigma$。由各分布之危險函數之函數型式，我們可以了解隨時間的加長，其下個時點會轉變狀態之機率 (時間相依性 duration dependence) 與其參數之關係，其關係彙總於上表。例如：在韋伯分布中，(1) 假若尺度參數 $\gamma > 1$(即 $\sigma < 1$) 時，危險函數為時間 t 之遞增函數，表示隨著時間的增加脫離原來狀態 (就業狀態) 的機率 (hazard rate) 變大。(2) 反之，尺度參數 $\gamma < 1$(即 $\sigma > 1$) 時，危險函數為時間 t 之遞減函數，表示隨著時間的增加脫離原來狀態 (就業狀態) 的機率變小。至於連續時間的分布是屬於何種分布我們無法預先得知，唯有透過 Stata 的 log likelihood 值的評比，看那個模型 log likelihood 值較高，其模型適配度就愈佳。

　　以上之估計模型，都假定各觀察值之間的存活函數 s(t|X) 是同質的 (homogeneity)，假若不是同質則參數估計值會產生不一致性 (inconsistency) 以及參數估計之標準差會有誤差 (Heckman and Singer, 1984)。因此你亦將加入異質性 (即脆弱性) 的隨機變數 (分布)，並將其納入實證中。Hui (1986) 提出韋伯模

型的修正建議：令

$s(t \mid v) = v\{\exp(-\lambda t)^{\gamma}\}$，為異質性的隨機變數。

假設 v 為伽瑪分布，其中伽瑪分布裡的參數分別為 k 和 R，則其 p.d.f. 為 $f(v)$ $= [k^{R} / \Gamma(R)]e^{-kv}v^{R-1}$。如果這個存活模型包含常數，則可假設 v 的平均值等於 1 時，則 $E(v) = k / R = 1$ or $k = R$。此時，我們可以發現，$s(t) = \int_{0}^{\infty} vs(t \mid v)f(v)\,dv$，如此可得考慮異質性下的 $s(t) = [1 + \theta(\lambda t)^{\gamma}]^{-1/\theta}$ 及 $h(t) = s(t)^{\theta}\lambda p(\lambda t)^{\gamma-1}$。

表 3-2　各種分布下危險函數 [h(t)] 之特質

分配名稱	危險函數 $h(t)$ 之特質
Weibull	當 $\gamma > 1$(即 $\sigma < 1$) 時，危險函數為時間 t 之遞增函數。 當 $\gamma < 1$ (即 $\sigma > 1$) 時，危險函數為時間 t 之遞減函數。 當 $\gamma = 1$ 時，危險函數不受 t 之影響 (即為 exponential 分配之危險函數)。
Lognormal	轉機函數為時間 t 之先遞增而後遞減函數 (倒 U 字型)。
Gamma	當 $\gamma\lambda > 1$，且 $\gamma < 1$（即 $\sigma > 1$）時，危險函數為先遞增而後遞減函數 (倒 U 字型)。 當 $\gamma\lambda < 1$，且 $\gamma > 1$(即 $\sigma < 1$) 時，危險函數為先遞減而後遞增函數 (U 字型)。
Generalized F	依其參數值 M1 及 M2 可畫出包含以上分配所有的圖。

五、概似函數 (likelihood function) 與估計

定義：最大概似法 (method of maximum likelihood)
它是假設母體分配已知的估計法。
1. 假設 $\{X_i\}_{i=1}^{n}$ 為來自母體分配 $f(x, \theta)$ 的隨機樣本，其中函數 $f(\cdot)$ 已知，但 θ 為未知的母體參數。
2. 由於 $X_1, \cdots\cdots, X_n$ 為隨機樣本，其聯合機率分配可以寫成：
   $f(x_1, \cdots\cdots, x_n; \theta) = f(x_1; \theta) \cdots\cdots f(x_n; \theta) = \prod_{i} f(x_i; \theta)$
3. 對於上式，我們過去習慣解讀成給定 θ 下，$x_1, \cdots\cdots, x_n$ 的函數。
4. 然而，我們也可以解讀為給定 $x_1, \cdots\cdots, x_n$ 下，θ 的函數。
5. 在第二種解讀下，我們把這樣的函數稱作的概似函數 (likelihood function)：
   $L(\theta) = \prod_{i} f(x_i; \theta)$

亦即這組隨機樣本出現的可能性

6. 最大概似估計式就是要找到一個參數值 使得概似函數 $L(\theta)$ 極大：

$$\hat{\theta} = \arg\max_{\theta \in \Theta} L(\theta)$$

其中，Θ 爲參數空間

7. 用白話解釋就是說，我們要找出一個參數值 $\theta = \hat{\theta}$，使得該組樣本出現的可能性最大。

8. 亦即，給定某組樣本 $\{X_i\}_{i=1}^{n}$，如果參數值 $\theta = \hat{\theta}_1$ 比 $\theta = \hat{\theta}_2$ 更有可能 (more likely) 觀察到這組樣本特性，則毫無疑問地 $\hat{\theta}_1$ 比 $\hat{\theta}_2$ 估計更優。

9. 而最大概似法就是要在參數空間中找出能夠讓我們最有可能 (most likely) 觀察到這組樣本的參數。

以臺灣農業部門就業期間爲例：

假設資料中有 n 個就業者，如果就業者 i 在觀察時點上已離開就業狀態，令 t_i 爲第 i 人離開時之就業期間，X_i 爲其個人特性、地區及產業勞動市場情況，則此人之概似函數爲 $f(t_i \mid x_i)$。由於受到調查時間上的限制，當我們在時點觀察資料時，有些仍然就業於原來之工作，則其概似函數爲 $s(t_i \mid x_i)$。令 C_t 爲每個樣本觀察值 t_i 的一個對應截斷時間，δ_i 爲一指標函數 (indicator function)，$\delta_i = I(t_i \leq C_i) = 1$，假如 $t_i \leq C_i$，假如 $t_i > C_i$，則 $\delta_i = 0$，則 n 個農民的對數概似函數 (log-likelihood function) 爲：

$$\ln L = \sum_{i=1}^{n} \delta_i \ln f(t_i \mid x_i) + \sum_{i=1}^{n} (1-\delta_i) \ln s(t_i \mid x_i) = \sum_{i=1}^{n} \delta_i \ln h(t_i \mid x_i) + \sum_{i=1}^{n} \ln s(t_i \mid x_i)$$

若考慮不可觀察的異質性，亦即再加入異質性的隨機變數 v，則對數概似函數遂成爲：

$$\ln L = \sum_{i=1}^{n} \delta_i \left[\ln h(t_i \mid x_i, v) + \ln s(t_i \mid x_i, v)\right] + \sum_{i=1}^{n} (1-\delta_i) \ln s(t_i \mid x_i, v)$$

$$= \sum_{i=1}^{n} \delta_i \ln h(t_i \mid x_i, v) + \sum_{i=1}^{n} \ln s(t_i \mid x_i, v)$$

將各分配下的 $h(t)$ 與 $s(t)$ 分別放入上式中，再對各參數做第一次和第二次數分，再應用 Newton-Raphson 反覆計算法，可得各分配下的最大概似估計值。

3-2-2 韋伯分布 (非常態分布、右偏態)：存活分析最重要分布

韋伯分布經常被應用於存活分析與可靠度分析中，它可適合於完全 (complete) 資料或設限資料。

韋伯分布始自 Waloddi Weibull (1887~1979)。他在 1951 年公告此一分布，便以他的名字來命名韋伯分布。從機率論角度來看，韋伯分布是連續性的機率分布，其機率密度改「存活時間點 t」來看，PDF 可寫為 $f(t) = \lambda k t^{k-1} \exp(-\lambda t^k)$，而 Weibull 之危險比率 $h(t) = \lambda k t^{k-1}$，所以其存活函數為 $S(t) = f(t) / h(t) = \exp(-\lambda t^k)$，$t \geq 0$，$\lambda \geq 0$。其中，$t$ 是隨機變數，$\lambda > 0$ 是比例參數 (rate parameter)，即每單位時間發生該事件的次數，$k > 0$ 是形狀參數 (shape parameter)，它影響 PDF 圖形之陡峭程度。韋伯分布的累積分布函數是擴展自指數 (exponential) 分布函數，而且當 $k = 1$，它就是一種指數分布。

為何要用指數分布或者韋伯分布於存活分析呢？很重要的原因是，存活資料多數都屬於偏斜分布，比如說剛開始死亡的人不多，經過一個時間點後死亡人數就徒增了，這就讓數值所產生的分布形成左右不對稱，也讓我們在估計信賴估計產生困難。因此，Stata 之「streg, dist(exponential 或 weibull) frailty(任一分布) time」指令中，就可讓你的 exponential / Weibull 分布再選配加速失敗時間 (Accelerated Failure Time, AFT) 模型。其方法為對原本分布的變數 t 取對數進行變數值的轉換，變數轉換後的模型即為加速失敗時間模型。

$$f_T(t) = \begin{cases} (\lambda p) \times (\lambda t)^{p-1} \exp[-(\lambda t)^p], & t \geq 0 \\ 0 & \text{，其他} \end{cases}$$

$$S_T(t) = \exp(-(\lambda t)^p); \quad h_T(t) = (\lambda t)^{p-1}; \quad H_T(t) = (\lambda t)^p; \quad \lambda > 0, p > 0$$

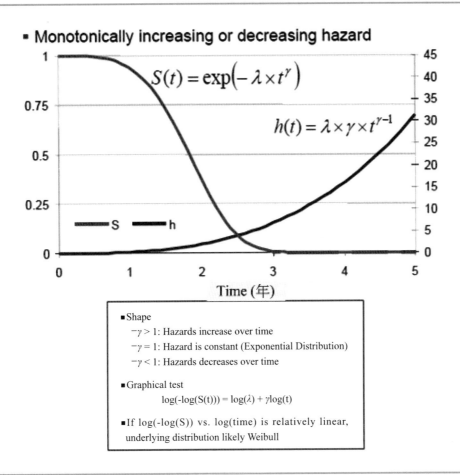

圖 3-6 韋伯分布之存活函數 S(t) 與危險函數 h(t) 之關係

　　在工業生產中的可靠度或壽命試驗 (trial)，最常用的壽命 (lifetime) 分布就是韋伯分布。例如，對一些製造元件或者是設備元件如真空管、電絕緣體等建立壽命模型，就會需要韋伯。此外，韋伯分布在生物醫學上也被廣泛的應用，像是在人類或實驗用之動物體內腫瘤、癌症的事件發生 (e.g. 死亡) 時間。

一、韋伯分布為基礎的估計值

最大概似之估計 (maximum likelihood estiation)	(Sirvanci and Yang, 1984)
動差之估計 (moments estimation)	(Cohen et al., 1984; Cran, 1988)
貝氏之估計 (Bayesian estimation)	(Tsionas, 2000)
分量之估計 (quantile estimation)	(Wang and Keats, 1995)
對數動差之估計 (logarithmic moment estimation)	(Johnson et al., 1994)
機率加權之動差 (the probability weighted moment estimation)	(Bartolucci et al., 1999)

二、韋伯分布：可靠度模型最常用它

在現實生活中，我們常會遇到無法取得完整樣本的情況，例如因為時間、成本的限制或人為疏忽而不能獲得所有的觀察值。面對此種不完整 censored 資料，我們無法利用一般應用於完整樣本的統計方法來做推論分析。所以，近年來許多學者 [Lawless (1982), Cohen (1991) 等] 開始重視並且探討對於此種在取得過程中受到限制之樣本資料的統計方法。在這類資料裡，若是屬於只能在有限範圍中觀察取得部分資料而無法觀測到超出此範圍外之資料的樣本，即被稱為設限樣本 (censored samples)。在可靠度分析 (reliability analysis) 或存活分析 (survival analysis) 中的壽命資料 (lifetime data) 就常會有此種設限的問題產生，例如我們僅知部分產品之壽命，而對其餘未知壽命之產品而言，我們只想預測它們的壽命 T 會超過某個時間點 t 而已。

(一) 韋伯分布之機率密度函數 (Probability Density Function, PDF)

韋伯分布為指數分布之一特例。若隨機變數 X(即存活期間 T) 符合廣義韋伯分布 Weibull(γ, μ, α)，其中，γ 為形狀 (shape) 參數，μ 為位置 (location) 參數，α 為尺度 (scale) 參數。此韋伯分布的機率密度函數 (PDF) 為：

$$f(x) = \frac{\gamma}{\alpha}\left(\frac{x-\mu}{\alpha}\right)(\gamma-1)\exp\left(-((x-\mu)/\alpha)^\gamma\right) \quad x \geq \mu; \gamma, \alpha > 0$$

當「$\mu = 0, \alpha = 1$」時，謂之標準韋伯分布，其 PDF 如下。在「$\mu = 0$」的情況，此雙參數韋伯分布為：

$$f(x) = \gamma x(\gamma - 1)\exp(-(x^{\gamma})) \quad x \geq 0; \gamma > 0$$

若取 $\alpha=1$，則得 $W(\gamma)$ 分布，即 $W(\gamma, 1) = W(\gamma)$ 之下。韋伯 $W(\gamma)$ 的一些分布 PDF 圖為：

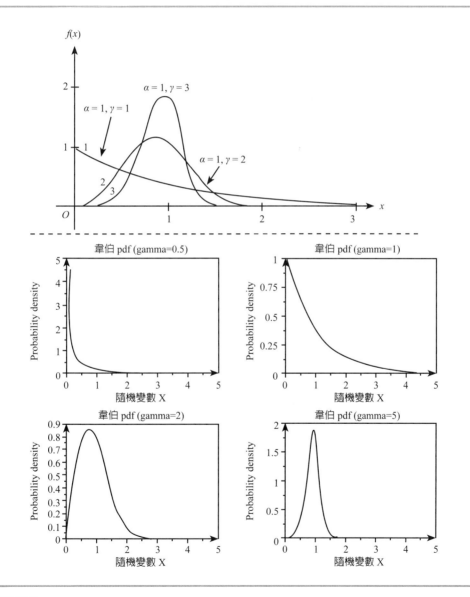

圖 3-7 韋伯分布之示意圖 (當「$\mu = 0, \alpha = 1$」時)

(二) 韋伯分布之累積分布函數 (cumulative distribution function, CDF)

$$F(x) = 1 - e^{-(x^\gamma)} \quad x \geq 0; \gamma > 0$$

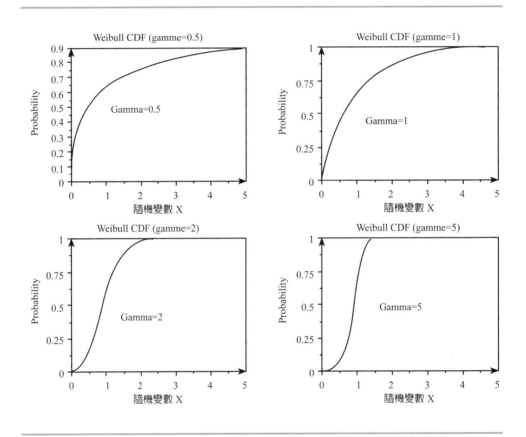

圖 3-8 韋伯分布之累積分布函數

(三) 韋伯分布之百分點函數 (percent point function)

$$G(p) = (-\ln(1 - p))^{1/\gamma} \quad 0 \leq p < 1; \gamma > 0$$

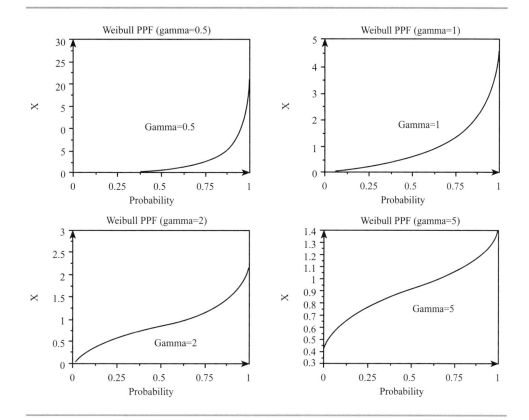

圖 3-9 韋伯分布之百分點函數

(四) 韋伯分布之危險函數 (hazard function)

$$h(x) = \gamma x^{(\gamma-1)} \quad x \geq 0; \gamma > 0$$

韋伯模型的危險函數，亦可記為 $h(t, x)$，其 PDF 為：

$$h(t, x) = \lambda p(\lambda t)^{p-1}$$

其中，等待時間 λ 為

$$\lambda = \exp\left(\frac{-x'\beta}{\alpha}\right)$$

$$p = \frac{1}{\sigma}$$

以臺商對中國投資為例：若 $p = 1$，$h(t; x) = \exp(-x'\beta)$，則對外投資在時間過程中投資的機率不受時間影響，若 $p > 1$，則對外投資機率隨著時間的累積，機率呈現增加；反之，若 $p < 1$，則隨著時間累積 (經過)，機率呈現下降。

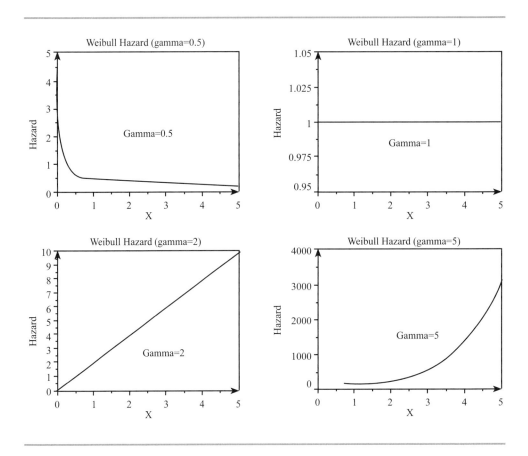

圖 3-10 韋伯分布之危險函數

(五) 韋伯分布之累積危險函數 (cumulative hazard function)

$$h(x) = x^{\gamma} \quad x \geq 0; \gamma > 0$$

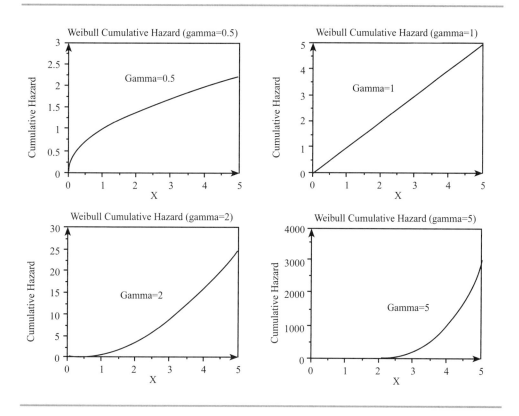

圖 3-11 韋伯分布之累積危險函數

(六) **韋伯分布之存活函數** (survival function)

$$s(x) = \exp[-(x^{\gamma})] \quad x \geq 0; \gamma > 0$$

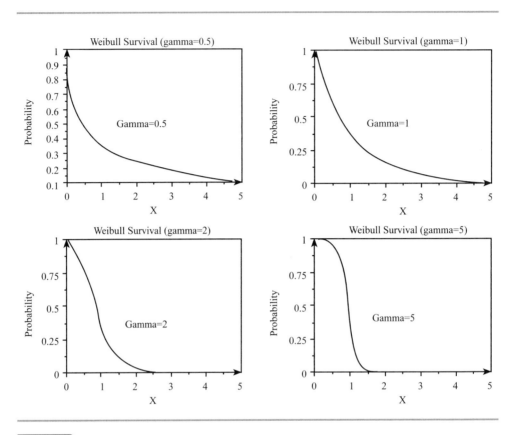

圖 3-12 韋伯分布之存活函數

(七) 韋伯分布之反存活函數 (inverse survival function)

$$Z(p) = (-\ln(p))^{1/\gamma} \qquad 0 \le p < 1; \gamma > 0$$

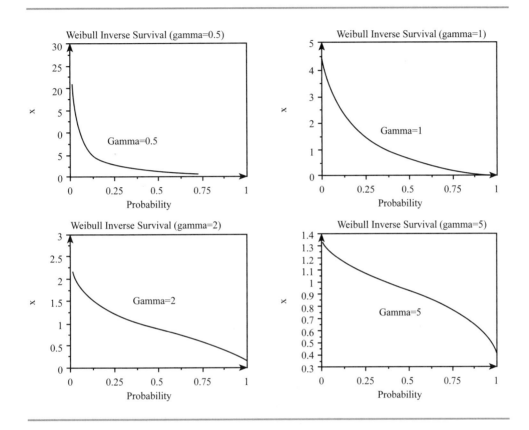

圖 3-13 韋伯分布之反存活函數

(八) **韋伯分布常見統計量** (common statistics)

　　韋伯分布是瑞典物理學家 Waloddi Weibull，為發展強化材料的理論，於西元 1939 年所引進，是一較新的分布。在可靠度理論及有關壽命檢定問題裡，常少不了韋伯分布的影子。

　　當位置參數 (location parameter) $\mu = 0$，尺度參數 (scale parameter) $\alpha = 1$ 時，則 $W(\gamma, 0, 1)$ 常見的統計量如下表：

平均數 (Mean)	$\Gamma\left(\dfrac{\gamma+1}{\gamma}\right)$ where Γ is the gamma function $\Gamma(a) = \int_0^\infty t^{a-1}\, e^{-t}\, dt$

中位數 (Median)	$\ln(2)^{1/\gamma}$
眾數 (Mode)	$\left(1 - \dfrac{1}{\gamma}\right)^{1/\gamma} \quad \gamma > 1$ $0 \qquad\qquad \gamma \le 1$
值域 (Range)	$0 \text{ to } \infty$
標準差 (Standard Deviation)	$\sqrt{\Gamma\left(\dfrac{\gamma+2}{\gamma}\right) - \left(\Gamma\left(\dfrac{\gamma+1}{\gamma}\right)\right)^2}$
變異係數 (Coefficient of Variation)	$\sqrt{\dfrac{\Gamma\left(\dfrac{\gamma+2}{\gamma}\right)}{\left(\Gamma\left(\dfrac{\gamma+1}{\gamma}\right)\right)^2} - 1}$

三、可靠度工程之數學基礎：失效時間 f(t) 機率密度函數 (韋伯分布)

設 $f(t)$ 表某系統失效時間的 PDF，$F(t)$ 表系統從時間 0 到 t 的累積失效機率，則

$$F(t) = \int_0^t f(x)\, dx$$

$R(t)$ 表系統存活機率，則 $R(t) = 1 - F(t)$

系統在時間區間 t 至 $t + \triangle t$ 失效機率為 $F(t + \triangle t) - F(t)$，

系統在時間 t 存活下，能繼續存活至 $t + \triangle t$ 的條件機率為：

$$\frac{F(t + \triangle t) - F(t)}{R(t)}$$

所以平均單位時間失效機率為：

$$\frac{F(t + \triangle t) - F(t)}{R(t)\triangle t} = \frac{F(t + \triangle t) - F(t)}{\triangle t} \cdot \frac{1}{R(t)}$$

當 $\triangle t$ 趨近於非常小時，以 $Z(t)$ 表瞬時失效率：

$$Z(t) = \lim_{\triangle t \to 0} \frac{F(t + \triangle t) - F(t)}{\triangle t} \cdot \frac{1}{R(t)} = \frac{F'(t)}{R(t)} = \frac{f(t)}{1 - F(t}$$

又因為 $R(t) = 1 - F(t)$，得 $F'(t) = -R'(t)$

$$Z(t) = \frac{-R'(t)}{R(t)} = -\frac{d\left[\ln R(t)\right]}{dt}$$

上式解微分方程，可得：

$$R(t) = \exp\left[-\int_0^t Z(x)\,dx\right]$$

再利用 $f(t) = Z(t) \times R(t)$ 得

$$f(t) = Z(t) \times \exp\left[-\int_0^t Z(x)\,dx\right]$$

若失效率以固定常數 λ (waiting time) 帶入，可得 $f(t) = \lambda \cdot e^{-\lambda t}$，此式剛好符合指數 (exponential) 分布，這裡 λ 為 waiting time。

1. 若元件失效後，可立即更換另個有相同失效率之元件，則這種隨機發生失效的現象，剛好符合 Poisson Process [公式中 μ 為樣本平均數 (sample mean)]。

2. 平均等待二個失效所發生的時間應該是失效率的倒數 $= 1/\lambda$，此值常稱之為平均失效時間 (Mean Time Between Failures)。

3. 然而假定固定的失效率與現實世界並不吻合，失效率常隨時間而改變 (漸增或漸減)。

　若將瞬時失效率修正為與時間有關之函數：

$$Z(t) = \lambda\beta t^{\beta-1} \,,\, t > 0$$

當 $\beta < 1$ 時，失效率隨時間遞減。
當 $\beta > 1$ 時，失效率隨時間遞增。
當 $\beta = 1$ 時，失效率不隨時間而改變。
將上式帶入上上上式，可得：

$$f(t) = \lambda\beta t^{\beta-1} e^{-\lambda t\beta} \,,\, t > 0$$

上式即為著名的韋伯分布。

3-2-3 指數分布：可靠度模型之失效時間的機率分布

　對數常態分布與韋伯分布，二者常用來描述大多數工業 (電子) 產品之壽命，惟兩者特性極為相似。

　在 Poisson 過程中，若連續事件之間的時間，就呈指數分布的特性。它是幾何分布的連續型分布，也是無記憶性：$f(x + t \mid X > t) = f(x)$。

　由於產品壽命並不一定服從常態分布，所以許多學者利用伽瑪分布或韋

伯分布來適配產品壽命之分布。但 Gupta 與 Kundu (1999) 卻發現：廣義指數 (exponential) 分布優於伽瑪與韋伯分布，即廣義指數分布幾乎可以取代伽瑪分布與韋伯分布。

　　廣義指數分布與伽瑪分布有類似的性質，但在計算上較為容易。廣義指數分布的應用極廣，如動物行為分析、降雨量的估計、軟體可靠度分析、生態學的應用、動力系統平均壽命的估計以及醫學的痊癒率模型等等 (Nadarajah, 2011)。故以下先介紹指數分布。

一、（標準）指數分布

(一) 指數分布之機率密度函數

　　廣義指數分布 (general exponential distribution) 之 PDF 為：

$$f(x) = \frac{1}{\beta} e^{-(x-\mu)/\beta} \quad x \geq \mu; \beta > 0$$

其中，μ 是位置參數 (location parameter)，β 是尺度參數 (有人改以 λ 倒數當 β 值，即等待時間 $\lambda = \frac{1}{\beta}$)。當 $\mu = 0$ 且 $\beta = 1$ 時，謂之標準指數分布：

$$f(x) = e^{-x} \quad \text{for } x \geq 0$$

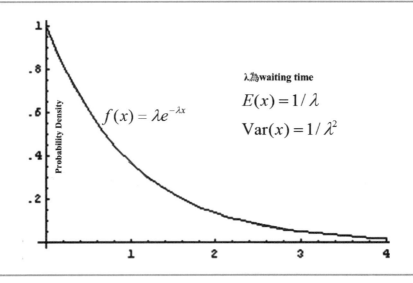

圖 3-14 標準指數分布之 PDF 示意圖

(二) 指數分布之累積分布函數

$$F(x) = 1 - e^{-x/\beta} \quad x \geq 0; \beta > 0$$

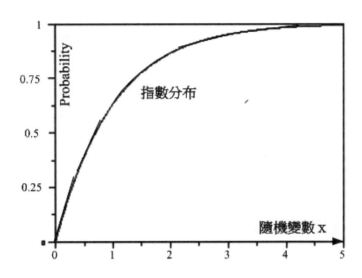

指數分布

圖 3-15 標準指數分布之累積分布函數

(三) 指數分布之百分點函數

$$G(p) = -\beta \ln(1 - p) \quad 0 \leq p < 1; \beta > 0$$

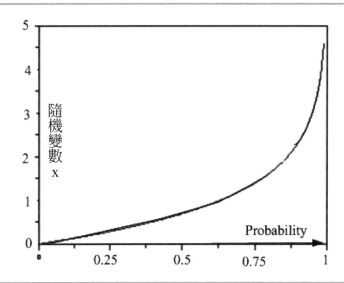

圖 3-16 標準指數分布之百分點函數

(四) 指數分布之危險函數

$$h(x) = \frac{1}{\beta} \quad x \geq 0; \beta > 0$$

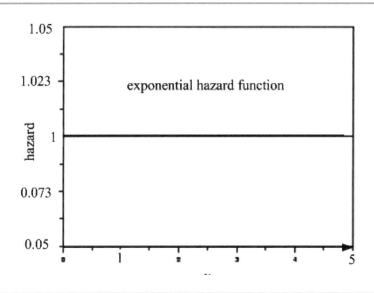

圖 3-17 標準指數分布之危險函數 ($\beta = 1$)

(五) 指數分布之累積危險函數

$$H(x) = \frac{x}{\beta} \quad x \geq 0; \beta > 0$$

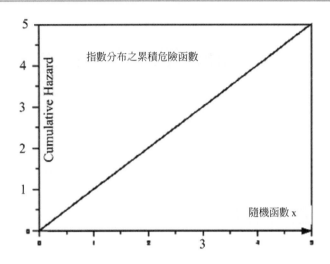

圖 3-18　標準指數分布之累積危險函數

(六) 指數分布之存活函數

$$s(x) = e^{-x/\beta} \quad x \geq 0; \beta > 0$$

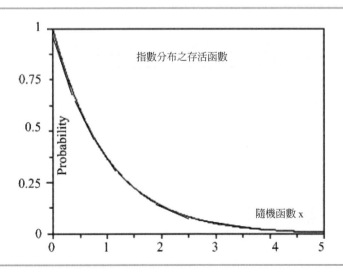

圖 3-19　標準指數分布之存活函數

(七) 指數分布常見統計量 (common statistics)

平均數 (mean)	β
中位數	$\beta \ln 2$
眾數	μ
值域	μ to ∞
標準差	β
變異係數	1
偏態 (skewness)	2
峰度 (kurtosis)	9

二、指數分布在可靠度模型的應用

「指數分配」是「形狀參數」$\alpha = 1$ 的「伽瑪分配」，所以「指數分配」只有一個參數 β，其「機率密度函數」為

$$f_X(x) = \begin{cases} \dfrac{1}{\beta} e^{-x/\beta}, \ x > 0 \\ 0, \qquad 其他 \end{cases}$$

此外，有人將指數分布之機率密度函數，符號記為：

$$f_T(t) = \begin{cases} \lambda e^{-\lambda t}, \ t \geq 0 \\ 0 \quad , 其他 \end{cases}$$

「壽命」屬於「連續」隨機變數，除了利用「機率密度函數」與「累積分配函數」描述「壽命」的隨機行為外，一般常以「可靠度」及「失效率」來描述「壽命」的隨機行為。事實上這些用以描述「壽命」隨機行為的函數都是相通的，亦即給定其中一個函數，我們可以求算別外三個函數。

當 T 表示「壽命」的隨機變數，是 $f_T(t)$ 及 $F_T(t)$ 分別代表 T 的「機率密度函數」與「累積分配函數」。

可靠度與失效率

「可靠度」可定義為

$$R(t) = P(T > t),\, t \geq 0$$
$$= 1 - P(T > t)$$
$$= 1 - F_T(t)$$

亦即元件在時間 t 點的「可靠度」$R(t)$ 代表在時點 t 時，元件仍然處於運作狀態的「機率」。

「失效率」可定義為

$$Z(t) = \lim_{\Delta t \to 0} \frac{P(t < T < t + \Delta t \mid T > t)}{\Delta t}$$

定理：「失效率」與「壽命」機率分配的關係

$$Z(t) = \frac{f_T(t)}{R(t)}$$

定理：「壽命」機率分配與「失效率」的關係

$$R(t) = c \cdot e^{-fZ(t)dt} \text{，}$$

其中常數 c 滿足邊界條件方程式 $R(0) = 1$。

---

(1) 有了 $f_T(t)$, $F_T(t)$ 或 $R(t)$ 其中任何一個，可以利用公式 $Z(t) = f_T(t) / R(t)$ 求算「失效率」$Z(t)$。

(2) 有了「失效率」$Z(t)$，可以利用公式 $R(t) = c \cdot e^{-fZ(t)dt}$ 求算 $R(t)$(其中 c 滿足 $R(0) = 1$)，然後可得 FT(t) = 1 − $R(t)$ 與 $f_T(t) = dF_T(t) / dt$。

三、範例：指數分布之參數存活分析

指數存活分析範例，請見 CD 片「Exponential regression.do」指令檔。

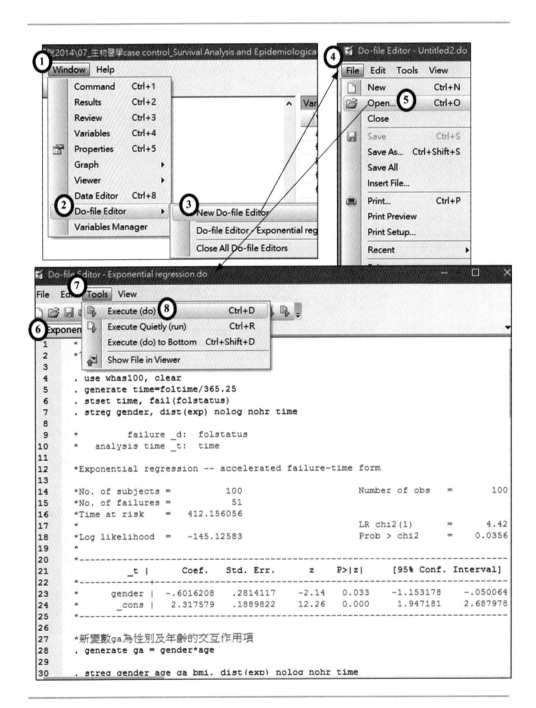

圖 3-20 「Exponential regression.do」指令檔內容

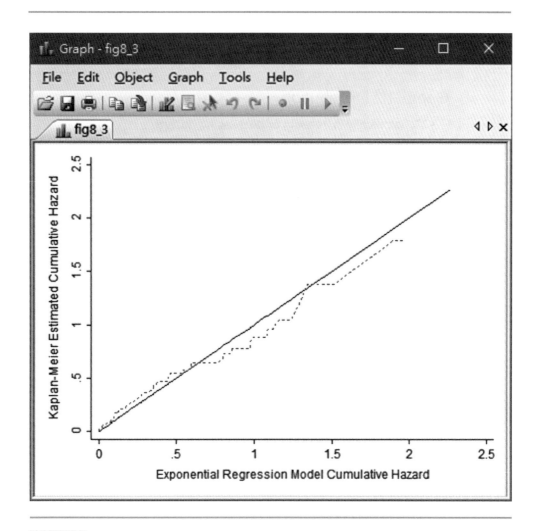

圖 3-21 「Exponential regression.do」繪出指數型之累積危險函數

3-2-4 Gompertz 分布：偏態分布

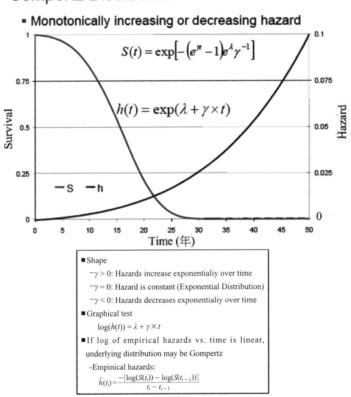

圖 3-22 Gompertz 分布之存活函數 S(t) 與危險函數 h(t) 之關係

Gompertz 分布之 PDF 為：

$$y(t) = ae^{-be^{-ct}}$$

其中

a 是漸近值 (asymptote)，因為 $\lim_{t \to \infty} ae^{-be^{-ct}} = ae^0 = a$。

b, c 都是正數。

b：設定沿 X 軸方向之位移 (轉移此圖至左 / 右)。

c：設定 Y 軸之成長率。

e 為 Euler's 值 (e = 2.71828)。

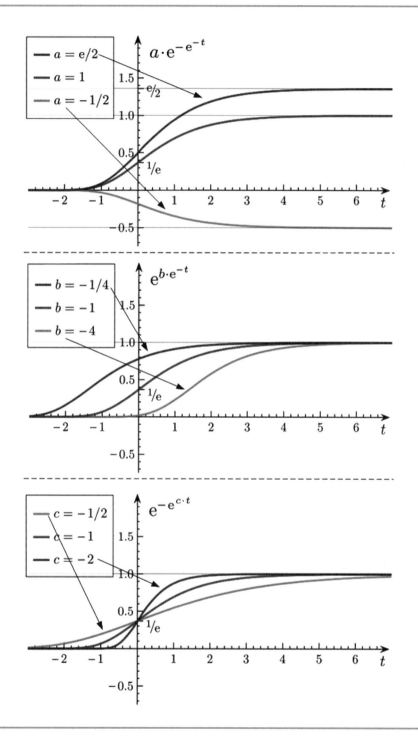

圖 3-23 Parametric survival models：Gompertz 分布之示意圖

3-2-5 對數邏輯斯分布 (Log-logistic)：偏態分布

邏輯斯迴歸 (Logistic 指令) 旨在估計勝算比；Cox 迴歸 (stcox、svy: stcox 指令) 及參數存活模型 (streg、svy: streg、stcrreg、xtstreg、mestreg 指令) 旨在估計危險比。

對數邏輯斯分布

$$S(t) = \frac{1}{1 + \lambda \times t^{\gamma}} \quad h(t) = \frac{\lambda \times \gamma \times t^{\gamma-1}}{\left(1 + \lambda \times t^{\gamma}\right)^2}$$

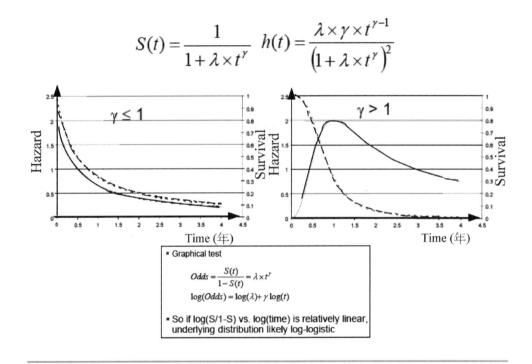

- Graphical test

$$Odds = \frac{S(t)}{1 - S(t)} = \lambda \times t^{\gamma}$$

$$\log(Odds) = \log(\lambda) + \gamma \log(t)$$

- So if log(S/1-S) vs. log(time) is relatively linear, underlying distribution likely log-logistic

---

圖 3-24 對數邏輯斯分布之存活函數 S(t) 與危險函數 h(t) 之關係

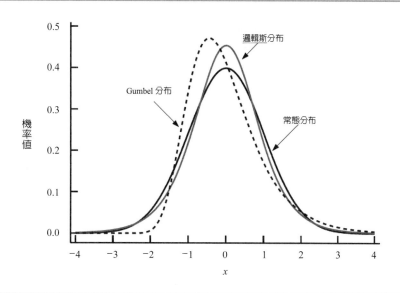

圖 3-25 Gumbel、常態、邏輯斯密度函數之比較，其平均數 1，變異數 1

一、邏輯斯迴歸之期望值 π

因為誤差項的分布與反應變數 Y_i 的伯努利分布有關，所以用以下的方式表達簡單 Logistic 迴歸模型會更好些：

Y_i 為服從伯努利分布的獨立隨機變數 (即存活時間 T)，且具有期望值 $E\{Y\}$ = π，其中

$$E\{Y_i\} = \pi_i = \frac{\exp(\beta_0 + \beta_1 X_i)}{1 + \exp(\beta_0 + \beta_1 X_i)}$$

二、邏輯斯迴歸的原理：勝算比或稱為相對風險

「受訪者是否 (0,1) 發生某事件」(死亡、病發、倒閉、犯罪被捕……) 之型態即二元依變數之類型。邏輯斯迴歸係假設解釋變數 (x) 與受試者是否發生某事件 (y) 之間必須符合下列邏輯斯函數：

$$P(y \mid x) = \frac{1}{1 + e^{-\Sigma b_i x_i}}$$

其中 b_i 代表對應解釋變數的係數，y 屬二元變數，若 $y = 1$ 表示受訪者有發生某事件 (死亡、病發、倒閉、犯罪被捕……)；反之，若 $y = 0$ 則表示該受訪者未發

393

生某事件。因此 $P(y = 1|x)$ 表示當自變數 x 已知時，該受訪者有發生某事件的機率；$P(y = 0|x)$ 表示當自變數 x 已知時，該乘客受訪者未發生某事件的機率。

Logistic 函數之分子分母同時乘以 $e^{\Sigma b_i x_i}$ 後，上式變爲：

$$P(y \mid x) = \frac{1}{1 + e^{-\Sigma b_i \times x_i}} = \frac{e^{\Sigma b_i x_i}}{1 + e^{\Sigma b_i x_i}}$$

將上式之左右兩側均以 1 減去，可以得到：

$$1 - P(y \mid x) = \frac{1}{1 + e^{\Sigma b_i x_i}}$$

再將上面二式相除，則可以得到

$$\frac{P(y \mid x)}{1 - P(y \mid x)} = e^{\Sigma b_i x_i}$$

針對上式，兩邊同時取自然對數，可以得到：

$$Ln\left(\frac{P(y \mid x)}{1 - P(y \mid x)}\right) = Ln(e^{\Sigma b_i x_i}) = \Sigma b_i x_i$$

經由上述公式推導可將原自變數非線性的關係，轉換成以線性關係來表達。其中 $\frac{P(y \mid x)}{1 - P(y \mid x)}$ 可代表受訪者有發生某事件 (e.g. 死亡、病發、倒閉、犯罪被捕……) 的勝算比或稱爲相對風險。

三、對數邏輯斯分布

若將隨機變數 X 取自然對數函數之後的機率分布 [如 Ln(Y) = X]，它若具有邏輯斯分布特性，謂之對數邏輯斯分布 (The log-logistic distribution is the probability distribution of a random variable whose logarithm has a logistic distribution.)。對數邏輯斯分布很像對數常模分布，但它卻有厚尾 (heavier tails) 分布。它也不像對數常態分布，其累積分布函數可以寫成封閉形式 (closed form)。

在概率和統計領域中，對數邏輯斯分布 (在經濟學稱爲 Fisk 分布) 是一個非負數隨機變數之連續概率分布 (continuous probability distribution)。它很適合於參數存活模型，尤其對於事件初始速率增加、但快到結果時速度放緩的事件，例如：癌症診斷或癌症治療後之死亡率。對數邏輯斯分布亦常應用在水文之水流模型和沉澱。在經濟學亦可當作財富分配和收入模型。

(一) 對數邏輯斯之 PDF

$$f(x;\ \alpha,\ \beta) = \frac{(\beta/\alpha)(x/\alpha)^{\beta-1}}{(1+(x/\alpha)^{\beta})^{2}}$$

其中，存活時間 $x > 0$，位置參數 $\alpha > 0$，形狀參數 $\beta > 0$。在 PDF 分布圖中，β 值愈大，機率曲線愈像常態分布；β 值愈小則愈像標準指數分布。

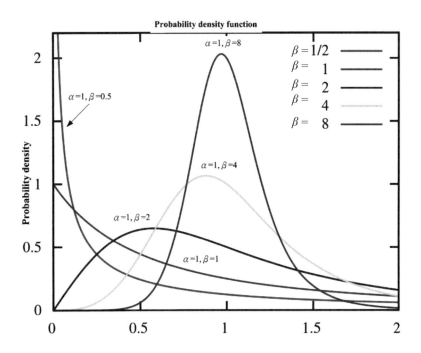

圖 3-26 對數邏輯斯之 PDF

(二) 對數邏輯斯之 CDF

$$F(x; \alpha, \beta) = \frac{1}{1 + (x/\alpha)^{-\beta}}$$

$$= \frac{(x/\alpha)^{\beta}}{1 + (x/\alpha)^{\beta}}$$

$$= \frac{x^{\beta}}{\alpha^{\beta} + x^{\beta}}$$

其中，存活時間 $x > 0$，位置參數 $\alpha > 0$，形狀參數 $\beta > 0$。當 $\beta > 1$，此分布是 unimodal(見圖)，在 CDF 分布圖中，β 值愈大，機率曲線愈陡。

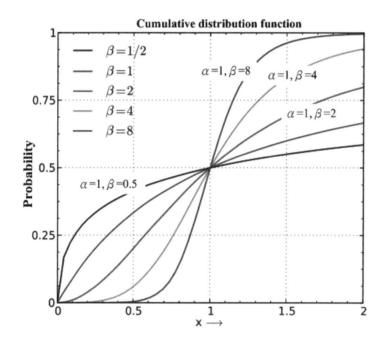

圖 3-27 對數邏輯之 CDF

(三) 對數邏輯斯之存活函數

$$S(t) = 1 - F(t) = [1 + (t/\alpha)^{\beta}]^{-1}$$

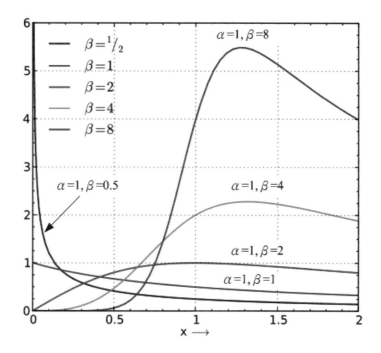

圖 3-28 對數邏輯斯之存活函數

(四) 對數邏輯斯之危險函數

$$h(t) = \frac{f(t)}{S(t)} = \frac{(\beta/\alpha)(t/\alpha)^{\beta-1}}{1+(t/\alpha)^{\beta}}$$

(五) 對數邏輯斯常見的統計量

參數 (Parameters)	$\alpha > 0$ 位置 $\beta > 0$ 形狀
Support	$x \in [0, \infty)$
機率密度函數 (PDF)	$\dfrac{(\beta/\alpha)(x/\alpha)^{\beta-1}}{(1+(x/\alpha)^{\beta})^2}$
累積分布函數 (CDF)	$\dfrac{1}{1+(x/\alpha)^{-\beta}}$

平均數	$\dfrac{\alpha\pi/\beta}{\sin(\pi/\beta)}$ if $\beta > 1$. else undefined
中位數	α
眾數	$\alpha\left(\dfrac{\beta-1}{\beta+1}\right)^{1/\beta}$ if $\beta > 1$. 0 otherwise

四、概似函數

假設每一個 Y_i 都是服從伯努利分布的隨機變數，其中：

$$P(Y_i = 1) = \pi_i$$
$$P(Y_i = 0) = 1 - \pi_i$$

則其機率分布為：

$$f_i\,(Y_i) = \pi_i^{Y_i}\,(1-\pi_i)^{1-Y_i} \quad Y_i = 0,\,1; \quad i = 1,\,...,\,n$$

假設每一觀測值 Y_i 是獨立的，則他們的聯合機率函數為：

$$g\,(Y_1,\,\cdots,\,Y_n) = \prod_{i=1}^{n} f_i\,(Y_i) = \prod_{i=1}^{n} \pi_i^{Y_i}\,(1-\pi_i)^{1-Y_i}$$

再者，對其聯合機率函數取對數，是基於方便來找最大概似估計值：

$$\ln g\,(Y_1,\,\cdots,\,Y_n) = \ln \prod_{i=1}^{n} \pi_i^{Y_i}\,(1-\pi_i)^{1-Y_i}$$

$$= \sum_{i=1}^{n}\,[Y_i\ln \pi_i + (1-Y_i)\ln(1-\pi_i)]$$

$$= \sum_{i=1}^{n}\left[Y_i\ln\left(\frac{\pi_i}{1-\pi_i}\right)\right] + \sum_{i=1}^{n}\ln(1-\pi_i)$$

因為 $E\{Y_i\} = \pi_i$ 且 Y_i 為二元變數。代入下式之邏輯斯平均反應函數：

$$E\{Y_i\} = \pi_i = F_L\,(\beta_0 + \beta_1 X_i) = \frac{\exp(\beta_0 + \beta_1 X_i)}{1 + \exp(\beta_0 + \beta_1 X_i)}$$

由上式，可得：

$$1 - \pi_i = [1 + \exp(\beta_0 + \beta_1 X_i)]^{-1}$$

進一步，代入下式

$$F_L^{-1}(\pi_i) = \ln\left(\frac{\pi_i}{1 - \pi_i}\right)$$

可得

$$\ln\left(\frac{\pi_i}{1 - \pi_i}\right) = \beta_0 + \beta_1 X_i$$

五、邏輯斯平均反應函數

假設隨機變數 ε_L 服從邏輯斯分布平均值為 0，標準差為 $\sigma = \frac{\pi}{\sqrt{3}}$，其分布為：

$$f_L(\varepsilon_L) = \frac{\exp(\varepsilon_L)}{[1 + \exp(\varepsilon_L)]^2}$$

其累積分布函數為：

$$F_L(\varepsilon_L) = \frac{\exp(\varepsilon_L)}{1 + \exp(\varepsilon_L)}$$

假設下式具有邏輯斯分布平均值為 0，標準差為 σ。

$$Y_i^C = \beta_0^C + \beta_1^C X_i + \varepsilon_i^C$$

例如，若 c 代表連續型懷孕期間的反應變數。

> 假設，想探討母親在懷孕期間 Y_c 與酒精使用程度 X 之關係。如此可用下列簡單線性迴歸，來表示孕婦酒精小於 38 單位，但有某反應 $(Y = 1)$ 的機率：
>
> $$P(Y_i = 1) = P(\beta_0^C + \beta_1^C X_i + \varepsilon_i^C \le 38)$$

然後可得：

$$P(Y_i = 1) = P\left(\frac{\varepsilon_i^c}{\sigma_c} \le \beta_0^* + \beta_1^* X_i\right)$$

之後，將不等式的左右兩邊各乘上 $\frac{\pi}{3}$，其機率值亦保持不變，因此：

$$P\,(Y_i=1)=\pi_i=P\left(\frac{\pi}{\sqrt{3}}\,\frac{\varepsilon_i^c}{\sigma_c}\le\frac{\pi}{\sqrt{3}}\beta_0^*+\frac{\pi}{\sqrt{3}}\beta_1^*X_i\right)$$

$$=P\,(\varepsilon_L\le\beta_0+\beta_1X_i)$$

$$=F_L\,(\beta_0+\beta_1X_i)$$

$$=\frac{\exp(\beta_0+\beta_1X_i)}{1+\exp(\beta_0+\beta_1X_i)}$$

總括而論，邏輯斯平均反應函數為：

$$E\{Y_i\}=\pi_i=F_L\,(\beta_0+\beta_1X_i)=\frac{\exp(\beta_0+\beta_1X_i)}{1+\exp(\beta_0+\beta_1X_i)}$$

上式亦等同於

$$E\{Y_i\}=\pi_i=[1+\exp(-\beta_0-\beta_1X_i)]^{-1}$$

將上上式，做累積分布 F_L 的反函數則可得：

$$F_L^{-1}(\pi_i)=\beta_0+\beta_1X_i=\pi_i'$$

F_L^{-1} 的轉換函數稱為機率值 π_i 的邏輯斯轉換，表示為：

$$F_L^{-1}\,(\pi_i)=\log_e\left(\frac{\pi_i}{1-\pi_i}\right)$$

六、互補 Log-Log 反應函數

可由下式的 ε^c 為 Gumbel 的誤差分布來導出平均反應函數：

$$\pi_i=1-\exp(-\exp(\beta_0^G+\beta_1^GX_i))$$

解下式之線性預測

$$\beta_0^G+\beta_1^GX_i$$

我們可得到互補 log-log 反應模型：

$$\pi_i'=\log[-\log(1-\pi(X_i))]=\beta_0^G+\beta_1^GX_i$$

七、對數邏輯斯分布之小結

對數邏輯斯分布具有非單調危險函數 (non-monotonic hazard function)，它非常適合癌症存活率數據。對數邏輯斯迴歸可描述具有時間聚合之分離樣本的危險函數 (in which the hazard functions for separate samples converge with time)。而且可對任何你挑選之存活時間來計算「對數勝算 (log odds)」的線性模型。

對存活期間 T 而言，ln(T)～符合 logistic 分布 $(\mu, \sigma^2), -\infty < \mu < \infty; \sigma > 0$。

$$f_T(t) = \frac{(e^{-\mu}/\sigma)(e^{-\mu} \times t)^{(1/\sigma - 1)}}{(1 + (t \times e^{-\mu})^{(1/\sigma)})^2}, t \geq 0$$

$$S_T(t) = \frac{1}{1 + \{t \times e^{-\mu}\}^{(1/\sigma)}}$$

$$h_T(t) = \frac{(e^{-\mu}/\sigma)(e^{-\mu} \times t)^{(1/\sigma - 1)}}{1 + (t \times e^{-\mu})^{(1/\sigma)}}$$

3-2-6 對數常態 (Log-normal) 分布：偏態分布

一、對數常態介紹

在機率論與統計學中，對數常態分布是對數為常態分布的任意隨機變量的機率分布。因為 e^x 與 $\ln(x)$ 互為反 (inverse) 函數，即 $\ln(e^x) = x$。如果 X 是常態分布的隨機變量，則 $\exp(X)$ 為對數常態分布；同樣，如果 Y 是對數常態分布，則 $\ln(Y)$ 為常態分布。如果一個變量可以看作是許多很小獨立因子的乘積，則這個變量可以看作是對數常態分布。一個典型的例子是股票投資的長期收益率，它可以看作是每天收益率的乘積。

二、對數常態分布

(一) 對數常態分布之機率密度函數

若隨機變數 X(即存活時間 t)，做對數函數變換：Y = Ln(X)，則新變數 Y 的分布，謂之對數常態分布，其機率密度函數 (PDF) 為：

$$f(x) = \frac{e - ((\ln(x - \theta)/m))^2/(2\sigma^2))}{(x - \theta)\sigma\sqrt{2\pi}} \quad x > \theta; m, \sigma > 0$$

其中，σ 為形狀參數 (也是 the standard deviation of the log of the distribution)，θ 是位置參數，m 為尺度參數 (也是 the median of the distribution)。若 $x = \theta$，則

$f(x) = 0$。因此，當 $\theta = 0$, m $= 1$ 時，謂之標準對數常態分布。當 $\theta = 0$，也就退化成二參數對數常態分布，符號為 Log-Normal(σ, m)。標準對數常態分布之 PDF 如下：

$$f(x) = \frac{e - ((\ln x)^2/2\sigma^2)}{x\sigma\sqrt{2\pi}} \quad x > 0;\ \sigma > 0$$

下圖係 4 個不同 σ 值，所繪出對數常態之機率密度函數 (lognormal probability density function)。

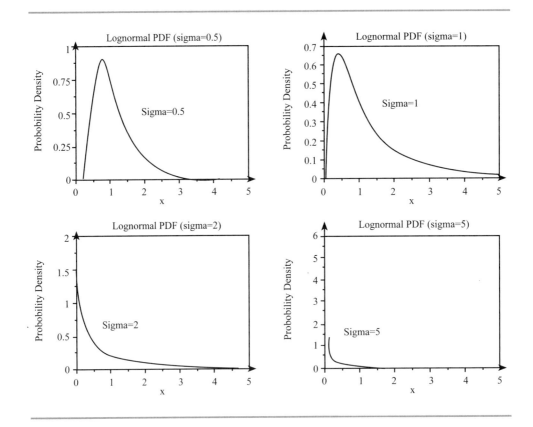

圖 3-29 對數常態之 PDF 示意圖

(二) 對數常態分布之累積分布函數

$$F(x) = \Phi\left(\frac{\ln(x)}{\sigma}\right) \quad x \geq 0;\ \sigma > 0$$

其中，Φ 是 cumulative distribution function of the normal distribution。

下圖係 4 個不同 σ 值，所繪出對數常態之累積機率密度函數 (CDF)。

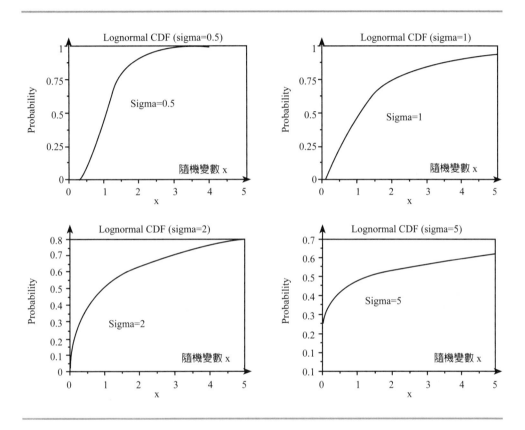

圖 3-30 對數常態之累積分布函數示意圖

(三) 對數常態分布之危險函數 (Hazard Function)

對數常態分配之危險函數為

$$h(x, \sigma) = \frac{\left(\frac{1}{x\sigma}\right)\phi\left(\frac{\ln x}{\sigma}\right)}{\Phi\left(\frac{-\ln x}{\sigma}\right)} \quad x > 0; \sigma > 0$$

其中，ϕ 是對數常態分布的機率密度函數，Φ 是對數常態分布的累積分布函數。

在 4 個不同 σ 值之下，對數常態分布之危險函數，如下圖所示。

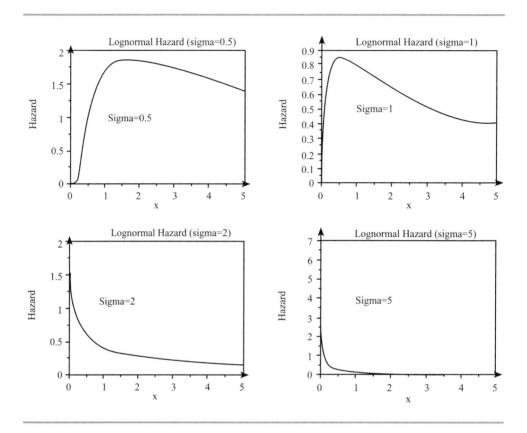

圖 3-31 對數常態分布之危險函數之示意圖

(四) 對數常態分布之累積危險函數

$$H(x) = -\ln\left(1 - \Phi\left(\frac{\ln(x)}{\sigma}\right)\right) \quad x \geq 0; \sigma > 0$$

其中，Φ 為常態分布的累積分布函數 (is the cumulative distribution function of the normal distribution)。

在 4 個不同 σ 值之下，對數常態分布之累積危險函數，如下圖所示。

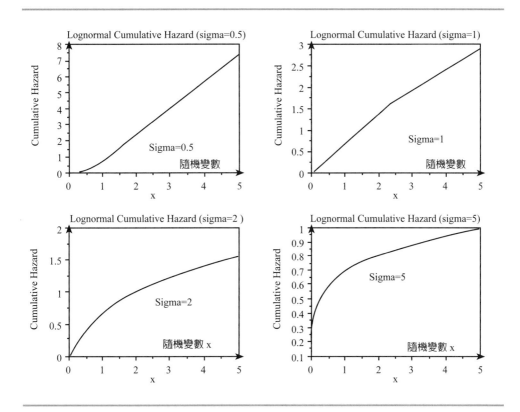

圖 3-32 對數常態分布之累積危險函數

(五) 對數常態分布之存活函數

對數常態分布之存活函數，如下圖所示，其存活函數爲：

$$S(x) = 1 - \Phi\left(\frac{\ln(x)}{\sigma}\right) \quad x \geq 0; \ \sigma > 0$$

其中，Φ 是對數常態分布的累積分布函數。

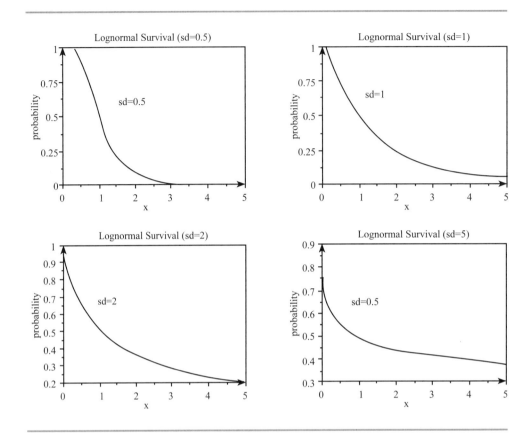

圖 **3-33** 對數常態分布之存活函數示意圖

(六) 對數常態分布常見統計量

平均數	$e^{0.5\sigma^2}$
中位數	scale parameter m (= if scale parameter not specified).
眾數	$\dfrac{1}{e^{\sigma^2}}$
值域	0 to ∞
標準差	$\sqrt{e^{\sigma^2}(e^{\sigma^2} - 1)}$
偏態	$(e^{\sigma^2} + 2)\sqrt{e^{\sigma^2} - 1}$
峰度	$(e^{\sigma^2})^4 + 2\,(e^{\sigma^2})^3 + 3\,(e^{\sigma^2})^2 - 3$
變異係數	$\sqrt{e^{\sigma^2} - 1}$

三、對數常態的應用

韋伯分布與對數常態分布，二者常用來描述大多數工業 (電子) 產品壽命 (lifetime)(即隨機變數 T)，惟兩者特性極為相似。

$$Ln(T) \sim N(\mu, \sigma^2), -\infty < \mu < \infty; \sigma > 0$$

$$f_T(t) = \begin{cases} \dfrac{1}{\sqrt{2\pi}\sigma t} \exp\left[-\dfrac{(\log t - \mu)^2}{2\sigma^2}\right], & t \geq 0 \\ 0 & , 其它 \end{cases}$$

$$S_T(t) = 1 - \Phi \frac{\ln(t) - \mu}{\sigma}$$

其中，Φ 是標準常態分布的累積分布函數。

$$h_T(t) = \left\{1 - \Phi\left[\frac{\ln(t) - \mu}{\sigma}\right]\right\} \times \left\{\frac{1}{\sqrt{2\pi}\sigma t} \exp\left[-\frac{(\log t - \mu)^2}{2\sigma^2}\right]\right\}$$

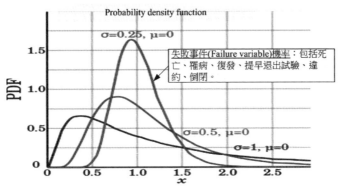

Some log-normal density functions with identical location parameter μ but differing scale parameters σ

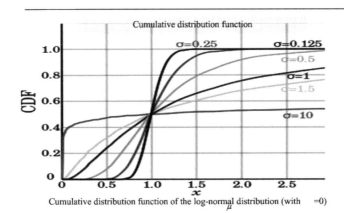

Cumulative distribution function of the log-normal distribution (with μ =0)

圖 3-34 Parametric survival models：Log-normal 之示意圖

3-2-7 廣義 (generalized) 伽瑪分布

韋伯、Exponential、lognormal 均屬伽瑪分布的一種特例。

一、韋伯分布

(一) 伽瑪分布之機率密度函數

伽瑪函數

介紹伽瑪分布之前，我們先解釋伽瑪函數 (gamma function) 之定義及其特殊的性質。

在此伽瑪函數之定義為

$$\Gamma(\alpha) = \int_0^\infty t^{\alpha-1} e^{-t} dt, \, \alpha > 0$$

伽瑪函數的性質 (Property)，包括：

1. $\Gamma(1) = 1$
2. $\Gamma(\alpha) = (\alpha - 1) \, \Gamma(\alpha - 1)$
3. $\Gamma(\alpha) = (\alpha - 1)!$

廣義伽瑪分布

廣義伽瑪分布之 PDF 為：

$$f(x) = \frac{\left(\dfrac{x - \mu}{\beta}\right)^{\gamma-1} \exp\left(-\dfrac{x - \mu}{\beta}\right)}{\beta \Gamma(\gamma)} \quad x \geq \mu; \, \gamma, \beta > 0$$

其中，γ 是形狀參數，μ 是位置參數，β 是尺度參數，此 γ 影響 PDF 圖形之陡峭程度，而 β 影響散布程度。

Γ 是伽瑪函數，公式如下：

$$\Gamma(a) = \int_0^\infty t^{a-1} e^{-t} dt$$

當 $\mu = 0$，$\beta = 1$ 時，謂之標準伽瑪分布 (standard gamma distribution)，公式為：

$$f(x) = \frac{x^{\gamma-1} e^{-x}}{\Gamma(\gamma)} \quad x \geq 0; \, \gamma > 0$$

底下給出一些伽瑪分布之圖形。

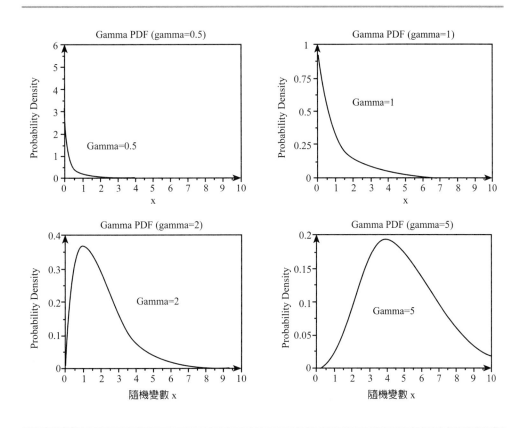

圖 3-35 標準伽瑪分布之 pdf 示意圖

(二) 標準伽瑪分布之累積分布函數

$$F(x) = \frac{\Gamma_x(\gamma)}{\Gamma(\gamma)} \quad x \geq 0; \gamma > 0$$

其中，Γ 為伽瑪函數。$\Gamma_x(x)$ 是不完全伽瑪函數，其公式為：

$$\Gamma_x(a) = \int_0^x t^{a-1} e^{-t} dt$$

在不同 γ 值之下，伽瑪分布的累積分布函數，如下圖。

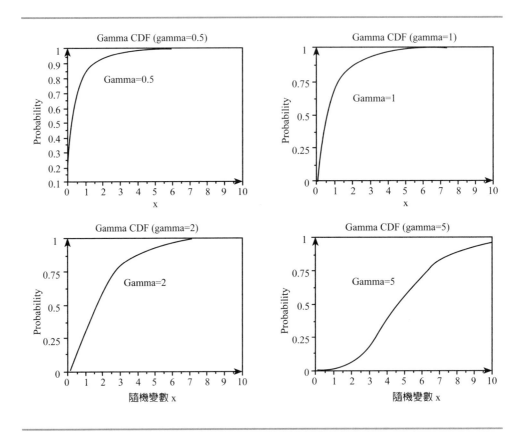

圖 3-36 標準伽瑪分布之累積分布函數

（三）標準伽瑪分布之危險函數

$$h(x) = \frac{x^{\gamma-1} e^{-x}}{\Gamma(\gamma) - \Gamma_x(\gamma)} \quad x \geq 0; \ \gamma > 0$$

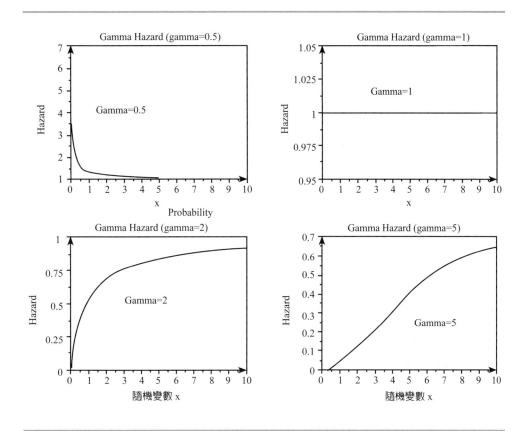

圖 3-37 伽瑪分布之危險函數

(四) 伽瑪之累積危險函數

$$H(x) = -\log\left(1 - \frac{\Gamma_x(\gamma)}{\Gamma(\gamma)}\right) \quad x \geq 0; \ \gamma > 0$$

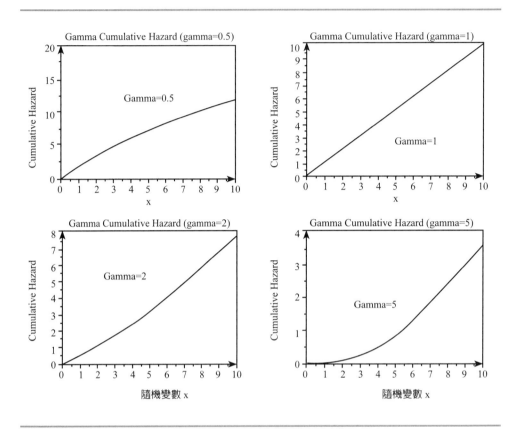

圖 3-38 伽瑪分布之累積危險函數

(五) 伽瑪分布之存活函數

$$S(x) = 1 - \frac{\Gamma_x(\gamma)}{\Gamma(\gamma)} \quad x \geq 0; \ \gamma > 0$$

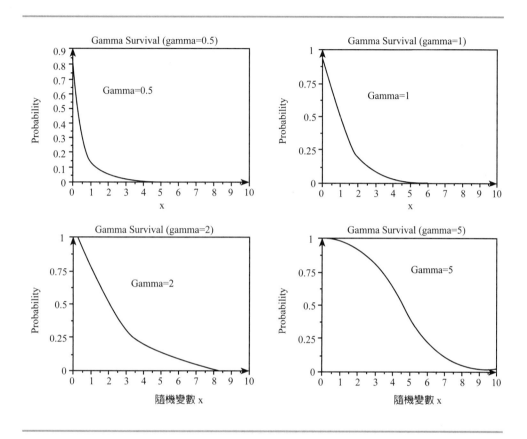

圖 **3-39** 伽瑪分布之存活函數

(六) 伽瑪分布常見統計量

平均數	γ
眾數	$\gamma - 1 \quad \gamma \geq 1$
值域	0 to ∞
標準差	$\sqrt{\gamma}$
偏態	$\dfrac{2}{\sqrt{\gamma}}$
峰度	$3 + \dfrac{6}{\gamma}$
變異係數	$\dfrac{1}{\sqrt{\gamma}}$

小結

在連續型分布中，除了常態分布 (normal distribution) 及均勻分布 (uniform distribution) 比較重要外，再來就屬伽瑪分布 (或 gamma distribution) 了。因為與伽瑪相關的分布，如伽瑪分布 (或 exponential distribution) 及卡方分布 (chi-square distribution)，在統計領域中都占了舉足輕重的地位。伽瑪分布應用，在可靠度理論 (reliability theory)、等候時間 (waiting times) 或排隊 (queuing) 問題上；而卡方分布則是樣本變異數相關之分布，並可產生 F 分布，卡方分布又可應用於適合度檢定 (lack of fit)，及交叉分析中之相關性檢定。

總結來說，伽瑪分布本身的應用並不是很廣泛，但其衍伸之分布卻是極為重要。

二、廣義伽瑪 (k, β, θ) 分布之重點整理

廣義伽瑪函數是三參數分布。三參數包括 k, β 及 θ。其 PDF 函數如下：

$$f(t) = \frac{\beta}{\Gamma(k) \cdot \theta} \left(\frac{t}{\theta}\right)^{k\beta - 1} e^{-\left(\frac{1}{\theta}\right)^{\beta}}$$

其中，$\theta > 0$ 是純量參數。$\beta > 0$ 且 $k > 0$ 都是形狀參數。

$\Gamma(x)$ 是 x 的伽瑪函數，其定義為：

$$\Gamma(x) = \int_0^\infty s^{x-1} \cdot e^{-s} ds$$

廣義伽瑪常見的統計量，如下表：

廣義伽瑪	
參數	$a > 0, d > 0, p > 0$
Support	$x \in (0, \infty)$
PDF	$\frac{p/a^d}{\Gamma(d/p)} x^{d-1} e^{-(x/a)p}$
CDF	$\frac{\gamma(d/p, (x/a)^p)}{\Gamma(d/p)}$
平均數	$a\frac{\Gamma((d+1)/p)}{\Gamma(d/p)}$
眾數	$a\left(\frac{d-1}{p}\right)^{\frac{1}{p}}$, for $d > 1$

Variance 變異數	$a^2\left(\dfrac{\Gamma((d+2)/p)}{\Gamma(d/p)}-\left(\dfrac{\Gamma((d+1)/p)}{\Gamma(d/p)}\right)^2\right)$
Entropy	$\ln\dfrac{a\Gamma(d/p)}{p}+\dfrac{d}{p}+\left(\dfrac{1}{p}-\dfrac{d}{p}\right)\psi\left(\dfrac{d}{p}\right)$

三、廣義伽瑪分布之參數估計

令隨機變數（ 存活時間 ）T 服從廣義伽瑪分布 (generalized gamma distribution)，其機率密度函數如下所示：

$$f_T(t)=\frac{\beta}{\Gamma(k)}\frac{t^{\beta k-1}}{\alpha^{\beta k}}\exp\left[-\left(\frac{t}{\alpha}\right)^{\beta}\right],\, t>0,\,\beta>0,\,\alpha>0,\,k>0$$

其中，$\Gamma(k)$ 為伽瑪函數。由上式可得，對數常態分布與韋伯分布分別對應於廣義伽瑪分布之 $k=\infty$ 與 $k=1$ 兩種極端狀況，也因此，廣義伽瑪分布可適用於對數常態與韋伯分布的判定。然而在參數 β、α 和 k 的估計上，由於其 MLE 之演算法有不易收斂的問題，所以一般是以 Prentice 所提出之再參數化模型 (reparameterized model) 來進行估計，其步驟簡述如下。

令 $Y=\log T$ 且 $W_1=\dfrac{\gamma-u}{b}$，其中 $u=\log\alpha$ 且 $b=\beta^{-1}$，則 W_1 為對數伽瑪分配 (log-gamma distribution)，其機率密度函數 (PDF) 為：

$$f_{W_l}(w_l)=\frac{1}{\Gamma(k)}\exp(kw_l-e^{w_l}),-\infty<w_l<\infty$$

再令 $W=\sqrt{k}(W_l-\log k)=\dfrac{Y-(u+b\log k)}{b/\sqrt{k}}=\dfrac{Y-\mu}{\sqrt{k}}$，其中 $\sigma=\dfrac{b}{\sqrt{k}}$ 且 $\mu=u+\log k$，$0<k<\infty$。

由上式可求得 W 的機率密度函數為：

$$f_W(W,k)=\frac{k^{k-\frac{1}{2}}}{\Gamma(k)}\exp\left(\sqrt{k}W-ke^{\frac{W}{\sqrt{k}}}\right),\,-\infty<W<\infty$$

或 $Y=\log T$ 的機率密度函數 (PDF) 為：

$$f_Y(y)=\frac{k^{k-\frac{1}{2}}}{\sigma\Gamma(k)}\exp\left(\sqrt{k}\frac{y-\mu}{\sigma}-ke^{\frac{(y-\mu)}{\sigma\sqrt{k}}}\right),\,-\infty<y<\infty$$

請注意，當 $k\to\infty$ 時，上式將會趨近於

$$f_W(W, \infty) = \frac{1}{\sqrt{2\pi}} e^{\frac{W^2}{2}}, \; -\infty < W < \infty$$

另外，就上式而言，$k = 1$ 即成爲極值分布的機率密度函數。

如此，對於 $0 < k < \infty$，由「W 的機率密度函數」可得知 W 的存活函數 (survivor function) 爲：

$$P(W > w) = \int_w^\infty \frac{k^{k-\frac{1}{2}}}{\Gamma(k)} \exp\left(\sqrt{k}u - ke^{\frac{u}{\sqrt{k}}}\right) du = \int_w^\infty \exp(\frac{w}{\sqrt{k}}) \frac{x^{k-1}}{\Gamma(k)} e^{-x} dx = Q\left(k, ke^{\frac{w}{\sqrt{k}}}\right)$$

其中 $Q\left(k, ke^{w/\sqrt{k}}\right)$ 爲不完整伽瑪函數積分 (incomplete gamma function integral)。請注意，由上式可以得知，W 分布的第 100p 個百分位數 $W_{k,p}$ 會滿足下列的關係式：

$$Q\left(k, ke^{\frac{w_{k,p}}{\sqrt{k}}}\right) = 1 - p$$

因此，由上面二式可知，$ke^{\frac{w_{k,p}}{\sqrt{k}}}$ 即爲參數爲 k 之伽瑪分布的第 100p 個百分位數，或者等於 $\chi^2_{(2K)}$ 第 100p 個百分位數的一半；亦即，

$$ke^{\frac{w_{k,p}}{\sqrt{k}}} = \frac{1}{2} \chi^2_{(2k),p}$$

化簡上式，我們可得

$$w_{k,p} = \sqrt{k} \log\left(\chi^2_{(2k),p}\right)$$

此時，Y 之第 100p 個百分位數即可表示如下：

$$y_p = \mu + w_{k,p}\sigma$$

至於 $k = \infty$ 的情形，W 的存活函數即爲標準常態之存活函數；亦即，「W 的存活函數」可表示爲

$$P(W > w) = \int_w^\infty \frac{1}{\sqrt{2\pi}} e^{\frac{u^2}{2}} du$$

令 $y_1, \ldots, y_n$ 表示取自隨機變數 (存活時間)Y 之一組隨機樣本，那麼對於 $0 < k < \infty$ 的情形，由上面二式

可知，其概似函數可表示如下：

$$L(\mu,\sigma,k) = \prod_{i=1}^{n} \frac{1}{\sigma} f_w(w_i;k)$$

其中 $w_i = \dfrac{y_i - \mu}{\sigma}$, $1 \le i \le n$。將上式兩邊取自然對數可得

$$\log L(\mu,\sigma,k) = n(k-0.5)\log k - n\log\Gamma(k) - n\log\sigma + \sqrt{k}\sum_{i=1}^{n}\frac{y_i-\mu}{\sigma} - k\sum_{i=1}^{n}e^{(y_i-\mu)/\sigma\sqrt{k}}$$

如上所述，由於直接求算 μ、σ 和 k 之最大概似估計量並不容易，所以一般是先固定 k 值，然後在 k 值已知的條件下，求解 $\dfrac{\partial \log L}{\partial \mu}$ 和 $\dfrac{\partial \log L}{\partial \sigma}$ 兩條聯立方程式，解出對應的 μ 和 σ 值 (記為 $\tilde{\mu}(k)$ 和 $\tilde{\sigma}(k)$, k) 的概似函數對數值 $\log L(\tilde{\mu}(k), \tilde{\sigma}(k), k)$，最後再針對幾個不同的 k 值所求得之 $\tilde{\mu}(k)$ 和 $\tilde{\sigma}(k)$ 與 $\log L(\tilde{\mu}(k), \tilde{\sigma}(k), k)$，選取其中最大的 $\log L(\tilde{\mu}(k), \tilde{\sigma}(k), k)$ 所對應之 $\tilde{\mu}(k)$、$\tilde{\sigma}(k)$ 和 k 值值，即可得到 k、μ 和 σ 之最大概似估計量。亦即，令 $k_1, k_2, \cdots\cdots, k_m$ 為計算中所考慮的 k 值，則 (μ, σ, k) 的最大概似估計量 $(\hat{\mu}, \hat{\sigma}, \hat{k})$ 即可由下式求得：

$$\log L(\tilde{\mu}(k), \tilde{\sigma}(k), k) = \underset{1 \le l \le m}{\text{Max}} \log L(\tilde{\mu}(k_i), \tilde{\sigma}(k_i), k_i)$$

有關求解 $\dfrac{\partial \log L}{\partial \mu}=0$ 和 $\dfrac{\partial \log L}{\partial \sigma}=0$ 之過程，可對上式 μ 及 σ 偏微分且令其值為 0，則我們可得：

$$\sum_{i=1}^{n} e^{\frac{y_i - \tilde{\mu}(k)}{\tilde{\sigma}(k)\sqrt{k}}} = n$$

且

$$\sum_{i=1}^{n} e^{\frac{y_i - \tilde{\mu}(k)}{\tilde{\sigma}(k)\sqrt{k}}} \times e^{\frac{y_i - \tilde{\mu}(k)}{\tilde{\sigma}(k)\sqrt{k}}} - \sum_{i=1}^{n} \frac{y_i - \tilde{\mu}(k)}{\tilde{\sigma}(k)\sqrt{k}} = \frac{n}{\sqrt{k}}$$

由上上式可得知

$$e^{\tilde{\mu}(k)} = \left(\frac{1}{n}\sum_{i=1}^{n} e^{\frac{y_i}{\tilde{\sigma}(k)\sqrt{k}}} \right)^{\tilde{\sigma}(k)\sqrt{k}}$$

再將上式代入上上式經化簡後可得

$$\frac{\sum_{i=1}^{n} y_i e^{\frac{y_i}{\tilde{\sigma}(k)\sqrt{k}}}}{\sum_{i=1}^{n} e^{\frac{y_i}{\tilde{\sigma}(k)\sqrt{k}}}} - \bar{y} - \frac{\tilde{\sigma}(k)}{\sqrt{k}} = 0$$

其中 $\bar{y} = \frac{1}{n}\sum_{i=1}^{n} y_i$。上式中的 $\tilde{\sigma}(k)$ 可以二分逼近法 (bisection research method) 求得，然後將其代回上式中即可求得 $\tilde{\mu}(k)$。

四、脆弱模型之伽瑪分布

脆弱性是考慮到無法觀測的因子產生的變異而形成的隨機成分。引入脆弱性模型於時間相依存活模型中，旨在修正無法觀測到之個體異質性。

例如，利用脆弱參數存活模型，來探討影響老人存活不同世代間相關因子之差異。又如，違約強度模型 (default intensity model) 是公司違約機率預測的主要統計模型，在模型估計上，雙重隨機過程 (doubly stochastic process) 或稱條件獨立性 (conditional independence) 是建構聯合概似函數 (joint likelihood function) 所需的條件，然而在充分考量個別公司特徵變數及總體經濟變數後，因違約事件存在群聚性 (default clustering)，使得條件獨立性仍無法成立。故為了捕捉違約事件的相關性，Chava et al. (2011) 分別加入時間脆弱因子 (time frailty) 及產業脆弱因子 (industrial frailty)，即可捕捉公司違約事件在時間上及產業間的相關性。

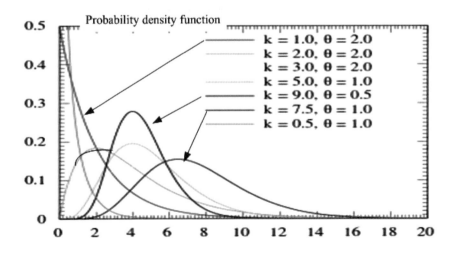

圖 3-40 脆弱模型：伽瑪分布之示意圖

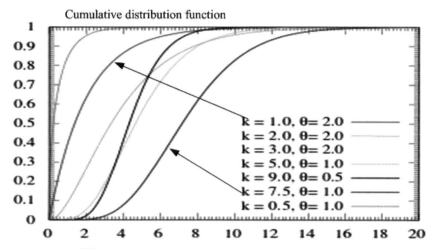

Cumulative distribution function

1. With a shape parameter k and a scale parameter θ.
2. With a shape parameter $α = k$ and an inverse scale parameter $β = 1/θ$, called a rate parameter.
3. With a shape parameter k and a mean parameter $μ = k/β$.

圖 3-40 脆弱模型：伽瑪分布之示意圖（續）

五、廣義伽瑪分布 $f_{GG}(t)$ 之存活函數 $S_{GG}(t)$

若時間變數 T 的機率密度函數為：

$$f_{GG}(t) = \begin{cases} \dfrac{|\lambda|}{\sigma t \Gamma(\lambda^{-2})} \left\{ \lambda^{-2} (e^{-\beta} t)^{\frac{\lambda}{\sigma}} \right\}^{\lambda-2} \exp\left\{ -\lambda^{-2} (e^{-\beta} t)^{\frac{\lambda}{\sigma}} \right\} & for\ \lambda \neq 0 \\ \dfrac{1}{\sigma t \sqrt{2\pi}} \exp\left\{ -(\log t - \beta)^2 / 2\sigma^2 \right\} & for\ \lambda = 0 \end{cases}$$

其中 $\sigma > 0$，λ 和 β 為實數，則定義 T 為服從位置參數 β，尺度參數 σ 及形狀參數 λ 之廣義伽瑪分布的隨機變數，記作

$$T \sim GG(\beta, \sigma, \lambda)$$

對應的存活函數則為

$$S_{GG}(t) = \begin{cases} 1 - \Gamma(\lambda^{-2}(e^{-\beta}t)^{\frac{\lambda}{\sigma}};\ \lambda^{-2}),\ if\ \lambda > 0 \\ \Gamma(\lambda^{-2}(e^{-\beta}t)^{\frac{\lambda}{\sigma}};\ \lambda^{-2})\qquad ,if\ \lambda < 0 \\ 1 - \Phi((\log t - \beta)/\sigma)\qquad ,if\ \lambda = 0 \end{cases}$$

其中 $\Gamma(t;\gamma) = \int_0^t x^{y-1} e^{-x} dx / \Gamma(\gamma)$ 為不完整伽瑪函數，亦即是平均數和變異數皆為 γ 的伽瑪隨機變數的累積分布函數。

在廣義伽瑪分布之下，當 $\lambda = 1$ 時是韋伯分布，若 $\lambda = \sigma = 1$，則為指數分布；$\lambda = 0$ 時為對數常態分布；當 $\lambda = 0$ 時，則簡化為伽瑪分布，此外，當 $\lambda = 0$ 時，為逆伽瑪 (inverse gamma) 分布，$\lambda = -1$，則是逆韋伯 (inverse weibull) 分布。

若時間變數 T 服從廣義伽瑪分布，即 $T \sim GG(\beta, \sigma, \lambda)$，則

$$T = e^{\beta} T_0^{\sigma}$$

其中 $T_0 \sim GG(0, 1, \lambda)$ 稱為標準廣義伽瑪分布。因此，T 與 T_0 的關係為

$$\log T = \beta + \sigma \log(T_0)$$

此為 AFT 模型下的對數線性模型。事實上，$E(T_0) = 1$，所以預期 $\log(T_0)$ 的值為 0，β 即為 $\log T$ 的期望值。因此，在本文的研究中，β 可以展開成一個與劑量水準相關的量。進一步令 $t_{GG(\beta, \sigma, \lambda)}(p)$ 為 T 的 $100p$ 百分位存活時間，則

$$\log[t_{GG(\beta, \sigma, \lambda)}(p)] = \beta + \sigma \log[t_{GG(0, 1, \lambda)}(p)]$$

六、廣義伽瑪加速失敗時間模型

廣義伽瑪加速失敗時間模型之配適存活時間 T，為：

$$\log T_i = \alpha_0 + g(d) + \sigma \varepsilon_{i\lambda}$$

其中 $i = 1, ..., n$，$g(d) = \alpha_1 d + ... + \alpha_p d^p$，而 α_0 為截距參數，$\varepsilon_{i\lambda}$ 為服從標準廣義對數伽瑪分布的誤差項，$\varepsilon_{i\lambda} \sim \log GG(0, 1, \lambda)$。因此，在廣義伽瑪加遠失敗時間模型下，額外反應 (extra response) 可表示為

$$R_E(d) = \frac{m(0) - m(d)}{m(0)} = \frac{\alpha_0 - (\alpha_0 + g(d))}{\alpha_0} = -\frac{g(d)}{\alpha_0}$$

上式模型中的參數 α_0、α_1、σ 及 λ 的估計可藉由最大概似估計法求得。令對應時間 T_i 之設限時間為 C_i, $i = 1, \cdots\cdots, n$，實際上觀測到的存活時間為 $Y_i = \min\{T_i,$

$C_i\}$，其設限指標爲

$$\delta_i = I\{Y_i < C_i\} = \begin{cases} 1 & if\ T_i \leq C_i \\ 0 & if\ T_i > C_i \end{cases}$$

則具有右設限資料的概似函數爲

$$L(\theta) = \prod_{i=1}^{n} [f(t_i)]^{\delta_i} [S(t_i)]^{1-\delta_i}$$

其中 $f(t_i)$ 和 $S(t_i)$ 是 T_i 的機率密度函數及存活函數

$$f(t_i) = \begin{cases} \dfrac{|\lambda|}{\sigma t_i \Gamma(\lambda^{-2})} \left\{ \lambda^{-2}(e^{-(\alpha_0+g(d))}t_i)^{\frac{\lambda}{\sigma}} \right\}^{\lambda-2} \exp \left\{ -\lambda^{-2}(e^{-(\alpha_0+g(d))}t_i)^{\frac{\lambda}{\sigma}} \right\} & for\ \lambda \neq 0 \\ \dfrac{1}{\sigma t_i \sqrt{2\pi}} \exp \left\{ -(\log t_i - (\alpha_0+g(d)))^2/2\sigma^2 \right\} & for\ \lambda = 0 \end{cases}$$

$$S(t_i) = \begin{cases} 1 - \Gamma(\lambda^{-2}(e^{-(\alpha_0+g(d))}t_i)^{\frac{\lambda}{\sigma}}; \lambda^{-2}) & ,if\ \lambda > 0 \\ \Gamma(\lambda^{-2}(e^{-(\alpha_0+g(d))}t_i)^{\frac{\lambda}{\sigma}}; \lambda^{-2}) & ,if\ \lambda < 0 \\ 1 - \Phi((\log t_i - (\alpha_0+g(d)))/\sigma) & ,if\ \lambda = 0 \end{cases}$$

所以對數概似函數爲

$$l = \log L(\underset{\sim}{\theta}) = \sum_{i=1}^{n} \delta_i \log[f(t_i)] + (1-\delta_i)\log[S(t_i)]$$

其中 $\underset{\sim}{\theta} = (\alpha_0, \alpha_1, \cdots\cdots, \alpha_p, \sigma, \lambda)$，由對數概似函數可以得到觀察的訊息矩陣 (observed information matrix) 爲

$$i(\underset{\sim}{\theta}) = \begin{bmatrix} -\dfrac{\partial^2 l}{\partial \alpha_0^2} & -\dfrac{\partial^2 l}{\partial \alpha_0 \partial \alpha_1} & \cdots & -\dfrac{\partial^2 l}{\partial \alpha_0 \partial \alpha_p} & -\dfrac{\partial^2 l}{\partial \alpha_0 \partial \sigma} & -\dfrac{\partial^2 l}{\partial \alpha_0 \partial \lambda} \\ -\dfrac{\partial^2 l}{\partial \alpha_0 \partial \alpha_1} & -\dfrac{\partial^2 l}{\partial \alpha_1^2} & \cdots & -\dfrac{\partial^2 l}{\partial \alpha_1 \partial \alpha_p} & -\dfrac{\partial^2 l}{\partial \alpha_1 \partial \sigma} & -\dfrac{\partial^2 l}{\partial \alpha_1 \partial \lambda} \\ \vdots & \vdots & \vdots & \vdots & \vdots & \vdots \\ -\dfrac{\partial^2 l}{\partial \alpha_0 \partial \alpha_p} & -\dfrac{\partial^2 l}{\partial \alpha_1 \partial \alpha_p} & \cdots & -\dfrac{\partial^2 l}{\partial \alpha_p^2} & -\dfrac{\partial^2 l}{\partial \alpha_p \partial \sigma} & -\dfrac{\partial^2 l}{\partial \alpha_p \partial \lambda} \\ -\dfrac{\partial^2 l}{\partial \alpha_0 \partial \sigma} & -\dfrac{\partial^2 l}{\partial \alpha_1 \partial \sigma} & \cdots & -\dfrac{\partial^2 l}{\partial \alpha_p \alpha \sigma} & -\dfrac{\partial^2 l}{\partial \sigma^2} & -\dfrac{\partial^2 l}{\partial \sigma \partial \lambda} \\ -\dfrac{\partial^2 l}{\partial \alpha_0 \partial \lambda} & -\dfrac{\partial^2 l}{\partial \alpha_1 \partial \lambda} & \cdots & -\dfrac{\partial^2 l}{\partial \alpha_p \partial \lambda} & -\dfrac{\partial^2 l}{\partial \sigma \partial \lambda} & -\dfrac{\partial^2 l}{\partial \lambda^2} \end{bmatrix}_{\theta = \hat{\theta}}$$

藉此可以知 $\hat{\underset{\sim}{\theta}}$ 的變異數共變異數矩陣 (variance-covariance matrix) 的估計式為

$$\hat{\Sigma} = i^{-1}(\hat{\underset{\sim}{\theta}})$$

其中 $i^{-1}(\hat{\theta})$ 為 $i(\hat{\theta})$ 的反矩陣。

3-3 存活時間機率函數 (連續型態 vs. 離散型態)

1. 定義：離散型隨機變數 (discrete random variable)
離散型隨機變數為計數值的隨機變數。
例如：生產線上某次抽檢之不良品的數目、交通事故次數、自殺意念的次數。

2. 定義：連續型隨機變數 (continuous random variable)
連續型隨機變數為連續值的隨機變數。
例如：壽命、厚度、重量與長度。

存活分析依個體存活時間定義之不同，可分為連續型機率函數及離散型機率函數，分述如下：

3-3-1 連續型態之存活時間機率函數

(一) 連續型態

令 T 為樣本個體存活時間，則 T 之累積分布函數 $F(t)$，表示樣本存活時間 T 小於或等於特定時間點 t 之累積機率，定義如下：

$$F(t) = \Pr(T \le t)，\forall\, t \ge 0$$

而個體存活時間 T 超過時間 t 的機率函數 $S(t)$，稱為存活函數，定義如以下所述：

$$S(t) = \Pr(T > t) = 1 - F(t)，\forall\, t \ge 0$$

由於存活時間 T 必為非負值，因此 $S(0) = 1$，表示存活時間超過 0 的機率為 1。
$S(\infty) = \lim_{t \to \infty} S(t) = 0$，表示存活時間無限大的機率為 0。

對 $F(t)$ 作一階微分，可以得到存活時間 T 的機率密度函數，可定義為：

$$f(t) = \frac{dF(t)}{dt} = -\frac{dS(t)}{dt} = \lim_{\Delta t \to 0} \frac{\Pr(t \le T < t + \Delta t)}{\Delta t}, \ \forall \, t \ge 0$$

然而，於存活分析中比機率密度函數更重要，描述樣本在 t 時點仍存活，但在之後極小時間單位瞬間失敗的機率函數，稱為危險函數或危險率以 $h(t)$ 表示如下：

$$h(t) = \lim_{\Delta t \to 0} \frac{\Pr(t \le T < t + \Delta t \mid T \ge t)}{\Delta t} = \frac{f(t)}{S(t)}$$

由上式得知，$f(t) = -\dfrac{\dfrac{dS(t)}{dt}}{S(t)} = -\dfrac{d \ln(S(t))}{dt}, \forall \, t \ge 0$。

將上式兩邊同時積分並取指數形式，可將存活函數轉換如下：

$$\int_0^t h(t)dx = -\log S(t)$$
$$\Rightarrow S(t) = \exp(-\int_0^t h(x)dx), \ \forall \, t \ge 0$$

若密度函數 $f(t)$、累積分布函數 $F(t)$、存活函數 $S(t)$、危險函數 $h(t)$，其中一個為已知，則其他函數可藉由下列公式轉換來求出，他們的關係式如下：

$$f(t) = \frac{dF(t)}{dt} = -\frac{dS(t)}{dt}$$

$$S(t) = 1 - F(t)$$

$$h(t) = \frac{f(t)}{1 - F(t)} = \frac{f(t)}{S(t)} = -\frac{dS(t)/dt}{S(t)}$$

而上述函數間關係可繪圖如下：

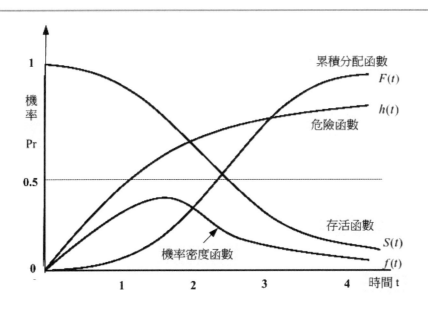

圖 3-41 各機率函數關係圖

3-3-2 離散型態之存活時間機率函數

令 T 為某樣本個體存活時間隨機變數，以 t_1，t_2，t_3……表示，其中 $0 \leq t_1 < t_2 < t_3 < \cdots$，其機率密度函數如下所示：

$$P(t_j) = \Pr(T = t_j) \text{，} j = 1, 2, 3, \cdots$$

樣本存活時間超過時間存活函數為 t 之存活函數 $S(t)$ 可表示如下：

$$S(t) = \Pr(T > t) = \sum_{j:t_j > t} P(t_j)$$

由於存活時間 T 必為非負值，因此 $S(0) = 1$，表示存活時間超過 0 的機率為 1。$S(\infty) = \lim_{t \to \infty} S(t) = 0$ 表示存活時間無限大的機率為 0。

危險函數 $h(t)$ 則可定義如下：

$$h(t_j) = \Pr(T = t_j \mid T \geq t_j) = \frac{P(t_j)}{S(t_{j-1})} \text{，} j = 1, 2, 3, \cdots$$

由於 $P(t_j) = S(t_j - 1) - S(t_j)$，則 $\mathrm{P}(t_j) = \Pr(T = t_j), j = 1, 2, 3, \cdots$ 可改寫為：

$$h(t_j) = 1 - \frac{S(t_j)}{S(t_{j-1})} \text{ , } j = 1, 2, 3, \cdots\cdots$$

而 $S(t_j) = P(T > t_0)P(T > t_1 | T > t_0)\cdots\cdots P(T > t_j | T > t_{j-1})$

$$= \Pi_{t=1}^{j} \frac{S(t_i)}{S(t_{i-1})} = \Pi_{t=1}^{j} [1 - h(t_i)]$$

因此，存活函數 $S(t) = \prod_{j:t_j < t} [1 - h(t_i)]$

將機率函數型態區分為連續型以及間斷型主要是因為研究時間型態之不同。一般來說連續型態機率函數其隨著時間經過之函數圖形為一平滑曲線，而間斷型態之函數則為鋸齒形狀。

一般相關性研究，通常沒辦法於每個極小單位時間點皆進行觀察記錄，因此其研究函數大多屬間斷型態。若以每月／季／年為分析最小時間單位，存活時間以每月／季／年為單位來表示，則機率函數即屬間斷型態函數。

3-4 帶偏態之依變數：參數存活分析 (streg 指令)

存活分析與 logic/probit/OLS 迴歸最大的不同點，在於過去之 logic/probit/OLS 迴歸分析多數以每個時間點 t 資料為一樣本點。存活分析則預先設定一段觀察期間 (觀察結束 t- 觀察開始 t_0)，並觀察此期間內各單獨樣本之存活時間長短及相對應之解釋變數，加以分析以斷定解釋變數 (自變數) 與二元依變數與否間之關係，並以機率的方式呈現若該解釋變數每增加一單位，則二元依變數 (e.g. 選擇土地開發) 的比率增加或降低多少 (即 HR 迴歸係數或係數 β 值)？

例如，糖尿病比健康組患失明機率高出 20 倍 (HR = 20)。又如，喝酒易臉紅，因缺「酶」，故其中風比率是健康組的 2 倍 (HR = 2)。

Cox 迴歸 (stcox、svy: stcox 指令) 及參數存活模型 (streg、svy: streg、stcrreg、xtstreg、mestreg 指令) 旨在估計危險比 (hazard ratio)。邏輯斯迴歸 (Logistic 指令) 旨在估計勝算比。

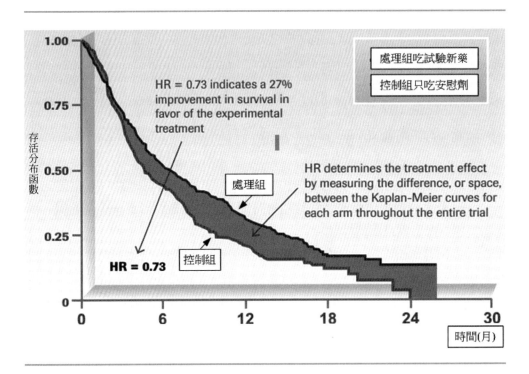

圖 3-42 Hazard Ratio(HR) 之示意圖

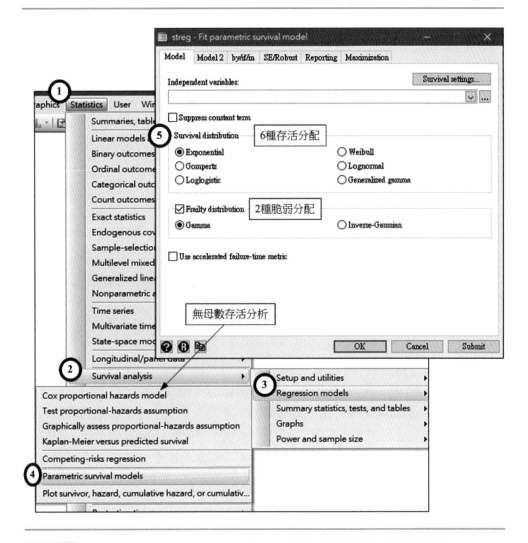

圖 3-43 Parametric survival models 之 Stata 對應的偏態分布 (**streg** 指令)

注 1：以上 Stata 有 6 種存活分布，這 6 種模型都可搭配 2 種脆弱分布。

注 2：韋伯及對數模型二者才可勾不勾選「accelerated failure-time」模型。其餘 4 種模型，內定都有「accelerated failure-time」模型。

streg 指令旨在建構參數存活模型 (Parametric survival models)。其指令語法為：

streg [*varlist*] [*if*] [*in*] [, options]，指令中 **options** 可搭配的依變數之分布，如下表。

options	說明
模型	
noconstant	不印常數項 (suppress constant term)
distribution(exponential)	指數 (exponential) 存活分布
distribution(gompertz)	Gompertz 存活分布
distribution(loglogistic)	對數邏輯斯
distribution(lloggistic)	自然對數數羅吉斯分布 (synonym for distribution)
distribution(weibull)	韋伯存活分布
distribution(lognormal)	對數常態存活分布
distribution(lnormal)	自然對數常態分布 (synonym for distribution)
distribution(gamma)	廣義伽瑪 (generalized gamma 存活分布)
frailty(gamma)	伽瑪脆弱 (frailty) 分布
frailty(invgaussian)	反高斯分布 (inverse-Gaussian distribution)
time	選配「(accelerated failure time ,AFT)」

　　不同研究問題，各有適合的分布。例如，製程能力指標 (process capability Indices, PCIs) 是常被用來衡量控管製程產出的產品是否達到業者所需要求之有效工具。而壽命性能指標 C_L 就常被用來當作測量產品性能的方法，其中 L 是下規格界限 (lower specification limit)。通常製程能力指標都會假設產品品質特性 (例如，壽命、抗耐力等等) 來自常態分布。然而，那是一個不合理的假定。實際上，一般產品之壽命分布較符合指數分布或與其有關的非常態分布，如廣義指數分布、伽瑪分布或韋伯分布等等。另外，在某些現實情況下我們只關心下次發生產品壽命高於之前的記錄時才需記錄。

3-4-1 脆弱性模型

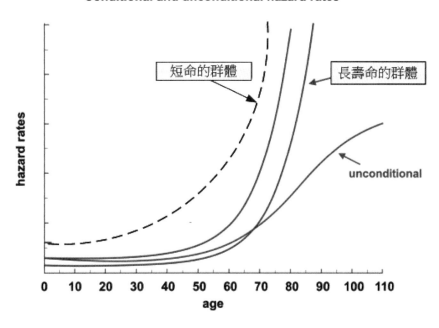

圖 3-44 脆弱模型之示意圖

一、脆弱模型的緣起

「脆弱」一詞源自於老年病學上，用來描述身體較虛弱的老年人在一些疾病的發病率以及死亡率有較多的風險 (Gillick, 2001)。脆弱的定義也不限於個人，也可應用到較高等級的群體，例如多個醫學中心合作的臨床實驗，某個醫學中心平均存活時間或許比其他醫學中心來得長。所以脆弱可以視爲一個群體內個體共同擁有且觀測不到的隨機效果項 (random effect)。

在存活分析的研究中，一般都會將兩組群體的基準風險 $h_0(t)$ 假定爲相同。Clayton (1978) 認爲在家族之中因爲遺傳與環境的關係，家族中的每個成員得到疾病與否的相關性是非常大的，他提出這種相關性可以由一個觀察不到的變數控制，並假設這個變數服從 Gamma 分布，這個模型就是現在許多人常用的 Clayton model。但 Vaupel、Manton and Stallard (1979) 認爲長壽的群體和短命的

群體之間的風險是不相同的，可由一個脆弱參數來控制，因此提出脆弱模型。Oakes (1992) 提出使用脆弱模型來解釋復發事件之間的相關性。緊接著各個學者提出各種服從不同分布的脆弱模型，Hougaard (1986) 提出 Positive Stable 分布的脆弱模型，Crowder (1989) 提出 PVF 分布的脆弱模型，McGilchrist & Aisbett (1991) 提出 Gaussian 分布的脆弱模型。Klein (1992)、Guo & Rodriguez (1992) 分別都提出使用 EM 演算法 (EM algorithm) 來估計脆弱模型的脆弱參數及共變數參數的部分。

Liang & Zeger (1995) 探討在多重失敗 (multiple failure) 時間資料當中使用脆弱模型。在這樣的設定之下，如果假設在群體之內的個體擁有相同脆弱參數的值，稱為共同脆弱模型 (shared frailty models)。Yashin 等人 (1995) 將模型拓展到在同一個群體內的觀測者擁有不同但相關的脆弱參數。Therneau & Grambsch (2000) 提出使用懲罰偏概似函數 (penalized likelihood) 的方法來估計伽瑪和 Gaussian 脆弱模型的脆弱參數及共變數 (e.g. 個人因子、環境危險因子) 參數，這個方法比使用 EM 演算法來得快速許多，節省很多的計算時間。

二、脆弱模型的應用領域

在醫藥研究中，針對具共變數 (e.g. 個人因子、環境危險因子) 的右設限存活資料中，又以 Cox (1972) 比例風險模型 (proportional hazards model) 最常被使用來描述病人的存活情形。但實際上，「健康組與疾病組」二組病人之共變數，不見得符合虛無假設「H_0：隨時間增長，處理組與控制組的風險都成固定 (constant) 比例」，況且藥效會隨時間遞減。甚至具相同條件的病人，其療效也不見得相同，原因是病人本身的異質性所造成。我們稱此因素為脆弱效果。

例如，囊狀纖維化病患常有復發情況，變異的因素不易觀察得到，目前學者最常用的統計法就是脆弱模型和邊際模型 (marginal model) 來處理此類問題。

又如，「恐怖主義」議題就屬可重複事件，此類事件又和單一事件有所不同，因為其特點在於一個分析對象可能重複發生同樣的事件，若忽略了這種重複性，等於是假設每個事件之間完全獨立，這是一種薄弱的假定，故面對這類重複事件資料需要做額外的處理。一般有兩種方式來處理重複事件 (Box-Steffensmeier & Jones, 2004: 158~166)：

(1) 採取變異數修正模型 (variance-corrected model)，此類模型藉由將個體群集在一起來調整參數估計的變異數，以符合重複事件之間的相關性。

(2) 採用脆弱性模型，也就是隨機係數 (random coefficient) 模型，這也是

Stata 的作法。此種模型是假定某些觀察值或群體較易或較不易發生事件，故在其風險率中包含了一個隨機效果 (random effect) 項，而將此種效果的分布估計出來。若應用在團體層次的脆弱性模型稱作共同脆弱性模型 (shared-frailty model)，也就是假定團體 i 中的事件 j 有共同的脆弱性 α_i，在 Cox 模型中即是將風險率轉化如下：

$$h_{ij}(t) = h_0(t)\exp(x_{ij}\beta + v_i)$$

其中 $\exp(v_i) = \alpha_i$，並且被預設平均數為 1，變異數為 θ，若 $\theta = 0$ 時，此模型就回復成標準的 Cox 模型。

在處理重複事件或多項事件時，共同脆弱性模型是一個很好的選擇，因為若將一個觀察對象視為一個團體，其所遭遇的每一次事件就成為可能具有相關性的一群個案，故將這些發生在同個觀察值上的重複事件歸為一個集群，可以避免假定事件間是獨立的錯誤假設，而若脆弱性變異數 θ 檢定結果為 0 時，就代表集群中的個案並無顯著關連，此時則使用標準的 Cox 模型來分析即可。

脆弱模型 之另一應用例子

膀胱癌為臺灣地區最常見的泌尿系統癌症，且為國人主要癌症死亡排名第十三位。表淺型膀胱癌多為低惡性度癌症，大部分可以經尿道切除術切除，並輔以膀胱內灌注法預防腫瘤復發。本例旨在探討膀胱癌輔以膀胱內灌注 Thiotepa 對於膀胱癌病患復發事件之療效，樣本取自退伍軍人管理局合作泌尿學研究團隊 86 個膀胱癌病患資料。為了研究膀胱內灌注 Thiotepa 療程，對於膀胱癌病患復發的次數以及存活時間的影響，就須使用三種邊際模型 (三種 marginal model：AG、PWP、WLW) 及脆弱模型這兩種多維度存活分析的方法來比較這些資料，以便探討使用某一療法對於某一檢驗呈陽性到某病病發，及病發後到死亡這兩段時間療效之差異。

三、伽瑪脆弱模型理論

在醫學藥物試驗當中，在患者接受藥物治療結束後，會持續追蹤患者存活情形，但是治療效果會隨著時間而降低。不同共變數的病人其風險不見得成比例，且藥效會隨時間遞減。甚至具相同條件的病人，其療效也不見得相同，原因是病人本身的異質性所造成，而引起此變異的因素也不見得觀察得到。我們

稱此因素爲 脆弱效果 。通常脆弱因子是個隱藏的效果，難以觀察得出來，因此通常會假設一穩定且合理的機率分布來描述其影響。最常用的爲伽瑪分布，因爲伽瑪分布之脆弱模型可藉由拉普拉斯 (Laplace transform) 變換，輕易的導出存活函數與累積危險函數，迄今已被廣泛使用在各領域。

定義 ：拉普拉斯變換

主要公式爲

$$L\{f(t)\} = \int_0^\infty e^{-st} f(t) dt$$

Laplace 變換之原理爲：

1. 利用拉普拉斯轉換將原始問題轉換到 S 空間。

2. 代入初始條件。

3. 在 S 空間上以代數方法求得問題解。

4. 再利用反拉普拉斯轉換將 S 空間上的解逆轉換到原始空間，得到解 y。

此外，拉普拉斯變換其他相關的公式，整理如下：

Differentiation $L\{f^{(n)}(t)\} =$	$s^n F(s) - s^{n-1} f(0) - s^{n-2} f'(0) - \cdots\cdots - s f^{n-2}(0) - f^{n-1}(0)$
Multiplication by t $L\{t^n f(t)\} =$	$(-1)^n \dfrac{d^n}{ds^n} F(s)$
Integration	$L\left\{\int_0^t f(\tau) d\tau\right\} = \dfrac{F(s)}{s}$
Multiplication by exp	$L\{e^{at} f(t)\} = F(s-a)$
Translation (I)	$L\{f(t-a)u(t-a)\} = e^{as} F(s)$
Translation (II)	$L\{g(t)u(t-a)\} = e^{-as} L\{g(t+a)\}$
Convolution property	convolution: $y(t) = f(t)*g(t) = \int_0^t f(\tau) g(t-\tau) d\tau$ $L\{y(t)\} = F(s)G(s)$
Periodic input If $f(t) = f(t+T)$	$L\{f(t)\} = \dfrac{1}{1-e^{-sT}} \int_0^T e^{-st} f(t) dt$
$L\{1\} =$	$1/s$
$L\{u(t)\} =$	$1/s$

$L\{t^n\} =$	$\dfrac{n!}{s^{n+1}}$
$L\{\exp(at)\} =$	$\dfrac{1}{s-a}$
$L\{\sin(kt)\} =$	$\dfrac{k}{s^2+k^2}$
$L\{\cos(kt)\} =$	$\dfrac{s}{s^2+k^2}$
$L\{\sinh(kt)\} =$	$\dfrac{k}{s^2-k^2}$
$L\{\cosh(kt)\} =$	$\dfrac{s}{s^2-k^2}$
$L\{u(t-t_0)\} =$	$\dfrac{e^{-t_0 s}}{s}$
$L\{\delta(t)\} =$	1

　　基於上述理由，Jeong et al. (2003) 在研究第三期乳癌之長期追蹤臨床試驗資料 (NSABP) 時，其發現模型配適係違反比例風險模型的假定，因而提出伽瑪脆弱模型的估計與推論，如下所示。

　　假設 T 為死亡時間，C 為設限時間 (censored time)，且右設限資料為 $X_i = \min(T_i, C_i)$ 及 $\delta_i = I(T_i \le C_i)$。則在脆弱模型的假設下，第 i 個個體的危險函數可定義為：

$$h(t; w, z_i) = h_0 \times w \times e^{\beta z_i}$$

其中，w 為脆弱因子，$h_0(t)$ 為未知的基準風險函數，z_i 即為每個個體的共變數。因此，存活函數可寫為

$$S(t \mid w, z_i) = \exp\{-w\exp(\beta z_i)u(t)\}$$

其中，$u(t)$ 為基準累積危險函數。當假設脆弱因子為伽瑪分布，即 $w \sim \Gamma(\dfrac{1}{\gamma}, \dfrac{1}{\gamma})$

　　$E(w) = 1$。再令基準病人存活時間為 Weibull (ρ, κ)，其中 $\rho > 0$，$\kappa > 0$ 分別為韋伯分布的尺度參數及形狀參數。因此累積基準風險 $u(t) = (\rho t)^\kappa$，則脆弱模型下的邊際存活函數為

$$S(t \mid z_i) = E_w\left(e^{-\exp(\beta z_i)u(t)W}\right) = \left\{1 + \gamma(\rho t)^k \exp(\beta z_i)\right\}^{-1/\gamma}$$

且在此模型下，有兩個良好的性質：

1. 當 $\gamma = 1$ 時，符合比例勝算 (proportional odds) 的特性，即

$$\frac{1 - S(t \mid z_i = 1)}{S(t \mid z_i = 1)} = e^{\beta} \frac{1 - S(t \mid z_i = 0)}{S(t \mid z_i = 0)}$$

2. 當 $\gamma \to 0^{+}$ 時，符合比例勝算的特性，即

$$-\log\{S(t \mid z = 1)\} = -e^{\beta}\log\{S(t \mid z = 0)\}$$

$$\Rightarrow H(t \mid z = 1) = e^{\beta}H(t \mid z = 0)$$

假設 T 表示存活時間，C 表示設限時間，定義 $X_i = \min(T_i, C_i)$；$\delta_i = I(T_i \leqq C_i)$：$\phi = (\gamma, \beta, \rho, \kappa)$。對數概似函數（log-likelihood）可寫成

$$L(\phi) = \sum_{i=1}^{n} \delta_i \log\{h(x_i \mid \phi, z_i)\} + \sum_{i=1}^{n} \log\{S(x_i \mid \phi, z_i)\}$$

其中

$$\log\{h(x_i \mid \phi, z_i)\} = \beta z_i + \log(\rho) + (\kappa - 1)\log(\rho x_i) - \log\{1 + \gamma(\rho x_i)^{\kappa}\exp(\beta z_i)\} + \log(\kappa)$$

和

$$\log\{S(x_i \mid \phi, z_i)\} = (-1/\gamma)\log\{1 + \gamma(\rho x_i)^{\kappa}\exp(\beta z_i)\}$$

可藉由對 $L(\phi)$ 的一階和二階偏微分及參數估計值分別得到分數函數 (score function) 和觀察資訊矩陣 (observed information matrix)。利用數值分析的方法求得到 ϕ 的最大概似估計為 $\hat{\phi} = (\hat{\gamma}, \hat{\beta}, \hat{\kappa}, \hat{\rho})$，把估計出來的 $\hat{\phi}$ 代入上式 $S(t \mid z_i)$，可求得在時間點 t 的存活函數：

$$\hat{S}(t \mid z_i, \phi) = \{1 + \hat{\gamma}(\hat{\rho}t)^{\hat{k}}\exp(\hat{\beta}z_i)\}^{-1/\hat{\gamma}}$$

再藉由 delta-method 估算存活函數的變異數為：

$$\widehat{\mathrm{var}}\{\hat{S}(t; z_i, \hat{\phi})\} = \left(\frac{\partial S(t; z_i, \phi)}{\partial \phi}\right)\bigg|_{\phi = \hat{\phi}} I^{-1}(\hat{\phi})\left(\frac{\partial S(t; z_i, \phi)}{\partial \phi}\right)^{T}\bigg|_{\phi = \hat{\phi}}$$

其中

$$\left(\frac{\partial S(t; \phi, z_i)}{\partial \phi}\right) = \left(\frac{\partial S(t; \phi, z_i)}{\partial \gamma}, \frac{\partial S(t; \phi, z_i)}{\partial \beta}, \frac{\partial S(t; \phi, z_i)}{\partial \kappa}, \frac{\partial S(t; \phi, z_i)}{\partial \rho}\right)$$，是存活函數一階偏微分，為一個向量。

且 $I^{-1} = (\hat{\phi})$ 是由 $i_{ij} = \dfrac{\partial l(\phi)}{\partial \phi_i} \dfrac{\partial l(\phi)}{\partial \phi_j}$ 所計算出來的觀察訊息 (**I**nformation) 矩陣。

在 Jeong et al. (2003) 文中有更詳細的推導及計算過程。

因此，在時間點 t 的 $S(t \mid z_i, \phi)$ 之存活機率的 95% 信賴區間為：

$$\hat{S}(t; z_i, \hat{\phi}) \pm 1.96 \times \sqrt{\hat{\mathrm{var}}\{\hat{S}(t; z_i, \hat{\phi})\}}$$

四、脆弱參數分布與懲罰函數

統計學者在原本的比例危險函數中加入一個隨機效果項 ς_i (1 式) 來表示觀測不到的潛在效果，而這個隨機效果項對於原本的事件風險具有加乘效果。假設在給定隨機效果分布之下，將個體間的異質性或事件之間的相關性合併到基準風險的參數估計當中 (2 式 $\tau_i = e^{\varsigma_i}$)，所以每一個觀測者的基準風險是不相同的 (3 式)，便能以獨立多重事件時間的方式來分析非獨立多重事件時間的相互關係。

$$\lambda_i(t) = \lambda_0(t) e^{\beta' z_i + \varsigma_i} \qquad (1)$$
$$\lambda_i(t) = \tau_i \lambda_0(t) e^{\beta' z_{ii}} \qquad (2)$$
$$\lambda_i(t) = \lambda_{0i}(t) e^{\beta' z_i} \qquad (3)$$

而這個隨機效果項 ς_i 是一個連續變數，用來描述某個特定的類別，如個體或者家庭，對於事件的發生具有過多的風險 (excess risk) 或者較脆弱的性質，主要的概念在於具有較大脆弱特性 (脆弱參數值較大) 的個體或者家庭與其他個體相較起來，有著較高的事件風險，相對的也較容易有事件發生。

脆弱模型在分析個體單一存活時間，例如死亡或者第一次發病，脆弱參數主要在解釋收集資料過程中，個體間無法觀測到的共變數因子對於存活時間的影響，如果忽略這些影響，所得到的分析結果可能會有誤差；另一類較為常用的稱作共同脆弱 (shared frailty) 模型，主要應用在多重失敗時間，主要特色為同一群體內的個體擁有對危險函數相同的未知影響，也就是同一個群體內的個體擁有相同的脆弱參數。共同脆弱模型主要用來分析個體或群體擁有多重存活時間，例如同一家族之間某種疾病的發生時間或者同一個癌症病患腫瘤的復發事件。如下式，$\lambda_{i(j)}(t)$ 為第 j 個群體中第 i 個個體發生事件 (或者第 j 個個體發生第 i 次事件) 的危險函數，ς_i 為因群體而不同的脆弱參數，所以同一個群體內個體有相同的基準風險 $\lambda_0(t)\tau_j$。

$$\lambda_{i(j)}(t) = \lambda_0(t)e^{\beta' z_{i(j)}(t)+\varsigma_j}$$

$$= \lambda_0(t)\tau_j e^{\beta' z_{i(j)}(t)+\varsigma_j}$$

其中一個重點是在於參數 τ_j 的部分，由於危險函數一定是正的，所以 τ_j 的選擇必定爲一個大於 1 的變數，爲解釋方便起見，會假設 τ_j 爲一個平均爲 1，變異數爲 θ 的變數。在模型中，若 $\tau_j > 1$，則表示此群體的個體相對於其他群體的個體有較大的風險，即較容易有事件發生的可能；若 $\tau_j < 1$，則表示此群體的個體相對於其他群體的個體有較小的風險；若 $\tau_j = 1$，則表示群體間個體的事件都是互相獨立的。Aalen(1994) 曾提出，若對於 τ_j 使用一個有母數的模型，不僅在參數的估計上較爲簡便，更能明確的描述 τ_j 對於事件風險的影響。

Box-Steffensmeier & Suzanna(2006) 指出部分邊際模型將事件相關性藉由允許基準危險函數隨著事件次數改變來解釋，所以也將脆弱模型依事件來分層，並使用限制的涉險集合以及間隔時間來記錄涉險區間，提出一個改良的模型稱爲條件脆弱模型，係可以應用在分析復發事件資料。

3-4-2　加速失敗時間 (Accelerated Failure Time, AFT) 模型

Stata 提供「estat phtest」、「estat concordance」、「stphplot, by(組別)」、「sts graph」等指令，讓你檢定是否違反 Cox 迴歸之事先假定「H_0：隨時間變化，處理組與控制組之間風險比 (risk ratio、the ratio of event rates) 爲固定 (constant)」。若違反 Cox 模型此假定時，stcox 指令應改成參數存活模型 (streg 指令) 並外加下列二個模型之一：

方法一：納入脆弱模型

當收集的資料爲長期追蹤之臨床數據，治療效果通常隨時間降低，此時很容易違反風險爲「固定」比例的假定，此時韋伯 / 指數等 6 種分布就可搭配脆弱模型來配適此類臨床數據。即存活資料模型中，若摻有隨機因素時，Cox 模型就須改用 streg 指令來納入脆弱模型。

方法二：納入 Accelerated Failure Time(AFT)

以圖 3-47「乳癌患者併發 TEEs 對存活影響」來說，Allison (2004) 發現 Kaplan-Meier method、Log-minus-log 及 like tim-interaction test 等檢定，當遇時變 (time-varying) 之解釋變數，包括：TEEs、年齡、手術、放射治療、化療、荷爾蒙治療等變數，就會違反 Cox proportional hazard model 等比例風險的假定，

因爲這些個人因子、環境因子多數存在「時間相依性之共變數 (time-dependent covariance)」問題，故應改以 Accelerated Failure Time Model 來克服。

一、Stata 六種分布都可搭配加速失敗時間

右設限存活資料分析中的參數化加速失敗時間模型，經常假設其存活分布爲韋伯分布、對數常態分布或對數邏輯斯分布。在上述分布之下，對數線性來建模所剩的誤差分布則呈極值分布、常態分布或邏輯斯分布……。

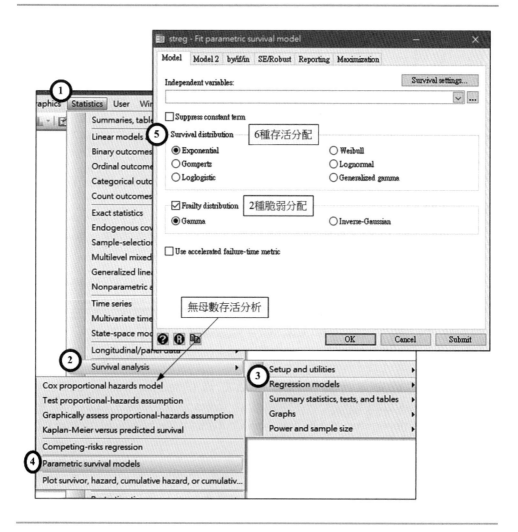

圖 3-45 Parametric survival models 之 Stata 對應的偏態分布 (streg 指令)

注 1：以上 Stata 有 6 種存活分布，這 6 種模型都可搭配 2 種脆弱分布。

注 2：韋伯及對數模型二者才可勾不勾選「accelerated failure-time」模型。其餘 4 種模型，内定都有「accelerated failure-time」模型。

如下圖所示，加速失敗時間模型 (accelerated failure time model)，簡稱為 AFT 模型 (Cox and Oakes, 1984; Kalbfleisch and Prentice, 2002)，此模型是以取過對數後的表現型來模型化，迴歸係數 β 與一般線型迴歸解釋相似。

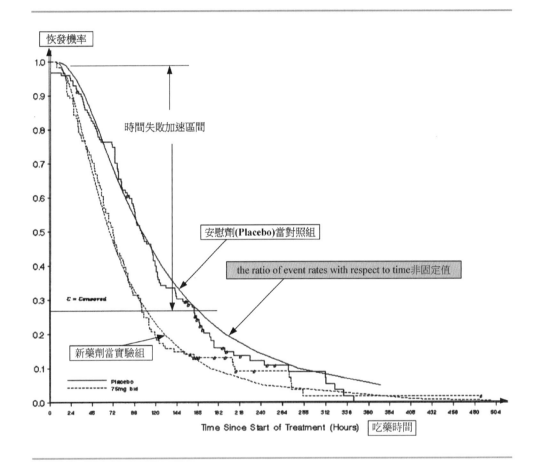

圖 3-46 以加速失敗時間來建構存活曲線 (Fitted survival curves from the accelerated failure time model at 'average' covariate values for each treatment group and Kaplan-Meier curves for the treatment groups.)

存活分析法依據不同的機率函數分布假設，Stata 有相對不同的模型。包括屬於半參數形式的 Cox 等比例危險模型及參數形式：包括指數分布模型、韋伯分布存活模型、對數邏輯斯存活模型等 6 種模型可供建立模型。通常選擇何種模型必須依據研究對象之性質，例如以人的一生為觀察期進行某種病毒造成死亡事件之發生之研究，原本在不考慮該病毒的情況下，小孩及老人死亡機率

原本就較高。因此研究某一課題必須選擇類似盆狀分布 (兩邊高一邊低) 之基準 (baseline) 危險函數分布模型方爲適用。若能明確知道危險率隨時間不變、遞增、遞減或先遞增後遞減之特定型態函數，則可將危險函數界定爲指數、韋伯或對數常態型態之模型。可惜一般情況下並無法確定某一課題 (土地開發行爲) 之正確函數型態，因此一般分析常用 Cox 等比例危險模型構建存活模型，其優點爲不必對危險機率函數強烈地假定其必須符合某種分布，雖然可能因而喪失一些校估方面的準確度，但在事前未知危險機率密度函數之分布的情況下，使用 Cox 等比例危險模型進行存活分析應爲最適當的方法，原因是使用 Cox 等比例危險模型分析時，若實際情況之機率分布爲某一類型分布 (例如韋伯分布)，則 Cox 等比例危險模型所估計出的機率密度函數分布，亦會趨近於該分布 (韋伯分布) 的情況。

二、存活模型爲何須搭配加速失敗時間

存活理論之基本組成包括「存活時間」、「存活函數」及「危險函數」，假設存活期間 T 爲非負值之隨機變數，T 代表研究母體中某一個個體的壽命 (lifetime)。令 f(t) 爲 T 之機率密度函數，而 T 之累積機率密度函數爲：

$$F(t) = \Pr(T < t) = \int_0^t f(x)dx$$

其中，T 爲存活時間，而 t 則爲存活時間內的某一個特定時點。因此某一個體存活至 t 之機率稱之爲存活函數：

$$S(t) = \Pr(T > t) = \int_0^\infty f(x)dx$$

其中，S(t) 爲單調遞減之連續函數，並具有如下特性：

$$S(0) = 1, \quad S(\infty) = \lim_{t \to \infty} S(t) = 0$$

由於研究時間不可能爲無限長，因此一般而言 $S(t) > 0$。危險函數則被定義爲：

$$h(t) = \lim_{\Delta t \to 0} \frac{\Pr(t \leq T < t + \Delta t \mid T \geq t)}{\Delta t} = \frac{f(t)}{S(t)}$$

危險函數表示研究個體存活至 t，而死於 t 之機率。在許多分析過程中，累積危險常被使用，其定義爲：

$$H(t) = \int_0^t h(x)dx$$

有鑑於每個研究個體之壽命往往受到不同危險因子 X_i (risk components) 而有不同的影響，因此危險函數通常表示成 $h(t|X)$，其中 X 為一組給定 (given) 危險因子所成之向量。在生物統計學文獻中，最常見危險函數之形式包括：加法危險模型 (additive hazard model)、乘法危險模型 (multiplicative hazard model)、及加速失敗時間模型 (accelerated failure time model) 三種。分述如下：

1. 加法危險模型

其基本形式為：$h(t|X) = h_0(t) + K(X)$

其中，$h_0(t)$ 是基礎危險函數，$K(X) = 0$ 稱為干擾危險 (nuisance hazard)。當 $K(X) = 0$ 時之危險值，可視為如同線性迴歸模型中之常數項，也就是在未考慮危險因子之危險值，其表示不同 X 組合之等差距增加值。不論 $K(X)$ 之函數形式為何，上式意味著危險因子帶來之危險值，與干擾危險因子 $K(X)$ 全然無關，故乃以附加的方式進入模型中。

2. 乘法危險模型

其基本形式為：$h(t|X) = h_0(t) \times \gamma(X)$

其干擾危險係以 $\gamma(X)$ 為基礎。

其中，$h_0(t)$ 是基礎危險函數，$\gamma(X)$ 則是共變數的函數，其基礎危險係以 $X = 0$ 或 $\gamma(X) = 1$ 為基礎。故乘法危險之精神為：假設危險因子以一種放大或縮小之效果來影響干擾危險，因而必須保證 $\gamma(X)$ 為正值。此外乘法危險函數具有等比例危險之關係。即不同危險因子向量 X_1 與 X_2 對干擾危險所造成之效果為固定比例，其關係如下：

$$\frac{h(t|X_1)}{h(t|X_2)} = \frac{\gamma(X_1)}{\gamma(X_2)}$$

此種乘法危險模型又稱為等比例危險模型 (proportional hazard model)。此危險模型隱函危險因子所帶來之危險值增／減量可隨存活時間改變之假設，即在「高干擾危險值」加入某一危險因子後，其所增加之危險值將高於「低干擾危險值」。Cox 曾為乘法危險模型中之 g(X) 建議一種特定之函數型式如下：

$$h(t|X) = h_0(t) \times e^{(\beta X)}$$

其中，$\beta X = \beta_1 X_1 + \beta_2 X_2 + \cdots\cdots + \beta_k X_k$，而 β_i 為未知之參數 ($i = 1, 2, 3, \cdots\cdots, k$)。上述之函數型式很自然地保證 $\gamma(X)$ 值為正。上式在生物醫學之統計分析上，廣

被用來分析病人之壽命與致死原因，因而稱為 Cox 模型。

3. 加速失敗時間之另一延伸模型

一般型式為：

$$h(t \mid X) = h_0(t \times p(X)) \times \theta(X)$$

該模型基本上是乘法危險模型之延伸，危險因子的介入不僅加速高干擾危險之到臨，亦全面放大或縮減干擾危險。加速失敗時間模型中如果 $P(X) = 1$，則將成為乘法危險模型。

4. AFT 主流模型有二

AFT 模型常用的主流有指數模型及韋伯模型二種。

(1) 指數分布之加速失敗時間模型

其危險函數公式為：

$$h(t \mid X) = \lambda, \text{ 其中 } \lambda = \exp\left(-\sum_{i=1}^{p} \gamma_i \chi_i\right)$$

此模型之危險函數保持一固定值，並不會隨時間改變。

期望值公式為：

$$E(T) = e^{\beta X}$$

其累積機率密度函數公式為：

$$1 - e^{(-e^{-\beta X_i})}$$

(2) 韋伯分布之加速失敗時間模型

其危險函數公式為：

$$h(t \mid X) = \frac{\lambda^{\frac{1}{\sigma}} t^{\frac{1}{a} - 1}}{\sigma}$$

期望值公式為：

$$E(T) = \Gamma(1 + \sigma) e^{\beta X}$$

其累積機率密度函數公式為：

$$1 - e^{(-e^{-(\beta X)a} t^a)}$$

其中 $\frac{1}{\sigma}$ 必須大於 0，當 $\frac{1}{\sigma}$ 等於 1 時，則模式簡化成 Exponential Model，其危險數會隨時間的改變而改變：當 $\frac{1}{\sigma} > 1$ 時，則會隨時間而增加；當 $\frac{1}{\sigma} < 1$ 時，則會隨時間而減少。

由於 Stata 軟體本身可以校正上述參數值，並且檢定出參數的顯著性及模型適配度「log likehihood」值。

三、回溯性世代研究：常須搭配加速失敗時間

以乳癌為例，找出乳癌病患：癌症特殊需求檔之 1997~2010 年門診處方及治療明細檔 (CD)，共 490,645,056 人次擷取 3 個診斷碼 ACODE_ICD9_1、ACODE_1CD9_2，ACODE_ICD9_3 任一位置出現 (ICD-9-CM code: 174, A113)，共 7,187,107 人

排除 2000~2008 乳癌各世代先前即曾罹患乳癌者，由各世代往前排除至 1997 年

2000 年新發乳癌人數 n = 10,156 人
2001 年新發乳癌人數 n = 10,125 人
2002 年新發乳癌人數 n = 9,237 人
2003 年新發乳癌人數 n = 8,454 人
2004 年新發乳癌人數 n = 9,406 人
2005 年新發乳癌人數 n = 10,189 人
2006 年新發乳癌人數 n = 10,145 人
2007 年新發乳癌人數 n = 10,783 人
2008 年新發乳癌人數 n = 11,280 人

排除先前有 TEEs 包含：腦中風 (ICD-9-CM: 430-437) 或深層靜脈栓塞 (ICD-9-CM: 451, 452, 453) 或肺栓塞 (ICD-9-CM: 415.1)，即各研究世代罹病確診年往前至 1997 年的共 7,390 人

建立 2000~2008 年各年新發乳癌世代：以乳癌診斷日取每名個案第一筆記錄（即罹癌確診日）共 82,385 人

建立 2000~2008 年各年新發乳癌世代觀察兩年完整資料：乳癌診斷日起往後觀察兩年，共 2,504,467 人次

建立退保及死亡資料：
串連，2002~2010 年承保資料檔 (ID) 自乳癌診斷日起，觀察兩年其退保別為 1 者（退保）
串連，2000~2010 的住院醫療費用清單明細檔 (DD) 自乳癌診斷日起，觀察兩年其轉歸代碼有 4 者（在院死亡），轉歸代碼為 A 者（病危自動出院）

建立新發乳癌各世代診斷後兩年內併發 TEEs：
擷取門診處方及治療明細檔 (CD) 就醫診斷碼 3 碼及住院醫療費用清單明細檔 (DD) 診斷碼 5 碼任一位置出現 TEEs 包含：腦中風 (ICD-9-CM: 430-437) 或深層靜脈栓塞 (ICD-9-CM: 451, 452, 453) 或肺栓塞 (ICK-9-CM: 415.1) 共 82,385 人，2,504,467 人次

排除乳癌確診日前在住院醫療費用清單明細檔 (DD) 有發生 TEEs 者，共 221 人

病患特性：
1. 年齡：自確診日當時年齡為就醫日期（首次診斷乳癌門診日期）減掉出生日期
2. 共存疾病指數 (CCI)：擷取個案診斷日前一年在門診處方及治療明細檔 (CD)，國際疾病分類代號 3 碼任一位置出現 Charlson Comorbidity Index 建議之診斷
3. 高血壓疾病史：擷取乳癌確診日期前一年診斷，國際疾病分類代號碼 3 碼任一位置出現高血壓 (ICD-9-CM: 401-405, A26)
4. 手術：擷取主手術（處置）一～四，乳癌確診日後觀察一年內任一位置是否有出現乳癌手術 (MRM: 85.4, BCI: 821.2)
5. 放射治療及化療：擷取門診處方及治療明細檔 (CD) 之特定治療項目代號一～四欄位代碼為 D1 及 D2 或 12
6. 荷爾蒙治療：串連，癌症特殊需求檔之 2000-2010 年門診處方醫令明細檔 (OO) 擷取藥品（項目）代號並以健保代友參考表格

圖 3-47 回溯性世代研究之資料擷取流程圖 (乳癌患者併發 **TEEs** 之加速失敗時間模型)

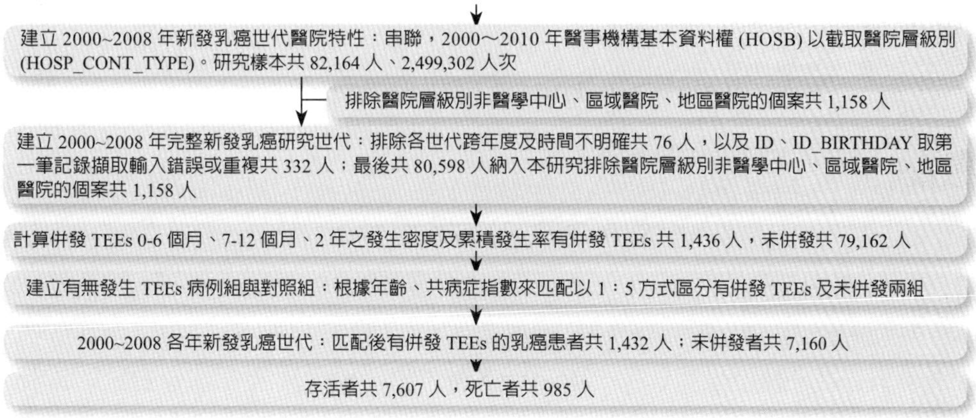

建立 2000~2008 年新發乳癌世代醫院特性：串聯，2000~2010 年醫事機構基本資料權 (HOSB) 以截取醫院層級別 (HOSP_CONT_TYPE)。研究樣本共 82,164 人、2,499,302 人次

排除醫院層級別非醫學中心、區域醫院、地區醫院的個案共 1,158 人

建立 2000~2008 年完整新發乳癌研究世代：排除各世代跨年度及時間不明確共 76 人，以及 ID、ID_BIRTHDAY 取第一筆記錄擷取輸入錯誤或重複共 332 人；最後共 80,598 人納入本研究排除醫院層級別非醫學中心、區域醫院、地區醫院的個案共 1,158 人

計算併發 TEEs 0-6 個月、7-12 個月、2 年之發生密度及累積發生率有併發 TEEs 共 1,436 人，未併發共 79,162 人

建立有無發生 TEEs 病例組與對照組：根據年齡、共病症指數來匹配以 1：5 方式區分有併發 TEEs 及未併發兩組

2000~2008 各年新發乳癌世代：匹配後有併發 TEEs 的乳癌患者共 1,432 人；未併發者共 7,160 人

存活者共 7,607 人，死亡者共 985 人

圖 3-47 回溯性世代研究之資料擷取流程圖 (乳癌患者併發 **TEEs** 之加速失敗時間模型) (續)

小結

　　Stata 共有 6 種分布可搭配其加速失敗時間，選擇分布的方式為：以 Maximum Likelihood 及 AIC 值來判讀，在這 6 種分布存活分析裡，看那一個模型最大概似 (Maximum Likelihood) 估計值愈低，就表示其機率分布愈接近常態分布；或則改用資訊準則 AIC (Akaike's Information Criteria)，用以判斷存活模型 / 時間序列整體配適度 (overall fitness)，AIC 值愈低代表模型配適度愈好。故 Stata 參數存活分析必須進行 6 種加速失敗時間模型的評比，分別是 Exponential、韋伯、對數常態、對數邏輯斯、伽瑪及 gompertz 分布。

四、加速失敗時間模型：在劑量 d 水準

　　以醫學臨床治療來說，在加速失敗時間 (AFT) 模型下，劑量水準為 d 時，時間變數 T 的風險函數 $h(t; d)$ 與基準風險函數 $h_0(t)$ 的關係為

$$h(t; d) = h_0(te^{-g(d)})e^{-g(d)} ,$$

其中 $g(d) = \alpha_1 d + \cdots\cdots + \alpha_p d^p$，$\exp(-g(d))$ 稱為加速因子 (acceleration factor)。上述 AFT 模型也可用對數線性模型加以描述：

$$\log T = \alpha_0 + g(d) + \sigma\varepsilon ,$$

其中 α_0 為截距參數，σ 為尺度參數，ε 則為誤差項。當劑量水準為 d 時，T 的存

活函數為

$$S(t; d) = \Pr(T > t) = \Pr(e^{\alpha_0 + g(d) + \sigma\varepsilon} > t) = \Pr(e^{\alpha_0 + \sigma\varepsilon} > te^{-g(d)})$$

劑量 $d = 0$ 時的基準存活函數則為

$$S_0(t) = \Pr(T > t) = \Pr(e^{\alpha_0 + \sigma\varepsilon} > t)$$

因此，

$$S(t; d) = S_0(te^{-g(d)})$$

進一步得知其機率密度函數關係為

$$f(t; d) = f_0(te^{-g(d)})e^{-g(d)}$$

令 $t_p(d)$ 是劑量水準 d 時，時間變數 T 的 $100p$ 百分位數，$0 \le p \le 1$，則。

$$t_p(d) = e^{-g(d)}t_p(0)$$

亦即在 AFT 模型之下，劑量水準 d 之下的任何百分位時間與基準組之下的同一百分位時間成比例。

3-4-3 配對後韋伯存活模型搭配 accelerated failure time：發電機壽命 (streg 指令)

一、違反 Cox 模型假定，該如何解決？

　　Stata 提供「estat phtest」、「estat concordance」、「stphplot, by(組別)」、「sts graph」等指令，讓你檢定是否違反 Cox 迴歸之事先假定「H_0：隨時間變化，處理組與控制組之間風險比 (risk ratio、the ratio of event rates) 為固定 (constant)」。若違反 Cox 模型此假定時，stcox 指令應改成參數存活模型 (streg 指令) 並外加下列二個模型之一：

方法一：納入脆弱模型

　　當收集的資料為長期追蹤之臨床數據，治療效果通常隨時間降低，此時很容易違反風險為「固定」比例的假定，此時韋伯 / 指數等 6 種分布就可搭配脆弱模型來配適此類的臨床數據。即存活資料模型中，若摻有隨機因素時，Cox

模型就須改用 streg 指令來納入脆弱模型。

方法二：納入 Accelerated Failure Time(AFT)

以圖 3-6「乳癌患者併發 TEEs 對存活影響」來說，Allison (2004) 發現 Kaplan-Meier method, Log-minus-log 及 like tim-interaction test 等檢定，當遇時變 (time-varying) 之解釋變數，包括：TEEs、年齡、手術、放射治療、化療、荷爾蒙治療等變數，就會違反 Cox proportional hazard model 等比例風險的假定，因為這些個人因子、環境因子多數存在「時間相依性之共變數」問題，故應改以 Accelerated Failure Time Model 來克服。

二、韋伯分布之重要整理

1. 韋伯分布之 PDF 函數 *f(x)* 與危險函數 *h(x)* 爲：

$$f(x;\theta,\beta) = \frac{\beta}{\theta}(\frac{x}{\theta})^{\beta-1} e^{-\left(\frac{x}{\theta}\right)^{\beta}}$$

$$h(x) = \frac{f(t)}{R(t)} = \frac{\beta}{\theta}(\frac{x}{\theta})^{\beta-1}$$

2. 可靠度 *R(x)* 與失效率函數 *λ(x)*，分別爲：

$$R(x) = e^{-(\frac{x}{\theta})^{\beta}} \quad x \geq 0$$

$$\lambda(x) = \frac{\beta}{\theta}(\frac{x}{\theta})^{\beta-1} t \geq 0$$

3. 韋伯分布之 CDF

$$F(t) = 1 - e^{-\left(t/\theta\right)^{\beta}}$$

取兩次自然對數，得

$$\ln(\ln\frac{1}{1-F(t)}) = \beta \ln t - \beta \ln \theta$$

4. 透過轉換，讓上式之累積分布轉換成線性形式

$$\boxed{\ln t} = \frac{1}{\beta}\boxed{\ln\left(\ln\frac{1}{1-F(t)}\right)} + \boxed{\ln\theta}$$

$$\quad\; Y \qquad\qquad\quad X \qquad\qquad\quad A$$

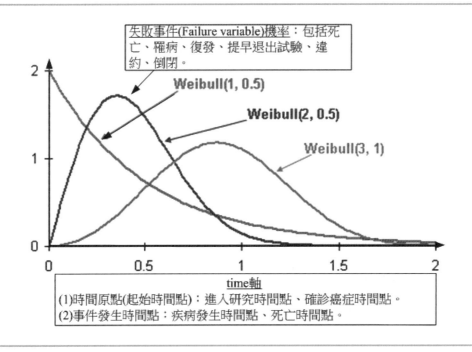

失敗事件(Failure variable)機率：包括死亡、罹病、復發、提早退出試驗、違約、倒閉。

(1)時間原點(起始時間點)：進入研究時間點、確診癌症時間點。
(2)事件發生時間點：疾病發生時間點、死亡時間點。

圖 3-48 Parametric survival models：韋伯分布之示意圖

三、範例 配對存活分析：除發電輸出的負荷會影響發電機壽命外，試問更換發電機之軸承，能延長發電輸出的壽命嗎 (Cox proportional hazards model, PH)？

1. 韋伯分布與對數常態分布，二者常用來描述大多數工業 (電子) 產品之壽命，惟兩者特性極為相似。

2. 一般的存活分析方法僅能用於資料之間為獨立的情形下，然而，在臨床研究上，常收集到的資料是具有相關性的；例如，同一個體 (subject) 中的眼睛、腎臟等兩個以上的器官所收集到的存活資料。此外，同一家庭內的兩個不同個體的存活資料，亦可視為此種資料型態。此種資料因為具有配對的特性，所以在分析上較為複雜，所採用的方法為配對存活分析。

(一) 問題說明

本例係以發電負荷量 (load) 配對個體，使用實驗法來測試，有沒有換新型軸承 (bearings)，會影響緊急發電機的壽命 (failtime) 嗎？為獲得承受負荷過載時

的發電機之性能好壞。在這個實驗中，禁用過載保護電路，故發電機組都是在負荷過載情況下運轉，直到他們燒了起來。以下是我們的數據。

易言之，本例以發電負荷量 (load 變數) 配對個體，旨在爲了解是否發電輸出的負荷 (load 變數) 及更換新軸承 (bearings 變數)，二者是影響發電機壽命變數的因子嗎？(時間單位：小時)

研究者收集數據並整理成下表，此「kva.dta」資料檔內容之變數如下：

變數名稱	說明	編碼 Codes／Values
連續依變數：failtime	發電機過載使用直到燒壞 (hr)	22~140hr
類別變數：load	發電輸出的負荷 (kVA)	15~40 kVA
實驗處理：bearings	發電機有更換新軸承嗎？	0,1 (binary data)

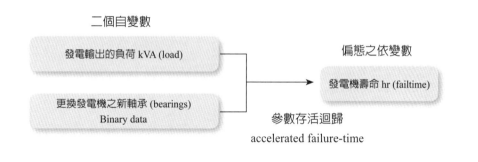

圖 3-49 影響發電機壽命有二個因子之研究架構 [以發電負荷量 (load) 配對個體]

註：本例 stset 指令無「Failure variable:」來指定 Failure 變數當作依變數。

「kva.dta」資料檔內容內容如圖 3-50。它依發電機之負荷量依序來精確配對 (有 vs. 沒有換新軸承)。

(二) 資料檔之內容

本例實驗測試了 12 台發電機，其中 6 台有換新軸承，6 台則沒有換新軸承。這 12 台發電機都做被分布到這個破壞性試驗。在發電負荷 = 15kVA 下，精確配對「有 vs. 沒有換新軸承」。第 1 台發電機沒有換新軸承 (bearings = 0)，在沒有過負荷保護裝置下，它運轉 100hr 才燒壞。第 2 台發電機有換新軸承 (bearings=1)，在沒有過負荷保護裝置下，它運轉 140hr 才燒壞。依此類推……，其他精確配對，接著發電負荷 (load) 依序爲 20、25、30、35 及 40 kVA。

　　我們希望以過載的發電量和軸承有沒有換，二者來適配故障率之 Cox 比例風險 (proportional hazards, PH) 模型。也就是說，我們假定軸承和負載不影響整體危險函數的線形 (bearings and load do not affect the shape of the overall hazard function)，但二者確實影響故障的相對風險 (relative risk of failure)。

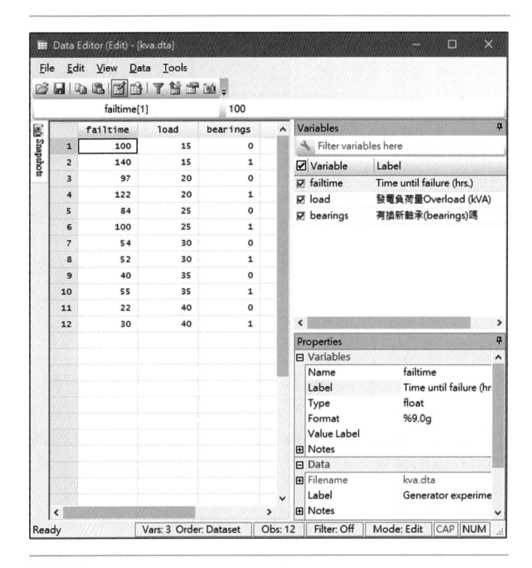

圖 3-50「kva.dta」資料檔內容

觀察資料之特徵

```
* 開啟資料檔：發電機為例
. webuse kva
(Generator experiment)

. summarize failtime load bearings

    Variable |      Obs        Mean    Std. Dev.      Min        Max
-------------+---------------------------------------------------------
    failtime |       12    74.66667    37.75118       22        140
        load |       12        27.5     8.918826      15         40
    bearings |       12          .5      .522233       0          1
```

(三) 分析結果與討論

Step 1   方法一：純韋伯存活模型，未含加速失敗時間

```
* 開啟資料檔
. webuse kva

* 設定存活時間變數：依變數為偏態之分布。但無「failure( 結果變數 )」選項
. stset failtime, scale(1)
       failure event:  (assumed to fail at time=failtime)
obs. time interval:  (0，failtime]
 exit on or before:  failure

--------------------------------------------------------------------
      12  total obs.
       0  exclusions
--------------------------------------------------------------------
      12  obs. remaining, representing
      12  failures in single record／single failure data
     896  total analysis time at risk, at risk from t =          0
                          earliest observed entry t =          0
                              last observed exit t =        140
```

```
*方法一： fit a Cox proportional hazards model
*stcox 指令分析比例危險 (PH) 值及指數係數當作危險比 (exponentiated coeffi-
cients—hazard ratios)。
* 相對地，「streg……, d(weibull)time」改求韋伯模型之時間會加速失敗 (acceler-
ated failure-time,AFP)。
. stcox load bearings

        failure _d:  1 (meaning all fail)
   analysis time _t:  failtime


Refining estimates:
Iteration 0:    log likelihood =  -8.577853

Cox regression -- Breslow method for ties


No. of subjects =         12              Number of obs   =        12
No. of failures =         12
Time at risk    =        896
                                          LR chi2(2)    =     23.39
Log likelihood  =     -8.577853           Prob > chi2   =    0.0000
```

*Cox 預測的依變數 _t，它就是你在「 stset failtime 」宣告的 failtime。

```
------------------------------------------------------------------------
     _t | Haz. Ratio   Std. Err.      z    P>|z|    [95% Conf. Interval]
--------+---------------------------------------------------------------
   load |   1.52647    .2188172     2.95   0.003    1.152576    2.021653
bearings |  .0636433   .0746609    -2.35   0.019    .0063855    .6343223
------------------------------------------------------------------------
```

* 上述發現，發電量 (load) 每調升一單位 (5kVA)，發電機燒掉的危險率增加 1.52 倍。
* 有更換軸承之發電機，比沒有更換軸承者，發電機燒掉的危險率降低 0.0636 倍。

* 印出存活函數 S(t)
. sts list

```
        failure _d:  1 (meaning all fail)
   analysis time _t:  failtime


          Beg.        Net        Survivor      Std.
```

Time	Total	Fail	Lost	Function	Error	[95% Conf. Int.]	
22	12	1	0	0.9167	0.0798	0.5390	0.9878
30	11	1	0	0.8333	0.1076	0.4817	0.9555
40	10	1	0	0.7500	0.1250	0.4084	0.9117
52	9	1	0	0.6667	0.1361	0.3370	0.8597
54	8	1	0	0.5833	0.1423	0.2701	0.8009
55	7	1	0	0.5000	0.1443	0.2085	0.7361
84	6	1	0	0.4167	0.1423	0.1525	0.6653
97	5	1	0	0.3333	0.1361	0.1027	0.5884
100	4	2	0	0.1667	0.1076	0.0265	0.4130
122	2	1	0	0.0833	0.0798	0.0051	0.3111
140	1	1	0	0.0000	.	.	.

* 事後指令：C 一致性統計量

. estat concordance

```
        failure _d:  1 (meaning all fail)
  analysis time _t:  failtime

Harrell' s C concordance statistic

Number of subjects (N)          =        12
Number of comparison pairs (P)  =        65
Number of orderings as expected (E)=     61
Number of tied predictions (T)  =         0

        Harrell' s C = (E + T/2)/ P =    .9385
                        Somers' D =      .8769
```

* 繪圖法來比較：有 vs. 沒有換新軸承，對發電機的壽命的影響。如下圖所示。

. stcurve, hazard at1(bearings = 0) at2(bearings= 1)

1. 存活分析設定 (「stset timevar failure failvar」指令) 之後，會新產生 3 個系統
   變數 ($\_t_0$; $\_t$; $\_d$)，其中：

> (1) _t₀ 是觀察的開始時間，$\_t_0 \geq 0$;
>
> (2) _t 是觀察的結束時間，$\_t \geq \_t_0$;
>
> (3) _d 是失敗指標 (indicator for failure)，$\_d \in \{0, 1\}$。

2. 方法一：Cox proportional hazards 之 Harrell's C 一致性統計量 (concordance statistic)=0.9385，表示 load 及 bearings 二個解釋變數有 93.85% 正確地預測發電機壽命。

   streg 事後指令「estat concordance」旨在求出一致性統計量，其用途很廣泛，它可以算出一致性 C 統計量，並將敵對模型一一來比較不同 Cox 迴歸模型 (影響因子選擇不同)，何者的預測能力更佳。

3. 本例共變數 bearings 之 HR=0.06，表示換新軸承可有效改善發電機94%的存活。

4. Cox 模型、參數存活模型之適配度是以概似比 LR-test 為基礎：

$$\chi^2_{LR} = -2\log\left(\frac{\max.likehood \text{ without the variable}}{\max.likehood \text{ with the variable}}\right)$$

若 $\chi^2_{LR} > \chi^2_\alpha(\nu)$，則拒絕 H_0：迴歸係數 $\beta = 0$，其中 ν 為由度。此外，LR 亦可適用於敵對二個模型的優劣比較、或某一模型的整體適配度 (overall fitness) 若 likehood 值愈大，則該模型就愈佳，甚至亦可做個別迴歸係數 β 的顯著性檢定。本例 Cox 模型 Log likelihood = -8.57753，此 likehood 值愈大，則該模型就愈佳。

5. Hazard Ratio(HR) 意義說明：

   要估計處理組的效果 (treatment effect)，常用的 Cox 比例危險模型，其主要假定為「處理組 vs. 對照組」兩組間危險函數比 (值) 與時間無關，它是常數且固定的。這個常數謂之危險。HR 值大小有下表所列三種情況。基本上，Cox 模型檢定是 H_0：HR=1 vs. H_1：$HR \neq 1$；或是 H_0：係數 $\beta = 0$ vs. H_1：$\beta \neq 0$。

Hazard ratio (HR)	log(HR)=β	說明
HR = 1	$\beta = 0$	兩組存活經驗相同 (two groups have the same survival experience)。
HR > 1	$\beta > 0$	控制組存活較優 (survival is better in the control group)。
HR < 1	$\beta < 0$	處理組存活較優 (survival is better in the treatment group)。例如，HR = 0.73，表示實驗處理可有效改善27%的存活。

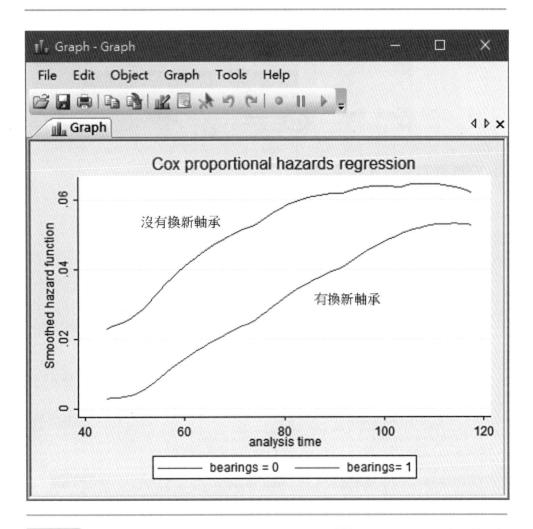

圖 **3-51** 繪圖法「stcurve, hazard at1(bearings = 0)at2(bearings= 1)」來比較：有 vs. 沒有換新軸承，對發電機壽命的影響

Step 2　方法二：純韋伯存活模型，未含加速失敗時間

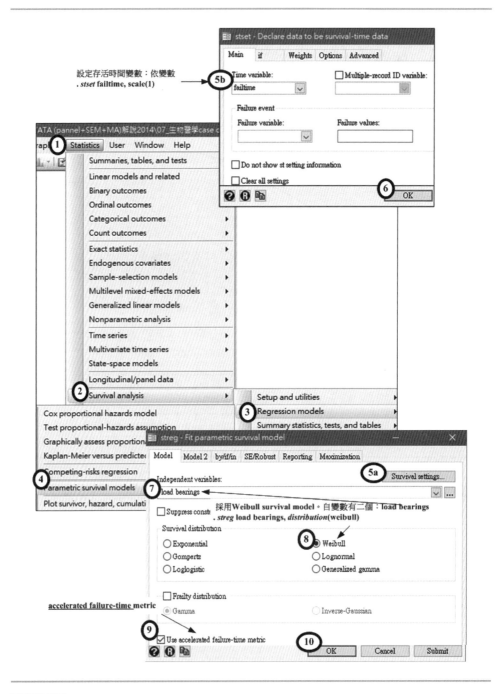

圖 3-52 「streg load bearings, d(weibull)time」之選擇表

注：Statistics > Survival analysis > Regression models > Parametric survival models。

　　Stata 軟體系統，**streg** 指令除了 exponential 及韋伯分布，兩者內定分布沒用「accelerated failure-time form」外；其餘四種分布 (gompertz，對數常態，對數邏輯斯，廣義伽瑪) 都內定有「accelerated failure-time form」來分析參數存活分析。

　　streg 指令 -- Parametric survival models:

```
* 開啟資料檔
. webuse kva

* 設定存活時間變數：依變數為偏態之分布
. stset failtime, scale(1)

* 方法二：純 Weibull 存活模型，內定分析：比例危險 (PH) 值及指數係數當作危險比
(exponentiated coefficients—hazard ratios)。
* 用 Weibull 模型。自變數有 2 個 :load( 時間相依解釋變數 )、bearings( 非時間相依解
釋變數 )
. streg load bearings, distribution(weibull)
```

Weibull regression -- log relative-hazard form

No. of subjects =	12	Number of obs =	12
No. of failures =	12		
Time at risk =	896		
		LR chi2(2) =	30.27
Log likelihood =	5.6934189	Prob > chi2 =	0.0000

_t	Haz. Ratio	Std. Err.	z	P>|z|	[95% Conf. Interval]	
load	1.599315	.1883807	3.99	0.000	1.269616	2.014631
bearings	.1887995	.1312109	-2.40	0.016	.0483546	.7371644
_cons	2.51e-20	2.66e-19	-4.26	0.000	2.35e-29	2.68e-11
/ln_p	2.051552	.2317074	8.85	0.000	1.597414	2.505691
p	7.779969	1.802677			4.940241	12.25202
1/p	.1285352	.0297826			.0816192	.2024193

```
------------------------------------------------------------------------
* 上述發現：load 每增加一單位，發電機損壞危險率就增加 1.599 倍。有更換新承損壞
危險率就減至 0.1887 倍。
*
* Replay results, but display coefficients rather than hazard ratios
. streg, nohr

Weibull regression -- log relative-hazard form

No. of subjects =          12              Number of obs   =        12
No. of failures =          12
Time at risk    =         896
                                           LR chi2(2)      =     30.27
Log likelihood  =    5.6934189             Prob > chi2     =    0.0000

------------------------------------------------------------------------
      _t |      Coef.   Std. Err.      z    P>|z|    [95% Conf. Interval]
---------+--------------------------------------------------------------
    load |   .4695753   .1177884    3.99   0.000    .2387143    .7004363
bearings |  -1.667069   .6949745   -2.40   0.016   -3.029194   -.3049443
   _cons |  -45.13191   10.60663   -4.26   0.000   -65.92053   -24.34329
---------+--------------------------------------------------------------
   /ln_p |   2.051552   .2317074    8.85   0.000    1.597414    2.505691
---------+--------------------------------------------------------------
       p |   7.779969   1.802677                    4.940241    12.25202
     1/p |   .1285352   .0297826                    .0816192    .2024193
------------------------------------------------------------------------
```

1. streg 指令內定分析：比例危險值及指數係數當作危險比 (exponentiated coefficients-hazard ratios)。

   相對地，「streg……, d(weibull)time」改求韋伯模型之時間會加速失敗。

2. 假設本例適合韋伯模型 (事實不是)。那麼「Haz. Ratio」欄中，自變數 load 每變化一單位 (Δ load = 5kVA)，發電機即會增加 1.599 倍失效的危險率。

   「Haz. Ratio」欄中，自變數 bearings 每變化一單位 (Δx_2)，有換新軸承比沒換新軸承，發電機會降低 0.188 倍失效的危險率。

3.「Coef.」欄中，發現：發電負荷量有益發電機壽命 (顯著正相關)，更換新軸承反有害發電機壽命 (負相關)。此結果有違經驗法則，故應改成方法三才對，即韋伯存活模型要考量加速失敗時間。

4.「Haz. Ratio」欄中，當參數 p > 1 時，表示發電機故障係隨時間增加而顯著增加其危險。本例參數 p = 7.78，故發電機運轉 100 小時，發電機會失效 (fail) 的比率，是運轉 10 小時的 100 多萬倍。因爲 $\frac{100^{p-1}}{10} = \frac{100^{7.78-1}}{10} \approx 100$ 萬。因此像本例，若參數 p 值愈大，你就愈要考慮納入「加速失敗時間」。

5. 整體模型適配度的概似比 (LR)，旨在比較二個敵對模型的 Log likelihood 值，LR 值愈大，代表模型愈佳。本例中，多層次韋伯存活模型 Log likelihood 爲 5.693 。

Step 3 方法三：韋伯存活模型，含加速失敗時間

```
* 開啟資料檔
. webuse kva

* 設定存活時間變數：依變數爲偏態之分布
. stset failtime, scale(1)

* 方法三 : streg 內定分析：比例危險 (PH) 值及指數係數當作危險比 (exponentiated
coefficients—hazard ratios)。你加「 time 」才會分析 (accelerated failure-time,
AFP)。
* Fit a Weibull survival model in the accelerated failure-time metric
. streg load bearings, d(weibull)time

        failure _d:  1 (meaning all fail)
   analysis time _t:  failtime

Fitting constant-only model:

Fitting full model:

Weibull regression -- accelerated failure-time form
```

```
No. of subjects =          12              Number of obs   =          12
No. of failures =          12
Time at risk    =         896
                                           LR chi2(2)      =      30.27
Log likelihood  =     5.6934189            Prob > chi2     =     0.0000

------------------------------------------------------------------------------
        _t |      Coef.   Std. Err.      z    P>|z|     [95% Conf. Interval]
-----------+------------------------------------------------------------------
      load |   -.060357   .0062214    -9.70   0.000    -.0725507   -.0481632
  bearings |   .2142771   .0746451     2.87   0.004     .0679753    .3605789
     _cons |    5.80104   .1752301    33.11   0.000     5.457595    6.144485
-----------+------------------------------------------------------------------
     /ln_p |   2.051552   .2317074     8.85   0.000     1.597414    2.505691
-----------+------------------------------------------------------------------
         p |   7.779969   1.802677                      4.940241    12.25202
       1/p |   .1285352   .0297826                      .0816192    .2024193
------------------------------------------------------------------------------
```

1. 上述發現：發電負荷量有損發電機壽命 (顯著負相關)，但更換新軸承則有延長發電機壽命 (正相關)。方法三 (Weibull 模型含 accelerated failure-time) 顯然比方法二 (Weibull 模型未含 accelerated failure-time) 合理，且符合經驗法則。

2. 「Haz. Ratio」欄中，當參數 p > 1 時，表示發電機故障係隨時間增加而顯著增加其危險。本例參數 p = 7.78，故發電機運轉 100 小時，發電機會失效的比率，是運轉 10 小時的 100 多萬倍。因為 $\frac{100}{10}^{p-1} = \frac{100}{10}^{7.78-1} \approx 100$ 萬。因此像本例，若參數 p 值愈大，就愈要考慮納入「加速失敗時間」。

3. 整體模型適配度的概似比 (LR)，旨在比較二個敵對模型的 Log likelihood 值，LR 值愈大，代表模型愈佳。本例沒有納入加速失敗時間之多層次韋伯存活模型 Log likelihood 為 5.693 。納入加速失敗時間之多層次韋伯存活模型 Log likelihood 為 5.69 ，評比結果：「加速失敗時間」之多層次韋伯存活模型與「沒有納入加速失敗時間」二者一樣優。

Step 4　對照組：你若誤用此 OLS 模型，分析結果，二個自變數 (時間相依解釋變數) 之迴歸係數正負方向是對的，但迴歸係數大小及顯著性 t 值檢定都有偏誤。如下所示：

```
* 開啟資料檔
. webuse kva
對照組 : 若誤用 OLS 模型


. regress failtime load bearings

      Source |       SS          df        MS              Number of obs =        12
-------------+----------------------------------            F( 2,      9)=      65.42
       Model | 14667.7143        2    7333.85714            Prob > F       =    0.0000
    Residual | 1008.95238        9    112.10582            R-squared      =    0.9356
-------------+----------------------------------            Adj R-squared =    0.9213
       Total | 15676.6667       11    1425.15152            Root MSE       =    10.588


-------------------------------------------------------------------------------------
    failtime |      Coef.    Std. Err.        t      P>|t|     [95% Conf. Interval]
-------------+-----------------------------------------------------------------------
        load | -3.971429    .3579399      -11.10     0.000    -4.781145    -3.161712
    bearings |        17    6.112987        2.78     0.021     3.171463     30.82854
       _cons |   175.381    10.75062       16.31     0.000    151.0614     199.7005
-------------------------------------------------------------------------------------
```

1. 上述發現：若誤用 OLS 模型，分析結果，二個自變數之迴歸係數正負方向是對的，但迴歸係數大小及顯著性 t 值檢定都有偏誤。故正確做法係採用「accelerated failure-time」韋伯存活模型。

3-4-4 每位病人發生多重失敗事件 (multiple failures) 之韋伯存活模型 (streg 指令)

　　Stata 軟體系統，streg 指令除了 exponential 及韋伯分布，兩者可讓你勾選要不要「accelerated failure-time form 」；其餘四種分布 (gompertz，對數常態，對數邏輯斯，廣義伽瑪) 都內定有「accelerated failure-time form」來分析參數存活分析。

一、前言

如果資料中的個體具有一樣類型或是不一樣類型的多重存活事件，則稱為多重事件資料 (multiple event data)，而處理一個個體有許多事件的分析稱為多重事件存活分析。多重事件存活分析可以分成多重類型事件 (multiple-type event) 和復發事件 (recurrent event)。

舉例來說，多種類型事件為個體經歷多次都不一樣的特徵類型事件 (例如：一位患有心臟病的病患，會產生多種不同的後遺症的事件)；而復發事件是在觀察時間內經歷多個一樣的事件 (例如：機器重複故障、囊狀纖維化)。也可以依多重事件的多變量存活時間的發生是否有先後順序，分成有序 (無序) 的相關多重事件，例如囊狀纖維化的存活事件，不只觀察病人從進入實驗到實驗結束，例如在囊狀纖維化復發的病人中，我們把每次病人囊狀纖維化復發當做一次事件，所以就有可能觀察到一次復發、二次復發、⋯⋯、n 次復發，直到觀察時間結束。這種具有多個事件點的例子，因為每個事件之間都是具有關連性，所以跟單一事件的存活分析比較起來會更加複雜。因此有別於處理一個個體單一事件的一維度存活分析，在這裡我們要處理一個個體有多個事件的存活分析稱為多維度存活分析。在多維度存活分析的文獻中，主要是以 Cox 模型為基本架構延伸出邊際模型 (marginal model) 及脆弱模型 (frailty model)，以這兩種模型來處理多維度存活分析中會遭遇的相關性問題。

二、範例：多重失敗 (multiple failures) 之韋伯存活模型

傳統的存活分析方法大多用於估計單一次事件 (例如：死亡、得病等) 的存活率，但是在臨床研究上，有些存活資料屬於復發事件；例如，同一個體 (subject) 在追蹤時間 (follow-up time) 內發生多次某種症狀。以傳統的存活分析的觀點，可以僅看「第一次」復發事件的存活分析，但缺點是忽略了其他復發事件發生的訊息。所以，當資料型態是這種情形下，採用多次復發存活分析方法是較為合適的。

(一) 問題說明：多重失敗 (multiple failures)

由於每位病人 (id)，在不同就診時間 (t)，會一次復發、二次復發、⋯⋯、n 次復發，故累積的病歷會有多筆記錄資料，「即每個自變數 (x1,x2) 都有多筆記錄」。這種多次復發事件謂之多重失敗 (multiple failures)，如下圖「mfail.dta」資料檔之記錄資料。

　　例如，每個病人就診抽血，醫生常常會做多個生化檢驗 (multiple failures)，來看這些生化檢驗，血液有那幾個生化指數 (自變數 x1、x2) 可有效預測 (e.g. 肝 / 血癌……) 病人會死亡。

　　存活模型，以本例來說，預測之自變數 (危險因子 / 生化指標) 就有有二個：x1、x2。試問這二個自變數會干擾結果變數嗎？再者，往昔實證研究中，常常發現：指數模型與韋伯模型二者分析結果都相似，本例亦支持這個論述嗎？

　　研究者收集數據並整理成下表，此「mfail.dta」資料檔內容之變數如下：

變數名稱	說明	編碼 Codes / Values
類別變數：d	死亡否	0,1 (binary data)
時間變數：t	曝險期間	
自變數 1(危險因子 1)	例如血液生化指數 1	
自變數 2(危險因子 2)	例如血液生化指數 2	

註：2 個自變數都是時間相依解釋變數

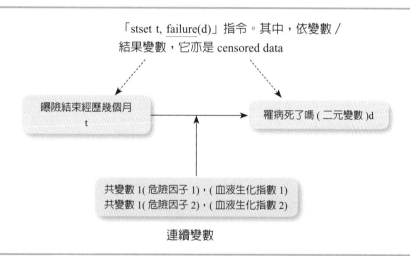

圖 3-53　多種危險因子 (多個自變數) 來預測病人會死亡嗎之研究架構

注 1：stcox,streg,stcrreg 指令都將「Failure variable:」中你指定的變數當作依變數。
注 2：存活分析設定 (「stset timevar failure failvar」指令) 之後，會新產生 3 個系統變數 (_t0; _t; _d)，其中：
　　1. _t0 是觀察的開始時間，_t0 ≥ 0;
　　2. _t 是觀察的結束時間，_t ≥ _t0;
　　3. _d 是失敗指標，_d ∈ {0, 1}。

(二) 資料檔之內容

「mfail.dta」資料檔內容如下圖。

圖 3-54 「mfail.dta」資料檔內容

觀察資料之特徵

```
* 開啟資料檔
. webuse mfail


. stdescribe

                                |------------- per subject -------------|
```

Category	total	mean	min	median	max
no. of subjects	926				
no. of records	1734	1.87257	1	2	4
(first)entry time		0	0	0	0
(final)exit time		470.6857	1	477	960
subjects with gap	0				
time on gap if gap	0	.	.	.	.
time at risk	435855	470.6857	1	477	960
failures	808	.8725702	0	1	3

「mfail.dta」資料檔中，每個受試者，最多有 4 筆記錄 (以 2 筆記錄居多)、3 筆 failures(以 1 筆記錄居多)。雖然上面的輸出不能多告訴你什麼，但本例的數據係具有時變共變變數 (time-varying covariates)。

「mfail.dta」資料檔有 926 個受試者共 1734 筆觀察值，在治療過程若病人失去連絡，就停止記錄。

(三) 分析結果與討論

Stata 軟體系統，streg 指令除了 exponential 及韋伯分布，兩者內定分布沒用「accelerated failure-time form」外；其餘四種分布 (gompertz，對數常態，對數邏輯斯，廣義伽瑪) 都內定有「accelerated failure-time form」來分析參數存活分析。

| Step 1 | 比較 **exponential** 存活模型與韋伯存活模型，兩者分析結果會很相似

由於 exponential 分布與韋伯分布，二者 PDF 非常相似，故分析結果也會很相似。

此外，由於本例由於自數數 x1 與 x2 預測依變數，模型之誤差也是異質性 (heterogeneity)，故迴歸係數改用強健 (robust) 標準誤，來估計係數顯著性之 Z 值。

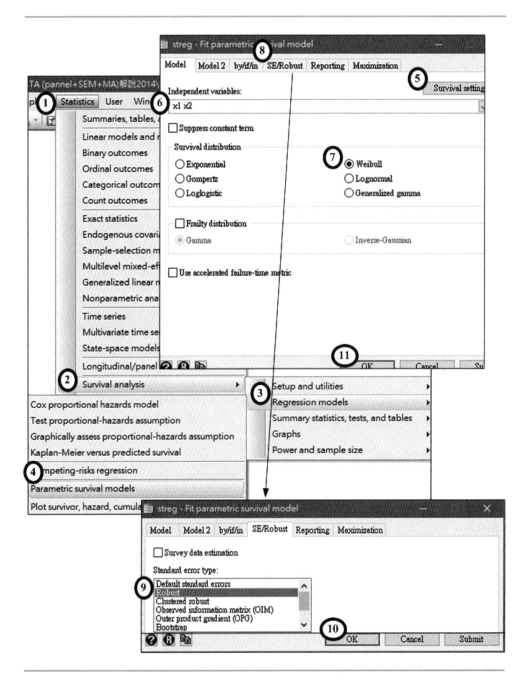

圖 3-55 streg x1 x2, d(weibull)vce(robust) 之選擇表

注：Statistics > Survival analysis > Regression models > Parametric survival models。

```
* 開啟資料檔
. webuse mfail
* 或 . use http://www.stata-press.com/data/r12/mfail

* 設定 binary 依變數為 d，曝險時間為 t .
. stset t, failure(d) scale(1)

* If we simply want to analyze these multiple-failure data as if the baseline
hazard remains unchanged as events occur (that is, the hazard may change with
time, but time is measured from 0 and is independent of when the last failure
occurred).
* Fit a Weibull survival model using data that has multiple failures per sub-
ject, and specify robust standard errors
. streg x1 x2, d(weibull)vce(robust)
```

Weibull regression -- log relative-hazard form

No. of subjects	=	1734	Number of obs	=	1734
No. of failures	=	808			
Time at risk	=	730030			
			Wald chi2(2) =		161.62
Log pseudolikelihood =		-1714.5463	Prob > chi2	=	0.0000

_t	Haz. Ratio	Robust Std. Err.	z	P>|z|	[95% Conf. Interval]	
x1	2.738115	.2309908	11.94	0.000	2.320829	3.230428
x2	.4605425	.0934095	-3.82	0.000	.3094744	.6853536
_cons	.0001764	.0000534	-28.54	0.000	.0000974	.0003193
/ln_p	.2676667	.0344171	7.78	0.000	.2002103	.335123
p	1.306911	.0449802			1.22166	1.398112
1/p	.7651628	.0263347			.7152501	.8185586

1. streg 指令內定分析韋伯模型：比例危險 (PH) 值及指數係數當作危險比 (exponentiated coefficients-hazard ratios)。

相對地，「streg……, d(weibull) time」改求韋伯模型之時間會加速失敗。

2. 自變數 $x1$ 每變化一單位 (Δx_1)，即會增加 2.7 倍失敗的危險。

自變數 $x2$ 每變化一單位 (Δx_2)，即會降低 0.46 倍失敗的危險。即 $x2$ 變數 HR = 0.46，表示 $x2$ 實驗處理可有效改善 54% 的存活。

3. 「Haz. Ratio」欄中，當參數 p > 1 時，表示依變數 (failure-time) 係隨時間增加而顯著增加其危險的指數倍，故本例依變數不太會因時間增加而增加其失敗危險率。本例求得參數 p = 1.3069，故病人曝險 100 個時間單位，會失效 (fail) 的比率，是曝險 10 個時間單位的 $10^{0.3}$ 倍 (值很小)。因為

$$\frac{100}{10}^{p-1} = \frac{100}{10}^{1.31-1} = 10^{0.3}。$$

4. Wald 卡方檢定之虛無假設：H_0: All coefficients associated with given variable(s) are 0。本例 Wald 檢定，得 $\chi^2(2) = 161.62$ (p < 0.05)，表示你界定自變數們之迴歸係數，至少有一個 $\beta \neq 0$。可得知，此 2 個解釋變數所構成之 Weibull 迴歸模型都具顯著性。

5. 整體模型適配度的概似比 (LR)，旨在比較二個敵對模型的 Log likelihood 值，LR 值愈大，代表模型適配愈佳。本例，韋伯存活模型 Log likelihood 為 −1714.54。

Step 2. 改用指數模型 (對照組)

指數分布之存活函數 S(t)、危險函數 h(t) 及累積危險函數 H(t) 分別為：

$$S_T(t) = EXP\,(-\lambda \times t); \quad h_T(t) = \lambda; \quad H_T(t) = \lambda \times t; \quad \lambda > 0$$

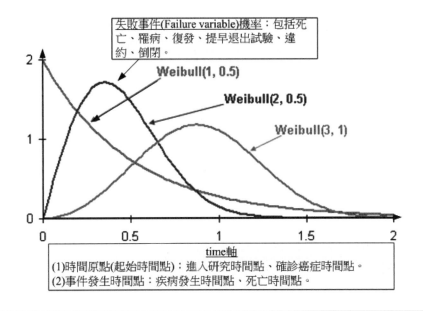

圖 3-56 Parametric survival models：Exponential 分布之示意圖

本例子，每個受試者都記錄其多筆 multiple-failure，它亦非常適合 exponential 分布。

```
* 開啟資料檔
 . webuse mfail

* Same as above, but fit exponential model rather than Weibull
 . streg x1 x2, d(exp)vce(robust)

Exponential regression -- log relative-hazard form

No. of subjects    =        1734        Number of obs   =        1734
No. of failures    =         808
Time at risk       =      730030
                                         Wald chi2(2)  =      182.96
Log pseudolikelihood =   -1749.8485      Prob > chi2    =       0.0000

------------------------------------------------------------------------
```

_t	Haz. Ratio	Robust Std. Err.	z	P>|z|	[95% Conf. Interval]
x1	2.66429	.2086401	12.51	0.000	2.285199 3.106268
x2	.4310082	.0807363	-4.49	0.000	.298565 .6222033
_cons	.0012516	.0000942	-88.82	0.000	.00108 .0014505

1. 因本例是「complex」survival data，每受試者都記錄多次失敗 (multiple failures)，故誤差具有異質性，在韋伯存活模型、指數存活分析時，須多加「vce(robust)」選項，此代表著我們以 id() 變數來「集群」(it was implicit that we were "clustering" on the groups defined by the id()variable).

2. Wald 檢定之虛無假設：H_0: All coefficients associated with given variable(s)are 0 本例 Wald 檢定，得 $\chi^2(2) = 182.96(p < 0.05)$，表示你界定自變數們之迴歸係數，至少有一個 $\beta \neq 0$。可得知，此 2 個解釋變數所構成之指數迴歸模型具有整體顯著性。

3. 整體模型適配度的概似比 (LR)，旨在比較二個敵對模型的 Log likelihood 值，LR 值越大，代表模型愈佳。本例，韋伯存活模型 Log likelihood 為 −1714.54。相對地，指數存活模型 Log likelihood 為 −1749.848；韋伯存活模型 Log likelihood 為 −1714.54，二者 LR 評比結果，韋伯存活模型優於指數存活模型。

3-4-5 五種參數模型 (廣義伽瑪、韋伯……)，誰優？驗證治癌新藥效：(streg、test 指令)

藥物反應研究中，為了探討某一種藥物的效果，經常進行數個不同的治療方式當作處理組和一個對照組來做比較。醫學上所收集到的資料經常出現右設限資料，導致分析的困難，針對右設限存活資料，當兩組存活函數呈現交叉時，通常不會檢定兩組的存活函數有無差異，而是針對特定的時間點下兩組存活函數是否有差異。此外，藥物的藥效可能隨著時間而改變，具相同條件的病人，其療效也不相同。

範例：治療癌症新處方有效嗎，**streg** 指令

(一) 問題說明

為了解接受暴露 (e.g. 吃實驗的藥) 及病人年齡，二者會影響癌症死亡率嗎？
(時間單位：月)

研究者收集數據並整理成下表，此「cancer.dta」資料檔內容之變數如下：

變數名稱	說明	編碼 Codes/Values
類別依變數：died	得癌死掉嗎	0,1 (binary data)
類別自變數：drug	Drug=2, Drug=3 二組是實驗組	1,2,3 (1= 吃安慰劑)
連續自變數：age	曝險開始之年齡	47~67
時間變數：studytime	曝險結束經歷幾個月	1~39

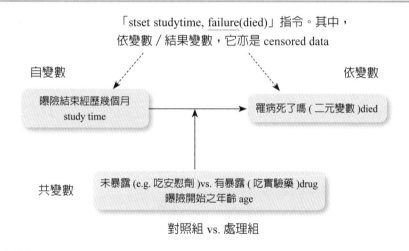

圖 3-57 治療癌症處方有效嗎之研究架構

注 1：stcox,streg,stcrreg 指令都將「Failure variable:」中所指定變數當作依變數。

注 2：存活分析設定 (「stset timevar failure failvar」指令) 之後，會新產生 3 個系統變數 (_t_0; _t; _d)，其中：
　　1. _t_0 是觀察的開始時間，_t_0 ≥ 0;
　　2. _t 是觀察的結束時間，_t ≥ _t_0;
　　3. _d 是失敗指標，_d ∈ {0, 1}。

藥物反應研究中，為了探討某一種藥物的效果，經常進行數個不同的治療方式當作處理組和一個對照組來做比較。醫學上所收集到的資料經常出現右設限資料，導致分析的困難，針對右設限存活資料，倘若兩組存活函數呈現交叉

時，通常不會檢定兩組之間的存活函數有無差異，而是針對特定的時間點下兩組存活函數是否有差異。

本例，共 48 人接受癌症藥的試驗，其中，28 人接受處理 (drug = 1)；20 人只吃安慰劑 (receive a placebo)(drug = 0)。這些參與實驗者，年齡從 47 至 67 歲。我們要分析的時間，係直到死亡爲止 (時間單位以月計)。

studytime 變數記錄死去時撐幾個月，或活幾個月 (records either the month of their death or the last month that they were known to be alive)。

(二) 資料檔之內容

「cancer.dta」資料檔內容如下圖。

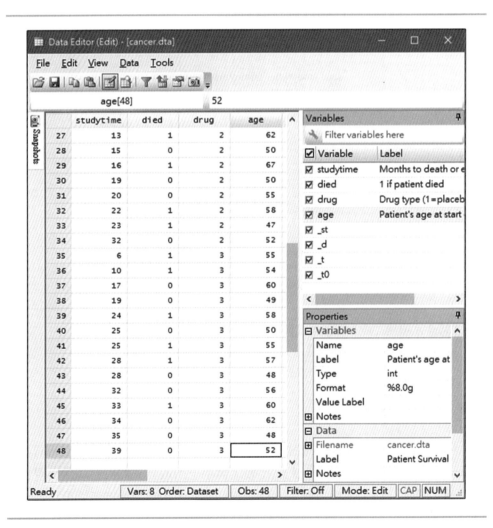

圖 **3-58** 「cancer.dta」資料檔內容

470

觀察資料之特徵

```
* 開啟資料檔
. webuse cancer

. summarize studytime died drug age

    Variable |      Obs        Mean    Std. Dev.      Min        Max
-------------+-------------------------------------------------------
    studytime |       48        15.5    10.25629         1         39
         died |       48    .6458333    .4833211         0          1
         drug |       48       1.875    .8410986         1          3
          age |       48      55.875    5.659205        47         67
```

　　Stata 軟體系統，**streg** 指令除了 exponential 及韋伯分布，兩者內定分布沒用「accelerated failure-time form 」外；其餘四種分布 (gompertz，對數常態，對數邏輯斯，廣義伽瑪) 都內定有「accelerated failure-time form」來分析參數存活分析。

(三) 分析結果與討論

Step 1　對照組：半參數之 COX 比例危險模型

```
* 開啟資料檔
. webuse cancer

*變數變換：第 2 組及第 3 組 drug 都是實驗組 , 故重新編碼為 0，使得 drug 變數成為
Binary data.
* Map values for drug into 0 for placebo and 1 for nonplacebo。符號" | " 為 or
關係運算子。
. replace drug = drug == 2 | drug == 3

*宣告依變數為 died(Binary data)；曝險時間為 studytime(Months to death or end
of exp.)
* Declare data to be survival-time data
. stset studytime, failure(died)
```

471

```
*方法一：對照組：COX 比例危險模型
. stcox drug age, nolog


        failure _d:  died
   analysis time _t:  studytime


Cox regression -- Breslow method for ties


No. of subjects =            48              Number of obs    =           48
No. of failures =            31
Time at risk    =           744
                                             LR chi2(2)     =        36.29
Log likelihood  =    -81.765061             Prob > chi2    =      0.0000


-------------------------------------------------------------------------------
      _t | Haz. Ratio   Std. Err.      z    P>|z|     [95% Conf. Interval]
---------+---------------------------------------------------------------------
    drug |   .2153648   .0676904    -4.89   0.000     .1163154    .3987605
     age |   1.116351   .0403379     3.05   0.002     1.040025    1.198279
-------------------------------------------------------------------------------
```

*上述發現：吃試驗新藥比吃安慰劑，病人死亡之危險率降至 0.215 倍。但病人年齡每增加一歲，則死亡之危險率亦增加 1.11 倍。

```
*plot the survivor and the hazard functions: 如下圖
. stcurve, survival ylabels(0 .5 1)

*繪某分布之 hazard distribution at mean value of all covariates: 如下下圖
. stcurve, hazard

*繪圖來比較：實驗之吃藥組 vs. 吃安慰劑之對照組：如下圖
. stcurve, survival at1(drug = 0)at2(drug = 1)ylabels(0 .5 1)
```

1. 整體模型適配度的概似比 (LR)，旨在比較二個敵對模型的 Log likelihood 值，LR 值愈大，代表模型愈佳。本例，Cox 存活模型 Log likelihood 為 −81.765。

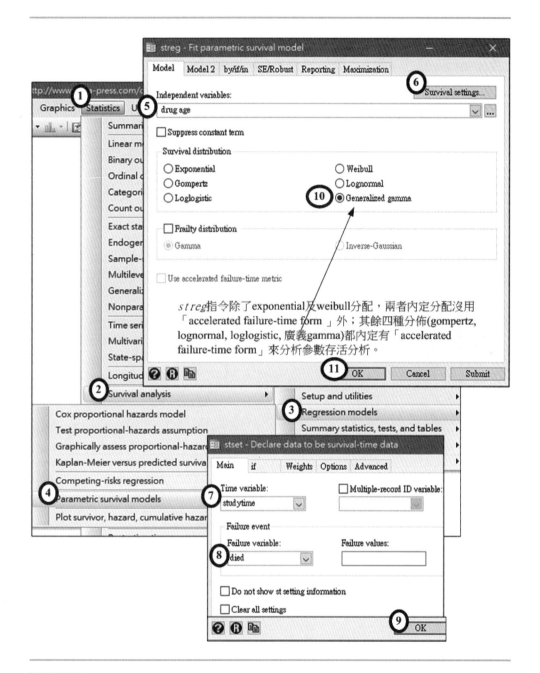

圖 3-59 「streg drug age, d(gamma)」之選擇表

註：Statistics > Survival analysis > Regression models > Parametric survival models。

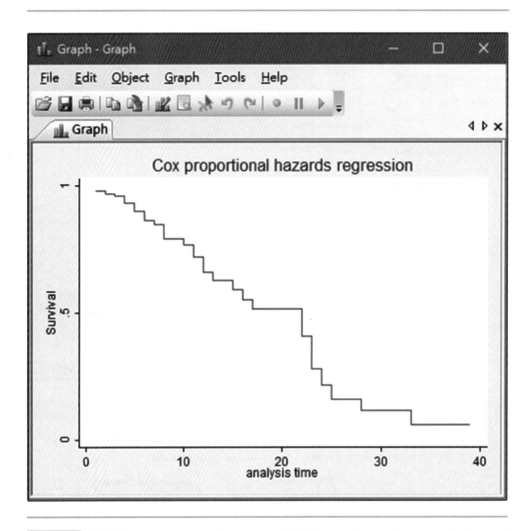

圖 3-60 「stcurve, survival ylabels(0 .5 1)」指令來 plot the survivor and the hazard functions

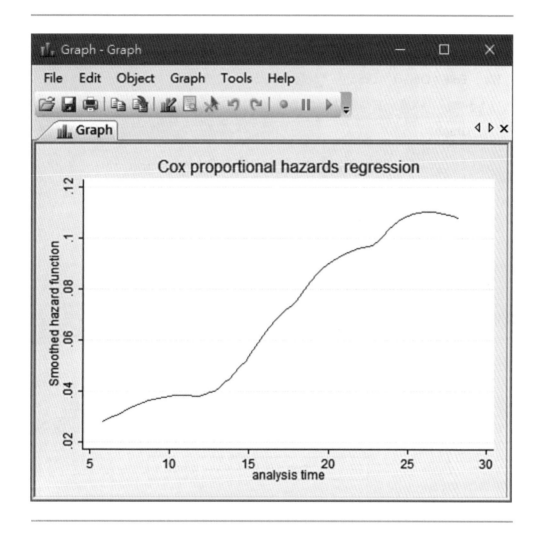

圖 3-61 「stcurve, hazard」指令繪某分布之 hazard distribution at mean value of all covariates

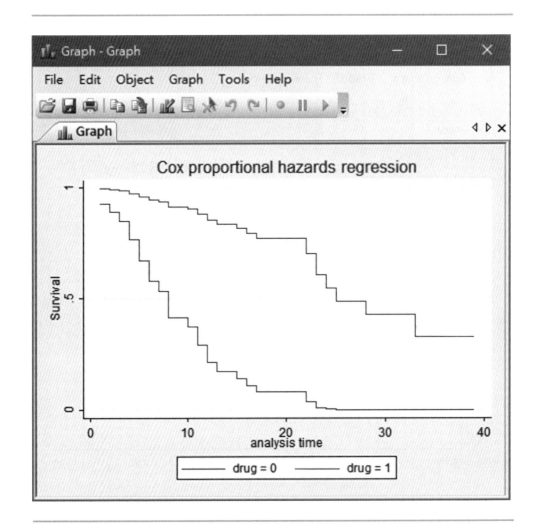

圖 3-62 「stcurve, survival at1(drug = 0)at2(drug = 1)ylabels(0 .5 1)」實驗之吃藥組 vs. 吃安慰劑之對照組 (二組在存活函數之差異)

注 1：二條線末交叉，表示未違 Cox 迴歸的假定，故你可放心執行 Cox 迴歸。

注 2：中位數存活時間 (無用藥) = 8 個月；中位數存活時間 (用藥) = 27 個月。

注 3：無用藥的病患，50% 無轉移、復發、死亡的存活期為 8 個月。

Step 2 . 方法二：參數之廣義伽瑪模型

伽瑪分布之 PDF 的示意圖，如下：

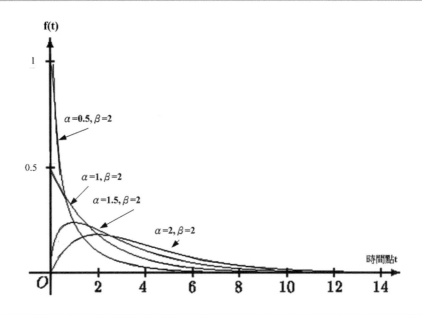

圖 3-63 伽瑪分布之示意圖

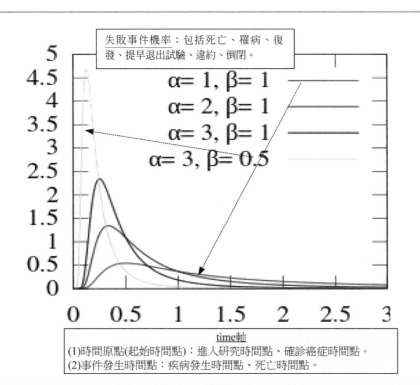

圖 3-64 伽瑪分布之機率密度函數

多個參數模型中，該挑那一個較優呢？答案是：挑「log likelihood」誰較大，誰就是最佳模型；或 AIC 值愈小者，其模型就愈適配。例如，本例即採用廣義伽瑪模型 (對數分布)vs. 韋伯模型，來判定你該挑誰？或者伽瑪 vs. 韋伯、對數常態，亦是可用 Log likelihood-ratio 值大者或 AIC 值小者，來當挑選的準則。

```
* 開啟資料檔
. webuse cancer

* 變數變換：第 2 組及第 3 組 drug 都是實驗組 , 故重新編碼為 0，使得 drug 變數成為
Binary data.
* Map values for drug into 0 for placebo and 1 for nonplacebo。符號" l" 為 or
關係運算子。
. replace drug = drug == 2 | drug == 3

* 宣告依變數為 died(Binary data)；曝險時間為 studytime(Months to death or end
of exp.)
* Declare data to be survival-time data
. stset studytime, failure(died)

* 方法一 : 對照組：COX 比例危險模型
. stcox drug age, nolog


        failure _d:  died
   analysis time _t:  studytime


Cox regression -- Breslow method for ties


No. of subjects =          48          Number of obs   =          48
No. of failures =          31
Time at risk    =         744
                                        LR chi2(2)     =       36.29
Log likelihood  =  -81.765061           Prob > chi2    =      0.0000


------------------------------------------------------------------------

     _t | Haz. Ratio   Std. Err.      z    P>|z|     [95% Conf. Interval]
------------+-----------------------------------------------------------
```

drug |	.2153648	.0676904	-4.89	0.000	.1163154	.3987605
age |	1.116351	.0403379	3.05	0.002	1.040025	1.198279

*上述發現：吃試驗新藥比吃安慰劑，病人死亡之危險率降至 0.215 倍。但病人年齡每增加一歲，則死亡之危險率亦增加 1.11 倍。

```
*plot the survivor and the hazard functions: 如下圖
. stcurve, survival ylabels(0 .5 1)


* 繪某分布之 hazard distribution at mean value of all covariates: 如下下圖
. stcurve, hazard


* 繪圖來比較：實驗之吃藥組 vs. 吃安慰劑之對照組：如下圖
. stcurve, survival at1(drug = 0)at2(drug = 1)ylabels(0 .5 1)
```

*方法二：用廣義 gamma 來適配對數模型，適配嗎？
* 廣義 gamma 分布之 survival model。自變數有 drug、age 二個
* Fit a generalized gamma survival model
```
. streg drug age, d(gamma)
```

Gamma regression -- accelerated failure-time form

No. of subjects =	48	Number of obs =	48
No. of failures =	31		
Time at risk =	744		
		LR chi2(2) =	36.07
Log likelihood = -42.452006		Prob > chi2 =	0.0000

_t |	Coef.	Std. Err.	z	P>|z|	[95% Conf. Interval]	
drug |	1.394658	.2557198	5.45	0.000	.893456	1.895859
age |	-.0780416	.0227978	-3.42	0.001	-.1227245	-.0333587
_cons |	6.456091	1.238457	5.21	0.000	4.02876	8.883421
/ln_sig |	-.3793632	.183707	-2.07	0.039	-.7394222	-.0193041
/kappa |	.4669252	.5419478	0.86	0.389	-.595273	1.529123
sigma |	.684297	.1257101			.4773897	.980881

```
-----------------------------------------------------------------
* 上述發現，吃安慰劑者 (drug) 比吃實驗新藥更易癌症死亡 (beta=1.39,p<0.05).
* 曝險開始之年齡 (ages) 越年輕，也更易癌症死亡 (beta=-0.078,p<0.05).

*test 檢定是否符合韋伯分布，亦適配嗎？
* Test for appropriateness of Weibull model. 線性檢定：[kappa]_cons = 1
. test [kappa]_cons = 1


( 1)[kappa]_cons = 1


           chi2(  1)=     0.97
         Prob > chi2 =    0.3253
* 上述發現，線性檢定：[kappa]_cons = 1，結果 p=0.325>0.05 不顯著。故韋伯分布不
適配
```

1. 廣義伽瑪模型，係採概似比 (LR) 檢定來判定你界正模型適配否？

   LR 檢定之虛無假設：H_0: All coefficients associated with given variable(s)are 0。
   本例 LR 檢定，得 $\chi^2(2) = 36.07(p < 0.05)$，表示你界定自變數們之迴歸係數，
   至少有一 $\beta \neq 0$，即你界定模型對依變數的預測是有顯著意義。

2. 廣義伽瑪模型內定「kappe(符號 κ)=0」來驗測 lognormal 模型適配否 (test for
   the appropriateness of the lognormal)？；「kappe(κ)=1」來驗測 Weibull 模型適
   配否 (test for the appropriateness of the Weibull)？本例求得 lognormal 模型適配
   度，p=0.389>0.05，接受 H_0：「appropriateness of the lognormal」。

3. 檢定「[kappa]_cons = 1」來驗測韋伯模型適配否 (test for the appropriateness
   of the Weibull)，結果求得韋伯模型適配度，p=0.3253>0.05，接受 H_0：
   「appropriateness of the Weibull」。綜合上述二個結論，本例同時適合韋伯及
   對數常態模型。故還要看「log likelihood」誰較大，誰就是最佳模型。

4. 若用廣義伽瑪來適配對數模型，求得廣義伽瑪模型的 log likelihood=
   -42.452006。

   若用韋伯來適配對數模型，指令是「streg drug age, d(weibull)」，求得韋伯模
   型的 log likelihood= -42.66283。

   比較這二個模型之 log likelihood 值誰大？就可看出廣義伽瑪模型比韋伯模型
   來得優。結果是廣義伽瑪模型些略優於韋伯模型，但兩者差距很小。

5. 本例再次證實，多數文獻所說：對數常態存活模型與韋伯存活模型，二者所得統計值 (迴歸係數、危險比 HR、P 值……) 都會很相似，二者也是存活模型最常使用的分布。

6. 整體模型適配度的概似比 (LR)，旨在比較二個敵對模型的 Log likelihood 值，LR 值愈大，代表模型愈佳。本例，Cox 存活模型 Log likelihood 為 -81.765 。相對地，Gamma 模型 Log likelihood 為 -42.452006，評比結果：Gamma 存活模型優於 Cox 存活模型。

Step 3. 方法三：**參數型韋伯模型**

```
* 開啟資料檔
. webuse cancer



* 方法三 : 用韋伯模型，適配嗎？
* 韋伯之 survival model。自變數有 drug、age 二個
. streg drug age, d(weibull)

Weibull regression -- log relative-hazard form

No. of subjects =          48            Number of obs    =          48
No. of failures =          31
Time at risk    =         744
                                         LR chi2(2)       =      35.92
Log likelihood  =   -42.662838           Prob > chi2      =     0.0000

------------------------------------------------------------------------
     _t |  Haz. Ratio   Std. Err.      z    P>|z|     [95% Conf. Interval]
--------+---------------------------------------------------------------
   drug |   .2583681    .0681577    -5.13   0.000     .1540604    .4332979
    age |   1.117287    .0391618     3.16   0.002     1.043108    1.19674
  _cons |   .0001276    .0002791    -4.10   0.000     1.75e-06    .0092955
--------+---------------------------------------------------------------
   /ln_p |   .5640338    .1404641     4.02   0.000     .2887292    .8393384
```

```
-----------+------------------------------------------------------------------
        p |  1.757749    .2469006                          1.33473    2.314835
      1/p |  .5689095    .0799114                         .4319962    .749215
-----------+------------------------------------------------------------------
```
* 上述發現，吃安慰劑者 (drug) 比吃實驗新藥更易癌症危險率 (HR=0.258,p<0.05).
* 曝險開始之年齡 (ages) 越老，也更易升高癌症危險率 (HR==1.11,p<0.05).

1. 整體模型適配度的概似比 (LR)，旨在比較二個敵對模型的 Log likelihood 值，LR 值愈大，代表模型愈佳。本例，Cox 存活模型 Log likelihood 為 -81.765。相對地，伽瑪模型 Log likelihood 為 -42.452006，故 Gamma 模型優於 Cox 存活模型。韋伯模型 Log likelihood 為 -42.66，故這三個模型來評比，伽瑪模型是最佳，韋伯模型次優，Cox 存活模型最差。

2. 你若繼續比較：exponential、韋伯、對數邏輯斯、對數常態及廣義伽瑪這五個模型，即可整理成下表：

Parameter	Exponential	Weibull	Lognormal	Loglogistic	Generalized gamma
Age	-0.0886715	-0.0714323	-0.0833996	-0.0803289	-0.078042
Drug	1.682625	1.305563	1.445838	1.420237	1.394658
Constant	7.146218	6.289679	6.580887	6.446711	6.456091
Ancillary		1.682751	0.751136	0.429276	0.684297
Kappa					0.466925
Log likelihood	-48.397094	-42.662838	-42.800864	-43.21698	-42.452006
AIC	102.7942	93.86267	93.60173	94.43396	94.90401

AIC = 2(log likelihood) + 2(c + p + 1)

其中

c：模型中，共變數的個數 (the number of model covariates)

p：模型中，輔助參數的個數 (the number of model-specific ancillary parameters).

3. 綜合上述五種模型的評比。若挑最大值 log likelihood，則廣義伽瑪是最佳模型；相對地，若根據 AIC 挑最小值，則對數常態是最佳模型。

3-4-6 韋伯存活模型 (帶有脆弱性伽瑪): 癌症死亡之個人因子 (streg 指令)

Stata 提供「estat phtest」、「estat concordance」、「stphplot, by(組別)」、「sts graph」等指令，讓你檢定是否違反 Cox 迴歸之事先假定「H_0：隨時間變化，處理組與控制組之間風險比 (risk ratio、the ratio of event rates) 為固定 (constant)」。若違反 Cox 模型此假定時，stcox 指令應改成參數存活模型 (streg 指令) 並外加下列二個模型之一：

方法一：納入脆弱模型

當收集的資料為長期追蹤之臨床數據，治療效果通常隨時間降低，此時很容易違反風險為「固定」比例的假定，此時韋伯 / 指數等 6 種分布就可搭配脆弱模型來配適此類臨床數據。即存活資料模型中，若滲有隨機因素時，Cox 模型就須改用 streg 指令來納入脆弱模型。

方法二：納入 Accelerated Failure Time (AFT)

以圖 3-6「乳癌患者併發 TEEs 對存活影響」來說，Allison(2004) 發現 Kaplan-Meier method、Log-minus-log 及 like tim-interaction test 等檢定，當遇時變之解釋變數，包括：TEEs、年齡、手術、放射治療、化療、荷爾蒙治療等變數，就會違反 Cox proportional hazard model 等比例風險的假定，因為這些個人因子、環境因子多數存在「時間相依性之共變數」問題，故應改以 Accelerated Failure Time Model 來克服。

一、脆弱存活模型

脆弱性是考慮到無法觀測的因子產生的變異而形成的隨機成分。引入脆弱性模型於時間相依存活模型中，旨在修正無法觀測到之個體異質性。例如，利用脆弱參數存活模型，來探討影響老人存活不同世代間相關因子之差異。

Vauple 等人 (1979) 首次提出脆弱性這個名稱於單變量存活分析模型，Clayton (1978) 已應用在多變量存活分析模型 (尚未使用「脆弱性」的觀念)。Keiding 等人 (1997)、Vaupel 等人 (1979) 說明脆弱性的概念可用來解釋未考慮到的異質性，致使一個群體中的成員產生不同的存活模型。它提供了一個簡便的方式引進隨機效果或是無法觀測的異質性於存活資料模型中。在最簡單的類型中，脆弱性是一個無法觀測的隨機比例因子，可用來修正個體或是群組中的危

險函數。脆弱模型方法係基於未知共變數之個體異質性而建構，單變數之脆弱模型係解釋個人間之差異，而多變量脆弱模型指的是群組中未能解釋的異質性。

假設脆弱性 α 於危險函數中是一個不可觀測的乘數效果，它服從 Stata 6 種存活分布之某一分布 $g(\alpha)$，其中，$\alpha > 0$ 且其平均數等於 1 而變異數為可被估計的參數 θ(theta)。脆弱模型是用於「時間對事件」資料的隨機效果模型，模型中的隨機效果是基準危險函數 $h_0(t)$ 的乘數效果「即 $\alpha \times h_0(t)$」。下列公式是條件式脆弱性之個體危險函數，它可被表示為「$\alpha \times h(t)$」，故它可能會低於 (當 $0 < \alpha < 1$) 亦可能高於 (當 $\alpha > 1$) 個體風險 $h(t)$。

$$h(t \mid \alpha) = \alpha \times h(t) = \alpha \times h_0(t) \times e^{Z'\beta}$$

將上式再改寫成

$$h(t \mid \alpha) = h_0(t) \times \exp(Z'\beta + \gamma) = h_0(t) \times e^{Z'\beta+\gamma}$$

其中，$\gamma = \log(\alpha)$。

下式可用來表示存活函數 S(t) 和危險函數 h(t) 的關係，條件存活函數 $S(t \mid \alpha)$ 可以被表示成 S(t) 的 α 的次方。

$$S(t \mid \alpha) = S(t)^{\alpha}$$

在理論上，任何分布，通常只要 $\alpha > 0$ 且平均數為 1，都可當做脆弱性的分布。迄今，脆弱性分布常見有：gamma 分布、inverse Gaussian 分布、positive stable 分布、compound poisson 分布和對數常態分布，但 Stata 只採用前二者。

總之，違反 Cox 模型的假定時，改用 streg 指令再搭配脆弱模型則可修正 Cox 存活模型中之個體差異。

二、脆弱性存活模型，又含加速失效模型：以交通事故持續時間為例

藥物反應研究中，為了探討某一種藥物的效果，經常進行數個不同的治療方式當作處理組和一個對照組來做比較。藥物的藥效可能隨時間而改變，即使相同條件的病人，其療效也不見得相同。這是因為病人本身的異質性所造成，而引起變異的因素不見得觀察得到。故處理受試者無法觀測風險的隨機性，就須使用脆弱模型。

(一) 為何交通事故研究優先採用「脆弱模型 + AFT」呢？

交通事故持續 (duration) 時間爲事故衝擊車流之主要因素之一，事故持續時間 T 影響占用車道時間長度，事故持續時間愈長，對車流的衝擊程度愈大。

交通事故持續時間分析，可用各種不同模型分析事故持續時間，包含線性迴歸、非參數迴歸方法、分類樹 (classification trees)、支持向量迴歸 (support vector regression)、條件機率分析、機率分布分析、時間序列分析、貝氏分類、模糊邏輯斯 (fuzzy logistic) 及類神經網路 (neural networks) 等方式進行分析 (Hojati et al., 2012)，其中又以迴歸模型與存活 (survival) 分析模型爲兩種主要採用的方法。

存活分析係由存活函數 S(t)、風險函數 (hazard function) 及機率函數 [f(t)] 所構成的。而且持續時間 T 影響因子之分析可依其資料特性，採用不同的分布來評比各分布的配適度。迄今，Stata 存活分析，提供的分布有：指數分布、韋伯分布、對數邏輯斯分布、gompertz 分布、廣義伽瑪分布及對數常態分布等 6 種。

國道高速公路交通事故持續時間 T 分析，即可用脆弱性存活模型。有鑑於交通事故持續時間是造成車流延滯及二次事故的重要因素，有人收集國內高速公路共 4,074 筆交通事故與持續時間資料，建構存活分析之加速失效模型解析：事故特性、道路及環境特性以及事故時空特性等三大類變數與交通事故持續時間的關係。有人發現，韋伯搭配逆高斯 (inverse-gaussian) 脆弱性及加速失效模型 (如圖 3-65)，最能捕捉國內高速公路交通事故，所引發之事故持續時間之非單調特性，有別於國外文獻之單調韋伯校估結果。分析結果亦顯示事故傷亡愈嚴重、事故牽涉車輛數愈多、牽涉大型車輛、起火、翻車以及非追撞事故皆顯著與事故，持續時間的增加有關，而發生在晨峰、夜間以及國道高速公路南部路段之事故持續時間也顯著較長。

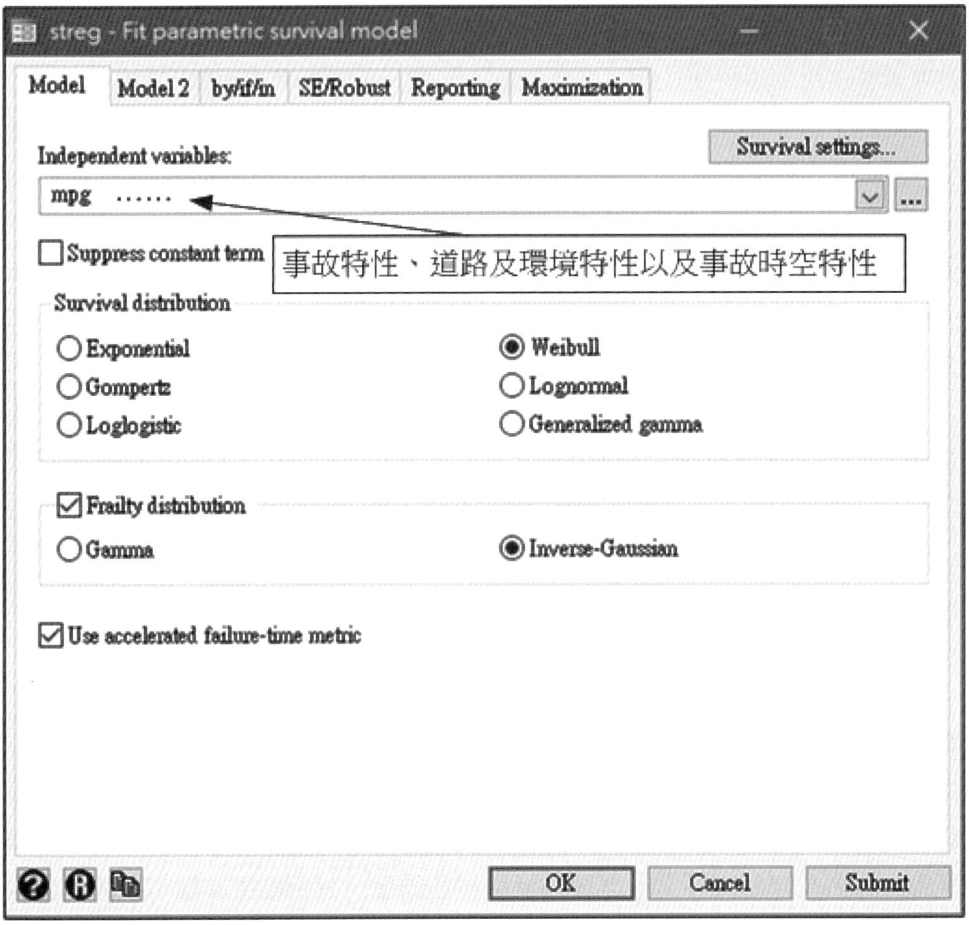

圖 3-65 逆高斯脆弱韋伯之加速失效模型

表 3-3 高速公路事故持續時間模型解釋變數一覽表

因素	變數	變數型態
事故特性	嚴重度：死亡、受傷、財損	類別
	事故車輛數	連續
	事故占用車道數	連續
	大型車事故	類別
	起火事故	類別
	車輛撞擊型態：翻車、追撞、其他	類別

因素	變數	變數型態
道路及環境	事故原因：酒駕、其他	類別
	道路型態：彎路、匝道、其他（例如直路）	類別
	光線	類別
	天候：晴或陰天、暴雨、其他（例如雨天）	類別
	事故位置： (1) 內車道、中間車道、外車道 (2) 隧道、其他	類別
時間空間	事故發生時間： (1) 晨峰、昏峰、夜間、離峰 (2) 星期一至星期日	類別
	國道高速公路 1 號至 10 號（包含 3 甲）	類別
	第一至第九警察隊	類別

(二) 往昔交通事故研究採用 AFT 之實例

過去有人以加速失敗時間存活分析模型 (AFT) 探討事故發生時間，更有研究應用於分析事故處理時間及結束之機率。加速失敗時間存活模型可適用於正數、設限及隨時間變動的時間資料。加速失敗時間模型為「streg 指令搭配 exponential 或韋伯」AFT 的一種模型。加速失效的意涵在於解釋變數 (X 變數) 對失敗時間 (即交通事故持續時間) 為相乘 (multiplicative) 效果。例如 Chung (2010) 透過存活模型之加速失效時間模型，了解影響事故持續時間長短的重要因素。接著 Al Kaabi et al. (2011) 以全參數存活分析法 (fully parametric hazard-based duration models) 之加速失效時間模型，來分析調查各類交通事故特性如何影響交通事故清除時間。而 Hojati et al. (2012) 研究旨在檢驗不同事故類型對事故持續時間的影響，以澳洲高速公路路網中 12 個月事故資料，建立參數存活加速失敗時間模型的事故持續時間模型，並以概似比檢定來評比：對數邏輯斯、對數常態及韋伯分布等三種模型之配適度。接著 Chung (2010) 以對數邏輯斯加速失敗時間模型 (log-logistic accelerated failure time metric model)，建立符合南韓高速公路系統情況的事故持續時間預測模型。此外，Hojati et al., (2012) 發現交通事故處理時間之解釋變數亦存在異質性，因此採用脆弱性伽瑪搭配韋伯函數 (Weibull model with gamma heterogeneity) 作為存活分析建模之方法。

綜合上述，可見 Stata 提供的 6 種存活模型，再搭配脆弱性及 AFT 模型，係很適合於各領域存活分析。

三、存活模型，含加速失效模型：數學基礎

加速失效模型為存活分析參數模型的一種，加速失效的意涵在於解釋變數對失效時間 (e.g. 交通事故持續時間) 為相乘效果，以單一解釋變數模型為例，亦即：

$$T = e^{\beta_0 + \beta_1 x} \times \varepsilon$$

其中，T 為失效時間，x 為模型解釋變數，β_0、β_1 為欲校估之參數，ε 為誤差項。

往昔眾多文獻 (Chung, 2010; Chung et al., 2010; Al Kaabi et al., 2011) 建議，AFT 分析可搭配的分布有韋伯及 exponential 等 2 種。

將上式取 ln( ) 加速失效模型的模型為：

$$\ln(T) = \beta_0 + \beta_1 x_1 + \beta_2 x_2 + \cdots + \beta_p x_p + \sigma \times \varepsilon^*$$

其中，新變數變換 $\varepsilon^* = \ln(\varepsilon)$。假設 ε 服從指數 (exponential) 分配，則 ε^* 服從極最小值分配 (extreme minimum value) 分配，而上式為韋伯之 AFT 模型；若假設 ε^* 服從標準常態分配，則上式為對數常態之 AFT 模型；若假設 ε^* 服從標準邏輯斯分配，則上式稱為對數邏輯斯之 AFT 模型 (Hosmer *et al.*, 2008)。以最常見之 Weibull-AFT 模型為例，其風險函數為：

$$h(t, x, \beta, \lambda) = \lambda t^{\lambda - 1} e^{-\lambda(\beta_0 + \beta_1 x_1 + \beta_2 x_2 + \cdots + \beta_p x_p)}$$

其中，$\lambda = 1/\sigma$ 為一形狀參數 (shape parameter)，而其基準風險函數 (baseline hazard function) 為 $h_0(t) = \lambda e^{-\beta_0/\sigma} t^{\lambda - 1}$。其存活函數為：

$$S(t, x, \beta, \sigma) = \exp\{-t^\lambda \exp[(-1/\sigma)(\beta_0 + \beta_1 x_1 + \beta_2 x_2 + \cdots + \beta_p x_p)]\}$$

考慮未知變數在事故持續異質性，在模式中另加入脆弱性進行調整；其方式為加入一脆弱性參數 ($\alpha > 0$)，使其危險函數由 $h(t)$ 變成 $h(t \mid \alpha) = ah(t)$，存活函數由 $S(t)$ 變成 $S(t \mid \alpha) = S(t)^\alpha$。當個別交通事故之脆弱性參數大於 1，則其危害機會增加、存活機率降低 ($ah(t) > h(t); S(t)^\alpha < S(t)$)；反之，若其脆弱性參數小於 1，則其危害機會減少、存活機率增加 ($ah(t) < h(t); S(t)^\alpha > S(t)$)(Kleinbaum and Klein, 2011)。脆弱參數 α 必須符合「值為正數」以及「平均數為 1」的分布；此分布

之變異數爲 θ，其值由資料推估。研究者最常使用伽瑪及 inverse Gaussian 分布來搭配脆弱性模型。

四、範例：Binary 之依變數 (dead) 屬韋伯分布，並具有脆弱的伽瑪分布，(streg 指令)

脆弱性是考慮到無法觀測的因子產生的變異而形成的隨機成分。引入脆弱性模型於時間相依存活模型中，旨在修正無法觀測到之個體異質性。

例如，藥物反應研究中，爲了探討某一種藥物的效果，經常進行數個不同的治療方式當作處理組和一個對照組來做比較。藥物的藥效可能隨時間而改變，即使相同條件的病人，其療效也不見得相同。這是因爲病人本身的異質性所造成，而引起變異的因素不見得觀察得到。故處理受試者無法觀測風險的隨機性，就須脆弱模型。

當觀察對象間具有異質性或脆弱性時，該如何進行具有偏態依變數之存活分析呢，請看本例子。

(一) 問題說明

爲了解人類癌症死亡之危險因子，是否包含：年齡、抽菸、飲食脂肪量等異質性個人因子嗎？(時間單位：年)

研究者收集數據並整理成下表，此「bc.dta」資料檔內容之變數如下：

變數名稱	說明	編碼 Codes/Values
結果變數：dead	死亡否	0,1 (binary data)
就診時間變數：t	就診時間多長	0.33~35 年
連續之自變數：dietfat	飲食脂肪量 dietfat	1.17~7.934
類別之自變數：smoking	有抽菸嗎	0,1 (binary data)
連續之自變數：age	年齡	26~63 歲

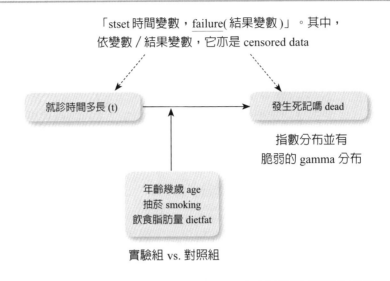

「stset 時間變數，failure(結果變數)」。其中，
依變數 / 結果變數，它亦是 censored data

就診時間多長 (t) ──→ 發生死記嗎 dead

指數分布並有
脆弱的 gamma 分布

年齡幾歲 age
抽菸 smoking
飲食脂肪量 dietfat

實驗組 vs. 對照組

圖 3-66 人類死亡 (binary data) 的危險因子之研究架構

注 1：stcox,streg,stcrreg 指令都將「Failure variable:」中你指定變數當作依變數。

注 2：存活分析設定 (「stset timevar failure failvar」指令) 之後，會新產生 3 個系統變數 (_t₀; _t; _d)，其中：

1. _t₀ 是觀察的開始時間，_t₀ ≥ 0;
2. _t 是觀察的結束時間，_t ≥ _t₀;
3. _d 是失敗指標，_d ∈ {0, 1}。

(二) 資料檔之內容

「bc.dta」資料檔內容如下圖。

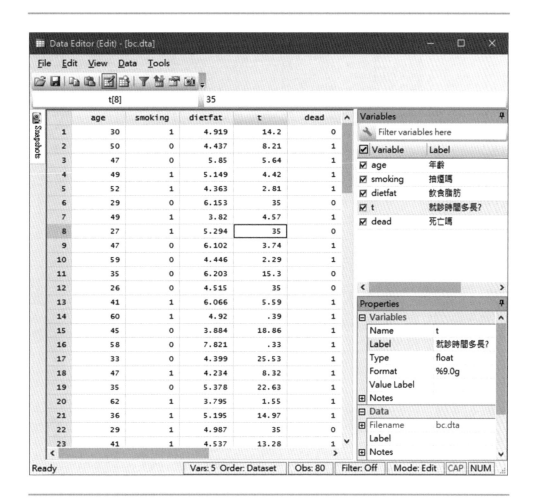

圖 3-67 「bc.dta」資料檔內容

觀察資料之特徵

```
* 開啟資料檔
. webuse bc


* List some of the data
. list in 1/12


    +----------------------------------------+
    | age   smoking   dietfat      t   dead |
```

```
     |------------------------------------|
 1.  |  30        1     4.919   14.2       0 |
 2.  |  50        0     4.437   8.21       1 |
 3.  |  47        0      5.85   5.64       1 |
 4.  |  49        1     5.149   4.42       1 |
 5.  |  52        1     4.363   2.81       1 |
     |------------------------------------|
 6.  |  29        0     6.153     35       0 |
 7.  |  49        1      3.82   4.57       1 |
 8.  |  27        1     5.294     35       0 |
 9.  |  47        0     6.102   3.74       1 |
10.  |  59        0     4.446   2.29       1 |
     |------------------------------------|
11.  |  35        0     6.203   15.3       0 |
12.  |  26        0     4.515     35       0 |
     +------------------------------------+
```

. summarize age dietfat smoking dietfat t dead

```
    Variable |      Obs        Mean    Std. Dev.       Min        Max
-------------+--------------------------------------------------------
         age |       80      43.225    11.32375        26         63
     dietfat |       80    4.949275    1.145709     1.171      7.934
     smoking |       80       .2875    .4554522         0          1
     dietfat |       80    4.949275    1.145709     1.171      7.934
           t |       80    15.71337    13.59278       .33         35
        dead |       80        .725    .4493314         0          1
```

(三) 分析結果與討論

Step 1 方法一：**Bianry** 之依變數屬韋伯分布，並具有脆弱的伽瑪分布

Cox 模型、韋伯、伽瑪模型中，都假設每一觀測者皆有相同基準風險 $h_0(t)$，但實際上卻不是這樣，因為每個人壽命不同，可能係因某些未知、觀測不到或無法測量之隱藏因素或潛在效果而導致擁有與其他觀測者不一樣的事件風險。舉例來說，假設甲、乙二人在性別、年齡或居住地各類條件都相似，你就推論二人之存在風險 (壽命) 相同，此情況並不合理，因每個人為單獨個體且自

身條件不同，就會有不同風險產生，此時可考慮加入脆弱性加以調整模型。故加入脆弱性之模型較沒有加入之結果更為精確。

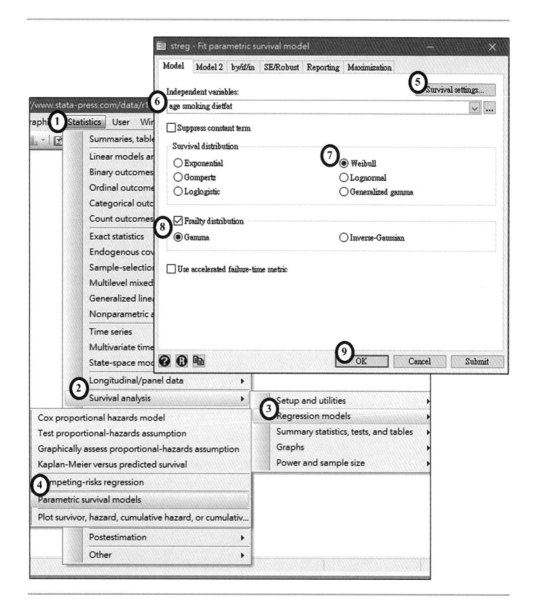

圖 **3-68** 「streg age smoking dietfat, d(weibull)frailty(gamma)」選擇表

注 1：stcox,streg,stcrreg 指令都將「Failure variable:」中你的指定變數當作依變數。

注 2：存活分析設定 (「stset timevar failure failvar」指令) 之後，會新產生 3 個系統變數 (_t_0; _t; _d)，其中：

    1. _t_0 是觀察的開始時間，_t_0 ≥ 0;

    2. _t 是觀察的結束時間，_t ≥ _t_0;

    3. _d 是失敗指標，_d ∈ {0, 1}。

```
* 開啟資料檔
. webuse bc, clear

* List some of the data
. list in 1/12


    +-------------------------------------+
    | age   smoking   dietfat      t   dead |
    |-------------------------------------|
 1. | 30        1      4.919   14.2      0 |
 2. | 50        0      4.437   8.21      1 |
 3. | 47        0       5.85   5.64      1 |
 4. | 49        1      5.149   4.42      1 |
 5. | 52        1      4.363   2.81      1 |
    |-------------------------------------|
 6. | 29        0      6.153     35      0 |
 7. | 49        1       3.82   4.57      1 |
 8. | 27        1      5.294     35      0 |
 9. | 47        0      6.102   3.74      1 |
10. | 59        0      4.446   2.29      1 |
    |-------------------------------------|
11. | 35        0      6.203   15.3      0 |
12. | 26        0      4.515     35      0 |
    +-------------------------------------+
. summarize age dietfat  smoking dietfat t dead


    Variable |      Obs       Mean    Std. Dev.      Min       Max
-------------+---------------------------------------------------
        age |       80     43.225    11.32375        26        63
    dietfat |       80   4.949275    1.145709     1.171     7.934
    smoking |       80      .2875    .4554522         0         1
          t |       80   15.71337    13.59278       .33        35
       dead |       80       .725    .4493314         0         1


* Declare data to be survival-time data
. stset t, fail(dead)
```

* 方法一 : 依變數 (dead) 為章伯分布，搭配脆弱的 gamma 分布

* 當收集的資料為長期追蹤之臨床數據，治療效果通常隨時間降低，此時很容易違反風險成比例的假設，必須使用脆弱模型 (frailty model) 來配適此類的臨床數據。

* Fit Weibull survival model with gamma-distributed frailty

```
. streg age smoking dietfat, d(weibull)frailty(gamma)
```

```
Weibull regression -- log relative-hazard form
                    Gamma frailty


No. of subjects =          80              Number of obs   =          80
No. of failures =          58
Time at risk    =     1257.07

                                           LR chi2(3)    =     245.32
Log likelihood  =  -13.352142              Prob > chi2   =    0.0000
```

_t	Haz. Ratio	Std. Err.	z	P>|z|	[95% Conf. Interval]	
age	1.749284	.0985205	9.93	0.000	1.566463	1.953441
smoking	5.203615	1.704926	5.03	0.000	2.737886	9.88997
dietfat	9.229926	2.219261	9.24	0.000	5.761475	14.78641
_cons	1.07e-20	4.98e-20	-9.92	0.000	1.22e-24	9.44e-17
/ln_p	1.431747	.0978791	14.63	0.000	1.239907	1.623586
/ln_the	-15.92536	9183.992	-0.00	0.999	-18016.22	17984.37
p	4.186005	.4097225			3.455293	5.071245
1/p	.2388912	.0233825			.1971902	.289411
theta	1.21e-07	.0011136			0	.

```
Likelihood-ratio test of theta=0: chibar2(01)=     0.00 Prob>=chibar2 = 1.000
```

* 繪圖比較：有 vs. 沒有抽菸者之危險率 (結果如下圖)，若二組之危險曲線斜率不同，就判定有脆弱性

```
. stcurve, hazard at1(smoking = 0)at2(smoking= 1)alpha1
```

1. 以「Haz. Ratio」來看 ，年齡每增加一歲，死亡的危險率就增加 1.74 倍。

2. 有抽菸者比無抽菸者，死亡的危險率增加 5.2 倍。

3. 平時偏好吃肉類脂肪者，脂肪每多加一單位，其死亡的危險率就增加9.22倍。

4. 依變數爲<u>韋伯分布</u>，搭配脆弱的伽瑪分布，該模型適配度之概似比爲：
   $\boxed{\text{Log likelihood}}$ = -13.352，此值愈大，表示該模型愈佳。

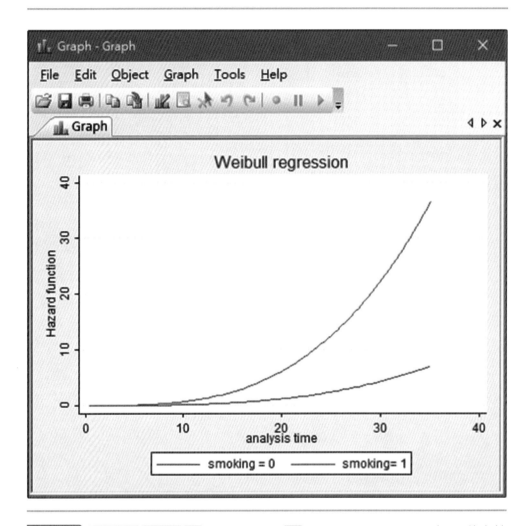

圖 3-69 「stcurve, hazard at1(smoking = 0)at2(smoking= 1)alpha1」有 vs. 沒有抽菸者之危險率

　　上圖顯示：處理組與控制組之危險函數不僅有差異，而且兩組危險斜率亦不同，表示二組之間存在異質性，故本模型適合用<u>脆弱性模型</u>。

Step 2 方法二：**Binary** 之依變數屬<u>韋伯</u>分布，並具有脆弱的逆高斯分布

```
* 開啟資料檔
. webuse bc

* Declare data to be survival-time data
. stset t, fail(dead)

*方法二：依變數 (dead) 為韋伯分布，搭脆弱的 invgauss 分布
* Fit Weibull survival model with inverse-Gaussian-distributed frailty
. streg age smoking dietfat, d(weibull)frailty(invgauss)


Weibull regression -- log relative-hazard form
                Inverse-Gaussian frailty

No. of subjects =          80              Number of obs   =          80
No. of failures =          58
Time at risk    =     1257.07
                                           LR chi2(3)    =      246.41
Log likelihood =   -13.352142              Prob > chi2   =      0.0000

------------------------------------------------------------------------------
      _t | Haz. Ratio   Std. Err.      z    P>|z|     [95% Conf. Interval]
---------+--------------------------------------------------------------------
     age |   1.74928    .0985246     9.93   0.000     1.566452    1.953447
 smoking |  5.203553    1.704943     5.03   0.000     2.737814    9.889992
 dietfat |  9.229842    2.219332     9.24   0.000     5.761311    14.78656
   _cons |   1.07e-20    4.98e-20    -9.92   0.000     1.22e-24    9.45e-17
---------+--------------------------------------------------------------------
   /ln_p |  1.431742    .0978847    14.63   0.000     1.239892    1.623593
 /ln_the | -14.29674    2677.733    -0.01   0.996     -5262.557    5233.963
---------+--------------------------------------------------------------------
       p |  4.185987     .409744                      3.45524     5.071278
     1/p |  .2388923    .0233839                      .1971889    .2894155
   theta |  6.18e-07    .0016549                            0           .
------------------------------------------------------------------------------
Likelihood-ratio test of theta=0: chibar2(01)=      0.00 Prob>=chibar2 = 1.000
```

1. 以「Haz. Ratio」來看，年齡每增加一歲，死亡的危險率就增加 1.74 倍。

2. 有抽菸者比無抽菸者，死亡的危險率增加 5.2 倍。

3. 平時偏好吃肉類脂肪者，脂肪每多加一單位，其死亡的危險率就增加 9.22 倍。

4. 本例，二元之依變數，屬 exponential 分布，它不論搭配脆弱的伽瑪或脆弱的 Inverse-Gaussian，存活分析結果幾乎是一樣的。

5. 韋伯分布，搭脆弱的逆高斯分布，該模型適配度之概似比為：Log likelihood 亦為 −13.352。此值愈大，表示該模型愈佳。故「韋伯分布，搭脆弱的 invgauss 分布」與「韋伯分布，搭脆弱的伽瑪分布」兩者一樣優。

3-4-7 指數迴歸 (搭配加速失敗時間)：肝癌之個人危險因子 (streg 指令)

一、指數分布的重點整理

假設產品的壽命 X 具有廣義 exponential 分布且其機率密度函數和累積分布函數分別為：

$$f(x) = \frac{\beta}{\lambda}(1 - e^{-\frac{x}{\lambda}})^{\beta-1} e^{-\frac{x}{\lambda}}, \; x > 0, \lambda > 0, \beta > 0$$

$$F(x) = (1 - e^{-\frac{x}{\lambda}})^{\beta}, \; x > 0, \lambda > 0, \beta > 0$$

我們利用上上式可以求得

$$\mu = E(X) = \lambda[\psi(\beta+1) - \psi(1)]$$

$$\sigma = \sqrt{\mathrm{Var(X)}} = \lambda \cdot \sqrt{\psi'(1) - \psi'(\beta+1)}$$

其中 $\psi(x) = \frac{\Gamma'(x)}{\Gamma(x)}$ 是雙伽瑪函數 (digamma function) 和 $\psi'(x)$ 是它的導數。

二、範例：肝癌之個人危險因子 (exponential 分布)，streg 指令

(一) 問題說明

為了解性別、年齡、身體質量指數 (BMI) 及交互作用項 (gender×age)，三者都是肝癌之預測因子嗎？(分析時間單位：年)

研究者收集數據並整理成下表，此「whas100.dta」資料檔之變數如下：

自變數名稱	說明	編碼 Codes ／ Values
類別變數：folstatus	有肝癌嗎？	(0,1) 二元變數
類別變數：gender	女性嗎？	(0,1) 二元變數
連續變數：age	年齡	32~92 歲
連續變數：bmi	身體質量指數－肥胖指數.	14.918~39.938
連續變數：foltime	肝指數過高的期間。其中，肝指數 (SGOT、SGPT 肝發炎指數) 是最常見的肝功能檢查項目。	6~2719 天

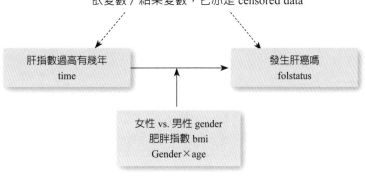

「stset 時間變數，failure(結果變數)」。其中依變數／結果變數，它亦是 censored data

肝指數過高有幾年
time

發生肝癌嗎
folstatus

女性 vs. 男性 gender
肥胖指數 bmi
Gender×age

實驗組 vs. 對照組

圖 3-70　肝癌危險因子之研究架構

注：stcox,streg,stcrreg 指令都將「Failure variable:」中你指定的變數當作依變數。

(二) 資料檔之內容

「whas100.dta」資料檔內容如下圖。

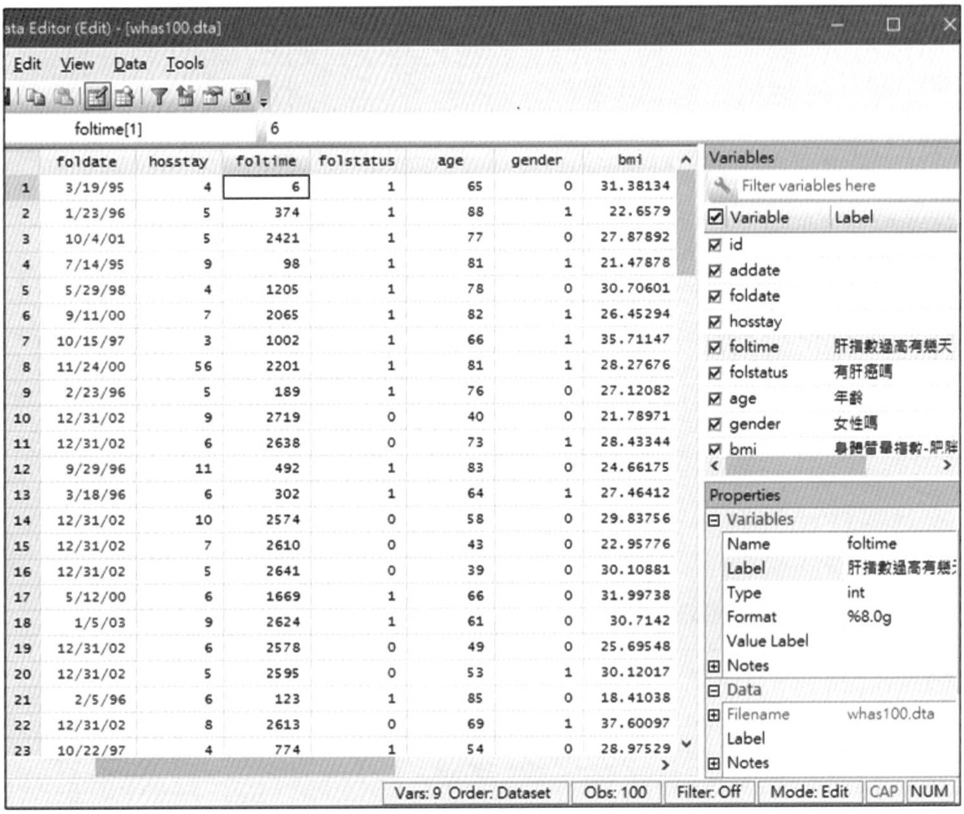

圖 3-71 「whas100.dta」資料檔之內容

(三) 觀察資料之特徵

```
* 開啟資料檔
. use whas100, clear


. summarize foltime folstatus age gender bmi


    Variable |      Obs        Mean    Std. Dev.       Min        Max
-------------+--------------------------------------------------------
     foltime |      100      1505.4    858.8992          6       2719
   folstatus |      100         .51    .5024184          0          1
         age |      100       68.25    14.42807         32         92
      gender |      100         .35    .4793725          0          1
         bmi |      100    27.03816    4.863045   14.91878   39.93835
```

(四) 分析結果與討論

Step 1 性別 (男性比女性) 會影響得肝癌嗎？

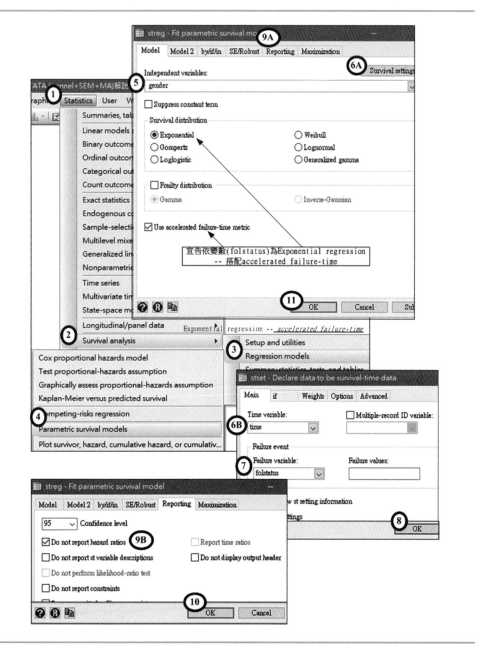

圖 3-72 「streg gender, dist(exp)nolog nohr time」的選擇表

注：Statistics > Survival analysis > Regression models > Parametric survival models。

```
* 開啟資料檔
. use http://www.ats.ucla.edu/stat/examples/asa2/whas100, clear

* 將日單位轉為年單位 ( 新變數 time)
. generate time= foltime/365.25

* 設定時間軸為 time，依變數 (folstatus) 為發生事件否？
. stset time, fail(folstatus)

* 自變數為 gender, 採 exponential 分布
. streg gender, dist(exp)nolog nohr time


        failure _d:  folstatus
  analysis time _t:  time

Exponential regression -- accelerated failure-time form

No. of subjects =          100              Number of obs   =        100
No. of failures =           51
Time at risk    =    412.156056
                                            LR chi2(1)      =       4.42
Log likelihood  =    -145.12583             Prob > chi2     =     0.0356

------------------------------------------------------------------------------
         _t |      Coef.   Std. Err.      z    P>|z|     [95% Conf. Interval]
------------+-----------------------------------------------------------------
     gender |  -.6016208   .2814117    -2.14   0.033    -1.153178    -.050064
      _cons |   2.317579   .1889822    12.26   0.000     1.947181    2.687978
------------------------------------------------------------------------------
```

* 上述結果發現，係數為負的 -0.6(p<0.05)，故男性比女性更易得肝癌

* 令性別 (age) 與年齡 (age) 之交互作用，為 interactive
. generate interactive = gender*age

* 因依變數 (folstatus) 為 exponential 分布，且有 accelerated failure-time，故加 time 選項
. streg gender age interactive bmi, dist(exp)nolog nohr time

```
          failure _d:  folstatus
    analysis time _t:  time

Exponential regression -- accelerated failure-time form

No. of subjects =          100          Number of obs    =         100
No. of failures =           51
Time at risk    =    412.156056
                                         LR chi2(4)     =      28.25
Log likelihood  =    -133.20784          Prob > chi2    =     0.0000

-----------------------------------------------------------------------------
     _t |      Coef.   Std. Err.      z    P>|z|     [95% Conf. Interval]
--------+--------------------------------------------------------------------
 gender | -3.932349    1.809825    -2.17   0.030    -7.479541   -.3851573
    age |  -.0531945    .0157007    -3.39   0.001    -.0839674   -.0224216
interactive |  .0497528    .0241489     2.06   0.039     .0024218    .0970838
    bmi |  .0934975    .0375579     2.49   0.013     .0198854    .1671095
  _cons |  3.389083    1.619997     2.09   0.036     .2139474     6.56422
-----------------------------------------------------------------------------
```

1. 上述迴歸係數之顯著性，若 p 值 < 0.05，表示迴歸係數達到顯著性。因此 gender、age、age×gender 交互作用項、BMI(身體質量指數) 四者，都是肝癌的危險因子。

2. 身體質量指數 (BMI)($\frac{kg}{m^2}$) 之計算公式：BMI = 體重 (公斤) ／ 身高 ^{2}(公尺 ^{2})。例如：一個 52 公斤的人，身高是 155 公分，則 BMI 為：52(公斤) / 1.55^2(公尺 ^{2}) = 21.6。體重正常範圍為 BMI = 18.5~24。

04

存活模型之進階

在臨床療效評估中我們常用死亡率或復發率等指標來比較療效。例如史丹佛大學醫學中心針對心臟移植手術 65 位病人的存活情況作統計分析，資料收集包括：存活狀態 (死 vs. 活)，手術時的年齡、「供者─受者」的組織錯配分數 (T5) 和存活時間等。這些數據再檢驗其假設 (hypothesis)：是否具有低錯配分數 (低組，T5 < 1.1) 的案例比高錯配分數者 (高組，T5 > 1.1) 有較佳的存活率？

若單純使用傳統的相對危險性 (stcox、streg 指令) 未分組來分析這類問題。只會求得二組死亡率的相對危險比很低 (HR 只有 1.18 倍)。因為這種傳統分析無法提供足夠證據來支持本例之相關性假設。因此，若我們再深入檢查資料這二個族群，會發現其平均存活時間卻有顯著差異 (低 T5 = 477 天；高 T5 = 286 天)。這時可考慮用「人─年」方法 (person-time approach)，「人─年」方法的計算是個案追蹤時間的和 [xtstreg, shared(panel 變數) 指令] 或對族群來說是族群大小乘以平均觀察時間 (svy: streg 指令)。

相對地，若將存活時間 (觀察時間) 的平均差異也納入考慮 (svy: streg 指令)，卻求得二組相對危險性 HR 為 2.21 倍 (傳統相對危險性分析只得到 1.18 倍)，此法提供相當的證據去支持假設：具有低錯配分數的個案比高錯配分數者有較好的存活率。

由此可見，只看結果好壞 (死亡率高低)，不計算出現結果前所歷經的存活時間長短，其比較的結果常常是會扭曲真相的。故存活時間的長短在許多臨床研究中是必須考慮的一個重要因素。換言之，雖然同是死亡病例，但存活時間 T 長短不一樣，病人的預後或療效就有差別。

4-1 風險模型延伸 (extensions of the proportional hazards model)

常見的存活分析中，觀察事件發生通常為單一事件。若同一個觀察對象，有興趣之事件重複發生，例如：為了解疾病病程的發展，罹癌後，歷經治療、疾病復發、再治療，經過一段時間後又反覆此過程 (panel-data)，直到死亡為止。此例中，在追蹤的時間內，我們觀察同一人之多次事件 (events) 發生。另一種情形是，觀察對象在同個時間點有多個事件 (multiple failures) 發生，例如：皮膚癌在同時間點有多部位產生。這樣的資料類型，其分析方法並非一般典型存活分析能夠處理。目前，許多統計相關方法已被提出，本章旨在介紹多個以 Cox 比例風險模型 (proportional hazards-type) 為基本架構所延伸出來的其他模

型，包括：多層次 (multilevel) 模型、panel 存活模型、調查法之存活模型。此外，有關結構方程模型 (SEM) 之存活分析，可閱讀作者另一本 SEM 著作。

Stata 存活模型的進階功能，如下表：

競爭風險之 stcrreg 指令	1.精緻、灰階比例次危險模型 (fine and gray proportional subhazards model)。 2.時變共變數 (time-varying covariates)。 3.多種迴歸係數 β 之標準誤：強健法 (robust), cluster-robust, bootstrap, and jackknife standard errors。 4.遺漏值之多重插補法 (multiple imputation)。 5.效率分數及 Schoenfeld 殘差 (efficient score and schoenfeld residuals)。 6.極端值之 DFBETA 影響值 (influence measures)。 7.子危險比 (subhazard ratios)。 8.累積次危險比／累積發生率 (cumulative subhazard and cumulative incidence graphs)。
生存—時間數據之處理效果估計值 (treatment-effects estimation for observational survival-time data) (svy: streg 指令)	1.迴歸調整 (regression adjustment)。 2.反機率之加權法 [inverse-probability weighting (IPW)]。 3.雙強健法 (doubly robust methods)。 　·IPW with regression adjustment 　·Weighted regression adjustment 4.適配 4 分配：weibull, exponential, gamma, or lognormal outcome model。 5.平均處理效果 [average treatment effects (ATEs)]。 6.ATEs on the treated (ATETs)。 7.potential-outcome means (POMs)。 8.強健法 (robust)、拔靴法 (bootstrap/jackknife) 計算係數之標準誤 (standard errors)。
隨機效果的參數存活模型 (random-effects parametric survival models) [streg, dist(分布) 指令]	1.韋伯，exponential，對數常模或伽瑪模型。 2.robust, cluster-robust, bootstrap 及 jackknife standard errors。 新版 Stata 另加，panel-data survival models. [xtstreg, shared(panel 變數) 指令]。

| 多層次固定效果的參數存活模型 (multilevel mixed-effects parametric survival model (mestreg… ‖ 分層變數) | 1.適配 5 種分配：韋伯，exponential，對數常模，對數邏輯斯或伽瑪模型。 2.強健標準誤 (robust and cluster-robust standard errors)。 3.抽樣加權 (sampling weights and survey data)。 4.邊際預測值 (Marginal predictions and marginal means)。 新版 Stata 另加 multilevel survival analysis。 |

注：邏輯斯迴歸 (Logistic 指令) 旨在估計勝算比；Cox 迴歸 (stcox、svy: stcox 指令) 及參數存活模型 (streg、svy: streg、stcrreg、xtstreg、mestreg 指令) 旨在估計危險比 (hazard ratio)。

4-2 競爭風險迴歸 (competing-risks regression) (stcrreg 指令)

存活資料中最常見的分析法爲 Kaplan-Meier 或是 Cox regression，然而上述方法僅適用於單一事件發生率的評估，例如，死亡爲感興趣的事件。但在醫學研究中實務應用上，可能存在有二種以上不同的事件，而感興趣的主題事件爲其中之一種。在這種情形下，出現終結事件可能會掩蓋了其他事件發生的可能性，此即爲競爭風險。

Allison(1984) 認爲「競爭性風險」指的是「特定事件的發生，將會使個人不具其他事件發生的風險」。例如：

1. 當某人死於癌症，則他將不再具有死於心臟病的風險。

2. 在工作上，當某人主動辭職，則其將不再有被免職的風險。因此當不同事件間存在競逐的型態，某一事件發生後，將使其他事件不再具有發生之危險率。

以政治學爲例，菁英任職於特定職務後，則下一個狀態可能的結果是晉升或離退等多重狀態 (multiple states)，非單一狀態的轉移結果，如此的研究問題便屬「競爭性風險」的事件史分析。以「仕途發展結果」爲例，應該關注是「晉升」與「離退」等個別事件發生的風險動態變化。假如我們眞正感興趣的事件爲「晉升」的結果 (event of interest)，那麼「離退」即是競爭風險事件 (competing risk event)。

以醫學研究爲例，白血病的病患進行骨髓移植後，可能發生的事件有二種：白血病復發 (relapse) 以及移植失敗造成的死亡 (death)。如果我們要探討的是骨髓移植後的復發率，那麼移植失敗造成的死亡即爲復發的競爭風險事件。

一、累積發生率函數 (cumulative incidence function, CIF)

在競爭性風險分析裡，研究者可設定不同的因果機制來分析各種事件狀態發生的危險率。在 90 年代中期前的分析模型，學者多從特定原因危險率 (cause-specific hazard) 來進行研究，然而這種設定方法卻有根本上限制。Hachen 認為特定型態之危險率 (type-specific hazard) 的研究途徑，只有在事件完全獨立的情況下才能成立。因此公衛學者 Gray(1988) 建議從累積發生率函數呈現特定事件在不同時間點 t 發生的可能性。

如下所示。首先，$F_i(t)$ 是事件 i 在時間點 T 之前發生的機率，而所有事件在 T 之前發生的機率，將是個別 $F_i(t)$ 的總和。

個別事件　$F_i(t) = \Pr(T \le t, C = i)$

所有事件　$F(t) = \Pr(T \le t) = \sum\limits_{i=1}^{p} \Pr(T \le t, C = i) = \sum\limits_{i=1}^{p} F_i(t)$

相同地，特定事件的存活函數 $S_i(t)$，為時間點 T 之前事件 i 未發生的累積機率。若以連續時間的概念將時間點 T 取極限值，則 $F_i(t)$ 將等於事件 i 發生的累積機率。同時，累積發生率函數與存活函數之和也等於特定事件發生的機率：

$$\lim_{t \to \infty} F_i(t) = \Pr(C = i)$$
$$F_i(t) + S_i(t) = \Pr(C = i)$$

至於個別事件的風險率，可定義為「已知事件 i 於時間點 T 之後發生，以及其他事件將於時間 T 之前發生的聯合機率下，事件 i 於時間點 T 後一瞬間發生的比率」。

$$h_i(t) = \lim_{\Delta t \to 0} \frac{\Pr[t < T \le t + \Delta t, C = i | T > t \ or \ (T \le t, C \ne i)]}{\Delta t} = \frac{f_i(t)}{1 - F_i(t)}$$

二、忽視競爭風險可能造成統計偏誤 (bias)

Pintilie(2006) 透過實證模型的比較，說明從個別特定危險率界定出發的 Cox 模型，其估計係數檢證的是，純粹個別事件獨立下的因果關係，而 CIF 途徑的估計係數則在考量所有事件發生的可能性下，讓統計檢定「型一錯誤」發生的

可能性降低 (Gray, 1988)。

　　爲講解競爭風險的重要性，本節將以 Berry 等人 (2010)「死亡競爭風險重要性」文章中的例子，來呈現 Kaplan-Meier(KM) 方法與 Cumulative incidence competing risk(CICR) 方法估計事件發生率的差異。使用資料是從局部性攝護腺癌的回溯式世代研究中，隨機抽取 14 個樣本做爲分析資料。使用 Kaplan-Meier (KM) 方法估計骨折發生率方法之前，定義符號如下：

$follw_{yr}$ = 第一次骨折到再度骨折、死亡、中途退出或研究結束經過的時間。

km_{censor} = 1 表示發生再度骨折；0 爲設限觀察值。

$km_{riskset}$ = 在特定時間區間仍具再度骨折風險的人數。

$km_{survival}$ = 在特定時間區間仍未再度骨折的機率。

$km_{survival_{cum}}$ = 從研究開始到特定時間區間仍未發生再度骨折的累積機率。

$km_{event_{cum}}$ = 從研究開始到特定時間區間，再度骨折的累積機率。

使用 Kaplan-Meier(stcox 指令) 法估計再度骨折發生率，結果如下表：

ID	追蹤時間 (follw_{yr})	資料狀態[1] (km_{censor})	危險集合 (km_{riskset})	未發生再度骨折的比例 (km_{survival})	未發生再度骨折的累積比例 (km_{survival_{cum}})	發生再度骨折的累積比例 (km_{event_{cum}})
A	0.4	1	14	0.93	0.93	0.07
B	1.4	0	13	1	0.93	0.07
C	1.5	0	12	1	0.93	0.07
D	3.3	1	11	0.91	0.85	0.15
E	3.4	0	10	1	0.85	0.15
F	8.3	1	9	0.89	0.76	0.24
G	8.4	1	8	0.88	0.67	0.33
H	8.5	1	7	0.86	0.57	0.43
I	9.3	1	6	1	0.57	0.43
J	9.4	0	5	1	0.57	0.43
K	10.7	1	4	0.75	0.43	0.57
L	11.4	1	3	0.67	0.29	0.71
M	12.5	0	2	1	0.29	0.71

ID	追蹤時間 (follwyr)	資料狀態[1] (kmcensor)	危險集合 (kmriskset)	未發生再度 骨折的比例 (kmsurvival)	未發生再度骨 折的累積比例 (kmsurvivalcum)	發生再度骨折 的累積比例 (kmeventcum)
N	12.8	0	1	1	0.29	0.71

1：1 表示發生再度骨折；0 為設限觀察值。

　　此例中共有 14 個樣本，在觀測對象 A 再度骨折前，此 14 人皆具再度骨折風險，故危險集合中包含 14 人。觀察 0.4 年時，病患 A 發生再度骨折 (設限狀態為 1 表示再度骨折)，所以未發生再度骨折的比例為 (14-1)/14 = 0.93，未發生再度骨折的累積比例亦為 0.93，發生再度骨折的累積比例則是 1 − 0.93 = 0.07；觀察時間介於 0.4~1.4 年時，除了觀測對象 A 再度骨折外，其餘 13 人仍具再度骨折風險，此時危險集合中包含 13 人，觀測對象 B 於觀察 1.4 年後被設限 (設限原因為死亡)，但因非再度骨折，所以此期間未發生再度骨折的比例為 1，發生再度骨折的累積比例為 0.93×1 = 0.93，發生再度骨折的累積比例仍為 1 − 0.93 = 0.07；觀察時間介於 9.4~10.7 年時，有 4 人未發生再度骨折，但於時間點 10.7 年時，觀測對象 K 發生再度骨折，所以此期間未發生再度骨折的比例為 3/4 = 0.75，未發生再度骨折的累積發生率則是用「**此期間的未再度骨折比例乘上此時期以前未發生再度骨折的累積比例**」= (0.75×0.93×0.91×0.89×0.88×0.86 = 0.43)，故求得未發生再度骨折的累積發生率為 0.43。

　　改用 Cumulative incidence competing risk (CICR) 法，來估計骨折發生率方法之前，先定義符號如下：

cr_{censor} = 2 表示死亡；1 表示發生再度骨折；0 為設限觀察值。

$cr_{riskset}$ = 考慮競爭風險下，在特定時間區間仍具再度骨折風險的人數（換句話說，即使發生競爭風險事件，仍算具有再度骨折風險）。

$cr_{failure}$ = 考慮競爭風險下，在特定時間區間發生再度骨折的比例。

$km_{survivallag}$ = 在特定時間區間前，仍未再度骨折的累積機率。

cr_{event} = 考慮競爭風險下，在特定時間區間前尚未發生再度骨折，而在特定時間區間內可能發生再度骨折的機率。

$cr_{eventcum}$ = 從研究開始到特定時間區間，再度骨折的累積機率。

使用 CICR 方法來估計再度骨折發生率，如下表：

ID	追蹤時間 (follw$_{yr}$)	資料狀態 [1] (cr$_{censor}$)	危險集合 (cr$_{riskser}$)	當期前未再度骨折的累積機率 (km$_{survival_{lag}}$)	考慮競爭風險下再度骨折的比例 (cr$_{tallure}$)	未發生再度骨折可能發生再度骨折的機率 (cr$_{event}$)	再度骨折的累積機率 (cr$_{event_{cum}}$)
A	0.4	1	14	1	0.07	0.07	0.07
B	1.4	2	13	0.93	0	0	0.07
C	1.5	2	13	0.93	0	0	0.07
D	3.3	1	13	0.93	0.08	0.07	0.14
E	3.4	0	12	0.85	0	0	0.14
F	8.3	1	11	0.85	0.09	0.08	0.22
G	8.4	1	10	0.76	0.10	0.08	0.30
H	8.5	1	9	0.67	0.11	0.07	0.37
I	9.3	2	8	0.57	0	0	0.37
J	9.4	2	8	0.57	0	0	0.37
K	10.7	1	8	0.57	0.13	0.07	0.44
L	11.4	1	7	0.43	0.14	0.06	0.50
M	12.5	0	6	0.29	0	0	0.50
N	12.8	2	5	0.29	0	0	0.50

1：2 表示死亡；1 表示發生再度骨折；0 為設限觀察值。

在觀測對象 A 再度骨折前，此 14 人皆具再度骨折風險，故危險集合中包含 14 人。觀測對象 A 再度骨折前，並未有人發生再度骨折，所以當期前未發生再度骨折的累積機率為 1，觀察 0.4 年時，病患 A 發生再度骨折 (設限狀態為 1 表示再度骨折)，所以當期發生再度骨折的比例為 1/14 = 0.07。由於觀察時間 0.4 年前，未發生再度骨折的累積機率為 1，而當期發生再度骨折的比例為 0.07，因此可預期這些人在觀察 0.4 年後，約有 0.07(1×0.07) 比例的人會發生再度骨折，而預期發生再度骨折的累積機率仍為 0.07；觀察時間介於 0.4~1.4 年時，除了觀測對象 A 再度骨折外，其餘 13 人仍具再度骨折風險，此時危險集合中包含 13 人，而 1.4 年前僅有觀測對象 A 再度骨折，故當期前未再度骨折的累積機率為 0.93，觀測對象 B 於觀察 1.4 年後死亡，因非再度骨折，所以此期間發生再度

骨折的比例爲 0，由於觀察時間 1.4 年前，未發生再度骨折的累積機率爲 0.93，
而當期發生再度骨折的比例爲 0，因此可預期這些人在觀察 1.4 年後，不會有
人 (0.93×0) 發生再度骨折，因此預期發生再度骨折的累積機率仍爲 0.07；觀察
時間介於 9.4~10.7 年時，有 8 人仍具再度骨折風險，但於時間點 10.7 年時，觀
測對象 K 發生再度骨折，所以此期間發生再度骨折的比例爲 1/8 = 0.13，而時間
10.7 年前未再度骨折的累積機率爲 0.57，所以可預期觀察時間 10.7 年時，約有
0.07(0.57×0.13) 比例的人會發生再度骨折，因此預期發生再度骨折的累積機率
爲 0.37 + 0.07 = 0.44。

　　由上述 Kaplan-Meier 以及 CICR 方法的計算過程可知，兩種方法主要的差
別在於當觀察對象發生競爭風險事件時，Kaplan-Meier 法會於此病患設限後，
不再考量其感興趣事件的發生風險，而 CICR 方法則會繼續考量，也因這樣的差
異，Kaplan-Meier 法危險集合中的人數會少於 CICR 方法的，當發生競爭風險事
件的比例愈大時，危險集合中的人數也就差愈多，因此造成偏誤愈大，而此偏
誤由上述例子來看，就是會高估再度骨折發生率。

競爭風險不同時，事件發生率有差異

　　爲了了解競爭風險不同時，使用 Kaplan-Meier 法與 CICR 法的差異變化，
在 Statistics in Medicine (1999) 中的一篇文章中利用模擬分析來觀察此變化，在
感興趣的瞬間風險爲 0.25 時，分別以不存在競爭風險、競爭風險爲 0.10 以及競
爭風險爲 0.99 三種狀況，利用 Kaplan-Meier 及 CICR 方法計算事件發生率，結
果如下：

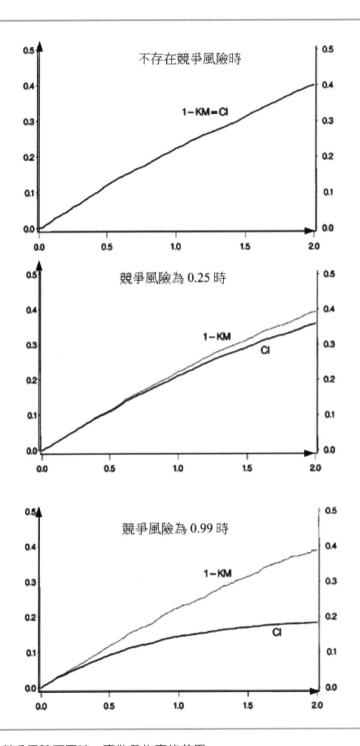

圖 4-1 競爭風險不同時，事件發生率的差異

此模擬結果可看出，當競爭風險明顯大過感興趣事件風險時，使用 Kaplan-Meier 法的高估情況確實嚴重。

　　一般而言，當遭遇多個風險因子時，大多以 Cox 比例風險模型來調整干擾因子 (confounding factor) 的影響，由此估計出主要因子對於感興趣事件的影響量。同理，存在競爭風險下，Cox 比例風險模型的分析結果是否也存在高估感興趣事件發生率呢？答案是：若用 Cox 比例風險模型來估計特定事件 (如骨折) 的發生風險和其他危險因子 (如性別、年齡等) 的影響，而且亦將競爭風險事件 (如死亡) 視為設限資料來推論，仍可得到正確的結論 (以風險比作為評估重點時)。但若由 Cox 風險比例模型結果直接估算事件發生比例 (或發生率)，則會產生高估的情況。

4-2-1　競爭風險之應用：違約及提前清償行為模型係數估計

　　往昔，財金 / 會計多數研究都以 Cox et al.(1984) 提出的比例危險模型 (proportional hazard model, PHM) 來評估房屋抵押貸款違約及提前清償的風險，取代債權人或有請求模型 (Green & Shoven, 1986)。存活分析的 PHM，係假設抵押權在存活的條件下，契約期間內的每個時間點能得出一個確定的違約或提前清償機率，解決或有請求模型狀態變數只能在單一值情況。可惜，PHM 只能處理主題事件之統計，它較難處理的時間相依之共變數 (time-dependent covariates) 及終結事件被視為設限 (censoring) 之問題。

　　違約或提前清償率的風險競爭研究，不應只單純估計違約行為或提前清償行為，而忽略終結事件。例如，早期 Green 與 Shoven(1986) 只以 PHM 配合時間相依變數，在不計違約風險之下，進行房屋抵押貸款的提前清償行為的實證分析。然而 Deng et al.(1996) 及 Deng(1997) 改提出違約或提前清償行為間彼此互相競爭 (competing)，亦即當借款者執行違約而使房貸契約終止時，就不能再執行提前清償，其論點更能符合實際提前清償與違約行為間之關係。

　　Deng et al.(1996) 及 Deng(1997) 所提出的競爭風險模型 (CRM) 進行提前清償及違約模型參數之估計。其模型估計式如下：

$$h_i\,(t,\,X) = h_0(t)\exp(\beta_1\chi_{it} + \cdots + \beta_k\chi_{ik})$$

上式表示，在時間點 t 前存活的條件下，第 i 個個體在時間點 t 發生事件的機率，

X 為影響事件的相關變數，而 β 為其變數之欲估計參數。其中，$h_0(t)$ 時間點 t 時的基線函數 (baseline hazard function)，亦即當所有變數 x 均為 0 時的事件機率稱之。而 CRM 之模型如下所示：

$$h_j(t) = \lim_{\Delta t \to 0} \frac{\Pr[t \le T_i < t + \Delta t, J_i - j \,|\, T_i \ge t]}{\Delta t}, j = 1, 2$$

本文假設 $j = 1$ 表發生提前清償事件，$j = 2$ 表發生違約事件，上式表示，第 i 個房屋抵押貸款在 t 時點前存活之條件 $(T \ge t)$ 下，發生 j(提前清償或違約) 事件的機率。提前清償和違約模型如下所示：

$$h_{ij}(t, X) = h_{0j}(t)\exp\{\beta_{j1} x_{ij1} + \beta_{j2} x_{ij2} + \cdots + \beta_{jk} x_{ijk}\}, j = 1, 2$$

上式表示，在時間點 t 前存活的條件下，第 i 個個體在時間點 t 發生事件 j 的機率，X 為影響事件的相關變數，而 β 為其變數之欲估計參數。

　　基線函數之設定方式有多種，如 Schwartz and Torous(1989, 1992) 假設基線函數服從對數邏輯斯分布，並將提前清償模型的基線函數設定為標準的公共證券協會模型 (100% Public Securities Association Model, 100% PSA)。在我國缺乏房屋貸款相關的完整統計資料庫情形下，無法以類似 PSA 模型設定基線函數，遂依其基本特性假設基線函數服從對數邏輯斯分布，其模型設定如下所示：

$$h_{0j} = \frac{\gamma p(\gamma t)^{p-1}}{1 + (\gamma t)^p}$$

4-2-2　範例：競爭風險迴歸 (stcrreg 指令)

　　在醫學研究的實務應用中，可能存在二種以上的不同事件，而感興趣的事件為其中一種。在這種情形下，出現某種事件可能會掩蓋了其他事件發生的可能性，此即為競爭風險。例如，針對白血病骨髓移植病患的研究，可能發生的事件有二種：白血病復發 (主題事件) 以及移植失敗所造成的死亡 (終結事件)。如果我們要探討的是骨髓移植的復發率，移植失敗所造成的死亡即為復發的競爭風險事件。所採用 Stata 指令為 stcrreg 指令，或以累積發生函數來呈現特定事件在不同時間點發生的可能性。

又如，車主終止繼續持有其機車之競爭事件，包括 報廢 或 過戶 兩類，由於報廢事件的發生往往表示機車已不堪用或損壞 (毀)，所剩之殘餘價值十分有限；然而過戶事件係將機車轉賣 (手) 給其他車主，機車多半仍可使用且尚存一定之殘餘價值。此兩種不同之風險原因所造成的結束機車持有，可能隱含著不同的解釋因子，可運用 競爭風險 存活模型加以探討。

範例：盆腔淋巴結復發 (主題事件)，對手術失敗所造成的死亡 (終結事件) 的競爭風險

(一) 問題說明

每一個體皆有可能遭遇 諸多死亡 風險，例如癌症、心臟疾病或是肺結核。縱使人們會面對 好幾種互相競爭 的風險，Chiang(1978) 指出死亡並非重複事件，且通常只歸結於 單一死因 。在討論某一種死亡率的同時，必須考慮競爭性風險的影響。

本例旨在了解盆腔淋巴結 復發 (主題事件) 在暴露三個危險因子 (ifp、tumsize、pelnode) 情況下，對手術失敗所造成的 死亡 (終結事件) 競爭風險。收集於 1994 年和 2000 年之間，109 名原發性子宮頸癌的數據，並採用「競爭—風險」迴歸模型來適配這些數據。本例研究的是：局部復發是失敗事件 (failtype == 1)vs. 遠處復發 / 無局部復發是競爭的風險事件 (failtype == 2)，兩者之風險率的差異。此外，當我們 控制 「tumor size 及 pelvic node involvement」之干擾變數，我們也想了解「effect of interstitial fluid pressure (ifp)」對原發性子宮頸癌的影響力？

研究者收集數據並整理成下表，此「hypoxia.dta」資料檔內容之變數如下：

變數名稱	說明	編碼 Codes/Values
時間變數：dftime	從診斷到第一次失敗 / 末次追蹤之時間 (Time from diagnosis to first failure)	
類別依變數：failtype	失效類型 (Failure type: 1 if pelrec (主題事件), 2 if disrec & not pelrec (終結事件), 0)。	0,1,2 (類別資料)
1. 連續自變數：ifp	間質液壓力 [Interstitial fluid pressure (marker, mmHg)]。	
2. 連續自變數：tumsize	腫瘤大小 [Tumor size (cm)]。	

變數名稱	說明	編碼 Codes/Values
3. 類別自變數：pelnode	有盆腔淋巴結塊嗎 (1 if pelvic nodes negative or equivocal)。	0,1 (binary data)

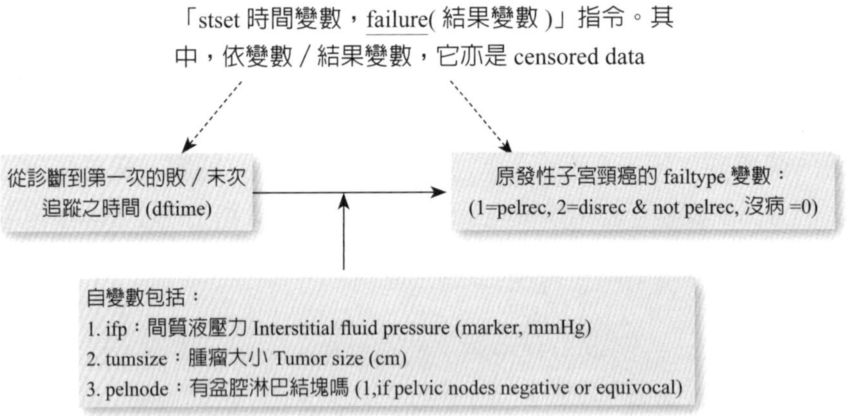

「stset 時間變數，failure(結果變數)」指令。其中，依變數 / 結果變數，它亦是 censored data

從診斷到第一次的敗 / 末次追蹤之時間 (dftime)

原發性子宮頸癌的 failtype 變數：(1=pelrec, 2=disrec & not pelrec, 沒病 =0)

自變數包括：
1. ifp：間質液壓力 Interstitial fluid pressure (marker, mmHg)
2. tumsize：腫瘤大小 Tumor size (cm)
3. pelnode：有盆腔淋巴結塊嗎 (1,if pelvic nodes negative or equivocal)

Fit competing-risks model with failtype==2 as the competing event

圖 4-2 盆腔淋巴結之危險因子研究架構 (failtype==1 vs. failtype==2)

注：存活分析設定 (「stset **timevar** failure **failvar**」指令) 之後，會新產生 3 個系統變數 ($\_t_0$; $\_t$; $\_d$)，其中：
1. $\_t_0$ 是觀察的開始時間，$\_t_0 \geq 0$;
2. $\_t$ 是觀察的結束時間，$\_t \geq \_t_0$;
3. $\_d$ 是失敗指標 (indicator for failure)，$\_d \in \{0, 1\}$。

(二) 資料檔之內容

「hypoxia.dta」資料檔內容如下圖。

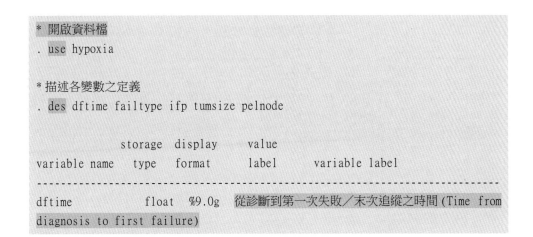

圖 4-3 「hypoxia.dta」資料檔內容

觀察資料之特徵

```
* 開啟資料檔
. use hypoxia

* 描述各變數之定義
. des dftime failtype ifp tumsize pelnode


              storage   display      value
variable name    type    format      label     variable label
----------------------------------------------------------------
dftime                  float  %9.0g         從診斷到第一次失敗／末次追縱之時間(Time from
diagnosis to first failure)
```

```
                                             or last fo
failtype          byte      %8.0g    失效類型 (Failure type: 1 if pelrec, 2 if dis-
rec & not pelrec, 0)

                                             otherwise
ifp               float     %9.0g    間質液壓力 Interstitial fluid pressure (marker,
mmHg)
tumsize           float     %9.0g    腫瘤大小 Tumor size (cm)
pelnode           byte      %8.0g    沒得盆腔淋巴結嗎 (1 if pelvic nodes negative or
equivocal)


*------------------------------------------------------------
. list dftime failtype ifp tumsize pelnode in 1/12, table


     +--------------------------------------------------+
     | dftime   failtype     ifp    tumsize   pelnode |
     |--------------------------------------------------|
 1.  | 6.152        0         8        7          1 |
 2.  | 8.008        0        8.2       2          1 |
 3.  |  .003        1        8.6      10          1 |
 4.  | 1.073        1        3.3       8          1 |
 5.  |  .003        1       18.5       8          0 |
     |--------------------------------------------------|
 6.  | 7.929        0        20        8          1 |
 7.  | 8.454        0       21.8       4          1 |
 8.  | 7.107        1       31.6       5          1 |
 9.  | 8.378        0       16.5       5          1 |
10.  | 8.178        0       31.5       3          1 |
     |--------------------------------------------------|
11.  | 3.395        0       18.5       4          1 |
12.  |  .003        1       12.8       5          0 |
     +--------------------------------------------------+


* Declare data to be survival-time data and declare the failure event of in-
terest, that is, the event to be modeled
. stset dftime, failure(failtype==1)
```

(三) 分析結果與討論

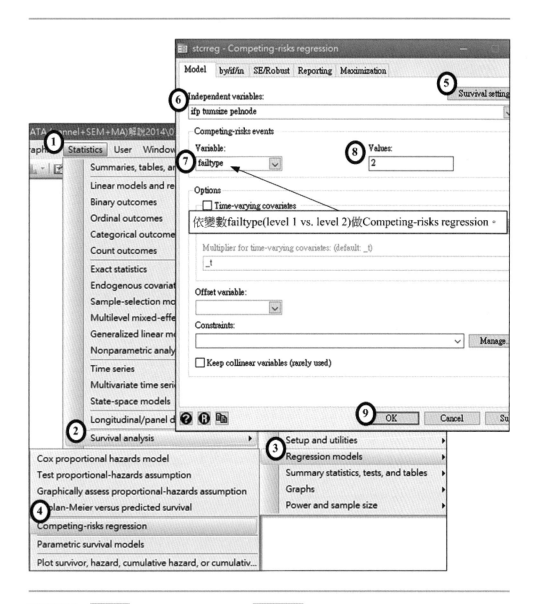

圖 4-4 「stcrreg ifp tumsize pelnode, compete(failtype==2)」選擇表

注：Statistics > Survival analysis > Regression models > Competing-risks regression。

　　本例宣告：依變數 failtype(level 1 vs. level 2) 做 Competing-risks regression。

```
* 開啟資料檔
. webuse hypoxia

* 宣告 (failtype==1) 為主題事件
. stset dftime, failure(failtype==1)

* Fit competing-risks model with failtype==2 as the competing event
* 宣告 (failtype==1) 為終結事件
. stcrreg ifp tumsize pelnode, compete(failtype==2)


        failure _d:  failtype == 1
    analysis time _t:  dftime
```

Competing-risks regression	No. of obs	=	109
	No. of subjects	=	109
Failure event : failtype == 1	No. failed	=	33
Competing event: failtype == 2	No. competing	=	17
	No. censored	=	59
	Wald chi2(3)	=	33.21
Log pseudo likelihood = -138.5308	Prob > chi2	=	0.0000

_t	SHR	Robust Std. Err.	z	P>|z|	[95% Conf. Interval]
ifp	1.033206	.0178938	1.89	0.059	.9987231	1.068879
tumsize	1.297332	.1271191	2.66	0.008	1.070646	1.572013
pelnode	.4588123	.1972067	-1.81	0.070	.1975931	1.065365

* 上述 Wald 檢定 (p<0.05) 發現，你界定 Competing-risk 迴歸之適配度是 OK。即 failtype= 1 vs. 2 有差異性。

* 上述 SHR 係數，發現終結事件在 ifp、tumsize、tumsize，都比主題事件高一倍多；但終結事件在 pelnode，則比主題事件高一倍多。

* 繪 cumulative incidence of local relapses in the presence of the competing risk.
* compare the cumulative incidence curves for ifp == 5 versus ifp == 20, assuming positive pelvic node involvement (pelnode == 0)and a tumor size that is the average over the data.

```
. stcurve, cif at1(ifp=5 pelnode=0)at2(ifp=20 pelnode=0)

* Replay results, but show coefficients rather than subhazard ratios
. stcrreg, noshr
```

Competing-risks regression					No. of obs	=	109
					No. of subjects	=	109
Failure event : failtype == 1					No. failed	=	33
Competing event: failtype == 2					No. competing	=	17
					No. censored	=	59
					Wald chi2(3)	=	33.21
Log pseudo likelihood = -138.5308					Prob > chi2	=	0.0000

```
------------------------------------------------------------------------------
             |               Robust
         _t |      Coef.   Std. Err.      z    P>|z|     [95% Conf. Interval]
-------------+----------------------------------------------------------------
         ifp |   .0326664   .0173188     1.89   0.059    -.0012777    .0666105
     tumsize |   .2603096   .0979851     2.66   0.008     .0682623    .4523568
      pelnode |   -.779114   .4298199    -1.81   0.070    -1.621546    .0633175
------------------------------------------------------------------------------
```

1. Wald 檢定之虛無假設：H_0: **All coefficients associated with given variable(s)are 0** 本例 Wald 檢定，得 $\chi^2(2) = $ 33.21(p<0.05)，表示你界定自變數們之迴歸係數，至少有一個 $\beta \neq 0$。可得知此 3 個解釋變數所構成之競爭風險迴歸模型具有整體顯著性。即 failtype=1 vs. 2 有差異性。

2. 多種存活模型在比較誰優時，就看誰的 Log likelihood 值較大，那個模型就較優。

3. 本例 pseudo likelihood = −138.5308，擬真概似值愈高，代表該模型愈優。

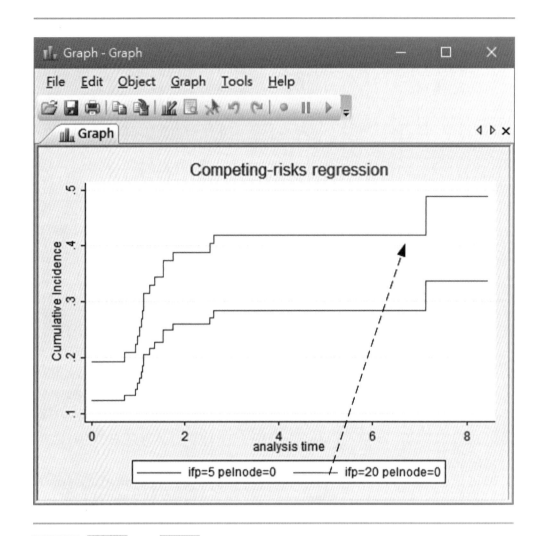

圖 4-5 stcurve **after** stcrreg

上圖係指令「stcurve, cif at1(ifp=5 pelnode=0)at2(ifp=20 pelnode=0)」所繪的。可看出：在 pelnode=0 情況下，「ifp=5」組比「ifp=20」組累積發生率來得高。

4-3 縱貫面調查法：肺癌存活模型 (svy: stcox 指令)

本例使用肺癌發病率之三個風險因子來建模，三個危險因子包括：性別 (sex)、抽菸習慣 (smoking status)，及居住地區 (place of residence)。本例縱貫面 (longitudinal) 健康調查資料，取自二個資料庫：(1)First National Health and Nutrition Examination Survey (NHANES I) (Miller 1973; Engel et al. 1978) 及 (2)1992 年流行病研究 (Cox et al. 1997)。資料簡介可上網查詢：美國國家健康統計局網站為 http://www.cdc.gov/nchs/。

本例樣本資料，我們使用 svyset 指令來校正擬真的 pseudo-PSU，分層變數關連著居住地區 (revised pseudo-PSU and strata variables associated with these locations)。加權變數 pweight 來自二大地區：1~65 地點的樣本權重；66~100 地點的詳細樣本 (swgt2 變數) 權重 (our pweight variable was generated using the sampling weights for the nutrition and detailed samples for locations 1-65 and the weights for the detailed sample for locations 66-100)。

範例： 縱貫面健康調查 (longitudinal health survey)：肺病年數與 5 個共變數之危險因子都會導致肺癌嗎？

(一) 問題說明

為了解肺病年數與 5 個共變數都會導致肺癌嗎？(時間單位：年)

研究者收集數據並整理成下表，此「nhefs.dta」資料檔內容之變數如下：

變數名稱	說明	編碼 Codes/Values
類別依變數：lung_cancer	得肺癌嗎 (發生 event 嗎)？	0,1 (binary data)
類別變數：former_smoker	父母抽菸嗎？	0,1 (binary data)
類別變數：smoker	病人抽菸嗎？	0,1 (binary data)
類別變數：male	男性嗎？	0,1 (binary data)
類別變數：urban1	urban residence < 1 million people	0,1 (binary data)
類別變數：rural	住鄉村嗎 (rural residence)？	0,1 (binary data)
時間變數：age_lung_cancer	得癌年數。	40~97 歲
分層變數：strata2	地區分 35 層 Revised Strata2。	1~35 地區
加權變數：swgt2	min(swgtall 1 to 65, swgtdt l66 to 100)。	471~166038

本例，以受訪者的時間當作時間軸。受訪者至 1992 年，若仍無肺癌，則視爲設限資料 (censored data)。

本例納入地理變數「urban1、rural」二個危險因子，係因空間相關存活因子，常發生在流行病學及社會行爲學之研究。由於鄰近地區常常會有相同或類似的環境因子或社會因子。所以當我們要研究存活時間和解釋變數之間的關係時，往往須納入這些環境因子或社會因子。

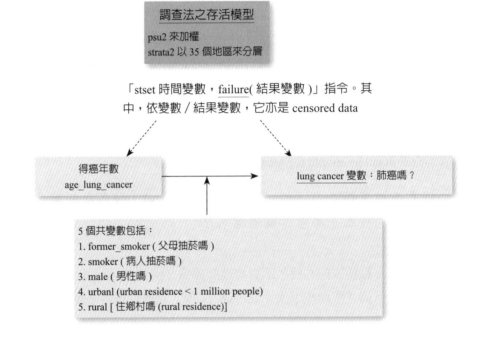

圖 4-6 肺病年數與 5 個共變數都會導致肺癌嗎之研究架構

注：存活分析設定 (「stset **timevar** failure **failvar**」指令) 之後，會新產生 3 個系統變數 ($\_t_0$; $\_t$; $\_d$)，其中：
　　1. $\_t_0$ 是觀察的開始時間，$\_t_0 \geq 0$;
　　2. $\_t$ 是觀察的結束時間，$\_t \geq \_t_0$;
　　3. $\_d$ 是失敗指標，$\_d \in \{0, 1\}$。

(二) 資料檔之內容

「nhefs.dta」資料檔內容如圖 4-7。

觀察資料之特徵

```
* 開啟 Stata 網站之資料檔
. webuse nhefs

. note

 ┌─────────────────────────────────────────────────────────────┐
 │ _dta:                                                         │
 │ 1. Suppose that we want to model the incidence of lung cancer by us-│
 │ ing three risk factors: smoking status, sex, and place of residence.│
 │ Our dataset comes from a longitudinal health survey: the First National│
 │ Health and Nutrition Examination Survey (NHANES I) (Miller 1973; Engel│
 │ et al. 1978) and its 1992 Epidemiologic Follow-up Study (NHEFS) (Cox│
 │ et al. 1997); see the National Center for Health Statistics website at│
 │ http://www.cdc.gov/nchs/. We will be using data from the samples identified│
 │ by NHANES I examination locations 1 – 65 and 66 - 100; thus we will svy-│
 │ set the revised pseudo-PSU and strata variables associated with these│
 │ locations. Similarly, our pweight variable was generated using the sam-│
 │ pling weights for the nutrition and detailed samples for locations 1 – 65│
 │ and the weights for the detailed sample for locations 66 – 100.│
 └─────────────────────────────────────────────────────────────┘

. summ former_smoker smoker male urban1 rural age_lung_cancer lung_cancer
strata2

    Variable |        Obs        Mean    Std. Dev.       Min        Max
-------------+--------------------------------------------------------
former_smo~r |      11386    .1680133    .3738946         0          1
      smoker |      11514    .2563835     .436655         0          1
        male |      14407    .4033456     .490586         0          1
      urban1 |      14407    .3698202    .4827726         0          1
       rural |      14407    .3576734    .4793319         0          1
-------------+--------------------------------------------------------
 age_lung_c~r |       9281    64.61491    13.90157        40         97
 lung_cancer |       9281     .008943    .0941487         0          1
      strata2 |      14407    19.78622    10.11154         1         35
```

```
. des former_smoker male smoker urban1 rural age_lung_cancer lung_cancer
strata2 swgt2

              storage  display  value
variable name   type    format   label    variable label
--------------------------------------------------------------------------
former_smoker   byte    %9.0g             父母抽菸嗎
male            byte    %9.0g             男性嗎
smoker          byte    %9.0g             抽菸嗎
urban1          byte    %9.0g             urban residence < 1 million people
rural           byte    %9.0g             住鄉村嗎 rural residence
age_lung_cancer byte    %9.0g             得癌年數
lung_cancer     byte    %9.0g             肺癌嗎
strata2         byte    %10.0g            地區分 35 層 Revised Strata2
swgt2           float   %9.0g             min(swgtal11to65, swgtdt166to100)

.list former_smoker smoker urban1 rural age_lung_cancer lung_cancer strata2
swgt2 in 1/10
```

*swgt2 來加權

```
     +--------------------------------------------------------------------+
     | former~r  smoker  urban1  rural  age_lu~r  lung_c~r  strata2  swgt2 |
     |--------------------------------------------------------------------|
  1. |    0        0       0       0       61        0        3      1645 |
  2. |    0        0       0       0       83        0        3      3318 |
  3. |    .        .       0       0        .        .        3      2280 |
  4. |    .        .       0       0        .        .        3      1627 |
  5. |    0        0       0       0       57        0        3     14604 |
     |--------------------------------------------------------------------|
  6. |    .        .       0       0        .        .        3       975 |
  7. |    .        .       0       0        .        .        3       975 |
  8. |    0        0       0       0       86        0        3      3953 |
  9. |    0        0       0       0       68        0        3      3111 |
 10. |    .        .       0       0        .        .        3      3502 |
     +--------------------------------------------------------------------+
```

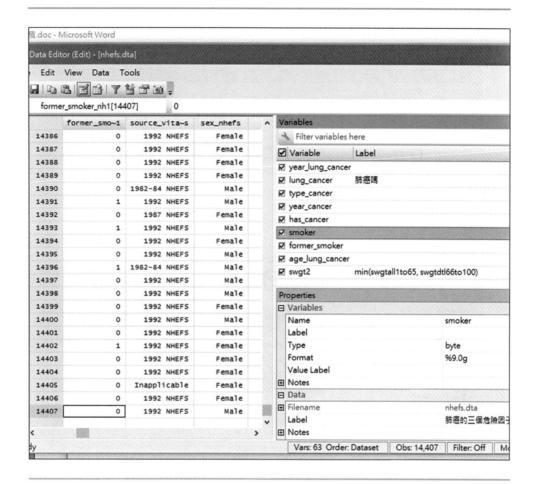

圖 4-7 「nhefs.dta」資料檔內容 (N=14407 人 , 63 variables)

Step 1. 先 **svyset** 宣告爲調查設計、**stset** 宣告爲存活時間之資料

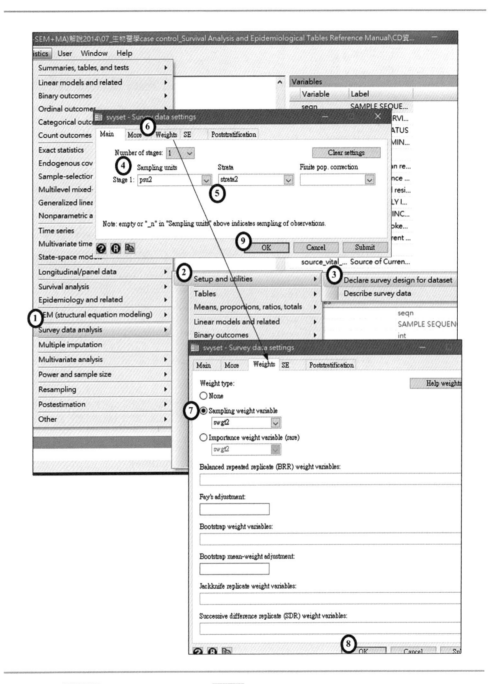

圖 4-8 「svyset psu2 [pw=swgt2], strata(strata2)」畫面

注：Statistics > Survey data analysis > Setup and utilities > Declare survey design for dataset。

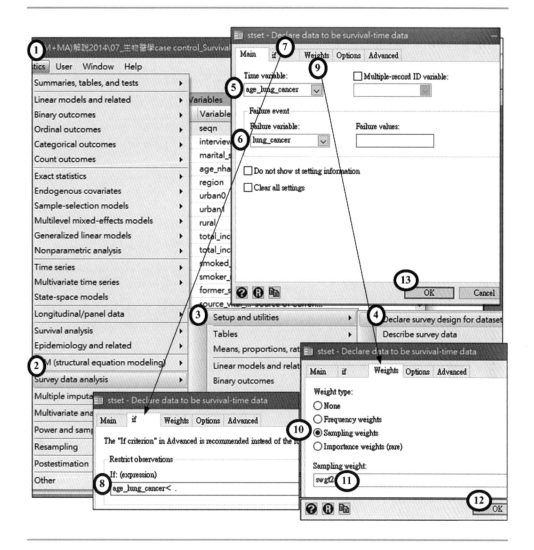

圖 4-9 「stset age_lung_cancer if *age_lung_cancer* < . [pw=swgt2], fail(lung_cancer)」畫面

注：Statistics > Survival analysis > Setup and utilities > Declare data to be survival-time data。

```
* 開啟 Stata 網站之資料檔
. webuse nhefs

* Declare survey design for data。並以 swgt2 來加權

. svyset psu2 [pw=swgt2], strata(strata2)

        pweight: swgt2
            VCE: linearized
    Single unit: missing
      Strata 1: strata2
         SU 1: psu2
        FPC 1: <zero>

* Declare data to be survival-time data
. stset age_lung_cancer if age_lung_cancer < . [pw=swgt2], fail(lung_cancer)

    failure event:  lung_cancer != 0 & lung_cancer < .
obs. time interval:  (0, age_lung_cancer]
 exit on or before:  failure
            weight:  [pweight=swgt2]
            if exp:  age_lung_cancer < .

--------------------------------------------------------------------
  14407  total obs.
   5126  ignored at outset because of -if <exp>-
--------------------------------------------------------------------
   9281  obs. remaining, representing
     83  failures in single record/single failure data
 599691  total analysis time at risk, at risk from t =          0
                            earliest observed entry t =          0
                             last observed exit t =         97
```

扣除本例 5126 個遺漏值 (missing data)，還有 9281 筆資料是有效的。

(三) 分析結果與討論

Step 1 對照組作法：得肺癌嗎 (lung_cancer) vs. 個人變數之關連性分析

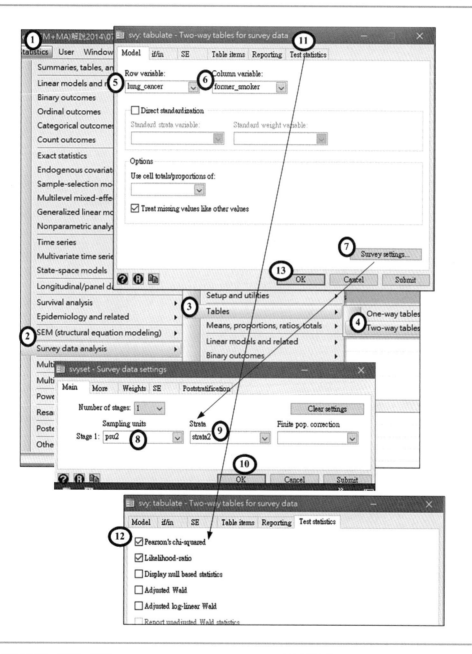

圖 4-10 「svy：tab lung_cancer former_smoker , pearson」畫面

注：Statistics > Survey data analysis > Tables > Two-way tables。

```
* step 1-1 . 得癌嗎 (lung_cancer) 與父母抽菸有關

. svy: tab lung_cancer former_smoker , pearson
(running tabulate on estimation sample)


Number of strata    =         35        Number of obs    =        9149
Number of PSUs      =        105        Population size   =   151327827
                                        Design df        =          70

-----------------------------------
          |      父母抽菸嗎
肺癌嗎    |    0      1   Total
----------+------------------------
        0 |  .7954  .1963  .9917
        1 |  .0045  .0039  .0083
          |
    Total |  .7998  .2002     1
-----------------------------------
  Key:  cell proportions


Pearson:
    Uncorrected     chi2(1)          =    33.8316
    Design-based   F(1, 70)          =    31.7833     P = 0.0000


*---------------------------------------------

* step 1-2 . 得癌嗎 (lung_cancer)vs. 本身抽菸嗎 (smoker) 之關連
. svy: tab lung_cancer smoker, pearson
(running tabulate on estimation sample)


Number of strata    =         35        Number of obs    =        9277
Number of PSUs      =        105        Population size   =   152165554
                                        Design df        =          70


-----------------------------------
          |       抽菸嗎
肺癌嗎    |    0      1   Total
----------+------------------------
        0 |  .6976  .2941  .9917
        1 |  .0028  .0055  .0083
```

```
          |
    Total |  .7004   .2996       1
------------------------------------
  Key:  cell proportions


  Pearson:
    Uncorrected   chi2(1)        =    48.7809
    Design-based  F(1, 70)       =    25.5684      P = 0.0000


*---------------------------------------------------
* step 1-3 . 得癌嗎 (lung_cancer)vs. 男性嗎 (urban1) 之關連
. svy: tab lung_cancer male, pearson
(running tabulate on estimation sample)


Number of strata   =         35      Number of obs      =      9281
Number of PSUs     =        105      Population size    = 152205280
                                     Design df          =        70


------------------------------------
          |       男性嗎
  肺癌嗎  |    0       1    Total
----------+-------------------------
      0 |  .5441   .4476   .9917
      1 |  .0034   .005    .0083
          |
    Total |  .5475   .4525       1
------------------------------------
  Key:  cell proportions


  Pearson:
    Uncorrected   chi2(1)        =     6.3170
    Design-based  F(1, 70)       =     4.3024      P = 0.0417


*---------------------------------------------------
* step 1-4 . 得癌嗎 (lung_cancer)vs. 住都市嗎 (urban1) 之關連
. svy: tab lung_cancer urban1, pearson
(running tabulate on estimation sample)
```

```
Number of strata     =        35        Number of obs        =       9281
Number of PSUs       =       105        Population size      =  152205280
                                        Design df            =         70


--------------------------------
          | urban residence < 1
          |   million people
肺癌嗎 |     0       1     Total
----------+---------------------
      0 | .6054   .3863   .9917
      1 | .0059   .0025   .0083
        |
  Total | .6113   .3887       1
--------------------------------
  Key:  cell proportions


Pearson:
    Uncorrected   chi2(1)          =     2.6685
    Design-based  F(1, 70)         =     1.0857    P = 0.3010

*--------------------------------------------------
```
* step 1-5 . 得癌嗎 (lung_cancer)vs. 住鄉村嗎 (rural residence) 之關連
. svy: tab lung_cancer rural, pearson
(running tabulate on estimation sample)

```
Number of strata     =        35        Number of obs        =       9281
Number of PSUs       =       105        Population size      =  152205280
                                        Design df            =         70


--------------------------------
          |     住鄉村嗎 rural
          |      residence
肺癌嗎 |     0       1     Total
----------+---------------------
      0 | .6611   .3306   .9917
      1 | .0045   .0038   .0083
        |
  Total | .6656   .3344       1
--------------------------------
```

```
Key:  cell proportions

Pearson:
  Uncorrected  chi2(1)        =     5.5926
  Design-based  F(1, 70)       =     2.9862      P = 0.0884
```

扣除遺漏值 (5126 人) 之後，有效樣本 (9281 人) 才進行 pearson 卡方檢定，結果顯示：

1. 得肺癌與 former_smoker、smoker、male 三個解釋變數都有顯著的關連性。
2. 得肺癌與 urban1、rural 二者也有近似顯著的關連性。因此下一步才將這五個解釋變數正式納入 Cox 模型分析。

$\boxed{\text{Step 2}}$ 正確作法：調查資料用 Cox 模型來建構

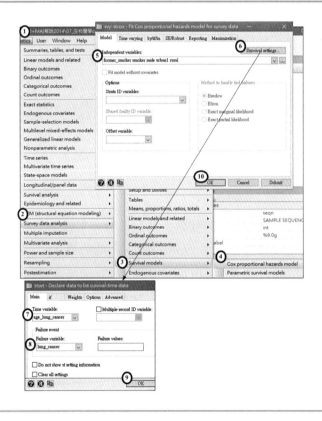

圖 4-11 「svy：stcox former_smoker smoker male urban1 rural」畫面

註：Statistics > Survey data analysis > … 。

```
* 開啟 Stata 網站之資料檔
. webuse nhefs

* Fit Cox model taking into account that data are survey data
. svy: stcox former_smoker smoker male urban1 rural
(running stcox on estimation sample)

Survey: Cox regression


Number of strata    =          35        Number of obs      =        9149
Number of PSUs      =         105        Population size     =   151327827
                                         Design df           =          70
                                         F(   5,      66)    =       14.07
                                         Prob > F            =      0.0000


-------------------------------------------------------------------------------
            |              Linearized
        _t  | Haz. Ratio   Std. Err.     t     P>|t|     [95% Conf. Interval]
------------+------------------------------------------------------------------
former_smoker|  2.788113    .6205102    4.61   0.000     1.788705     4.345923
      smoker |  7.849483    2.593249    6.24   0.000     4.061457     15.17051
        male |  1.187611    .3445315    0.59   0.555     .6658757     2.118142
      urban1 |  .8035074    .3285144   -0.54   0.594     .3555123     1.816039
       rural |  1.581674    .5281859    1.37   0.174     .8125799     3.078702
-------------------------------------------------------------------------------
```

1. 會提升得肺癌危險率的 5 個共變數，共有 2 個非常顯著的危險因子，包括：
   former_smoker(父母抽菸嗎)、smoker(病人抽菸嗎)，二者之危險率 (Haz.
   Ratio) 分別為 2.788 倍、及 7.849 倍。

2. 此外，男性 (male) 比女性、住鄉村的人 (rural) 比住都市得肺癌危險率，都大
   於 1，表示我們亦不可忽視「個人、環境」這二個導致肺癌危險因子。

3. urban1 共變數 HR=0.80，表示住小城市 (residence < 1 million 人) 可有效改善
   20% 的肺癌存活。但住在 rural 比住都會區，HR=1.58 倍，可能原因是：鄉村
   人的醫療知識比都會區差，因而人們較易忽略肺癌，得早點治療才能防止病
   情惡化。

4-4 追蹤資料 (panel-data) 參數存活模型 [xtstreg , shared(panel 變數) 指令]

4-4-1 追蹤資料

一、追蹤資料之研究架構

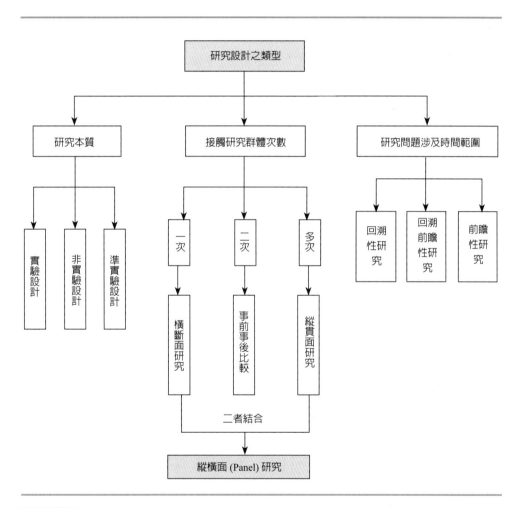

研究設計之類型

研究本質　　接觸研究群體次數　　研究問題涉及時間範圍

實驗設計　　非實驗設計　　準實驗設計

一次　　一次　　多次

回溯性研究　　回溯前瞻性研究　　前瞻性研究

橫斷面研究　　事前事後比較　　縱貫面研究

二者結合

縱橫面 (Panel) 研究

圖 4-12 研究設計類型

二、追蹤資料之優缺點

過去研究多考量橫斷面的樣本或時間面的樣本，多考量單一面向，並未考量樣本與樣本間同時期與跨時期影響效果。追蹤資料 (縱橫資料) 分析法同時考慮橫斷面 (不同個體) 與縱斷面 (時間面) 資料，再依最適模型之配適、估計方法與檢定方法後，再進行分析，以確保找到真正影響之因素。

Hill、Guay 與 Lim(2008) 認為追蹤資料有三大優點可解決長期的時間序列動態分析，又可處理大量的數據且可以保留原有的特質，較不易有變異之異質性 (heterogeneity) 發生。

使用追蹤資料分析有下列優點，分述如下：

1. 可以控制個體差異性，反映橫斷面的個體特性差異。

2. 追蹤資料的樣本數較多，故可以透過增加自由度來減低變數間之共線性問題，能提升估計值之效果。

3. 能同時具有橫斷面所代表之個體差異與時間序列面所代表之動態性的兩項功能，故較能更有效的反映動態調節過程，諸如經濟政策變化量 (Δx_t) 對股市變化量 (Δy_t) 的影響等問題。例如 CD 片中，「fatality.ppt 及 fatality.do 檔」，純橫斷面分別分析美國 1982 年 1988 年，可得「啤酒稅增加，交通造成死亡人數亦增加」這種不合理現象；但用 panel 固定效果模型，即可得「啤酒稅增加，交通造成死亡人數會減少」的合理現象。

4. 可以控制橫斷面、時間序列模型觀察不到的因子，減少估計偏誤。

5. 相對於橫斷面和時間序列，panel 可以建構和檢定更複雜的模型和假設。

6. 以計量模型誤差項的可能來源區分，如特定個體之誤差 (individual-specific error term)、特定時間之誤差項 (time-specific error term) 與隨機誤差項 (random error term)，此可減少估計偏誤，以提升結果準確性。

7. 縱橫資料迴歸模型乃綜合時間序列與橫斷面二者進行分析之組成模型，因此在資料型態上除具有豐富性和多變性之特性外，尚有自由度高、效率性佳的優點，更可控制橫斷面資料上之異質性與時間序列上之自我相關性的問題。另外，對於一些較複雜或屬於個體層次的資料，亦可利用組成模型來建構樣本資料，並進行動態調整分析，以獲取最佳的研究結果。

易言之，追蹤資料分析的功用為：

1. 控制個體行為之差異

   追蹤資料資料庫顯示個體 (包括個人、企業、組織、地區或國家) 之間存在差異，而單獨的時間序列和橫斷面並不能有效反映這種差異。如果只是簡單使用時間序列和橫斷面分析結果，就可能會有偏頗。此外，追蹤資料分析能夠控制在時間序列和橫斷面研究中不能控制的涉及地區和時間為常數的情況。也就是說，當個體在時間或地區分布中存在著非時變的變數 (例如受教育程度、電視廣告等) 時，如果在模型中不考慮這些變數，有可能會得到有偏頗結果。追蹤資料分析能夠控制時間或地區分布中的恆變數，而普通時間序列和橫斷面研究中則不能做到。

2. 追蹤資料能夠提供更多資訊、更多變化性、更少共線性、更多自由度和更高效率。反觀時間序列經常受多重共線性的困擾。

3. 追蹤資料能夠更好地研究動態調節，從橫斷面分布看上去相對穩定但卻隱藏了許多變化，追蹤資料由於包含較長時間，能夠弄清，諸如經濟政策變化對失業狀況的影響等問題。

4. 追蹤資料能更好地識別和度量純時間序列和純橫斷面資料所不能發現的影響因素。

5. 相對於純橫斷面和純時間序列資料而言，追蹤資料能夠構造和檢定更複雜的行為模型。

6. 通常，追蹤資料可以收集到更準確的微觀單位 (個人、企業、家庭) 情況。由此得到的總體資料可以消去測量誤差的影響。

三、Panel 資料型態及其模型分類

1. 實證上資料類型可分為三類，分別是時間序列 (time series)、橫斷面 (cross section)，與追蹤資料類型三種。

2. 時間序列的資料是樣本的觀察期間，是以時間點的不同來作區隔的。

   例如，一段期間 (如 1990~2000 年) 的大盤指數日資料。

3. 若資料不是以時間點來作區隔，則可稱之為橫斷面資料。一般橫斷面資料比較是指一固定時點的不同觀察值。例如，上個月不同縣市的失業率。

4. panel 資料則同時包含了二種資料特性。例如，過去一年每個縣市的每月失業率就同時包含了時間與橫斷面的特性。不過，一般而言，panel 資料是指「大」的橫斷面與「短 (short)」的時間序列。

(1) 短 panel：$T < \infty$，$N \to \infty$。

(2) 長 (long) panel：$T \to \infty$，$N < \infty$。

5. 「小」的橫斷面與「長」的時間序列之資料型態，則一般只是稱爲混合資料 (pooled data)。在分析上，主要以所謂「系統模型」來處理。

6. 而 panel 資料則會以所謂的「panel 資料模型 [追蹤資料 (panel-data) models]」來分析。

四、panel 資料檔之格式

就自變數 (independent variables) 的個數，迴歸模型可分：

1. 簡單迴歸模型 (simple regression model)：即僅一個解釋變數。如下例如

$$y_t = \beta_1 + \beta_2 x_t + \varepsilon_t$$

2. 複迴歸模型 (multiple regression)：亦即解釋變數數目超過一個以上。追蹤資料的基本模型爲：

$$Y_{it} = \alpha_i + \beta_1 X_{1it} + \beta_2 X_{2it} + \cdots + \beta_k X_{kit} + \varepsilon_{it}$$

$$Y_{it} = \alpha + \sum_{k=1}^{K} \beta_k X_{kit} + \varepsilon_{it}$$

其中，個體數 i = 1, 2, ⋯, N，它代表同一時期不同 Individual/ Entity。時段 t = 1, 2, ⋯, T，它爲研究之期間。

$$Y_{T \times 1} = \begin{bmatrix} y_{i1} \\ y_{i2} \\ \vdots \\ y_{iT} \end{bmatrix},\ \varepsilon_{T \times 1} = \begin{bmatrix} e_{i1} \\ e_{i2} \\ \vdots \\ e_{iT} \end{bmatrix},\ X_{T \times K} = \begin{bmatrix} x'_{i1} \\ x'_{i2} \\ \vdots \\ x'_{iT} \end{bmatrix}$$

其中

(1) 依變數矩陣 Y_{it}：第 i 個體 (individual, entity) 在時間點 t 之反應變數。

(2) 向量 α_i：截距項，爲固定常數。

(3) (K×1) 向量 $\beta = (\beta_1, \beta_2, \cdots, \beta_K)'$：所有解釋變數之參數，爲固定係數向量。

(4) 解釋變數 (regressors) 矩陣 X_{it}：第 i 個體在時間點 t 之解釋變數。k = 1, 2, …, K 表示有 K 個解釋變量。

(5) 向量 ε_{it}：第 i 個體在時間點 t 之隨機誤差項。

(6) X_{kit}：為第 i 個 Individual/ Entity 於第 t 期第 k 個解釋變數的值，

(7) ε_{it}：為殘差項，$E(\varepsilon_{it})=0$，$E(\varepsilon_{it}, \varepsilon_{it}) = \sigma^2$，$\varepsilon_{it}$ 符合 iid $N(0, \sigma^2)$ 分配。

panel 資料檔之格式如下表：

依變數	解釋 (explanatory) 變數	隨機誤差
$y_{1,1}$	$X_{1,1}$	$e_{1,1}$
:	:	:
$y_{1,T}$	$X_{1,T}$	$e_{1,T}$
$y_{2,1}$	$X_{2,1}$	$e_{2,1}$
:	:	:
$y_{2,T}$	$X_{2,T}$	$e_{2,T}$
$y_{N,1}$	$X_{N,1}$	$e_{N,1}$
:	:	:
$y_{N,T}$	$X_{N,T}$	$e_{N,T}$

上式，假設我們「將每個個體堆疊成一個資料檔 (stacking the entire data set by individuals)」，它亦可用矩陣形式來表示：

$$y_{NT \times 1} = \begin{bmatrix} y_1 \\ y_2 \\ \vdots \\ y_N \end{bmatrix}, \; \varepsilon_{NT \times 1} = \begin{bmatrix} e_1 \\ e_2 \\ \vdots \\ e_N \end{bmatrix}, \; X_{NT \times K} = \begin{bmatrix} X_1 \\ X_2 \\ \vdots \\ X_N \end{bmatrix}, \; 並定義 \; \alpha_{N \times 1} = \begin{bmatrix} \alpha_1 \\ \alpha_2 \\ \vdots \\ \alpha_N \end{bmatrix}。$$

方程式亦可改寫成矩陣形式：

$$y = X\beta + D\alpha + \varepsilon$$

其中，$\underset{NT \times N}{D} = I_N \otimes V_T$。

在 panel 模型中，個體截距項 α_i 代表「所有未可觀測之解釋變數的效果」，簡稱「特定個體 i(individual-specific)」效果。

五、線性追蹤資料模型

追蹤資料的內容十分豐富，這裡以 Matyas 和 Sevestre(1996) 再版的書爲框架，主要從研究這種時空資料的模型角度，簡單回顧一下研究追蹤資料方法的發展：

線性 panel 模型的分類

基本線性 panel 模型

· Pooled model (or population-averaged)

$$\text{混合資料模型（樣本平均）} \quad y_{it} = \alpha + X'_{it}\beta + u_{it}. \tag{1}$$

· Two-way effects model allows intercept to vary over i and t

$$\text{雙因子效果模型} \quad y_{it} = \alpha_i + \gamma t + X'_{it}\beta + \varepsilon_{it}. \tag{2}$$

· Individual-specific effects model

$$\text{特定個體效果模型} \quad y_{it} = \alpha_i + X'_{it}\beta + \varepsilon_{it}. \tag{3}$$

其中 α_i 可能是固定效果或隨機效果

· Mixed model or random coefficients model: allows slopes to vary over i

$$\text{混合／隨機係數模型} \quad y_{it} = \alpha_i + X'_{it}\beta_i + \varepsilon_{it}. \tag{4}$$

1. 單變數模型

(1) 固定效果和固定係數模型 (fixed effect models and fixed coefficient models)：

$$\text{固定效果：} y_{it} = \underbrace{\alpha_i}_{\substack{\text{它與解釋變數}x_{it}\text{有相關}}} + \underbrace{X'_{it}}_{\substack{\text{它亦可為內生解釋變數}}} \beta + \underbrace{\varepsilon_{it}}_{\substack{\text{殘差項}\sim N(0,\sigma^2)}}$$

Stata 以 F 檢定來判定採用混合資料 OLS 或「xtreg⋯, fe」固定效果來估計。固定效果包括時間效果以及「時間和個體之二因子」效果。倘若你進一步放寬 panel 條件，允許誤差有異質變異、自我相關性等情況，則可改用「xtgls⋯, panels(iid) corr(independent)」來估計。

(2) 隨機效果，又稱誤差成分模型 (Error Components Models)：

$$隨機效果：y_{it} = \underset{\text{純隨機}\sim N(0,\sigma_\alpha^2)，\text{它與解釋變數}x_{it}\text{無相關}}{\alpha} + \underset{\text{外生解釋變數}}{X'_{it}}\beta + \underset{\text{個體間誤差}}{u_{it}} + \underset{\text{個體內誤差}}{\varepsilon_{it}}$$

除 OLS 迴歸、GLS 迴歸模型外，Stata 亦針對不同樣本特徵分別提供組內估計 (within estimator) 或「xtreg⋯,re」隨機效果等估計法，甚至你若考慮誤差成分中的個體效果、或個體和時間效果，亦可用「xtgls⋯, panels(hetero) corr(ar1)」指令，將誤差自我相關和異質變異一併納入迴歸分析。

例如，Stata 以「xtreg⋯,re」指令先執行隨機效果，再以 xttest0 事後指令之 Lagrange 乘數 (multiplier) 檢定，來偵測「隨機效果 vs. OLS」模型，何者較適合？

(3) 隨機係數模型 (Random Coefficient Models)：

$$y_{it} = \alpha_i + X'_{it} \underset{\text{每一個體}i\text{的斜率都不相同}}{\beta_i} + \underset{\text{殘差項}\sim N(0,\sigma^2)}{u_{it}}$$

請見「Panel-data 迴歸型」一書第「5-7」章節 xtrc 指令，係隨機效果 (random coefficients regression by GLS) 模型。

若模型解釋變數 (regressors) 的係數包含時間效果或個體效果，再加上一個亂數，係數通常用抽樣方法或者 Bayesian 方法來估計。

(4) 帶有隨機解釋變數 (with random regressors) 的線性模型：

請見「Panel-data 迴歸型」一書第 6 章 xtivreg(工具變數兩階段最小平方法 panel-data 模型) 及 ivregress(單一方程式工具變數迴歸)、外掛指令 xtcsd(追蹤資料模型之橫斷面相依性)、第「8-5-2」章節 xtmixed(多層次混合之線性迴歸)、xtrc(隨機係數模型)。有關 xtrc 指令之範例，請見第 5、8 章的介紹。

(5) 動態線性模型 (dynamic linear models)：

請見「Panel-data 迴歸型」一書第 9 章 xtdpd、xtdpdsys 指令來執行動態

panel 模型。

該模型同樣又包含固定效果自迴歸模型 (通常用 LSDV 估計、Within 估計、IV 估計法估計參數)、動態誤差成分模型 (λ- 類估計、IV 估計、GMM 估計和最大概似估計等方法估計參數)，以及帶有異質性的動態線性模型 (聯立估計、組均值估計和橫斷面估計等方法估計參數，並檢定異質性)，成為近來追蹤資料單根 (unit root) 和共整合 (cointegration) 理論發展的基礎。

4-4-2 追蹤資料存活分析 [xtstreg, shared (panel 變數) 指令]

脆弱性模型

所謂「脆弱性模型 (shared-frailty model)」，如同「隨機效果」線性迴歸一樣，其誤差 ε 與解釋變數 X_i 的相關是非固定的，即本節範例中，每個洗腎機都「隨機」記錄每一個腎病患二筆「非同質」就醫記錄。這二筆資料內具有有相關 (非同質) 的特性。在 Cox 模型中，假設有群組 $i = 1, 2, \cdots, n$；每個群組 i 都有 j 個人，$j = 1, 2, \cdots, n_i$。故群組 i 的第 j 個受試者，其危險 (hazard) 為：

$$h_{ij}(t) = h_0(t)\alpha_i \exp(x_{ij}\beta)$$

其中，α_i 是群組層的脆弱性 (group-level frailty)。脆弱性是不可觀察之正數，並假設其平均數為 1、變異數為 θ。Stata 係用「stcox, shared(脆弱變數)」指令來界定脆弱模型，請見「2-6-1 脆弱性 Cox 模型「stcox, shared(脆弱變數)」範例。

「脆弱性模型」也是「組內相關 (within-group correlation)」模型之一。當 $\theta = 0$（同質性），脆弱性模型即退化成標準的 Cox 模型。

令對數脆弱性 $v_i = \log\alpha_i$，則 hazard 可改為：

$$h_{ij}(t) = h_0(t)\exp(x_{ij}\beta + v_i)$$

這裡，對數脆弱性 (log frailties)v_i，很像標準線性模型裡的隨機效果。

範例：追蹤資料，每個洗腎病人都有二筆記錄是否被感染？

(一) 問題說明

　　本例旨在分析 38 名腎臟透析病人 (kidney dialysis patients)，接受導管插入期間 (catheter insertions) 之感染復發時間 (recurrence times)。故分析對象是「導管插入」，而不是病人本身。

　　本例分析對象為洗腎機，洗腎風險開始點是在導管插入時，而不是患者進入該研究入院時。故每個 panel(病人重複記錄 2 筆資料) 都有二筆受試者 (導管插入) 的數據。因此，每一次導管插入結果有二種情況：有感染 (infect==1) 或無感染 (right-censoring) (infect==0)。

　　本例追蹤資料之存活分析有二種解法：

1. 具有 inverse-Gaussian shared frailty 之韋伯模型

2. 追蹤資料存活模型：請見以下分析。

　　此外，作者「panel-dada 迴歸模型」一書，有更多範例來介紹 panel 迴歸分析。

　　本例旨在了解接受暴露 (e.g. 導管插入) 是否會提升腎臟透析病人之感染 (infect) 發生率？(分析對象：導管插入)

　　研究者收集數據並整理成下表，此「catheter.dta」資料檔內容之變數如下：

變數名稱	說明	編碼 Codes/Values
連續變數：patient	疾病人數。	1~38 個病人
類別變數：infect	暴露否 (e.g. 是否有感染嗎)。	0, 1(censored data)
時間變數：time	洗腎時導管插入期間多久才被感染？	存活時間

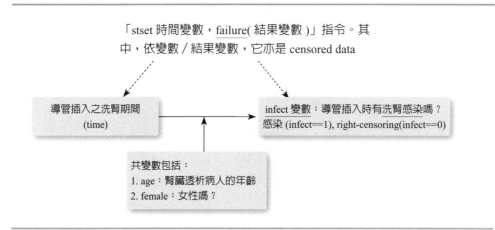

「stset 時間變數，<u>failure</u>(結果變數)」指令。其中，依變數 / 結果變數，它亦是 censored data

導管插入之洗腎期間 (time)

infect 變數：導管插入時有洗腎感染嗎？感染 (infect==1), right-censoring(infect==0)

共變數包括：
1. age：腎臟透析病人的年齡
2. female：女性嗎？

圖 4-13 「導管插入」對腎臟透析病人之感染復發的 panel 存活分析之研究架構

(二) 資料檔之內容

觀察資料之特徵

```
* 開啟 Stata 網站之資料檔
. webuse catheter


. sum age female

    Variable |      Obs        Mean    Std. Dev.      Min        Max
-------------+--------------------------------------------------------
         age |       76    43.69737    14.73795       10         69
      female |       76    .7368421    .4432733        0          1
     patient |       76        19.5    11.03872        1         38

. list patient time infect age female in 1/10


     +-----------------------------------------+
     | patient   time   infect    age   female |
     |-----------------------------------------|
  1. |       1     16        1     28        0 |
  2. |       1      8        1     28        0 |
  3. |       2     13        0     48        1 |
  4. |       2     23        1     48        1 |
```

```
  5. |         3         22         1         32         0 |
     |----------------------------------------------------|
  6. |         3         28         1         32         0 |
  7. |         4        318         1       31.5         1 |
  8. |         4        447         1       31.5         1 |
  9. |         5         30         1         10         0 |
 10. |         5         12         1         10         0 |
     +----------------------------------------------------+
```

「catheter.dta」資料檔內容如下圖。

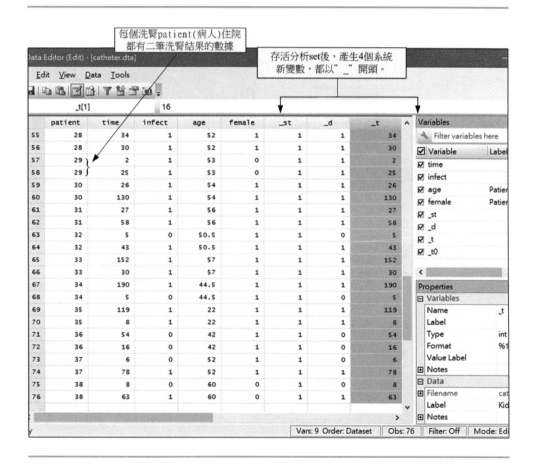

圖 4-14 「catheter.dta」資料檔內容 (N=38 人，每個 patient 都記錄二筆資料)

(三) 分析結果與討論

方法一對照組作法：具有 **inverse-Gaussian shared frailty** 之韋伯模型

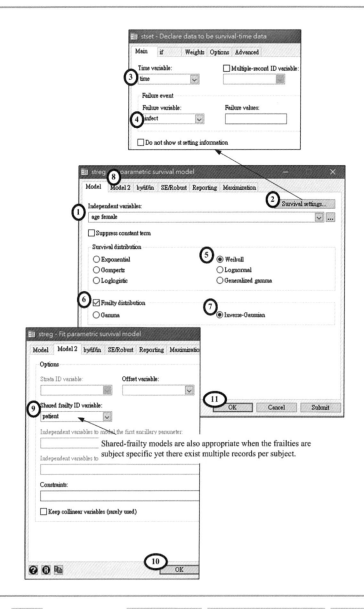

圖 4-15 「streg age female, dist(weibull) frailty(invgaussian) shared(patient) nolog」畫面

注：Statistics > Survival analysis > Regression models > Parametric survival models。

```
* 開啟 Stata 網站之資料檔
. webuse catheter

. streg age female, dist(weibull) frailty(invgaussian) shared(patient) nolog

        failure _d:  infect
   analysis time _t:  time


Weibull regression --
            log relative-hazard form        Number of obs     =        76
            Inverse-Gaussian shared frailty  Number of groups  =        38
Group variable: patient


No. of subjects =          76              Obs per group: min =         2
No. of failures =          58                           avg =         2
Time at risk    =        7424                           max =         2


                                           LR chi2(2)        =      9.84
Log likelihood =   -99.093527              Prob > chi2       =    0.0073


------------------------------------------------------------------------------
        _t |  Haz. Ratio   Std. Err.      z    P>|z|     [95% Conf. Interval]
-----------+------------------------------------------------------------------
       age |   1.006918     .013574     0.51   0.609     .9806623    1.033878
    female |   .2331376    .1046382    -3.24   0.001     .0967322    .5618928
     _cons |   .0110089    .0099266    -5.00   0.000     .0018803    .0644557
-----------+------------------------------------------------------------------
     /ln_p |   .1900625    .1315342     1.44   0.148    -.0677398    .4478649
   /ln_the |   .0357272    .7745362     0.05   0.963    -1.482336     1.55379
-----------+------------------------------------------------------------------
         p |   1.209325    .1590676                      .9345036    1.564967
       1/p |   .8269074    .1087666                       .638991    1.070087
     theta |   1.036373    .8027085                      .2271066    4.729362
------------------------------------------------------------------------------
Likelihood-ratio test of theta=0: chibar2(01) =     8.70 Prob>=chibar2 = 0.002
```

1. 本例 female 之 HR = 0.23，表示女性比男性有 77% 的存活。

2. 求得脆弱性的變異數 $\hat{\theta}$ = 1.036、$\hat{\theta}$ 標準誤 = 0.802。

3. likelihood-ratio 虛無假設「$H_0 : \theta = 0$」；或「$H_0 : $ 模型無脆弱性」，卡方檢

定結果求得 $\overline{\chi}^2_{01} = 8.70$ (p < 0.05)，故應拒絕「$H_0 : \theta = 0$」，即本例應接受存活模型具有顯著脆弱性。表示我們不能忽視病人內的相關 (meaning that the correlation within patient cannot be ignored)，而應重視洗腎機所「記錄每個病人有二筆數據之間」係有相關的 (異質的)。

4. 本例若改用「Weibull and lognormal shared-frailty models」，亦可發現：韋伯分布模型就應搭配脆弱模型，但對數常態模型則不必搭配脆弱模型 (Weibull and lognormal shared-frailty models. For Weibull, there was significant frailty; for lognormal, there was not)。

5. 此時，「在某個時間點之下給定 X 值的 event 風險比」，取自然對數函數 ln(x) 後，得：

$$\ln[HR(x)] = \ln\left(\frac{h(t \mid x)}{h_0(t)}\right) = \beta_1 x_1 + \beta_2 x_2 + \cdots + \beta_p x_p$$

其中，

$h_0(t)$：在第 t 個時間點時，當所有預測變數 (predictors) 為 0 時之基線危險 (baseline hazard，無研究意義)。

$h(t|x)$：在第 t 個時間點時，給定 x 值時的危險 (hazard)。

$\ln\left(\dfrac{h(t \mid x)}{h_0(t)}\right)$：「在某個時間點之下，當所有 predictors 為 0 時的危險比」。

上式，e^β (或 exp(β)) 稱做 risk ratio 或 hazard ratio(RR)。一般在解讀 Cox 迴歸分析之報表時，係以解釋 RR 或 HR 為主。

6. 本例，觀察「導管插入」對腎臟透析病人之感染復發的 panel 存活分析，因此配適的 Cox PH 模式為 h(t) = h_0(t)exp($\beta_1 \times$ age + $\beta_2 \times$ female)。由於 ln(x) 的反函數為 exp(x)。故 ln(x) 值代入 exp(x) 後即為 1。

本例 Stata 求得危險比：age 的 Hazard ratio = 1.0069 (z = 0.51，p = 0.609 > 0.05)，顯示：年齡不會影響腎臟透析病人的感染風險。

相對地，female 的 Hazard ratio = 0.233 (z = -3.24，p < 0.05)，顯示：女性病患 (female = 1) 的洗腎者比男性有較低的洗腎感染風險，她的危險比只是男病患 (female = 0) 組別的 0.233 倍 (exp(coef) = 0.233，或是將 β_2 取 exp，亦可求得 risk ratio 值為 exp(β_2) = exp(-1.456) = $e^{-1.456}$ = 0.233。

7. 「. streg age female, d(weibull) frailty(invgauss) shared(patient) nohr」指令，求得迴歸係數 β_1、β_2：

接著再檢驗本檢定虛無假設 H_0：$\beta_1 = 0$ 的結果。本例求得 age 的 $\beta_1 = 0.00689$ (p = 0.609 > 0.05)，故應接受 $\beta_1 = 0$ 的虛無假設；female 的 $\beta_1 = -1.456$ 故應拒絕 $\beta_2 = 0$ 的虛無假設，表示本例可適配下列式子：

$$\ln[HR(x)] = \ln\left(\frac{h(t \mid x)}{h_0(t)}\right) = \beta_1 x_1 + \beta_2 x_2 + \cdots + \beta_p x_p$$

8. 整體模型適配度的概似比 (LR)，旨在比較二個敵對模型的 Log likelihood 值，LR 值愈大，代表模型愈佳。本例，韋伯存活模型 Log likelihood 為 -99.09 。

Step 2 方法二 **panel 存活模型**：每一 **patient** 層，係具有常態分布之隨機效果韋伯分布 **(fit a random-effects Weibull model with normally distributed random effects at the patient level).**

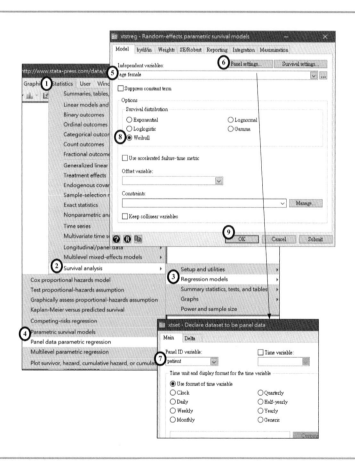

圖 4-16 「xtstreg age female, distribution(weibull)」畫面

注：Statistics > Longitudinal/panel data > Parametric survival regression。

```
* 開啟 Stata 網站之資料檔
. webuse catheter
. xtset patient

* Random-effects Weibull survival model
. xtstreg age female, distribution(weibull)


        failure _d:  infect
   analysis time _t:  time


Random-effects Weibull regression          Number of obs    =        76
Group variable:          patient            Number of groups =        38

                                            Obs per group:
                                                        min =         2
                                                        avg =       2.0
                                                        max =         2

Integration method: mvaghermite             Integration pts. =        12

                                            Wald chi2(2)     =     10.17
Log likelihood = -98.74355                  Prob > chi2      =    0.0062

------------------------------------------------------------------------------
         _t | Haz. Ratio   Std. Err.      z    P>|z|     [95% Conf. Interval]
------------+-----------------------------------------------------------------
        age |   1.007329   .0137828     0.53   0.594     .9806742    1.034708
     female |   .1910581   .0999004    -3.17   0.002     .0685629    .5324042
      _cons |   .0073346   .0072307    -4.99   0.000     .0010623    .0506427
------------+-----------------------------------------------------------------
      /ln_p |   .222825    .1386296     1.61   0.108    -.0488841     .494534
------------+-----------------------------------------------------------------
   /sigma2_u |  .8234584   .4812598                      .2619194    2.588902
------------------------------------------------------------------------------
LR test vs. Weibull model : chibar2(01) = 9.40      Prob >= chibar2 = 0.0011


*------------------------------------------------------------------------
* Replay results, but display coefficients rather than hazard ratios
. xtstreg, nohr
```

```
Random-effects Weibull regression          Number of obs      =        76
Group variable:          patient           Number of groups   =        38

                                           Obs per group:
                                                        min =         2
                                                        avg =       2.0
                                                        max =         2

Integration method: mvaghermite            Integration pts.   =        12

                                           Wald chi2(2)       =     10.17
Log likelihood =  -98.74355                Prob > chi2        =    0.0062
-------------------------------------------------------------------------------
         _t |     Coef.   Std. Err.      z    P>|z|    [95% Conf. Interval]
------------+------------------------------------------------------------------
        age |   .0073022   .0136825     0.53   0.594    -.019515    .0341194
     female |  -1.655178   .5228797    -3.17   0.002   -2.680003   -.6303523
      _cons |  -4.915148   .9858287    -4.99   0.000   -6.847337    -2.98296
------------+------------------------------------------------------------------
     /ln_p  |    .222825   .1386296     1.61   0.108   -.0488841    .494534
------------+------------------------------------------------------------------
  /sigma2_u |   .8234584   .4812598                     .2619194    2.588902
-------------------------------------------------------------------------------
LR test vs. Weibull model: chibar2(01) = 9.40          Prob >= chibar2 = 0.0011
```

1. 檢定虛無假設 $H_0：\beta_1 = 0$ 的結果。本例求得 age 的 $\beta_1 = 0.0073$ (p = 0.594 > 0.05)，故應接受 $\beta_1 = 0$ 的虛無假設，故年齡不會影響腎臟透析病人的感染風險。

2. female 的 $\beta_2 = $ -1.655 故應拒絕 $\beta_2 = 0$ 的虛無假設，顯示女性病患 (female=1) 的洗腎者比男性有較低的洗腎感染風險，她的危險比只是男病患 (female =0) 組別的 0.233 倍 (exp(coef) = $e^{-1.655}$ = 0.233)

3. 本例可適配下列式子：

$$\log_e[HR(x)] = \log_e\left(\frac{h(t\,|\,x)}{h_0(t)}\right) = \beta_1 x_1 + \beta_2 x_2 + \cdots + \beta_p x_p$$

4. 整體模型適配度的概似比 (LR)，旨在比較二個敵對模型的 Log likelihood 值，

LR 值愈大，代表模型愈佳。本例前一次分析，韋伯存活模型 $\boxed{\text{Log likelihood}}$ 為 -99.09。這一次分析，Panel 存活模型 $\boxed{\text{Log likelihood}}$ 為 $\boxed{-98.74}$，評比結果 Panel 存活模型優於韋伯存活模型。

5. xtstreg 所適配 PH 模型，其危險函數之共變數有相乘效果 (the covariates have a multiplicative effect on the hazard function)，其公式為：

$$h(t_{ij}) = h_0(t_{ij})\exp(x_{ij}\beta + v_i)$$

其中，$h_0(t)$ 為基準危險函數。

4-5 多層次 (multilevel) 參數存活模型 (mestreg 指令)

4-5-1 多層次存活模型

一、階層 (hierarchical) 線性模型的抽樣

由於個體受到次文化的影響 (文化鑲嵌)，不同層次 (e.g. 地區文化) 就會潛移默化影響受訪者的認知。故你可用階層線性模型的抽樣法，來控制「層次 (multi level)」此干擾變數，進而可省去「需統計法再控制它」的麻煩。常見的層次，就是「個體∈家庭∈學校∈社會」。

Multilevel modeling 旨在分析樣本中不同群組 (groups) 的隨機效果 (random effects)，不同群組的評分者亦稱不同 levels。例如，要研究「學生偏差行為」，你可分層次來調查：(1) 學生問卷的自評。(2) 父母的看法。(3) 醫生診斷的意見。這種三角驗證法，即可平衡受訪者的主觀偏見 / 偏誤。這種主觀互驗調查法可平衡機構的不可測量效果。因為有些學校「學生偏差行為」比別校更好，但有些學校則更糟糕。相同地，在醫院臨床診斷方面，這些不可測效果 (unmeasured effects) 亦可用潛在變數來參數化，因為不可測效果在機構內是固定值，但在跨機構之間是變動的。

二、多層次模型的分析法

1. Regression 法：HLM、多層次參數存活模型

(1) 以多元迴歸分析為基礎。

(2) 變數為顯性變數。

(3) 重視干擾效果 (moderated effect)。

2. 潛在變數法 (SEM 法)，詳見作者「Stata 在結構方程模型及試題反應理論的應用」一書。

(1) 以因素分析為基礎。

(2) 變數為潛在變數。

(3) 重視構念的定義與變異數萃取。

例如，考慮「學生鑲套在學校內 (students are nested within school)」，一併探討潛在變數 school 層次之「學校與學校之間的效果 (school-by-school effects)」。

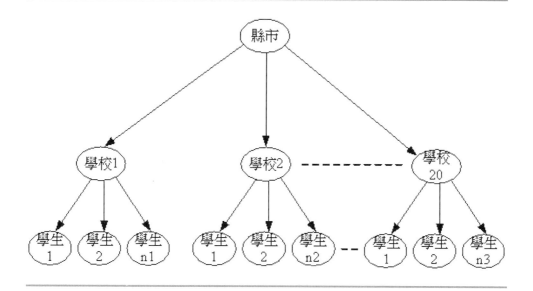

圖 4-17 不同層次 (階層) 的資料 [學生鑲套在學校內 (students are nested within school)]

三、Stata 多層次存活模型的功能

1. 隨機截距及隨機係數 (random intercepts and random coefficients)。

2. 二層、三層、四層存活模型 (two-, three-, and higher-level models)。

3. 交叉隨機效果 (crossed random effects)。

4. 右設限 (right-censoring)。

5. 每一受試者可單筆、多筆記錄 (single- and multiple-record data)。

6. 參數存活模型可搭配 Exponential、對數邏輯斯、韋伯、對數常態、及伽瑪分布 (distributions)。

8. 支援複雜之調查資料 (分層，篩選條件、加權)(Support for complex survey data)。

9. 可繪邊際存活曲線 (Graphs of marginal survivor)。

10. 累積危險、危險函數 (cumulative hazard, and hazard functions)。

四、SEM 存活模型 (structural equation models with survival outcomes)

1. 存活模型結果之潛在變數預測 (latent predictors of survival outcomes)。

2. 路徑模型、成長曲線模型……(path models, growth curve models, and more)。

3. 廣義線性結構模型，搭配韋伯、exponential、對數常態、對數邏輯或伽瑪分布。

4. 帶其他結果之存活依變數 (survival outcomes with other outcomes)。

5. 樣本可加權、調查法存活分析 (sampling weights and survey data)。

6. 邊際預測 (marginal predictions and marginal means)。

有關 SEM 介紹，請看作者 SEM 一書。

4-5-2 多層次參數存活模型 (mestreg… || 分層變數)

範例：病人年齡及性別都會影響洗腎感染 (infect) 危險率嗎，mestreg 指令

(一) 問題說明

為了解接受暴露 (e.g. 洗腎期間) 及二個共變數 (age,female)，都會影響洗腎感染 (infect) 危險率嗎？(時間單位：月)

研究者收集數據並整理成下表，此「catheter.dta」資料檔內容之變數如下：

變數名稱	說明	編碼 Codes/Values
分層變數：patient	平衡外部變數。	1 ~38 病人
類別依變數：infect	洗腎感染嗎？	0,1 (binary data)
連續變數：age	病人年齡。	10 ~69 歲
類別變數：female	女性嗎？	0,1 (binary data)
時間變數：time	洗腎期間。	2 ~562 月

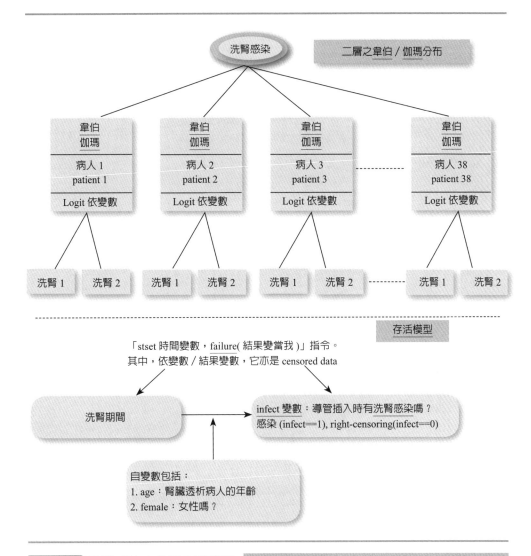

圖 4-18 洗腎感染之分層存活模型 [每個病人 (patient) 都有二次洗腎的記錄是否感染]

(二) 資料檔之內容

觀察資料之特徵

```
* 開啟 Stata 網站之資料檔
. webuse catheter
```

```
. summarize time infect age female

    Variable |       Obs        Mean    Std. Dev.       Min        Max
-------------+--------------------------------------------------------
        time |        76    97.68421    128.3424          2        562
      infect |        76    .7631579    .4279695          0          1
         age |        76    43.69737    14.73795         10         69
      female |        76    .7368421    .4432733          0          1

. list time infect age female patient in 1/10

     +----------------------------------------+
     | time    infect     age    female    patient |
     |----------------------------------------|
  1. |   16         1      28         0          1 |
  2. |    8         1      28         0          1 |
  3. |   13         0      48         1          2 |
  4. |   23         1      48         1          2 |
  5. |   22         1      32         0          3 |
     |----------------------------------------|
  6. |   28         1      32         0          3 |
  7. |  318         1    31.5         1          4 |
  8. |  447         1    31.5         1          4 |
  9. |   30         1      10         0          5 |
 10. |   12         1      10         0          5 |
     +----------------------------------------+
```

「catheter.dta」資料檔內容如下圖。

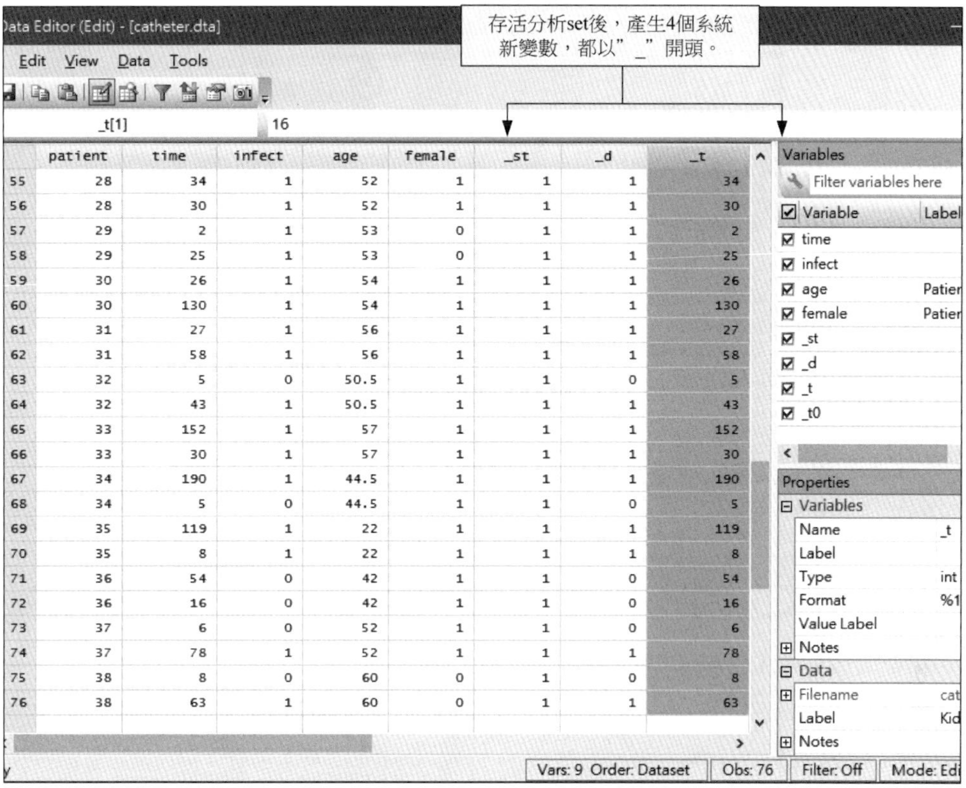

存活分析set後，產生4個系統
新變數，都以" _ "開頭。

圖 4-19 「catheter.dta」資料檔內容 (N=38 人，每 patient 二筆資料)

(三) 分析結果與討論

Step 1 方法一：二層隨機截距 (two-level random-intercept) 韋伯存活模型

為增加內部效度，故每個病人都有二次洗腎的記錄是否感染。

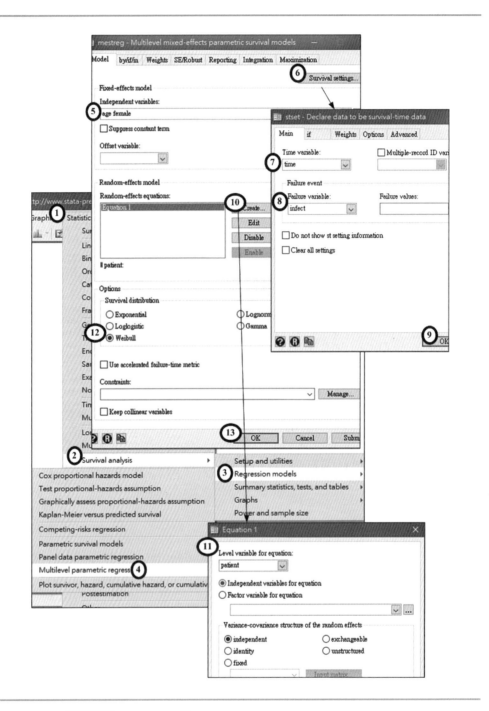

圖 4-20 「mestreg age female ‖ patient：, distribution(weibull)」畫面

注：Statistics > Multilevel mixed-effects models > Parametric survival regression。

```
* 開啟 Stata 網站之資料檔
. webuse catheter

* Two-level random-intercept Weibull survival model, analogous to xtstreg
. mestreg age female || patient:, distribution(weibull)

        failure _d:  infect
   analysis time _t:  time
```

```
Mixed-effects Weibull regression          Number of obs      =        76
Group variable:          patient          Number of groups   =        38

                                          Obs per group:
                                                        min =         2
                                                        avg =       2.0
                                                        max =         2

Integration method: mvaghermite           Integration pts.   =         7

                                          Wald chi2(2)       =     10.12
Log likelihood = -98.742496               Prob > chi2        =    0.0063
-------------------------------------------------------------------------
         _t │ Haz. Ratio   Std. Err.      z    P>|z|    [95% Conf. Interval]
------------+------------------------------------------------------------
        age │   1.007348    .013788     0.53   0.593    .9806827   1.034737
     female │   .1904719   .0999918    -3.16   0.002    .0680733   .5329482
      _cons │   .0072901   .0072274    -4.96   0.000    .0010444   .0508879
------------+------------------------------------------------------------
      /ln_p │   .2243249   .1402794     1.60   0.110   -.0506177   .4992675
------------+------------------------------------------------------------
patient     │
  var(_cons)│   .8308563   .4978461               .2567373   2.688827
-------------------------------------------------------------------------
LR test vs. Weibull model: chibar2(01) = 9.40      Prob >= chibar2 = 0.0011
```

1. 本例 female 之 HR=0.19，表示洗腎女性比男性更具 81% 的存活率。

2. 整體模型適配度的概似比 (LR)，旨在比較二個敵對模型的 Log likelihood 值，

LR 值愈大，代表模型愈佳。本例，混合效果多層次韋伯模型 Log likelihood 為 -98.74 。

3.「Haz. Ratio」欄中，當參數 p>1 時，表示結果變數係隨時間增加而顯著增加其危險率。本例參數 p = exp(ln_p) = $e^{0.224}$ = $2.718^{0.224}$ = 1.251，故暴露 100 小時，結果變數 (洗腎感染) 的失效 (fail) 的比率，是暴露 10 小時的 1.782 倍。因爲 $\dfrac{100^{p-1}}{10} = \dfrac{100^{1.251-1}}{10} \approx 1.782$。因此像本例，若參數 p 值愈大，你就愈要考慮納入「加速失敗時間 (accelerated failure time)」。

4. 若違反 Cox 迴歸假定：「隨時間變化，處理組與控制組之間風險比 (risk ratio、the ratio of event rates) 爲一常數」時，存活模型有外加二個處理方法：

Method 1 ：納入脆弱模型

當收集的資料爲長期追蹤之臨床數據，治療效果通常隨時間降低，此時很容易違反風險爲「固定」比例的假定此時韋伯 / 指數等 6 種分布就可搭配脆弱模型 (frailty model) 來配適此類的臨床數據。即存活資料模型中，若滲有隨機因素時，Cox 模型就須改用 streg 指令來納入脆弱模型。

Method 2 ：納入 accelerated failure time(AFT)

以圖 3-47「乳癌患者併發 TEEs 對存活影響」來說，Allison(2004) 發現 Kaplan-Meier method, Log-minus-log 及 like tim-interaction test 等檢定，當遇時變 (time-varying) 之解釋變數，包括：TEEs、年齡、手術、放射治療、化療、荷爾蒙治療等變數，就會違反 Cox proportional hazard model 等比例風險的假定，因爲這些個人因子、環境因子多數存在「時間相依性之共變數 (time-dependent covariance)」問題，故應改以 accelerated failure time Model 來克服。

Step 2 . 方法二：帶加速失敗時間 (accelerated failure-time) 之二層隨機截距
韋伯存活模型

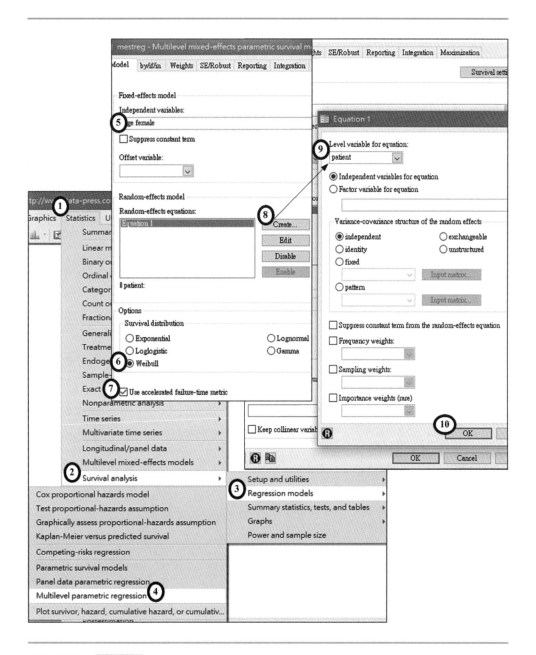

```
* 開啟 Stata 網站之資料檔
. webuse catheter

* Two-level random-intercept Weibull survival model in the accelerated fail-
  ure-time metric
. mestreg age female || patient:, distribution(weibull) time

Mixed-effects Weibull regression -- AFT       Number of obs    =        76
Group variable:        patient                Number of groups =        38

                                              Obs per group:
                                                          min =         2
                                                          avg =       2.0
                                                          max =         2

Integration method: mvaghermite               Integration pts. =         7

                                              Wald chi2(2)     =     13.00
Log likelihood = -98.742495                   Prob > chi2      =    0.0015
-----------------------------------------------------------------------------
         _t |     Coef.   Std. Err.      z    P>|z|    [95% Conf. Interval]
------------+----------------------------------------------------------------
        age | -.0058496    .010872    -0.54   0.591   -.0271585    .0154592
     female |  1.325034   .3719102     3.56   0.000     .596103    2.053964
      _cons |  3.932346   .5663757     6.94   0.000     2.82227    5.042422
------------+----------------------------------------------------------------
      /ln_p |  .2243237   .1402794     1.60   0.110   -.0506189    .4992663
------------+----------------------------------------------------------------
patient     |
 var(_cons)|  .5304902   .2343675                      .2231626    1.261053
-----------------------------------------------------------------------------
LR test vs. Weibull model: chibar2(01) = 9.40          Prob >= chibar2 = 0.0011
```

1. mestreg 指令內定分析：指數係數當作危險比 (exponentiated coefficients-hazard ratios)。

   相對地，「mestreg……, d(weibull) time」改求韋伯模型之時間會加速失敗 (accelerated failure-time, AFP)。

2. 「Coef.」欄中，發現：洗腎病人年齡有感染率負相關 (但仍未達顯著性)，故韋伯 / 伽瑪存活模型要考量 (accelerated failure-time, AFP)。女性比男性有更高洗腎感染率 (正相關)。

3. 整體模型適配度的概似比 (LR)，旨在比較二個敵對模型的 Log likelihood 值，LR 值愈大，代表模型愈佳。本例，混合效果多層次韋伯模型 Log likelihood 為 -98.74 。相對地，韋伯模型納入加速失敗時間，概似比 Log likelihood 仍為 98.74。評比結果，混合效果多層次韋伯模型，有沒有納入加速失敗時間，二者整體模型適配度都一樣棒。

4. 「Haz. Ratio」欄中，當參數 p>1 時，表示結果變數係隨時間增加而顯著增加其危險率。本例參數 p=exp(ln_p) = $e^{0.224}$ = $2.718^{0.224}$ = 1.251，故暴露 100 小時，結果變數 (洗腎感染) 的失效 (fail) 的比率，是暴露 10 小時的 1.782 倍。因為 $\frac{100^{p-1}}{10} = \frac{100^{1.251-1}}{10} \approx 1.782$。因此像本例，若參數 p 值愈大，你就愈要考慮納入「加速失敗時間 (Accelerated Failure Time)」。

Step 3 方法三：**two-level random-intercept gamma survival model**

「mestreg…, d(gamma) time」改求 Gamma 模型之時間會加速失敗 (accelerated failure-time, AFP)。

```
* 開啟 Stata 網站之資料檔
. webuse catheter


* Two-level random-intercept gamma survival model
. mestreg age female || patient:, distribution(gamma)

        failure _d: infect
   analysis time _t: time

Fitting fixed-effects model:

Mixed-effects gamma regression          Number of obs     =         76
Group variable:         patient         Number of groups  =         38
```

```
                                          Obs per group:
                                               min =            2
                                               avg =          2.0
                                               max =            2

Integration method: mvaghermite           Integration pts. =   7

                                          Wald chi2(2)    =    13.23
Log likelihood = -329.52634               Prob > chi2     =   0.0013
------------------------------------------------------------------------
        _t |     Coef.    Std. Err.      z    P>|z|   [95% Conf. Interval]
-----------+------------------------------------------------------------
       age | -.0060276    .0108267    -0.56   0.578   -.0272475    .0151924
    female |  1.324745    .3685132     3.59   0.000    .6024726    2.047018
     _cons |  3.873854    .5628993     6.88   0.000    2.770592    4.977117
-----------+------------------------------------------------------------
     /logs | -.1835075    .1008892    -1.82   0.069   -.3812467    .0142317
-----------+------------------------------------------------------------
patient    |
  var(_cons)|  .5071823    .2241959                      .213254    1.206232
------------------------------------------------------------------------
LR test vs. gamma model: chibar2(01) = 11.13        Prob >= chibar2 = 0.0004
```

1. 整體模型適配度的概似比 (LR)，旨在比較二個敵對模型的 Log likelihood 值，LR 值愈大，代表模型愈佳。本例，多層次韋伯存活模型 Log likelihood 為 -98.742。

2. 相對地，伽瑪失敗時間加速模型之 Log likelihood 為 -329.526。評比結果，多層次韋伯存模型比伽瑪加速失敗時間模型來得優。

3. 本例 Log likelihood = -329.526，擬真概似值愈高，代表該模型愈優。雙層存活模型之加權後 log-pseudo likelihood 公式為：

$$L(\beta, \Sigma) = \sum_{j=1}^{M} \omega_j \log \int_{-\infty}^{\infty} \exp\left\{ \sum_{i=1}^{n_j} w_{i|j} \log f(t_{ji}|\eta_{ji}) \right\} \phi(v_{j1}) dv_{j1}$$

其中，w_j 第 j 個 cluster 之條件機率的倒數 (the inverse of the probability of selection for the *jth* cluster)。$w_{i|j}$ 是集群 j 中個體 i 之條件機率的倒數 (the inverse of the conditional probability of selection of individual i, given the selection of cluster j)。

最小平方法 (OLS) 迴歸 vs. 邏輯斯迴歸

一、統計迴歸模型 (regression) 的起源

英國科學家 Galton 於 1880 中期到 1890 年代，研究記錄各種人體特徵，結果發現，父母特徵的確會遺傳給後代，但是並不會產生極端身高的族群。當父母的身高已經遠離平均身高時，生下的兒女身高並沒有持續「遠離」平均，而會稍微「靠近」平均，也就是相對矮了一點；反之父母身高很矮的後代，身高會相對其父母「靠近」平均一點。

當然雙親身高都很高的後代，比起雙親身高都很矮的後代，還是相對較高的，不過差距並未一直增加，反而會持續減少。Galton 把這個「極端」往「平均」移動的現象稱爲「regression to the mean」。

5-1 了解各類型迴歸分析

迴歸分析係以數學和統計方法來確認一組變數中的系統性部分，並依此解釋過去的現象和預測未來，它將研究的變數區分爲依變數與自變數，建立依變數爲自變數之函數模型，其主要目的是用來解釋資料過去的現象及自由變數來預測依變數未來可能產生之數值。

1. 自變數 (independent variable)：由數學方程式預測的變數。
2. 依變數 (dependent variable)：又稱反應變數，據以預測依變數的值之變數。
3. 簡單線性迴歸 (Simple Linear Regression)：僅有一自變數與一依變數，且其關係大致上可用一直線表示。

$$Y = \alpha + \beta X + U \quad 或 \quad Y = \alpha + \beta X + \varepsilon$$

其中

α，β 爲未知參數 (迴歸係數)，需要我們去估計。

U 代表不能由 $\alpha + \beta X$ 所描述的 Y 行爲，亦即 Y 與線性模型之間的誤差。

4. 複迴歸 (multiple regression)：兩個以上自變數的迴歸。
5. 多元變數迴歸 (multi-variable regression)：又稱向量迴歸 (如 VAR, VECM)，用多個自變項預測數個依變數，建立之聯立迴歸方程式。例如，Stata 的 multiple equation 迴歸。「VAR, VECM」範例請看作者「Stata 在財務金融與經濟分析的應用」一書。

5-1-1　各類型迴歸之適用情境

　　由於篇幅限制，下表所列之迴歸及範例，詳情可查看作者「Stata 與高等統計分析」一書。

自變數 (predictor) \ 依變數 (outcome)	連續變數	類別變數	連續 + 類別變數
連續變數	線性迴歸 censored 迴歸 truncated 迴歸 robust 迴歸 quantile 迴歸 constrained 迴歸 errors-in-variables 迴歸	線性迴歸 censored 迴歸 truncated 迴歸 robust 迴歸 quantile 迴歸 constrained 迴歸 errors-in-variables 迴歸	線性迴歸 censored 迴歸 truncated 迴歸 robust 迴歸 quantile 迴歸 constrained 迴歸 errors-in-variables 迴歸
bianry 變數	線性迴歸 ≈ 邏輯斯迴歸 ≈ probit 迴歸 conditional logistic 迴歸	線性迴歸 ≈ 邏輯斯迴歸 ≈ probit 迴歸 conditional logistic 迴歸	線性迴歸 ≈ 邏輯斯迴歸 ≈ probit 迴歸 conditional logistic 迴歸
Ordinal 變數	ordered Logit and ordered Probit analysis	ordered Logit and ordered Probit analysis	ordered Logit and ordered Probit analysis
Nominal 類別變數	多元邏輯斯及相關模型	多元邏輯斯及相關模型	多元邏輯斯及相關模型
Count 變數：Count 迴歸	1.Poisson 迴歸 2.zero-inflated Poisson 迴歸 3.negative binomial 迴歸 4.zero-inflated negative binomial 迴歸 5.truncated negative binomial 迴歸	1.Poisson 迴歸 2.zero-inflated Poisson 迴歸 3.negative binomial 迴歸 4.zero-inflated negative binomial 迴歸 5.truncated negative binomial 迴歸	1.Poisson 迴歸 2.zero-inflated Poisson 迴歸 3.negative binomial 迴歸 4.zero-inflated negative binomial 迴歸 5.truncated negative binomial 迴歸

依變數 (outcome) \ 自變數 (predictor)	連續變數	類別變數	連續 + 類別變數
	6.Truncated Poisson 迴歸 7.Zero-truncated Poisson 迴歸 8.Mixed-effects Poisson 迴歸	6.Truncated Poisson 迴歸 7.Zero-truncated Poisson 迴歸 8.Mixed-effects Poisson 迴歸	6.Truncated Poisson 迴歸 7.Zero-truncated Poisson 迴歸 8.Mixed-effects Poisson 迴歸
多個依變數	Multiple Equation 迴歸 seemingly unrelated 迴歸 (同一組自變數)	Multiple Equation 迴歸 seemingly unrelated 迴歸 (同一組自變數)	Multiple Equation 迴歸 seemingly unrelated 迴歸 (同一組自變數)

注 1：「≈」表示迴歸係數之顯著性 z 檢定，p 值都是非常接近。
注 2：上述統計範例，請見作者「Stata 與高等統計分析」一書。

依變數	STATA 提供的模型	Codes/Value
二元 (binary) 依變數模型	linear probability model (LPM), probit, logit	e.g. 是與否、同意與不同意。接受貸款申請與否、購屋與否。
多項選擇模型 (multinomial choice)	multinomial probit, multinomial logit	選擇主修經濟、財務、企管、會計或資管。
有序 (ordered) 選擇模型	ordered probit	依變數為非數字，但具有自然的順序。 e.g. 成績 A, B, C, D。 債券等級 AAA, AA 等。
計數資料 (count data) 模型	Poisson 迴歸	依變數為非負整數。 e.g. 某戶子女人數。 某人一年看醫生次數。
個體選擇模型	Tobit 迴歸	y 基本上為連續的正值，但其值為 0 的機率大於 0。 e.g.(1) 保險額度。 (2) 退休基金投資於股票的額度。
Heckit 模型：解釋變數 x 可以觀察到，但由於另外一些因素的影響，y 並非全部可觀察。	heckprobit 迴歸	(1) 截取迴歸 (censored regression)：依變數超過某門檻就不存此觀測值，但自變數資訊存在。Stata 有提供 Tobit 迴歸。 (2) 斷尾迴歸 (truncated regression)：自變數與依變數超過某門檻，就都不存在觀測值。Stata 有 Truncated regression。

1. 以上多數的模型通常並不適合 OLS 估計法 (因為「違反常態性」假定)，可以採用非線性最小平方法 (NLS) 來估計，但 NLS 估計式常常是無效率的 (inefficient)，一般都採用最大概似估計法 (maximum likelihood estimation)。

2. 最大概似估計法在小樣本中它的性質是未知的；但是我們可以證明在大樣本裡 (有學者主張樣本數 500 以上)，最大概似估計式是常態分布的、一致的，而且是最佳的。

3. 我們必須將以上的迴歸函數解釋為機率的預測。

名詞解釋

1. 質量依變數 (qualitative dependent variable)：依變數的本質是質性的、離散的。

2. 受限依變數 (limited dependent variable)：依變數值的範圍受到限制。

   (1) 多數的經濟變數是受限的，例如必須為正。但如果變數值可視為連續，並不需要特殊的經濟模型來處理。

   (2) 如果變數值是離散、受限於幾個數據，則以連續變數來處理並不合理。

5-1-2 線性迴歸之基本概念

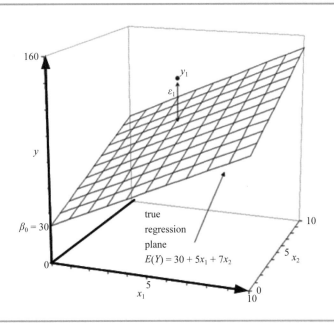

160

y_1

ε_1

y

$\beta_0 = 30$

true
regression
plane
$E(Y) = 30 + 5x_1 + 7x_2$

10

5 x_2

0

5

x_1

10

0

圖 5-1 多元迴歸之示意圖 ($y_i = \beta_0 + \beta_1 x_{1i} + \beta_2 x_{2i} + \varepsilon_i$)

多元迴歸，又稱複迴歸，其模型為：

$$y = \beta_0 + \beta_1 X_1 + \beta_2 X_2 + \cdots + \beta_k X_k + e$$

(1) 模型的參數 β_k 對每個觀察值而言都是相同的。

(2) β_k：當 X_k 增加一單位，而所有其他變數均保持不變時的 $E(y)$ 變動。

一、預測變數與效標變數

在迴歸分析中，我們利用一組已知而且經常是可以控制的獨立變數 X_i 來預測依變數 Y_i 的值。此處 X_i 是用來預測的變數，稱為預測變數或解釋變數；Y_i 是被預測的變數，稱為效標變數。例如以智力測驗的分數來預測學業成績，則智力分數為預測變數，學業成績為效標變數。

在迴歸分析中，如果預測變數 (X_i) 只有一個，則稱之為簡單迴歸分析。如果預測變數有二個以上，則稱為多元迴歸分析或複迴歸分析。

二、常見的線性迴歸分析之假定 (assumption)

在使用迴歸分析前，必須要確認資料是否符合迴歸分析的基本統計假定，否則，當資料違反迴歸分析的基本統計假定時，會導致統計推論偏誤的發生。

線性迴歸統計分析，常見假定有下列 6 項：

1. 線性關係 (linearity)

解釋變數和依變數之間是線性關係。也就是說，依變數與自變數存在著相當固定比率的關係，若是發現依變數與自變數呈現非線性關係時，亦可以透過轉換 (transform) 成線性關係，再進行迴歸分析；或者直接採用 Stata non-linear regression 指令來分析。

> 線性迴歸中的「線性」二字是指模型為參數 (而非變數) 的線性函數。
> 例如：$\alpha + \beta X^2$，$\alpha + \beta \log X$ 都是線性迴歸模型。
> $\alpha + X^\beta$ 不是線性迴歸模型。

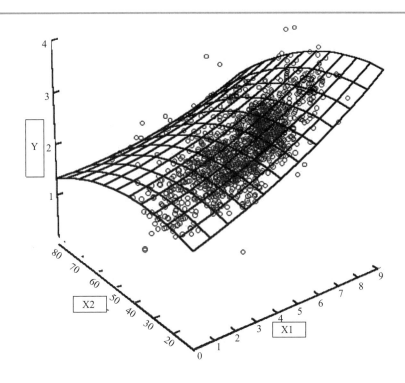

圖 5-2 非線性多元迴歸之示意圖

2. 常態性 (normality)

　　最小平方法 (ordinary least squares, OLS) 模型之數學方程式為：

$$y_i = \alpha + x_{i1}\beta_1 + x_{i2}\beta_2 + x_{i3}\beta_3 + \cdots + x_{iK}\beta_K + \varepsilon_i$$

OLS 假定 ε_i 為常態分配，$\varepsilon_i \sim N(0, \sigma^2)$、或 $y_i \sim$ 符合常態分配。

　　若是資料呈現常態分布 (normal distribution)，則殘差項也會呈現同樣的分布。常態性檢定法有：

(1) 繪圖法：當樣本數夠大時，簡單的檢查方式是使用直方圖 (histogram)，若是樣本數較小時，檢查的方式則是使用 normal probability plot (p-p plot)、normal quantile-quantile (q-q plot)。若樣本殘差值的累積機率分布，剛好成一條右上到左下的四十五度線，則表示樣本觀察值符合常態性之假定。

(2) 統計檢定法：kolmogorov-smirnov 法、shapiro-wilks 法 (一般僅用在樣本數 $n < 50$ 的情況)。

(3) 求出常態分布之偏態或峰度，分別代入下列對應的 Z 公式，若 Z 值 = [+1.96，-1.96]，則算符合常態性。樣本之各個變數經以上檢定若皆符合常態性，則不必再進行資料轉換。

$$Z_{skewness} = \frac{skewness}{\sqrt{6/N}} \text{，(N：樣本數)}$$

$$Z_{kurtosis} = \frac{kurtosis}{\sqrt{24/N}} \text{，(N：樣本數)}$$

3. 殘差項的獨立性 (independence)

每一個觀察值的誤差，應與其他觀察值的誤差無關連。e_i 彼此不相關，即 $Cov(e_i, e_j) = 0 (i \neq j)$ ∵ $Cov(e_i, e_i) = \sigma^2$ (假定 2)。

即自變數的殘差項，相互之間應該是獨立的，也就是殘差項與殘差項之間沒有相互關係，否則，在估計迴歸參數時，會降低統計的檢定力，我們可以藉由殘差 (residuals) 的圖形分析來檢查，尤其是與時間序列和事件相關的資料，特別需要注意去處理。

4. 殘差項的變異數同質 [homogeneity of variance (homoskedasticity)]

殘差 $e_i = Y_i - \hat{Y}_i$，e_i 是觀測值 Y_i 與配適值之間的差。迴歸分析之先前條件就是，誤差變異應該是常數的 (恆定)。

$$Var(e_i) = \sigma^2 (變異數同質性)。$$

每組的殘差項之變異數均相等。而每一組的變異數實際上是指 $X = x_i$ 條件下的 Y 之變異數，因此 σ^2 也可以表爲 $\sigma^2_{Y|X}$。

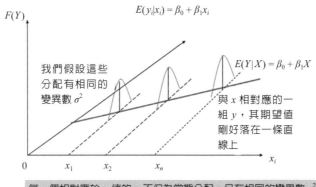

假設在母體中，對於每一個 x_i 值而言，其相對應的 y_i 值遵循某種機率分配，且期望值為

$$E(y_i|x_i) = \beta_0 + \beta_1 x_i$$

$F(Y)$

我們假設這些分配有相同的變異數 σ^2

$E(Y|X) = \beta_0 + \beta_1 X$

與 x 相對應的一組 y，其期望值剛好落在一條直線上

0 x_1 x_2 x_n x_i

每一個相對應於 x_i 值的 y_i 不但為常態分配，且有相同的變異數 σ^2

圖 5-3 殘差同質性之示意圖

對殘餘值之診斷主要有兩項：

(1) Influence diagnosis：此診斷要看的是有無一些異常的個案可能對迴歸模型的估計造成不當影響，並膨脹標準差 (standard errors)。特別是當樣本數較小時，我們要當心此可能性。Stata list 指令「if」選項可將標準化之殘餘值大於 3 的觀察值之 ID 報告出來。如果此類觀察值數目不多的話 (依機率，每一百個標準化之殘餘值中會有 5 個殘餘值之 z 值大於 2)，那我們就可說是沒有異常個案影響迴歸模型估計的問題。

(2) normality 與 hetroskedasticity：我們可利用單變數之分析來看檢視預測值和殘餘值是否為常態分配，以及兩者間是否有相關 (依照假定迴歸模型之殘餘項應和自變數間沒有相關)，以及殘餘值在 prediction function 之各 level 是否有相同之變異。在 Stata 之迴歸分析中也是利用 predictive 指令將預測值 (predicted values) 和殘差 (residuals) 儲存後做進一步的分析。我們也可直接利用 Plots 內的選項來做這些檢視的工作。

當變異數的不同質發生時，可以透過：(1) 轉換 (transform) 成變異數的相等後、(2) 以 Welch's test 修正 F 值的自由度，再進行迴歸分析。

5. **共線性** (collinearity)：解釋變數之間若有高度共線性，就會造成迴歸係數的錯計。

共線性檢定有下列四種方式：

(1) 變數間的相關係數：依 Judge 等人 (1982) 的標準，若任兩個自變數間的相關係數超過 0.8，表示兩者中間存著嚴重的多元共線性問題，但它並非是檢定共線性問題的充分條件。

(2) VIF 值：利用 Stata regression 分析之迴歸係數的容忍值與變異數膨脹因素 (VIF)，作為檢定自變數間是否有線性重合問題的參考，其中容忍值 (tolerance) 的值在 0 與 1 之間，它是變異數膨脹因素值的倒數，變異數膨脹因素值愈大或容忍值愈小，表示變數間線性重合的問題愈嚴重。通常 VIF 值大於 10 時，該自變數就可能與其他自變數間有高度的線性重合。

(3) 條件指數 (condiction index ,CI 值)：根據 Belsey, Kuh & Welsch(1980) 指出，若 CI 值在 10 左右，則表示變線間低共線性。若 CI 值介於 30 到 100 之間表示變數間具有中度至高度的線性相關。

6. 模型界定 (model specification)：該模型應適當設定 (應入模型的變數有遺漏嗎？不相關變數有被排除？)。

STATA 迴歸的診斷法，已有提供許多圖形法和統計檢驗法。「線性迴歸的診斷」Stata 提供的指令，如下：

1. 偵測異常且有影響力的觀察值

指令	統計功能
predict	新建：預測值，殘差和影響量 (used to create predicted values, residuals, and measures of influence)。
rvpplot	繪「殘差對預測值」圖 (graphs a residual-versus-predictor plot)。
rvfplot	繪「殘差對適配」圖 (graphs residual-versus-fitted plot)。
lvr2plot	圖形表示槓桿與平方殘差圖 (graphs a leverage-versus-squared-residual plot)。
dfbeta	求線性模型中所有自變數的 DFBETAs(calculates DFBETAs for all the independent variables in the linear model)。
avplot	繪增加變數之圖 (graphs an added-variable plot)。

2. 殘差常態性 (Normality of Residuals) 之檢定

kdensity	產生具有常態分布的核密度圖 (produces kernel density plot with normal distribution overlayed)。
pnorm	繪標準化的常態概率圖 (graphs a standardized normal probability (P-P) plot)。
qnorm	繪製某 varname 的分位數與常態分布的分位數 (plots the quantiles of varname against the quantiles of a normal distribution)。

| iqr | 抗性常態的檢查和異常值的認定設 (resistant normality check and outlier identification)。 |
| swilk | 執行 shapiro-wilk w 常態性之檢定 (performs the shapiro-wilk w test for normality)。 |

3. 殘差異質性 (heteroscedasticity) 之檢定

rvfplot	繪「殘差對適配值」圖 (graphs residual-versus-fitted plot)。
hettest	執行 Cook 和 Weisberg 異質性檢定 (performs cook and weisberg test for heteroscedasticity)。
whitetest	執行 White 異質性檢定 (computes the white general test for heteroscedasticity)。

4. 共線性之檢定

| vif | 計算線性模型中的自變數之變異數膨脹因子 (calculates the variance inflation factor for the independent variables in the linear model)。 |
| collin | 計算變異數膨脹因子及其他共線性診斷 (calculates the variance inflation factor and other multicollinearity diagnostics)。 |

5. 非線性之檢定

| acprplot | 繪非線性模型「擴增之成分加殘差圖」(graphs an augmented component-plus-residual plot)。 |
| cprplot | 繪非線性模型「成分加殘差圖」(graphs component-plus-residual plot (a.k.a. partial residual plot) after regress. **indepvar** must be an independent variable that is currently in the model)。 |

6. 模型設定之檢定

| linktest | 你界定模型的連結檢定 (performs a link test for model specification)。 |
| ovtest | 對被忽略的變數，執行迴歸界定之誤差檢定 (performs regression specification error test (RESET) for omitted variables)。 |

　　本書有篇幅的局限性，若對 OLS 迴歸的分析前必備假定有違背時如何處理法，你可參閱作者「Stata 與高等統計分析」一書。

三、自我相關 (AR) 的檢定

　　時間序列分析，如 ARIMA、GARCH、VCM、VECM 等迴歸分析，都會要求計算縱橫面之時間序，本身是否有自我相關 (前期會影響後期)。

一般 Durbin-Wation(DW) 值若介於 1.5 至 2.5 之間，則表示無自我相關現象。

$$\text{Durbin-Waton test：} DW = \frac{\sum_{i=2}^{n}(e_i - e_{i-1})^2}{\sum_{i=1}^{n}e_i^2}$$

Stata 的「estat dwatson」指令可檢定模型是否為 AR(1)(Durbin-Watson d statistic to test for first-order serial correlation)。「estat bgodfrey」指令可檢定模型是否為 AR(n), n = 1, 2, 3, …, n.（Breusch-Godfrey test for higher-order serial correlation）。

四、最小平方法之原理

估計迴歸係數最常用的方法之一，就是普通最小平方 (ordinary least squares, OLS)，又簡稱為最小平方法。OLS 方法所找的就是使誤差平方和 (或其平均) 最小的那條直線。

在散布圖上，我們可以畫一條直線，通過各點附近，使這一條直線最能代表各個點 (觀察值)，這條線稱為最適合線。求取最適合適線的客觀且具有效率的方法即為最小平方法：即使各點至此線之平行於 Y 軸的距離的平方和變為最小。

定義：普通最小平方法

$$Y = \alpha + \beta X + U$$

找 α 和 β 使模型誤差 U_i 的平方和極小。採用誤差平方和是為了避免正負誤差之間互相抵銷。

---

1. 目標函數如下：

$$Q(\alpha, \beta) = \frac{1}{n}\sum_{i=1}^{n}(Y_i - \alpha - \beta X_i)^2 = \frac{1}{n}\sum_{i=1}^{n}U_i^2$$

2. 最小平方法所找的就是使誤差平方和 (或其平均) 最小的那條直線。
3. 如果目標函數改變 (如 U_i 的絕對值之和)，就會產生不同的迴歸線。

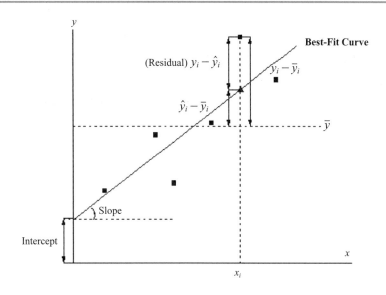

圖 5-4 OLS 的示意圖

4. 為使目標函數之值最小，必須解出以下的一階條件 (first order condition)。

$$\frac{\partial}{\partial \alpha} Q(\alpha, \beta) = -2\frac{1}{n}\sum_{i=1}^{n}(Y_i - \alpha - \beta X_i) = 0$$

$$\frac{\partial}{\partial \beta} Q(\alpha, \beta) = -2\frac{1}{n}\sum_{i=1}^{n}(Y_i - \alpha - \beta X_i)X_i = 0$$

5. 這兩個一階條件又稱作**標準方程式 (normal equations)**。

6. 可從標準方程式中求出 α 和 β 的解，稱作最小平方估計式 (ordinary least squares estimator，簡稱 OLS estimator)，即

$$\hat{\beta}_n = \frac{\sum_{i=1}^{n}(X_i - \overline{X}_n)(Y_i - \overline{Y}_n)}{\sum_{i=1}^{n}(X_i - \overline{X}_n)^2}$$

$$\hat{\alpha}_n = \overline{Y}_n - \hat{\beta}_n \overline{X}_n$$

7. 若 X_i 為常數 (非變數)，$X_i = \overline{X}_n$，則 $\hat{\beta}_n$ 根本無法計算，這是為什麼需要「認定條件」的原因。

8. 將最小平方估計式 $\hat{\alpha}_n$ 和 $\hat{\beta}_n$ 代入設定的線性模型就可得到一條截距為 $\hat{\alpha}_n$，斜率為 $\hat{\beta}_n$ 的直線，稱作估計的迴歸線 (estimated regression line)。

9. 斜率係數估計式 $\hat{\beta}_n$ 衡量 X 的邊際效果：當 X 變動一單位時，估計的迴歸線會預測依變數 Y 將變動 $\hat{\beta}_n$ 個單位。

10. 截距係數 $\hat{\alpha}_n$ 則表示當 X 為 0 時，估計的迴歸線所預測的依變數 Y。

11. 將樣本中的變數 X_i 代入估計的迴歸線，即可求得估計的依變數。

一般而言，決定最適合線的步驟，即是以樣本數據求出最佳的斜率 b 和截距 a 的過程。

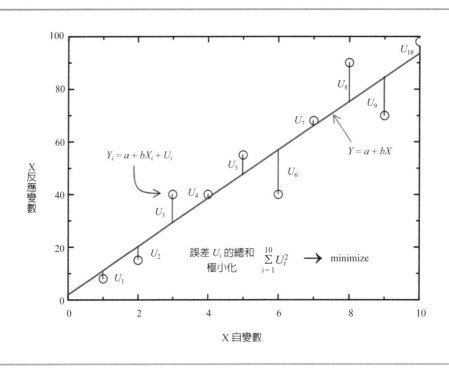

圖 5-5 最小平方方法之示意圖

五、適配度 (goodness of fit) 和決定係數：外掛 **fitstat** 指令

根據現有的資料建立一個統計模式時，有一個重要的程序，即檢定此模式與資料的符合程度，或稱適配度。

不同的解釋變數可能都適合描述依變數 Y 的系統性部分。如果可以衡量迴歸線的**適配度**，就可以選擇適配度較高的迴歸線來描述依變數的系統性部分。

所以適配度的衡量指標就可以作為比較不同迴歸模型的基準。

檢定適配度最常用的量數是 R^2，或稱決定係數 (coefficient of determination)。當 R^2 等於 0 表示變數間沒有線性關係存在，而不是沒有相關，這點須特別留意。

樣本的 R^2 是估計模式適配度的一個最佳估計值，但卻非母群 R^2 的不偏估計值。因此要估計母群的 R^2 時，須加以調整。Stata 會列印出調整後的 R^2 (adjusted R-square)，使調整後的 R_a^2 更能反映出模式與母群的適配度。

$$\text{non-pseudo } R^2 = \frac{SS_R}{SS_T}$$

$$R_a^2 = R^2 - \frac{P(1 - R^2)}{N - P - 1}$$

式中，P 代表迴歸方程式中自變數的個數。

最小平方法之迴歸模型 (OLS) 中，non-pseudo(非擬真)R-squared 最常用來檢視線性迴歸模型 (OLS) 的適配度。coefficient of determination 又分成置中的與非置中的決定係數兩種。

$$\text{置中的} R^2 = \frac{\sum_{i=1}^{n}(Y_i - \hat{Y}_n)^2}{\sum_{i=1}^{n}(Y_i - \bar{Y}_n)^2} = 1 - \frac{\sum_{i=1}^{n}\hat{U}_i^2}{\sum_{i=1}^{n}(Y_i - \bar{Y}_n)^2}$$

$$\text{非置中的} R^2 = \frac{\sum_{i=1}^{n}\hat{Y}_i^2}{\sum_{i=1}^{n}Y_i^2} = 1 - \frac{\sum_{i=1}^{n}\hat{U}_i^2}{\sum_{i=1}^{n}Y_i^2}$$

5-2 最小平方法 (OLS) 迴歸 7 個假定的診斷及補救法

複迴歸 (multiple regression model) 模型為：

$$y = \beta_0 + \beta_1 X_1 + \beta_2 X_2 + \cdots\cdots + \beta_k X_k + \varepsilon$$

不論在橫斷面、縱貫面或 panel-data(縱橫面) 迴歸模型中，最受歡迎的就是最小平方法，它共有 7 個假定。其診斷是否違反該假定方法，及補救方式如下表

所示。

OLS 七個假定	診斷法	違反假定的補救法
A1. 線性：係指迴歸模型 β_1 和 β_2 為一次式。	(1) 橫斷面：test、testparm 指令 (Wald test of linear hypotheses). testnl 指令 (Wald test of nonlinear hypotheses)。	(1) 橫：改用非線性迴歸，例如 Poisson 迴歸、負二項迴歸、probit、logit 等模型。 (2) panel：xtpoisson、xtnbreg 等指令。詳見作者「Panel-data 迴歸模型」一書第 8 章。
A2. 誤差 ε's 與解釋變數 X's 係無相關 (uncorrelated)： $E(\varepsilon_i \mid X_i) = 0$ (1) 若解釋變數 (regressor) 是內生性 (endogenous)，則違反 A2 假定：$E(\varepsilon_i X_i) = 0$ (2) 當 $\mathrm{Cov}(x, \varepsilon) \neq 0$ 時，OLS 是有偏誤的。此時，自變數 x 是內生性 (endogenous) 的。	(1) 橫斷面：Wu-Hausman 內生性檢定 (「estat endogenous」指令。 (2) panel-data：xthtaylor 指令。	(1) 橫：二階段最小平方方法 (2SLS) ivregress 2sls 指令。 (2) panel：二階段最小平方方法 (2SLS)。最常見用 xtivreg 指令。隨機解釋變數 (random regressor) 與工具變數 (instrumental variable)：隨機模型 (gllamm、xtabond、xtcloglog、xtgee、xtintreg、xtlogit、xtmelogit、xtmepoisson、xtmixed、xtnbreg、xtpoisson、xtprobit、xtreg、xtregar、xttobit 等指令搭配 re 選項)、兩階段迴歸 (xtivreg 指令、ivregress 指令)。至於工具變數之兩階段迴歸，請見作者「Panel-data 迴歸模型」第 6 章。
A3. 誤差預期值 (the expected value of the error) 為 0。 $E(\varepsilon_i \mid X_i) = 0$ $\Longleftrightarrow E(Y_i) = \beta_1 + \beta_2 X_i$	(1) 橫斷面：量表當測量工具來施測，量表本身一定有誤差存在，故其信度不可能為 1 之完美狀態。	(1) 橫：SEM, Errors-in-variables 迴歸 (eivreg 指令)。
A4. 誤差變異數 (the variance of the error) 同質性 (homoskedasticity) $E(\varepsilon_i \mid X_i) =$ $\sigma^2 = \mathrm{Var}(Y_i \mid X_i)$	(1) 橫斷面：lvr2plot 圖法 predict d1, cooksd 指令，estat hettest 指令 whitetst 指令	(1) 橫：來源 http://www.ats.ucla.edu/stat/stata/dae/rreg.htm 強健 (robust) 迴歸 rreg 指令 . 分量迴歸。

OLS 七個假定	診斷法	違反假定的補救法
	(2) 縱斷面：見「Stata 在財務金融與經濟分析的應用」ch07 ARCH、GARCH。 (3) panel-data：見作者「Panel-data 迴歸模型」一書。	(2) 縱：見「Stata 在財務金融與經濟分析的應用」ch07 ARCH、GARCH。 (3) panel：Stata 各種迴歸指令中勾選 Robust 選項之穩健標準誤、重新定義變數 (將原始的線性模型轉換為 log-log 模型)、加權最小平方法、或者將 xtreg 指令改成「xtgls…, panels(hetero) corr(ar1)」指令。詳見「Panel-data 迴歸模型」第 4 章介紹。
A5. 序列獨立 (series independent)：誤差之間彼此獨立，不互相影響 (ε's uncorrelated with each other) $\text{Cov}(\varepsilon_t, \varepsilon_S \mid X_t)$ $= 0 = \text{Cov}(Y_t, Y_S \mid X_t)$	(1) 縱斷面：見「Stata 在財務金融與經濟分析的應用」第 3、9、10 章。 (3) panel-data 見「Panel-data 迴歸模型」第 3 章及第 9 章。	(1) 縱：見「Stata 在財務金融與經濟分析的應用」第 3、9、10 章。 (2) panel：改用動態迴歸，xtgls、xtregar、xtgee、xtmepoisson、xtabond 指令，將落遲項 (lags) 一併納入迴歸分析. 詳見「Panel-data 迴歸模型」第 3、9 章。
A6. 干擾項又稱誤差 $\varepsilon_t \sim$ 符合 $N(0, \sigma^2)$。干擾項 (Distubances) 是 iid (常態分布，平均數 0，固定變異數)。	來源：Stata 高統 ch02 (1) 橫斷面：方法 1：用 Statag 指令 iqr、swilk(Shapiro-Wilk W 常態檢定)。 PP 圖、QQ 圖、shapiro-wilk w、shapiro-francia W、kolmogorov-smirnov D。 (2) 縱斷面：時間序列常態性 Jarque-Bera 檢定。 (3) panel-data：varnorm、vecnorm 事後指令。	(1) 橫：方法 1：非常態變數取 log(x) 變數變換。 方法 2：改用無母數 (non-parametric) 方法：kolmogorov-smirnov 檢定，kruscal-wallis 檢定、wilcoxon rank-sum 檢定。 (2) 縱：非常態變數取 log(x) 變數變換。 (3) panel：非常態變數取 log(x) 變數變換。

注 1：網底字為 Stata 指令。

注 2：作者「Panel-data 迴歸模型」書：張紹勳，「Panel-data 迴歸模型：Stata 在廣義時間序列的應用」一書。

違反 OLS 基本假定時做法 (張紹勳，Panel-data 迴歸模型：Stata 在廣義時間序列的應用，chapter 01)：

1. 增加虛擬變數 (dummy variable)：(1) 虛擬變數設定，如各時間之虛擬變數。(2) CHOW 檢定找到轉折點之後，再分轉折點「前 vs. 後」時段之各別 OLS 迴歸。

2. 異質變異 (heteroskedasticity)：Stata 各種迴歸指令中勾選 Robust 選項之穩健標準誤、重新定義變數 (將原始的線性模型轉換為 log-log 模型)、加權最小平方法、或者將 xtreg 指令改成「xtgls…, panels(hetero) corr(ar1)」指令。詳見作者 Panel-data 迴歸模型第 4 章介紹。

3. 誤差自我相關 (auto-correlation) 或序列相關 (series correlation)：詳見作者 Panel-data 迴歸模型第 3 章及第 7 章單根共整合。

5-3 Binary 依 變 數：Linear Probability, Probit 及邏輯斯迴歸

二元依變數的分析模型包括：區別分析 (discriminant analysis)、邏輯斯迴歸及機率模型 (probit model) 三種。

1. 邏輯斯迴歸

邏輯斯迴歸模式是用來處理依變數為類別變數的一種統計分析方法，因依變數可能包含多種可能狀態，常被用來分析一個二元的反應變數。其特性在於利用邏輯斯變數轉換，使反應變數轉換為介於 0 到 1 之間的機率值，其中定義反應變數 Y 為 1(代表事件發生) 和 0(代表事件不發生)。

例如，信用風險 (default) 衡量之邏輯斯迴歸為：

$$P_C = \frac{1}{1+e^{-Y_C}}$$

$$或 Y_C = w_0 + \sum_{i=1}^{n} w_i X_{i,C}$$

其中

P_C = 借款人的違約風險

Y_C = 借款人的信用品質

$X_{i,C}$ = 借款人信用風險因子

2. 機率模型

信用風險衡量之機率迴歸為：

$$P_C = \int_{-\infty}^{-wX/\sigma} \frac{1}{(2\pi)^{1/2}} e^{-\frac{t^2}{2}} dt$$

$$Y_C = w_0 + \sum_{i=1}^{n} w_i X_{i,C}$$

其中

　　P_C = 借款人的違約風險

　　Y_C = 借款人的信用品質

　　$X_{i,C}$ = 借款人信用風險因子

3. 危險率 (Hazard rates)

$$h(t) = \Pr\,(t - 1 < T \leq t \mid T > t) = \frac{p(t + \Delta t) - (t)}{1 - p(t)}$$

$$= \frac{p'(t)}{1 - p(t)}$$

$$p'(t) = h(t)\exp\left(-\int_0^t h(t)dt\right) = h(t)q(t)$$

其中

　　$P(t)$ = 違約機率 (default rate)

　　$P'(t)$ = 邊際的違約機率 (marginal default rate)

4. 邏輯斯迴歸 (邏輯斯指令) 旨在估計勝算比 (odds ratio)；Cox 迴歸 (stcox、svy: stcox 指令) 及參數存活模型 (streg、svy: streg、stcrreg、xtstreg、mestreg 指令) 旨在估計危險比 (hazard ratio)。

5-3-1　邏輯斯迴歸介紹：logistic 指令

　　在定量分析的實際研究中，線性迴歸模型 (Linear Regression Model) 是最常用的統計方式。但許多社會科學問題的觀察，是類別資料而非連續性資料，此時就不適用線性迴歸。邏輯斯迴歸類似線性迴歸模式，但所探討問題的依變數是離散型，特別是其分類只有二類 (例如「公司破產 vs. 永續」、「是與否」、「男與女」、「成功與失敗」) 時。利用邏輯斯迴歸的目的是在於建立一個最精簡和最能配適 (fit) 的分析模式，可用來預測依變數與一組預測變數之間的關係。

一、邏輯斯迴歸之應用領域

　　邏輯斯迴歸之應用例子，包括：

----------- 管理類 --------------------

1. 上市公司財務危機與轉投資活動關係之研究。

2. 公司績效、公司治理與財務危機關連性之探討。

3. 臺南市空屋現象之觀察與分析。

4. 臺灣股市績效預測分析的探討：以邏輯斯迴歸爲例。

5. 臺灣電腦廠商在中國大陸投資趨勢之研究——以區位選擇觀點分析。

6. 臺灣養老市場金融需求之研究。

7. 母女影響與消費者購買偏好關係之研究。

8. 企業購買選擇行爲與使用意願之研究——以網路電話閘道器爲例。

9. 投資型保險商品購買預測之研究。

10. 汽車保險續保之研究——以汽車第三人責任保險爲例。

11. 來臺旅客參與觀光旅遊線之消費型態研究。

12. 房貸違約階段存活時間及影響因素之研究。

13. 法拍屋房屋貸款授信違約風險評估之研究——考量投資客變數。

14. 信用卡資產組合風險之研究。

15. 修正後 O'glove 盈餘品質與財務危機之探討。

16. 個人小額信用貸款授信模式之個案研究。

17. 財務彈性穩定性對 CEO 薪酬政策影響之研究。

18. 國軍主計財務軍官離職率模式構建之研究。

19. 從選擇權觀點探討我國上櫃公司違約距離與違約風險

20. 溫泉休閒產業未來發展——以礁溪溫泉區爲例。

21. 運用財務指標評估企業資訊揭露與財務危機——以臺灣上市電子業爲例。

22. 壽險保單申訴項目與申訴結果之研究。

23. 影響公務預算編用適切性認知之因素探討。

24. 影響臺灣地區中高齡人口選擇未來養老居住方式之因子探討。

25. 影響房屋貸款逾期因素之實證分析。

26. 應用邏輯斯迴歸構建銀行放款信用評等模式

27. 應收帳款呆帳預測之研究——以臺灣某化學公司爲例。

28. 營利事業所得稅逃漏稅預測模式之比較研究。

29. 觀光夜市之消費者選擇行爲研究——以大臺北地區夜市爲例。

----------- 醫學類 --------------------

1. 醫療險短期出險因素之研究。

2. 頭頸癌患者放射線治療對產生口乾分析。

3. 人類免疫缺陷病毒之蛋白水解酶抑制劑其活性、分子接合能量與分子凸狀殼關係之研究。

4. 停經後婦女之腎虛症與骨質疏鬆症關連性之研究。

------------教育 / 心理類--------------------

1. 臺灣中高齡人口憂鬱症狀之影響因子探討。

------------工科類--------------------

1. 以二元資料迴歸方法建構建物震害危險度最適預測模式——以中興新村都市計畫區為例。

2. 晶圓瑕疵分布之鑑別分析。

3. 邏輯斯與 Probit 迴歸方法進行山崩潛勢評估——以高雄荖濃溪集水區為例。

4. 綠色能源產業公司之投資潛力評估——以綜效鑑識模式。

5. 應用邏輯斯迴歸模型建構絕緣礙子火花偵測系統。

6. 建物地震損害程度評估模式之研究。

7. 運用空間資訊技術建立崩塌地發生機率模式之研究——以雪霸國家公園為例。

------------其他類--------------------

1. 婚姻之路——影響東亞女性婚姻抉擇因素之探討。

二、邏輯斯迴歸的假定

邏輯斯迴歸的基本假定與其他多變數分析之假設不同，因為它不需要假定分布類型，在邏輯斯分布中，自變數對於依變數之影響方式是以指數的方式來變動，亦即此意味著邏輯斯迴歸無需具有符合常態分布的假設，但是如果預測變數為常態分布的話，結果會比較可靠。在邏輯斯迴歸分析中，自變數可以是類別變數 (categorical variable)，也可以是連續變數。

三、邏輯斯迴歸模型

邏輯斯迴歸的基本型態與一般線性迴歸並無不同，如：

$$Y_i = \beta_0 + \beta_1 X_{1i} + \beta_2 X_{2i} + \cdots + \beta_k X_{ki} + U_i$$

其中，誤差項可用「ε 或 U」二種不同符號來表示。

惟依變數 Y 不再如一般線性迴歸需要服從常態分布的假設，而為二元變數型態 (binary 或 dichotomous)，如「成功、失敗」、「事件不幸發生、未發生」

或順序尺度之多分類 (polytomous) 變數，如「沒意見、同意、非常同意」、「無症狀、症狀溫和、症狀嚴重」。

典型<u>邏輯斯</u>迴歸，潛在變數 (latent variable)$Y*$，令解釋變數只有一個 X，則二元資料的分析模型如下：

$$y_j^* = \beta_0 + \sum_{i=1}^{n} \beta_i x_{i,j} + \varepsilon_j$$

$$\begin{cases} y_j = 1 \text{ if } y_j^* \geq \theta \\ y_j = 0 \text{ if } y_j^* < \theta \end{cases}$$

其中，θ 為決斷值。

Logistic function 轉換

原始分數代入：

$$P = \frac{1}{1 + e^{-y^*}}$$

所得機率如下。

原始分數主 y^* (score)	Prob(Default)
-8	0.03%
-7	0.09%
-6	0.25%
-5	0.67%
-4	1.80%
-3	4.74%
-2	11.92%
-1	26.89%
0	50.00%
1	73.11%
2	88.08%
3	95.26%

邏輯斯迴歸就是利用邏輯斯函數來建 模型，如：

$$E(Y_i) = \frac{1}{1 + e^{-(\beta_0 + \beta_1 X_{1i} + \beta_2 X_{2i} + \cdots + \beta_k X_{ki})}} = \frac{e^{\beta_0 + \beta_1 X_{1i} + \beta_2 X_{2i} + \cdots + \beta_k X_{ki}}}{1 + e^{\beta_0 + \beta_1 X_{1i} + \beta_2 X_{2i} + \cdots + \beta_k X_{ki}}}$$

其對應的函數圖形如下圖，形狀類似 S 形，$E(Y_i)$ 其值界於 0 與 1 間，為推估 Y_i 的機率值。由上式可以解決一般線性模型其 Y 值代表機率時，Y 值超過 0 或 1 的窘境，使邏輯斯模型非常適合解決應變數為分類變數情形。

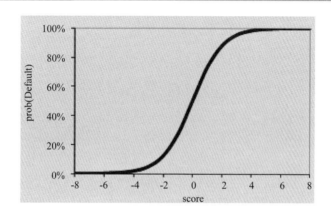

圖 5-6 Prob( ) 之機率圖

四、邏輯斯迴歸之的勝算比 (odds ratio)

1. 邏輯斯迴歸的原理：勝算比或稱為相對風險 (relative risk)

以「受訪者是否 (0, 1) 發生某事件 (event)」(死亡、病發、倒閉、犯罪被補……) 之二元 (bianry) 依變數為例。Logistic 迴歸係假設解釋變數 (x) 與受試者是否發生某事件 (y 變數) 之間必須符合下列邏輯斯函數：

$$P(y \mid x) = \frac{1}{1 + e^{-\sum b_i \times x_i}}$$

其中 b_i 代表對應解釋變數的係數，y 屬二元變數 (binary variable)，若 $y = 1$ 表示受訪者有發生某事件 (死亡、病發、倒閉、犯罪被捕……)；反之，若 $y = 0$ 則表示該受訪者未發生某事件。因此 $P(y = 1|x)$ 表示當自變數 x 已知時，該受訪者有

發生某事件的機率；$P(y = 0|x)$ 表示當自變數 x 已知時，該乘客受訪者未發生某事件的機率。

邏輯斯函數之分子分母同時乘以 $e^{-\sum b_i \times x_i}$ 後，上式變爲：

$$P(y \mid x) = \frac{1}{1 + e^{-\sum b_i \times x_i}} = \frac{e^{\sum b_i \times x_i}}{1 + e^{\sum b_i \times x_i}}$$

將上式之左右兩側均以 1 減去，可以得到：

$$1 - P(y \mid x) == \frac{1}{1 + e^{\sum b_i \times x_i}}$$

再將上面二式相除，則可以得到

$$\frac{P(y \mid x)}{1 - P(y \mid x)} == e^{\sum b_i \times x_i}$$

針對上式，兩邊同時取自然對數，可以得到：

$$Ln\left(\frac{P(y \mid x)}{1 - P(y \mid x)}\right) == Ln\left(e^{\sum b_i \times x_i}\right) = \sum b_i \times x_i$$

經由上述公式推導可將原自變數非線性的關係，轉換成以線性關係來表達。其中 $\frac{P(y \mid x)}{1 - P(y \mid x)}$ 可代表受訪者有發生某事件的勝算比或稱爲相對風險。

2. 受限依變數的問題

線性迴歸 (以下稱 OLS) 是所有迴歸分析的入門與基礎。可是 OLS 有許多前提與假定，只有當這些前提與假定都存在時，OLS 所估算的線性函數參數值才會準確。其中有一個條件是依變數必須是呈常態分布的連續變數 (如某個小學二年級學生第一次月考的數學成績、某一個國家的國民體重、臺灣國內所有護理之家的住民跌倒率等等)，可是有很多時候我們研究或分析的依變數並非是這種型態的變數，這時 OLS 便派不上用場。這些不符合 OLS 依變數假定要求的情況很多，計量經濟學通稱這些爲「受限的依變數」(limited dependent variables, LDV)，針對不同的 LDV，統計學家與計量經濟學家大多已經發展出不同的模式去處理，

在研究上經常遇到的一種 LDV 情況，就是依變數是二元變數，這類的變數的數值只有兩種可能，常見的例子比如：

1. 公司財務健全 vs. 破產之預測。

2. 市民罹患冠心病(coronary heart disease, CHD)的狀態 (有罹患或者沒有罹患)。

3. 應屆畢業大學生應徵職務的結果 (被錄取或者沒被錄取)。

　　二元邏輯斯迴歸模式，適合使用邏輯斯迴歸程序或多元邏輯斯迴歸程序。每種程序都有其他程序未提供的選項。理論上很重要的差異是邏輯斯迴歸程序會產生所有的預測、殘差、影響統計量 (influence) 以及在個別觀察值等級使用資料的適配度測試，而不管資料是如何輸入的，以及共變數形式的數量是否小於觀察值的總數量。但是多元邏輯斯迴歸程序會內部整合觀察值，以形成預測變數相同的共變異數形式的子母體，產生預測、殘差以及根據這些子母體的適配度測試。如果所有的預測變數都是類別變數，或是任何連續預測變數只具有有限的變數值。

(1) 以使每個共變數樣式中都有數個觀察值。

(2) 子母體方式可以產生有效的適配度檢定和情報殘差，但是個別觀察值等級方法則不能。

3. 處理二元依變數的模式——邏輯斯模式與 Probit 模式

　　解決這個問題的方法有好幾個，最常用的有兩種，第一種是「邏輯迴歸分析」(logistic regression，或稱為 Logistic model)，另一種是 probit model。這兩種方式都是透過非線性的函數去估算我們所感興趣的參數值，前者是使用邏輯斯函數，後者是使用常態分布的累積函數。這兩種非線性函數的共同點是它們的數值永遠界於 0 與 1 之間，因此我們所得到的迴歸預測值不會像線性迴歸所得到預測值有超過 1 或低於 0 的情況。其實這兩種函數值的分布情況很相似，不注意的話還看不出來它們的區別。下圖是邏輯斯函數值的分布圖。

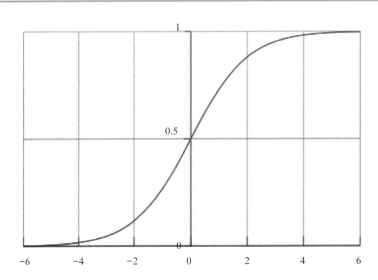

圖 5-7 邏輯斯函數值的分布圖

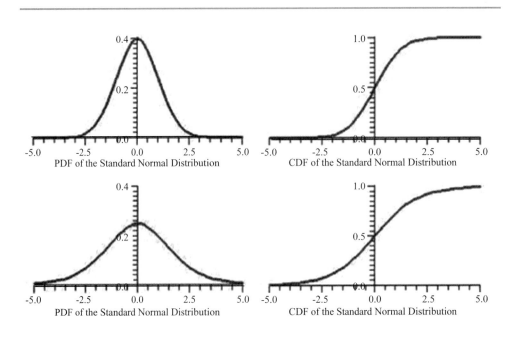

The Standard Normal and Standard Logistic Probability Distributions

圖 5-8 標準常態 vs. 標準邏輯斯分布圖

5-3-2 邏輯斯指令的事後檢定

有關邏輯斯迴歸範例，請見「5-3-3」節的介紹。當你執行邏輯斯迴歸之後，即可執行下表指令的事後檢定：

Stata 指令	說明
estat	求分類表 (classification report various summary statistics, including the classification table)。
estat gof	pearson、hosmer-lemeshow 適配度檢定 (goodness-of-fit test)。
lroc	算出 ROC 曲線之下的面積 (area under ROC curve and graph the curve)。
lsens graph	sensitivity、specificity versus 斷點 (probability cutoff)。
contrast	對比及 ANOVA 聯合檢定 (contrasts and ANOVA-style joint tests of estimates)。
estat ic	印出資訊準則：Akaike's 及 Schwarz's Bayesian information criteria (AIC and BIC)。
estat summarize	樣本估計之總和統計量 (summary statistics for the estimation sample)。
estat vce	變異數—共變數矩陣 [variance-covariance matrix of the estimators (VCE)]。
estat (svy)	調查資料之事後統計 (postestimation statistics for survey data)。
estimates	估計 (cataloging estimation results)。
(1) forecast	動態預測及模擬 (dynamic forecasts and simulations)。
lincom	執行係數線性組合之點估計 (point estimates, standard errors, testing, and inference for linear combinations of coefficients)。
linktest	模型界定之連結檢定 (link test for model specification)。
(2) lrtest	概似比檢定 (likelihood-ratio test)。
margins	印出邊際平均數等 (marginal means, predictive margins, marginal effects, and average marginal effects)。
marginsplot	繪出邊際等圖 [graph the results from margins (profile plots, interaction plots, etc.)]。
nlcom	求出點估計等 (point estimates, standard errors, testing, and inference for nonlinear combinations of coefficients)。
predict	求預測值 (predictions, residuals, influence statistics, and other diagnostic measures)。
predictnl	求得點估計等 (point estimates, standard errors, testing, and inference for generalized predictions)。

Stata 指令	說明
pwcompare	估計結果之兩兩比較 (pairwise comparisons of estimates)。
suest	似不相關估計 (seemingly unrelated estimation)。
test	線性組合之 Wald 檢定 (Waldtests of simple and composite linear hypotheses)。 Wald 檢定之虛無假設：H_0: All coefficients associated with given variable(s) are 0。
testnl	非線性組合之 Wald 檢定 (Wald tests of nonlinear hypotheses)。

注：(1) forecast 不適用於 mi 或 svy 的估計。
注：(2) lrtest 不適用於 svy 的估計。

5-3-3 邏輯斯範例：年齡與罹患冠心病 (CHD) 關係

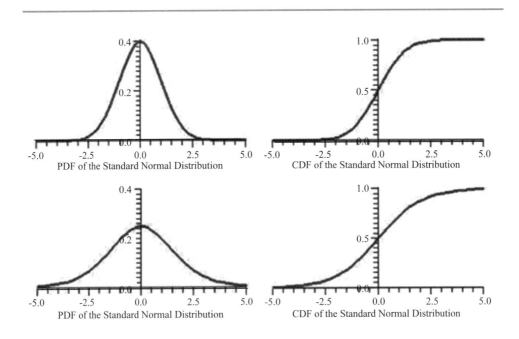

The Standard Normal and Standard Logistic Probability Distributions

圖 5-9 標準常態 vs. 標準邏輯斯分布圖

例如，調查 125 名病人，年齡 (age) 與罹患冠心病 (CHD) 關係，收集數據如下圖。

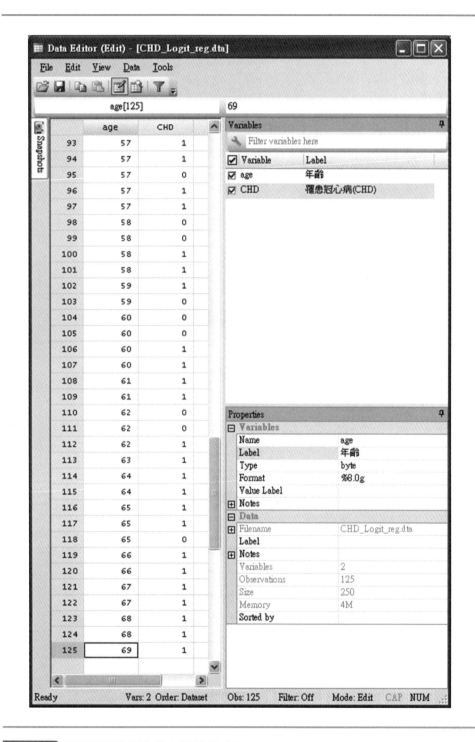

圖 5-10 年齡與罹患冠心病之資料檔「CHD_Logistic_reg.dta」

倘若採傳統 OLS 的線性函數是：$\boxed{CHD = \beta_0 + \beta_1 \times Age}$。OLS 的分析基礎，如下之散布圖所示，因為資料分散圖顯示二組群之分布並非常態，故採 OLS 迴歸分析，似乎不太合理。

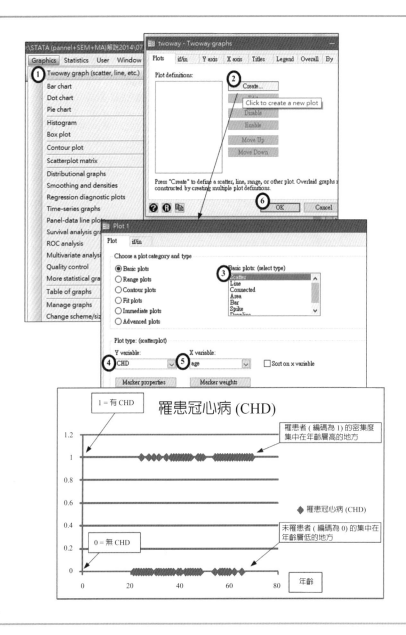

圖 5-11 年齡 (age) 與罹患冠心病之散布圖

注：Graphics > Twoway graph (scatter, line, etc.)。

相對地，邏輯斯模型是透過 $\pi(\beta_0 + \beta_1 \times \text{Age})$ 來描述 Age 與 CHD 的關係，分析公式爲：$\text{CHD}_i = \pi(\beta_0 + \beta_1 \times \text{Age}_i) + e_i$ (i = 1~125 人)。我們的目的是要去估算或找到 β_0 與 β_1 這兩個值，使 $\pi(\beta_0 + \beta_1 \times \text{Age}_i)$ 的 125 個數值最接近資料中這 N = 125 個 CHD_i 的值。

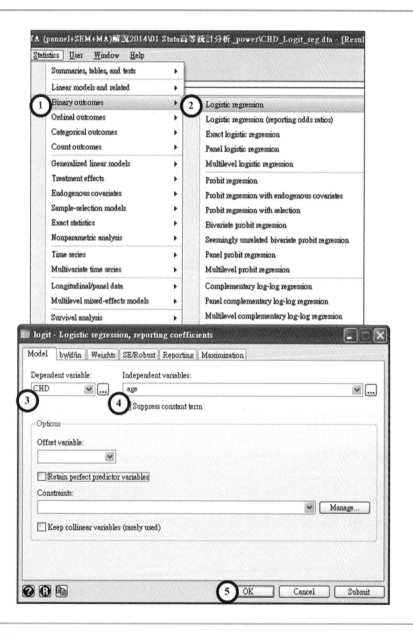

圖 5-12　年齡與罹患冠心病之邏輯斯分析畫面

　　非線性迴歸分析 (如 logistic regression) 在估算或尋找參數值 (β_0 與 β_1) 時，所用的數學原理不再是「最小平方和」，而是「最大可能性」(maximum likelihood)，意思是說所找到的這一組參數值，會使得所預測到的 $N = 125$ 個 $\pi(\beta_0 + \beta_1 \times Age_i)$ 數值 (因為有 125 個年齡的值) 分別符合資料中 125 個 CHD_i 值的整體可能性達到最大。有趣的是，線性迴歸的「最小平方和」恰好也符合非線性迴歸的「最大可能性」的原理，事實上「最小平方和」是「最大可能性」一種特殊情況。因此，線性關係中，使用「最小平方和」與「最大可能性」所估算的參數值會是一致的。不過「最大可能性」可以適用的不僅在線性關係，連非線性關係也可以運用，而「最小平方和」只適用於線性關係的分析。

　　OLS 在運用「最小平方和」估算參數值時有公式可以直接去計算，但是非線性模式在運用「最大可能性」原理時，並非直接去計算參數值，而是由電腦一再嘗試疊代運算 (iteration)，直到所找到的參數值達到最大可能性。所以一般電腦統計軟體在非線性迴歸模式的結果中都會呈現經過了幾次的疊代運算，才找到這組最理想 (最具代表性) 的參數值。

　　當我們找到參數值 (β_0 與 β_1) 時，便可以去計算 $\pi(\beta_0 + \beta_1 \times Age_i)$ 的值，所得到的這 125 個數值，其實就是代表各個年齡的人得到 CHD 的可能性。因此，<u>邏輯斯函數</u>的好處，就是將原本是「有或無 CHD(0,1)」的結果，轉變成每一個年齡得到 CHD 的發生「機率」Pr(age)。針對上面的 125 位民眾的年齡與 CHD 的資料，我用<u>邏輯斯模型</u>去分析，假設得到的結果是 $\beta_0 = -5.310$，$\beta_1 = 0.111$，我將此組 (β_0, β_1) 代入 $\pi(-5.310 + 0.111 \times Age_i)$ 去計算各個年齡的人預期得到 CHD 的可能發生率：

年齡 X 與患心臟病機率的關係式為 $Pr(age_i) = \pi = \dfrac{e^{-5.31+0.111 \times age_i}}{1 + e^{-5.31+0.111 \times age_i}}$

經過<u>邏輯斯轉換</u>後：$g(x) = \ln \dfrac{\pi(x)}{1-\pi(x)} = b_0 + b_1 X$

$Ln(\dfrac{\pi}{1-\pi}) = -5.310 + 0.111(\,年齡\,)$

則此時 CHD 與年齡就呈線性關係。

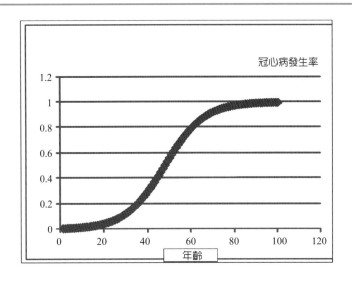

圖 5-13　各年齡得到罹患冠心病之機率 Pr(x)

　　我們可以來比較用<u>邏輯斯</u>模型所預估的各年齡的人得到 CHD 的可能性與前面用年齡分組所得到的結果，我將線性迴歸線畫在同一個散布圖，可以看到這兩種方式所得到的結果有重疊在一起，但是用<u>邏輯斯</u>模型所得到的結果與實際的情況相當吻合。

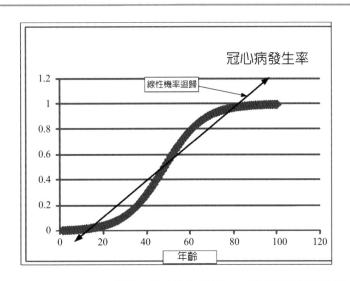

圖 5-14　線性機率迴歸 vs. <u>邏輯斯</u>迴歸 (當 $\beta > 0$ 時)

一、邏輯斯迴歸的好處

在面對二元依變數的情況，邏輯斯模型可能是被運用得最廣的，特別是在生物統計、醫學與流行病學的研究方面，邏輯斯模型有其優勢存在，因為邏輯斯模型所得到的自變數的係數值透過簡單的換算，就可以得到生物醫學上常用到的一個指標值——「勝算比」。在邏輯斯模型中，如果我們使用的自變數也是二元變數，更能夠凸顯在結果解讀上的方便。

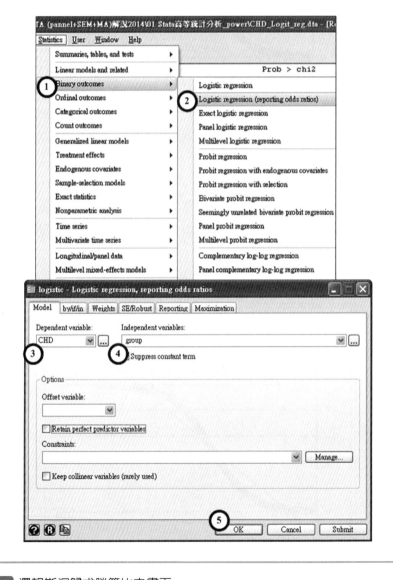

圖 5-15 邏輯斯迴歸求勝算比之畫面

我們在將上述 125 筆資料根據年齡分成兩組 (如下表)，第一組是年齡大於或等於 40 歲的人，另一組包含年齡小於 40 歲的人。我用一個新變數 (group) 來代表這兩組，第一組是 group=1，第二組是 group=0。第一組中有 58.7% 的人得到 CHD，41.3% 的人沒有得到 CHD，其得到 CHD 的勝算 (也就是這一組的人得到 CHD 的機會與沒得到 CHD 的機會之相對值)=58.7%/41.3%=1.423。較年輕組中有 16.2% 的人得到 CHD，83.8% 的人沒有得到 CHD，其得到 CHD 的勝算 =16.2%/83.8% =0.194。如果我們將第一組的勝算除以的二組的勝算，便可以得到這兩組得到 CHD 的勝算比。此處所得到的結果告訴我們，年長組的人罹患 CHD 相較於沒有罹患 CHD 的情況，是年輕組的 7.353 倍。

```
-----------------Group=1--------------Group=0
-----------------Age>=40--------------Age<40
chd="1----------58.7%---------------16.2%"
chd="0----------41.3%---------------83.8%"
Odds------------1.423----------------0.194
Odds ratio------1.423/0.194=7.353
```

現在我們用邏輯斯模型去分析 CHD 與這兩組的關係 (將自變數由 Age 改成 group)，所得到的 group 的參數是 1.995049。很有趣的是，當我們去取這個值的指數時，exp(1.995049)=7.35256，剛好是等於前面計算出來的勝算比。

需要強調的是，勝算比並不是指這兩組人罹患 CHD 的平均可能性之比值。這兩組人的罹患 CHD 的平均可能性分別是 58.73% 與 16.22%，其比值是 3.62。

二、邏輯斯迴歸分析結果的解讀

至於邏輯斯迴歸結果的係數或勝算比值要如何解讀，這裡用一個簡例來說明：探討年齡與性別與冠心病發的關係，自變數分別是年齡 (1-100，連續變數) 與性別 (男與女，二元變數，女 = 1，男 = 0)。如果年齡與性別的係數分別是 0.1 與 -0.5，若直接從係數值來看，我們應該說冠心病發機率與年齡呈正相關，年齡愈大，冠心病發的機率愈大；冠心病發機率與女性的性別呈現負相關，女性冠心病發機率要比男性來得小。

如果將係數轉換成勝算比，年齡與性別的勝算比分別為 1.105 與 0.6065[勝算比 =exp(係數值)]。解釋的方式是：年齡每增加 1 歲，冠心病發的勝算值 (病發機率 / 未病發機率的比值) 是未增加前的 1.105 倍。在二變數方面，會更容易

解釋：女性冠心病發的勝算值 (病發機率 / 未病發機率的比值) 只有男性的 0.6065 倍。

此外，我們也可以說男性冠心病發的勝算值為女性的 1.648(1/0.6065) 倍。($e^{-0.5}$ = 0.6065)。其實，如果我們將性別變數的男性改設定為 1，女性為 0，再跑一次邏輯斯迴歸，所得到的係數會是 0.5(從 −0.5 變成 0.5)，而勝算比 = $e^{0.5}$ = 1.648，意義完全一樣，只是比較的基礎不同而已。

如果要解釋邏輯斯模型中乘積項或交互項 (interaction term) 的係數或勝算比值意義，就比較複雜了，不過大體上的相關性說明原則應該是跟前面所說的一樣。比如有一個乘積項是性別 x 抽菸與否 (抽菸 = 1，未抽菸 = 0)，如果此乘積項的係數是 0.2 (正值，$e^{0.2}$ = 1.22)，可以解讀為：女性抽菸後得到冠心病的勝算率為男性的 1.22 倍；此即意謂：與男性相較之下，抽菸對女性 (性別：女 = 1，男 = 0) 得到冠心病發的影響，要比抽菸對男性的影響來得大；或是：女性從不抽菸變成抽菸所帶來冠心病發的風險，要比男性從不抽菸變成抽菸所帶來冠心病發的風險來的高；也就是說，女性性別與抽菸互動之下，與冠心病發機率有正相關。(乘積項的勝算比率是女性抽菸得到冠心病的勝算比率 / 男性抽菸得到冠心病的勝算比率)。

5-4 Binary 依變數 (失業否預測)：OLS,Probit 及邏輯斯迴歸三者比較

對依變數屬類別型變數之多元迴歸，採用 Stata 的線性迴歸、邏輯斯模型及 Probit 模型，所得結果都是非常接近。請看本例這 3 種不同的多元迴歸之比較。

一、範例：線性機率、**Probit** 及邏輯斯三歸迴模型

(一) 間題說明

例子：爲了解失業否 (lfp) 預測因子有那些呢？研究者調查 753 名公民，問卷
題項包括：

依變數爲類別型 lfp：有償勞動力 (是否失業率嗎)：1=yes 0=no

預測變數有下列 7 個，有些是類別變數、有些是連續自變數。

1. 連續型自變數 k5：# kids < 6。

2. 連續型自變數 k618：# kids 7-18。

3. 連續型自變數 age：妻子年齡。

4. 類別型自變數 wc：太太學歷爲大學嗎：1=yes 0=no。

5. 類別型自變數 hc：先生學歷爲大學嗎：1=yes 0=no。

6. 連續型自變數 lwg：Log(太太薪水)。因爲薪水不符常態分布，故取自然對
數，才符合常態。

7. 連續型自變數 inc：家庭收入 (不含妻子的薪水)。

(二) 資料檔之內容

「binlfp2_reg_Logistic_probit.dta」資料檔內容如下圖。

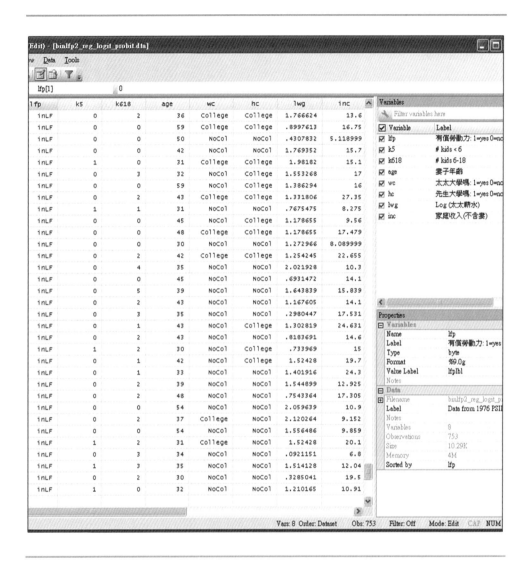

圖 5-16 「binlfp2_reg_Logistic_probit.dta」資料檔 (N=753，8 variables)

(三) 多元迴歸之選擇表操作

迴歸分析前，先對各變數之屬性，通盤了解。指令有：「describe」、「sum」。

```
. use binlfp2_reg_Logistic_probit.dta
(Data from 1976 PSID-T Mroz)

. describe
Contains data from binlfp2_reg_Logistic_probit.dta
  obs:           753                          Data from 1976 PSID-T Mroz
  vars:            8                          11 Feb 2014 20:37
  size:        10,542                         (_dta has notes)
-------------------------------------------------------------------------
              storage   display    value
variable name   type     format    label     variable label
-------------------------------------------------------------------------
lfp           byte      %9.0g      lfplbl    有償勞動力：1=yes 0=no
k5            byte      %9.0g                # kids < 6
k618          byte      %9.0g                # kids 7-18
age           byte      %9.0g                妻子年齡
wc            byte      %9.0g      collbl    太太大學嗎：1=yes 0=no
hc            byte      %9.0g      collbl    先生大學嗎：1=yes 0=no
lwg           float     %9.0g                Log（太太薪水）
inc           float     %9.0g                家庭收入（不含妻）
-------------------------------------------------------------------------
Sorted by:  lfp
. sum
    Variable |       Obs        Mean    Std. Dev.       Min        Max
-------------+-----------------------------------------------------------
         lfp |       753    .5683931    .4956295         0          1
          k5 |       753    .2377158     .523959         0          3
        k618 |       753    1.353254    1.319874         0          8
         age |       753    42.53785    8.072574        30         60
          wc |       753    .2815405    .4500494         0          1
-------------+-----------------------------------------------------------
          hc |       753    .3917663    .4884694         0          1
         lwg |       753    1.097115    .5875564  -2.054124   3.218876
         inc |       753    20.12897     11.6348  -.0290001         96
```

Step 1：線性 OLS 之多元迴歸
選擇表操作

Statistics > Linear models and related > Linear regression

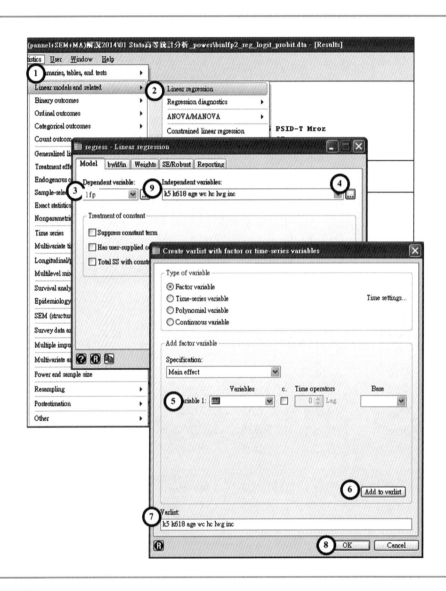

圖 5-17 線性之多元迴歸之選擇表

注：Statistics > Linear models and related > Linear regression。

```
. regress lfp k5 k618 age wc hc lwg inc, tsscons

      Source |      SS        df       MS                Number of obs =    753
-------------+------------------------------            F( 7,   745) =   18.83
       Model | 27.7657494      7  3.96653564            Prob > F      =  0.0000
    Residual | 156.962006    745  .210687257            R-squared     =  0.1503
-------------+------------------------------            Adj R-squared =  0.1423
       Total | 184.727756    752  .245648611            Root MSE      = .45901


------------------------------------------------------------------------------
         lfp |      Coef.   Std. Err.      t    P>|t|     [95% Conf. Interval]
-------------+----------------------------------------------------------------
          k5 |  -.294836   .0359027    -8.21   0.000    -.3653185   -.2243534
        k618 |  -.011215   .0139627    -0.80   0.422     -.038626    .016196
         age | -.0127411   .0025377    -5.02   0.000    -.017723   -.0077591
          wc |   .163679   .0458284     3.57   0.000     .0737109   .2536471
          hc |   .018951   .042533      0.45   0.656    -.0645477   .1024498
         lwg |  .1227402   .0301915     4.07   0.000     .0634697   .1820107
         inc | -.0067603   .0015708    -4.30   0.000     -.009844   -.0036767
       _cons |  1.143548   .1270527     9.00   0.000      .894124   1.392972
------------------------------------------------------------------------------

/*listcoef part of spostado*/
. listcoef

regress (N=753): Unstandardized and Standardized Estimates

 Observed SD: .49562951
 SD of Error: .45900682


------------------------------------------------------------------------------
         lfp |      b          t    P>|t|     bStdX     bStdY    bStdXY     SDofX
----------+-------------------------------------------------------------------
          k5 |  -0.29484   -8.212   0.000   -0.1545   -0.5949   -0.3117    0.5240
        k618 |  -0.01122   -0.803   0.422   -0.0148   -0.0226   -0.0299    1.3199
         age |  -0.01274   -5.021   0.000   -0.1029   -0.0257   -0.2075    8.0726
          wc |   0.16368    3.572   0.000    0.0737    0.3302    0.1486    0.4500
          hc |   0.01895    0.446   0.656    0.0093    0.0382    0.0187    0.4885
         lwg |   0.12274    4.065   0.000    0.0721    0.2476    0.1455    0.5876
         inc |  -0.00676   -4.304   0.000   -0.0787   -0.0136   -0.1587   11.6348
------------------------------------------------------------------------------
```

線性機率迴歸模型爲：

Lfp = 1.143 − 0.294×k5 − 0.011×k618 − 0.0127×age + 0.163×wc + 0.0189×hc
 + 0.1227×lwg − 0.006×inc。

7 個自變數，有 5 個達到顯著水準，包括：k5、age、wc、lwg、inc。

Step 2 ：邏輯斯迴歸

　　邏輯斯迴歸模式是用來處理依變數屬於類別變數的一種統計分析方法，因依變數可能包含多種可能狀態，常被用來分析一個二元的反應變數。其特性在於利用邏輯斯變數轉換，使反應變數轉換爲介於 0 到 1 之間的機率值，其中定義反應變數 Y 爲 1(代表事件發生) 和 0(代表事件不發生)。

　　若假設有 $p-1$ 個獨立的解釋變數，令其向量定義 $x = (x_1, x_2, \cdots, x_{p-1})$ 則反應變數的條件機率定義爲 $P(Y = 1|x) = \pi(x)$ 爲申請人基本資料下好顧客之機率，

$$\pi(x) = \frac{e^{g(x)}}{1 + e^{g(x)}}，\text{其中 } 0 \leq \pi(x) \leq 1$$

邏輯斯迴歸模式通常表示爲：

$$g(x) = \ln\left[\frac{\pi(Y = 1 \mid x)}{1 + \pi(Y = 1 \mid x)}\right] = \beta_0 + \beta_1 x_1 + \cdots + \beta_{p-1} x_{p-1}$$

　　經過邏輯斯的轉換後，$g(x)$ 是參數的線性組合，與變數 X 呈線性關係且爲單調遞增 / 遞減特性，更能處理 $P(Y = 1 \mid x) = \pi(x)$ 發生事件之機率範圍限制的問題。迴歸係數最大概似估計式，具有統計一致性與有效性的優點。且當 $g(x)$ 愈大時，事件發生的機率愈大，可另設臨界機率值作爲兩類顧客群判定標準；若申請人之機率大於臨界機率，則判定可正常授信客戶。

　　選擇表操作

Statistics > Binary outcomes > Logistic regression

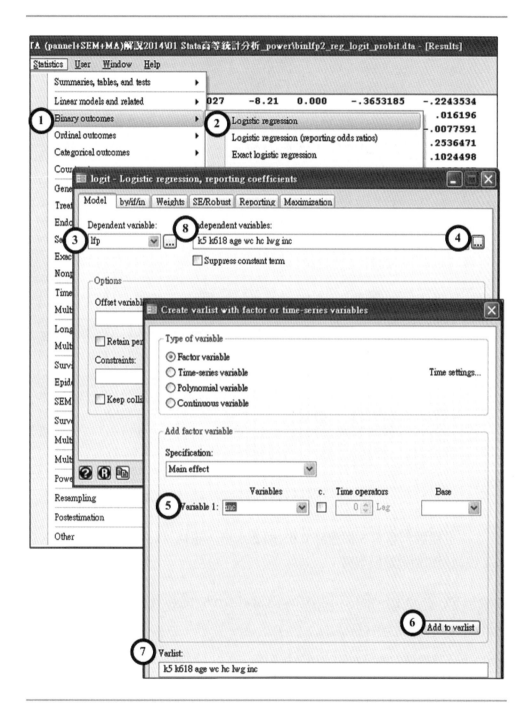

圖 5-18 邏輯斯迴歸之選擇表

613

```
. Logistic lfp k5 k618 age wc hc lwg inc

Iteration 0:   log likelihood =  -514.8732
Iteration 1:   log likelihood = -453.03179
Iteration 2:   log likelihood = -452.63343
Iteration 3:   log likelihood = -452.63296
Iteration 4:   log likelihood = -452.63296


Logistic regression                        Number of obs   =        753
                                           LR chi2(7)      =     124.48
                                           Prob > chi2     =     0.0000
Log likelihood = -452.63296                Pseudo R2       =     0.1209

------------------------------------------------------------------------------
     lfp |     Coef.    Std. Err.      z     P>|z|    [95% Conf. Interval]
---------+--------------------------------------------------------------------
      k5 | -1.462913   .1970006    -7.43   0.000   -1.849027   -1.076799
    k618 | -.0645707   .0680008    -0.95   0.342    -.1978499    .0687085
     age | -.0628706   .0127831    -4.92   0.000    -.0879249   -.0378162
      wc |  .8072738   .2299799     3.51   0.000     .3565215    1.258026
      hc |  .1117336   .2060397     0.54   0.588    -.2920969     .515564
     lwg |  .6046931   .1508176     4.01   0.000     .3090961    .9002901
     inc | -.0344464   .0082084    -4.20   0.000    -.0505346   -.0183583
   _cons |   3.18214   .6443751     4.94   0.000     1.919188    4.445092
------------------------------------------------------------------------------
```

　　7 個自變數，也有 5 個達到 0.05 顯著水準，包括：k5、age、hc、lwg、inc。整個邏輯斯迴歸模型為：

$$\Pr(Lfp = 1) = F(3.18 - 1.46 \times k5 - 0.06 \times k618 - 0.06 \times age + 0.81 \times wc + 0.11 \times hc + 0.60 \times lwg - 0.03 \times inc)$$

其中，F(.) 為標準常態分布的累積分析函數。

　　在 5% 水準下，小孩人數小於 5(k5)、妻子年齡 (age)、家庭收入 (inc)，分別與有償勞動力 (lfp) 之機率呈顯著負相關，而太太是否有大學學歷 (wc)、太太薪水 (lwg) 與有償勞動力 (lfp) 之機率則呈現顯著正相關。

```
. quietly Logistic lfp k5 k618 age wc hc lwg inc

. fitstat, sav(r2_1)
```
* 前次迴歸之適配度，暫存到 r2_1

```
. quietly Logistic lfp k5 age wc  lwg inc

. fitstat, using(r2_1)
```
* 最近一次迴歸之適配度，與前次迴歸 r2_1 做比較

Measures of Fit for Logistic of lfp

*	前次迴歸 Current	本次迴歸 Saved	二個迴歸適配度之差距 Difference
Model:	Logistic	Logistic	
N:	753	753	0
Log-Lik Intercept Only:	-514.873	-514.873	0.000
Log-Lik Full Model:	-453.228	-452.633	-0.595
D:	906.455(747)	905.266(745)	1.190(2)
LR:	123.291(5)	124.480(7)	1.190(2)
Prob > LR:	0.000	0.000	0.552
McFadden's R2:	0.120	0.121	-0.001
McFadden's Adj R2:	0.108	0.105	0.003
Maximum Likelihood R2:	0.151	0.152	-0.001
Cragg & Uhler's R2:	0.203	0.204	-0.002
McKelvey and Zavoina's R2:	0.214	0.217	-0.004
Efron's R2:	0.153	0.155	-0.002
Variance of y*:	4.183	4.203	-0.019
Variance of error:	3.290	3.290	0.000
Count R2:	0.681	0.693	-0.012
Adj Count R2:	0.262	0.289	-0.028
AIC:	1.220	1.223	-0.004
AIC*n:	918.455	921.266	-2.810
BIC:	-4041.721	-4029.663	-12.059
BIC':	-90.171	-78.112	-12.059

Difference of   12.059 in BIC' provides very strong support for current model.

Note: p-value for difference in LR is only valid if models are nested.

1. AIC(Akaike information criterion)、BIC(Bayesian information criterion) 兩項資訊準則。AIC 與 BIC 所計算出來的值愈小，則代表模型的適配度愈佳。

$$AIC = T \times Ln(SSE) + 2k$$
$$BIC = T \times Ln(SSE) + k \times Ln(T)$$

2. 判定係數 R^2、AIC 與 BIC，都是評比二個 (以上) 模型好壞的準則。R^2 愈大或 AIC、BIC 愈小，表示該模型愈佳。

3. 當我們利用判定係數或 AIC 與 BIC 找出一個適配度較佳的模型，但是我們卻不知道這個模型是否「顯著地」優於其他模型。故可用概似比來檢定。

4. 適配度檢定：概似比 Likelihood Ratio(LR) 檢定。

   例如，假設我們要檢定 AR(2) 模型是否比 AR(1) 模型來得好，因此我們可以算出兩個模型的最大概似值分別為 L_U 與 L_R，則 LR 統計量為：

$$LR = -2(L_R - L_U) \sim \text{符合 } \chi^2_{(m)} \text{ 分配}$$

   假如，$P < 0.05$ 表示達顯著的話，則表示 AR(2) 模型優於 AR(1) 模型。
   以本例邏輯斯迴歸來說，結果得 LR(2) = 1.190，$P > 0.05$，表示我們「最近一次」界定的邏輯斯迴歸模型，並沒有比「前次」界定的邏輯斯模型來得好。

5. 若將 p 值不顯著的預測變數 (k618, wc) 捨棄之後，再進行第二次迴歸，並比較兩批迴歸適配度之比較，分析解說如下：
   前次邏輯斯迴歸「lfp = k5 + k618 +age +wc +hc +lwg + inc」與最近一次的邏輯斯迴歸，兩者適配度的準則並無顯著的差異 (Likelihood Ratio = 1.19, $P > 0.05$)，故用較簡潔的最近一次迴歸「lfp= $-1.43 \times$ k5 $- 0.058 \times$age $+ 0.87 \times$wc $+ 0.615 \times$lwg $-0.0336 \times$inc」是不錯的決定。且前後二次迴歸之 AIC 差 = -0.004，顯示前次迴歸比後一次迴歸，AIC 只好 0.004，接近於 0。故我們可大膽說，後一次邏輯斯迴歸模型是精簡且有預測效果的。

Step 3：線性機率迴歸 (probit 指令)

　　選擇表操作

Statistics > Binary outcomes > Probit regression

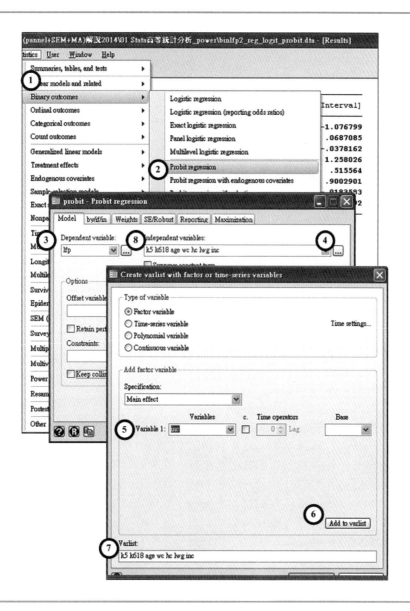

圖 5-19 probit 迴歸之選擇表

```
. probit lfp k5 k618 age wc hc lwg inc

Iteration 0:    log likelihood =  -514.8732
Iteration 1:    log likelihood = -452.84838
Iteration 2:    log likelihood = -452.69498
Iteration 3:    log likelihood = -452.69496

Probit regression                               Number of obs   =       753
                                                LR chi2(7)      =    124.36
                                                Prob > chi2     =    0.0000
Log likelihood = -452.69496                     Pseudo R2       =    0.1208


-------------------------------------------------------------------------------
     lfp |      Coef.   Std. Err.      z    P>|z|     [95% Conf. Interval]
---------+---------------------------------------------------------------------
      k5 |  -.8747111   .1135584    -7.70   0.000    -1.097281   -.6521408
    k618 |  -.0385945   .0404893    -0.95   0.340    -.1179521    .0407631
     age |  -.0378235   .0076093    -4.97   0.000    -.0527375   -.0229095
      wc |   .4883144   .1354873     3.60   0.000     .2227641    .7538647
      hc |   .0571703   .1240053     0.46   0.645    -.1858755    .3002162
     lwg |   .3656287   .0877792     4.17   0.000     .1935846    .5376727
     inc |   -.020525   .0047769    -4.30   0.000    -.0298875   -.0111625
   _cons |   1.918422   .3806539     5.04   0.000     1.172354    2.66449
-------------------------------------------------------------------------------
. prchange, fromto

probit: Changes in Probabilities for lfp

           from:      to:     dif:    from:      to:     dif:    from:      to:
          x=min    x=max  min->max     x=0      x=1     0->1    x-1/2    x+1/2
   k5    0.6573   0.0132   -0.6441   0.6573   0.3193  -0.3380   0.7371   0.4051
 k618    0.5985   0.4763   -0.1221   0.5985   0.5835  -0.0150   0.5857   0.5706
  age    0.7490   0.3216   -0.4274   0.9646   0.9615  -0.0031   0.5855   0.5708
   wc    0.5238   0.7082    0.1844   0.5238   0.7082   0.1844   0.4813   0.6705
   hc    0.5694   0.5917    0.0223   0.5694   0.5917   0.0223   0.5669   0.5893
  lwg    0.1698   0.8347    0.6649   0.4192   0.5642   0.1450   0.5057   0.6480
  inc    0.7294   0.0869   -0.6425   0.7292   0.7223  -0.0068   0.5822   0.5741
```

```
            dif:       from:         to:       dif:
           -+1/2     x-1/2sd     x+1/2sd      -+sd/2    MargEfct
     k5   -0.3320      0.6651      0.4873     -0.1778    -0.3422
   k618   -0.0151      0.5881      0.5682     -0.0199    -0.0151
    age   -0.0148      0.6368      0.5178     -0.1190    -0.0148
     wc    0.1892      0.5348      0.6206      0.0858     0.1911
     hc    0.0224      0.5727      0.5836      0.0109     0.0224
    lwg    0.1423      0.5358      0.6197      0.0839     0.1431
    inc   -0.0080      0.6242      0.5310     -0.0932    -0.0080


             NotInLF      inLF
  Pr(y|x)    0.4218      0.5782


             k5        k618        age         wc          hc         lwg         inc
     x=   .237716    1.35325    42.5378    .281541    .391766    1.09711     20.129
   sd_x=  .523959    1.31987    8.07257    .450049    .488469    .587556    11.6348
```

1. 二個以上敵對模型誰較優？就看誰 Log likelihood 值若愈大，則該模型整體適配度就愈佳。對比邏輯斯模型，其 Log likelihood = -452.633；而 probit 模型，其 Log likelihood = -452.69，故本例邏輯斯模型與 probit 模型一樣優。

2. probit 模型分析之七個自變數，也有 5 個達到顯著水準，包括：k5、age、hc、lwg、inc。在 Type I 誤差 ($\alpha = 0.05$) 水準下，小孩人數小於 5(k5)、妻子年齡、家庭收入，分別與有償勞動力之機率呈顯著負相關，而太太是否有大學學歷、太太薪水與有償勞動力之機率則呈顯著正相關。

小結

　　由上三種不同的迴歸模型，可看出線性迴歸、邏輯斯迴歸及 Porbit 迴歸，三者的分析之顯著性考驗其 p 值都是非常接近。只是三者計算公式之單位不同而已。此外，線性迴歸的依變數，不論是連續變數或類別變數都可適用。但邏輯斯迴歸及 Porbit 迴歸的依變數，只限類別變數才可以。

　　線性迴歸、邏輯斯迴歸及 Porbit 迴歸三者的預測變數 (自變數)，不論是連續變數或類別變數都可以。

流行病學統計法：
ROC 曲線分析

6-1 流行病學

流行病學的希臘文是 epidemiology，是研究流行病 (epidemic) 的學問。它是一門研究族群之健康狀態 (指健康與健康失調，如疾病、傷害、殘障和死亡的存在與否) 和健康事件 (指疾病、傷害、殘障和死亡的發生與否) 之分布情形和決定因素，以及控制方法的學問。

在研究傳染病及非傳染性疾病時，流行病學家從事眾多事項，包含爆發調查、研究設計、數據收集及分析 (如創建統計模組) 等。流行病學家須跨足並使用不同領域的知識，如生物學、生物計量學、地理信息系統和社會科學。

6-1-1 流行病學之研究法：觀察法及實驗法

流行病學由於因果關係常常是無法確定，故研究中將被認為是原因的變數稱為「決定因素」(determinant)、「預測因子 (predictor：又稱為 predictor variable)」或是「解釋變數 (independent variable：也稱自變數)」，許多時候可以稱為「暴露 (exposure)」。將被認為是結果的變數稱為「疾病 (outcome)」；又稱「outcome variable」或是「依變數 (dependent variable)」。根據暴露是否由研究者指派分配，流行病學研究又可分為「實驗性研究 (experimental study) 及「觀察性研究 (observational study)」。

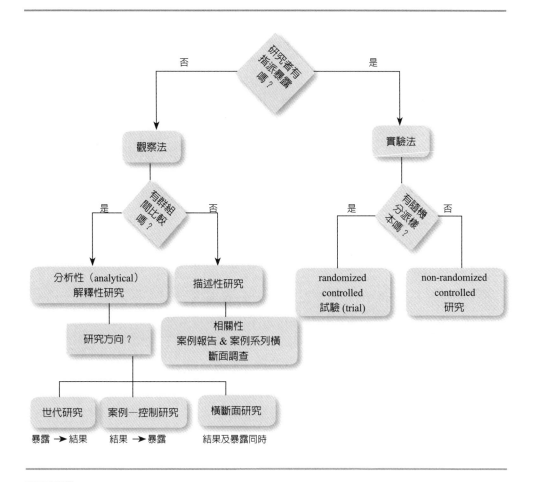

圖 6-1 流行病之研究設計

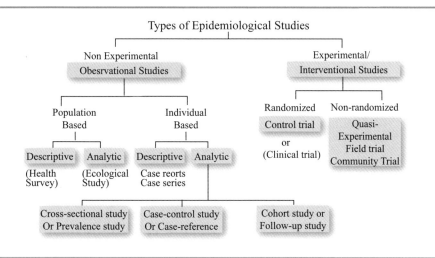

圖 6-2 流行病研究設計之示意圖 II

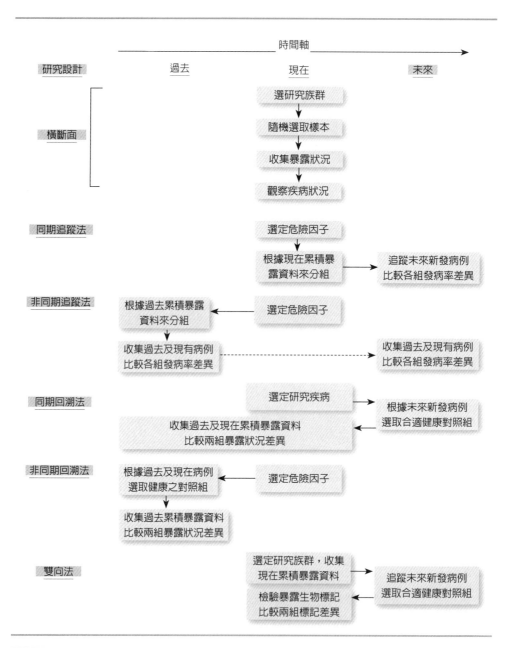

圖 6-3 流行病研究設計與時間軸之關係

6-1-2a 觀察法：描述性 vs. 分析性研究

流行病學的觀察法可分為描述性、分析性研究二大類：

一、描述性 (descriptive epidemiology)

描述性流行病學，資料來源主要來自：戶口普查、戶籍登記、健康記錄和醫院病歷等。通過調查，了解疾病和健康狀況在時間、空間和人群間的分布情況，為研究和控制疾病提供線索，為制定衛生政策提供參考。

描述性研究目的在研究與健康有關之狀態和事件的分布情形，並做統計上的推估 (statistical inference)。**描述**人群中健康狀況和事件發生的實際狀況，係按人、時、地三個因素的影響分別加以描述。

1. 人：包括種族、性別、年齡、婚姻狀況、社會經濟、地位、職業、宗教信仰其他等。例如，大腸癌 (線性瘜肉) 在臺灣是最常見的癌症之一，發生大腸癌的人數年年攀升，根據衛生福利部國民健康署統計資料，民國 101 年發生大腸癌 (包含結腸、直腸、乙狀結腸連結部及肛門，含原位癌) 的有 16,448 人，占所有癌症發生人數的 15.65%，發生率的排名於男性為第 1 位、女性為第 2 位；101 年因大腸癌死亡者有 5131 人，占所有因癌症死亡人數的 11.75%，死亡率的排名為第 3 位。大腸直腸癌的發生原因可能與家族史、肥胖、缺乏運動及不健康的飲食習慣（高脂肪、高熱量、低纖維、抽菸及飲酒等）相關。英國及荷蘭的科學家研究近 200 萬人之往昔 25 篇大腸癌初級研究結果，進行了 Meta 分析，結果發現，增加膳食纖維攝入量 (特別是穀物纖維和全穀食物)，有助於預防腸癌。此外，多攝入膳食纖維還有助於降低心血管疾病、2 型糖尿病和肥胖症危險，並可降低總體死亡率。

2. 時：包括季節、週期變動與短期流行、長期趨勢時間的聚集性(clustering) 等。
   時間的因素：
   (1) 時間聚集 (time clustering)：時間聚集代表著有共同的暴露經驗，可以是指病例的發生特別集中在某一時段，如某年、某月、某日若屬於發病時間的聚集即稱為點流行，比較容易探討病因，如食物中毒。
   (2) 週期循環 (cyclic change) 與季節變動 (season change)：
      疾病的發生率或死亡率呈週期循環的現象，如腸病毒、茲卡病毒、登革熱易發生於夏天；相對地，胃潰瘍、支氣管炎及腦膜炎則易發生於冬天。
   (3) 長期趨勢 (secular trends)：
      疾病發生的長期變化除週期循環與季節變動之外，還有線性趨勢，包括逐年增加或減少的變化。例如，臺灣惡性腫瘤、癌症和糖尿病死亡率的長期趨勢有上升現象。但國內由於環境衛生的改善、營養的增進、醫藥及生活水準的提升，傳染病的疾病率和死亡率有明顯下降的趨勢。如下二個圖所示。

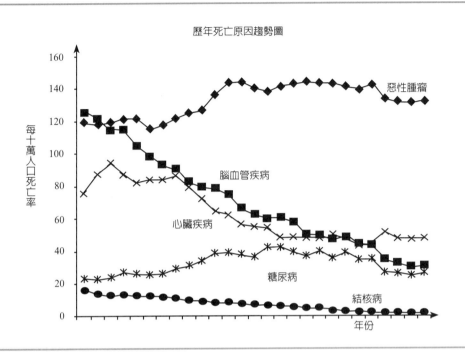

圖 6-4 臺灣死因之長期趨勢

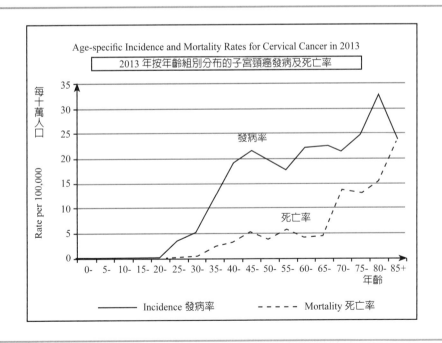

圖 6-5 2013 年按年齡組別分布的子宮頸癌發病及死亡率

3. 地：包括自然、行政、氣候、溫度、高度、水質、大小與風俗民情等，亦常用來作城鄉差異與國際比較之研究。例如，雲嘉南地區 C 肝人口比例，全國最高，14 人就有 1 人是 C 肝患者。

　　由於不同的地理位置或國家，其人口密度、文化、飲食、生活型態、季節氣候、醫療水準與衛生政策等，均會影響疾病的發生率和死亡率。

二、分析性 (analytical) 之觀察法又細分：世代研究法、病例─對照研究法

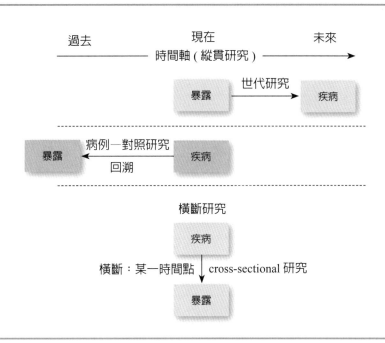

圖 6-6 三種分析性研究之比較：世代研究 vs. case-control 研究 vs. cross-sectional 研究

　　分析性之觀察法若以「研究開始時病例是否存在」，可分：世代研究法 (cohort study)，又稱前瞻性研究 (prospective study)，以及病例─對照研究法 (case-control study)。

1. 世代研究法：「暴露→結果」

　　又稱追蹤性研究、前瞻性研究或縱貫面研究，是一種探索病因的流行病學研究法。

世代研究是選取一組暴露於某種因素的人和另一組不暴露於於該因素的人，再經過一段時間後，以 Cox 模型、邏輯斯、ROC 等統計方法來比較兩組人患某病的情況 (如肺癌)，以確定某因素是否和某病有關。例如，依研究對象是否有暴露分組做比較，故須找一群有抽菸習慣的人 (有暴露者) 與一群從不抽菸的人 (沒有暴露者)，比較這兩群人的肺癌 (疾病) 發生率，以研究抽菸是否會引起肺癌。

世代研究適用於發病率較高的疾病，也適用於環境汙染對健康影響的評價。該方法的優點是在兩組對比中 (開始時的健康狀況一樣) 直接觀察致病因子與發病的關係，不存在回憶性偏差，且能計算發病率、死亡率和相對危險性。缺點是觀察時間長，可能發生失訪偏差；如觀察發病率低的疾病則需大量人力，費用高、時間長。

例如，世代研究之「暴露 (飲食習慣) →結果 (大腸癌)」，如何證明「大腸癌與飲食習慣 (缺蔬果纖維)」有絕對相關呢？有人發現移居第一代日本人大腸癌之人口比例，遠低於移民美國之第二代日本人，因美國人比日本當地人更愛吃肉。為了複驗此論點：「多吃蔬果可降低大腸癌」，接著國內有醫生將門診之大腸癌病人隨機分成二組：(1) 實驗組 (case group)：大腸癌病人改按醫生建議，多吃蔬果少吃肉。(2) 控制組 (control group)：大腸癌病人仍依日常飲食習慣進食。經過 1 年的追蹤，再檢驗大腸癌病人之腸內新生瘜肉之增加量，結果發現，多吃蔬果少吃肉之控制組比實驗組，顯著增加腺瘤性瘜肉。由於腺瘤性瘜肉為最常見的腸內新生瘜肉，且與腸癌之關係較密切，90% 以上的大腸癌是經由大腸腺瘤性瘜肉，經過 10~30 年的惡性演變而來，少數的大腸腺癌可能直接經由黏膜細胞的惡性化，並直接發展為大腸癌。故為了提早預防大腸癌，呼籲民眾養成定期篩檢、正確飲食及規律運動的好習慣。

2. 病例－對照研究法：「結果→暴露」

病例對照研究，將研究對象依是否有疾病分組做比較。研究對象，須選取一組患某病的人 (病例組)，再選取另一組沒有患某病的另一組人 (對照組)，收集兩個組人中某一或某幾個因素存在的情況，再以統計學方法來確定某一因素是否和該疾病有關及其關連的程度如何。例如，找一群肺癌的病人 (有疾病者) 與一群沒有肺癌的人 (沒有疾病者)，比較這兩群人中有抽菸習慣 (暴露) 者的比例，以研究抽菸是否會引起肺癌。又如，病例組過去暴露在致病因子的頻率較高，而對照組較低的話，就可判定此一致病因子和疾病之間有相關存在。

此研究法的優點是：(1) 可以獲得暴露率，(2) 可做多重病因的探討，(3) 所

需樣本數少，(4) 研究經費低。

其缺點是：(1) 時序性不清楚，(2) 無法獲得發生率，(3) 對照組不易選取，(4) 暴露資料取得不易，(5) 有回憶偏差 (recall bias)。

因此，此方法適用於病因不明且是常見暴露情形下的稀有疾病。

一般來說，世代研究比病例對照研究的結論較可靠，但世代研究耗時很長 (如研究吸菸和肺癌的關係要數十年的時間)，需要更多的資源。

三、世代研究、病例對照之統計量：勝算比

(一) 勝算比原理

線性迴歸分析之依變數是由自變數們所構成的直線函數，並加上一個誤差值所得之模型，其公式為：

$$Y = \beta_0 + \beta_1 X_1 + \beta_2 X_2 + \cdots + \beta_k X_k + \varepsilon$$

其中，Y 是依變數、X_i 是 k 個自變數中第 i 個、β 為權重係數、ε 為隨機誤差項。

當依變數是類別的資料時，依變數若分為二群，則採用二元邏輯斯迴歸，目標事件不發生時為 0，目標事件發生時則為 1。邏輯斯迴歸分析是探討自變數對二類別依變數的預測力或解釋力，並且藉由邏輯斯迴歸分析可以得勝算比，如下式。如果勝算小於 1，表示目標事件發生的機率少於目標事件不發生的機率；如果勝算大於 1，表示目標事件發生的機率多於目標事件不發生的機率。

$$勝算比 = \frac{\pi(x)}{1 - \pi(x)} = e^{b_0 + b_1 x}$$

其中，X 是自變數，π 為機率值，e^x 為指數函數，b_0 為常數項，b_1 為權重係數。

從二元邏輯斯迴歸分析的整體模型適配度 (goodness of fit)，可了解自變數對依變數的貢獻程度。整體模型若達顯著，表示所有自變數中至少一個自變數對依變數的預測機率達顯著，若要進一步確定是哪個自變數對依變數的預測機率達顯著需進行個別自變數性檢定。

(二) 病例對照研究之勝算比

病例對照研究將由疾病的狀態選擇研究例子，是一種回溯型研究。一組是實驗處理組 (有發病者)，一組是對照組 (無發病者)，兩組人應盡量找相同母群

體的人來研究。接下來對照兩組間過去所受到的危險因子暴露程度，如下方表格所顯示。

	實驗處理組	對照組
暴露 (event)	Ⓐ人數	Ⓑ人數
無暴露 (non-expose)(non-event)	Ⓒ人數	Ⓓ人數

(Ⓐ) 暴露實驗處理組、(Ⓑ) 暴露對照組、(Ⓒ) 無暴露實驗處理組、(Ⓓ) 無暴露 (non-expose) 對照組。

$$勝算比公式為 OR = \frac{A \times D}{B \times C}$$

比值大小，即是實驗處理組與對照組之危險大小，可了解有無暴露造成的增加風險。如果 OR 大於 1，則這些疾病很可能跟暴露危險有關，反之如果接近 1，則兩者可能沒有相關，如果小於 1 則可能是保護因子 (暴露後可以降低發病率)。

勝算比之 95% 信賴區間 (Confidence Interval) 為：

$$\ln(OR) \pm 1.96 \sqrt{\frac{1}{A} + \frac{1}{B} + \frac{1}{C} + \frac{1}{D}}$$

病例－對照的研究，比起世代研究更具經濟效益，但容易受到誤差 (bias) 影響 (回想誤差、選擇性誤差)。另一個挑戰是選擇適當的控制組，母群體的樣本應該均勻分散在控制組和實驗處理組以降低誤差 (the distribution of exposure among the control group should be representative of the distribution in the population that gave rise to the cases.)，這可以隨機抽樣來平衡母群體這二組的抽樣比。但仍有一個爭論是如果控制組包含了正在發病的案例，則這個疾病就有可能求得更高的侵襲率。

另一個挑戰是，為了統計數據的正確，最起碼的案例數 (total cases)，必須符合 95% 區間相對於勝算比，詳細如下列方程式：

$$案例數 (total cases) = (A + C) = 1.96^2(1 + N)\left(\frac{1}{\ln(OR)}\right)^2 \times \left(\frac{OR + 2\sqrt{OR} + 1}{\sqrt{OR}}\right)$$
$$\approx 15.5(1 + N)\left(\frac{1}{\ln(OR)}\right)^2$$

其中，A 與 C 為上表格中「細格人數」，N 為控制組的案例比率。

當勝算比接近 1 或是 0，對照研究就會產生出極低的勝算比，舉例來說，一個勝算比 1.5 的案例，而且對照組及實驗處理組的人數接近，其數據如下二表所示：

Case 1 ：OR = 1.1 的例子，如下表。

	實驗處理組	對照組
暴露	103 人	84 人
無暴露	84 人	103 人
勝算比，OR=AD/BC=1.5		

Case 2 ：相對地，OR = 1.1 的例子，如下表。

	實驗處理組	對照組
暴露	1732 人	1652 人
無暴露	1652 人	1732 人
勝算比，OR=AD/BC=1.1		

有關勝出比的進一步之次級 (secondary) 資料分析，詳情請參考作者「Meta 分析實作」一書。

6-1-2b 觀察法：前瞻性 vs. 回溯性研究；縱貫面 vs. 橫斷面研究

「觀察性研究」(observational study)，也是非實驗性研究之一，因為研究者係以被動旁觀者的角色來「觀察」暴露與疾病之間的關係，而不主動地「介入」來引起後果的產生。

一、以開始進行研究與疾病的發生時間之關係分類

(1) 前瞻性研究：世代研究法

開始進行研究時要觀察的疾病尚未發生，它是「暴露→結果」。

範例：不同世代研究

目標：探討臺灣不同世代老人存活趨勢變化差異及影響老年人口存活相關因子

方法：利用國民健康局「臺灣地區中老年人身心社會狀況長期追蹤 (follow-up) 研究調查」自 1989 年至 2007 年之六次訪查資料，以 Cox 脆弱加權模型分析探討老年人口存活相關因素，並比較不同出生 A、B 世代 (1915~1929、1929~1943) 分別於 1989~1993 年及 2003~2007 年存活趨勢變化差異。

結果：就兩世代樣本特性言，以性別及族群差異較大，其他影響世代存活相關因子間差異，A 世代抽菸人數與體能、自評健康狀況及自認經濟狀況好者較 B 世代爲多，顯現世代間之健康行爲及其對身心狀況的感受亦有所差異；罹患糖尿病與高血壓的比例 B 世代較 A 世代爲多，具呼吸疾病的比例則以 A 世代老人較高。其餘疾病如中風、心臟疾病及胃潰瘍或胃病等差異不大。另經統計模型選擇結果發現，年齡、住地類型、自評健康、體能狀況、有無糖尿病及抽菸爲影響臺灣不同世代老人存活趨勢變化差異之重要指標。

結論：在不同世代存活 4 年趨勢變化差異上，較爲年輕的 B 世代老人，由於經濟情況的改善及全民健保的實施，相較於 A 世代老人，生活條件較好並享有較爲優質的醫療照顧；經相關變數調整後，B 世代死亡風險爲 A 世代的 0.601 倍；兩世代老人的存活情況，受性別、族群、嚼檳榔及社團參與的影響不大，糖尿病則爲影響不同世代 60~74 歲老人存活之主要慢性疾病，然未來時日增長，增加較多調查數據時，情況亦可能有所變化，有待進一步探討。(臺灣衛誌 2012；31(6)：597~611)

(2) 回溯性 (retrospective) 研究：病例—對照研究法

開始進行研究時要觀察的疾病都已發生，它是「結果→暴露」。

回溯性世代研究，王南天等人 (2014) 探討臺灣新發乳癌病患併發血栓栓塞症 (TEEs) 之相關因素及對其兩年存活的影響。此回溯性世代研究，抽樣來自 1997 至 2010 年全民健康保險研究資料庫。以 Poisson 分布探討 2000 到 2008 年新發乳癌世代觀察兩年併發 TEEs 的發生情形。透過 propensity socre 匹配後，再以 accelerated failure time model 檢視有無併發症病患對其兩年存活之影響。此回溯性世代研究之資料擷取流程，如下圖所示。

以乳癌為例，找出乳癌病患：癌症特殊需求檔之 1997~2010 年門診處方及治療明細檔 (CD)，共 490,645,056 人次擷取 3 個診斷碼 ACODE_ICD9_1、ACODE_1CD9_2，ACODE_ICD9_3 任一位置出現 (ICD-9-CM code: 174, A113)，共 7,187,107 人。

排除 2000~2008 乳癌各世代先前即曾罹患乳癌者，由各世代往前排除至 1997 年。

2000 年新發乳癌人數 n = 10,156 人
2001 年新發乳癌人數 n = 10,125 人
2002 年新發乳癌人數 n = 9,237 人
2003 年新發乳癌人數 n = 8,454 人
2004 年新發乳癌人數 n = 9,406 人
2005 年新發乳癌人數 n = 10,189 人
2006 年新發乳癌人數 n = 10,145 人
2007 年新發乳癌人數 n = 10,783 人
2008 年新發乳癌人數 n = 11,280 人

排除先前有 TEEs 包含：腦中風 (ICD-9-CM: 430-437) 或深層靜脈栓塞 (ICD-9-CM: 451, 452, 453) 或肺栓塞 (ICD-9-CM: 415.1)，即各研究世代罹病確診年往前至 1997 年的共 7,390 人。

建立 2000~2008 年各年新發乳癌世代：以乳癌診斷日取每名個案第一筆記錄 (即罹癌確診日) 共 82,385 人。

建立 2000~2008 年各年新發乳癌世代觀察兩年完整資料：乳癌診斷日起往後觀察兩年，共 2,504,467 人次。

建立退保及死亡資料：
串連，2002~2010 年承保資料檔 (ID) 自乳癌診斷日起，觀察兩年其退保別為 1 者 (退保)。
串連，2000~2010 的住院醫療費用清單明細檔 (DD) 自乳癌診斷日起，觀察兩年其轉歸代碼為 4 者 (在院死亡)，轉歸代碼為 A 者 (病危自動出院)。

建立新發乳癌各世代診斷後兩年內併發 TEEs：
擷取門診處方及治療明細檔 (CD) 就醫診斷碼 3 碼及住院醫療費用清單明細檔 (DD) 診斷碼 5 碼任一位置出現 TEEs 包含：腦中風 (ICD-9-CM: 430-437) 或深層靜脈栓塞 (ICD-9-CM: 451, 452, 453) 或肺栓塞 (ICD-9-CM: 415.1) 共 82,385 人，2,504,467 人次。

排除乳癌確診日前在住院醫療費用清單明細檔 (DD) 有發生 TEEs 者，共 221 人。

病患特性：
1. 年齡：自確診日當時年齡為就醫日期 (首次診斷乳癌門診日期) 減掉出生日期。
2. 共存疾病指數 (CCI)：擷取個案診斷日前一年在門診處方及治療明細檔 (CD)，國際疾病分類代號 3 碼任一位置出現 charlson comorbidity index 建議之診斷。
3. 高血壓疾病史：擷取乳癌確診日期前一年診斷，國際疾病分類代號碼 3 碼任一位置出現高血壓 (ICD-9-CM: 401-405, A26)。
4. 手術：擷取主手術 (處置) 一～四，乳癌確診日後觀察一年內任一位置是否有出現乳癌手術 (MRM: 85.4, BCT: 82.2)。
5. 放射治療及化療：擷取門診處方及治療明細檔 (CD) 之特定治療項目代號一～四欄位代碼為 D1 及 D2 或 12。
6. 荷爾蒙治療：串連，癌症特殊需求檔之 2000~2010 年門診處方醫令明細檔 (OO) 擷取藥品 (項目) 代號並以健保代碼參考表格。

建立 2000~2008 年新發乳癌世代醫院特性：串連，2000~2010 年醫事機構基本資料檔 (HOSB) 以截取醫院層級別 (HOSP_CONT_TYPE)。研究樣本共 82,164 人、2,499,302 人次。

排除醫院層級別非醫學中心、區域醫院、地區醫院的個案共 1,158 人

建立 2000~2008 年完整新發乳癌研究世代：排除各世代跨年度及時間不明確共 76 人，以及 ID、ID_BIRTHDAY 取第一筆記錄擷取輸入錯誤或重複共 332 人；最後共 80,598 人納入本研究排除醫院層級別非醫學中心、區域醫院、地區醫院的個案共 1,158 人。

計算併發 TEEs 0~6 個月、7~12 個月、2 年之發生密度及累積發生率有併發 TEEs 共 1,436 人，未併發共 79,162 人。

建立有無發生 TEEs 病例組與對照組：根據年齡、共病症指數來匹配以 1：5 方式區分有併發 TEEs 及未併發兩組。

2000~2008 各年新發乳癌世代：匹配後有併發 TEEs 的乳癌患者共 1,432 人；未併發者共 7,160 人。

存活者共 7,607 人，死亡者共 985 人。

圖 6-7 回溯性世代研究之資料擷取流程圖 (乳癌患者併發 **TEEs** 之存活分析)

乳癌患者併發 TEEs 對存活影響之統計分析：

以時間失敗加速模型，來分析圖 6-7「乳癌患者併發 TEEs 對存活影響」，若依據 Allison(2004) 建議之 Kaplan-Meier method、Log-minus-log 及 like tim-interaction test 檢定，顯示變數，包括：TEEs、年齡、手術、放射治療、化療、荷爾蒙治療，都不符合 Cox proportional hazard model 等比例風險的假定 (assumption)，況且變數存在時間相依性的共變數問題，故應改以「本書第 3 章」Accelerated Failure Time Model 進行存活分析。在 Accelerated Failure Time Model 模型評選，係以 log Likelihood 及 AIC 值來判讀，其中，對數概似 (log Likelihood) 估計值愈高表示該模型適配愈佳，此外 AIC (Akaike's Information Criteria) 亦可用來判斷時間序列整體模型配適度，其值愈低代表模型配適度較好，此「乳癌患者併發」世代研究分析也進行了五種模型的評比檢定，分別是 Exponential、韋伯、對數常模、對數邏輯斯、伽瑪，再依據 Stata 存活分析之對數概似值來評比並選擇最優模型。

二、以暴露與疾病的發生時間先後次序(時序性)是否能推定，分為：

1. 縱貫面研究 (longitudinal study)：能推定因果關係「時序」。

縱貫面研究，或稱長期性研究，係對一群研究對象進行長時間觀察或收集資料的研究方式，主要爲探討研究對象在不同時期的演變，目前已愈來愈普遍用於測量變化及解釋因果等研究。縱貫面研究的資料往往涵蓋多個時間點，在某些研究議題上，分析的資料甚至橫跨數十年。

縱貫面研究常用於醫學、心理學、社會學及其他領域，用以探討人們生命週期的發展趨勢與生活事件的影響。相對於橫斷面研究 (cross-sectional studies)，縱貫面研究可以觀察事件發生時間的順序，探討隨時間變化的變數，特別有助於掌握社會變化。

縱貫面研究可分為：(1) 時間序列研究 (time-series research)、(2) 追蹤 (follow-up) 研究、(3) 世代研究 (cohort study)。

(1) 時間序列研究係指研究者每隔一段時間，即收集一次相同的橫斷面樣本資料，藉此了解這些資料在不同時間上所呈現的差異，其研究對象不需是相同人群或樣本。請見作者「STaTa 在財務金融與經濟分析的應用」一書。

(2) 追蹤研究則是在不同時間點針對相同人群或樣本進行橫斷面資料收集。相較於時間序列研究，追蹤研究的困難度更高，也需耗費更多成本，因爲追蹤的樣本很可能隨時間消失或變得無法聯繫。雖然如此，設計完善的追蹤

研究是非常有價值的，即使是短期的追蹤研究都有助於釐清特定生命事件帶來的影響。請見作者「panel-data 迴歸模型」一書。

(3) 世代研究與追蹤研究相似，但主要針對在某特定時間有相似生命經驗的人群進行長時間研究，故研究樣本不一定是完全相同的一群人。世代研究屬宏觀分析，其重視的是整個世代或類型的特徵，而非特定的個人，故研究時必須先清楚定義哪些人擁有相同的生命經驗。

世代研究是在一段時間中，記錄存活時間 (即發生事件的時間，疾病或死亡)，及影響存活時間的解釋變數，和一般的存活資料型態一樣。所謂，有效抽樣 (validation sampling) 係在世代研究的樣本數中，抽取部分樣本並能從此樣本中，提供比原先世代研究更多的資訊，也就是說，它是一種統計學上將數據樣本切割成較小子集的實用方法，可以先在一個子集上做分析，而其他子集則用來做後續對此分析的確認及驗證。

2. 橫斷面研究：不能推定因果關係「時序」。

例如，有人分析影響口腔癌病患生活品質的重要因素。採結構性問卷調查，以 EORTC QLQ-C30 及 EORTC QLQ-H&N35 中文標準化問卷測量其健康相關生活品質，共 271 位口腔癌病患完成問卷，資料經統計分析後，結果發現：整體而言，家庭平均月收入狀況、腫瘤發生部位、治療方式、治療後時間及治療後復發與否，為影響健康相關生活品質之最重要因素。家中收入 5 萬元以上、單純手術治療、沒有復發、治療 6 個月後之病患，其健康相關生活品質顯著較好。

6-1-3 實驗法

實驗流行病學是探索驗證病因和評價防治效果的流行病學研究法。又稱流行病學試驗、介入性 (intervention) 研究、隨機控制試驗 (randomized controlled trial, RCT) 等。旨在比較給予介入 (intervention) 後的實驗組人群與對照組人群結果 (outcome)，從而判斷介入效果 (effect) 的一種前瞻性研究方法。它將研究對象分派為實驗處理組和對照組後，在實驗處理組實施干預 (處理，treatment) 措施，在對照組中不採取措施或者應用安慰劑 (placebo)，通過一段時間的隨訪後，觀察各組實驗結果的差異，以此評估該干預措施的效果。

1. 對照 (compare)：除了給予的介入措施不同外，其他的基本特徵如性別、年齡、居住環境、健康狀況等，在處理組 vs. 對照組這兩組中應盡可能一致。

2. **隨機 (random)**：實驗對象須隨機地分配到實驗處理組或對照組。
3. **盲目 (blind)**：雙盲是科學方法的一種，目的是避免研究結果受安慰劑效果或觀察者偏好所影響。在各種科學研究領域中，從醫學、食品、心理到社會科學及法證都已見雙盲法來進行實驗。故雙盲法設計，可使研究者或研究對象都沒有預設的立場，使研究結果更加眞實、可靠。

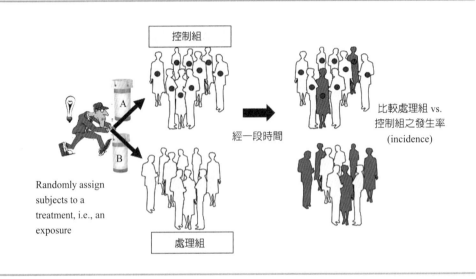

控制組

處理組

Randomly assign
subjects to a
treatment, i.e., an
exposure

經一段時間

比較處理組 vs.
控制組之發生率
(incidence)

圖 6-8 介入性研究之示意圖

　　根據研究情境的不同，實驗法分爲：
1. 實驗室實驗：如用動物群實驗模擬人類疾病的流行因素及規律。
2. 臨床試驗 (clinical trial)：以病人爲研究單位，旨在比較藥物或某療效是否安全且有效的研究法。臨床試驗的主要用途，包括：(1) 療效評價。(2) 診斷試驗評價。(3) 篩檢研究。(4) 預後研究 (outcome study)。(5) 病因研究。其中，預後研究設計，主要是病例—對照及世代研究兩種。
3. 預防試驗：如評價預防接種的效果。
4. 病因試驗或介入性試驗：如飲水加氟可預防齲齒，也證明攝入氟不是齲齒的病因之一。在人群中進行的試驗研究即介入性試驗，實際上是前瞻性研究的一個特例。它是在比較嚴格控制的條件下進行隨機分組和人爲給定干預因子，經過一段時間的觀察，比較試驗組和對照組的結果。由於此類研究法其因果關係最合乎時序性 (temporality)，即先改變病因再觀察「疾病 vs. 健康」

效果發生情形，因此一般人認爲此法驗證的假設結論是比較可靠的。

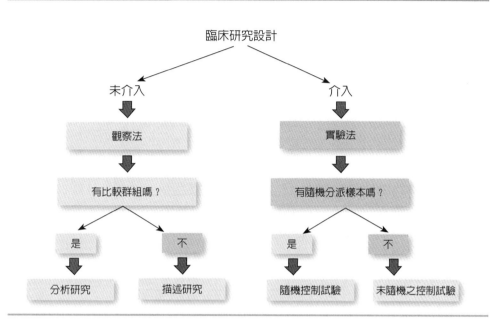

圖 6-9 臨床研究設計之另一示意圖

流行病學試驗的特性

1. 由研究者指派「分布暴露」的研究。
2. 在研究某種暴露是否會引起某種疾病時，由研究者決定那些被研究者受到暴露，那些被研究者不受到暴露，甚至暴露的劑量與給予方式等。這樣的做法其實是拿人做對象的實驗。
3. 研究本身對患者的病程或生活介入了某些暴露，故也稱「介入性研究」(intervention study)。
4. 介入這些暴露的目的是要在實驗處理組 (有暴露) 造成所要觀察的疾病 (outcome)，比較「暴露 vs. 未暴露」兩組在疾病發生率的不同，以推測暴露與疾病間的關係。

6-1-4 Stata 流行病之選擇表對應的指令

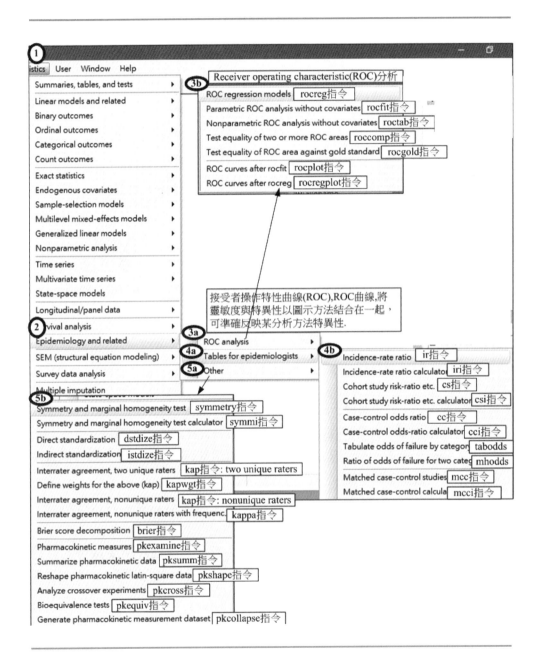

圖 6-10 Stata 流行病之選擇表對應的指令

6-1-5　流行病學之 ROC 法的應用領域

一、ROC 曲線分析與存活分析 (Cox 存活模型、邏輯斯迴歸) 之關係

　　ROC 曲線分析 (roccomp、rocgold、rocfit、rocreg、rocregplot、roctab 指令) 和存活函數 (stcox、streg 指令) 都可以用來分析醫學診斷的資料，其中 ROC 分析為回溯性試驗，可以根據不幸事件 (event) 是否真正發生 (D=0, D=1) 及測驗所得的結果 (T=0, T=1) 將受試者分成四類；ROC 曲線是由偽陽性率 (T=1 , D=0) 及真陽性率 (T=1, D=1) 所構成，不受盛行率的影響。而存活分析可以將有設限的資料也納入分析，不會遺漏任何一筆資料所提供的訊息，使分析結果能夠更符合實際的情況。

　　這兩種分析方法各有所長，也有部分相似之處，如：ROC 曲線是一個非遞減函數，而存活分析中也有幾個常用的函數符合這項特徵，且兩種分析方式都能依事件的發生及測驗的結果作分析，所以可將 ROC 分析轉換成存活函數的形式，並作有意義的解釋。

　　用存活分析中的函數，能將盛行率的訊息帶入 ROC 分析中，當遇到兩疾病的 ROC 曲線相同，但盛行率不同的情況時，我們可以藉由這些函數來判斷那一條 ROC 曲線所造成的 T=1 誤診率較小。

　　另外，當 ROC 曲線下面積相等但來自不同的二元常態「對照組」和「疾病組 (case populations)」分布時，在 ROC 曲線中接近線性的區域，我們可以利用 ROC 分析中的參數 b 來判斷那一條 ROC 曲線較穩定，當 b 與測驗變異數 (variance) 的比值越小時，ROC 曲線越穩定。

二、ROC 曲線分析之研究領域

　　ROC 曲線分析，旨在評估不同篩檢 (screening) 工具分類準確性 (accuracy)。在探討使用二種 (k=2) 施測工具分類二元資料準確性時，即可使用 ROC 曲線分析方法，並引用 Hanley and McNeil(1983) 研究結果；對於多個 (k>2) 施測工具檢驗分類正確性的比較，則可改用 Bonferroni 法，進行分類二元資料準確性之研究。

　　ROC 分析常見的研究議題如下：

------------| 教育／心理類 |----------------

1. 嬰幼兒綜合發展測驗之判定準確度及切截點分析。
2. 大學新生心理健康量表之準確度及切截點分析。

3. 以「學齡前兒童行爲發展量表」篩檢發展遲緩的診斷效度研究。

4. 述情特質爲適應障礙男性軍人的篩檢指標。

背景：述情障礙 (alexithymia) 的人較缺乏同理能力，而此障礙在精神疾病的發生率較高。過去不同的研究分別發現雙親教養、人格特質和述情障礙間的關係，然而此三者的路徑關係仍不明。因此本研究的目的爲探討述情障礙是否爲精神健康和適應障礙的預測因子，以及述情障礙與雙親教養風格和人格特質的路徑關係。此外，若述情障礙爲適應障礙的促發因素，它是否爲有效和具經濟效益的精神健康篩檢工具。

方法：募集 158 位被診斷爲適應障礙的義務役和 155 位控制組的年輕男性軍人。所有參與者均填答雙親教養態度量表、艾氏人格問卷、臺灣版多倫多述情量表 (TAS-20) 以及華人健康問卷。

結果：適應障礙組的平均年齡爲 21.46(標準差 = 2.35)，控制組爲 22.94(標準差 = 2.26)。邏輯斯迴歸顯示年紀輕、高神經質人格特質、較差的心理健康狀況和無法區分內在情緒的述情特質，有較高的傾向會發展爲適應障礙。結構方程式的路徑關係顯示雙親教養影響人格特質，人格特質影響述情特質，以及述情特質影響精神健康路徑的人比較可能發展爲適應障礙。排除精神健康的中介因素，述情障礙能夠預測適應障礙。TAS-20 的三個因素當中，無法區分內在情緒對適應障礙有直接的影響，而上述的因素能夠解釋本樣本 59% 的變異量。接受者操作特徵發現使用無法區分內在情緒篩檢適應障礙最佳的切分點爲 21/22，得到敏感性 0.84、特異性 0.87、陽性預測值 0.87 以及陰性預測值 0.84。

討論：此研究發現雙親教養、人格特質、述情特質、精神健康和適應障礙間的路徑關係。進一步的，述情障礙中無法區分內在情緒分測驗可用爲適應障礙的篩檢指標。由於述情障礙以及其他精神疾病間有高相關，特別在缺乏同理能力的疾病，因此未來研究應繼續探討無法區分內在情緒是否可類化到與同理能力相關的疾病和精神疾病篩檢的應用上。

5. 青少年體質指數預測偏高血壓中曲線分析應用。

--------------| 商業類 |----------------

1. 銀行放款訂價模型之探討——ROC 分析法之應用。

銀行放款業務不論在銀行的資產比重、或是收入來源上，皆爲銀行最重要的業務，惟銀行對於放款之決策與訂價普遍依據放款人員之主觀判斷，欠缺系統化、合理化的評估工具。因此，參考 Stein(2005) 與 Blochlinger & Leippold(2006) 建議，嘗試以評分模型之 ROC 曲線，來建立銀行放款成本函數爲基礎之放款決策訂價模型，並以模擬案例方式觀察相關變數變動對最佳切斷點 (optimal cut-off point) 與放款策略成本之影響，以及在模擬案例下所得出的信用價差曲線。

2. 商業銀行信貸客戶違約預警建模分析。預測違約分析的 ROC 分類表，如下：

		預測類別 (predicted classification)	
		不違約 (以 – 表示)	違約 (以 + 表示)
實際類別 (True Classification)	不違約 (以 – 表示)	True Negative (TN)	False Positive (FP)
	違約 (以 + 表示)	False Negative (FN)	True Positive (TP)

3. 中小企業信用風險模型之比較研究。

運用統計科學方法建構財務危機預警模型，將有助於企業於財務危機發生前，及時預測該公司可能發生危機之機率高或低。實證分析上，以財務比率變數分析中小企業，並嘗試將中小企業分爲電子業與其他製造業二類，分別透過變數顯著性檢定 (K-S 檢定) 篩選重要顯著變數，再分別建構邏輯斯迴歸模型，最後使用 ROC 與 CAP 檢驗模型績效。依所建構之邏輯斯迴歸模型比較結果，發現：電子業之中小企業預測正確率 93.4% 最高，其次爲全體中小企業 92.3% 的預測正確率，最低爲「其他」製造業之中小企業 88.9% 的預測正確率。

---------------| 醫學 / 醫管類 |----------------

1. 接收操作特徵曲線 (receiver operating characteristic; ROC) 曲線分析確定的臺灣老年女性肥胖指標切斷點，以預測低的估算腎小球濾過率 (estimated glomerular filgtration rate< 60 ml/min) 的無用分析：以社區爲基礎的逆行性研究。

針對右偏分布資料進行兩個醫學診斷方法的相等性檢定。

本文在病例對照研究之下，建立兩種醫學診斷方法的相等性檢定。此研究中的每一個受試者皆接受兩種不同的診斷方法，所得到的是具有相關性的成對診斷值。本文考慮將成對資料利用冪轉換，轉換成近似二元常態分布的資料，然後進行現有文獻中的有母數相等性檢定。另一方面，本文應用不同的廣義伽瑪分布描述右偏分布的二個診斷資料，並且使用適當的關連結構函數 (copula) 連結上述的兩個邊際分布，用以描述成對資料的聯合分布。然後，在此一聯合分布之下，建構兩條 ROC 曲線，並且根據二條估計的曲線下面積之差異進行相等性檢定，驗證這兩種醫學診斷方法的受試者操作特徵曲線下面積的真正差異是否在可容忍的範圍內。

2. 利用接受者作業特徵曲線 (ROC curve) 來判斷不同的生物標記 (biomarker) 對於疾病預測能力的好壞。在本文中所考慮的共變數數值和疾病狀態是會跟隨時間而改變的，一般情況下都是使用接受者作業特徵曲線下面積 (area under ROC curve, AUC) 來判斷，但由於是時間相依共變數的資料，所以在不同時間點所得到的接受者作業特徵曲線下的面積可能有大有小，無法明確判別出哪一個生物標記的預測能力較好。因此，就想到採用接受者作業特徵曲面下體積 (volume under ROC surface, VUS) 來判斷，當體積愈大代表預測能力愈好。這邊使用二元分布最近鄰點估計法 (NNE) 來估計 ROC 曲線。

3. OCT3 和 HRT-Ⅱ檢測視盤參數在青光眼早期診斷中的應用價值。

4. 應用 ROC 曲線分析，驗證住院病人跌倒危險因子評估工具之準確度。

此七項跌倒危險因子為「年齡大於 65 歲或小於 15 歲」、「跌倒史」、「意識紊亂、持續性或間斷意識認知障礙」、「頭暈」、「軟弱」、「頻尿、腹瀉或需協助如廁」、「需要提供輔具」，經 receiver operating characteristic curve 與 logistic regression 統計分析，得知此 7 題精簡版量表之 area under curve=0.90，最佳切斷點總分 3 分以上為跌倒高危險病人，預測敏感性 74.07%，特異性 86.93%，準確度 86.26%，概似比 19.01；經 logistic regression 鑑定高風險跌倒病人之發生跌倒勝算比為其他住院病人的 17 倍，工具精簡且測量效能更優於原 17 題量表。故建議以此精簡版工具進行住院病人跌倒危險評估，可精實護理人員操作流程。

5. 應用 ROC 曲線分析，評價果糖胺對糖尿病的診斷價值。

6. 應用 ROC 曲線分析於評估不同篩檢工具分類準確性 (accuracy) 的研究。

7. 宮腔聲學造影與經陰道超聲診斷子宮內膜瘜肉的 ROC 曲線分析。

8. 分維方法在肝癌超聲圖像紋理識別中的性能比較研究。

9. 應用人工智慧於孕期憂鬱症之評估研究。

一般女性在懷孕時期雖受到較完善的照顧，但因為生理與心理變化，容易引起心情上的起伏，導致罹患孕期憂鬱症，若沒有及早發現治療，則會併發產後憂鬱症，嚴重者甚至會傷害自己與嬰兒。本研究目的藉由人工智慧中之決策樹與類神經網路來建構孕期憂鬱症輔助診斷系統，找出影響孕期憂鬱症之危險因子與憂鬱症狀，提供醫師未來進行醫療診斷時，能有效減少人為判斷失誤。

研究發現，應用倒傳遞類神經網路預測，是否罹患孕期憂鬱症之準確度為83.33%，醫療評估用指標，接受器操作曲線面積為 0.819，研究發現因子中以工作情況、教育程度、籍貫、懷孕週數、其他疾病、睡眠時間影響孕期憂鬱症最為顯著，而應用決策樹歸納出兩條憂鬱症規則，其準確度為 86.67%，接受器操作曲線面積為 0.861，研究發現憂鬱患者中較容易出現不開心到哭與想要傷害自己之症狀，本例建立之預測系統可提供給醫師，作為診斷孕期憂鬱症之參考，幫助容易罹患孕期憂鬱症之高危險群，提前診斷與防治。

10. 彩色超聲判斷實性淺表軟組織腫物良惡性的 ROC 曲線分析。

11. 用 ROC 曲線分析血脂水準與非酒精性脂肪肝病的關係。

12. 應用 ROC 曲線分析孕酮、β-HCG 比值在預測異位妊娠中的價值。

13. 邏輯斯迴歸和 ROC 曲線綜合分析組合專案對胸腹水性質的鑒別價值。

14. 呼吸中止症的相關因子。

15. 血清肝纖維化指標檢測對慢性肝病診斷價值的研究。

16. 應用跨研究之單核酸多態性標記子以建立整合性遺傳風險預測模型。

17. MRCP 診斷膽胰系疾病的價值評價及 ROC 分析。

18. 應用邏輯斯迴歸和 ROC 曲線評價腫瘤標誌物 CEA、CA15.3 和 CYFRA21-1 對良惡性胸腔積液的診斷價值。

19. 呼氣一氧化碳測量儀評估年輕軍人吸菸習慣之準確性分析。

20. 胃癌術中腹腔游離癌細胞檢測門檻值的確定及其臨床意義。

21. 評估 Procalciton、C-reactive Protein 和 White Blood Cell 感染性指標在泌尿道感染的診斷應用度。

22. 血清 Cystatin C 測定在亞臨床肝腎綜合症診斷中的價值。

23. 未成熟網織紅細胞指數在感染性疾病早期診斷中的價值。

24. 凝血酶原時間與肝促凝血活酶試驗在慢性乙型病毒性肝炎纖維化分期的診斷價值。

25. 原發性血小板減少性紫癜的多指標聯合檢測。

26. 應用 ROC 曲線評價血漿 D- 二聚體檢測在妊娠高血壓綜合症診斷中的價值。

27. 糖尿病前期發生率之估算與糖尿病篩檢工具預測糖尿病前期發生的評估。

研究目的：一為估算糖尿病前期的發生率；二為評估 2004 年美國糖尿病協會發展的糖尿病前期篩檢工具 (ADART) 預測糖尿病前期發生，並比較和評估 ADART 及過去其他研究所發展的篩檢工具。

結果：1,021 位沒有空腹血糖異常或糖尿病的居民追蹤 3 年後，184 位新診斷個案發展為糖尿病前期或糖尿病，累積 3 年糖尿病前期或糖尿病的粗發生率為 18.02% (95% CI: 15.64~20.36)，在經過調整年齡和性別，累積 3 年糖尿病前期或糖尿病的發生率為 17.83%(95% CI: 15.41~20.24)。

使用邏輯斯迴歸分別比較 ADART(模型一)，ADART 加上生活型態 (模型二)，及 ADART 加上生活型態和生理生化值檢驗 (模型三) 三個模型的接收者操作特徵曲線下面積。模型一的曲線下面積男性為 0.60(95% 信賴區間 CI 為 0.54~0.66)，女性為 0.72(95% 信賴區間 CI 為 0.66~0.77)；模型二男性為 0.62(95% 信賴區間 CI 為 0.56~0.68)，女性為 0.74(95% 信賴區間 CI 為 0.68~0.80)；模型三男性為 0.64(95% 信賴區間 CI 為 0.58~0.71)，女性為 0.75(95% 信賴區間 CI 為 0.69~0.80)。不管在男性還是女性，三個模型都沒有統計上的顯著差異，顯示 ADART 用在篩檢女性 40 歲以上社區居民是否為糖尿病前期是個不錯的篩檢工具。

注：在統計學中，一個機率樣本的信賴區間 (confidence interval, CI)，是對這個樣本的某個總體參數的區間估計。信賴區間展現的是，這個總體參數的真實值有一定機率落在與該測量結果有關的某對應區間。

28. 新發結直腸癌併發腸阻塞之相關因素及對存活的影響。

目標：腸阻塞是結直腸癌手術後最常見的併發症，會增加病患死亡風險。本回溯性世代研究主要探討結直腸癌病患術後 1 年內併發腸阻塞的發生情形及其危險因子，並檢視術後新併發腸阻塞對結直腸癌病患存活的影響。

方法：研究對象為 1997~2010 年全民健康保險研究資料庫中擷取 2000 到 2009 年間新診斷為結直腸癌的病患。以卜瓦松迴歸分析腸阻塞的發生密度及其危險因子。經邏輯斯迴歸計算每名個案「年齡」與「性別」與併發腸阻塞關係的傾向分數，匹配有／無併發腸阻塞的患者後，以 AFT model 分析有／無併發腸阻塞對結直腸癌術後 30 天及 1 年內死亡風險的影響。

結果：2000~2009 年新發結直腸癌世代共有 45,371 人，術後一年併發腸阻塞之累積發生率為 7.93%，發生密度為 8.56/100 個人年，其中第一個月發生密度為 20.21/ 100 個人年遠高於其他時間點。結直腸癌術後 1 年內併發腸阻塞的預測因子有年齡 (adjusted incidence rate ratio [adjusted IRR] = 1.06，≥ 75 歲比 < 45 歲，95%CI = [1.04~1.06])，性別 (adjusted IRR = 1.09，男性比女性，95%CI = [1.08~1.09])，手術方式 (adjusted IRR = 1.01，直腸切除術比結腸切除術，95%CI = [1~1.02])，手術時有輸血 (adjusted IRR = 1.04，有比無，95% CI = [1.41~1.45])，醫師年平均手術量 (adjusted IRR = 1.11，高比極低，95% CI = [1.09~1.12])。以 AFT model 分析，有併發腸阻塞會降低結直腸癌病患術後 30 天死亡風險 (adjusted IRR = 0.24, 95 CI = [0.08~0.72])，但會增加術後 1 年死亡風險 (adjusted RR= 2.72, 95% CI = [1.05~1.72])。

結論：術後 1 年內約有 7.93% 結直腸癌病患會併發腸阻塞，且好發在術後第 1 個月，而併發腸阻塞會增加術後 1 年內的死亡風險。本研究結果可供臨床人員及早針對併發腸阻塞高風險病患加強監測並治療；在研究方面，可作為未來預防及治療臨床試驗中選擇合適研究對象的參考。

------------ 工科／生物類 --------------

1. 以 ZPP 模型研究臺灣上市櫃電子業之危機預警系統績效。

在眾多的信用風險模型下，大部分模型都是先利用許多的財務變數投入估計，再取有效的財務變數來加以解釋，此類模型難免缺乏理論上的支持。KMV 模型為少數幾個基於理論所發表的模型，但許多研究中均顯示 KMV 模型低估了預期違約機率 (excepted default frequency)。Mario Maggi(2007) 提出 ZPP 模型，並與 KMV 模型兩者做動態違約機率的比較，但其比較方法並未使用統計理論，此種驗證方法難免遭人詬病。本文進一步加入邏輯斯迴歸並

利用 CAP(Cumulative Accuracy Profiles) 曲線、ROC 曲線及 Brier score 三種方法來驗證 ZPP 模型之績效，三種統計檢驗方法均顯示 ZPP 模型所估計出的違約機率 (default probability) 較 KMV 模型與邏輯斯迴歸估計的違約機率來得準確。

2. 基於 ROC 曲線分析的 Canny 演算法在景象匹配中的應用。

3. ROC 曲線分析在評價入侵物種分布模型中的應用。

4. 小波封包分析法應用於電漿焊接製程監控之研究。

隨著科技的進步，產品皆以精緻化的趨勢邁進，以達到最短時間內得到最佳的品質。監控系統是近年來工業上為了使產品能更有效率掌控所積極研究的方法。它能節省許多機械加工時所消耗的人力、迅速發現工件缺陷等，所以在連續製造的生產線中，監控系統更是不可或缺，而利用聲音做為監控系統的方法更是目前最炎熱的研究之一。

在一個完整的電漿電弧焊接過程中，因為交互作用的多寡與能量的大小會使產品產生不同形式的焊道與外觀，由於鎂合金對於電漿焊接有極好的吸收效果，故本實驗將嘗試由電漿電弧來焊接鎂合金，並全程使用聲音監控來研究相關的精密準確性。

首先，以相同輸出功率不同焊接速度，執行走焊的試驗，並同時以 NI-PCI6014 擷取卡與 ACO-7012 麥克風收取聲音訊號，觀察焊接時所產生的各種現象及焊道之穿透程度。接著利用小波轉換理論分析實驗所得的訊號能量值與變異值，並將分析完成的數據應用 ROC 法推算出訊號特性，藉以對照具體實驗結果之精密準確度。

---

5. 應用人工智慧技術於肺音診斷系統。

6-1-6 臨床試驗常用術語解釋

名詞	說明
歷史性控制組 (historic controls)	第二期臨床試驗如果是用單臂設計時，通常會找出過去曾接受過標準治療 (或未接受過治療) 的病人，利用這群病人來當作控制組，藉以評估目前試驗的藥物是否較具療效。
第一型錯誤 (type I error，α)	將實驗處理組誤判為有治療效果的機率，又稱「偽陽性率 (false-positive rate)」。如圖 6-12 所示。

名詞	說明
第二型錯誤 (type II error，β)	將原本具有治療效果的試驗組誤判為沒有效果的機率，又稱「偽陰性率 (false-negative rate)」。統計檢定力 power = $1 - \beta$
Z_α、Z_β	大於 α 或 β 的標準常態分布值 (standard normal distribution value)。例如 $Z_{0.05} = 1.645$
二項比例檢定 (binomial proportion test)	在隨機試驗中，檢定試驗組的腫瘤反應率 (tumor response rate) 是否大於對照組。
危險比 (hazard ratio)	危險 (hazard) 是指瞬時失敗率 (instantaneous failure rate)。危險比是指治療組與對照組的危險相比值，也等於兩組發生某事件的中位時間—失敗 (median time to event) 的比值。
對數序檢定 (logrank test) (stpower logrank 指令)	用來分析兩組間有無存活差別的統計方法。範例如下： * Compute number of failures required to detect a hazard ratio of 0.5 using a 5% two-sided log-rank test with 80% power . stpower logrank * Same as above, but use Schoenfeld method . stpower logrank, schoenfeld * Compute sample size required in the presence of censoring to detect a change in survival from 50% to 60% at the end of the study using * a 5% one-sided log-rank test with a power of 80% . stpower logrank 0.5 0.6, onesided * Same as above command, but assuming a 10% probability of withdrawal . stpower logrank 0.5 0.6, onesided wdprob(0.1) * Obtain power for a range of hazard ratios and two sample sizes . stpower logrank, hratio(0.1(0.2)0.9) n(50 100)
生命表 (ltable 指令)	生命表 (ltable 指令) 可以檢查群組之間存活機率是否有差異存在，但不能提供差異的大小或信賴區間，故仍須 stmh 及 stci 指令配合，來檢定實驗處理組與對照組之差異及 95% 信賴區間。
設限資料 (censored data)	在試驗終點時，如果病人仍無發生事件 (一般指疾病復發或死亡)，則存活資料設定為設限資料 (censored data)。 指當病人在追蹤時間點尚未發生事件，則其存活時間稱為設限資料。

6-1-7 頻率 (frequency) 的指標：生命統計測量值

常見頻率有下列 6 種指標：

1. 盛行率 (prevalence) vs. 發生率 (incidence)

發生率和盛行率的差異是什麼？盛行率是看現有人口中有多少人帶病，至於病人是何時發病不管，只要是在觀察時已得病而仍存活者即可，有些個案可能是在昨天發生關節炎，有些是上星期，有些是去年，有些是 10 年或 20 年前，因此，當我們調查一個社區的疾病盛行率時，一般我們不考慮疾病的期間，所以盛行率的分子包含一個混合具有不同疾病期的病人，此時我們並沒有作危險性的測量，如果想要測量危險性，必須使用發生率，因為相對於盛行率，發生率只包含新病例。

一個疾病的發生率被定義為在一段時間內一個可能罹病的族群發生的新病例數。

公式如下：

$$發生率 = \frac{新病例數}{有可能罹病的人口數(在某一段時間內)}$$

發生率的定義有一個重要元素是新病例數，發生率是危險性的一個測量，也是事件的一個測量，「事件」就是狀態的改變，也就是觀察一群有可能發生此事件的人，經過一段觀察的時間 (可以是一星期、一個月、一年或五年等等，一般則取一年)，計算其中有多少人發生了此一事件。可見事件一定要有時間的經過，所以時間在發生率中是個很重要的概念，亦即重點在於時間必須被指明而且所有個案必須在整個期間內被觀察，但常常有失聯個案沒有在觀察時間內被追蹤，而不同的個案所觀察的時間也不同，計算發生率時，可用「人—年」表示。

在醫學文獻上，盛行率常被使用在二種方式：

(1) 點盛行率 (point prevalence)：在一個時間點的疾病盛行率，例如今年 1 月 1 日，事實上在一天的時間要去完成一個調查工作幾乎是不可能的事，因此，雖然理論上我們使用一個單一時間點，但實際上測量或調查可能需要較長時間，當我們看見使用盛行率的字眼，而沒有指明是點或期的修飾字時，它通常是指點盛行率。

(2) 期盛行率 (period prevalence)：在一段時間內多少人有病 (例如一年) 叫期
盛行率。

讓我們再來說明發生率和盛行率，顯示一個社區在去年某一疾病有 5 個病
人，第一個病人在前年發病，去年死亡，第二病人在去年發病並持續至今年，
第三個病人是在去年發病，去年治癒，第四個病人在前年發病，去年治癒，第
五個病人在前年發病並持續至去年和今年。

這個例子的目的是只考慮病人數 (分子)，忽略社區人口數 (分母)，在此
例於去年發生率的分子是多少？我們知道發生率只計算新病人，因爲 5 個病人
中的 2 人在去年發病，所以發生率的分子爲 2。有關點盛行率的分子又是多少？
這要看我們執行盛行率調查的時間點而定，如果我們在 5 月執行調查，則分子
爲 4，如果我們在 7 月執行調查，分子也是等於 4，如果我們在 9 月執行調查，
分子爲 3，如果在 12 月調查，分子爲 2，因此盛行率要看執行調查的時間點而
定。

醫學研究工作中，對族群的定義很重要，例如臺北市 200 萬人口中有 200
人患肺癌，則以 200 萬人口作母數，算出發生率爲萬分之一，若這些病人均爲
40～60 歲 (此年齡層有 20 萬人口)，則以 20 萬人口作母數計算發生率變爲千
分之一，若患者大部分是某電子工廠 40～60 歲的員工，則母數更少，而發生率
會更高，讓人足以懷疑某電子公司的工作環境和肺癌有關。總之，對發生率而
言，最重要的是，分子和分母均來自同一族群，分子、分母的「性格」或「屬
性」都一樣，如研究臺北市民肺癌的發生率時，分子爲臺北市民肺癌的發生人
數，而分母則爲臺北市民的人口總數，對分子而言，是所研究的對象，是確診
的病例數，至於分母，則隨醫學研究的定義不同而異，如分母可爲臺北市民、
40～60 歲臺北市民、40～60 歲某電子工廠員工，隨著分母減少，「比率」因而
增加，由此可能發現一些問題存在，但「比率」一定小於 1。從上面的例子充
分說明了個案數來自多大母群的「比率」大小比單純的病例數大小，在醫學研
究上的重要性更加明顯。然而有時單獨病例數也是非常有價值的，例如，臺北
市某電子公司 2 萬名員工中，一年有 20 人死於肺癌，比預期死亡數 12 人多出
8 人，推測可能原因與作業環境的汙染有關，所以僅僅知道病例數也是非常有價
值的，它可提供相當寶貴研究假說的啓示。

2. 比例 (ratio)：勝出比，風險比

$$比例 = \frac{所觀察到的病例數 (Observed\_number)}{預測會有的病例數 (Expected\_number)} = \frac{O}{E} = \frac{20}{12} = 1.67$$

這個值可說某電子公司肺癌死亡率高於臺北市一般市民；所以醫學研究的一項重要工作，即是要決定預期會有的病例數，以推論工作環境的暴露風險。O 和 E 不一定有關，但 O/E 值可以超過 1。

3. 累積發病率 (cumulative incidence rate, CIR)

世代族群的人，經過某段觀察時間後，發生某疾病的人口占該世代族群人口總數的百分比，稱為累積發生率。這是假定在一段觀察期間內 (t1 → t2)，世代族群中，除了得某疾病外，沒人死於其他疾病，則該族群之累積發生率 ($CIR_{t1 \to t2}$) 為：

$$\Delta CIR_{t1 \to t2} = \frac{|P_{t2} - P_{t1}|}{P_{t1}} = 1 - \exp[-\sum ID_t \times \Delta t]$$

P_{t2}：觀察結束時 (t2) 的族群人口數。

p_{t1}：觀察開始時 (t1) 的族群人口數。

ID：發生密度 (incidence density)。

當觀察期間愈短或所觀察的疾病為稀有疾病時，累積發生率會接近發生率，可用以估計發生率。而且當疾病發生率很小時，累積發生率幾乎等於各年齡層發生率乘以年齡層距之總和 $CIR_{t1 \to t2} = ID \times t$。同時，累積發生率已具有標準化的意義，可直接與其他同時段累積發生率作比較。

例如，腎病患於一年當中曾在血液透析時發生休克的百分比。

4. 死亡率 (mortality)

研究族群於觀察時間內死亡者的分率。例如，某些職業 (土木、鐵工) 死亡率較高。

觀察時間中發生的才算。

每個個案只可以被算一次 outcome。

例如，臺灣居民每十萬人一年當中死腎病的人數。

5. 致死率 (case fatality rate)

某種疾病的患者於觀察時間內死於該疾病的分率。

在觀察時間中發生的才算。

每個個案只可以被算一次 outcome。

例如，臺灣肝病患者一年當中死於肝病的百分比。

6. 存活率 (survival rate)

研究族群於觀察時間結束時仍然存活的分率。

在觀察時間中發生的才算。

每個個案只可以被算一次 outcome。

例如，臺灣腎病患者接受血液透析後 10 年仍然存活的百分比。

$$存活率 = 1 - 死亡率$$

6-2 Receiver operating characteristic(ROC) 分析：判別檢驗工具的準確性

在長期追蹤指標分析中，想要評估指標在過程之變化是否與事件發生或死亡時間有關，理想的指標過程在事件發生當下及未發生事件期間應該會提供訊息。在醫學研究當中，從病患一進入實驗時就記錄其固定的共變數數值，例如：年齡、性別、治療方式 (服藥種類)、存活時間 (從進入實驗到死亡、移植手術，或實驗結束期間的時間)，和存活狀態 (設限與否) 等，且當每位病患回診時都記錄某些共變數，然而，當「時間相依」共變數可以被當作生物標記時，它就可以作為診斷疾病的標準或在服用治療藥物之後與期間監測病患病情的標準。

也就是說，我們想了解新的生物標記是否能更精確的辨別病患會發生事件或存活下來；然而，準確性包括由二元 (發生事件與否) 變數與離散或連續型的生物標記所建構的敏感度 (sensitivity) 及特異性 (specificity)。在診斷研究當中，傳統上常用接受者作業特徵曲線 (Receiver Operating Characteristic curve, ROC 曲線) 來衡量生物標記對疾病之預測準確性或區別能力，故 ROC 曲線可用來評估哪一種生物標記擁有最佳預測疾病優劣的生物標記。

6-2-1 流行病統計法：ROC 緣由

接受者作業特徵曲線最早起源於二次世界大戰中，1941 年的珍珠港事件，美軍用以偵測戰場上的日軍載具 (飛機、船艦)，其原理係利用雷達上的信號強弱設定門檻值，以作為軍事行動的判斷依據，而發展出的信號偵測理論 (signal detection theory)。由於二戰時期時軍方用來偵測雷達及電子訊息傳遞，敵方會傳送加密訊息，將此訊息攔截並破解密碼。但並非所有訊息都是正確的訊息。故有人用 ROC 來是計算此訊息為真的機率是多少？在醫學上，ROC 廣泛地應用在疾病的診斷，同時也被應用在流行病學、實證醫學研究、放射技術、社會

科學的研究上。在臨床上可能會面對檢驗方法複雜、耗時、有侵入性、結果需要有經驗者才能準確判讀等因素，而利用 ROC 曲線發展出更簡易操作的替代方式，並與臨床認定的黃金標準 (gold standard) 當作比較基礎 (rocgold 指令)，例如以癌症的切片檢查作為比較之黃金標準，該標準將病人判定為罹癌與未罹癌，以鑑定新的診斷工具替代黃金標準的可行性。

接受者操作特性曲線 (ROC 曲線)，又稱為敏感性曲線 (sensitivity curve)。得此名的原因在於曲線上各點反映著相同的敏感性，它們都是對同一信號刺激的反應，只不過是在幾種不同的判定標準下所得的結果而已。接受者操作特性曲線就是以虛報概率為橫軸，擊中概率為縱軸所組成的座標圖，和被試者在特定刺激條件下由於採用不同判斷標準得出之不同結果畫出的曲線。

一、ROC 曲線的主要功用

1. ROC 曲線能很容易地查出任意切斷點時的對疾病識別能力。
2. 選擇最佳的診斷切斷點。ROC 曲線愈靠近左上角，試驗的準確性就愈高。最靠近左上角的 ROC 曲線的點，是錯誤最少的最好門檻值，其假陽性和假陰性的總數最少。
3. 比較兩種或兩種以上不同診斷試驗對疾病識別能力。在對同一種疾病的兩種或兩種以上診斷方法進行比較時，可將各試驗的 ROC 曲線繪製到同一座標中，以直觀地鑑別優劣。愈靠近左上角的 ROC 曲線，所代表的受試者工作愈準確。亦可通過分別計算各個試驗的 ROC 曲線下之面積 (AUC) 進行比較，哪一種試驗的 AUC 最大，則哪一種試驗的診斷價值最佳。
4. ROC 曲線，愈靠近 45 度對角線者，該篩選工具 (邏輯斯迴歸) 愈不準確。
5. 在做決策時，ROC 分析能不受成本 / 效益的影響，可給出客觀中立的建議。例如，在醫學上診斷疾病所使用的檢查，產生了多種類型的結果，有一些結果僅簡單的呈現陽性或陰性，而有一些檢驗的結果為一個連續的數值。在這兩種的情況下，指定一個切斷點 (cut-point) 來區分檢驗的陽性與陰性可能都是任意的。這個切斷點的指定會影響到診斷工作的敏感度及特異度，其中敏感度表示有病者被判為陽性的機率，而特異度表示無病者被判為陰性的機率。在處理這些問題的時候，很多時候常利用 ROC 曲線來評估。

總之，ROC 曲線的評估方法係根據資料的實際情況，除了可將連續型資料 (如血壓、血糖……) 分爲兩類，也允許將資料劃分爲多個有序分類，如高、中、低等級。ROC 曲線除可評估連續型資料的敏感度與特異度，也適用在有序型資料的分析。

二、ROC 曲線的優點

該方法簡單、直觀，透過圖示可觀察分析方法的臨床準確性，並可用肉眼作出判斷。通過 ROC 圖可觀察分析方法的臨床準確性，並可用肉眼作出判斷。

ROC 曲線將靈敏度與特異性以圖示方法結合在一起，可準確反映檢驗工具之特異性和敏感性的關係，是試驗準確性的綜合代表。

而且，ROC 曲線不固定分類之切斷點 (cut-off)，允許中間狀態存在，利於使用者結合專業知識，權衡漏診與誤診的影響。選擇一更佳切斷點作爲診斷參考值。提供不同試驗之間在共同標尺下的直觀比較，ROC 曲線愈凸愈近左上角，表明其診斷價值愈大，利於不同指標間的比較。曲線下面積可評價診斷準確性。

ROC 曲線結合了敏感度 (sensitivity) 和特異度 (spectificity) 兩個指標，除了判別某一診斷工具的準確度外，還可更進一步地建議診斷工具的最佳切斷點 (best cut-off point)。一般常用尋找切斷點的方法爲尤登指數，即將每一個切斷點的敏感度 $(1-\beta)$ 與特異度 $(1-\alpha)$ 相加，並取最大值 (max)，即爲最佳切斷點。

定義：尤登指標 (Youden's index)

尤登指標反映出在有疾病和沒有疾病的陽性結果可能機率，其公式爲：

尤登指標 = 敏感度 +(特異性 − 1) = 敏感度 − 假陽性率

它有最大值爲 1.0，最小值爲 0.0。

尤登指標不同於準確性。勝算比及尤登指標都不會依賴於樣本中疾病的盛行率，此爲二者會比準確性優秀的原因。

6-2-2 ROC 曲線原理：2×2 混淆矩陣

第一型誤差 (α)、第二型誤差 (β) 與 ROC 分類之關係，如下表：

	真實情況 / 工具檢驗結果	
決定 (decision)	H_1 為真 (結果陽性)，即 H_0 為假	H_0 為真 (工具檢驗結果為陰性)
拒絕 H_0 (判定為有病)	疾病組正確檢驗結果為有病 (陽性) 機率 p=1-β 敏感度 (true positive, TP):a	Type I error: 健康組誤診為陽性 機率 p=α False Positive(FP):b
接受 H_0 (判定為沒病)	Type II error: 疾病組誤診為無病 機率 p=β False Negative(FN):c	健康組正確檢驗結果為無病 (陰性) 機率 p=1-α 特異度 (True Negative, TN):d

一、ROC 之 2×2 混淆矩陣 (confusion matrix)

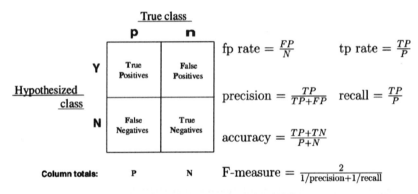

Confusion matrix及performance公式

分類模型 (又稱分類器，或診斷) 是將一個實例映射到一個特定類的過程。ROC 分析的是二元分類模型，也就是輸出結果只有兩種類別的模型，例如：(陽性 / 陰性)、(有病 / 沒病)、(垃圾郵件 / 非垃圾郵件)、(敵軍 / 非敵軍)。

如圖 6-11 所示，圖形之縱軸 (y-axis) 為真陽性率 (true positive rate; TPR)，又稱為敏感度；橫軸 (x-axis) 為偽陽性率 (false-posiitive rate; FPR)，以 1- 特異度表示，而敏感度為將結果正確判斷為陽性的機率，特異度係將結果正確判斷為陰性的機率。當指定一個切斷點來區分檢驗的陽性與陰性時，這個切斷點會影響到診斷工具的敏感度及特異度。在醫學上，敏感度表示有病者被判為陽性的機率，而特異度表示無病者被判為陰性的機率。在曲線上的任何一個點都會對應到一組敏感度與「1- 特異度」，而敏感度與特異度會受到切斷點移動的影響。

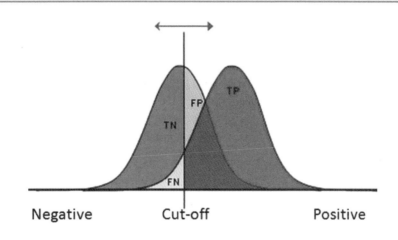

Negative　　　Cut-off　　　Positive

圖 6-11 ROC 曲線是以圖像的方式呈現二分類系統

　　當訊號偵測 (或變數測量) 的結果是一個連續值時，類與類的邊界必須用一個門檻值 (threshold) 來界定。舉例來說，用血壓值來檢測一個人是否有高血壓，測出的血壓值是連續的實數 (從 0～200 都有可能)，以收縮壓 140 / 舒張壓 90 為門檻值，門檻值以上便診斷為有高血壓，門檻值未滿者診斷為無高血壓。二元分類模型的個案預測有四種結局：

1. 真陽性 (TP)：診斷為有，實際上也有高血壓。
2. 偽陽性 (FP)：診斷為有，實際卻沒有高血壓。
3. 真陰性 (TN)：診斷為沒有，實際上也沒有高血壓。
4. 偽陰性 (FN)：診斷為沒有，實際卻有高血壓。

　　這四種結局可以畫成 2×2 的混淆矩陣：

		真實值		總數
		p	n	
預測輸出	p'	真陽性 (TP)	偽陽性 (FP)	P'
	n'	偽陰性 (FN)	真陰性 (TN)	N'
總數		P	N	

圖 6-12 真實狀況 vs. 檢驗工具，構成 4 種分類

名詞定義

1. 敏感度與特異度

$$敏感度：\frac{TP}{TP+FN}（正確診斷出有病的機率）$$

$$特異度：\frac{TN}{TN+FP}（正確診斷出沒病的機率）$$

2. 偽陽性率 (false positive rate, FPR) 與偽陰性率 (false negative rate; FNR)

$$偽陽性率：\frac{FP}{TN+FP}（沒病被診斷為有病的機率）$$

$$偽陰性率：\frac{FN}{TP+FN}（有病被診斷為沒病的機率）$$

3. 準確度 (accuracy, ACC)

$$準確度：\frac{TP+TN}{TP+FP+TN+FN}（病人被正確判斷為有病或沒病的機率和）$$

在一個二分類模型中，對於所得到的連續結果，假設已確定一個門檻值，比如說 0.6，大於這個值的實例劃歸為陽性 (positive)，小於這個值則劃到陰性 (negative) 中。如果減小門檻值，減到 0.5，固然能識別出更多的陽性，也就是提高了識別出的正例占所有正例的比類，即 TPR，但同時也將更多的負實例當作了正實例，即提高了 FPR。

二、ROC 2×2 分類準確度之好壞

ROC 空間將偽陽性率定義為 X軸，真陽性率定義為 Y軸。

(1) TPR：在所有實際為陽性的樣本中，被正確地判斷為陽性之比率。

$$TPR = TP/(TP + FN)$$

(2) FPR：在所有實際為陰性的樣本中，被錯誤地判斷為陽性之比率。

$$FPR = FP/(FP + TN)$$

給定一個二元分類模型和它的門檻值，就能從所有樣本的 (陽性 / 陰性) 真實值和預測值計算出一個 (X = FPR, Y = TPR) 座標點。

從 (0, 0) 到 (1,1) 的對角線將 ROC 空間劃分為左上 / 右下兩個區域，在這條線以上的點，代表了一個好的分類結果 (勝過隨機分類)，而在這條線以下的點，則代表了差的分類結果 (劣於隨機分類)。

完美的預測是一個在左上角的點，在 ROC 空間座標 (0,1) 點，X = 0 代表著沒有偽陽性，Y = 1 代表著沒有偽陰性 (所有的陽性都是真陽性)；也就是說，不管分類器輸出結果是陽性或陰性，都是 100% 正確。一個隨機的預測會得到位於從 (0, 0) 到 (1, 1) 對角線 (也叫無識別率線) 上的一個點；最直觀的隨機預測的例子就是拋硬幣。

讓我們來看在實際有 100 個陽性和 100 個陰性的案例時，四種預測方法 (可能是四種分類器，或是同一分類器的四種門檻值設定) 的結果差異：

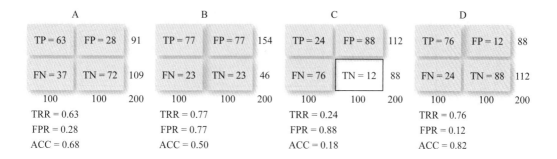

將這 4 種結果畫在 ROC 空間裡：

(1) 點與隨機猜測線的距離，是預測力的指標：離左上角愈近的點預測 (診斷) 準確率愈高。離右下角愈近的點，預測愈不準。

(2) 在 A、B、C 三者當中，最好的結果是 A 方法。

(3) B 方法的結果位於隨機猜測線 (對角線) 上，在例子中我們可以看到 B 的準確度是 50%。

(4) C 雖然預測準確度最差，甚至劣於隨機分類，也就是低於 0.5(低於對角線)。然而，當將 C 以 (0.5, 0.5) 為中點作一個鏡像後，C 的結果甚至要比 A 還要好。這個作鏡像的方法，簡單說，不管 C(或任何 ROC 點低於對角線的情況) 預測了什麼，就做相反的結論。

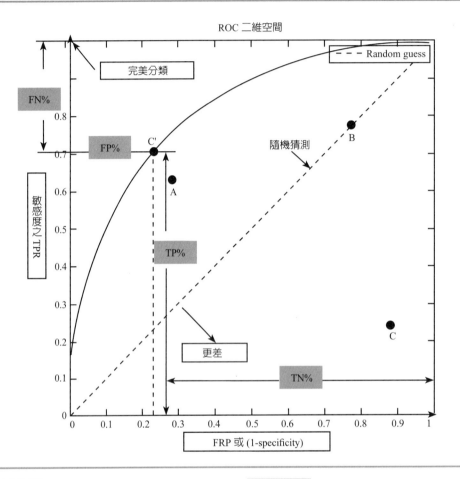

圖 6-13 ROC 空間的 4 個例子 (最佳工具為 FP%+TP% 最大者：C' 點)

三、單一樣本的 ROC 估計

常見的依變數，有三種資料型態，分別為二元、次序 (ordinal) 和連續資料：

1. 二元變數：某些測驗只有兩種結果「陽性或陰性」，這類型資料就稱為二元資料 (binary data)，在二元資料中，準確性可以被評估。即藉由敏感度、專一性、勝算比和概似比。

2. 有序變數：資料呈現只有幾序 (例如 A 級，B 級，C 級，D 級)，謂之有序資料。在有序資料中，準確性的估計可以用 ROC 曲線，ROC 曲線下面積愈大，該篩選工具區別能力就愈佳。

3. 連續變數：連續資料的測驗結果係呈現一個無限制的數值 (例如績效、效

率)，這些結果包含目標的測量，圖像估計和主觀上的估計。在連續資料中，準確性的估計亦可用 ROC 曲線下面積及「敏感度 vs. 1- 特異性」圖來判定。

四、ROC 假設檢定

在某些研究中，其重點在於診斷是否能判別病人是否有病。若某篩選工具的「敏感度 = 1- 特異性」，表示它是一個無效用的測驗。故 ROC 曲線的檢定為：$y = x$ 且 ROC 曲線下面積為 0.05。因此，其

虛無假設 $H_0：A = 0.05$

對立假設 $H_0：A \neq 0.05$

$$檢定統計量\ Z = \frac{\hat{A}}{\sqrt{Var(\hat{A})}} \sim 符合 N(0,1)$$

其中，A 代表是 ROC 曲線下的面積 (簡稱 AUC)。

同理，我們在判定一個醫學篩選工具時，一個限制的假陽性值的範圍中，它是否有能力去區別人類是否生病？會給定特定的值 e_1、e_2：

$$H_0：A_{(e_1 \leq FPR \leq e_2)} = A_{mn(e_1, e_2)} \quad \text{and} \quad H_1：A_{(e_1 \leq FPR \leq e_2)} \neq A_{mn(e_1, e_2)}$$

其中 $A_{mn(e_1, e_2)} = \frac{1}{2}(e_2 - e_1)(e_2 + e_1)$

檢定統計量為 $Z = \dfrac{\hat{A}_{(e_1 \leq FPR \leq e_2)} - \hat{A}_{mn(e_1 \leq FPR \leq e_2)}}{\sqrt{\hat{Var}[\hat{A}_{(e_1 \leq FPR \leq e_2)}]}} \stackrel{.}{\sim} N(0, 1)$

更一般化，我們可以測驗總面積或部分有任何特定的假設值，A_0

檢定統計量為 $Z = \dfrac{A_{(e_1 \leq FPR \leq e_2)} - A_0}{\sqrt{\hat{Var}[\hat{A}_{(e_1 \leq FPR \leq e_2)}]}} \stackrel{.}{\sim} N(0, 1)$

當 $e_1 = 0$ 且 $e_2 = 1$ 時，指的就是總面積。

五、接受者作業特徵曲線下的面積 (area under the Receiver Operating Characteristic curve, AUC) 的算法

接受者作業特徵曲線下的面積。將 t 值當成 x 座標，對應的 ROC 當成 y 座標，繪製在直角座標平面，並連接成一條曲線，計算這條曲線下的面積。因為 ROC 的 x 軸跟 y 軸的範圍，都是介於 (0,1)，所以面積的範圍會在 (0,1) 之間，相

當於機率的範圍。所以可以藉由 AUC，觀察該因素對於疾病的發生有多少影響。

AUC 的算法為：

$$AUC = \int_0^1 ROC(t)dt \quad t \in (0, 1)，其中 t = FPF$$

另一種表示法為：

如果 Y_D 為眞實生病組的病人資料，$Y_{\bar{D}}$ 為眞實沒病的病人資料。則：

$$AUC = P(Y_D > Y_{\bar{D}})$$

6-2-3a 第一型誤差 α 及第二型誤差 β：ROC 圖切斷點的由來

一、檢定力 (1-β) vs. Type I 誤差 α 及 Type II 誤差 β

統計檢定進行時，除了可探測結果之顯著性，相對的存在一定的風險，即可能發生誤差 (error) 的機會。

假設檢定的目的就是利用統計的方式，推測虛無假設 H_0 是否成立。若虛無假設事實上成立，但統計檢驗的結果不支持虛無假設 (拒絕虛無假設)，這種錯誤稱為第一型錯誤 **α**。若虛無假設事實上不成立，但統計檢驗的結果支持虛無假設 (接受虛無假設)，這種錯誤稱為第二型錯誤 **β**。

1. 何謂顯著水準 α (significance level α)？何謂第一型誤差 (type I error)？何謂第二型誤差 (type II error)？何謂檢定力 (the power of a test)？

---

(1) 顯著水準 α：α 指決策時時所犯第一型誤差的「最大機率」所以依據統計研究的容忍程度，一般我們在檢定前都要先界定最大的第一型誤差，再進行檢定。

(2) 第一型誤差 **α**：當虛無假設 H_0 為眞，卻因抽樣誤差導致決策為拒絕 H_0，此種誤差稱為型 I 誤差。第一型誤差 = p(拒絕 H_0 | H_0 為眞)α=P(Reject H_0 | H_0 is true)。

(3) 第二型誤差 **β**：當虛無假設 H_0 為假，卻因抽樣誤差導致決策不拒絕 H_0，此種誤差稱為第二型誤差。第二型誤差 = p(不拒絕 H_0 | H_0 為假)β=P(Non-Reject H_0 | H_0 is false)。

---

(4) 當虛無假設 H_0 為假，經檢定後拒絕 H_0 的機率稱為檢定力 (power)。(也就是正確拒絕 H_0 的機率)。power=P(Reject H_0 | H_0 is false)。

2. 顯著水準即是型 I 誤差的最大機率，當 α 愈大，則 β 愈小、power 愈大。

3. 當 α 為零則根本無法拒絕 H_0，則根本不會有 power。

4. 樣本數 n 愈大，則 α、β 愈小，power 愈大。

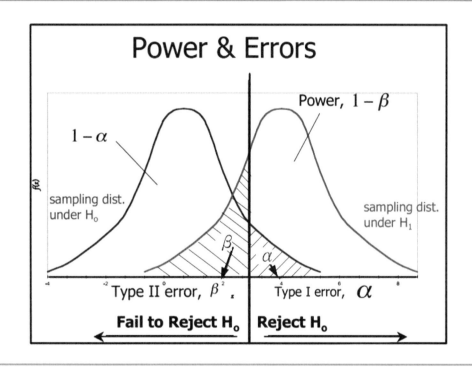

圖 6-14 檢定力 (1-β) vs. Type I 誤差 α 及 Type II 誤差 β

　　當我們在進行統計檢定時，基本上根據有限的樣本數量，對母體的實際分布作一推估，必然會有誤差之風險。這種「誤差」可分 2 種：

(1) 第一型誤差 α：當虛無假設 H_0 為真，卻因抽樣誤差導致決策為拒絕 H_0 (the probability of rejecting a true null hypothesis)，此種誤差稱為 α 誤差。第一型誤差之機率即為 α。

(2) 第二型誤差 β：當虛無假設 H_0 為假，卻因抽樣誤差導致決策不拒絕 H_0 (the probability of failing to reject a false null hypothesis)，此種誤差稱為 β 誤差。

第二型誤差之機率為 β。

第一型誤差 (α)、第二型誤差 (β) 與 ROC 分類之關係，如下表：

	真實情況 / 工具檢驗結果	
決定	H_1 為真 (結果陽性)，即 H_0 為假	H_0 為真 (工具檢驗結果為陰性)
拒絕 H_0 (判定為 有病)	疾病組正確檢驗結果有病 (陽性) 機率 p=1-β 敏感度 : a	Type I error: 健康組誤診為陽性 機率 p=α false positive(FP): b
接受 H_0 (判定為 沒病)	Type II error: 疾病組誤診為無病 機率 p=β false negative(FN): c	健康組正確檢驗結果為無病 (陰性) 機率 p=1-α 特異度 : d

根據檢定之前題與結果正確與否，可產生兩種不同之誤差情況，分別為第一型誤差 **α** 及第二型誤差 **β**。以利用驗孕棒驗孕為例。若用驗孕棒為一位孕婦驗孕，真實結果是沒有懷孕，這是第一型錯誤。若用驗孕棒為一位未懷孕的女士驗孕，真實結果是已懷孕，這是第二型錯誤。

	真實情況	
決定	H_1 為真 (即 H_0 為假)：嫌疑犯真的有作案	H_0 為真：嫌疑犯真的無作案
嫌疑犯有罪	正確決定 (敏感度) 機率 p=1-β 檢定力 = 敏感度 =1-β	Type I error(偽陽性) 機率 p=α
嫌疑犯無罪	Type II error(偽陰性) 機率 p=β	正確決定 (特異度) 機率 p=1-α 特異度 =1-α

二、切斷點調動對第一型誤差 (α) 與第二型誤差 (β) 的影響

臨床上對於糖尿病初期診斷最常使用的是空腹血糖值測定，正常人空腹血糖值平均是 100 mg/dl，標準差為 8.5 mg/dl，而糖尿病患者空腹血糖值平均為 126 mg/dl，標準差為 15.0 mg/dl，假設兩族群的空腹血糖值皆為常態分布。假如現在想利用空腹血糖值來建立一個簡單診斷是否有糖尿病的工具，假如空腹血糖值大於切斷點 C 則判定有糖尿病，反之，小於切斷點 C 則無糖尿病，下圖是以 C=115 為切斷點下，第一型誤差 (α) 及第二型誤差 (β) 的關係。

由下圖可看出：當我們把切斷點 C 值提高 (往右移) 時，第一型誤差 (α) 機率降低，但同時卻升高了第二型誤差 (β) 的機率，根據檢定力公式：power=1-β，當第二型誤差 β 愈大，則檢定力也隨之變小。

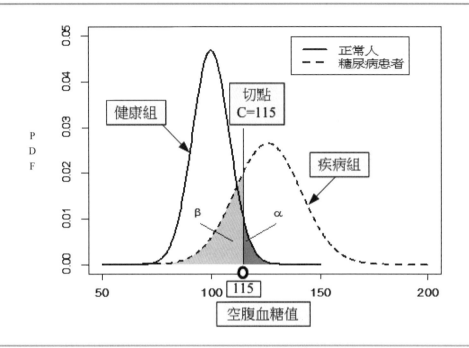

圖 6-15 當我們把切斷點提高時，第一型誤差 (α) 機率降低，但同時卻升高了第二型誤差 (β) 的機率

以驗孕棒驗孕為例，若調高驗孕棒靈敏度 (斷點)，雖可降低 α 誤差，但卻提高 β 誤差。有關如何求得風險評級最佳斷點，Stata 提供 rocfit、roctab 二個指令。詳情請見「6-3-3」節及「6-3-4」節。

三、P 值 (P-values) 計算：通常以第一型誤差 (通常取 $\alpha = 0.05$) 為 P 值比較的臨界值

1. P 值是計算在虛無假設 H_0 成立時，比觀測的檢定統計值 (如 χ_2, z, t, $HR\cdots$) 更極端 (與虛無假設不一致) 的機率。

2. 當 P 值很小時 (通常取 P < 0.05)，有二種可能：(1) 虛無假設 H_0 是正確的，但我們觀測到一筆發生機率很低的資料 (這顯然不太可能發生)；(2) 虛無假設 H_0 是錯的，資料不是來自虛無假設，這個可能性比較大，所以有充分證據來

拒絕 (reject) 虛無假設。

3. P 值可視爲當虛無假設 H_0 成立時，依據資料會拒絕虛無假設的「風險」(risk)，當風險很小時 (通常取 P < 0.05)，我們當然傾向拒絕虛無假設，所以當風險小於我們設定的顯著水準 α 時，我們就有充分證據來拒絕虛無假設。

6-2-3b 評估不同篩檢工具之分類準確性：ROC 圖

如下圖所示，ROC 曲線爲一個用來呈現篩檢試驗敏感度及「1- 特異度」的圖形，其中 X 軸爲「1- 特異度」，又稱爲僞陽性率，而 Y 軸爲敏感度，任何一個在曲線上的點都會對應到一個檢驗用以區分陽性或陰性的切斷點。

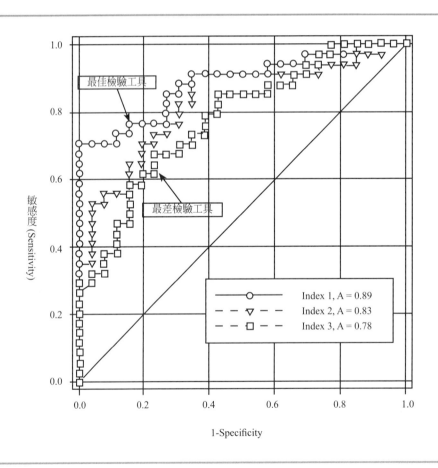

圖 6-16 ROC 曲線之示意圖 (判別檢驗工具的準確性)

一、曲線下面積 AUC 值的意涵

通常，ROC 曲線在判別時，會以對角線為一個參考線，若是檢驗工具的 ROC 曲線剛好落在對角的參考線上，則表示檢驗工具對於此疾病的診斷沒有鑑別性。若是 ROC 曲線愈往圖形的左上方移動表示檢驗工具對於疾病的敏感度越高、且偽陽性率越低，亦即此工具的鑑別力較佳。而最靠近左上角的的點 (0,1) 是錯誤歸類最少的切斷點，其敏感度 $(1-\beta)$ 是最大的且偽陽性率 (1-specificity = α) 是最小的。

ROC 是凸曲線，所以 AUC 值都會在 0.5 以上。AUC 數值的範圍從 0.5 到 1，數值愈大愈好。而 AUC 所算出的值可以決定該生物標記是否為該疾病判斷的主要指標。所算出 AUC 的值，可藉由下表準則，來看 AUC 值所代表的模型好壞。

AUC < 0.5	幾乎沒有區別力 (no discrimination)。
0.5 ≤ AUC<0.7	較低區別力 (準確性)。
0.7 ≤ AUC<0.8	可接受的區別力 (acceptable discrimination)。
0.8 ≤ AUC<0.9	好的區別力 (excellent discrimination)。
AUC ≥ 0.9	非常好的區別力 (outstanding discrimination)。

二、ROC 應用在評比檢驗工具的準確度

在醫學研究中，常需要對某種特定疾病 (例如，心血管方面疾病，代謝症候群、呼吸中止症……) 找出其顯著的影響因子，再進一步地以這些影響因子來預測是否有得病。就常用的邏輯斯迴歸而言，亦即先算出各因子組合而成的危險分數 (risk score)，再以危險分數來區分其有得病或是沒得病，此時用來評估其區分精確度的數量，就是時常在文獻中看到的：一致性統計量 (concordance statistics)。在邏輯斯迴歸、Cox 迴歸例子中，一致性統計量等於 ROC 曲線分析中的曲線下面積，它也是在進行醫學診斷分析時，常會用到的。

不過，一致性 C 統計量 (estat concordance 事後指令) 的用途更為廣泛，即使是在存活資料下 (有病與否和時間長短有關；time to event data) 所使用的 Cox 迴歸模型，也可以算出一致性統計量，來比較所建立的不同 Cox 迴歸模型 (影響因子選擇不同)，何者預測能力更佳。在統計軟體部分，目前較常見用來進行一致性統計量分析的軟體為 Stata、SAS、R。

此外，在疾病篩檢診斷工具正確性評估研究上，一般會考量以同一組實驗

對象接受多種不同篩檢或診斷工具。對於此種施測工具分類正確性評估。此 2×2 ROC 分類表，源自下表之第一型誤差 (α) 及第二型誤差 (β)，二者關係如下：

第一型誤差 (α)、第二型誤差 (β) 與 ROC 分類之對應關係，如下表：

	真實情況 / 工具檢驗結果	
決定 (Decision)	H_1 為真 (結果陽性)，即 H_0 為假	H_0 為真 (工具檢驗結果為陰性)
拒絕 H_0 (判定為 有病)	疾病組正確檢驗結果為有病 (陽性) 機率 p=1-β 敏感度 :a	Type I error: 健康組誤診為陽性 機率 p=α false positive(FP): b
接受 H_0 (判定為 沒病)	Type II error: 疾病組誤診為無病 機率 p=β false negative(FN): c	健康組正確檢驗結果為無病 (陰性) 機率 p=1-α 特異度 : d

以發展障礙之篩檢工具為例，其結果如下表之 2×2 分類表，它有 4 個 (交叉細格) 之測驗準確度績效 (performance)，分別為：敏感度 (Sensitivity)、精確度、陽性預測值 (Positive Predictive Value, PPV)、陰性預測值 (negative predictive value, NPV)。

> 準確度績效之診斷：
> 假陽性：是指健康的人診斷試驗結果為不正常，如同無辜的人。
> 假陰性：是指有病的人診斷試驗結果為正常，如同逍遙法外的歹徒。

篩檢測驗與診斷效標分類的四種可能結果與測驗準確度指標

發展篩檢測驗的結果 \ 決策	發展狀態		Total
	判定為遲緩	判定為發展正常	
陽性 (positive)	a (true-positive)	b (false-positive)	a + b
陰性 (negative)	c (false-positive)	d (true-positive)	c + d
Total	a + c	b + d	a + b + c + d

Sensitivity = a / (a + c)

Specificity = d / (b + d)

Positive predictive value = a / (a + b)

Negative predictive value = d / (c + d)

Overall accuracy = (a + d) / (a + b + c + d)

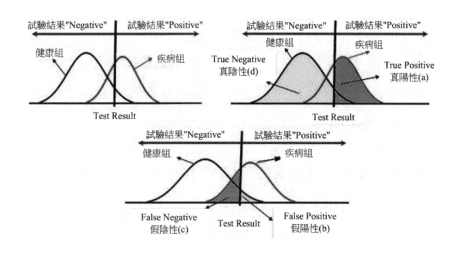

圖 6-17　將真陽性、假陽性、假陰性、真陰性之細格人數分別以 (a)、(b)、(c)、(d)
來表示

細格人數	Disease (+) 生病	Disease (-) 健康	
test result(+) 陽性	a 真陽性	b 假陽性	a + b
test result(-) 陰性	c 假陰性	d 真陰性	c + d
	a + c	b + d	

1. 敏感度：為有病者診斷結果為陽性的比率。
   ＝真陽性率＝真陽性／生病＝a/a+c
   當高靈敏診斷試驗的結果為陰性，此為未罹患此疾病相當可靠的指標。
2. 特異度：為沒病者診斷結果為陰性的比率。
   ＝真陰性率＝真陰性／健康＝d/b+d
   在特異性高的診斷試驗，結果陽性即表有病，因為罕見偽陽性。
3. Positive Predictive Value, PPV (陽性預測值)：診斷試驗結果呈現陽性且確實
   有病者的比率。
   ＝真陽性／陽性試驗結果＝a/a+b
4. Negative Predictive Value, NPV (陰性預測值)：診斷試驗結果呈陰性且確實無
   患病者的比率。
   ＝真陰性／陰性試驗結果＝d/c+d

5. 概似比 (likelihood ratios, LR)

概似比為兩個機率值的比值，即在有病病人中一個特定測驗結果的機率和沒病病人中一個特定測驗結果的機率比值，概似比可以表示為：

$$LR(t) = \frac{P(T=t \mid D=1)}{P(T=t \mid D=0)}$$

其中 t 可以是一個單一測驗值，一個測驗區間，一個決策門檻的一端。當測驗結果和一個門檻值的一端相關連時，我們有正的和負的概似比，分別可以表示為：

$$LR(+) = \frac{P(T=1 \mid D=1)}{P(T=1 \mid D=0)}$$

$$LR(-) = \frac{P(T=0 \mid D=1)}{P(T=0 \mid D=0)}$$

其中，LR(+) 為敏感度和假陽性率的比值，而 LR(−) 為假陽性率和特異性的比值。

> 分子：疾病中診斷試驗 (陽性或陰性) 比率。
> 分母：無疾病中診斷試驗 (陽性或陰性) 比率。

概似比反映一個特定的測驗結果在判斷有病和沒病之間的證據大小。當概似比的值等於 1 代表在病人有病和沒病的情況下，測驗結果是相等的；而當概似比的值大於 1 代表測驗結果在病人有病的情況下有較大的可能性；反之，當概似比的值小於 1 則代表測驗結果在病人沒病的情況下有較大的可能性。

概似比公式，亦可改寫成：

$$LR(+) = \frac{Pr\{T+/D+\}}{Pr\{T+/D-\}} = \frac{真陽性率}{假陽性率} = \frac{sensitivity}{(1 - specificity)} = \frac{(a/a+c)}{(b/b+d)}$$

$$LR(-) = \frac{Pr\{T-/D+\}}{Pr\{T-/D-\}} = \frac{真陰性率}{假陰性率} = \frac{1 - sensitivity}{specificity} = \frac{(c/a+c)}{(d/b+d)}$$

---

6 概似比數值所代表的臨床意義

概似比	詮釋 (interpretation)
LR>10	強有力證據，有疾病 (strong evidence to rule in disease)。
5~10	中度證據，有疾病 (moderate evidence to rule in disease)。
2~5	弱的證據，有疾病 (weak evidence to rule in disease)。
0.5~2.0	no significant change in the likelihood。
0.2~0.5	弱的證據，無疾病 (weak evidence to rule out disease)。
0.1~0.2	中度證據，無疾病 (moderate evidence to rule out disease)。
LR < 0.1	強有力證據，無疾病 (strong evidence to rule out disease)。

　　如果已知檢測結果以及疾病的盛行率，那麼究竟罹患或沒有罹患某疾病的機率爲多少？例如：「如果檢驗陽性，那麼得病的機率是多少」或「如果檢驗陰性，那麼沒有患病的機率是多少」，前者叫作陽性檢測率 / 陽性預測值，後者叫作陰性檢測率 / 陰性預測值。

　　陽性檢測率定義爲所有檢測結果爲陽性的人裡面，眞正有患病 (眞陽性，true positive) 的機率，因此公式爲以下所列，即眞陽性人數除以所有陽性的人數。

$$PPV = \frac{\text{true positive}}{\text{all positive}} = \frac{\text{true positive}}{\text{true positive} + \text{false positive}}$$

　　眞陽性人數的計算很簡單，即總罹患疾病人數 × 敏感性，還記得敏感性爲 a/(a+b)，亦即「在所有罹患疾病的人中，被篩檢爲陽性者的機率」，因此敏感性也可稱爲眞陽性率，那當然眞陽性人數就等於所有罹患疾病人數 (all cases) 乘以眞陽性率囉；反之，僞陽性就是總健康人數 ×(1－ 特異度)，特異度爲 d/(c+d)，因此 (1－ 特異度) 爲 c/(c+d)，亦即爲「在所有健康的人中，被誤篩檢爲陽性者的機率」，因此通常 (1－ 特異度) 又被稱做爲僞陽性率，所以僞陽性人數很自然的等於所有健康的人中 (all health) 乘以僞陽性率。

　　眞陽性及僞陽性的公式，分別爲：

$$\text{true positive} = \text{all cases} \times \text{sensitivity}$$
$$\text{false positive} = \text{all health} \times (1 - \text{specificity})$$

再者我們需要知道總罹患疾病人數及總健康人數的人數，見下列公式，總罹患疾病人數就等於總人數 × 盛行率，總健康人數就等於總人數 ×(1 − 盛行率)。

$$\text{all cases} = \text{total} \times \text{prevalence}$$
$$\text{all health} = \text{total} \times (1 - \text{prevalence})$$

綜合上面三個公式，可得 PPV 的詳細公式，如下：

$$\text{PPV} = \frac{\text{sensitivity} \times \text{total} \times \text{prevalence}}{(\text{sensitivity} \times \text{total} \times \text{prevalence}) + (\text{total} \times (1 - \text{specificity}) \times (1 - \text{prevalence}))}$$
$$= \frac{\text{sensitivity} \times \text{prevalence}}{(\text{sensitivity} \times \text{prevalence}) + (1 - \text{specificity}) \times (1 - \text{prevalence})}$$

例如，唐氏症 (down syndrome) 篩檢，以現今流行的四指標唐氏症篩檢，研究提供的敏感性爲 80% 及特異度爲 95%，而假設已知唐氏症盛行率爲千分之 1(0.1%)，如果有位孕婦篩檢陽性，那麼她可能生出唐氏症寶寶的機率是多少呢？讓我們運用上式之公式後，可得出的陽性檢測率 (陽性預測值) 差不多是 1.6%，因此四指標唐氏症篩檢陽性的媽媽們不用太擔心，假使唐氏症篩檢陽性，還可進一步考慮羊膜穿刺此侵入性的檢查，以更確認是否有懷唐氏症寶寶。

$$\text{PPV} = \frac{\text{sensitivity} \times \text{prevalence}}{(\text{sensitivity} \times \text{prevalence}) + (1 - \text{specificity}) \times (1 - \text{prevalence})}$$
$$= \frac{0.80 \times 0.001}{(0.80 \times 0.001) + (1 - 0.95) \times (1 - 0.001)}$$
$$= \frac{0.0008}{0.0008 + (0.05 \times 0.999)} = \frac{0.0008}{0.0008 + 0.04995}$$
$$\approx 0.016 \, (1.6\%)$$

假使有一種疾病的盛行率是 5%，敏感性爲 80% 及特異度爲 95% 條件之下，篩檢陽性可能有罹患疾病的機率就會大增至接近 46%。因此可知盛行率是影響陽性檢測率的最大因素，可看到分子有「盛行率」，因此可推估當疾病盛行率愈高時，PPV 就會愈高，亦即篩檢陽性能正確診斷疾病的機率會大增，這是因爲事實上眞正罹患疾病的機率實在很高，因此能正確診斷也不足爲奇了。

$$PPV = \frac{sensitivity \times prevalence}{(sensitivity \times prevalence) + (1 - specificity) \times (1 - prevalence)}$$

$$= \frac{0.80 \times 0.05}{(0.80 \times 0.05) + (1 - 0.95) \times (1 - 0.05)}$$

$$= \frac{0.04}{0.04 + (0.05 \times 0.95)} = \frac{0.04}{0.04 + 0.0475}$$

$$\approx 0.457 \ (46\%)$$

最後我們簡單列出陰性預測值 (陰性檢測率) 的算法。可看到分子有「1- 盛行率」，因此可推估當疾病盛行率愈高時，那麼 NPV 會愈低，這是很理所當然的，因為如果某一個疾病很常見，即使我們篩檢結果是陰性，那麼可能能夠確定我們就沒有疾病的機率也會比較低 (因為畢竟有疾病的機率實在太高了！)

$$NPV = \frac{true \ negative}{all \ negative} = \frac{true \ negative}{true \ negative + false \ negative}$$

$$NPV = \frac{specificity \times (1 - prevalence)}{(1 - sensitivity) \times prevalence + (specificity) \times (1 - prevalence)}$$

一般疾病篩檢或診斷工具，大多利用某徵候來診斷疾病發生與否。其中所謂篩檢，如大腸癌篩檢、乳癌篩檢等；診斷可為利用電腦斷層掃描進行心血管檢查、診斷腦瘤等。然而，這些檢查並非完美，所以我們會用此疾病篩檢或診斷工具的敏感度、特異度等指標，以描述其正確性。一般而言，這樣的診斷程序僅會以檢查結果呈陽性或陰性表示。對於同一種疾病隨醫學知識與檢驗技術愈來愈進步，多種不同篩檢或診斷方式在臨床上相繼被提出。

醫學而言，例如，以糞便潛血化學法，來判別病人是否得大腸癌，實際收集數據如下表：

		gold standard		
		大腸癌	非大腸癌	合計
糞便潛血化學法	陽性 (+)	80	9,980	10,060
	陰性 (-)	120	89,820	89,940
	合計	200	99,800	100,000

敏感度 = 80/200 = 40%　　　　偽陰性 = 120/200 = 60%
精確度 = 89,820/99,800 = 90%　　偽陽性 = 9,980/99,800 = 10%
陽性預測值 (PPV) = 80/10,060 = 0.8%
陰性預測值 (NPV) = 89,820/89,940 = 99.9%

　　然而，如何知道何種篩檢或診斷方法有較佳的分類正確性，係爲一個很重要的課題。關於此分類正確性的問題，一般會考慮使用 ROC 曲線分析方法。ROC 曲線作法，亦可考慮某一檢測工具每個可能切斷點，並計算各不同切斷點下之敏感度及特異度，即 Y 軸 爲敏感度、X 軸 爲「1-特異度」的座標系統，並以直線連接各對應座標點，此 ROC 曲線位於 0 與 1 的正方形中。ROC 曲線下面積指標在機率解釋上，可視爲分別隨機選定一位有病與沒病個案 (m=2 個檢驗結果之分類數)，即有病者之檢驗值大於沒病者檢驗值的機率。直觀上，一個檢驗工具有較高的 AUC 值將代表它有較佳的分類正確性。

二、評比二個篩檢工具準確性及經濟性，誰優？

　　醫學研究發現人類乳突病毒的感染是子宮頸癌的元凶，持續感染人類乳突病毒是形成子宮頸癌的重要因素，因此可透過 DNA 檢測早期發現該婦女是否已遭人類乳突病毒的感染，作爲子宮頸癌的篩檢工具。相關資料整理如下：

項目	子宮頸抹片	人類乳突病毒篩檢
對 CIN III 以上之敏感度	65%	90%
特異度	86%	75%
價格 *	每人 NT100 元	每人 NT1,000 元

假設該地區 30 歲以上女性族群的 CIN III 以上病變盛行率爲千分之 50。該地 30 歲以上女性族群人口數爲 100,000 人。

　　假設陽性個案的確診費用爲 2,000 元。

		實際疾病狀態		
		CIN III+	正常	合計
子宮頸抹片	(+)	3,250	13,300	16,550
	(-)	1,750	81,700	83,450
	合計	5,000	95,000	100,000

PPV = 19.64%

NPV = 97.90%

總成本

$= 100 \times 100,000 + 2,000 \times 16,550$

$= 43,100,000$

		實際疾病狀態		
		CIN III+	正常	合計
HPV 篩檢	(+)	500	23,750	28,250
	(-)	4,500	71,250	75,750
	合計	5,000	95,000	100,000

PPV = 15.93%
NPV = 99.30%
總成本
$= 1,000 \times 100,000 + 2,000 \times 28,250$
$= 156,500,000$

從 PPV 角度來看，子宮頸抹片比 HPV 篩選優；但 NPV 角度來看，子宮頸抹片比 HPV 篩選差。從成本角度來看，子宮頸抹片又比 HPV 篩選便宜。理性的人應選子宮頸抹片法才對。

6-2-4 篩檢工具的績效：同一篩檢工具不同檢驗值切斷點的選擇

迄今，接受者作業曲線已廣泛應用在工商、教育心理、生物醫學院。例如，某部門主管深感睡眠困擾對於員工工作效率造成影響，故欲利用壓力問卷，來了解員工的睡眠困擾，故此主管想要知道大約壓力問卷分數大於幾分以上 (cut-off point) 時？需要注意適時給予一些輔導或協助。其中，壓力問卷的分數以 pQOL 表示，其值介於在 0～100 分之間，分數愈高表示壓力程度愈大。

例如，往昔有人將資料分割兩部分 (男性和女性)，接著使用頸圍、腰圍及 BMI 進行 ROC 曲線檢定，結果發現，最佳切斷點 (cut-off point) 分別為男性頸圍 40 公分及女性頸圍 36 公分；男性腰圍為 105 公分與女性是 101 公分；男性 BMI 為 BMI 與女性為 28.93Kg/m^2。

又如，Sung 等人 (2007) 隨機抽取 2,593 位 6～12 歲香港華裔兒童男童 52%，女童 47%) 為受試者，受試者帶有 4 個以上危險因子，包括：血壓 (blood pressure, BP)、三酸甘油脂 (triglycerides, TG)、低密度膽固醇 (low-density lipoprotein, LDL)、空腹血糖 (fasting glucose, FG)、空腹胰島素濃度 (fasting insulin, FI) 大於第 85 百分位數，高密度膽固醇 (high-density lipoprotein, HDL) 低於第 15 百分位數，就判定為心血管疾病高危險群。Sung 研究旨在利用 ROC 法來界定 BMI 百分位數危險門檻值、最佳切點 (靈敏度與明確度之和取最大者)。

　　在商業應用上，(廣義線性模型中之) 邏輯斯迴歸模型，亦可用來改善國內不動產抵押債權逾期模型，其中包括考慮總體經濟因素 (行政院主計總處之經濟成長率、失業率及利率) 及尋找較佳之機率斷點，以增加逾期預測準確率。資料來源可用國內某大型行庫之住宅貸款資料，觀察期間為 19XX 年至 20XX 年。再以逾期或期滿結案時的經濟成長率 (失業率) 減撥貸時經濟成長率 (失業率) 之差額納入變數變換中。經由多元共線性 (multicollinearity) 及離群值 (outliers) 與特殊影響之觀察值 (influential observations) 的迴歸診斷後，最後用敏感度與特異性交叉點預測方法，即可找出最佳的機率界限，來提高逾期預測準確率及正常預測準確率之預測程度；並輔以 ROC 曲線分析法來複驗預測能力。

一、ROC 曲線之切斷點

> 將同一模型每個門檻值的 (FPR, TPR) 座標都畫在 ROC 空間裡，就成為**特定模型的 ROC 曲線**。

　　例如下圖，人體的血液蛋白濃度是呈常態分布的連續變數，病人的分布是紅色，平均值為 A g/dL，健康人的分布是藍色，平均值是 C g/dL。健康檢查會測量血液樣本中的某種蛋白質濃度，達到某個值 (門檻值，threshold) 以上診斷為有疾病徵兆。研究者可以調整門檻值的高低 [將下圖的垂直線往左 (A 點) 或右移動 (B 點)]，便會求得不同的偽陽性率與真陽性率，並求得不同的預測準確率。

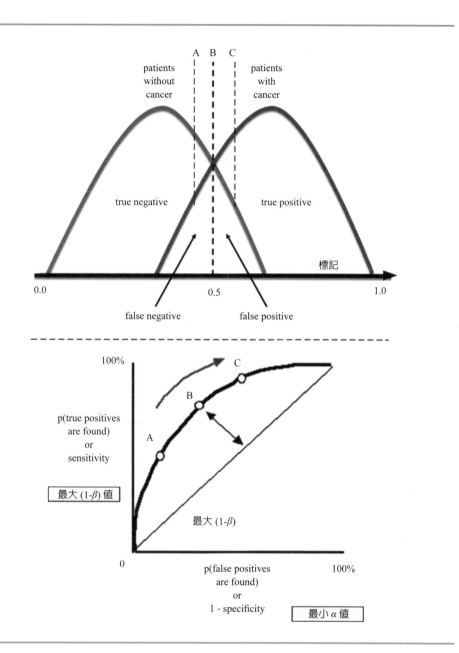

圖 6-18 隨著 threshold 調整，ROC 座標系裡的點如何移動

　　ROC 曲線作法，係考慮一個檢測工具每個可能切斷點，並計算各不同切斷點下之敏感度及特異度；其中，縱軸為敏感度、橫軸為 1−特異度的座標系統，並以直線連接各對應座標點，此 ROC 曲線位於 0 與 1 的正方形中。

二、敏感度與特異度之斷點變動

1. 由於每個不同的分類器 (診斷工具、偵測工具) 有各自的測量標準和測量值的單位 (標示為：「健康人－病人分布圖」的橫軸)，所以不同分類器的「健康人－病人分布圖」都長得不一樣。

2. 比較不同分類器時，ROC 曲線的實際形狀，便視兩個實際分布的重疊範圍而定，沒有規律可循。

3. 但在同一個分類器之內，門檻值的不同設定對 ROC 曲線的影響，仍有一些規律可循：

   (1) **當門檻值設定為最高時**

   亦即所有樣本都被預測為陰性，沒有樣本被預測為陽性，此時在偽陽性率 $FPR = FP/(FP + TN)$ 算式中的 $FP = 0$，所以 $FPR = 0\%$。同時在真陽性率 (TPR) 算式中，$TPR = TP/(TP + FN)$ 算式中的 $TP = 0$，所以 $TPR = 0\%$

   → **當門檻值設定為最高時，必得出 ROC 座標系左下角的點 (0, 0)。**

   (2) **當門檻值設定為最低時**，亦即所有樣本都被預測為陽性，沒有樣本被預測為陰性，此時在偽陽性率 $FPR = FP/(FP + TN)$ 算式中的 $TN = 0$，所以 $FPR = 100\%$。同時在真陽性率 $TPR = TP/(TP + FN)$ 算式中的 $FN = 0$，所以 $TPR = 100\%$

   → **當門檻值設定為最低時，必得出 ROC 座標系右上角的點 (1, 1)。**

   (3) 因為 TP、FP、TN、FN 都是累積次數，TN 和 FN 隨著門檻值調低而減少 (或持平)，TP 和 FP 隨著門檻值調低而增加 (或持平)，所以 FPR 和 TPR 皆必隨著門檻值調低而增加 (或持平)。

   → **隨著門檻值調低，ROC 點，往右上 (或右／或上) 移動，或不動；但絕不會往左／下／左下移動。**

(一) 切斷點的概念

Case 1 唯一且最佳切斷點

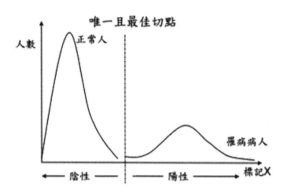

圖 6-19 唯一且最佳切斷點

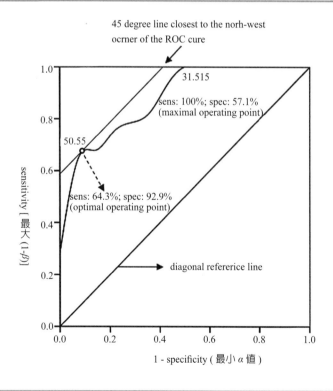

圖 6-20 ROC 圖最佳切斷點之示意圖

Case 2 好幾個切斷點可選

例如，阿偉想自人體血清中找尋比 FOBT 更好的大腸直腸癌血清腫瘤標記，由於他發現在大腸直腸癌個案中標記 X 的檢驗值一般較健康者爲高，因此他認爲目前最具潛力的是血清中的標記 X。爲了更了解標記 X 的敏感度與特異度，於是阿偉測量 100 名大腸直腸癌病人及 100 名正常人的標記 X 檢驗值，並將分布圖繪製如下：

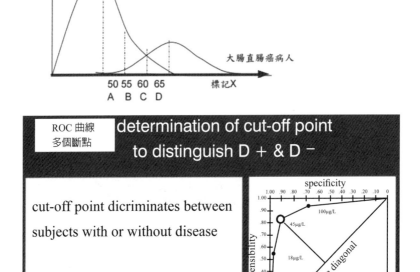

圖 6-21 好幾個切斷點可選 (離 45 度對角線最遠的點，就是最佳斷點)

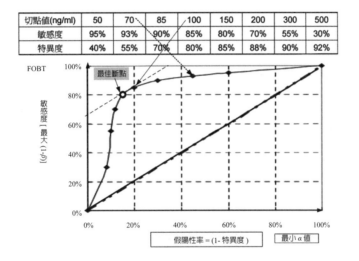

A	正常人	大腸直腸癌
X≧50	50	95
X<50	50	5
合計	100	100

B	正常人	大腸直腸癌
X≧55	25	90
X<55	75	10
合計	100	100

C	正常人	大腸直腸癌
X≧60	10	70
X<60	90	30
合計	100	100

D	正常人	大腸直腸癌
X≧65	5	55
X<65	95	45
合計	100	100

切點	敏感度	特異度
50	95%	50%
55	90%	75%
60	70%	90%
65	55%	95%

切點值(ng/ml)	50	70	85	100	150	200	300	500
敏感度	95%	93%	90%	85%	80%	70%	55%	30%
特異度	40%	55%	70%	80%	85%	88%	90%	92%

圖 6-22 四個切斷點之評比圖表 (離 45 度對角線最遠的點，就是最佳斷點)

（二）如可評比二個篩選工具準確性？

可用 ROC 法，ROC 曲線面積愈大者愈優。

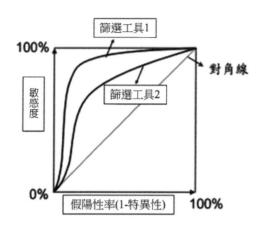

圖 6-23 工具 1 比工具 2 優

因為工具 1 之敏感度及假陽性率，都比工具 2 較高，故工具 1 比工具 2 優。即 ROC 曲線面積愈大者愈優。

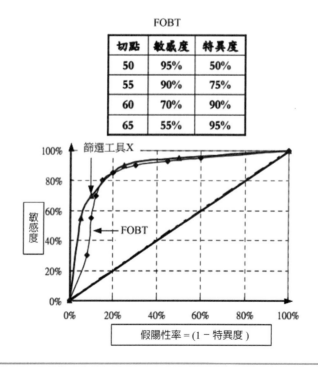

圖 6-24 篩選工具 X 略優於 FOBT 法之示意圖

在實際案例的預測分析中，發生與不發生的比例並非全然皆符合均等比例。且分類表 (classification table) 以敏感度與特異度來檢驗邏輯斯迴歸模型的預測準確性，需依賴所選擇之適當的特定機率斷點。因此，如何適當選擇機率斷點非常重要。

三、敏感度與特異度相交點，即為最佳機率斷點

由於分類表為在某一特定機率斷點下，以敏感度與特異度，來檢驗邏輯斯迴歸模型的預測準確性。故選擇好的機率斷點，將可以提升觀察值區別度，及增加敏感度與特異度，因而增加邏輯斯迴歸模型的預測準確性。本例列出各個機率斷點下之敏感度與特異度，並繪圖找出最佳機率斷點在敏感度與特異度之相交點。

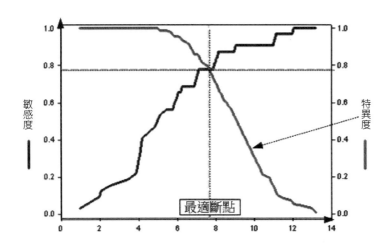

圖 6-25 以敏感度與特異度相交點為最佳機率斷點

6-2-5 ROC 法之分析步驟

以「銀行放款訂價模型」為例，使用 ROC 曲線分析法的操作步驟如下：

Step 1. 先將樣本公司分為兩類，一類為有違約事件發生的公司，另一類為沒有發生違約事件的公司。

Step 2. 將這兩類公司隨機取出一家公司配對，並比較兩者之信用評等等級。

Step 3. 進行給分：若沒有違約事件發生之公司是較另一家公司高者，給 1 分，
若兩家公司信用評等等級相同者，給 0.5 分，若沒有違約事件發生之公
司是較另一家公司低者，給 0 分。

Step 4. 加總所有分數。

Step 5. 將 Step 4 所得之分數除以所有配對數，其爲此評等模型的分數。

Step 6. 分析此評等模型分數。

ROC 曲線的分析步驟

1. ROC 曲線繪製。依據專業知識，對疾病組和參照組測定結果進行分析，確
定測定值的上下限、組距以及切斷點，按選擇的組距間隔列出累積頻數分布
表，分別計算出所有切斷點的敏感性、特異性和假陽性率 (1−特異性)。以敏
感性爲縱座標代表眞陽性率，(1−特異性) 爲橫座標代表假陽性率，作圖繪成
ROC 曲線。

2. ROC 曲線評價統計量計算。ROC 曲線下的面積值在 1.0 和 0.5 之間。在 AUC
> 0.5 的情況下，AUC 愈接近於 1，說明診斷效果愈好。

AUC 在 0.5～0.7 時有較低準確性。

AUC 在 0.7～0.9 時有一定準確性。

AUC 在 0.9 以上時有較高準確性。

AUC = 0.5 時，說明診斷方法完全不起作用，無診斷價值。

AUC < 0.5 不符合眞實情況，在實際中極少出現。

---

3. 比較兩種診斷方法的統計：

兩種診斷法的評比時，可根據不同的試驗設計檢採以下兩種方法：(1) 當兩種
診斷方法分別在不同受試者身上進行時，採用獨立樣本之成組比較法。(2) 如
果兩種診斷方法在同一受試者身上進行時，採用配對 (matched) 比較法。

6-2-6 參數的 ROC

ROC 應用領域很廣，但是，在生物醫學的實驗中，若實驗者都會有重複
回診的動作，此收集到的資料就爲時間相依的資訊。一般傳統的接受者作業特
徵曲線，是利用整體時間下的資料當作參數去估計。但這樣的做法不符合長期
追蹤資料的性質。近期學者另提不同運算：含時間相依共變數之接受者特徵曲

線面積的方法，其中，較爲人知的半參數 (semi-parametric) 模型做時間相依下接受者特徵曲線面積的方法，包括：Chambless & Diao (2006)、Song & Zhou (2008)、Uno, Cai, Tian & Wei (2007) 以及 Heagerty & Zheng (2005) 等 4 種。接著，吳威霖 (2014) 再以 5 個不同資料庫的數據，來比較上以這 4 種方法的優劣。他取樣的 5 個資料庫分別爲：(1) 等待心臟移植資料、(2) 使用 Didanosine 以及 Zalcitabine 愛滋病患者資料、(3) CD4 與病毒乘載量對 AIDS、(4) 原發性肝膽汁硬化 (primary biliary cirrhosis) 以及 (5) 果蠅的產蛋數目與存活壽命的關係。最後發現 Heagerty & Zheng 的結果最佳，所得到的半參數模型做時間相依下接受者特徵曲線面積最爲合理。本書受限篇幅，故只介紹 Heagerty & Zheng 法。

一、Heagerty & Zheng 法介紹

在 Heagerty & Zheng (2005) 所提出的方法，在 R 裡面的套件名稱爲 risksetROC，程式名稱爲 risksetAUC。

Heagerty & Zheng 改進了兩個方法。第一種方法爲 Heagerty 等人 (2000) 提出的時間相依下敏感度與特異度，是用連續型的敏感度計算。而第二種方法爲 Etzioni 等人 (1999) 與 Slate 和 Turnbull (2000) 提出的時間相依下敏感度與特異度，敏感度爲附帶型敏感度，且計算敏感度與特異度時，所運用存活時間估計值是不同的。而 Heagerty & Zheng 的方法利用附帶型敏感度，計算敏感度與特異度時，所運用的存活時間是相同的。

定義參數爲：

$N_i^*(t) = I(T_i \leq t)$，N_i^*，就是記數函數

$dN_i^*(t) = N_i^*(t) - N_i^*(t-)$

$R_i(t) = I(X_i \geq t)$，R_i 爲風險指標

若收集到的參數有 P 個，參數記爲 $Z_i = (Z_{i1}, Z_{i2}, \cdots, Z_{ip})$

以 Cox 模型當例子，估計連續型的變數，估計存活時間的期望值，然後利用期望值去計算 AUC。例如將資料代入 Cox 模型中，形式爲 $\lambda(t) = \lambda_0(t) \exp(\beta^T(t) Z_i)$，估計出 $\beta(t)$。將 $\beta^T(t) Z_i$ 當作時間相依的參數，代入公式計算 AUC。

二、計算

Heagerty & Zheng 將式子做改進，是用 incident/dynamic 的方式計算敏感度跟特異度。

定義：

$$sensitivity^I(c, t) = P(M_i > c \mid T_i = t) = P(M_i > c \mid dN_i^*(t) = 1) = TP_t^I$$

$$specificity^D(c, t) = P(M_i \leq c \mid T_i = t) = P(M_i \leq c \mid N_i^*(t) = 0) = FP_t^D$$

其中 $M_i = \beta^T(t)Z_i$

而推得：

$$ROC_t^{I/D}(p) = TP_t^I\{[FP_t^D]^{-1}(p)\}，其中 p = FP，p \in [0, 1]$$

就在時間點 t 的 AUC 值為：

$$AUC(t) = \int_0^1 ROC_t^{I/D}(p)dp$$

以此去計算各時間點的 AUC。

接著看整體時間的 AUC，因為時間並非獨立，並不能直接把各個時間點的 AUC 值做平均。因為在實驗後期的實驗者的個數會變少，尤其是生病組的個數可能會遠小於沒病組的個數。拿這些實驗者的資料代表全體有可能出現極大的偏態。所以提供了一個方法：

整體時間下的 AUC 值為 C：

$$C = P[M_j > M_k \mid T_j < T_k], j \neq k$$

$$P[M_j > M_k \mid T_j < T_k] = \int_t P[\{M_j > M_k\}] \mid \{T_i = t\} \cap \{t < T_k\}] \times P[\{T_j = t\} \cap \{t < T_k\}]dt$$

$$= \int_t AUC(t) \times \omega(t)dt$$

$$= E_T[AUC(T) \times 2 \times S(T)] \qquad \text{with } \omega(t) = 2 \times f(t) \times S(t)$$

若要估計的 AUC 不是全部的範圍，而是某一段時間，像是 $(0, \tau)$ 之間。

$$C^\tau = \int_0^\tau AUC(t) \times \omega^\tau(t)dt$$

其中 $\omega^\tau(t) = \dfrac{2 \times f(t) S(t)}{W^\tau}$

$$W^\tau = \int_0^\tau 2 \times f(t) \times S(t)dt = 1 - S^2(\tau)$$

三、四種時間相依之 ROC 估計法的比較

1. Chambless 法：優點在於不論將資料放入什麼樣的迴歸模型配適，都可以去進行運算，因為 β 值計算時容易估計，進行 AUC 計算滿方便的。但缺點在於時間相依是定義在生病與否，雖然都沒有發病，但生物標記多少會有些變化，如果想要觀察這一定時間的 AUC 值的變化，恐怕是沒有辦法的。

2. Song 法：優點在於把共變異數跟時間固定，求出 AUC 的值是相當容易的。缺點在於把時間點固定，對於時間的相依性比較脆弱。

3. Uno 法：優點在於用每個時間的測量值來計算類似於存活時間的函數，取代存活時間，具有時間相依的特性。只是可能並不是每種資料都適合，可能無法適用於每種資料。

4. Heagerty 法：優點是可以用迴歸模型做出 AUC，可以準確計算出各個時間點跟整體時間的 AUC 的值。但缺點是分析法只有三種，式子已經限定使用 Cox 迴歸模型，無法用其餘模型進行 AUC 估計。

6-3 ROC 分析之 Stata 範例

6-3-1 如何提升 ROC 研究設計之品質

一、樣本數及統計檢定力的估計

　　大部分研究在開展之前，一定要進行樣本數的估計，樣本量太少，統計效率低下，容易犯第二型 (β) 錯誤。樣本量太多，不僅造成經濟上的浪費，還增加了很多不可控制的因素，降低了實驗品質。一般研究，把樣本量控制在最小估計樣本量的上限再加 20% 就可以了 (主要是在前瞻性的研究中防止脫落)。

　　有關樣本數量及統計檢定力的估計，可以參考作者「Stata 高等統計分析」一書。

二、對照組和實驗處理組的設置

　　一個檢驗／篩選工具指標，不僅要強調其敏感性，還要強調其特異性。對照組的設置，是為了當實驗暴露組的比較基礎。基於此，對照組的設置應該是和疾病組症狀相似，如果不採用實驗室診斷指標是很難進行鑑別的疾病。例如，肝硬化和肝癌。如果是很新穎的指標，或者無症狀疾病的診斷 (這類疾病很少)，在首次或者最初的研究中可以加入健康對照組，以觀察疾病組和健康對照

組之間是否具有差別，這是可以理解的。但是對於研究有明顯症狀，可以輕而易舉和健康人區分的疾病，是不需要設立健康對照組的。

實驗處理組和對照組應該充分體現在同質性，就是不採用實驗室指標，光憑症狀病史很難進行鑑別診斷的一類人群。最好的方法就是採用統一的納入標準。譬如，欲使用 AFP 診斷肝癌，較好的納入標準就是將醫院所有年齡大於 40歲，有黃疸或者其他肝病症狀，懷疑爲肝癌患者的首診人群。實際上，在進行 ROC 分析前，最好比較兩組的其他指標是否均衡，若不均衡，那說明納入標準還不是很嚴謹，或者說明該指標也可以作爲診斷指標，可將其也進行 ROC 分析。

三、實驗處理組應有黃金 (golden) 標準

所謂黃金標準，就是確診一個疾病的方法或者方案 (alternative)。對於實驗處理組病例的納入，一定要使用黃金標準確診。換句話說，納入實驗處理組的病例就應該是納入一個算一個。相反的，有時病例組要求不是太嚴格。

常用的確診方法，比如：RA，應採用 1987 年美國風溼病學會的診斷標準確診，腫瘤應根據病例確診，膽結石應該根據術中所見確診。具體的黃金標準可以參考各個專業的相關知識。

四、ROC 相關參數的解釋

由 ROC 曲線產生的參數很多，包括：cut-off 值、敏感性、特異性、曲線下面積、陽性預測值、陰性預測值、陽性概似比、陰性概似比、尤登指數等。在進行專業解釋時，一般無需全部列出，但是 cut-off 值、敏感性、特異性、曲線下面積是必須交代的。

部分論文在討論上述參數時，常犯的錯誤有：

1. 各個指標沒有可信區間，以樣本代替總體，簡單地認爲 AUC 愈大，診斷績效愈高。

2. 有的甚至認爲尤登指數才是判斷診斷績效的關鍵，實際上尤登指數只是對一個點而言，並不能反映指標的變化後，敏感性與特異性的變化，同時尤登指數也只能初略地確定 cut-off。

在同一個試驗 (trial) 中比較兩種指標時，要求得單一指標的診斷績效高，一定要使用 AUC 比較，但是這個比較並不是簡單數值上的比較，而應該使用相關的統計方法。其方法比較繁瑣，建議找專業人士執行。關於敏感性和特異性

的比較，也應該有相關的比較檢驗方法。因爲我們研究的是樣本，存在抽樣誤差，不能用樣本代替總體進行討論。

6-3-2a 二個邏輯斯迴歸誰優？(logit、lroc、roccomp 指令)

舉例來說，住院病人「跌倒」是一項重要的醫療品質指標，伴隨跌倒事件造成的傷害也會影響病家及社會的負擔。

有人應用 ROC 曲線分析，驗證住院病人跌倒危險因子評估工具之準確度。此七項跌倒危險因子爲「年齡大於 65 歲或小於 15 歲」、「跌倒史」、「意識紊亂、持續性或間斷意識認知障礙」、「頭暈」、「軟弱」、「頻尿、腹瀉或需協助如廁」、「需要提供輔具」，經 receiver operating characteristic curve 與 logistic regression 統計分析，得知此 7 題精簡版量表之 area under curve=0.90，最佳切斷點總分 3 分以上爲跌倒高危險病人，預測敏感性 74.07%，特異性 86.93%，準確度 86.26%，概似比 19.01；經 logistic regression 鑑定高風險跌倒病人之發生跌倒勝算比爲其他住院病人的 17 倍，工具精簡且測量效能更優於原 17 題量表。

評估工具的準確度可爲預防跌倒計畫之重要前鋒。評估工具檢驗效能的指標中，可運用 ROC 曲線下的面積，它是目前常用評估診斷工具鑑別力的方法，AUC 數值的範圍從 0.5 到 1，數值愈大愈好，$0.8 \leq AUC \leq 0.9$ 代表優良的鑑別力，$0.9 \leq AUC \leq 1.0$ 則屬極佳的鑑別力。此外，敏感性是指真正發生跌倒，同時評估爲高危險跌倒的比率；特異性指沒有發生跌倒，同時評估非高危險跌倒的比率；陽性預測率是指評估是高危險跌倒病人，實際發生跌倒事件的比率，陰性預測率則是評估是非高危險跌倒病人，確實沒發生跌倒事件的比率，準確度則是所有事件中預測真正無發生跌倒及真正有發生跌倒的比率，而敏感性與特異性的概似比則可以評估檢驗效能，當 LR >10 代表此工具具有很強的臨床實證判斷意義，LR 介於 2~5 之間，則爲代表此工具臨床實證判斷的意義較弱。

一、ROC 指令

ROC 量化分析旨在區別兩個對立狀態或條件，即爲「正常 vs. 異常」或「對照組 vs. 實驗處理組」之間進行區分診斷或評估多個敵對模型彼此的準確性。

ROC 六個 Stata 指令如下：

ROC 指令	說明
roccomp	檢定二個敵對模型，誰的 ROC 曲線面積大，誰優 (tests of equality of ROC areas)。
rocgold	以標準 ROC 曲線來檢定某模型 (tests of equality of ROC areas against a standard ROC curve)。
rocfit	參數 parametric (ROC) 曲線。
rocreg	參數及無參數 ROC 迴歸 (nonparametric and parametric ROC regression models)。
rocregplot	繪邊際、特定共變數之 ROC 曲線 (plot marginal and covariate-specific ROC curves)。
roctab	無參數 (nonparametric) ROC 分析。

Stata 指令中，非參數 roctab 指令 (只能分析單一分類工具) 及參數 (準參數)ROC 法，都可繪製 ROC 曲線。Roccomp 係 roctab 指令的延伸版，它有多種診斷檢定法。rocgold 指令則可一次執行多個分類工具箱，它以「gold standard」當作 ROC 比較的基礎，並在工具多重兩兩 ROC 比較時會做調整。rocgold 和 roccomp 都屬參數 ROC(須符合某分布) 來適配二元常態之依變數，二元常態係指「對照組」、「疾病組」都是常態分布。

rocfit 指令與「roctab, roccomp, rocgold」不同之處，係 rocfit 透過二元常態來估計篩選工具的分類，它亦能執行一些事後指令 (postestimation)、信賴區間 (confidence interval)、附加的檢定。

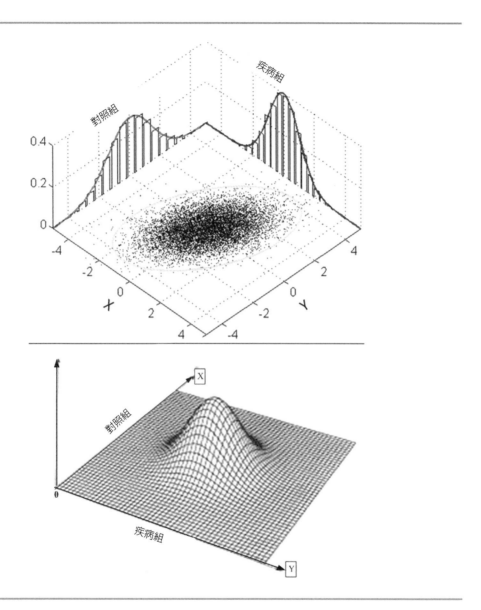

圖 6-26 二元常態 (binormal) 分布圖

二、範例：二個邏輯斯迴歸誰優？**roccomp** 指令

重點提示 邏輯斯迴歸的原理：「勝算比或稱為相對風險」

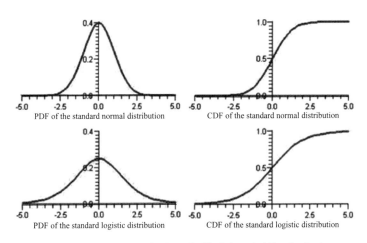

the standard normal and standard logistic probability distributions

圖 6-27 標準常態 vs. 標準邏輯斯分布圖

以「受訪者是否 (0,1) 使用公車資訊服務」之二元依變數為例。邏輯斯迴歸係假設解釋變數 (x) 與乘客是否使用公車資訊服務 (y) 之間必須符合下列邏輯斯函數：

$$P(y \mid x) = \frac{1}{1 + e^{-\sum b_i \times x_i}}$$

其中 b_i 代表對應解釋變數的參數，y 屬二元變數，若 y = 1 表示該乘客有使用公車資訊服務；反之，若 y = 0 則表示該乘客未使用公車資訊服務。因此 P(y = 1|x) 表示當自變數 x 已知時，該乘客使用公車資訊服務的機率；P(y = 0|x) 表示當自變數 x 已知時，該乘客不使用公車資訊服務的機率。

Logistic 函數之分子分母同時乘以 $e^{\sum b_i \times x_i}$ 後，上式變為：

$$P(y \mid x) = \frac{1}{1 + e^{-\sum b_i \times x_i}} = \frac{e^{\sum b_i \times x_i}}{1 + e^{\sum b_i \times x_i}}$$

將上式之左右兩側均以 1 減去，可以得到：

$$1 - P(y \mid x) = = \frac{1}{1 + e^{\sum b_i \times x_i}}$$

再將上面二式相除，則可以得到

$$\frac{P(y|x)}{1-P(y|x)} == e^{\sum b_i \times x_i}$$

針對上式，兩邊同時取自然對數，可以得到：

$$Ln\left(\frac{P(y|x)}{1-P(y|x)}\right) == Ln\left(e^{\sum b_i \times x_i}\right) = \sum b_i \times x_i$$

經由上述公式推導，可將原自變數非線性的關係轉換成以線性關係來表達。其中 $\frac{P(y|x)}{1-P(y|x)}$ 可代表乘客使用公車資訊服務的勝算比或稱為相對風險。

範例：二個邏輯斯迴歸誰優？ roccomp 指令

(一) 問題說明

在中學就讀期間，凡寫作成績 ≥ 60 者就可得獎 (honor=1)。試問性別 (female) 及學生閱讀成績 (read) 這二個自變數 (時間相依解釋變數) 會影響學生得 honor 獎嗎？

研究者收集數據並整理成下表，此「hsb2.dta」資料檔內容之變數如下：

變數名稱	說明	編碼 Codes/Values
連續變數：write	學生寫作成績	
類別變數：honor	寫作成績 ≥ 60 者	0,1(binary data)
類別變數：female	女學生嗎	0,1(binary data)
時間變數：read	學生閱讀成績	

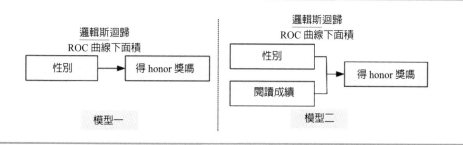

圖 6-28 性別及學生閱讀成績會影響學生得 honor 獎之研究架構

(二) 資料檔之內容

「hsb2.dta」資料檔內容如下圖。

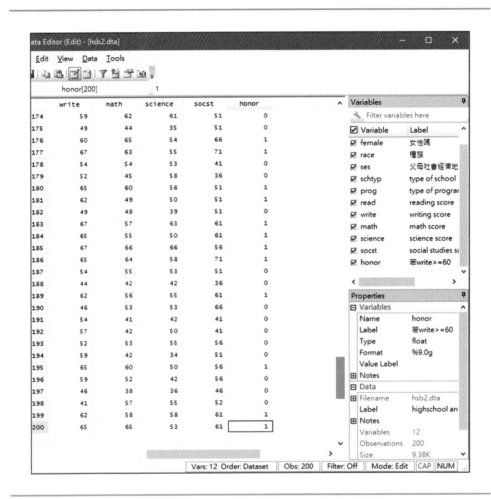

圖 6-29 「hsb2.dta」資料檔內容 (N=200 學生)

(三) 分析結果與討論

Step 1-1 第 **1** 模型：只用性別來預測二元依變數 **honor** 之邏輯斯迴歸

```
* 開啟資料檔
. use hsb2.dta, clear
* 或 . use http://www.ats.ucla.edu/stat/stata/notes/hsb2.dta, clear
```

* 學生若 write 大於 60 分，honor 就編碼為 1(它是 binary response 變數)
. generate honor= write>=60

* 模型一：只用性別來預測二元依變數 honor 之 Logistic 迴歸
. logit honor female, nolog

```
Logistic regression                          Number of obs   =        200
                                             LR chi2(1)      =       3.94
                                             Prob > chi2     =     0.0473
Log likelihood =  -113.6769                  Pseudo R2       =     0.0170

------------------------------------------------------------------------------
      honor |     Coef.    Std. Err.      z     P>|z|    [95% Conf. Interval]
------------+-----------------------------------------------------------------
     female |   .6513706   .3336752     1.95    0.051    -.0026207    1.305362
      _cons |  -1.400088   .2631619    -5.32    0.000    -1.915875    -.8842998
------------------------------------------------------------------------------
```

* 上述發現，學生寫作成績得 honor 獎，女性比男學生多

* 求 ROC 曲線下的面積 (area under ROC curve)
. lroc, nograph

```
Logistic model for honor

number of observations =        200
area under ROC curve   =     0.5785
```

* 線性 Logit 模型一之預測值存至 xb1 新變數 , 預備給 roccomp 指令來比較 (vs. 模型二)
. predict xb1, xb

* 先外掛 diagt 指令，再執行它來求準確度之四個指標 . 可查此指令語法：help diagt
. findit diagt
. diagt honor female

```
若 write>=6 |        女性嗎
         0 |    Pos.       Neg. |    Total
-----------+---------------------+----------
  Abnormal |     35         18 |       53
```

```
    Normal |       74         73 |       147
-----------+----------------------+----------
     Total |      109         91 |       200

True abnormal diagnosis defined as honor = 1


                                                [95% Conf. Inter.]
-------------------------------------------------------------------
Sensitivity                    Pr(+| D)  66.04%      51.73%   78.48%
Specificity                    Pr(-|~D)  49.66%      41.32%   58.02%
Positive predictive value      Pr(D| +)  32.11%      23.49%   41.73%
Negative predictive value      Pr(~D| -) 80.22%      70.55%   87.84%
-------------------------------------------------------------------
Prevalence                     Pr(D)     26.50%      20.52%   33.19%
-------------------------------------------------------------------
```

1. 概似比是敏感性與特異性的比值，旨在評估檢驗工具的效能。概似比值愈大，表示模型愈佳。當 LR >10 代表此工具具有很強的臨床實證判斷意義，LR 介於 2～5 之間則代表此工具臨床實證判斷的意義較弱。

   本例 Log likelihood = -113.67，表示你界定自變數們之迴歸係數，對依變數的預測仍有顯著意義。

2. AUC 數值一般的判別準則如下，本例模型一 AUC=0.578，落入「較低區別力（準確性）。表示邏輯斯整體模型，不是很配適。

AUC=0.5	幾乎沒有區別力 (no discrimination)。
0.5 ≦ AUC<0.7	較低區別力（準確性）。
0.7 ≦ AUC<0.8	可接受的區別力 (acceptable discrimination)。
0.8 ≦ AUC<0.9	好的區別力 (excellent discrimination)。
AUC ≧ 0.9	非常好的區別力 (outstanding discrimination)。

3. 本例求得，得 honor 獎否之邏輯斯迴歸式為：

$$Pr(honor = 1) = F(0.651 \times female - 1.40)$$

其中，F(·) 爲累積 logistic 機率分布。

4. 上述四個準確度之指標，其公式爲：

$$PPV = \frac{sensitivity \times prevalence}{sensitivity \times prevalence + (1 - sensitivity) \times (1 - prevalence)}$$

$$NPV = \frac{specificity \times (1 - prevalence)}{specificity \times (1 - prevalence) + (1 - specificity) \times prevalence}$$

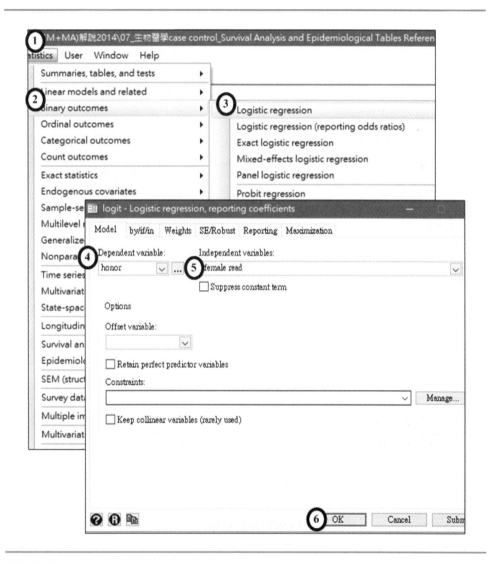

圖 6-30 「logit honor female read, nolog」指令的畫面

注：Statistics > Binary outcomes > Logistic regression。

Step 1-2 繪 模型一 之 **Logistic** 迴歸式之 **ROC** 曲線及敏感度 **vs.** 特異性

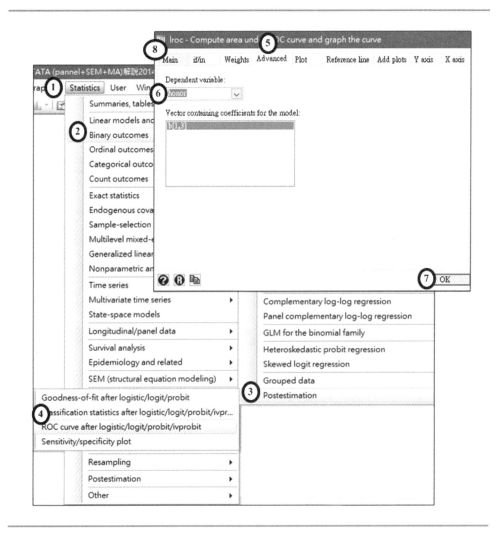

圖 **6-31** 「lroc honor, beta(b)」選擇表

注：Statistics > Binary outcomes > Postestimation > ROC curve after logistic/logit/probit/ivprobit。

1. 根據上式之邏輯斯迴歸，再令矩陣 b：

```
* 根據上式之 Logistic 迴歸，來設定矩陣 b 之元素
. matrix input b =(0.651, -1.40)
. matrix colnames b = female _cons
```

```
* 用 honor 依變數，來繪 b 矩陣之敏感度 vs. 特異性圖
. lroc honor, beta(b)

Logistic model for honor

number of observations =      200
area under ROC curve   =    0.5785
```

2. 假設你求得邏輯斯迴歸模型為：

$$Pr(low = 1) = F(-0.02 \times age - 0.01 \times lwt + 1.3 \times black + 1.1 \times smoke + 0.5 \times pt1 + 1.8 \times ht + 0.8 \times ui + 0.5)$$

則設定 b 矩陣的對應指令如下：

```
· matrix input b = (-.02, -.01, 1.3, 1.1, .5, 1.8, .8, .5)
· matrix colnames b = age lwt black smoke pt1 ht ul _cons
```

Step 2-1 **第 2 模型**：同時使用性別及 **read** 二個自變數，來預測二元依變數 **honor** 之邏輯斯迴歸

```
* 開啟資料檔
. use hsb2.dta, clear

* 模型二：同時使用性別及 read 二個自變數，來預測二元依變數 honor 之 Logistic 迴歸
. logit honor female read, nolog


Logistic regression                      Number of obs   =       200
                                         LR chi2(2)      =     60.40
                                         Prob > chi2     =    0.0000
Log likelihood = -85.44372               Pseudo R2       =    0.2612

-------------------------------------------------------------------
     honor |    Coef.   Std. Err.    z    P>|z|   [95% Conf. Interval]
-------------+-----------------------------------------------------
```

female	1.120926	.4081043	2.75	0.006	.3210558	1.920795
read	.1443657	.0233338	6.19	0.000	.0986322	.1900991
_cons	-9.603364	1.426412	-6.73	0.000	-12.39908	-6.807647

----

* 上述發現，學生寫作成績得 honor 獎，女性比男學生多；而且閱讀成績越佳者，其得 honor 獎也越多。

Step 2-2 繪 模型二 ：**ROC 曲線圖**

根據上式之邏輯斯迴歸，再令矩陣 b：

```
* 根據上式之 Logistic 迴歸係數之數據，來設定矩陣 b 之元素
. matrix input b =(1.12, 0.144 ,-9.60)
. matrix colnames b = female read _cons

* 用 honor 依變數，來繪 b 矩陣之敏感度 vs. 特異性圖
. lroc honor, beta(b)
```

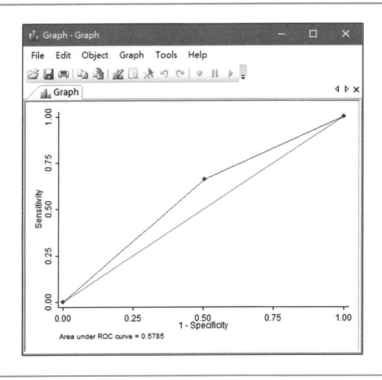

圖 6-32 「lroc honor, beta(b)」來繪 b 矩陣之敏感度與特異性

　　圖形之縱軸 (y-axis) 為真陽性率，又稱為敏感度；橫軸 (x-axis) 為偽陽性率，以 1– 特異度 (specificity) 表示，而敏感度為將結果正確判斷為陽性的機率，特異度係將結果正確判斷為負向或陰性的機率。當指定一個切斷點 (cut-point) 來區分檢驗的陽性與陰性時，這個切斷點會影響到診斷工具的敏感度及特異度。在醫學上，敏感度表示有病者被判為陽性的機率，而特異度表示無病者被判為陰性的機率。在曲線上的任何一個點都會對應到一組敏感度與「1– 特異度」，而敏感度與特異度會受到切斷點移動的影響。

Step 2-3 繪 模型二：邏輯斯迴歸式，繪各斷點的敏感度 vs. 特異性

　　ROC 曲線下面積愈大，表示該模型預測力愈佳。接著，再繪靈敏度和特異性的斷點概率函數之曲線圖。此邏輯斯迴歸之事後指令 lsens 如下：

```
* 求各斷點之敏感度、特異性
. lsens

. quietly logit honor female read, nolog
* 先外掛 diagt 指令，再執行它來求準確度之四個指標 . 可查此指令語法：help diagt
. findit diagt
. diagt honor female

若write>=6 |          女性嗎
        0 |    Pos.     Neg. |    Total
----------+--------------------+----------
Abnormal |     35       18 |      53
  Normal |     74       73 |     147
----------+--------------------+----------
  Total |    109       91 |     200

True abnormal diagnosis defined as honor = 1

                                        [95% Conf. Inter.]
-------------------------------------------------------------
Sensitivity                Pr(+| D)  66.04%   51.73%  78.48%
Specificity                Pr(-|~D)  49.66%   41.32%  58.02%
Positive predictive value  Pr(D| +)  32.11%   23.49%  41.73%
Negative predictive value  Pr(~D| -) 80.22%   70.55%  87.84%
```

Prevalence	Pr(D)	26.50%	20.52%	33.19%

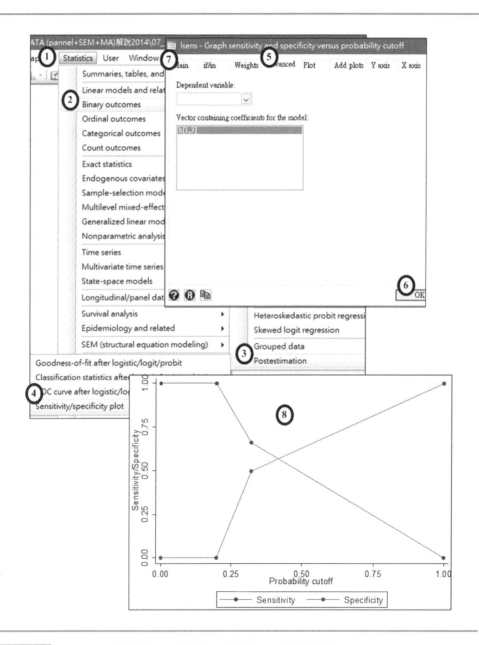

圖 6-33 「lsens」繪模型二之敏感度、特異性 vs. 斷點機率

注：Statistics > Binary outcomes > Postestimation > Sensitivity/specificity plot。

　　圖形之縱軸爲眞陽性率，又稱爲敏感度；橫軸爲僞陽性率，以 1- 特異度表示，而敏感度爲將結果正確判斷爲陽性的機率，特異度係將結果正確判斷爲負向或陰性的機率。當指定一個切斷點來區分檢驗的陽性與陰性時，這個切斷點會影響到診斷工具的敏感度及特異度。在醫學上，敏感度表示有病者被判爲陽性的機率，而特異度表示無病者被判爲陰性的機率。在曲線上的任何一個點都會對應到一組敏感度與「1- 特異度」，而敏感度與特異度會受到切斷點移動的影響。

　　ROC 曲線結合了敏感度和特異度兩個指標，除了判別某一診斷工具的準確度外，還可更進一步地建議診斷工具的最佳切斷點。一般常用尋找切斷點的方法爲尤登指數，即將每一個切斷點的敏感度 $(1-\beta)$ 與特異度 $(1-\alpha)$ 相加，並取最大值，即爲最佳切斷點。

Step 3. **roccomp** 指令來檢定這二個邏輯斯模型誰優？即繪出二者 **ROC** 曲線 下面積差異

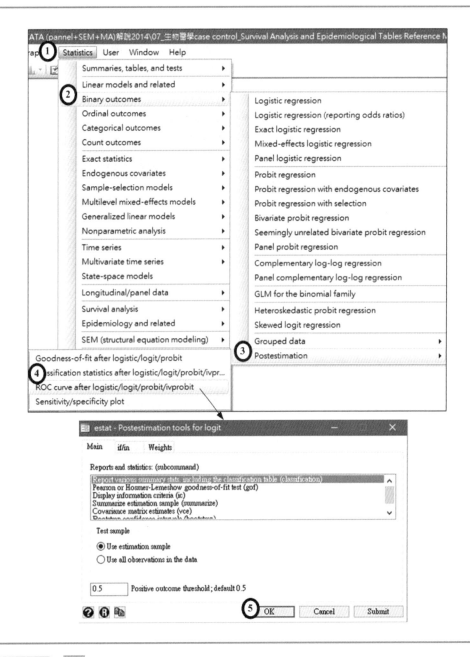

圖 6-34 「lroc」指令的畫面

注：Statistics > Binary outcomes > Postestimation > ROC curve after logistic/logit/probit/ivprobit。

```
* 開啟資料檔
. use hsb2.dta, clear

* 模型一之預測值存至 xb1 新變數；模型二之預測值存至 xb2 新變數。
*Logistic 迴歸，這 2 個預測值，再用 roccomp 指令來檢定 ROC 曲線下面積之差異性
. roccomp honor xb1 xb2, graph summary
```

	Obs	ROC Area	Std. Err.	-Asymptotic Normal-- [95% Conf. Interval]	
xb1	200	0.5785	0.0388	0.50242	0.65456
xb2	200	0.8330	0.0301	0.77397	0.89205

```
Ho: area(xb1) = area(xb2)
   chi2(1) =    34.91      Prob>chi2 =    0.0000
```

* 上述卡方 =34.91(p<0.05)，故拒絕 Ho，表示模型二 (優) 曲線下面積著高於模型一 (劣)

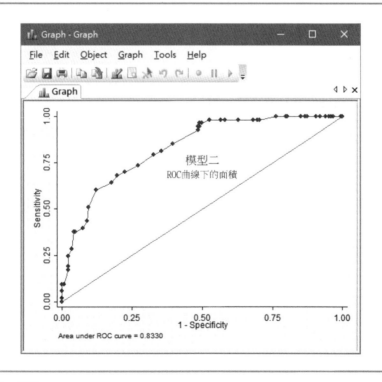

圖 6-35 「lroc」指令繪圖之結果 (模型二)

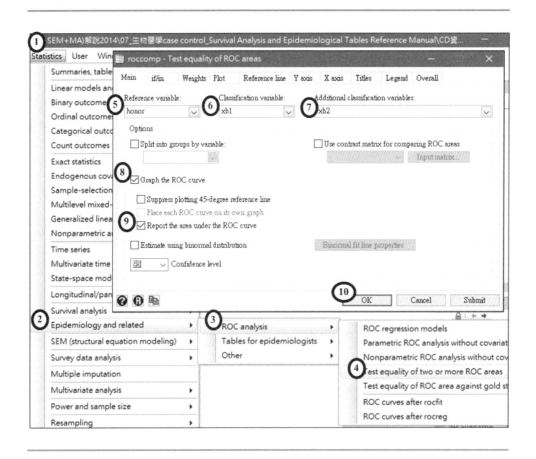

圖 6-36 「roccomp honor xb1 xb2, graph summary」指令的畫面

注：Statistics > Epidemiology and related > ROC analysis > Test equality of two or more ROC areas。

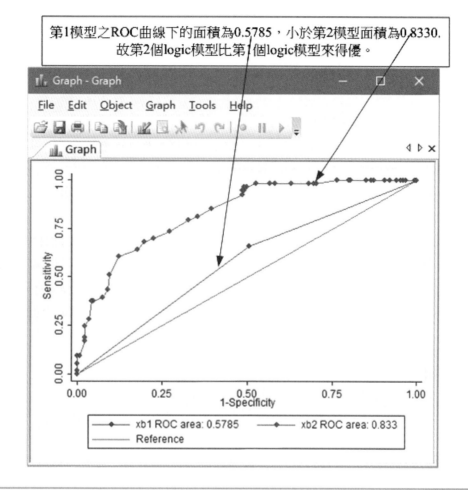

第1模型之ROC曲線下的面積為0.5785，小於第2模型面積為0.8330,
故第2個logic模型比第1個logic模型來得優。

圖 6-37 「roccomp honor xb1 xb2, graph summary」的繪圖

　　AUC 數值一般判別準則如下，本例模型二 AUC=0.833，落入「可接受的區
別力 (acceptable discrimination)」區。

AUC=0.5	幾乎沒有區別力 (no discrimination)。
$0.5 \leqq$ AUC<0.7	較低區別力 (準確性)。
$0.7 \leqq$ AUC<0.8	可接受的區別力。
$0.8 \leqq$ AUC<0.9	好的區別力 (excellent discrimination)。
AUC $\geqq$ 0.9	非常好的區別力 (outstanding discrimination)。

6-3-2b ROC 繪圖法：三個檢驗工具之準確度，誰優？(roccomp、 rocgold 指令)

一、範例：ROC 如何比較三種檢驗工具準確度呢？(roccomp、 rocgold 指令)

在臨床上可能會面對檢驗方法複雜、耗時、有侵入性、結果需要有經驗者才能準確判讀等因素，而利用 ROC 曲線發展出更簡易操作的替代方式，並與臨床認定的黃金標準當作比較基礎 (rocgold 指令)，例如以癌症的切片檢查作為比較之黃金標準，該標準將病人判定為罹癌與未罹癌，以鑑定新的診斷工具替代黃金標準的可行性。

例如，新的肺癌早期診斷工具，包括：low dose spiral CT scan、autofluorescent bronchoscopy、molecular markers in sputum cytology 三種檢驗工具。又如大腸直腸癌偵測法，分別為糞便潛血反應檢查、乳房攝影以及血清 prostate specific antigen(PSA) 三種，請問以上三種檢驗工具準確度，那一個最佳？請看下面範例解說。

(一) 問題說明

為比較三種檢驗工具準確度，試問 ROC 如何分析？

研究者收集數據並整理成下表，此「ct2.dta」資料檔內容之變數如下：

變數名稱	說明	編碼 Codes/Values
類別變數：status		0,1(binary data)
檢驗工具一 mod1	檢驗工具 1, 當黃金標準	1～6 分題
檢驗工具二 mod2	檢驗工具 2 之觀測值	1～6 分題
檢驗工具三 mod3	檢驗工具 3 之觀測值	1～6 分題

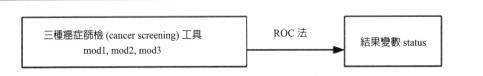

圖 6-38 三種檢驗工具準確度比較之研究架構

(二) 資料檔之內容

「ct2.dta」資料檔內容如下圖。

圖 6-39 「ct2.dta」資料檔內容

觀察資料之特徵

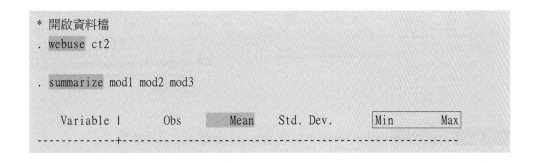

```
* 開啟資料檔
. webuse ct2

. summarize mod1 mod2 mod3


    Variable |       Obs       Mean   Std. Dev.      Min        Max
-------------+--------------------------------------------------------------
```

mod1	112	3.366071	1.565366	1	6
mod2	112	2.937500	1.720472	1	6
mod3	112	3.410714	1.574307	1	6

(三) 分析結果與討論

ROC 檢定法 (rocgold 指令)，會比 ROC 曲線面積法 (roccomp 指令)，讓你更藉由自訂兩兩模型，來檢視依數是二元常態分布模型 (例如，依變數為 binary data 之邏輯斯迴歸)。

Step 1　方法一：僅比較 mod1 vs. mod3

比較兩種診斷方法的統計學。兩種診斷方法的比較時，根據不同的試驗設計可採用以下兩種方法：(1) 當兩種診斷方法分別在不同受試者身上進行時，採用成組比較法。(2) 如果兩種診斷方法在同一受試者身上進行時，採用配對比較法。

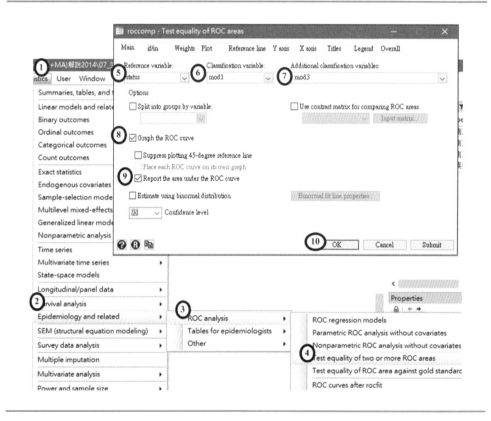

圖 6-40 「roccomp status mod1 mod3, graph summary」之選擇表

註：Statistics > Epidemiology and related > ROC analysis > Test equality of two or more ROC areas。

```
* 開啟資料檔
. webuse ct2

* 先外掛 diagt 指令，再執行它來求準確度之四個指標 . 可查此指令語法：help diagt
. findit diagt
```

*評比準確度之方法一：diagt 外掛指令
```
. diagt status mod1
```

```
          |        mod1
   status  |    Pos.       Neg.  |    Total
-----------+--------------------+----------
  Abnormal |      9         45  |       54
    Normal |      0         58  |       58
-----------+--------------------+----------
     Total |      9        103  |      112
```

True abnormal diagnosis defined as status = 1

*求得正確分類的人數：9 人 (有病被驗出得病)+58 人 (沒病被驗出沒得病)

```
                                                  [95% Conf. Inter.]
----------------------------------------------------------------------
Sensitivity                    Pr(+| D)   16.67%      7.92%    29.29%
Specificity                    Pr(-|~D)  100.00%     93.84%   100.00%
Positive predictive value      Pr(D| +)  100.00%     66.37%   100.00%
Negative predictive value      Pr(~D| -)  56.31%     46.18%    66.06%
----------------------------------------------------------------------
Prevalence                     Pr(D)      48.21%     38.67%    57.85%
----------------------------------------------------------------------
```

```
. diagt status mod3
```

```
          |        mod3
   status  |    Pos.       Neg.  |    Total
-----------+--------------------+----------
  Abnormal |     14         40  |       54
    Normal |      0         58  |       58
-----------+--------------------+----------
     Total |     14         98  |      112
```

*求得正確分類的人數：14 人 (有病被驗出得病)+58 人 (沒病被驗出沒得病)

* mod3 的 14 人 (有病被驗出得病) 高於 mod1 的 9 人，故較優

True abnormal diagnosis defined as status = 1

			[95% Conf. Inter.]	
Sensitivity	Pr(+l D)	25.93%	14.96%	39.65%
Specificity	Pr(-l~D)	100.00%	93.84%	100.00%
Positive predictive value	Pr(Dl +)	100.00%	76.84%	100.00%
Negative predictive value	Pr(~Dl -)	59.18%	48.79%	69.01%
Prevalence	Pr(D)	48.21%	38.67%	57.85%

* 評比準確度之方法二 : roccomp 內建指令
* 分別求 mod1 對二元依變數 status、mod3 對二元依變數 status 的準確度
*Test whether area under ROC for mod1 equals area under ROC for mod3
. roccomp status mod1 mod3

*Add graph of ROC curves
. roccomp status mod1 mod3, graph summary

	Obs	ROC Area	Std. Err.	-Asymptotic Normal-- [95% Conf. Interval]	
mod1	112	0.8828	0.0317	0.82067	0.94498
mod3	112	0.9240	0.0241	0.87670	0.97132

Ho: area(mod1) = area(mod3)
    chi2(1) =   5.25   Prob>chi2 =   0.0220

* 上述求得 mod3 之曲線下面積 AUC=0.924 > mod1 之曲線下面積 AUC=0.883. 故檢驗工具
三比工具一來得精準。

曲線下的面積來判別 ROC 曲線的鑑別力：

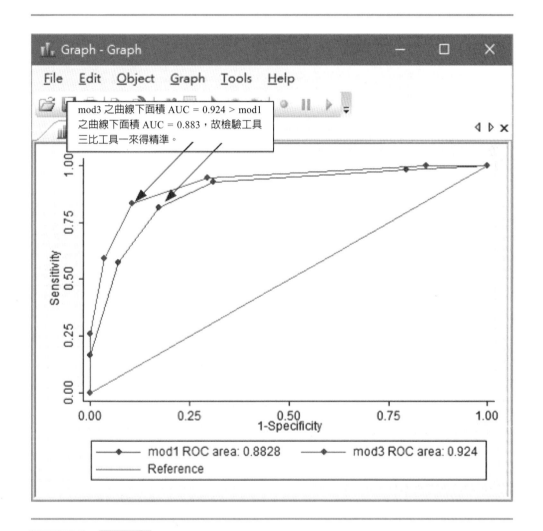

圖 6-41 「roccomp status mod1 mod3, graph summary」結果之 ROC 圖

Step 2 方法二：改用比較矩陣 C contrast matrix C，來比較 mod1 vs.mod3

ROC 檢定法 (rocgold 指令)，會比 ROC 曲線面積法 (roccomp 指令)，讓你評比兩個敵對模型的優劣，即評比依變數是二元常態分布之二個模型 (例如，依變數為 binary data 之邏輯斯迴歸)，誰優？所謂二元常態係指「對照組」vs.「疾病組」都符合常態分布。

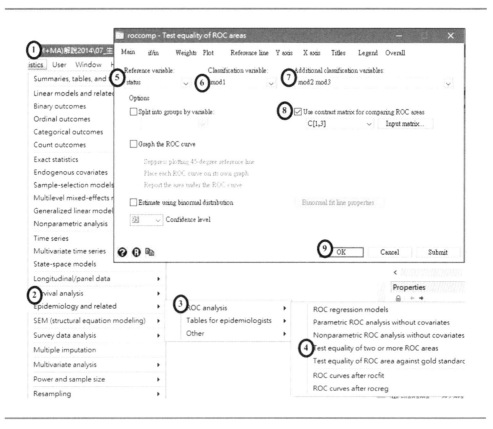

圖 6-42 「roccomp status mod1 mod2 mod3, test(C)」之選擇表

注：Statistics > Epidemiology and related > ROC analysis > Test equality of two or more ROC areas。

```
* 開啟資料檔
*Use contrast matrix C when comparing ROC areas

* 直接key in 矩陣C的元素。
. matrix C =(1,0,-1)
. roccomp status mod1 mod2 mod3, test(C)
*
```

	Obs	ROC Area	Std. Err.	-Asymptotic Normal-- [95% Conf. Interval]	
mod1	112	0.8828	0.0317	0.82067	0.94498
mod2	112	0.9302	0.0256	0.88005	0.98042
mod3	112	0.9240	0.0241	0.87670	0.97132

```
Ho: Comparison as defined by contrast matrix: C
    chi2(1) =      5.25          Prob>chi2 =     0.0220
```
*上述 mod1 vs mod3 的比較，卡方值 5.25(P<0.05)，故拒絕虛無假設，再看 AUC 可得
mod3 比 mod1 來得有鑑別力

```
* 以 mod1 為比較的對照組 (gold standard)
*Compare mod2 and mod3 areas to the mod1 gold standard
. rocgold status mod1 mod2 mod3

*Add graph of ROC curves
. rocgold status mod1 mod2 mod3, graph summary
```

Step 3. 方法三：改用「**test equality of ROC area against gold standard**」來
比較 **mod1, mod2, mod3**

本例以「檢驗工具 1」當黃金標準。

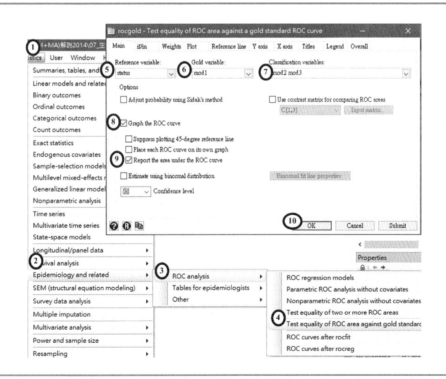

圖 6-43 「rocgold status mod1 mod2 mod3, graph summary」的選擇表

注：Statistics > Epidemiology and related > ROC analysis > Test equality of ROC area against gold standard。

```
* 開啟資料檔
. webuse ct2

* 改用 Test equality of ROC area against gold standard
*Compare mod2 and mod3 areas to the mod1 gold standard
. rocgold status mod1 mod2 mod3

*Add graph of ROC curves
. rocgold status mod1 mod2 mod3, graph summary
```

	ROC Area	Std. Err.	chi2	df	Pr>chi2	Bonferroni Pr>chi2
mod1(standard)	0.8828	0.0317				
mod2	0.9302	0.0256	2.3146	1	0.1282	0.2563
mod3	0.9240	0.0241	5.2480	1	0.0220	0.0439

分析結果得：

1. mod1 vs. mod2 二者鑑別力未達顯著差異 (χ^2=2.31, p>0.05)，再看 AUC 大小，故可知 mod2 鑑別力並未顯著優於 mod1。

2. mod1 vs. mod3 二者鑑別力達顯著差異 (χ^2=5.248, p<0.05)，再看 AUC 大小，故可知 mod3 鑑別力顯著優於 mod1。

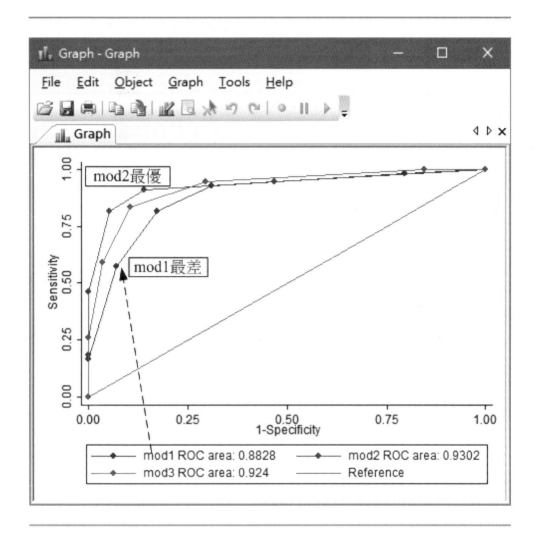

圖 6-44 「rocgold status mod1 mod2 mod3, graph summary」的繪圖結果

6-3-3 Parametric ROC models：風險評級最佳斷點 (rocfit 指令)

一、二元常態模型之風險評級最佳斷點之 **rocfit** 指令語法

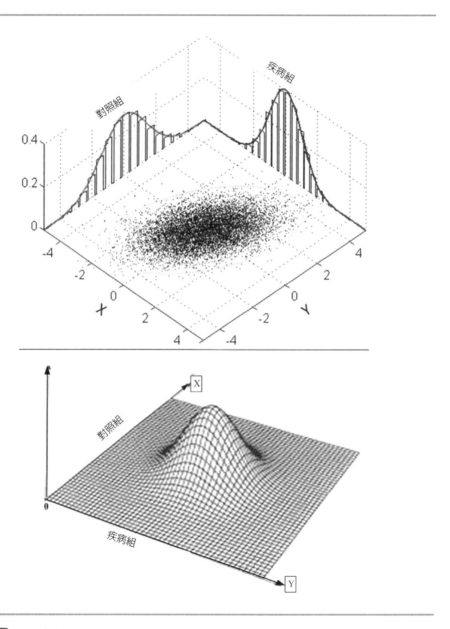

圖 6-45 二元常態分布圖

rocfit 的指令語法為：

```
rocfit refvar classvar [if] [in] [weight] [, rocfit_options]
```

rocfit 係以最大概似來估計 ROC 模型，係假定潛在變數為二元常態分布 (assuming a binormal distribution of the latent variable)。其中，refvar 及 classvar 都必須是數值型變數 (勿字串型變數)。refvar 參考變數 (reference variable) 為觀察的真實狀況 (indicates the true state of the observation)，例如有得病 / 無疾病 (such as diseased and nondiseased) 或正常 / 異常 (normal and abnormal)，故 refvar 參考變數編碼必須是 0 或 1。

classvar 代表診斷檢驗結果或嚴重程度，其編碼必須是 1,2,3,……之次序分數，分數愈高，表示風險愈高 (正向計分)。(The rating or outcome of the diagnostic test or test modality is recorded in classvar, which must be at least ordinal, with higher values indicating higher risk.)

二、範例：二元常態模型之風險評級最佳斷點？(**rocfit** 指令)

(一) 問題說明

為了解診斷檢驗結果或風險等級 (rating) 來預測病人是否生病，該模型之最佳最佳斷點是幾級分呢？

研究者收集數據並整理成下表，此「hanley.dta」資料檔內容之變數如下：

變數名稱	說明	編碼 Codes/Values
連續變數：disease	得疾病嗎	0,1(binary data)
類別變數：rating	診斷檢驗結果或風險嚴重程度	其編碼必須是 1,2,3,……之次序分數，分數愈高，表示風險愈高
pop(人數)	加權，即次數分布表	

rocfit 找風險評級最佳斷點

風險評定等級，5 級分 (或 10 級分) → 得疾病嗎

圖 6-46 rocfit 找風險評級最佳斷點之研究架構

717

(二) 資料檔之內容

「hanley.dta」資料檔內容如下圖。

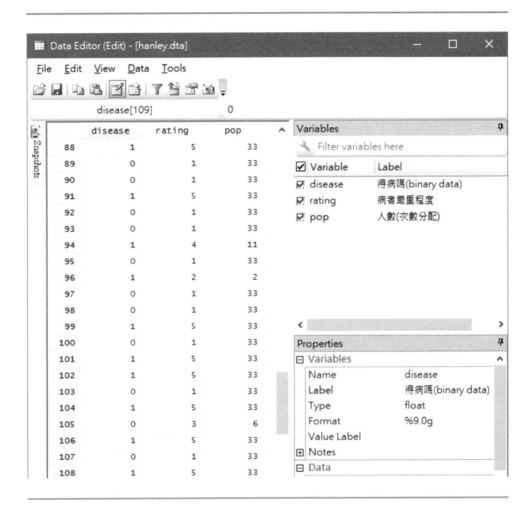

圖 6-47 「hanley.dta」資料檔內容

觀察資料之特徵

```
* 開啟資料檔
. webuse hanley

. summarize disease pop rating

    Variable |      Obs        Mean     Std. Dev.      Min          Max
-------------+-------------------------------------------------------------
     disease |      109     .4678899    .5012726        0            1
         pop |      109     23.05505    12.57631        2           33
      rating |      109     3.110092    1.701521        1            5
```

(三) 分析結果與討論

Step 1　被檢驗工具斷定風險愈高的病人，是否其死亡率愈高？這種二元常態模型是否成立？並找出最佳切斷點是幾級分？

```
* 開啟資料檔
. * Setup
. webuse hanley

* Fit a smooth ROC curve assuming a binormal model
. rocfit disease rating

Fitting binormal model :

Binormal model of disease on rating              Number of obs   =        109
Goodness-of- fit chi2(2) =         0.21
Prob > chi2              =      0.9006
Log likelihood          =   -123.64855


* 因 rating 有 5 個 level, 故有 4 個斷點 (cut point)
-----------------------------------------------------------------------------
            |    Coef.   Std. Err.      z    P>|z|     [95% Conf. Interval]
------------+----------------------------------------------------------------
```

```
   intercept |   1.656782    0.310456    5.34   0.000     1.048300    2.265265
    slope(*) |   0.713002    0.215882   -1.33   0.184     0.289881    1.136123
-------------+----------------------------------------------------------------
       /cut1 |   0.169768    0.165307    1.03   0.304    -0.154227    0.493764
       /cut2 |   0.463215    0.167235    2.77   0.006     0.135441    0.790990
       /cut3 |   0.766860    0.174808    4.39   0.000     0.424243    1.109477
       /cut4 |   1.797938    0.299581    6.00   0.000     1.210770    2.385106
```

* 上述發現，除 rating=1 vs. rating=2 的風險無差異外，且 rating 越高病人的風險亦越高。
* 最佳切斷點為 cut2(2 與 3 分之間)，表示檢驗工具之觀察分數，3 分以上都可斷定為高風險者

```
-------------------------------------------------------------------------------
             |             Indices from binormal fit
       Index |   Estimate   Std. Err.               [95% Conf. Interval]
-------------+-----------------------------------------------------------------
    ROC area |   0.911331   0.029506                 0.853501    0.969161
    delta(m) |   2.323671   0.502370                 1.339044    3.308298
        d(e) |   1.934361   0.257187                 1.430284    2.438438
        d(a) |   1.907771   0.259822                 1.398530    2.417012
-------------------------------------------------------------------------------
(*) z test for slope==1
```

Step 2 最佳切斷點：原先風險評定等級，由 **5** 級分改成 **10** 級分

例如，ROC 分析法應用在銀行放款訂價模型。銀行放款業務不論在銀行的資產比重、或是收入來源上，皆為銀行最重要的業務，惟銀行對於放款之決策與訂價普遍依據放款人員之主觀判斷，但欠缺系統化、合理化的評估工具。因此，研究者可參考 Stein(2005)、Blochlinger & Leippold(2006) 之研究，嘗試建立以評分模型之 ROC 曲線，結合銀行放款成本函數為基礎之放款決策訂價模型，並以模擬案例方式觀察相關變數變動對最佳切斷點與放款策略成本之影響，以及在模擬案例下所得出的信用價差曲線。

圖 6-48
「rocfit disease rating, cont(10) generate(group)」的選擇表

注：Statistics > Epidemiology and related > ROC analysis > Parametric ROC analysis without covariates。

```
* 開啟資料檔
. webuse hanley


* 將原先風險評定等級（rating），由 5 級分改成 10 級分
* Divide rating into 10 groups
. rocfit disease rating, cont(10)


Fitting binormal model:
```

```
Binormal model of disease on rating          Number of obs   =        109
Goodness-of-fit chi2(2) =        0.21
Prob > chi2              =       0.9006
Log likelihood          =    -123.64855


--------------------------------------------------------------------------
           |    Coef.    Std. Err.      z     P>|z|    [95% Conf. Interval]
-----------+--------------------------------------------------------------
 intercept |  1.656782   0.310456     5.34    0.000    1.048300    2.265265
  slope(*) |  0.713002   0.215882    -1.33    0.184    0.289881    1.136123
-----------+--------------------------------------------------------------
     /cut1 |  0.169768   0.165307     1.03    0.304   -0.154227    0.493764
     /cut2 |  0.463215   0.167235     2.77    0.006    0.135441    0.790990
     /cut3 |  0.766860   0.174808     4.39    0.000    0.424243    1.109477
     /cut4 |  1.797938   0.299581     6.00    0.000    1.210770    2.385106
--------------------------------------------------------------------------
```

* 原先風險評定等級（rating），由 5 級分改成 10 級分結果一樣，因資料稀疏。
* 上述發現，除 rating=1 vs. rating=2 的風險無差異外，且 rating 越高病人的風險亦越高。
* 最佳切斷點為 cut2（2 與 3 分之間），表示檢驗工具之觀察分數，3 分以上都可斷定為高風險者

```
--------------------------------------------------------------------------
           |                Indices from binormal fit
     Index |   Estimate  Std. Err.               [95% Conf. Interval]
-----------+--------------------------------------------------------------
  ROC area |  0.911331   0.029506               0.853501    0.969161
  delta(m) |  2.323671   0.502370               1.339044    3.308298
      d(e) |  1.934361   0.257187               1.430284    2.438438
      d(a) |  1.907771   0.259822               1.398530    2.417012
--------------------------------------------------------------------------
```

(*) z test for slope==1

Note: 10 groups were requested but only 5 groups were created because data is not evenly spaced. To create groups for the classification variable based on quantiles, you can use *xtile*.

* 將原先風險評定等級（rating），由 5 級分改成 10 級分，存到 group 新變數（coding=1~10）。
* group is to contain values indicating groups produced by cont()
. rocfit disease rating, cont(10) generate(group)

```
* 等級 (rating) 改成 10 級分，其指令如下：
* Use rating as is
. rocfit disease rating, cont(.)
 Fitting binormal model:

Binormal model of disease on rating          Number of obs    =          109
Goodness-of-fit chi2(2) =          0.21
Prob > chi2             =        0.9006
Log likelihood          =     -123.64855
```

	Coef.	Std. Err.	z	P>|z|	[95% Conf. Interval]	
intercept	1.656782	0.310456	5.34	0.000	1.048300	2.265265
slope(*)	0.713002	0.215882	-1.33	0.184	0.289881	1.136123
/cut1	0.169768	0.165307	1.03	0.304	-0.154227	0.493764
/cut2	0.463215	0.167235	2.77	0.006	0.135441	0.790990
/cut3	0.766860	0.174808	4.39	0.000	0.424243	1.109477
/cut4	1.797938	0.299581	6.00	0.000	1.210770	2.385106

	Indices from binormal fit			
Index	Estimate	Std. Err.	[95% Conf. Interval]	
ROC area	0.911331	0.029506	0.853501	0.969161
delta(m)	2.323671	0.502370	1.339044	3.308298
d(e)	1.934361	0.257187	1.430284	2.438438
d(a)	1.907771	0.259822	1.398530	2.417012

```
(*) z test for slope==1
```
*原先風險評定等級 (rating)，由 5 級分改成 10 級分結果沒成功，因資料稀疏。

1. 最佳斷點在 cut2(2~3 分)。

6-3-4 Nonparametric ROC 模型之風險評級最佳斷點 (roctab 指令)

一、應用 ROC 曲線分析

學校每年針對新生實施心理健康篩檢，除了篩選出急需要介入之高關懷群，以便及時介入輔導之外，更期待透過篩檢偵測出更多次關懷群，即當下可能尙無顯著情緒困擾，但若置之不理，將來可能發生事件之潛在關懷群。

因此探討大學新生之心理健康狀況以及評量工具的適用性，會以學校學生的特性爲常模，並找出具有良好判別力的斷點分數作爲高關懷追蹤的篩選標準。有人以臺灣人憂鬱量表爲效標，分析大學生心理健康量表之斷點結果發現，以憂鬱分量表之百分位數 85 分爲斷點，可將大專生區分爲高關懷組與一般組，兩組學生在臺灣人憂鬱量表塡答之平均數差異達 11.729 分，比其他斷點呈現之差異更大，亦即「憂鬱分量表之百分位數 85 分」此斷點最能夠清晰。分辨出高關懷組與一般組大專生心理健康之差異狀況，且高關懷組在臺灣人憂鬱量表塡答之平均數高達 20.289 分，已超過臺灣人憂鬱量表建議諮詢專業單位之斷點分數 (19 分)，亦即所篩檢出來之高關懷組學生的確有急迫受輔需求。由此可見，「憂鬱分量表之百分位數 85 分」此斷點可以清晰辨識出有受輔需求之高關懷學生。

二、roctab 指令語法為：

```
roctab  refvar classvar [if] [in] [weight] [, options]
```

其中

Options 包括：	說明
lorenz	印出 Gini、Pietra 指數。
binomial	計算 exact binomial 之信賴區間。
detail	印出每個斷點之敏感度 (sensitivity/specificity for each cutpoint)。
nolabel	只印 numeric codes，不印 value labels。
table	印原始資料 2 x k 列聯表 (contingency table)。
bamber	使用 Bamber 法求標準誤 (calculate standard errors by using the Bamber method)。

Options 包括：	說明
hanley	使用 Hanley 法求標準誤 (calculate standard errors by using the Hanley method)。
graph	繪 ROC 曲線 (graph the ROC curve)。
norefline	抑制 45 度參考線 (suppress plotting the 45-degree reference line)。
summary	印出 AUC 值 (report the area under the ROC curve)。
specificity	以敏感度 vs. 特異度之圖 (graph sensitivity versus specificity)。
level(#)	設定信賴區間，系統內定 95%CI[set confidence level; default is level(95)]。

roctab 指令內定旨在 ROC 分析，即風險評定等級對離散資料 (binary data) 之風險模型，是否成立 (the above command is used to perform receiver operating characteristic(ROC) analyses with rating and discrete classification data]。

rocfit 係以最大概似來估計 ROC 模型，係假定潛在變數為二元常態分布。其中，refvar 及 classvar 都必須是數值型變數 (勿字串型變數)。refvar 參考變數為觀察的真實狀況，例如有得病 / 無疾病或正常 / 異常，故 refvar 參考變數編碼必須是 0 或 1。

classvar 代表診斷檢驗結果或嚴重程度，其編碼必須是 1,2,3,……之次序分數，分數愈高，表示風險愈高 (正向計分)。

roctab 指令內定分析 ROC，你亦可選改印表格、繪 Lorenz-like 圖。

三、範例：無母數 ROC 模型之風險評級最佳斷點？(roctab 指令)

(一) 問題說明

為了解診斷檢驗結果或風險等級來預測病人是否生病，該模型之最佳最佳斷點是幾級分呢？

研究者收集數據並整理成下表，此「hanley.dta」資料檔內容之變數如下：

變數名稱	說明	編碼 Codes/Values
連續變數：disease	得疾病嗎	0,1(binary data)
類別變數：rating	診斷檢驗結果或風險嚴重程度	其編碼必須是 1,2,3,……之次序分數，分數愈高，表示風險愈高
pop(人數)	加權，即次數分布表	

生物醫學統計：使用 Stata 分析

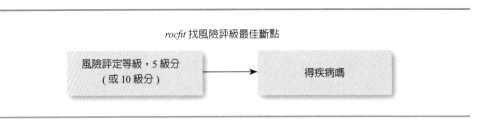

rocfit 找風險評級最佳斷點

風險評定等級，5 級分
（或 10 級分）　　→　　得疾病嗎

圖 6-49 roctab 之研究架構

(二) 資料檔之內容

「hanley.dta」資料檔內容如下圖。

圖 6-50 「hanley.dta」資料檔內容

726

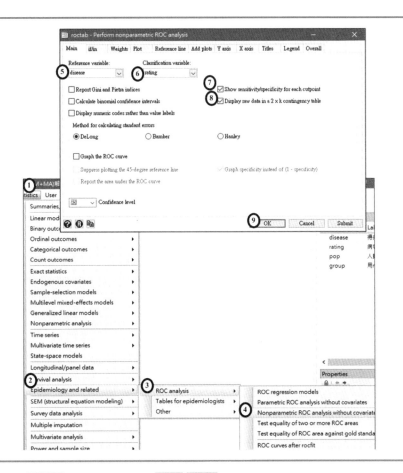

觀察資料之特徵

```
* 開啟資料檔
. webuse hanley

. summarize disease pop rating
```

Variable	Obs	Mean	Std. Dev.	Min	Max
disease	109	.4678899	.5012726	0	1
pop	109	23.05505	12.57631	2	33
rating	109	3.110092	1.701521	1	5

(三) 分析結果與討論

圖 6-51 「*roctab* disease rating, table detail」指令的選擇表

注：Statistics > Epidemiology and related > ROC analysis > Nonparametric ROC analysis without covariates。

* 開啟資料檔
* Nonparametric ROC analysis example
. *webuse* hanley

* 模型一：未納以細格人數 pop 當權重。直接求 AUC 值

. *roctab* disease rating

| | ROC | | -Asymptotic Normal-- | |
Obs	Area	Std. Err.	[95% Conf. Interval]	
109	0.8932	0.0307	0.83295	0.95339

* 本模型 AUC=0.8932，落入「可接受的區別力 (acceptable discrimination)」區。

* 繪 AUC 之曲線圖
. *roctab* disease rating, graph

* 綜合 (summary) 上述二個 *roctab* 指令，AUC 曲線圖及 AUC 值都要印出
. *roctab* disease rating, graph summary

* 模型二：以細格人數 pop 當權重。再求 AUC 值
. *roctab* disease rating [fw=pop]

| | ROC | | -Asymptotic Normal-- | |
Obs	Area	Std. Err.	[95% Conf. Interval]	
2513	0.9886	0.0018	0.98516	0.99209

* 求得 AUC=0.9889，值非常高，接近完美模型。故模型二比模型一來得優。

* 求各 Cutpoint 之敏感度、Specificity、Correctly Classified 之表格
. *roctab* disease rating, table detail

Detailed report of sensitivity and specificity

| | | | Correctly | | |
Cutpoint	Sensitivity	Specificity	Classified	LR+	LR-

(>= 1)	100.00%	0.00%	46.79%	1.0000	
(>= 2)	94.12%	56.90%	74.31%	2.1835	0.1034
(>= 3)	90.20%	67.24%	77.98%	2.7534	0.1458
(>= 4)	86.27%	77.59%	81.65%	3.8492	0.1769
(>= 5)	64.71%	96.55%	81.65%	18.7647	0.3655
(> 5)	0.00%	100.00%	53.21%		1.0000

----

* 上述發現，最佳斷點為「rating >= 4」=，此點最能區別病人是否會得病

Obs	ROC Area	Std. Err.	-Asymptotic Normal-- [95% Conf. Interval]	
109	0.8932	0.0307	0.83295	0.95339

* 計算標準誤有三方法：DeLong(內定值)、bamber、hanley。故以下二指令之結果，同模型二

. *roctab* disease rating, bamber

Obs	ROC Area	Bamber Std. Err.	-Asymptotic Normal-- [95% Conf. Interval]	
109	0.8932	0.0306	0.83317	0.95317

. *roctab* disease rating, hanley graph

1. 最佳斷點在 4 分。其敏感度為 86.27%、特異性為 77.59%、準確度為 81.65%。

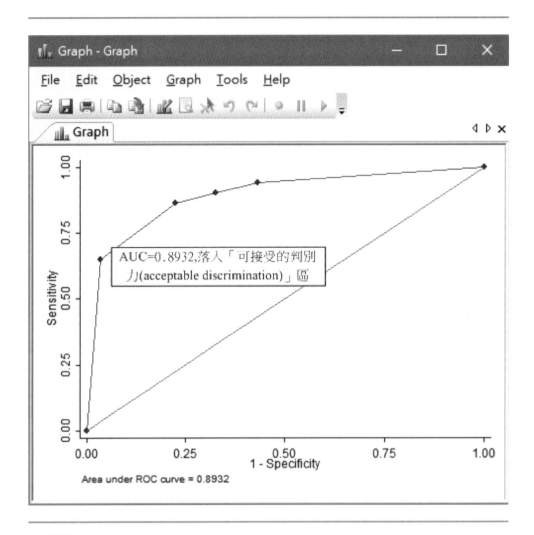

參考文獻

Alberto A, David D. (2001). Implementing Matching Estimators for Average Treatment Effects in Stata. The Stata Journal, 1(1), 1-18

Allison P. D. (1995; 2004). Survival Analysis Using SAS®, A Practical Guide. 7th ed., North Carolina, SAS Institute Inc,

Allison, P. D. (1984). Event History Analysis, Regression for Longitudinal Event Data, p. 43.

Andersen, P. K. and Gill, R. D. (1982). Cox's regression model for counting processes: A large sample study. Annals of Statistics, 10, 1100-1120.

Armitage, P., and Colton, T. (1998). Encyclopedia of Biostatistics, John Wiley & Sons, New York.

Balakrishnan, N., (1991) Handbook of the Logistic Distribution, Marcel Dekker, Inc., ISBN 978-0824785871.

Bane, Mary Jo and David T. Ellwood. (1994). Welfare Realities, From Rhetoric to Reform. Cambridge, Harvard Universi ty Press.

Berry, S. D., Ngo, L., Samelson, E. J., & Kiel, D. P. (2010). Competing risk of death, An important consideration in studies of older adults. Journal of the American Geriatric Society, 58, 783-787.

Binder, D. A. (1983). On the variances of asymptotically normal estimators from complex surveys. International Statistical Review 51, 279-292.

Binder, D. A. (1992). Fitting Cox's proportional hazards models for survey data. Biometrika 79, 139-147.

Box-Steffensmeier, J. M. and Boef., S. D. (2006). Repeated events survival models: The conditional frailty model. Statistics in Medicine, 25(20), 3518-3533.

Brown, C. D., and Davis, H. T. (2006). Receiver operating characteristic curves and related decision measures, a tutorial, Chemometrics and Intelligent Laboratory

Systems, 80:24-38

Campbell MJ, Machin D. (1999). Medical statistics. 3rd ed. England , John Wiley & Sons Ltd., 122-124.

Carsten, S. Wesseling, S., Schink, T., and Jung, K. (2003) Comparison of Eight Computer Programs for Receiver-Operating Characteristic Analysis. Clinical Chemistry, 49:433-439

Cefalu, M. S. (2011). Pointwise confidence intervals for the covariate-adjusted survivor function in the Cox model. Stata Journal 11, 64-81.

Chambless, L. E. and Diao, G. (2006). Estimation of time-dependent area under the ROC curve for long-term risk prediction. Statistic, 25, 3474-3486.

Chilcoat H. D, Anthony J. C. (1996). Impact of parent monitoring on initiation of drug use through latechildhood. J Am Acad Child Adolesc Psychiatry,35,91-100.

Clayton D. G. (1978). A model for association in bivariate life tables and its application in epidemiological studies of familial tendency in chronic disease incidence. Biometrika,65,141-51.

Clayton, D. G. (1978). A model for association in bivariate life tables and its application in epidemiological studies of chronic disease incidence. Biometrika, 65, 141-151.

Cleves, M. A. (2000). stata54, Multiple curves plotted with stcurv command. Stata Technical Bulletin 54, 2-4. Reprinted in Stata Technical Bulletin Reprints, 9, 7-10. College Station, TX, Stata Press.

Coldman A. J., Elwood J. M. (1979). Examining survival data, Can Med Assoc J., 121, 1065-71.

Cox D. R. (1972). Regression models and life tables. J Roy Stat Soc B. 34, 187-220.

Cox, C. S., M. E. Mussolino, S. T. Rothwell, M. A. Lane, C. D. Golden, J. H. Madans, and J. J. Feldman. (1997). Plan and operation of the NHANES I Epidemiologic Followup Study, 1992. In Vital and Health Statistics, series 1, no. 35.

Cox, D. R., and Oakes, D. (1984). Analysis of Survival Data, Chapman & Hall, New York.

Cox, J. C. Ingersoll, J. E. & Ross, S. A. (1984). A Theory of the Term Structure of Interest Rates, Econometrica, Vol. 53(2): 385-407.

Crowder, M. (1989). A multivariate distribution with Weibull connections. Journal of the Royal Statistical Social, 51, 93-10

David G. Kleinbaum, Mitchel Klein (2006). Survival Analysis A SelfLearning Text, 2nd Edition.

Dawson B, Trapp R. G. (2001). Basic & clinical statistics, 3rd ed. New York, The McGraw-Hill Companies, Inc. 211-232.

Deng, Y. H., Quigley, J. M., & Van Order, R. (1996). Mortgage Default & Low Downpayment Loans: The Costs of Public Subsidy, Regional Science & Urban

Duncan, Greg J., Richard D. Coe, and Martha S. Hill. (1984). Year of Poverty，Yearof Plenty, The Changing Fortunes of American Workers and Families. Ann Arbor, Universi ty of Michigan, Institute of Social Research.

Freireich et al. (1996). The effect of 6-mercaptopurine on the duration of steroid-induced remissions in acute leukemia, Blook 21, 699-716.

Gehan, E. A. (1965). A generalized Wilcoxon test for comparing arbitrarily singly-censored samples, Biometrika, 52, 203-223.

Glantz S. A. (1999). Primer of biostatistics, 4th ed. New York, The McGraw-Hill Companies, Inc. 362-386.

Gonen M., (2007) Analyzing Receiver Operating Characteristic Curves Using SAS, SAS Press, ISBN 978-1-59994-298-1.

Gonzalez, J. F., Jr., N. Krauss, and C. Scott. (1992). Estimation in the (1988 National Maternal and Infant HealthSurvey. Proceedings of the Section on Statistics Education, American Statistical Association 343-348.

Goodenough, D. J., Rossmann, K. and Lusted, L. B., (1974). Radiographic applications of Receiver operating characteristic (ROC) analysis , Radiology, 110, 89-95.

Gordis L. (1996). Epidemiology. Philadelphia, Pennsylvania, W.B. Saunders Company. 78-79.

Gray, R. J. (1988). A Class of K-Sample Tests for Comparing the Cumulative Incidence of a Competing Risk, The Annals of Statistics, 16(3), 1141-1154.

Green, J. & Shoven, J. (1986).The Effects of Interest Rates on Mortgage Prepayments, Journal of Money, Credit, & Banking, 18,41-59.

Green, W. H. (2003). Econometric Analysis, fifth edition, Prentice Hall, ISBN 0-13-066189-9.

Guo, G. and Rodriguez, G. (1992). Estimating a multivariate proportional hazards model for clustered data using the em algorithm. with an application to child survival in guatemala. Journal of American Statistical Association, 87, 969-976.

Hachen, D. S. (1988). The Competing Risks Model, A Method for Analyzing Processes with Multiple Types of Events, Sociological Methods & Research, vol. 17, no. 1, 21-54.

Heagerty, P. J. and Zheng, Y. (2005). Survival Model Predictive Accuracy and ROC Curves. Biometrics, 61, 92-105.

Heagerty, P. J., Lumley, T., Pepe, M. S. (2000). Time-dependent ROC Curves for Censored Survival Data and a Diagnostic Marker Biometrics, 56, 337-344

Heckman, J. and B. Singer, (1984). Econometric duration analysis, Journal of Econometrics, 24, 63-132.

Hojati, A. T., Ferreira, L., Charles, P., and bin Kabit, M. R. (2012), Analysing Freeway Traffic-incident Duration Using an Australian Data Set, Road and Transport Research, A Journal of Australian and New Zealand Research and Practice, 21(2),19-31.

Hosmer, D. W., & Lemeshow, S. (1999). Applied survival analysis, Regression modeling of time to event data. NY, USA, John Wiley & Sons, Inc.

Hosmer, D.W. and Lemeshow, S., (2000). Applied Logistic Regression, 2nd ed., New York; Chichester, Wiley, ISBN 0-471-35632-8.

Hougaard, P. (1986b). A class of multivariate failure time distributions. Biometrics, 73, 387-396.

Hougaard, P. (2000). Analysis of multivariate survival data. New York。

Hougaard, P. (1986a). Survival models for heterogeneous populations derived frim stable distributions. Biometrics, 73, 671-678.

Hui, W. R. & P. K. Trivedi (1986). Duration dependence, Targeted employment subsidies an unemployment benefit, Journal of Public Economics, 31, 105-129.

Hyattsville, MD, National Center for Health Statistics. Engel, A., R. S. Murphy, K. Maurer, and E. Collins. (1978). Plan and operation of the HANES I augmentation survey of adults 25-74 years, United States (1974-75. In Vital and Health Statistics, series 1, no. 14. Hyattsville, MD, National Center for Health Statistics.

Jeong, J.H, Jung, SH, W. S. (2003). A parametric model for long-term follow-up data from phase III breast cancer clinical trials. Statistic in medicine, 22,339-352.

Kalbfleish J.D., Prentice, R.L. (2002). The statistical analysis of failure time data. 2nd ed. p.218. Wiley, New York.

Kaplan, E.L. and Meier, P. (1958). Nonparametric estimation from incomplete observations, J Am Stat Assoc, 53, 457-481.

Keiding N, Andersen P. K, Klein J. P. (1997). The role of frailty models and accelerated failure time models in describing heterogeneity due to omitted covariates. Stat Med,16,215-24.

Khanna D, Tsevat J. (2007). Health-related quality of life--an introduction. Am J. Manag Care. ,13(9) :218-23

Kiefer , N. (1988). Economic Duration data and hazard function, Journal of Economic Literature, 26, 646-679.

Kim, H. T. (2007). Cumulative incidence in competing risk data and competing risk regression analysis. Clin Cancer Res, 13(2), 559-565.

Klein, J. P. (1992). Semiparametirc estimation of random effects using the cox model based on the em algorithm. Biometrics, 48, 798-806.

Kleinbaum, D. G., & Klein, M. (1996). Survival analysis, A self-learning text (2nd ed.). New York, Springer.

Kleinbaum, David G. & Klein Mitchel. (2005). Survival Analysis, A Self Self-Learning Text Text. NY, Springer Science Busisness Media, Inc.

Korn, E. L., and B. I. Graubard. (1999). Analysis of Health Surveys. New York, Wiley.

Korn, E. L., B. I. Graubard, and D. Midthune. (1997). Time-to-event analysis of longitudinal follow-up of a survey, Choice of time-scale. American Journal of Epidemiology 145, 72-80.

Kosterman R, Hawkins J.D, Guo J, Catalano R.F, Abbott R.D. (2000). The dynamics of alcohol and marijuana initiation, patterns and predictors of first use in adolescence. Am J Public Health, 90,360-6.

Kuo. H. C., & Li. Y. (2003). A dynamic decision model of SMEs' FDI, Small Business Economics, 20, 219-231.

Lancaster, T. (1990). The Econometric analysis of transition data, Cambridge University Press.

Lasko, T.A., J.G. Bhagwat, K.H. Zou and Ohno-Machado, L. (2005). The use of receiver operating characteristic curves in biomedical informatics. Journal of Biomedical Informatics, 38(5):404-415.

Lawless, J.F. (1982). Statistical Models and Methods for Lifetime Data, John Wiley & Sons, New York.Matthews, D., and Farewell, V.T. (1996). Using and Understanding Medical Statistics, Karger, New York.

Lee E. T. (1992). Statistical methods for surviual data analysis. 2nd ed. New York, John Wiley & Sons. 109-112.

Lee, S.-Y., & Wolfe, R. A. (1998). A simple test for independent censoring under the proportional hazards model. Biometric, 54(3), 1176-1182.

Leshowitz, B., (1969). Comparison of ROC curves from one and two interval rating-scale procedures , The Journal of Acoustical Society of America, 46, 399-402.

Levy, Frank. (1977). How Big is the American Underclass? Washington D. C, Urban.

Liang, K. Y., Self, S. G., Bandeen-Roche, K. J., and Zeger, S. L. (1995). Some recent developments for regression analysis of multivariate failure time data. Lifetime Data Analysis, 1, 403-415.

Lin, D. Y. (2000). On fitting Cox's proportional hazards models to survey data. Biometrika 87, 37-47.

Lin, D. Y., and L. J. Wei. (1989). The robust inference for the Cox proportional hazards model. Journal of the American Statistical Association 84, 1074-1078.

Lin, Y. H. Chang, C. C. Lai, M. C. and Chen, L. S. (2010). Screening for Early Onsets of Dementia, An Evaluation of the Mini-Mental State Examination, Research in Applied Psychology, 48,181-198.

MaGilchrist, C. A. and Aisbtt, C. W. (1991). Regression with frailty in survival analysis. Biometrics, 47, 461-466.

Marco C, Sabine K. (2005). Some Practical Guidance for the Implementation of Propensity Score Matching. IZA Discussion Paper, 1588, 1-29

Mason, S. J. and Graham, N. E. (2002). Areas beneath the relative operating characteristics (ROC) and relative operating levels (ROL) curves, Statistical significance and interpretation. Q.J.R. Meteorol. Soc., 128, 2145-2166.

McDowell, A., A. Engel, J. T. Massey, and K. Maurer. (1981). Plan and operation of the Second National Health and Nutrition Examination Survey, (1976-(1980. Vital and Health Statistics 1(15), 1-144.

Metz, C. E., (1978). Basic principles of ROC analysis , Seminars in Nuclear Medicine,8, 283-298.

Metz, C. E., (1986). ROC methodology in radiologic imaging , Invest Radiology, 21,720-733.

Michael F. Drummond, Mark J. Sculpher, George W. Torrance, and Bernie J. O'Brien. (2005). Methods for the Economic Evaluation of Health Care Programmes (Oxford Medical Publications).

Miller RG Jr (1981). Survival analysis. New York, John Wiley & Sons.

Miller, H. W. (1973). Plan and operation of the Health and Nutrition Examination Survey, United States (1971-(1973. Hyattsville, MD, National Center for Health Statistics.

Moeschberger, M. L., & Klein, J. P. (1985). A comparison of survival method of estimating the survival function when there is extreme right censor. Biometric, 41, 253-259.

Morton RF, Hebel J. R, McCarter R.J. (1990). A study guide to epidemiology and biostatistics, 3rd ed. Rockville, Maryland, Aspen Publishers Inc. 145-152.

Noh, H. J., Roh, T. H., and Han. I. (2005), Prognostic Personal Credit Risk Model Considering Censored Information, Expert Systems with Applications, 28, 753-762.

Oakes, D. (1992). Frailty models for multiple event times. Survival analysis: state of the art, 371-379.

O'Donnell, O., E. van Doorslaer, A. Wagstaff, and M. Lindelow. (2008). Analyzing Health Equity Using Household Survey Data, A Guide to Techniques and Their Implementation. Washington, DC, The World Bank.

Pepe, M. S. (2003). The Statistical Evaluation of Medical Tests for Classification and Prediction. New York, Oxford University Press.

Peto, R., and Peto, J. (1972). Asymptotically efficient rank invariant test procedures (with discussion), J R Stat Soc A, 135, 185-206.

Pintilie M. (2006). Competing Risks, A Practical Perspective. John Wiley & Sons, New York, 240pp.

Pintilie, M. (2006). Competing Risks, A Practical Perspective (NJ, John Wiley & Sons, 2006), 102-104.

Rosenbaum, Paul R.; Rubin, Donald B. (1983). The central role of the propensity score in observational studies for causal effects. Biometrika 70 (1), 41-55.

Royston, P. (2015). Tools for checking calibration of a Cox model in external validation: Prediction of population-averaged survival curves based on risk groups. Stata Journal 15, 275-291.

Schemper, M. (1992). Cox analysis of survival data with non-proportional hazard functions. The Statistician, 41, 455-465.

Schwartz, E. S. & Torous, W. N. (1989). Prepayment & the Valuation of Mortgage-Backed Securities, Journal of Finance, 44(2): 375-392.

Schwartz, E. S. & W. N. Torous, (1992). Prepayment, Default, & the Valuation of Mortgage Pass-through Securities, Journal of Business, 65, 221-239.

Singer, J. D., & Willett, J. B. (2003). Applied longitudinal data analysis, Modeling change and event occurrence New York, USA, Oxford University Press.

Skinner, C. J. (1989). Introduction to part A. In Analysis of Complex Surveys, ed. C. J. Skinner, D. Holt, and T. M. F. Smith, 23-58. New York, Wiley.

Song, X. and Zhou, X. H. (2008). A semiparametric approach for the covariate specific ROC curve with survival outcome. Statistica Sinica, 18, 947-965

Sung, R. T., Yu, C. W., Choi, K. C., McManus, A., Li, A. C., & Xu, S. Y. et al. (2007). Waist circumference and body mass index in Chinese children, cutoff values for predicting cardiovascular risk factors. International Journal of Obesity, 31, 550-558.

Swets, J. A., (1979). ROC analysis applied to the evaluation of medicine imaging techniques, Invest Radiology, 14,109-121.

Swets, J.A. (1995). Signal detection theory and ROC analysis in psychology and diagnostics, Collected papers. Lawrence Erlbaum Associates.

Swets, J.A., Dawes, R., and Monahan, J. (2000) Better Decisions through Science. Scientific American, October, pages 82-87.

Therneau, T. M. and Grambush, P. M. (2000). Modeling survival data: extending the Cox model. Springer, New York.

Tiwari, G., Bangdiwala, S., Saraswat, A., and Gaurav, S., (2007). Surviva l Analysis, Pedestrian Risk Exposure at Signalized lntersections, Transporlalion Research Parl F, 10, 77-89.

Uno, H. , Cai, T. , Tian, L. and Wei, L. J. (2007). Evaluating prediction rules for t-year survivors with censored regression models. Journal of the American Statistical Association, 102, 527-537

Vaupel J. W., Manton K.G, Stallard E. (1979). The impact of heterogeneity in individual frailty on the dynamics of mortality. Demography,16,439-54.

Vaupel, J. W., Manton, K. G., and Stallard, E. (1979). The impact of heterogeneity in individual frailty on the dynamics of mortality. Demography, 16, 439-454.

Wang, S. S. and Brown, R. L. (1998). A Frailty Model for Projection of Human Mortality Improvement, Journal of Actuarial Practice, 6,221-241.

Wei, L.J. (1992). The accelerated failure time model, a useful alternative to the Cox regression model in survival analysis. Statist. Med. 11, 1871-1879.

Weinstein, M. C. and Fineberg, H. V. (1980). Clinical Decision Analysis. Ultrasound in Medicine & Biology, 22, 391-398.

Woolson, R.F. (1987). Statistical Methods for the Analysis of Biomedical Data, John Wiley & Sons, New York. Cox D.R, D. Oakes (1984). Analysis of survival data. p.64-65. Chapman and Hill, London.

Yashin, A. I., Vaupel, J. W., and Iachine, I. A. (1995). Correlated individual frailty: An advantageous approach to survival analysis of bivariate data. Mathematical Population Studies, 5(2), 145-159.

Zhou, X. H. (2002). Statistical Methods in Diagnostic Medicine. Wiley & Sons. ISBN 9780471347729.

Zou, K.H., O'Malley, A.J., Mauri, L. (2007). Receiver-operating characteristic analysis for evaluating diagnostic tests and predictive models. Circulation, 115(5) , 654-7.

丁先玲，白璐，許文林：臨床常用之應用統計方法─存活率分析。國防醫學，1994：5：406-410。

王南天、蘇慧芳、李佩珍、張正雄、林寬佳、謝碧晴 (2014)。加速失敗時間模式分析新發乳癌病患併發血栓栓塞對其存活的影響。臺灣衛誌，Vol.33，No.6。

吳健笠、蕭羽媛、蘇殷甲 (2011)。應用存活分析法於機車紅燈怠速熄火行為之研究，運輸計劃季刊，第 40 卷，第 2 期，161 -184。

徐勇勇：醫學統計學。第一版，北京：高等教育出版社，2001：174-189。

陳怡君 (2008)。應用存活分析法探討國內航線之營運，商管科技季刊，第 9 卷，第 3 期，頁 301-314。

戴政，江淑瓊：生物醫學統計概論，第一版，臺北：翰蘆圖書出版有限公司，1997：85-111。

簡文貴 (2016)，老年族群死亡競爭風險的探討，http://biostat.tmu.edu.tw/backup/page/epaper/ep_download/6stat.pdf

蘇殷甲 (2010)。機車騎士紅燈怠速熄火意願及其預期成效之研究，國立中央大學土木工程學系碩士論文。

蘭羽媛 (2009)。存活分析法應用於機車紅燈熄火行為之研究，國立中央大學土木工程學系碩士。

附錄：中英文對照

Accelerated Failure Time, AFT 加速失敗時間

Analysis of Variance 變異數分析

Bar Chart 長條圖

Beta Densities 貝他密度

Binary Variable 二元變數

Binomial Densities 二項密度

Box Plot 盒須圖

Case Group 疾病組

Case-Control 病例對照

Census 普查

Censored data 設限資料

Cluster Analysis 群集分析

Cluster Sampling 群集抽樣法

Cohort Study Risk-Ratio 世代研究風險比

Competing-Risks Regression 競爭一風險迴歸

Conditional Logistic Regression 條件 Logit 迴歸

Confidence Coefficient 信賴係數

Confidence Interval 信賴區間

Continuous Uniform Densities 連續均勻密度

Continuous 連續的

Control Populations 對照組

Convenience Sampling 便利抽樣

Correlation Coefficient 相關係數

Covariance Matrix 共變異數矩陣

Cox Proportional Hazards Model, PHM Cox 比例危險模型

Cut-Off Point 截斷點

Data Analysis 資料分析

Decision Theory 決策理論

Descriptive Statistics 敘述統計學

Descriptive Statistics 敘述統計學

Discrete Analysis 離散分析

Discrete Uniform Densities 離散的均勻密度

Discrete 離散的

Discrimination Analysis 區別分析

Endogenous Test 內生性檢定 (2SLS)

Epidemiologists 流行病

Expectation 期望值

Exponential Densities 指數密度

Exponential Distribution 指數分布

Factor Analysis 因素分析

Failure Odds 失敗率

Frailty Model 脆弱性模型

Gamma Densities 伽瑪密度

Curve, ROC Curve 接受者作業特徵曲線

Regression Analysis 回歸分析

Reliability 信度

Sample Statistics 樣本統計量

Sample 樣本

Sampling Error 抽樣誤差

Sampling Survey 抽樣調查

Sampling 抽樣

Simple Random Sampling 簡單隨機抽樣法

Snowball Sampling 雪球抽樣

Standard Deviation 標準差

Standard Error 標準誤

Statistical Chart 統計圖

Statistical Computing 計計算

Statistical Inference 統計推論

Statistical Table 統計表

Statistics 統計學

Stem-And-Leaf Display 莖葉圖

Stochastic Processes 隨機過程

Stratified Sampling 分層抽樣法

Survival Analysis 存活分析

Systematic Sampling 系統抽樣法

Testing Statistical Hypothesis 統計假設檢定

Three-Way Contingency Tables 三向列聯表

Time Series Analysis 時間序列分析

Treatment Group 處理組

Two-Stage Least Squares, 2SLS 兩階段最小平法

Two-Stage Random Sampling 兩段隨機抽樣法

Validity 效度

Variance 變異數

Weibull Distributio 韋伯分布 N

Zero-Inflated Poisson Regression, ZIP 零膨脹卜瓦松迴歸模型

Cox 比例危險模型 (Cox Proportional Hazards Model, PHM)

Hausman 檢定 (Hausman test)

Kaplan-Meier 估計法 (Kaplan-Meier Estimate, product-limit Estimate)

Mantel-Haenszel 同質性檢定 (Mantel-Haenszel homogeneity test)

panel-data 存活模型 (panel-data survival model)

二元變數 (binary variable)

二項密度 (Binomial densities)

人員訪問法 (Interview)

人時發生率 (person-time incidence rate)

卜瓦松迴歸模型 (Poisson Regression Model).

卜瓦松密度 (Poisson densities)

三向列聯表 (Three-Way Contingency Tables)

工具變數 (instrumental variables)

中位數 (Median)

內生性檢定 (endogenous test)

內容效度 (Content Validity)

分層隨機抽樣 (Stratified Random sampling)

比例危險模型 (proportional hazards model)

比率量表 (Ratio Scale)

效標效度 (Criterion-Related Validity)

時間序列分析 (Time series analysis)

疾病組 (case group)

病例對照 (case-control)

脆弱性模型 (frailty model)

迴歸模型 (Regression)

追蹤資料 (panel-data)

配對病例對照研究 (matched case-control)

配對資料 (Matched Pairs)

配額抽樣 (Quota sampling)

假設檢定 (Hypothesis Testing)

區別分析 (Discrimination analysis)

區間估計 (Interval estimation)

參數 (Parameter)

參數 (某分配) 模型 (Parametric Statistics)

問卷 (Questionnaire)

常態密度 (Normal densities)

接受者作業特徵曲線 (Receiver Operating Characteristic curve, ROC curve)

推論統計學 (Inferential statistics)

敘述統計學 (Descriptive statistics)

條件邏輯斯迴歸 (Conditional logistic regression)

盒須圖 (Box plot)

眾數 (Mode)

統計表 (Statistical table)

統計假設檢定 (Testing statistical hypothesis)

統計推論 (Statistical inference)

統計圖 (Statistical chart)

莖葉圖 (Stem-and-leaf display)

處理組 (treatment group)

規則歸納法 (Rules Induction)

連續均勻密度 (Continuous uniform densities)

雪球抽樣 (Snowball sampling)

勝算比 (Odds ratio, OR)

單純隨機抽樣 simple random sampling)

幾何密度 (Geometric densities)

普查 (Census)

普查 (census)

最小平方法 (ordinary least squares, OLS)

期望值 (Expectation)

無母數 / 無參數統計 (Nonparametric statistics)

無母數統計學 (Nonparametric Statistics)

無母數統計檢定方法 (Non-Parametric Test)

發生率 (Incidence-rate ratio)

發生比例 (incidence proportion)

等距量表 (Interval Scale)

超幾何密度 (Hypergeometric densities)

郵寄問卷法 (Mail Interview)

開放式問題 (Open Question)

集群分析法 (cluster analysis)

集群抽樣 (Cluster Sampling)

順序量表 (Ordinal Scale)

圓餅圖 (Pie chart)

準確度 (accuracy)

群集分析 (Cluster analysis)

群集抽樣 (cluster sampling)

資料分析 (Data analysis)

資料倉儲 (Data Warehouse)

資料採礦 (Data Mining)

零膨脹卜瓦松迴歸模型 (zero-inflated Poisson regression, ZIP)

電話訪問法 (Telephone Interview)

實驗設計 (Design of Experiment)

國家圖書館出版品預行編目資料

生物醫學統計：使用Stata分析／張紹勳
著.－－初版.－－臺北市：五南, 2017.05
　面；　公分
ISBN 978-957-11-9141-6（平裝）
1.統計套裝軟體　2.統計分析
512.4　　　　　　　　　　　106004790

1HOF

生物醫學統計：使用Stata分析

作　　者 ― 張紹勳

發 行 人 ― 楊榮川

主　　編 ― 侯家嵐

責任編輯 ― 劉祐融

文字校對 ― 丁文星、石曉蓉

封面設計 ― 盧盈良

出 版 者 ― 五南圖書出版股份有限公司

地　　址：106台北市大安區和平東路二段339號4樓

電　　話：(02)2705-5066　　傳　　真：(02)2706-6100

網　　址：http://www.wunan.com.tw

電子郵件：wunan@wunan.com.tw

劃撥帳號：01068953

戶　　名：五南圖書出版股份有限公司

法律顧問　林勝安律師事務所　林勝安律師

出版日期　2017年 5 月初版一刷

定　　價　新臺幣880元

※版權所有·欲利用本書內容，必須徵求本公司同意※